Tilman Grande

Suizidale Beziehungsmuster

Beiträge zur psychologischen Forschung

Band 39

Tilman Grande

Suizidale Beziehungsmuster

Eine Untersuchung mit der Strukturalen Analyse Sozialen Verhaltens (SASB)

Westdeutscher Verlag

D 16

Der Westdeutsche Verlag ist ein Unternehmen der Bertelsmann Fachinformation.

http://www.westdeutschervlg.de

Umschlaggestaltung: Christine Huth, Wiesbaden

Gedruckt auf säurefreiem Papier

ISBN 978-3-531-13012-5 ISBN 978-3-322-92503-9 (eBook)
DOI 10.1007/978-3-322-92503-9

Danksagung

Bei der Durchführung meiner Untersuchung und der Abfassung der vorliegenden Arbeit habe ich zahlreiche Hilfen erhalten, für die ich mich bedanken möchte. Prof. Dr. Hans Lauter, Direktor der Psychiatrischen Klinik und Poliklinik der Technischen Universität München, hat mir in freundlicher Weise gestattet, von dem in dem Projekt „Ambulante Nachbetreuung von Patienten nach einem Suizidversuch" erhobenen Material und insbesondere von den Tonbandaufzeichnungen psychotherapeutischer Gespräche mit Suizidpatienten Gebrauch zu machen. Dr. Arnold Torhorst, Dr. Agnes Speck und Dr. Sabine Streeck haben mir geholfen, mich in diesem Material zurechtzufinden und mir dabei ihre Kenntnisse und Erfahrungen aus dem eben genannten Projekt und dem angeschlossenen sprachwissenschaftlichen Forschungsprojekt „Verbale Interaktion in Kurzzeittherapien nach Selbstmordversuch" der Freien Universität Berlin zur Verfügung gestellt.

Den größten Teil der Untersuchungen zu den Beziehungsschilderungen von Suizidpatienten, über die in der vorliegenden Arbeit berichtet wird, habe ich während meiner Tätigkeit am Institut für Psychoanalyse der Johann Wolfgang Goethe-Universität in Frankfurt durchgeführt. Prof. Dr. Christa Rohde-Dachser hat mich während dieser Zeit großzügig unterstützt und mir Mittel und Möglichkeiten an die Hand gegeben, ohne die ich mein Vorhaben nicht hätte durchführen können.

Dipl. Psych. Solveig Krieglsteiner hat die Auswertungen als unabhängige Raterin mitgetragen und durch ihr Engagement und ihre Ausdauer ganz wesentlich zum Erfolg der Untersuchung beigetragen. Dr. Stefanie Wilke, Dr. Rüdiger Nübling und Dipl. Psych. Claudia Oberbracht haben das Manuskript kritisch gelesen und wichtige Vorschläge zu seiner Verbesserung gemacht. Während der gesamten Zeit ihrer Entstehung ist meine Arbeit von Dr. Vera King begleitet und unterstützt worden; ihre Ermutigungen und zahlreichen inhaltlichen Anregungen haben mir geholfen, Hindernisse auf dem Weg zu überwinden und die Arbeit abzuschließen.

Prof. Dr. Gerd Rudolf hat mein Interesse an der Untersuchung von Beziehungsstrukturen während der gemeinsamen Arbeit an der „Berliner Psychotherapiestudie" geweckt und damit die wissenschaftliche Perspektive und die Fragestellung in der vorliegenden Untersuchung mitgeprägt. Im Rahmen der gegenwärtigen Zusammenarbeit an der Psychosomatischen Klinik der Ruprecht-Karls-Universität Heidelberg habe ich von ihm zahlreiche klinische und forschungsmethodische Anregungen erhalten, die meine Arbeit über dasjenige hinaus gefördert haben, was durch Verweise sichtbar markiert werden kann. Mein Dank gilt schließlich Prof. Dr. Peter Fiedler, der mit seinem kritischen Interesse und seiner Unterstützung zum Erfolg der Arbeit beigetragen hat.

Heidelberg, im Juli 1997

Inhalt

Einführung in die Fragestellung und Untersuchungsmethode

Suizidhandlungen sind Ausdruck einer inneren Situation, die in hohem Maße durch das Erleben bestimmt ist, daß die Verbindung zu wichtigen Bezugspersonen unsicher, erschüttert oder abgerissen ist; zugleich können sie als Versuche interpretiert werden, durch einen ultimativen Akt zumindest phantasmatisch einen Zustand zu erreichen, in dem Verbundenheit und Geborgenheit wieder gefühlt werden kann. Als auslösende Bedingung für Suizidhandlungen lassen sich oft Ereignisse feststellen, die die subjektive Bedeutung einer Kränkung oder Herabsetzung haben und den Betroffenen in einen Zustand der Hilflosigkeit und Ohnmacht versetzen. Meist ist damit der Verlust oder das enttäuschende Versagen einer sehr bedeutsamen Bezugsperson verbunden. Die Ausgestaltungen von Suizidhandlungen lassen außerdem erkennen, daß mit ihnen häufig interpersonelle Absichten verbunden sind: Der Ruf nach Hilfe zum Beispiel; daneben Motive wie Rache und Vergeltung, Buße, Beschwichtigung und Unterwerfung. Schließlich zeigt sich in den Gesprächen mit Betroffenen nach einem Suizidversuch immer wieder, daß mit der Vorstellung des Sterbens Erwartungen verbunden sind, in denen der Tod nicht als ein unwiderrufliches Ende erscheint. Statt dessen findet man oft hoffnungsvolle Phantasien, z.B. unbestimmte Bilder einer kindlichen Geborgenheit, eines medialen Aufgehobenseins oder einer Erneuerung und Neugeburt. Es scheint deshalb so, als intendiere der Suizid nicht wirklich eine Abkehr von der Welt und dem anderen Menschen; zwar wird er als reales Gegenüber unter Umständen aufgegeben, im inneren Bild eines idealen und bergenden Objekts jedoch gleichzeitig gesucht. Suizidhandlungen lassen sich somit auf verschiedenen Ebenen als Ereignisse innerhalb eines Bedeutungsraumes entschlüsseln, der von Beziehungen bestimmt ist: Ihre Veranlassung, die Art ihrer Inszenierung und die mit ihnen verbundenen Phantasien werden verstehbar, wenn sie auf dem Hintergrund des spezifischen Verhältnisses zwischen dem Selbst und seinen Objekten interpretiert werden.

Fragestellungen

In der vorliegenden Arbeit möchte ich Beziehungsstrukturen untersuchen, die für Menschen mit einer Suizidneigung charakteristisch sind. Darunter verstehe ich lebensgeschichtlich entstandene Bereitschaften, Beziehungen in einer bestimmten Weise zu erleben und zu gestalten. Ich beschränke mich dabei auf Personen, die keine psychotische Erkrankung aufweisen. In Übereinstimmung mit Henseler (1974), der in seiner psychoanalytischen Studie zur Suizidalität 50 Fälle untersucht hat und einen allgemeinen suizidalen Mechanismus formuliert, gehe ich davon aus, daß es *generelle und typische Formen der Beziehungsgestaltung und des Beziehungserlebens* bei Suizidanten gibt. Dies schließt nicht aus, daß es außerdem *spezifische Beziehungsvarianten* gibt, die für Unterformen der Suizidalität bedeutsam sind und deshalb nur bei einem Teil der Suizidpatienten vorkommen. Die Annahme eines generellen suizidalen Beziehungsmusters läßt auch die Möglichkeit zu, daß jene interpersonellen Tendenzen, die mit der Suizidneigung zusammenhängen, nur einen Ausschnitt aus dem gesamten Spektrum der Beziehungsbereitschaften einer Person darstellen. Ich gehe außerdem davon aus, daß bestimmte Beziehungsbereitschaften keine hinreichende Bedingung für das Auftreten von Suizidalität sein können; ich nehme vielmehr an, daß es spezifische Verhaltens- und Erlebenstendenzen gibt, die Personen innerhalb ihres individuellen Spektrums von Bereitschaften in unterschiedlicher Ausprägung aufweisen und die in Wechselwirkung mit entsprechenden äußeren Auslösern zu Reaktionsmustern führen, die in der Suizidhandlung symptomatisch werden.

Ein zu diesem Ansatz analoges Modell ist von Benjamin (1993) in ihrer interpersonellen Theorie psychischer Störungen für die Erklärung der depressiven Symptomatik entwickelt worden; da es sowohl einen empirischen als auch einen theoretischen Zusammenhang zwischen Suizidalität und Depression gibt, wird dieses Modell in Kapitel 4 ausführlich diskutiert werden. Die Annahme einer Wechselwirkung zwischen individuell ausgeprägten, suizidfördernden Beziehungsbereitschaften einerseits und dazu „passenden" äußeren Belastungsfaktoren andererseits ist auch kompatibel mit der empirischen Beobachtung, daß sich Suizidalität nicht gut speziellen diagnostischen Gruppen oder Persönlichkeitstypen bzw. -merkmalen zuordnen läßt (vgl. Henseler, 1974; Haenel, 1989; Wellhöfer, 1979; Altmeyer & Lörch, 1988).[1] Es überrascht nicht, daß Suizidalität eher in Verbindung mit depressiven Zuständen zu finden ist (Pohlmeier, 1971); der „depressive Affekt" ist jedoch selbst ein Phänomen, das als Begleitmerkmal sehr verschiedenen begründeter psychischer Störungsbilder anzutreffen ist und in eher unspezifischer Form eine innere Verfassung zu signalisieren scheint, die auf recht unterschiedliche Weise herbeigeführt werden kann (vgl. Mentzos, 1995; Krause, 1994). Die Mehrzahl der Risikofaktoren, die in empirischen Untersuchungen im Zusammenhang mit Suizidhandlungen identifiziert wurden, betreffen jedoch bezeichnender Weise Zugehörigkeiten zu bestimmten sozialen Gruppen oder das Vorliegen bestimmter belastender Lebensumstände, jedoch - abgesehen von Sucht und Abhängigkeiten - keine klinischen Krankheitskategorien (vgl. Henseler, 1974[2]; Haenel, 1989[3]).

---

[1] Eine „negative" Ausnahme bildet die Zwangsneurose insofern, als diese Störung nach klinischen Untersuchungen bei suizidalen Patienten auffallend selten gefunden wird (vgl. Henseler, 1974; Ringel, 1953); ich werde auf diesen Sachverhalt in Kapitel 4 zurückkommen. Dort werde ich außerdem einige im DSM (III-R und IV) enthaltene Persönlichkeitsstörungen diskutieren, bei deren Definitionen Suizidalität als Kriterium angegeben wird.

[2] Henseler (1974, S.43) nennt als Erklärung für solche Befunde neben einer eventuell mangelhaften Methodik die Möglichkeit, „daß genetisch, dynamisch und strukturell völlig verschiedene Persönlichkei-

Die vorliegende Arbeit hat neben dem inhaltlichen auch einen *methodischen Schwerpunkt*; dies geht schon allein daraus hervor, daß vier der zehn Kapitel (die Kapitel 2, 3, 5 und 6) in erster Linie methodischen Problemen gewidmet sind. Dieser Schwerpunkt entstand im Verlauf meiner Suche nach einem Verfahren, mit dem die habituellen Beziehungsbereitschaften von Personen systematisch erfaßt werden können und das als Grundlage für die Untersuchung der Beziehungsstrukturen suizidaler Patienten geeignet war. Bei dieser Suche konnte mich zunächst auf die Arbeiten von zwei Autoren stützen, deren methodische Entwicklungen bekannt sind und in der Psychotherapieforschung eine breite Wirkung entfaltet haben: Es handelt sich einmal um die Methode des zentralen Beziehungskonflikt-Themas (ZBKT; amerik.: Core Conflictual Relationship Theme, CCRT) von Luborsky, der bereits schon 1977 zentrale Beziehungsmuster als relativ stabile und charakteristische Strukturmerkmale von Personen empirisch untersucht hat. Der Autor hat die Möglichkeit entdeckt, diese Muster als sich wiederholende Strukturen in den Beziehungsschilderungen von Patienten zu identifizieren; solche Schilderungen bilden auch die Materialgrundlage meiner eigenen Untersuchung. In verschiedenen Arbeiten hat er außerdem zu zeigen versucht, daß mit seinem Verfahren eine Operationalisierung des Übertragungsbegriffes von Freud (1912) möglich ist (Luborsky, Crits-Christoph, Mellon, Ravenswaay, Childress et al., 1985; Luborsky, 1990c, 1990d; Luborsky, Popp, Luborsky & Mark, 1994).

Eine zweite, entscheidende Grundlage meines methodischen Ansatzes bilden die Arbeiten von Benjamin. Die von ihr entwickelte Methode der *strukturalen Analyse sozialen Verhaltens* (Structural Analysis of Social Behavior, SASB; vgl. z.B. Benjamin, 1974; Benjamin, Foster, Roberto & Estroff, 1986) bildet das basale Untersuchungsverfahren der vorliegenden Studie. SASB stellt ein analytisches Werkzeug dar, mit dem Beziehungsmodalitäten differenziert erfaßt werden können; ich werde es ausführlich in Kapitel 2 beschreiben. Eine weitere wichtige Anregung war das von Benjamin (1993; vgl. auch McLemore & Benjamin, 1979) entwickelte Modell der *„interpersonellen Diagnosen"*. In ihrem Buch „Interpersonal Diagnosis and Treatment of Personality Disorders" hat sie gezeigt, daß die im DSM-III-R bzw. DSM-IV beschriebenen Persönlichkeitsstörungen durch die für sie jeweils charakteristischen Beziehungsmuster definiert und voneinander unterschieden werden können (vgl. Kapitel 3 und 4).

Während ich mich soweit auf Vorhandenes stützen konnte, waren für die Lösung anderer methodischer Probleme eigene Entwicklungsarbeiten notwendig: Für die Untersuchung von Beziehungsschilderungen mußte eine inhaltsanalyti-

---

ten zu Handlungen kommen, die nur im letzten Schritt, nämlich in der Suizidhandlung eine Gemeinsamkeit aufweisen."

[3] Haenel (1989) nennt neben den Depressiven als Risikogruppen: Alte und Vereinsamte; Personen, die durch eine Suizidankündigung auffallen; Personen, die einen Suizidversuch hinter sich haben; Patienten mit schweren somatischen Leiden; bestimmte Berufsgruppen (wie z.B. Ärzte und Ärztinnen); Studenten und Studentinnen; Geschiedene; außerdem schizophren Erkrankte, die ich in der vorliegenden Untersuchung nicht berücksichtige. Eine weitere Gruppe sind Alkohol-, Medikamenten- und Drogenabhängige. Bei Henseler (1974, S.85, 179) findet sich die Vermutung, daß Suchtverhalten psychodynamisch in mancher Hinsicht ein Suizidäquivalent darstellen könnte (vgl. dazu auch Zilboorg, 1935).

sche Anwendung der strukturalen Analyse sozialen Verhaltens vorgenommen werden, für die es in der Literatur keine befriedigenden Vorbilder gibt. Es waren daher einerseits Regeln zur Aufbereitung und zur Auswertung des Textmaterials mit SASB zu entwickeln, andererseits mußte ein Verfahren gefunden werden, mit dessen Hilfe eine Identifizierung der typischen Beziehungsmuster eines Patienten auf der Grundlage der von ihm geschilderten Beziehungssituationen in systematischer Weise möglich war. Die Lösungen, die ich für diese Probleme gefunden habe, werden in den Kapiteln 5 und 6 beschrieben; sie stellen die methodischen Forschungsergebnisse der vorliegenden Arbeit dar.

Theoretischer Ausgangspunkt der Untersuchung

Ich beginne meine Untersuchung im ersten Kapitel mit einer Diskussion der psychoanalytischen Theorien zur Suizidalität. Sie werden im Hinblick auf die *Beziehungsstrukturen* untersucht, die sie für Suizidpatienten postulieren. Ziel der Literaturdiskussion ist eine theoretische Interpretation der Suiziddynamik, in deren Zusammenhang eine Reihe von Merkmalen herausgestellt werden können, die für suizidale Beziehungsmuster charakteristisch sind. In der weiteren Untersuchung soll empirisch geprüft werden, ob diese Merkmale bei Patienten mit einem Suizidversuch tatsächlich zu finden sind, so daß die vorgenommene theoretische Interpretation gestützt werden kann.

Die Beziehungsstrukturen von Suizidpatienten werden in der vorliegenden Arbeit in erster Linie auf dem Hintergrund ihres *allgemeinen* Beziehungsverhaltens und -erlebens und nur in zweiter Linie mit Bezug auf die suizidale Handlung selbst untersucht. Dieses Verfahren hat den methodischen Vorteil, daß anstatt eines singulären Ereignisses (d.h. der Suizidhandlung) eine Vielzahl von Beziehungssituationen analysiert werden können, um die durchgängigen und charakteristischen Beziehungsbereitschaften eines Patienten herauszufiltern. Dies ist allerdings nur unter der Voraussetzung sinnvoll, daß sich die Beziehungsstrukturen, die im Kontext der Suizidhandlung sichtbar werden, als Tendenz auch in anderen Beziehungssituationen zeigen. Die Suizidhandlung wäre unter dieser Perspektive somit lediglich die äußerste Erscheinungsform bestimmter Beziehungsstrukturen, die auch in anderen interpersonellen Zusammenhängen sichtbar und identifizierbar sind.

Sowohl theoretische als auch empirische Argumente lassen den Schluß zu, daß diese Voraussetzung gegeben ist. Die schon erwähnten empirischen Untersuchungen von Henseler (1974) zeigen, daß sich die in der Suizidalität zutage tretende Persönlichkeitsproblematik in dem gesamten Beziehungsverhalten der Betroffenen äußert. Entsprechend ordnet er seine Deutung des Suizidgeschehens in einen größeren Zusammenhang ein und betont, daß sich mit seinem Modell auch suizidäquivalente Handlungen wie der Rückzug in einen Rausch, eventuell auch Sucht und dissoziale Verhaltensweisen wie z.B. Streunen und Weglaufen erklären lassen könnten (ebenda, S.85). Wie die Diskussion der psychoanalytischen Suizidtheorien im nächsten Kapitel zeigen wird, läßt sich auch aus theoretischen Überlegungen folgern, daß suizidale Handlungen keine exklusiven Ereignisse sind, sondern sich in ihnen bestimmte allgemeine Beziehungstendenzen einer Person ausdrücken, die sich ihrer gewissermaßen als ultimatives „Mittel" bedienen.

Materialauswahl

Für die empirische Untersuchung der Beziehungsstrukturen von Suizidpatienten bedeutet dies, daß man bei der Analyse der Beziehungsmuster auch auf Material zurückgreifen kann, das nicht unmittelbar und konkret auf den Kontext der Suizidhandlung selbst bezogen ist. Die vorliegende Untersuchung verwendet für die Analyse von Beziehungsstrukturen Narrative in Therapiegesprächen, in denen Patienten interpersonelle Ereignisse darstellen; man spricht in diesem Zusammenhang gewöhnlich von *Beziehungsepisoden*. Einzelne dieser Episoden können mit den Umständen des Suizidversuchs selbst zu tun haben; die meisten beziehen sich jedoch auf irgendwelche anderen Beziehungsereignisse, die in den Behandlungsstunden zur Sprache kommen. Unter der genannten Voraussetzung müßten sich in diesen Episoden Beziehungsmuster identifizieren lassen, die auch im konkreten suizidalen Verhalten der Untersuchten zu erkennen sind. Dies wird in der vorliegenden Arbeit ausführlich dargelegt (vor allem in den Kapiteln 7 und 9).

Die Verwendung von Beziehungsepisoden als Materialgrundlage ist für die Psychotherapieforschung eine bahnbrechende Idee gewesen; wie bereits erwähnt geht sie im wesentlichen auf Luborsky (Luborsky, 1990d, 1990e; vgl. auch Luborsky, Barber & Diguer, 1993) zurück. Die Fruchtbarkeit dieses Ansatzes wird durch die gesamte Forschung unter Beweis gestellt, die auf dieser Basis die individuellen Beziehungsmuster von Patienten analysiert hat. Dazu gehören zunächst die zahlreichen Untersuchungen, die von Luborsky selbst mit der Methode des zentralen Beziehungskonflikt-Themas (ZBKT) durchgeführt wurden (Übersicht bei Luborsky & Crits-Christoph, 1990). Daneben gibt es eine größere Zahl weiterer Forschungsmethoden, die ebenfalls auf der Grundlage von Narrativen individuelle Beziehungsstrukturen untersuchen.[4] Diese Studien zeigen insgesamt, daß die Analyse von Beziehungsepisoden Muster in den Schilderungen von Patienten sichtbar machen kann, die von erheblicher diagnostischer wie auch klinisch-praktischer Bedeutung sind: Sie können nicht nur für wissenschaftliche Fragestellungen, sondern auch - z.B. als Grundlage für die Festlegung eines interpersonellen Behandlungsfokus - für die psychotherapeutische Arbeit praktisch nutzbar gemacht werden (z.B. Crits-Christoph, Cooper & Luborsky, 1990; Curtis, Silberschatz, Sampson & Weis, 1994; Schacht & Henry, 1994). Zudem scheint

[4] Eine Übersicht findet man in dem Doppelheft 3 & 4 des vierten Jahrgangs (1994) der Zeitschrift Psychotherapy Research, in dem sieben verschiedene Verfahren zur Bestimmung repetitiver Beziehungsmuster auf dasselbe Fallbeispiel angewendet werden. Die Verfahren werden dabei kritisch miteinander verglichen. (Vgl. auch Kapitel 3, in dem einige dieser Verfahren dargestellt und diskutiert werden.)

durch die Untersuchung von Beziehungsepisoden eine Ebene der psychischen Struktur systematisch zugänglich zu werden, die zwar nicht die verdeckten oder unbewußten Motive und Phantasien eines Erzählers enthält (Luborsky, Popp, Luborsky & Mark, 1994), aber dennoch so unzugänglich ist, daß sie für den Kliniker ohne methodische Hilfe nicht ohne weiteres sichtbar wird (Luborsky, 1988a, 1990e).

Zwei Untersuchungsstufen

Ein Nachteil praktisch aller Verfahren zur Erfassung von Beziehungsstrukturen liegt darin, daß sie sehr aufwendig sind. Die Untersuchungen beschränken sich deshalb meistens auf Einzelfälle; nur im Kontext der ZBKT-Forschung sind auch größere Fallzahlen (N > 30) erhoben worden (s. einige der Untersuchungen in Luborsky & Crits-Christoph, 1990). Es sind mir keine Studien bekannt, die das Verfahren der strukturalen Analyse sozialen Verhaltens (SASB) im Zusammenhang mit der Untersuchung von Beziehungsepisoden an mehr als fünf Fällen anwenden (fünf Fälle untersucht die Arbeit von Öhman & Armelius, 1993). In der vorliegenden Untersuchung werden insgesamt 22 Fälle erfaßt, darunter 10 Suizidpatienten sowie 12 unauffällige Probanden einer Vergleichsgruppe. Diese Zahlen machen klar, daß eine Verallgemeinerung von Untersuchungsergebnissen nicht das Hauptziel der vorliegenden Arbeit sein kann. Durch die intensive Erforschung weniger Patienten wird jedoch eine besonders differenzierte Darstellung der einzelnen Fälle möglich, für die die strukturale Analyse sozialen Verhaltens besonders gute Voraussetzungen bietet: Das Verfahren gestattet es, Beziehungsqualitäten mit ihren subtilen Schattierungen abzubilden und auch vielschichtige Schilderungen mit größter Genauigkeit und Vollständigkeit zu erfassen. Diese Fähigkeit von SASB ermöglicht es im Rahmen der vorliegenden Untersuchung, in den Narrativen der Patienten Beziehungsfiguren zu identifizieren, die mit den theoretisch postulierten Beziehungsmerkmalen suizidaler Patienten direkt verglichen werden können. Der Nachteil der kleinen Fallzahl wird somit durch die Möglichkeit ausgeglichen, komplexe psychoanalytische Annahmen empirisch zu überprüfen.

Die Untersuchung geht davon aus, daß es bestimmte suizidale Formen der Beziehungsgestaltung und des Beziehungserlebens gibt, die alle oder der überwiegende Teil der 10 Patienten teilen. Obwohl das methodische Vorgehen im Einzelnen kompliziert ist und seine Darstellung in der vorliegenden Arbeit einen breiten Raum einnimmt, ist das grundsätzliche Verfahren doch recht einfach: Als Resultat der theoretischen Diskussion (im nächsten Kapitel) werden einige Annahmen über suizidale Beziehungsmuster formuliert, die an späterer Stelle nach der Einführung der strukturalen Analyse sozialen Verhaltens SASB (am Ende des vierten Kapitels) in die Form von empirisch nachprüfbaren Hypothesen gebracht werden. In einer *ersten Untersuchungsstufe* wird nun im Vergleich der 10 Fälle geprüft, ob es bestimmte Beziehungsmuster gibt, die bei allen oder fast allen Patienten vorkommen. Die dabei gefundenen Muster werden anschließend daraufhin untersucht, ob und in welcher Weise sie mit dem suizidalen Geschehen in einem inhaltlichen Zusammenhang stehen. Dabei zeigt sich auch, ob die aus der theoretischen Diskussion gewonnenen Hypothesen zur Struktur suizidaler Beziehungsmuster empirisch bestätigt werden können. Außerdem werden die Suizidpatienten mit einer Gruppe klinisch unauffälliger Probanden verglichen; es wird statistisch getestet, ob die identifizierten suizidrelevanten Beziehungsmuster in der Vergleichsgruppe fehlen oder zumindest signifikant weniger häufig vorkommen.

In einer *zweiten Untersuchungsstufe* wird das Gesprächsmaterial in qualitativer Form weiter bearbeitet. Nachdem im ersten Schritt die allgemeinen Merkmale von Beziehungsstrukturen untersucht worden sind, werden auf dieser Stufe spezielle Varianten suizidaler Beziehungsbereitschaften bei den 10 Patienten analysiert. Dies geschieht wiederum durch einen einfachen Vergleich der 10 Fälle; es wird ein weiteres Mal nach Beziehungsmustern gesucht, die bei einem größeren Teil bzw. bei mehreren der Patienten vorkommen. Ich trage nach, daß auch im Hinblick auf das Vorkommen und die Art solcher Varianten im Rahmen der theoretischen Diskussion des ersten Kapitels Erwartungen formuliert werden, die mit den Ergebnissen der zweiten Untersuchungsstufe verglichen werden können (in den Kapiteln 8 und 9). Dies geschieht jedoch weniger in der Art einer statistischen Überprüfung bestimmter Hypothesen, sondern im Rahmen einer inhaltlichen Diskussion der 10 Fälle, die neben den SASB-Analysen auch klinische Überlegungen einbezieht.

Übersicht zu den einzelnen Kapiteln

Die vorliegende Arbeit ist wie folgt aufgebaut: Im *1. Kapitel* werden die psychoanalytischen Theorien zur Suizidalität diskutiert und im Anschluß daran Annahmen über die allgemeinen Merkmale und die Varianten suizidaler Beziehungsstrukturen formuliert. Das *2. Kapitel* führt die strukturale Analyse sozialen Verhaltens (SASB) ein, die das zentrale Untersuchungsinstrument der vorliegenden Studie darstellt. Im *3. Kapitel* wird dieses Instrument im Vergleich mit alternativen Verfahren diskutiert; dabei werden einige Präzisierungen vorgenommen, die die spezifische Art meiner Anwendung von SASB betreffen.

Im *4. Kapitel* werden Untersuchungen besprochen, die SASB als Methode verwenden und in irgendeiner Weise das Problem der Suizidalität berühren; auf dem Hintergrund dieser Diskussion ist es möglich, die im 1. Kapitel formulierten theoretischen Annahmen mit den Kategorien von SASB neu zu fassen und in die Form empirisch überprüfbarer Hypothesen zu bringen.

Im *5. Kapitel* wird die untersuchte Patientengruppe und die Aufbereitung des Untersuchungsmaterials beschrieben. Außerdem wird dargestellt, wie SASB als inhaltsanalytisches Verfahren zur Beurteilung von Beziehungsepisoden eingesetzt werden kann. Dabei wird auch über Untersuchungen zur Reliabilität dieses Verfahrens berichtet. Das *6. Kapitel* enthält den methodischen Kern der vorliegenden

Arbeit und beschreibt ein statistisches Verfahren, mit dem die in den Beziehungsepisoden enthaltenen repetitiven Strukturen identifiziert und systematische SASB-Fallbeschreibungen angefertigt werden können.

Das *7. Kapitel* präsentiert die Ergebnisse der Auswertungen zur ersten Untersuchungsstufe, bei denen die Hypothesen zu den *allgemeinen* suizidalen Beziehungsmerkmalen überprüft werden; als Resultat wird ein zentrales Konfliktmuster suizidaler Patienten formuliert. *Kapitel 8* beschäftigt sich mit *Varianten* suizidaler Beziehungsstrukturen; es werden verschiedene Varianten formuliert und anhand von Beispielen diskutiert. Das *9. Kapitel* enthält Falldiskussionen zu allen 10 Patienten; in ihm werden außerdem eine Reihe von allgemeinen Beobachtungen berichtet, die sich aus dem Vergleich der 10 Fälle ergeben.

Im *10. Kapitel* werden schließlich sämtliche Ergebnisse der Untersuchung noch einmal auf dem Hintergrund der im 1. Kapitel dargestellten theoretischen Überlegungen zur Suizidalität diskutiert.

Bei der Konzeption der Studie wurde darauf geachtet, daß die auf der strukturalen Analyse sozialen Verhaltens (SASB) basierende empirische Untersuchung einerseits und interpretierende psychoanalytische Überlegungen andererseits möglichst voneinander getrennt bleiben und erst am Ende zusammengeführt werden. Damit soll eine Konfundierung beider Argumentationsstränge vermieden werden. Dies bedeutet, daß in den Kapiteln 2 bis 9 gar nicht oder nur gelegentlich psychoanalytisch argumentiert wird. Erst im letzten, *10. Kapitel* wird eine theoretische Bewertung der empirischen Ergebnisse vorgenommen.

1. Psychoanalytische Theorien zur Suizidalität

Dieses Kapitel befaßt sich zunächst mit den *psychoanalytischen Theorien zur Suizidalität*. Sie werden im Hinblick auf die Beziehungsstrukturen untersucht, die sie für Suizidpatienten postulieren. Ziel der Literaturdiskussion ist eine Interpretation der Suiziddynamik, als deren Ergebnis eine Reihe von Merkmalen benannt werden können, von denen angenommen werden kann, daß sie für die Beziehungsstrukturen von Suizidpatienten charakteristisch sind. Diese Beziehungsmerkmale werden in freier Form beschrieben; sie sollen später (am Ende des vierten Kapitels), wenn die strukturale Analyse sozialen Verhaltens (SASB) eingeführt worden ist, noch einmal mit den Kategorien dieses inhaltsanalytischen Verfahrens formuliert und dadurch in die Form überprüfbarer Aussagen gebracht werden.

1.1 Elemente klassischer psychoanalytischer Suizidtheorien

Die psychoanalytischen Erklärungen zum Problem der Suizidalität von Freud (1917) und Abraham (1912, 1924) sind in der Auseinandersetzung mit dem Krankheitsbild der *Melancholie*, d.h. der depressiven Psychose entstanden. Dieser Umstand scheint ihre Bedeutung auf den ersten Blick einzuschränken, denn Suizidalität ist selbstverständlich auch ein Symptom innerhalb der *neurotischen* Depression und weiterer Störungsbilder. Auf der anderen Seite kann man feststellen, daß die in den klassischen Texten beschriebene Dynamik der melancholischen Erkrankung von derjenigen der neurotischen Depression nicht grundsätzlich verschieden ist (Fenichel, 1945; Mentzos, 1991, 1995). Die Qualität der Internalisierungen und die darauf basierende strukturelle Beschaffenheit des Ich wird als entscheidend dafür angesehen, ob die depressive Dynamik zu einem Realitätsverlust mit psychotischem Ausmaß oder einer neurotischen Erkrankung führt, in der der Bezug zur Außenwelt im wesentlichen erhalten bleibt (Mentzos, 1991, S. 98ff.). Bemerkenswert ist auch, daß sich die frühen Schriften Freuds und Abrahams insofern gut in die aktuelle Diskussion einfügen lassen, als sie sich sehr dezidiert mit den *narzißtischen Aspekten* der suizidalen Dynamik befassen. Wie Henseler (1981) feststellt, ist diese wichtige Anregung in der Sekundärliteratur lange Zeit vernachlässigt oder ganz übersehen worden. Heute stehen Ansätze, die den narzißtischen Charakter der suizidalen Dynamik hervorheben, jedoch im Zentrum der Diskussion (Battegay, 1991; Finger, 1980; Haenel, 1989; Henseler, 1974, 1981; Maltsberger & Buie, 1980). Eine hervorragende Bedeutung haben in diesem Zusammenhang die Untersuchungen von Henseler (1974), der auf der empirischen Basis von 50 Fallanalysen eine umfassende theoretische Interpretation des suizidalen Geschehens vorgelegt hat. Diese inzwischen über 20 Jahre alte und oft zitierte Arbeit möchte ich hier ebenfalls als „klassische" psychoanalytische Studie zur Suizidalität diskutieren. Ich werde im folgenden einige zentrale Denkfiguren herausarbeiten, die in den verschiedenen Ansätzen entwickelt wurden und für das Verständnis der Suizidalität wesentlich sind. Ich konzentriere mich dabei zunächst auf die Theorien Freuds und Henselers, die gegenwärtig die hauptsächlichen Bezugspunkte der psychoanalytischen Suiziddiskussion darstellen (vgl. z.B. Haenel, 1989; Pohlmeier, 1995).

1.1.1 „Trauer und Melancholie" (Freud, 1917)

Psychoanalytische Diskussionen zur Suizidalität nehmen ihren Ausgang gewöhnlich bei Freuds Arbeit *„Trauer und Melancholie"*, die 1917 erschien und erstmals eine theoretische Erklärung suizidaler Handlungen zur Verfügung stellte. Freud vergleicht darin die Zustände von Trauer und Melancholie und stellt fest, daß sich beide in vielerlei Hinsicht ähneln - so etwa in bezug auf eine schmerzliche Verstimmung, die Aufhebung des Interesses für die Außenwelt, den Verlust der Liebesfähigkeit und die Leistungshemmung. Die Melancholie zeichne sich jedoch zusätzlich durch eine außerordentliche *Herabsetzung des Selbstgefühls* aus, die bei der Trauer fehle. Am Anfang beider seelischer Verfassungen stehe die Erfahrung eines *Objektverlustes*. Im Fall der Trauer gehe jedoch gewöhnlich der reale Verlust einer geliebten Person voran, während bei der Melancholie der Verlust häufig eher „ideeller Natur" sei; das Objekt sei nicht real gestorben, sondern etwas „an ihm" sei verloren gegangen, über dessen Inhalt sich der Betroffene keine bewußte Rechenschaft ablegen könne. Wie Freud weiter ausführt, ist das Ergebnis eine Kränkung oder Enttäuschung, die eine „großartige Ichverarmung" bewirke: „Bei der Trauer ist die Welt arm und leer geworden, bei der Melancholie ist es das Ich selbst." Mit diesem Zustand verbunden sei „eine psychologisch höchst merkwürdige Überwindung des Triebes, der alles Lebende am Leben festzuhalten zwingt" (S. 200).

Die Herabsetzung des Selbstgefühls äußert sich in den Selbstentwertungen und den Selbstanklagen des Melancholikers; „das moralische Mißfallen am eigenen Ich" ist also ein hervorragendes Merkmal der Erkrankung. „Wir sehen bei ihm, wie sich ein Teil des Ichs dem anderen gegenüberstellt, es kritisch wertet, es gleichsam zum Objekt nimmt" (S. 201). Der Inhalt der Selbstanklagen lasse nun - so Freuds entscheidende Beobachtung - bei näherer Betrachtung erkennen, daß diese in den wichtigsten Teilen weniger zur eigenen Person als vielmehr zu einem bedeutsamen *äußeren* Objekt paßten; die Klagen seien im Grunde Anklagen, die sich gegen eine andere Person richten und „von diesem [Objekt] weg auf das eigene Ich gewälzt sind" (S. 202). Als weitere stützende Hinweise für diese Schlußfolgerung werden angegeben: Erstens die in Verbindung mit der Selbstkritik fehlende Scham. Der Betroffene übe seine Selbstentwertungen ganz offen aus und suche seine eigenen Mängel keineswegs zu verbergen, wodurch seine Klagen eher der öffentlichen Bloßstellung einer anderen Person als dem Bekenntnis eigener Fehler gleiche. Zweitens der für den Beobachter im höchsten Maße quälerische Charakter dieser Klagen, in denen sich die Betroffenen nicht etwa demütig zeigten, sondern eher „wie gekränkt und als ob ihnen ein großes Unrecht widerfahren wäre." Freud kommentiert, daß dieses Bild der Gekränktheit noch ansatzweise eine seelische „Konstellation der Auflehnung" gegen ein Objekt erkennen lasse, „welche dann durch einen gewissen Vorgang in die melancholische Zerknirschung überführt worden ist" (S. 202).

Die darauf folgenden Ausführungen beziehen sich auf diesen „gewissen Vorgang", dessen Entdeckung zugleich das Kernstück der Arbeit darstellt. Er wird von Freud unter Verwendung triebtheoretischer Begrifflichkeiten folgendermaßen dargestellt: Es bestehe zunächst eine Bindung der Libido an ein Objekt, die durch eine reale Kränkung, Zurücksetzung oder Enttäuschung von seiten der äußeren Person erschüttert werde. Die Objektbesetzung erweise sich dabei als wenig resistent und werde aufgehoben. Die frei werdende Libido werde jedoch nicht auf ein anderes Objekt verschoben, sondern ins Ich zurückgezogen und dort dazu verwendet, eine *Identifizierung mit dem aufgegebenen Objekt* herzustellen. Der Gewinn dieser Identifizierung bestehe darin, „daß die Liebesbeziehung trotz des Konflikts mit der geliebten Person nicht aufgegeben werden muß", da die Identifizierung „zum Ersatz" der verlorenen Objektliebe wird: „Die Liebe zum Objekt, die nicht aufgegeben werden kann, während das Objekt selbst aufgegeben wird, [hat sich] in die narzißtische Identifizierung geflüchtet" (S.205). Die auf diese Weise vollzogene „Rettung" der Beziehung zum Objekt wird jedoch andererseits mit jenen nachteiligen Folgen bezahlt, die das Krankheitsbild der Melancholie hervorrufen: Der zuvor auf das äußere Objekt gerichtete Haß wendet sich nämlich nun gegen das mit dem Objekt identifizierte Ich, womit die autodestruktive Dynamik der Selbstherabsetzungen und Selbstanklagen in Gang gesetzt wird. „Der Schatten des Objekts fiel so auf das Ich, welches nun von einer besonderen Instanz wie ein Objekt, wie das verlassene Objekt, beurteilt werden konnte. Auf diese Weise hatte sich der Objektverlust in einen Ichverlust verwandelt, der Konflikt zwischen dem Ich und der geliebten Person in einen Zwiespalt zwischen der Ichkritik und dem durch Identifizierung veränderten Ich" (S. 203).

Diese Darstellung, die auch im Orginaltext selbst in dieser Dichte vorgetragen wird, bedarf einiger Erläuterungen. Der psychische Vorgang, den Freud in dieser Arbeit „Identifizierung" nennt, ist in der Nachfolge mit dem Begriff *Introjektion* belegt worden. Die in dem Zitat genannte „besondere Instanz" verweist auf das Konzept des „Über-Ichs", das erst 1921 und 1923 von Freud präziser ausgeführt wird und 1923 seinen gültigen Namen („Über-Ich") erhält. Für das Verständnis des beschriebenen Vorgangs und seiner fatalen Konsequenzen ist außerdem wesentlich, daß die ursprüngliche Beziehung des Melancholikers zum Liebesobjekt durch eine intensive *Ambivalenz*, d.h. durch nebeneinander bestehende Gefühle von Liebe und Haß ausgezeichnet war. Diese Ambivalenz begründet einerseits das Unvermögen des Depressiven, das enttäuschende Objekt aufzugeben, und bildet andererseits die Quelle jenes Hasses, der sich nach der Introjektion des Objekts autodestruktiv äußert. Freud (1917) gibt an, daß diese Ambivalenz konstitutionell verankert sein kann und dann jeder Liebesbeziehung des Betroffenen anhaftet; andererseits sei es möglich, daß durch die für die Auslösung des melancholischen Prozesses zentrale Situation der Kränkung und Zurücksetzung erst „ein Gegensatz von Lieben und Hassen in die Beziehung eingetragen" werde (bzw. eine bereits bestehende Ambivalenz dadurch verstärkt werde). Die Qualität dieses Hasses lasse außerdem einen sadistischen Ursprung erkennen, der „in der unzweifelhaft genußreichen Selbstquälerei der Melancholie" zum Ausdruck komme; zugleich wende sich der in den Selbstvorwürfen enthaltene Haß auch indirekt gegen die Umgebung, insofern es dem Kranken gelinge, „auf dem Umwege über die Selbstbestrafung Rache an den ursprünglichen Objekten zu nehmen und ihre Lieben durch Vermittlung des Krankseins zu quälen" (S. 205).

Unter Bezugnahme auf das Phasenmodell der Libidoentwicklung präzisiert Freud die triebdynamische Seite des melancholischen Prozesses mit dem Hinweis, daß die Liebesbesetzung des Melancholikers für sein Objekt ein zweifaches Schicksal erfahre: Die Libido regrediere teilweise ins Ich und somit auf den Narzißmus (wo sie zur Herstellung der Identifizierung des Ichs mit dem Objekt verwendet wird), zum anderen Teil aber auf die „ihr nähere Stufe des Sadismus". Mit dem Hinweis auf eine Anregung von Abraham ergänzt Freud weiter, daß man den Vorgang der oralen Einverleibung als genetisches Vorbild der Identifizierung ansehen und deshalb eine *orale Fixierung* der Libido als eine Bedingung der depressiven Entwicklung voraussetzen könne.

Von dem für die melancholische Dynamik bedeutsamen Sadismus aus kommt Freud endlich auf das Problem der *Suizidalität* zu sprechen. Er konstatiert zunächst die „großartige Selbstliebe des Ichs" als basale seelische Verfaßtheit und hebt auf diesem Hintergrund das eigentlich Unbegreifliche der Möglichkeit hervor, daß „dies[es] Ich seiner Selbstzerstörung zustimmen könne." Er fährt mit einer oft zitierten Überlegung fort:

> „Wir wußten zwar längst, daß kein Neurotiker Selbstmordabsichten verspürt, der solche nicht von einem Mordimpuls gegen andere auf sich zurückwendet, aber es blieb unverständlich, durch welches Kräftespiel eine solche Absicht sich zur Tat durchsetzen kann. Nun lehrt uns die Analyse der Melancholie, daß das Ich sich nur dann töten kann, wenn es durch die Rückkehr der Objektbesetzung sich selbst wie ein Objekt behandeln kann, wenn es die Feindschaft gegen sich selbst richten darf, die einem Objekt gilt und die die ursprüngliche Reaktion des Ichs gegen Objekte der Außenwelt vertritt" (S. 205f.).

Neben der Ambivalenz mit ihrer sadistischen Komponente benennt Freud den *Narzißmus* als zentrale Voraussetzung für den Vorgang der melancholischen Introjektion. Wie bereits weiter oben angemerkt wurde, verdient dieser Aspekt eine besondere Hervorhebung, weil er in den heute bedeutsamen Theorien der Suizidalität eine zentrale Stellung einnimmt. Der narzißtische Charakter des Introjektionsvorganges wird bei Freud in triebtheoretischer Terminologie durch die bereits genannte Formulierung bezeichnet, daß die Libido aus der Objektbesetzung in das Ich zurückgezogen und dort verwendet werde, um „eine

Identifizierung des Ichs mit dem aufgegebenen Objekt herzustellen" (S. 203). In diesem Bedeutungszusammenhang spricht er auch von einer „Regression der Libido auf den Narzißmus" (S. 211). Diese Formulierungen beschreiben die in der Melancholie vollzogene relative Abkehr von der Objektwelt und den selbstbezogenen bzw. weitgehend innerpsychischen Charakter der depressiven Auseinandersetzung.

Ein weiterer Hinweis auf die narzißtische Thematik findet sich in der Feststellung Freuds, daß die Objektwahl bei dem Melancholiker gewöhnlich auf narzißtischer Grundlage erfolgt sei; diese Vorherrschaft des narzißtischen Typus der Objektwahl bilde einen Faktor für die Disposition zur melancholischen Erkrankung (S. 203f.).[1] Freud hatte 1914 zwei Typen der Objektwahl unterschieden: Beim Anlehnungstypus werden Objekte gewählt, die von dem Ich unterschieden sind und Eigenschaften besitzen, die der Befriedigung eigener Bedürfnisse entgegenkommen; beim narzißtischen Typus werden hingegen Objekte gewählt, die dem Subjekt ähnlich sind und in denen es sich letztlich selbst liebt. Der narzißtische Charakter der Objektbeziehungen wird nun für die widersprüchlichen Merkmale einer „starke[n] Fixierung an das Liebesobjekt" bei gleichzeitig „geringe[r] Resistenz der Objektbesetzung" verantwortlich gemacht. Mit anderen Worten: Der Depressive ist durch das Objekt leicht kränkbar und enttäuschbar, ohne es jedoch auf Grund solcher Erfahrungen aufgeben zu können - im Vorgang der Introjektion muß es wiederhergestellt und gesichert werden. „Die Liebe zum Objekt, die nicht aufgegebene werden kann, während das Objekt selbst aufgegeben wird, [hat sich] in die narzißtische Identifizierung geflüchtet" (S. 205).

1.1.2 Erweiterungen der Konzeption Freuds

Freud beschreibt in „Trauer und Melancholie" (1917) einen inneren Zwiespalt, bei dem „sich ein Teil des Ichs dem anderen gegenüber stellt, es kritisch wertet, es gleichsam zum Objekt nimmt" (S. 201). Dieser Zwiespalt ensteht als Folge der Introjektion des Objekts, wenn sich die ursprünglich an das Objekt gerichteten Anklagen in der Form von Selbstvorwürfen gegen das „durch Identifizierung veränderte Ich" wenden. Die kritische Instanz identifiziert Freud mit dem Gewissen (S.201), später (1923) wird er sie in dem Begriff des „Über-Ichs" fassen.

Abraham (1924, S. 68f.) hat darauf hingewiesen, daß sich der von Freud beschriebene innere Zwiespalt auch umgekehrt so darstellen kann, daß die Selbstkritik von dem introjizierten Objekt ausgeht und sich gegen das Ich (und nicht gegen das Objekt) richtet. Das Objekt übernimmt dabei die Rolle eines pathologisch gestalteten Gewissens, das das Ich herabsetzt und anklagt. Dieser Typ der Introjektion wurde nahezu zeitgleich von Freud (1923) selbst eingehend untersucht und als zentraler Mechanimus für die Entstehung des Über-Ichs (bzw. Ich-Ideals) dargestellt. Abraham beschreibt darüberhinaus kasuistisch die Variante

[1] Freud bezieht sich dabei auf eine entsprechende Anregung von O. Rank (siehe S. 203).

eines *zweiseitigen Introjektionsvorgangs*, bei dem sowohl die kritische Instanz als auch der kritisierte Teil des Ichs durch Introjekte konstituiert werden. Fenichel (1945) stellt in seiner Übersicht diese doppelte Introjektion so dar, daß der innere Konflikt in der Depression zum einen zwischen dem mit dem Über-Ich verbundenen Ich und dem Introjekt stattfinden kann (das ist die ursprüngliche Konzeption in „Trauer und Melancholie"), zum anderen zwischen dem Ich und dem mit dem Über-Ich verbundenen Introjekt (das ist Abrahams Erweiterung).[2]

Diese Sicht der introjektiven Vorgänge läßt ein etwas verändertes Verständnis der depressiven Selbstanklagen zu. Rado (1927) geht genau wie Abraham (1924) von einer narzißtischen Enttäuschung am Objekt aus, die zu einer „empörten Auflehnung" und einer haßerfüllten Reaktion gegen das Objekt führt, so daß der Objektverlust von dem Ich unbewußt als durch die eigene Aggression hervorgerufen und damit als selbstverschuldet erlebt wird. Die Selbstanklagen und Selbstherabsetzungen haben für ihn deshalb vor allem die Bedeutung einer *Sühne*, mit der das verlorene Objekt wiedergewonnen und seine Verzeihung erbeten werden soll. Auf der intrapsychischen Bühne richten sich diese Bemühungen an das Über-Ich, in das das verlorene äußere Objekt introjiziert wurde. Die Sühneleistungen, mit denen das Wohlwollen des Objekts erworben werden soll, können dabei einen selbstzerstörerischen Charakter annehmen und eine masochistische Qualität aufweisen. Rado betont, daß diese masochistische Lösung aus einer tiefen narzißtischen Bedürftigkeit heraus gewählt wird, die das Ich dazu zwingt, für die Liebe des Objekts (des Über-Ichs) jeden Preis (letztlich auch den der Selbstzerstörung) zu bezahlen.

Es ist auffällig, daß in dieser Konzeption die depressive Symptomatik eher von der Position eines bußfertigen und unterwürfigen Ichs dargestellt wird und weniger als Leistung eines gekränkten Ichs, das sich des verlorenen Objekts aggressiv bemächtigt und es in seinem eigenen Inneren angreift bzw. quält. Es scheint, daß dieser Wechsel die Differenz der beiden Introjektionskonzepte und die damit jeweils gekoppelten Deutungsperspektiven widerspiegelt. Es ist interessant, daß in der Nachfolge Freuds der intrapsychische Konflikt vor allem zwischen einem mit dem Über-Ich verbundenen Objekt und dem von dieser kritischen Instanz angegriffenen Ich gesehen wurde. Schon die Ausführungen von Rado (1927) und Fenichel (1945) lassen im Ganzen erkennen, daß sie diese Form der Introjektion als die klinisch bedeutsamere betrachten. Dies widerspricht der ursprünglichen Gewichtung Freuds (1917), der umgekehrt einen „Zwiespalt zwischen der Ichkritik und dem durch Identifizierung [mit dem Objekt] veränderten Ich" (S. 203) als

[2] Ein davon verschiedenes Modell formuliert Rado (1927), der von einer doppelten Introjektion ausgeht, bei der das in einen guten und in einen bösen Teil aufgespaltene Objekt so einverleibt wird, daß das „liebe Objekt" (dessen Wohlwollen das Ich sucht) in das Über-Ich aufgenommen wird, während das Ich das „böse Objekt" (auf das sich zuvor die sadistischen Impulse des Betroffenen richteten) aufnimmt. Ergebnis dieser doppelten Introjektion ist, daß das durch die Introjektion des „bösen Objekts" veränderte Ich der Verfolgung durch das Über-Ich ausgesetzt ist. Zusätzliche Annahmen werden benötigt, um die übermäßige Strenge des durch die Introjektion des „lieben Objekts" veränderten Über-Ichs zu erklären. Rado geht davon aus, daß neben dem „lieben Objekt" die dem „bösen Objekt" *entlehnten* aggressiven Kräfte in das Über-Ich eingehen.

Kern der depressiven Auseinandersetzung ansieht. Ich möchte deshalb noch einmal einen Blick auf Freuds Argumentation werfen und die Gründe für sein spezifisches Verständnis des Introjektionsvorganges erörtern.

Wie weiter oben bereits dargestellt wurde, beschreibt Freud zunächst die beim Melancholiker auffällige „außerordentliche Herabsetzung seines Ichgefühls", die in der Selbstkritik und in den Selbstvorwürfen zutage trete. Bei seiner Analyse trifft er dann jedoch auf Phänomene, die zu dem Bild eines unter der eigenen Schlechtigkeit und Wertlosigkeit leidenden Menschen nicht passen wollen:

> „Endlich muß uns auffallen, daß der Melancholiker sich doch nicht ganz so benimmt wie ein normalerweise von Reue und Selbstvorwurf Zerknirschter. Es fehlt das Schämen vor anderen, welches diesen letzteren Zustand vor allem charakterisieren würde, oder es tritt wenigstens nicht auffällig hervor. Man könnte am Melancholiker beinahe den gegenteiligen Zug einer aufdringlichen Mitteilsamkeit hervorheben, die an der eigenen Bloßstellung eine Befriedigung findet" (S. 201).

Nachdem Freud die für seine Argumentation zentrale Annahme ausgeführt hat, daß die Selbstvorwürfe des Depressiven eigentlich Vorwürfe gegen ein Objekt sind, fährt er fort:

> „Ihre *Klagen* sind *Anklagen*, gemäß dem alten Sinne des Wortes; sie schämen und verbergen sich nicht, weil alles Herabsetzende, was sie von sich sagen, im Grunde von einem anderen gesagt wird; und sie sind weit davon entfernt, gegen ihre Umgebung die Demut und Unterwürfigkeit zu bezeugen, die allein so unwürdigen Personen geziemen würde, sie sind vielmehr im höchsten Grade quälerisch, immer wie gekränkt und als ob ihnen ein großes Unrecht widerfahren wäre" (S. 202; Hervorhebungen im Original).

Freud beschreibt hier eine narzißtische Symptomatik, die sich in Gekränktheit, vorwurfsvoller Ansprüchlichkeit und Objektentwertungen äußert - insgesamt also das Bild einer verdeckten Überlegenheit, die sich hinter Selbstherabsetzungen verbirgt. Diese Überlegenheit stellt offenbar das Gegenstück zu jener Selbstverkleinerung und Unterwerfung dar, die Rado (1927) als eine Sühneleistung interpretiert hat, mit der das in das Über-Ich introjizierte Objekt beschwichtigt und seine Liebe wiedergewonnen werden soll.

Zusammenfassend läßt sich festhalten, daß unter der Perspektive eines im Selbsterleben ohnmächtigen Ichs das depressive Geschehen als eine Auseinandersetzung erscheint, bei dem das Ich durch Unterwürfigkeit und autodestruktive Sühneleistungen ein inneres Objekt für sich gewinnen will, von dem es allmächtig und mit sadistischer Strenge beherrscht wird. Unter dieser Perspektive ist es naheliegend, eine Introjektion des Objekts in das Über-Ich zu postulieren. Diese Sichtweise kommt zudem dem Bild relativ nahe, das die Betroffenen selbst nach außen anbieten. Hinter diesem Bild sind die Zeichen eines rachsüchtigen und sich mächtig gebärdenden Ichs schwerer zu erkennen, das in verdeckter Weise die Objekte quält und beherrscht.[3] Unter dieser Perspektive ist es möglich, das Ich in

[3] In „Massenpsychologie und Ich-Analyse" schreibt Freud (1921): „Die Vorwürfe und Aggressionen gegen das Objekt kommen als melancholische Selbstvorwurfe zum Vorschein" (S.124) und fügt in einer Fußnote hinzu: „Genauer gesagt: sie verbergen sich hinter den Vorwürfen gegen das eigene Ich, verlei-

vereinter Position mit der „kritischen Instanz" zu erblicken und zu verfolgen, wie es ein inneres Objekt angreift und kritisiert; gleichzeitig wird der Vorgang einer Bemächtigung nachvollziehbar, mit dem das Subjekt das Objekt festhält und beherrscht. Beide Perspektiven ergänzen sich und bilden verschiedene Aspekte des gleichen Vorganges ab. Man könnte jedoch vermuten, daß der weniger leicht erkennbare zweite Aspekt, der von Freud herausgestellt worden ist, den hauptsächlichen *psychischen Gewinn* (d.h. die Befriedigungsseite) des depressiven Prozesses erfaßt: die narzißtische Wiederherstellung der eigenen Mächtigkeit gegenüber dem enttäuschenden und kränkenden Objekt und dessen Beherrschung und phantasmatische Sicherung im Innern des Subjekts.

Die frühen psychoanalytischen Erklärungsansätze zur Suizidalität bewegen sich weitgehend zwischen den eben beschriebenen Polen eines sich als entweder mächtig oder ohnmächtig gebärdenden Ichs. Freuds Deutung der Suizidhandlung wurde bereits dargestellt. Ihre wesentlichen Elemente konzentrieren sich im dem Satz: „Nun lehrt uns die Analyse der Melancholie, daß das Ich sich nur dann töten kann, wenn es durch die Rückkehr der Objektbesetzung sich selbst wie ein Objekt behandeln kann, wenn es die Feindschaft gegen sich selbst richten darf, die einem Objekt gilt und die die ursprüngliche Reaktion des Ichs gegen Objekte der Außenwelt vertritt" (1917, S.206).[4] Das Ich bemächtigt sich des Objekts in dem Vorgang der Introjektion und verfolgt es dann mit seinem Haß.

Die andere Seite suizidaler Handlungen kommt in den Blick, wenn man mit Rado (1927) die narzißtische Abhängigkeit vom Objekt ins Zentrum der Betrachtung stellt und das Bemühen um dessen Zuwendung und Liebe als bestimmendes Moment heraushebt. Fenichel (1945) beschreibt Formen des Suizids, die den Charakter einer extremen Unterwerfung unter die grausame Bestrafungen des Über-Ichs (und des mit ihm verbundenen Objekts) aufweisen und eine ultimative Form der Buße bedeuten, mit der eine Verzeihung geradezu erzwungen werden soll.

1.1.3 Narzißtische Krisen

Die eben genannten Bedeutungen suizidaler Handlungen bleiben innerhalb des theoretischen Rahmens, der im Zusammenhang mit der Diskussion des Konzepts der doppelten bzw. zweiseitigen Introjektion abgesteckt wurde. Es finden sich jedoch bei den zitierten Autoren Andeutungen zu weiteren Suizidmotiven, die innerhalb dieses Rahmens nicht mehr interpretierbar sind. Dabei ist nicht mehr

hen ihnen die Festigkeit, Zähigkeit und Unabweisbarkeit, durch welche sich die Selbstvorwürfe der Melancholiker auszeichnen."

4 In den daran anschließenden Ausführungen scheint sich Freud mit der Paradoxie zu beschäftigen, daß das Ich zwar das Introjekt töten kann, dabei jedoch selbst zugrunde geht. Er formuliert, das Objekt habe sich im Suizid trotz der Aufhebung der äußeren Beziehung „als mächtiger erwiesen" als das Ich. Oder: Im Selbstmord werde das Ich „vom Objekt überwältigt" (ebenda). Der Mechanismus der Einverleibung und sadistischen Beherrschung wird im suizidalen Akt gleichzeitig auf die Spitze getrieben und zugleich „sinnlos" gemacht.

eine *Sicherung* des Objekts - durch dessen Bemächtigung oder die eigene masochistische Unterwerfung - das unbewußte Ziel des suizidalen Aktes, sondern dessen *Vernichtung* und die *definitive Befreiung* von ihm. Diese neue Möglichkeit wird sowohl bei Rado als auch bei Fenichel angedeutet. Der Suizidant habe die Phantasie, sein Ich werde durch den Suizid von den bösen, mit dem introjizierten Objekt identifizierten Anteilen befreit und zugleich das bestrafende Über-Ich getötet, so daß „das purifizierte Ich sich mit dem ebenfalls geläuterten Objekt in Liebe und Gegenliebe vereinigt" (Rado, 1927, S. 453). Fenichel (1945, S. 291) spricht in ähnlicher Weise von der Hoffnung auf das Wiedererstehen eines ursprünglichen Paradieses ozeanischer Allmacht, die durch den suizidalen Akt erfüllt werden solle. Hier werden Suizidmotive angedeutet, die über die bisher nachgezeichnete Dynamik depressiver Prozesse hinausgehen und besser innerhalb eines (im engeren Sinne) narzißmustheoretischen Bezugsrahmens verständlich gemacht werden können. Dies ist vor allem von Henseler (1974, 1981) geleistet worden, dessen Modell der Suiziddynamik ich nun diskutieren möchte.

Henseler (1974) geht bei seiner Untersuchung von der Annahme aus, daß die verschiedenen, in der Literatur beschriebenen Beobachtungen zur Suizidalität „Manifestationen eines einheitlichen, aber verborgenen psychodynamischen Geschehens" sind (S. 60). Er beanstandet, daß in der Literatur nach Freud die Rolle der Aggression einseitig überbetont worden sei und die Suizidhandlung vereinfachend als Ergebnis eines Konfliktes zwischen aggressiven Impulsen und dem Über-Ich interpretiert worden sei, der durch eine Wendung gegen die eigene Person gelöst werde (Henseler, 1981). In diesem Zusammenhang werden z.B. die Arbeiten von Hacker (1971) und Levin (1965) genannt. Diese Auffassung falle hinter den Stand der Theoriebildung bei Freud und Abraham insofern zurück, als dort nicht primär die Bewältigung eines Triebkonfliktes beschrieben werde, „sondern die Rettung eines Objektes, das vom Subjekt deswegen für so unverzichtbar gehalten wird, weil es als Teil des narzißtischen Regulationssystems erlebt wird" (Henseler, 1981, S. 117). Jenen Theorieansätzen, die einen Aggressionskonflikt in das Zentrum der Suiziddynamik stellen, wird entgegengehalten, daß in der Praxis sehr häufig Suizidmotive angetroffen werden, in denen die aggressive Komponente völlig zurücktritt; statt dessen dominieren in solchen Fällen Wünsche nach einem Rückzug auf einen harmonischen Zustand und nach der Aufnahme einer sehr frühen Objektbeziehung, in der Selbst und Objekt weitgehend miteinander verschmelzen. Aggressive Motive wie die Tötung eines introjizierten Objekts, Sühne, Selbstbestrafung, Rache und Vergeltung seien nur bei einem Teil der Suizide ein maßgeblicher Aspekt.

Henseler (1974) knüpft bei seinen eigenen Überlegungen an die Hinweise Freuds zur narzißtischen Dynamik des suizidalen Geschehens an und stellt die Problematik des *Selbstwertgefühls* in das Zentrum seines theoretischen Modells. In Anlehnung an Kohut (1971) geht er von der relativen Eigenständigkeit und Eigengesetzlichkeit eines narzißtischen Regulationssystems in der Psyche des Menschen aus, das neben den in der Psychoanalyse gut untersuchten Systemen der Triebregulation existiert. Die Suizidhandlung wird auf diesem Hintergrund als eine sehr unreife Reaktion auf eine durch Kränkungen verursachte narzißtische Krise interpretiert; mit dem Suizid versucht der Betroffene, das narzißtische Gleichgewicht auf einem sehr primitiven Niveau wiederherzustellen. Die genannten illusionären Suizidphantasien - etwa der Wunsch nach einem harmonischen Zustand, Symbiosewünsche, Phantasien von Ekstase, Hingabe, Neubeginn und Wiedergeburt - spiegeln die Zielrichtung jener Regulationsbemühungen wider. Nach dieser allgemeinen Charakterisierung soll das Modell nun in seinen Einzelheiten dargestellt werden.

Wie schon Freud (1917) gibt auch Henseler in seinen theoretischen Überlegungen der Beobachtung ein besonderes Gewicht, daß suizidgefährdete Menschen häufig *narzißtische Objektbeziehungen* herstellen, die einen idealen Charakter haben und die auf der Vorstellung einer vollständigen wechselseitigen Übereinstimmung beruhen, so daß aggressive Regungen weitgehend ausgeschlossen und in die Beziehung nicht integrierbar sind.[5] Konstellationen dieser Art können zwar ein labiles narzißtisches System unter günstigen Umständen stabilisieren, basieren jedoch letztlich auf einer Illusion, die von den Betroffenen unter allen Umständen festgehalten werden muß und dadurch zu einer starren Bedingung für den Erhalt der Beziehung wird. Diese ist infolgedessen konfliktanfällig und gerät aus dem Gleichgewicht, wenn der Partner in seiner narzißtisch regulierenden Funktion versagt. Dann entsteht jene kritische Situation, die wir bereits als Ausgangspunkt der depressiven Dynamik in der Darstellung Freuds kennengelernt haben und in der jene Versagungen oder Enttäuschungen von seiten des Objekts erlebt werden, die einen pathologischen Prozeß in Gang setzen. Dieser Prozeß wird jedoch deutlich abweichend von Freud und Abraham dargestellt.

Als Folge der Kränkungserfahrung gerät der Betroffene in einen Zustand von extremer Ohnmacht, Hilflosigkeit und Verlassenheit, der als *narzißtische Katastrophe* phantasiert wird und deshalb zu radikalen kompensatorischen Abwehrmaßnahmen zwingt. Diese Maßnahmen beinhalten eine regressive Bewegung innerhalb des narzißtischen Systems, dessen Struktur und Entwicklungsstufen Henseler im wesentlichen der Selbstpsychologie Kohuts (1971) entnimmt.[6] In einer ersten Abwehrbewegung wird der Versuch gemacht, die Kränkung durch Verleugnung und Idealisierung zu bewältigen. Dabei werden die Repräsentanzen einer früheren Entwicklungsphase reaktiviert, in der die eigene Person zu einem grandiosen Selbst vergrößert ist und die primären Objekte die Bedeutung idealisierter Objekte haben. Diese Veränderung kommt durch den Rückgriff auf eine infantile Beziehungskonstellation zustande, in der das Kind aus selbstpsychologischer Sicht mit der Unterstützung seiner Eltern die Illusion der eigenen Vollkom-

---

[5] An dieser Stelle führt Henseler die Aggression wieder in seine Rekonstruktion der Suiziddynamik ein, ohne ihr jedoch in seinem theoretischen Modell eine entscheidende Bedeutung einzuräumen; dies führt m.E. zu Schwierigkeiten bei der Deutung des unmittelbaren Suizidgeschehens (vgl. dazu 1.2.1 bzw. 1.2.2 unten).

[6] Henseler benutzt in seiner Arbeit deutsche Begriffe, die von den zwischenzeitlich erschienenen Übersetzungen der Werke Kohuts abweichen und deshalb mit den heute gebräuchlichen deutschen Benennungen nicht übereinstimmen. Das „grandiose Selbst" entspricht dem gebräuchlicheren „Größen-Selbst", die „idealisierten Objekte" den „allmächtigen Objekten" (s.a. Henseler, 1974, Fußnote S. 77).

menheit und derjenigen seiner Eltern noch aufrechterhalten kann und dies auch im Sinne des narzißtischen Selbstschutzes muß.

Es ist klar, daß die regressive Wiederbelebung dieser Idealisierungen nur in Verbindung mit einer massiven Verleugnung der schmerzlichen und kränkenden Realität möglich ist. Das damit gewonnene Gleichgewicht ist deshalb erneut äußerst labil. Weitere Irritationen und Infragestellungen haben auf diesem Hintergrund eine noch massivere Wirkung, weil mit der narzißtischen Aufblähung des Selbst und der Objekte nicht zu leugnende Mängel und Frustrationen ebenfalls zu einer bedrohlichen Größe aufgebauscht werden (Henseler, 1974, S. 81f.). Dies hängt auch damit zusammen, daß durch die Wiederbelebung des grandiosen Selbst zugleich die Ansprüche an die eigene Person realitätsfern und unerreichbar sind, während sie andererseits durch ein Über-Ich, das wegen seines infantilen Charakters eine besonders strenge und rigide Qualität aufweist, unerbittlich eingefordert werden. Mängel und Enttäuschungen, die nicht mehr geleugnet werden können, müssen auf dem Hintergrund dieser Prozesse zu noch katastrophaleren Einbrüchen des Selbstgefühls führen.

Wenn die Abwehrmaßnahmen der Verleugnung und Idealisierung für die Stabilisierung des Selbstgefühls nicht mehr ausreichen, wird nach Henseler (1974) schließlich eine noch primitivere Entwicklungsstufe reaktiviert, in der die Individualität bzw. persönliche Identität zugunsten von Verschmelzungsphantasien aufgegeben wird. Dabei wird eine Art „Ur- oder Primärzustand“ angestrebt, in dem Erlebensqualitäten wie Harmonie, Behagen, Wärme, Ruhe, Spannungsfreiheit, Triumph, Seligkeit, fraglose Sicherheit und Geborgenheit möglich sind. Dieser Primärzustand läßt sich auch als Verschmelzung mit einem diffus erlebten primären Objekt interpretieren. Eine zentrale Annahme Henselers besteht nun darin, daß der Suizidant der von ihm erwarteten narzißtischen Katastrophe totaler Ohnmacht und Verlassenheit aktiv zuvorkommt, indem er seine Individualität preisgibt und auf den beschriebenen harmonischen Primärzustand regrediert. Genau dies geschieht in der suizidalen Handlung. Das aktive Zuvorkommen ist von Phantasien begleitet, die eine narzißtische Restitution des Selbstgefühls bewirken - d.h. von Vorstellungen eigener Macht, Sicherheit und Unverletzbarkeit. „Mit dem Agieren verbindet sich die Vorstellung, die Gefahr der narzißtischen Katastrophe, des totalen Verlassen- und Ausgeliefertseins überspringen zu können und in dem dann erreichten Zustand 'Sieger' zu bleiben“ (ebenda, S. 84).

1.1.4 Folgerungen

Der Vergleich der theoretischen Ansätze Freuds und Henselers macht wichtige Unterschiede sichtbar, mit denen ich mich im folgenden näher beschäftigen möchte. Zunächst ist auffällig, daß man in der selbstpsychologisch fundierten Suizidtheorie Henselers keinen unmittelbaren Aufschluß über den Sinn der konkreten Suizidhandlung erhält. Es ist klar, daß in seinem Verständnis der Suizid dem Wunsch entspricht, die eigene Individualität bzw. persönliche Identität zugunsten von Verschmelzungsphantasien aufzugeben. Welche Bedeutung hat dabei jedoch der *aggressive Akt*, den der Betroffene gegen sich selbst richtet? Über diese Frage gibt Henseler keine nähere Auskunft; er konzentriert sich statt dessen in seinem Ansatz vor allem auf eine Deutung jener dezidiert unaggressiven Phantasien, die den Wunsch nach der Verschmelzung mit einem frühen Objekt zum Inhalt haben. Zur Bedeutung des suizidalen Aktes selbst finden wir genauere Aussagen bei Freud, vor allem in seiner Annahme, daß sich im Suizid mörderische Impulse gegen ein introjiziertes Objekt richten.

Eine weitere Frage stellt sich im Zusammenhang mit dem von Henseler betonten Vorgang der regressiven *Entindividuierung*. In welchem Verhältnis steht er zu jener anderen Seite des Prozesses, die Henseler ebenfalls hervorhebt und bei der der Betroffene sich als „Sieger" fühlt, d.h. gerade durch die suizidale Handlung ein kohärentes Selbstgefühl wiederherstellen kann? Eine letzte Frage bezieht sich schließlich auf die wesentliche Zielrichtung des suizidalen Aktes und den psychischen Gewinn, der mit seiner Hilfe angestrebt wird. Bei Freud und seinen Nachfolgern geht es in erster Linie um die *Rettung* eines unverzichtbaren Objekts, das durch den Akt der Introjektion gesichert und für das Subjekt erhalten wird. Auf Grund der ambivalenten Einstellung gegenüber dem Objekt wird dies mit dem Preis autodestruktiver Neigungen bezahlt, die sich im extremen Fall im Suizid Ausdruck verschaffen können. In jedem Fall wird eine quälerische Verbindung zum Objekt erhalten. Henseler scheint demgegenüber davon auszugehen, daß umgekehrt die *Aufgabe* des ambivalenten bzw. „bösen" Objekts zugunsten der Verschmelzung mit einem idealen, als nur-gut vorgestellten Objekt das unbewußte Ziel des Vorgangs darstellt. Wie ist dieser Unterschied zu verstehen?

Wie noch genauer zu zeigen sein wird, legen diese Unterschiede und Irritationen es nahe, neben einer allgemeinen, narzißtischen Suiziddynamik *zwei Varianten der Suizidalität* anzunehmen, die ich im folgenden als „depressiv-masochistische" bzw. „narzißtische Variante im engeren Sinne" bezeichnen will. Beide Varianten nehmen ihren Ausgang in einer narzißtischen Krise und folgen somit in einem ersten Schritt derselben (narzißtischen) Dynamik; erst in der *spezifischen Art der Auflösung* dieser Krise im suizidalen Akt und in den mit der Suizidhandlung verbundenen Bedeutungen und Phantasien unterscheiden sie sich voneinander. Ich gehe davon aus, daß es Übergänge und Mischungen gibt; es ist m.E. jedoch deutlich, daß von den verschiedenen Autoren jeweils Beispiele beschrieben werden, bei denen entweder die eine oder die andere Variante besonders akzentuiert ist.

In der ersten, ursprünglich von Freud (1917) analysierten *depressiven Variante* wird die Enttäuschung an dem Objekt in der Weise verarbeitet, daß dieses gewissermaßen „um jeden Preis" festgehalten wird. Es entspinnt sich ein Kampf mit destruktiven und autodestruktiven Zügen, bei dem das Objekt im Rahmen einer inneren (oder auch real inszenierten) sado-masochistischen Verwicklung „gesichert" wird. Kennzeichnend ist hierbei, daß der Betroffene gerade innerhalb dieser quälerischen Auseinandersetzung eine sehr enge Verbindung zu dem Objekt herstellt und aufrechterhält. Aus einer äußeren Perspektive und im Hinblick auf die selbstmörderischen Konsequenzen kann man diesen Vorgang auch so charakterisieren, daß es ihm nicht gelingt, sich des Objektes zu entledigen, so daß die von Freud gewählten Formulierungen treffend sind, daß nämlich „der Schatten des Objekts" auf das Ich falle oder das Ich (im Suizid) „vom Objekt überwältigt" werde (1917, S. 203 und S. 206). In diesem Szenario haben Suizidmotive und -phantasien ihren Platz, in denen Unterwerfung, Sühne, Selbstbestrafung, Rache und Vergeltung eine wichtige Stellung einnehmen.

Demgegenüber scheint Henseler (1974) vorwiegend eine *narzißtische Variante i.e. Sinne*[7] zu beschreiben, deren charakteristisches Merkmal darin zu sehen ist, daß der Betreffende die enttäuschende Beziehung zum „bösen" Objekt auflöst bzw. im Zuge einer „Purifizierung" (Rado, 1927) aktiv beseitigt und an seine Stelle eine phantasierte Beziehung zu einem idealen Objekt setzt, die von konflikthaften Elementen befreit ist. In dieser Variante herrschen Vorstellungen und Motive vor, die den Rückzug auf einen harmonischen, völlig unaggressiven „Primärzustand" zum Inhalt haben, also Wünsche nach Symbiose, ekstatischer Verschmelzung, Ruhe und Geborgenheit. Bereits Fenichel (1945, S. 291) hat darauf hingewiesen, daß derartig hoffnungsvolle Phantasien bei solchen Patienten im Vordergrund stehen, „die nicht zur Gruppe der Melancholiker gehören und bei denen Introjektion und Kämpfe zwischen Über-Ich und Ich keine Rolle spielen." Die objektive Destruktivität des suizidalen Aktes wird von den Betroffenen dabei u.U. gar nicht erlebt, weil sie durch Spaltung aus dem Bewußtsein verbannt ist (Henseler, 1981, S. 130). Es scheint - um das Bild Freuds in modifizierter Weise noch einmal zu verwenden -, als sei es dem Subjekt hier tatsächlich in illusorischer Weise gelungen, das Objekt gewissermaßen zu „besiegen" und dabei endgültig „aus seinem Schatten zu treten."

Wie bereits erwähnt, ist es trotz der Möglichkeit einer solchen idealtypischen Differenzierung von zwei Varianten der Suizidalität berechtigt, mit Henseler (1974) einen *allgemeinen Mechanismus suizidaler Handlungen* zu postulieren, der die Aspekte des Objektverlusts, der Kränkung und der narzißtischen Krise als generelle Merkmale der suizidalen Dynamik enthält. Abweichend von Henseler möchte ich in diesen Mechanismus zusätzlich die Denkfigur Freuds und seiner Nachfolger aufnehmen, daß bei dem suizidalen Akt im Körper sowohl das eigene Selbst als auch das Objekt (bzw. Anteile von beiden) angegriffen und vernichtet werden können. Ich orientiere mich dabei u.a. an den Arbeiten von Asch (1980), Campbell (1995) und Maltsberger und Buie (1980). Wie oben bereits angedeutet, schließen sich die beiden eben skizzierten Varianten an diesen allgemeinen Vorgang an und bilden spezifische Phantasien und Vorstellungen ab, die mit dem suizidalen Akt verbunden sein können. Sie repräsentieren jeweils Prozesse, durch die real und/oder phantasmatisch die Beziehung zum Objekt erhalten oder von neuem hergestellt wird. Damit sind einige theoretische Elemente skizziert, die im folgenden genauer ausgeführt werden.

---

[7] Die Formulierung „im engeren Sinne" soll kenntlich machen, daß nicht nur die narzißtische, sondern auch die depressiv-masochistische Variante durch eine *narzißtische Problematik* charakterisiert ist.

1.2 Elemente einer Theorie der Suizidalität

1.2.1 Allgemeine Elemente der suizidalen Dynamik

Ausgangspunkt der suizidalen Dynamik ist in beiden Varianten die Erfahrung des *Verlustes oder Versagens eines Objekts* in einem sehr weiten Sinne. Der Anlaß dazu muß nicht offensichtlich sein; er kann mit Ereignissen in Verbindung stehen, die nach außen hin geringfügig erscheinen, von dem Betroffenen jedoch als Anzeichen einer drohenden Abwendung des Objekts interpretiert werden. Nach den Untersuchungen von Henseler (1974) stellen in aller Regel zwischenmenschliche Enttäuschungen den mittelbaren oder unmittelbaren Anlaß für Suizidhandlungen dar. Ringel (1953, 1989) beschreibt im Zusammenhang mit dem von ihm erforschten präsuizidalen Syndrom eine zunehmende Einengung der Beziehungen auf eine einzige Person, die eine lebenserhaltende Stütze darstellt und von der der Betroffene völlig abhängig ist, so daß ihr Ausfall den Suizid zur Folge hat. Der Verlust kann seine dramatische Bedeutung auch daraus gewinnen, daß er den Endpunkt einer längeren Entwicklung darstellt, in deren Verlauf andere Selbstwertressourcen bereits verloren gegangen sind (Rudolf, 1993). Solche Entwicklungen können auch durch äußere Faktoren unterstützt werden, z.B. durch die Vereinsamung im Alter, den Verlust sozialer Zugehörigkeiten (etwa durch Arbeitslosigkeit u.ä.) oder durch körperliche Krankheiten.

Die Erfahrung des Verlustes wichtiger Objekte ist dann besonders bedrohlich, wenn eine ausgeprägte *narzißtische Vulnerabilität* vorliegt. Die Objekte nehmen dann eine für die Stabilisierung des Selbstwertgefühls unentbehrliche Funktion ein, während ihr Versagen zu unerträglichen Gefühlen des Unwerts und der Ohnmacht führt. Narzißtische Beziehungen dieser Art sind häufig von der illusorischen Vorstellung einer Übereinstimmung zwischen Selbst und Objekt geprägt, die für das Verhalten des Objekts rigide Bedingungen setzt und daher schon durch geringfügige Unstimmigkeiten zu erschüttern ist. Aus diesem Grund können u.U. schon kleine „Eigenbewegungen" des Objekts ausreichen, um das Gefühl einer narzißtische Bedrohung auszulösen.

Wie Küchenhoff (1996) in einer Untersuchung zu Freuds „Trauer und Melancholie" hervorgehebt, hat eine stärkere Ausprägung der narzißtischen Anteile in Beziehungen zur Folge, daß eine Trennung von dem enttäuschenden Gegenüber unmöglich werden kann, weil die *Selbst-Objekt-Differenzierung* unzureichend ausgebildet ist und der Verlust deshalb die Bedeutung eines *Selbstverlustes* bekommt. Dies entspricht der „großartigen Ichverarmung" bzw. dem „Verlust an seinem Ich", die Freud (1917, S. 200f.) in seiner Beschreibung des Melancholikers hervorhebt. Auch die Formulierung (ebenda, S. 203), daß der narzißtische Charakter der Objektwahl für die widersprüchlichen Merkmale einer „starke[n] Fixierung an das Liebesobjekt" bei gleichzeitig „geringe[r] Resistenz der Objektbesetzung" verantwortlich sei, findet in der Feststellung eine gute Erklärung, daß es weniger die Abwendung des äußeren Objekts ist, die nicht verkraftet wird, als vielmehr der Verlust der Selbstanteile, die es vertritt. Weiter unten wird zu zeigen sein, daß die unzureichende Differenzierung zwischen Selbst und Objekt auch eine wichtige Voraussetzung für die Möglichkeit bildet, daß im Suizidversuch im eigenen Körper nicht nur Anteile des Selbst, sondern auch solche des Objekts angegriffen und vernichtet werden können.

Durch die Kränkung und Versagung, die als Folge der Abwendung des Objekts entstehen, werden *Haß und Wut* ausgelöst. Wie bereits schon angemerkt wurde, findet man bei Henseler (1974) zur Entstehung und Qualität dieser Wut keine genaueren Aussagen. In der Selbstpsychologie Kohuts (1971, 1977), auf die sich Henseler vor allem bezieht, werden aggressive Impulse vor allem als Produkte einer Desintegration des Selbst angesehen, die durch den Ausfall des stabilisierenden Selbstobjekts eintritt. Unter dieser Perspektive ist die Wut ein eher unspezifisches Phänomen, dessen weitere inhaltliche Aufklärung dynamisch nur von sekundärer Bedeutung ist (vgl. Kohut, 1977, S.77). Wie Rohde-Dachser (1989a, S. 141) ausführt, kann man unter selbstpsychologischer Sicht jedoch auch annehmen, daß die Wut eine kohärenzstiftende Wirkung hat: Die Wahrnehmung eines eigenständig agierenden Objekts kann dieser Autorin zufolge Fragmentierungsängste auslösen, so daß die Wut die Funktion übernimmt, diesen regressiven Prozeß zu stoppen und ein Gefühl von Selbstkohärenz wiederherzustellen.

Im Unterschied zu Kohut betrachtet Kernberg (1983, 1992) die narzißtische Wut als einen Versuch, das Gegenüber unter die totale Kontrolle zu bringen bzw. es als bedeutsames Objekt *auszulöschen*. Hinter dieser Auffassung steht die Beobachtung, daß narzißtische Persönlichkeiten die Abhängigkeit von anderen Menschen nicht ertragen können, weil als Folge zwischenmenschlicher Annäherungen massive oral-aggressive Konflikte auftreten, deren Bedrohlichkeit als überwältigend erlebt wird. Eine zentrale Rolle spielen dabei Haß und Neid, die projektiv auch im Objekt vermutet werden und bei den Betroffenen die Furcht erzeugen, von anderen ausgenutzt, rücksichtslos behandelt und frustriert zu werden (Kernberg, 1983, S. 271). Die narzißtische Wut reagiert auf solche Gefahren und hat die Aufgabe, diese in radikaler Weise auszuschalten. Kernbergs Modell der narzißtischen Persönlichkeit ist für das Suizidproblem allerdings nur begrenzt verwendbar, weil die von ihm beschriebene Abwehrorganisation[8] in hohem Maße wirksam und „erfolgreich" ist, so daß trotz schwerer Pathologie eine vergleichsweise gute soziale Anpassung und Funktionstüchtigkeit erhalten bleiben. Es fehlt bei diesen Persönlichkeiten jene - nicht nur in krisenhaften Verfassungen - ausgeprägte *Angewiesenheit* und *Irritierbarkeit* im Verhältnis zu den Objekten, die für

---

[8] Kernberg beschreibt an verschiedenen Stellen (vgl. Kernberg, 1983, S.265f., 303; 1992, S.277) eine Abwehrorganisation, in der ein grandios überhöhtes Selbstkonzept aufrechterhalten wird, das aus einer Verschmelzung von Idealselbst-, Idealobjekt- und Realselbstrepräsentanzen entsteht. Dieser pathologische Vorgang ermöglicht ein Ausweichen vor dem Konflikt zwischen dem Bedürfnis nach einem äußeren Objekt und der tiefen Angst vor ihm (dieses Ausweichen ist durch die Verschmelzung von Selbst- und Objektrepräsentanzen möglich), außerdem schützt er vor Gefühlen von Scham, Selbstverachtung und Neid (durch die Verschmelzung von Realselbst- und Idealselbstrepräsentanzen). Diese Deformation der internalisierten Objektbeziehungen geht mit einer Entwertung und Zerstörung innerer Objektimagines und äußerer Objekt einher, was nach außen hin als Verachtung und für den Betroffenen selbst als ein Gefühl der inneren Leblosigkeit und Leere spürbar wird.

Suizidpatienten charakteristisch sind und bei einem großen Teil der Kasuistiken Henselers (1974) sowie anderer Autoren immer wieder hervorgehoben werden (vgl. z.B. Maltsberger & Buie, 1974; Pohlmeier, 1995). Suizidalität wird von Kernberg bei narzißtischen Störungen nur im Zusammenhang mit weiter fortgeschrittenen Analysen oder für die Zeit des mittleren Lebensalters erwähnt, wenn die die Abwehrorganisation infolge einer therapeutischen Progression bzw. durch den Wegfall narzißtischer Ressourcen brüchig geworden ist.

Rudolf (1993) hat im Zusammenhang in seinem Konzept des *depressiven Grundkonflikts* überzeugend dargestellt, daß man von einer sehr engen *primären* Kopplung zwischen oralen Konfliktbereitschaften und narzißtischen Vulnerabilitäten ausgehen muß. Er beschreibt für die Phase der Selbst-Objekt-Differenzierung eine Konstellation, in der ein Gegenüber gesucht wird, das Geborgenheit, Sicherheit, Sättigung und Beruhigung spendet, gleichzeitig aber auch die Bemühungen des Kindes um Kompetenzerweiterung bewundert und das damit verbundene Selbstwerterleben bestätigt. In dieser frühen Objektsuche sind somit Wünsche nach einer Validierung des Selbstgefühls und orale bzw. andere frühe objektbezogene Bedürftigkeiten untrennbar miteinander verbunden. Ein Versagen des Objekts oder sein Verlust lösen Gefühle der Ohnmacht und Hilflosigkeit sowie damit verbunden massive Affekte der Verzweiflung und Wut aus, während gleichzeitig Zweifel an dem eigenen Wert und Gefühle der Nichtigkeit entstehen. In der Folge entwickeln sich verschiedene Formen der Bewältigung, bei denen die Betroffenen entweder durch Anpassung und Selbstverleugnung die Zuwendung und Wertschätzung der Objekte zu gewinnen versuchen oder aber bemüht sind, sich mit Hilfe eines idealisierten Selbstbildes narzißtisch von ihnen unabhängig zu machen. Im Falle des Zusammenbruchs der Bewältigung werden jene massiven Affekte neu belebt, die mit dem depressiven Grundkonflikt ursprünglich verbunden waren. In diesem Modell sind *auch* Formen der Bewältigung konzeptualisierbar, bei denen hinter dem Schutz narzißtischer Selbstidealisierungen eine ausgeprägtere depressive Objektabhängigkeit hervorscheint; wie bereits erwähnt wurde, sind solche Mischformen für Suizidpatienten eher kennzeichnend.

Als letztes und bedeutsames Moment der allgemeinen Suiziddynamik kann angeführt werden, daß die durch Versagung und Kränkung ausgelöste Wut von den Betroffenen massiv *kontrolliert und zurückgehalten* werden muß. Für suizidgefährdete Personen ist kennzeichnend, daß sie eigene aggressive Impulse als eine hochgradige Gefährdung für ihre Beziehungen erleben und deshalb keine feindseligen Gefühle gegen wichtige Objekte aufrechterhalten können (Henseler, 1974; Orgel, 1974; Finger, 1980; Campbell, 1995).

Hinsichtlich der Ätiologie dieser Problematik gibt es unterschiedliche Überlegungen. Orgel (1974) bringt sie damit in Zusammenhang, daß die Aggressionen des Kindes von dem primären Objekt nicht in einem ausreichenden Maß durch grenzsetzende Gegenaggressionen beantwortet worden sind. Dem Kind fehle damit die Möglichkeit, eigene Aggressionen projektiv beim Gegenüber unterzubringen und im Zuge einer Identifizierung mit ihm (als einem Aggressor) zum

Aufbau einer autonomen inneren Struktur zu reinternalisieren. In diesem Fall stauen sich zunehmend destruktive Triebimpulse im Kind an, was nach Orgel zur Folge hat, daß das Objekt von ihm als hilfloses Opfer dieser Aggressionen phantasiert wird. Gleichzeitig stelle es sich vor, daß das Gegenüber genau wie es selbst Opfer eigener destruktiver Impulse ist und von ihnen überwältigt wird. Unter solchen Voraussetzungen werde ein drohender Verlust des Objekts dadurch beantwortet, daß dieses als ein Opfer idealisiert wird, das von Aggressivität gereinigt und in gleichsam „kindlicher“ Weise unschuldig ist, während sich das Subjekt in einem Vorgang der regressiven Verschmelzung (Identifizierung) mit eben diesem idealisierten Opfer-Objekt vereinigt und seine Verbindung zu ihm auf diese Weise rettet. Die aggressiven Impulse könnten sich danach nur noch abgespalten autodestruktiv gegen dieses Opfer-Selbst wenden. Eine derartige Verschmelzung mit dem Opfer sei ein typisches Kennzeichen präsuizidaler Zustände.

Campbell (1995) verweist auf das Fehlen *früher Triangulierungen* (Abelin, 1975; Rotmann, 1978) bei suizidalen Patienten und auf die damit verbundenen Schwierigkeiten, aggressive Impulse in die vorwiegend dyadisch gestalteten Objektbeziehungen zu integrieren. Die Patienten sind nach dieser Vorstellung innerlich an die Wunschvorstellung einer Verschmelzung mit einem idealisierten primären Objekt gebunden, während andererseits das innere Bild eines frustrierenden Gegenübers existiert, an das sich Wut und paranoide Befürchtungen heften. Beziehungen müssen auf dieser Grundlage entweder ganz gemieden oder gegen andrängende feindselige Regungen fortwährend harmonisiert und gesichert werden. Es fehlt die Erfahrung eines dritten Objektes (d.h. des Vaters), das die Herauslösung aus der dyadischen Verwicklung vorleben könnte und als intrapsychische Struktur verfügbar wäre.

Beiden Erklärungsansätzen ist die Vorstellung gemeinsam, daß sich das Kind den Haß, der in der primären Beziehung durch gewöhnliche oder außergewöhnliche Frustrationen ausgelöst wird, in unmodifizierter Weise nicht leisten kann, weil es auf das Objekt angewiesen ist. Diese Konstellation persistiert, wenn bestimmte Bedingungen - z.B. die fehlende Möglichkeiten einer Triangulierung oder das Ausbleiben begrenzender Gegenaggressionen von seiten des Objekts - eine Integration aggressiver Impulse erschwert. Eine vergleichbare Situation stellt sich in präsuizidalen Zuständen her, wenn kränkende Versagungen eine mörderische Wut hervorrufen, das Objekt jedoch als unverzichtbar erlebt wird und daher vor der eigenen Destruktivität geschützt werden muß. Ihre Angewiesenheit zwingt die Betroffenen immer wieder von neuem dazu, die Wut zu kontrollieren und die Nähe des Objekts zu suchen, was wegen der Gefahr weiterer Verletzungen und Enttäuschungen eigentlich vermieden werden müßte. Auf diese Weise entsteht ein *circulus vitiosus* (Maltsberger & Buie, 1974), der schließlich in einen unerträglichen Zustand von Ohnmacht und Wut hineinführt, der durch den suizidalen Akt beendet wird.

1.2.2 Zur Bedeutung der Suizidhandlung

Die Suizidhandlung kann als ein Versuch angesehen werden, die gerade beschriebene Konstellation und die mit ihr verbundenen unerträglichen Spannungen aufzulösen. Die Suizidhandlung stellt eine Antwort auf sie dar und ist als psychischer Akt geeignet, gegen die Hilflosigkeit einen neuen Handlungsspielraum aufzutun, das Selbstgefühl zu restituieren, die Präsenz eines guten Objekts phantasmatisch zu sichern und die bedrohlichen, aggressiv aufgeladenen Objekt- und Selbstanteile zu beseitigen. Dies wird im folgenden genauer ausgeführt.

Für das Verständnis des suizidalen Aktes ist zunächst bedeutsam, daß der eigene Körper in regredierten Zuständen als etwas *Fremdes* erlebt werden kann, das sowohl für einen verhaßten *Selbstanteil* als auch für ein verhaßtes *Objekt* stehen kann, das als Bedrohung erlebt wird (Asch, 1980; Campbell, 1995; Maltsberger & Buie, 1980; Orgel, 1974). Diesen Vorgang, bei dem „sich ein Teil des Ichs dem anderen gegenüberstellt, es kritisch wertet, es gleichsam zum Objekt nimmt" hat bereits Freud als Kern der suizidalen Dynamik innerhalb der Melancholie herausgestellt (1917, S. 201). Wir erinnern uns, daß Freud in Anbetracht der „großartigen Selbstliebe des Ichs" das eigentlich Unbegreifliche der Möglichkeit konstatierte, daß „dies[es] Ich seiner Selbstzerstörung zustimmen könne". Seine Erklärung dieses rätselhaften Geschehens brachte er auf dem Hintergrund der Vorstellung einer Introjektion des ambivalenten Objektes auf die Formel, „daß das Ich sich nur dann töten kann, wenn es ... sich selbst wie ein Objekt behandeln kann" (S. 205f.). Die klassische Vorstellung einer mehr oder weniger abrupten und massiven Introjektion des ambivalent besetzten Objekts scheint allerdings etwas zu beschreiben, das für die Dynamik der Depression bzw. Melancholie spezifisch ist. Demgegenüber wird in neueren Arbeiten (vgl. Asch, 1980; Maltsberger & Buie, 1980; Campbell, 1995) die mit dem Freudschen Modell kompatibel, jedoch allgemeinere Vorstellung vertreten, daß im Zuge der oben beschriebenen krisenhaften Zuspitzung in der präsuizidalen Situation bedrohliche und aggressiv aufgeladene Selbst- und Objektbilder entstehen, die mit dem Körper identifiziert und dort im suizidalen Akt beseitigt werden.

Suizidhandlungen sind mit der Phantasie verbunden, sich von einer bedrohlichen inneren Realität und den in ihr herrschenden „bösen" und verhaßten Selbst- und Objektanteilen befreien zu können. Eine Untersuchung von Maltsberger und Buie (1980) gibt Hinweise dazu, wie dieser Vorgang verstanden werden kann. Die Autoren beschreiben Suizidphantasien, in denen ein inneres Gegenüber erlebt wird, das für den Betroffenen eine äußerste Bedrohung darstellt. Dieses Gegenüber hat einerseits Objektcharakter, insofern es als etwas *Fremdes* erfahren wird; es gehört andererseits zum inneren Raum des Betroffenen und stellt einen Teil seines Selbst dar. Der Patient ist in seinem erlebenden Ich jedoch nicht mit diesem Selbstanteil identifiziert. Dieses Fremde wird gewissermaßen als „Bewohner des Körpers" erlebt. Die Arbeit analysiert u.a. den Fall einer 23-jährigen Patientin, die in ihrer präsuizidalen Verfassung einen inneren Feind phantasiert, den sie selbst als „killer“ bezeichnet. Die Autoren kommentieren die Phantasien dieser Patientin folgendermaßen:

> „The patient's subjective sense of self remains with the 'me' representation, while 'killer', though connected with the patient's body representation, is experienced as non-self. 'Killer' is therefore a composite creature which, in many respects, resembles an external object, genetically derived from hostile introjects. It is now halt expelled by this self-division, and it is highly cathected with hate. ... The patient splits off her body representation from her self representation and binds it to the 'killer' in order to contrive a physical presence which she may attack.“ (S. 64f.)

Die Autoren argumentieren, daß auf diese Weise unerträgliche destruktive Energien von dem Zentrum des Ichs („core of the ego“) ferngehalten werden können. Der Gewinn des psychischen Vorganges liege darin, daß die Angst, das Ziel und Opfer eines inneren Feindes zu sein, leichter toleriert werden kann als die bedrohlichere Vorstellung eines eigenen primären Hasses, der die Rache des Objekts hervorrufen könnte. Die eigene Aggression, die den Selbstmord speist, wird dabei als reaktiv und defensiv erlebt, auch wenn sie zur Tötung des „inneren Feindes“ führt. In dieser Deutung befreit sich der Suizidant durch die Spaltung der Selbstrepräsentanz von unerträglichen feindseligen Impulsen aus dem eigenen Innern, indem er sie einem inneren Feind zuschreibt, von dem er sich im suizidalen Akt befreit. Gleichzeitig können die äußeren Beziehungen von diesen mörderischen Aggressionen freigehalten werden.[9] Der Angriff auf den eigenen Körper ist von der paradoxen Vorstellung begleitet, daß das Selbst gerade durch die Vernichtung des inneren Feindes selbst überleben wird. „The self annihilation may be the consequence of suicide; it is not primarily the intention in fantasy“ (S. 66). Etwas zugespitzt könnte man in Erweiterung zu Freud (s.o.) formulieren, daß das „Ich sich nur dann töten kann, wenn es ... sich selbst wie ein Objekt behandeln kann“ und gerade dadurch gegen dieses Objekt sein eigenes Überleben sichert.

Maltsberger und Buie gehen davon aus, daß dieser Vorgang der „Befreiung von einem Feind“ (riddance of an enemy) die Äußerung eines aversiven und objektabstoßenden Impulses ist, ohne den keine suizidale Handlung stattfinden kann. An diesen Vorgang können sich Phantasien anschließen, die eine erneute Vereinigung mit einem idealen Objekt zum Inhalt haben. In ähnlicher Weise unterscheidet Asch (1980) zwei Stufen innerhalb von Suizidphantasien: Im *ersten Teil* findet gleichsam eine „Reinigung“ des Selbst statt, das von seinem „schlechten Teil“ befreit wird[10]; Asch fügt hinzu, daß die Selbst- und Objektrepräsentanzen nicht klar getrennt sind, so daß bei der im suizidalen Akt intendierten „Purifizierung“ sowohl das Selbst als auch das Objekt getroffen werden. Wenn dieser Vorgang phantasmatisch vollzogen ist, kann in der *zweiten Stufe* die Wie-

---

9 Die Autoren vergleichen diese „suizidale Lösung“ des Aggressionsproblems mit der Paranoia, in der eine sehr ähnliche psychische Dynamik in der Beziehung zu den *äußeren* Objekten stattfindet. Sie beschreiben in diesem Zusammenhang den Fall eines Patienten mit einem Verfolgungswahn, der im Zuge der Auflösung seiner Psychose akut suizidal wird, weil sich die aggressive Auseinandersetzung nach der Wiederaufrichtung der Grenzen zwischen Selbst und äußerer Welt im Inneren fortsetzt (und zwar genau in der oben dargestellten Weise).

10 „The act, successful or not, is fundamentally an attempt at exorcism“ (Alvarez, 1972, S.120, zitiert nach Asch, 1980).

dervereinigung oder Verschmelzung mit dem ebenfalls von Aggression gereinigten idealen Objekt stattfinden. Über den spezifischen Charakter dieser Wiedervereinigung werden in den genannten Arbeiten (Asch, 1980; Maltsberger & Buie, 1980) verschiedene Vorstellungen entwickelt, die weitgehend jenen beiden Varianten der Suizidalität entsprechen, die ich oben angedeutet habe und noch genauer erläutern werde.

Für die Suizidhandlung ist somit eine doppelte und in sich gegenläufige Bewegung mit einer aversiven und einer fusionären Komponente charakteristisch. Ich meine, daß diese Doppeltheit implizit in dem von Henseler (1974) entwickelten Suizidmodell enthalten ist. Henseler hat - wie an anderer Stelle bereits dargestellt - hervorgehoben, daß im suizidalen Akt ein Wechsel von einer ohnmächtigen Position in ein aktives Handeln stattfindet, das die Kohärenz des Selbstgefühls wiederherstellt und damit eine identitätsstiftende Wirkung hat[11]; erst im Anschluß daran ist die regressive Verschmelzung mit einem „primären Objekt" psychisch möglich. Kind (1992) spricht in diesem Zusammenhang von einer *antifusionären Funktion* des Suizids. Dieser Schritt des „aktiven Zuvorkommens" (Henseler) ist mit der erläuterten aversiven und objektabstoßenden Komponente des suizidalen Aktes verbunden, die die Befreiung von dem „inneren Feind" bewirkt. Mit ihm wird zugleich der Zustand der Hilflosigkeit und Ohnmacht beendet und ein befreiender Handlungsspielraum hergestellt. Schließlich scheint er die Voraussetzung einer sich anschließenden gegenläufigen *fusionären Bewegung* zu sein, in der erneut eine „bereinigte" und ideale Verbindung zum Objekt gesucht und phantasmatisch erreicht wird. Die Prozesse der Trennung und Selbstvergewisserung einerseits und die der Verschmelzung andererseits sind somit im suizidalen Akt eng miteinander verwoben und bedingen einander wechselseitig.[12]

Die bis hierhin beschriebenen Vorgänge sind Teil der *allgemeinen suizidalen Dynamik*. Im folgenden werden die beiden *Varianten* dargestellt, die den spezifischen Modus der im suizidalen Akt phantasmatisch oder auch real angestrebten Verschmelzung bzw. Wiedervereingung mit dem Objekt abbilden.

1.2.3 Die narzißtische Suizidvariante (im engeren Sinn)

Die beiden Varianten unterscheiden sich in bezug auf die spezifischen Inhalte der Phantasien, in denen eine Verschmelzung mit dem idealen Objekt angestrebt bzw. herbeigeführt wird. Wie zu zeigen sein wird, ist die Qualität der Inhalte unter anderem entscheidend für die Frage, in welchem Grade diese Phantasien mit der

---

[11] „Mit dem Agieren verbindet sich die Vorstellung, die Gefahr der narzißtischen Katastrophe, des totalen Verlassen- und Ausgeliefertseins überspringen zu können und in dem dann erreichten Zustand 'Sieger' zu bleiben" (Henseler, 1974, S.84).

[12] Im Sinne dieser doppelten Bewegung wäre die These Henselers (1974) zu präzisieren, daß der Suizidant durch eine regressive Bewegung auf seine Individualität verzichtet bzw. seine Identität aufgibt. Kritisch ist auf diesem Hintergrund die kategoriale Unterscheidung eines fusionären bzw. antifusionären Typs der Suizidalität zu sehen, die Kind (1992) vornimmt. Beide Impulse sind in jeder Suizidhandlung notwendigerweise miteinander gekoppelt.

äußeren Realität und der Beziehung zum realen Objekt vereinbar sind und in welchem Maße sie folglich noch mit diesem ausagiert werden können. Wenn eine solche Vereinbarkeit gegeben ist, können Suizidhandlungen so gestaltet sein, daß sie deutlich erkennbar mit interpersonellen Motiven (z.B. Vergeltung, Buße etc.) gekoppelt sind. Den Gegenpol dazu bilden völlig realitätsferne und phantastische Suizidvorstellungen, die mit einer weitgehenden Abkehr von der äußeren Realität und den realen Objekten verbunden sind. Welche Möglichkeiten einer Integration erhalten bleiben, hängt vor allem von der spezifischen Qualität des idealen Objektes ab, das in der Verschmelzungsphantasie gesucht wird.

Die narzißtische Variante der Suizidalität ist bereits in den vorangegangenen Abschnitten immer wieder implizit mitbeschrieben worden, so daß ich mich auf wenige zusammenfassende Anmerkungen beschränken kann. In ihr stellt sich die Verschmelzung als ein eher realitätsferner Vorgang dar, bei dem phantasmatisch eine Art „Primärzustand" gesucht wird, in dem Erlebensqualitäten wie Harmonie, Wärme, Ruhe, Spannungsfreiheit, Triumph, fraglose Sicherheit und Geborgenheit möglich sind. Das dabei gesuchte Objekt weist eine „mediale" Qualität auf, d.h. es trägt keine personalen Züge und ist eher atmosphärisch oder in der Art eines „Hintergrundes" gegenwärtig (vgl. Rudolf, 1993).[13] Auf der interpersonellen Ebene geht es in dieser Variante vor allem darum, eine aufgrund von Kränkungen und Versagungen als unerträglich und bedrohlich erlebte Abhängigkeit aufzulösen und einen illusionären Zustand eigener Unverletztheit bzw. Unverletzlichkeit wiederherzustellen. Dies geschieht in der Weise, daß die Beziehung zu dem enttäuschenden Objekt radikal *beendet* und regressiv durch eine phantasierte ideale Beziehung *ersetzt* wird. Die dabei stattfindenden Prozesse sind bereits ihm Rahmen der Darstellung zur allgemeinen suizidalen Dynamik ausführlich beschrieben worden. Ich gehe davon aus, daß diese Bewegung von einem *Rückzug* aus der Beziehung zu den realen Objekten begleitet wird, der zugleich mit einer *Entwertung* dieser Objekte verbunden ist.

Suizidpatienten mit der hier beschriebenen Variante weisen wahrscheinlich im Durchschnitt eine ausgeprägtere narzißtische Pathologie als jene der depressiv-masochistischen Variante auf, insofern sie in stärkerem Ausmaße auf Selbstidealisierungen zurückgreifen müssen, um Erfahrungen von Ohnmacht und Versagung, die mit dem bedürftigen Teil ihres Selbst verbunden sind, besonders rigide vom Bewußtsein fernzuhalten. Die Bedrohung, die entsteht, wenn dieses „hungrige Selbst" (Volkan & Ast, 1994) erlebt wird, ist so unerträglich, daß dieser Zustand rasch beendet werden muß. Dem entspricht gut die oft berichtete Beobachtung, daß Suizidanten oft nur in den ersten Stunden oder Tagen nach ihrer Tat einen inneren Zugang zu der psychischen Situation haben, die ihren Versuch auslöste. Die rückblickende Vergegenwärtigung fällt um so schwerer, je

[13] Rudolf (1993, S.124f.) hat i.Z. mit seiner Analyse des depressiven Grundkonflikts auf dem Hintergrund einer frühen und einer reiferen Phase der Selbst-Objekt-Differenzierung zwei Objektqualitäten unterschieden, die er *medial* und *objektal* nennt. Die in Verbindung mit dem medialen Objekt ersehnten Erlebensformen stimmen sehr gut mit den Suizidphantasien in der narzißtischen Variante überein. Darüberhinaus erscheint mir die weitergehende Annahme vertretbar, daß der depressiv-masochistischen Variante häufiger die objektale, d.h. die personale Form des Objekterlebens zugeordnet werden kann.

ausgeprägter die narzißtischen Störungsanteile sind (Rudolf, 1993). Henseler (1994, S.91) beschreibt, daß die Suizidhandlung sehr bald „wie ein Fremdkörper abgekapselt und abgewehrt“ wird. Wo eine innere Bezugnahme dennoch möglich ist, werden die Erinnerungen von intensiven Schamgefühlen begleitet.

1.2.4 Die depressiv-masochistische Suizidvariante

Diese Variante folgt zunächst der allgemeinen suizidalen Dynamik, so wie sie oben dargestellt wurde. Der Weg, auf dem in der Suizidhandlung eine Vereinigung mit dem Objekt angestrebt wird, unterscheidet sich jedoch sehr deutlich von dem eben beschriebenen narzißtischen Modus. In der depressiv-masochistischen Variante wird das frustrierende Objekt *nicht* losgelassen oder aufgegeben, sondern es wird umgekehrt (in der Phantasie und/oder Realität) durch eine masochistische Ausgestaltung des suizidalen Aktes in eine innige Verbindung hineingezwungen. Asch (1980) beschreibt Phantasien, in denen sich der Suizidant als Opfer eines verborgenen Richters (hidden executioner) erlebt, dem er passiv ausgeliefert ist und der sein Werk - die „Hinrichtung“ oder (bei einem Fehlschlag des Versuchs) die „Begnadigung“ bzw. „Errettung“ - allmächtig in Szene setzt. Entscheidend dabei ist, daß in dieser Phantasie eine sehr innige Beziehung zwischen dem Opfer und seinem Richter gestiftet wird; die Verbindung hat einen absoluten und exklusiven Charakter, der gerade durch den ultimativen und tötlichen Charakter des Geschehens erzeugt wird. Suizidhandlungen mit dieser Bedeutung können z.B. in Fällen vorliegen, bei denen die Rettung dem Zufall überlassen wird, so daß die Verantwortung für das eigene Überleben bewußt oder unbewußt dem „Schicksal“ oder auch einer bestimmten Person zugewiesen wird. Der Autor vermutet auch, daß die forensische Frage einer möglichen Fremdeinwirkung bei erfolgreichen Suiziden besonders häufig dann entsteht, wenn diese nach dem Muster der eben beschriebenen Phantasie arrangiert wurden.

Die Vorstellung einer solchen sado-masochistischen Verschmelzung scheint geeignet, die Versagungen und Kränkungen von seiten des Objekts, aber auch die dadurch hervorgerufenen bedrohlichen eigenen Affekte und mörderischen Impulse gleichsam in ein „Drama“ einzubinden und zu integrieren, das die Beteiligten in paradoxer Weise aneinander bindet und miteinander vereint. Der Suizidant phantasiert sich dabei z.B. als das Opfer eines Täters, als Angeklagter eines Richters oder als Besiegter eines mächtigen und überlegenen Objekts. Er bietet sich diesem inneren Gegenüber gewissermaßen als Opfer an und fühlt sich im suizidalen Akt als solches angenommen und „erwählt“. In der masochistischen Hingabe an das richtende Objekt erfährt er eine Zuwendung, die ihren totalen und befriedigenden Charakter gerade aus der Endgültigkeit des Tötungsaktes bezieht. Als tötlicher Angriff ist diese Zuwendung eindringlich und spürbar genug, um für den Suizidanten sicher und gegen jeden Zweifel eindeutig zu sein. Rohde-Dachser (1986) hat in entsprechender Weise masochistische Inszenierungen als ein

„Ringen um Empathie“ analysiert, bei dem der Sadismus des Objekts als Ausdruck eines intensiven Interesses erfahren wird. Darüberhinaus enthalten die von ihr untersuchten masochistischen Phantasien die Wendung, daß das sadistische Objekt durch die offenbare Qual seines Opfers gleichsam genötigt wird, sich in dessen Schmerzen hineinzuversetzen und das von ihm Erlittene zu fühlen und anzuerkennen, wodurch es schließlich umgestimmt wird und sich seinem Opfer liebevoll und belohnend zuwendet. Dieser Moment sei das eigentliche Ziel der Inszenierung: „Das empathische Objekt wird ... im buchstäblichen Sinne 'herbeigelitten' und im orgiastischen Triumph - wenn auch illusionär - für einen Augenblick erreicht“ (ebenda, S.38).

In dieser Figur deutet sich eine „Verwandlung“ der Szene an, die auch in bestimmten suizidbegleitenden Phantasien eine wichtige Rolle zu spielen scheint: Parallel zur masochistischen Selbstauslieferung und Hingabe findet eine Bewegung statt, durch die der Betroffene Wert und Bedeutung zurückerhält und sich ein moralisches Recht auf Anerkennung und Belohnung erwirbt. Er gewinnt damit sogar eine gewisse Mächtigkeit, die das Verhältnis der Beteiligten verkehrt und das Objekt nun seinerseits in die Defensive bringt und zum Angeklagten macht (vgl. Asch, 1980). Der Suizidant wird in der Vorstellung durch sein Martyrium von Schuld gereinigt und geläutert. Dadurch erwirbt er sich eine moralische Überlegenheit, die er nun gegen seinen Richter zurückwenden kann: Das Objekt ist nun zum „Täter“ geworden und hat durch seine Unerbittlichkeit und Härte Schuld auf sich geladen, die dem Betroffenen Anrechte auf Wiedergutmachung sichert und das Objekt gewissermaßen schicksalshaft verpflichtet (vgl. auch Gerisch, 1996).

Dieses Verhältnis zwischen Selbst und Objekt, das durch ein Changieren der Positionen von Macht und Ohnmacht, Schuld und moralischer Überlegenheit, Berechtigung und Verpflichtung bestimmt ist, zeichnet sich zugleich durch seinen *außerordentlichen und exklusiven* Charakter aus. Das sado-masochistische Geschehen enthält das Potential für Augenblicke intensivster Zuwendung, für erhabene Momente des Erwähltseins und des moralischen Triumphes über ein schuldiges Objekt. Gerade in dem sado-masochistischen Phantasiespiel wird der ideale Charakter der Verbindung zum Objekt erzeugt. Der Suizidant ist schließlich auch der Regisseur der ganzen inneren und äußeren Szene, die er einrichten und dirigieren kann; deshalb gilt auch für diese Suizidvariante, daß die sado-masochistische Vereinigung mit dem Objekt in einer *aktiven* Bewegung herbeigeführt wird, die den Zustand der eigenen Ohnmacht und Hilflosigkeit beendet und durch das Erleben eigener Mächtigkeit eine narzißtische Restitution erreicht.

Die eben beschriebenen Motive und Bedeutungen entsprechen in Teilen jenem Bild, das von Freud (1917) und seinen Nachfolgern in bezug auf die Dynamik der Depression bzw. Melancholie gezeichnet worden ist (vgl. 1.1.1 und 1.1.2). Ich erinnere daran, daß dort (auf dem Hintergrund des Modells einer „zweiseitigen Introjektion“) ebenfalls der doppelte Charakter des Verhältnisses zwischen dem Ich und seinem Objekt herausgearbeitet wurde: Einerseits jene masochistische und bußfertige Unterwerfung des Ichs unter die „kritische Instanz“, die mit dem introjizierten Objekt verbunden ist; andererseits die Bemächtigung des Objekts durch das Ich im Vorgang der Introjektion und die Wendung der sadistischen Strebungen gegen dieses Introjekt. Die Motive, die der Suzidhandlung in den frühen theoretischen Modellen zugrundegelegt werden (also z.B. Vergeltung, Unterwerfung, Buße, omnipotente Kontrolle und Tötung des introjizierten Objekts etc.), spiegeln ebenfalls diese beiden Aspekte einer masochistischen Unterwerfung und der sadistischen Bemächtigung wider.

Obgleich Henseler (1974, 1981) die narzißtische Dynamik in den Mittelpunkt seines theoretischen Ansatzes stellt und die hier beschriebene Form der Suizidalität auf andere Weise interpretiert[14], geben seine empirische Beobachtungen dennoch aufschlußreiche Hinweise für das Verständnis der depressiv-masochistischen Variante. Der Autor (1974, S. 120-139) konnte in seiner Studie eine Gruppe von Suizidanten identifizieren, die mit ihren Partnern in einem intensiven Machtkampf verstrickt sind, der von den Patienten selbst überwiegend offen masochistisch und latent sadistisch, von ihren Partnern dagegen offen sadistisch und latent masochistisch betrieben wird. Der Autor führt aus, daß die Kämpfe normalerweise *nicht* den Bereich narzißtischer Kränkbarkeit berühren. Das gegenseitige Sichquälen und Erniedrigen ziele nicht ernsthaft auf Schädigung oder Trennung, sondern bewirke im Gegenteil ein erhebliches Maß an narzißtischer Befriedigung und Solidarisierung. „Gerade in seiner Machtausübung und in seinem unbedingten Besitzanspruch vermittelt der sadistische Teil dem anderen das Gefühl von Wert und Wichtigkeit. Er deckt damit die narzißtische Unsicherheit ab, unter der der masochistische Teil leidet. Die Selbstmordversuche traten stets in Situationen auf, in denen die *basale Solidarität* entweder durch Rückzug des Partners oder durch eine grobe Brüskierung, die offenbar die Toleranzgrenze überschritt, *ernsthaft gefährdet* schien“ (S.135; Hervorhebungen im Original).

Der Autor weist darauf hin, daß sich hinter den quälerischen Erniedrigungen regelhaft realitätsferne *Idealisierungen* verbergen, die auch in der exklusiven Form der Beziehung zum Ausdruck kommen, die den Partnern keine weiteren bedeutsamen Beziehungen gestattet. Akte der Untreue kommen nach seinen Beobachtungen häufig vor, haben jedoch stets etwas Unernstes, Spielerisches und werden öfter bewußt als Erpressungen verstanden. Es scheint, als ob Gesten der Ignoranz, Verachtung und Entwertung innerhalb dieses „Spiels“ keine wirkliche narzißtische Infragestellung des Partners bedeuten könnten und in paradoxer Weise das Erleben einer inneren Verbundenheit bestärken. Erst wenn diese „Idealität“ der Verbindung durch eine ernsthafte Aufkündigung der „basalen Solidarität“ infrage gestellt ist, setzt jene narzißtische Labilisierung ein, die sich bis zur suizidalen Handlung krisenhaft zuspitzen kann. Trotz der gewohnten

[14] Henseler (1974, S. 93) nimmt an, daß die grundlegenden narzißtischen Konflikte, die für die gesamte Gruppe der Suizidpatienten bestimmend sind, thematisch durch die drei Phasen der infantilen Sexualentwicklung gewissermaßen „eingefärbt“ sind und sich deshalb von ihrem Erscheinungsbild her danach unterscheiden lassen, ob es eher um das Thema der psychosexuellen Identität (entsprechend der phallischen Phase), von Wert und Macht (entsprechend der anal-sadistischen Phase) oder des Akzeptiertseins schlechthin (entsprechend der oralen Phase) geht. Die Patienten, die ich der depressiv-masochistischen Variante zuordnen würde, rechnet Henseler zur zweitgenannten Gruppe.

Quälereien wird erst in diesem Moment jene Hilflosigkeit, Ohnmacht und Abhängigkeit gefühlt, die die Qualität einer narzißtischen Bloßstellung aufweist und unerträgliche Affekte erzeugt. Die zentrale Phantasie, die die Suizidhandlung begleitet, scheint nun gewissermaßen das „alte Spiel" noch einmal in zugespitzter Form fortzuführen und von demselben sado-masochistischen Muster bestimmt zu sein, das auch die übrigen Beziehungsarrangements dieser Patienten prägt.

1.2.5 Vergleich der beiden Varianten

Der wichtigste Unterschied zwischen den erläuterten Varianten besteht darin, daß im narzißtischen Modus das enttäuschende Objekt aufgegeben und phantasmatisch durch ein ideales Objekt ersetzt wird, während in dem depressiv-masochistischen Modus das ambivalente Objekt letztlich - innerhalb einer ebenfalls verdeckt idealisierenden Beziehungsphantasie - festgehalten und gesichert wird. Dies hat die Folge, daß in der depressiv-masochistischen Variante eher die Chance besteht, daß die Verbindung zu dem realen äußeren Objekt aufrechterhalten wird. Es scheint in der Tat so zu sein, daß die interpersonellen Bedeutungen und Motive der Suizidhandlung bei der depressiven Variante ausgeprägter sind als bei der narzißtischen. Henseler (1974, S. 131) zeigt für die schon oben erwähnte Patientengruppe, daß bei ihr auf reale Personen bezogene Anklagen, Erpressungen oder Vergeltungsabsichten besonders deutlich waren. An der Ernsthaftigkeit der Selbsttötungsabsichten habe in allen Fällen keinerlei Zweifel bestanden, jedoch sei wegen der Art Durchführung des Versuchs die objektive Lebensgefahr in den vielen Fällen nicht sehr hoch einzuschätzen gewesen.

Diese Beobachtungen scheinen darauf hinzudeuten, daß die Fähigkeit zur Aufrechterhaltung einer Verbindung zum realen Objekt, das Vorliegen interpersoneller Suizidmotive sowie eine geringere Gefährlichkeit der Suizidhandlungen Merkmale der depressiv-masochistischen Variante sind. Dem gegenüber beschreibt Asch (1980) allerdings Suizide und Suizidversuche mit einem sado-masochistischen Arrangement, die z.T. eine psychosenahe oder gar psychotische Qualität aufweisen und außerordentlich gefährlich sind. Diese Hinweise legen nahe, für den Bereich der depressiv-masochistischen Suizidalität vorläufig ein breiteres Spektrum von Möglichkeiten anzunehmen: Auf der einen Seite finden sich Fälle, bei denen das masochistische Muster insofern der Realität angepaßt ist, als äußere Bedingungen und Partner dem Leiden eine faktischen Inhalt geben; die Suizidmotive sind in diesem Fall möglicherweise eher interpersonell und die Suizidhandlungen weniger gefährlich. Auf der anderen Seite des Spektrums würde man hingegen Fälle finden, bei denen ein psychotischer Realitätsverlust das Geschehen rein intrapsychisch werden läßt und interpersonelle Suizidmotive eher zurücktreten. Zwischen diesen beiden Extremen sind *Übergänge* anzunehmen.[15]

---

[15] Diese Sichtweise geht im wesentlichen parallel zu den Unterscheidungskriterien und Abstufungen zwischen neurotischen und psychotischen Formen der Depression, so wie sie beispielsweise von Mentzos (1991, S. 95ff.) dargestellt werden.

1.3 Annahmen zu den Beziehungsstrukturen suizidaler Patienten

In der Einführung wurde bereits angedeutet, daß die Beziehungsstrukturen von Suizidpatienten in der vorliegenden Arbeit auf dem Hintergrund ihres *allgemeinen* Beziehungsverhaltens und -erlebens untersucht werden. Diesem Vorgehen liegt die Annahme zugrunde, daß sich die Beziehungsstrukturen, die im Kontext der Suizidhandlung sichtbar werden, als Tendenz auch in anderen Beziehungssituationen zeigen. Die Suizidhandlung hat unter dieser Perspektive die Bedeutung einer extremen Äußerungsform bestimmter Beziehungsstrukturen, die jedoch auch in anderen interpersonellen Zusammenhängen entdeckt und identifiziert werden können. Für das methodische Vorgehen bietet dieser Ansatz die Möglichkeit, die suizidalen Muster durch eine Untersuchung von *Beziehungsepisoden* zu analysieren, die die betroffenen Patienten in Therapiegesprächen spontan schildern. Auf der Grundlage einer größeren Zahl von Beziehungsschilderungen können *repetitive Muster* identifiziert werden, wobei die Repetition als Kriterium dafür dient, daß man tatsächlich charakteristische Beziehungsbereitschaften eines Patienten erfaßt hat.

Die Diskussion der psychoanalytischen Theorien hat gezeigt, daß Suizidhandlungen in der Tat als symptomatischer Ausdruck bestimmter Bereitschaften interpretiert werden können, die für das Verhalten und Erleben der Betreffenden *insgesamt* kennzeichnend sind und nicht ausschließlich im Zusammenhang mit der Suizidalität auftreten. Die Erläuterungen zum narzißtischen Charakter der Beziehungen suizidgefährdeter Patienten, zu ihrer spezifischen Vulnerabilität in bezug auf Verlust- und Kränkungserfahrungen und zur Dynamik narzißtischer Krisen beziehen sich auf allgemeine Merkmale, die das klinische Bild dieser Patienten in sehr verschiedenen Bereichen bestimmen. Das Gleiche gilt für die beiden Varianten, die ebenfalls generelle Modi der Bewältigung beschreiben, so daß Suizidhandlungen gewissermaßen extreme Formen ihrer Ausgestaltung darstellen. Wie bereits weiter oben erwähnt wurde, zeigen auch die 50 detaillierten Einzelfallanalysen in Henselers Untersuchung (Henseler, 1974), daß sich die in der Suizidalität zutage tretende spezifische Persönlichkeitsproblematik jeweils im gesamten Beziehungsverhalten der Betroffenen äußert. Entsprechend ordnet er seine Deutung des Suizidgeschehens in einen größeren Zusammenhang ein und betont, daß sich mit seinem Modell auch suizidäquivalente Handlungen wie der Rückzug in einen Rausch, eventuell auch Sucht und dissoziale Verhaltensweisen wie z.B. Streunen und Weglaufen erklären lassen könnten (ebenda, S.85).

Es soll nun zusammenfassend aufgelistet werden, welche Beziehungsstrukturen für Suizidpatienten auf Grund der vorangegangenen theoretischen Diskussion postuliert und der empirischen Untersuchung als hypothetische Annahmen vorangestellt werden können. Die Ergebnisse der Theoriediskussion, die vor allem in den Abschnitten 1.2.1, 1.2.3 und 1.2.4 dargestellt worden sind[16],

[16] Es handelt sich um die Abschnitte zur allgemeinen suizidalen Dynamik (1.2.1) und zu den beiden Varianten (1.2.3 bzw. 1.2.4).

sollen zu diesem Zweck in einer Form kondensiert werden, in der die wesentlichen Elemente der Beziehungsgestaltungen und des Beziehungserlebens von Suizidpatienten in prägnanter Weise benannt werden. Die theoretischen Überlegungen dieses Kapitels haben gezeigt, daß man dabei eine allgemeine suizidale Dynamik von bestimmten Suizidvarianten unterscheiden muß. Entsprechend ist es notwendig, bei der Bestimmung der grundlegenden Elemente suizidaler Beziehungsstrukturen die allgemeinen Merkmale von den spezifischen Merkmalen zu unterscheiden, die den Varianten zugeordnet sind.

Wie in der Einführung angemerkt wurde, werden diese Merkmale am Ende des vierten Kapitels (im Abschnitt 4.3.2) noch einmal in die Kategorien der strukturalen Analyse sozialen Verhaltens (SASB) übersetzt und dadurch in die Form empirisch überprüfbarer Annahmen gebracht. Die Merkmale suizidaler Beziehungsstrukturen werden deshalb bereits nachfolgend so formuliert, daß sie sich gut die die Sprache von SASB übersetzen lassen. Dies macht eine gewisse Vereinfachung insofern notwendig, als die verschiedenen Merkmale (z.B. der Verlust des Objekts oder die Kränkung durch das Objekt) jeweils einzeln und außerhalb des spezifischen Zusammenhangs formuliert werden müssen, in dem sie innerhalb der suizidalen Dynamik stehen. Isoliert betrachtet sind diese Merkmale jedoch nicht unbedingt spezifisch für die Suizidproblematik. Erst wenn sie in ihrem *dynamischen Zusammenhang* interpretiert werden, ergeben sie jenes für Suizidpatienten charakteristische Bild, das im Rahmen der Theoriediskussion gezeichnet wurde. Bei der empirischen Untersuchung wird deshalb zu prüfen sein, ob die genannten Merkmale in den Beziehungsmustern der Patienten jeweils gemeinsam und in dem theoretisch behaupteten Zusammenhang auftreten.

1.3.1 Allgemeine Merkmale

(a) Objektabhängigkeit: Suizidal gefährdete Menschen sind im hohen Maße von bestimmten Objekten abhängig, die für sie eine existentielle Bedeutung besitzen. Die Qualität dieser Abhängigkeit und die damit verbundenen Vulnerabilitäten sind in Abschnitt 1.2.1 ausführlich erläutert worden. Eine zentrale Komponente ist dabei die narzißtisch stabilisierende Funktion, die diese Objekte für die Betroffenen ausüben. Die Abhängigkeit kann in einem ausgeglichenen und kompensierten Zustand u.U. verdeckt sein; sie wird jedoch offensichtlich, wenn durch eine Enttäuschung an den Objekten eine krisenhafte Verfassung eintritt.

(b) Objektverlust: Die Erfahrung des Objektverlustes ist die komplementäre Seite der Objektabhängigkeit. Da es sich in der Regel nicht um einen realen Verlust handelt, sind hier eher Ereignisse angesprochen, bei denen sich das Objekt abwendet, eine basale Solidarität aufkündigt, sich von dem Betroffenen löst oder eine unerwartete „Eigenbewegung“ macht. Solche Ereignisse stellen die grundsätzliche Verfügbarkeit des Objekts infrage und machen seine stabilisierende

Funktion fraglich; sie können zu einer Labilisierung des Selbstgefühls führen und in der Folge eine narzißtische Krise auslösen.

(c) Kränkung: Die Abwendung des Objekts wird als Kränkung und Bloßstellung erlebt, die u.U. eine vernichtende Qualität annehmen kann. Der Betroffene erlebt sich dann in seiner Abhängigkeit von dem enttäuschenden Objekt als völlig hilflos und ohnmächtig. Dieser Zustand ist unerträglich und kann als „narzißtische Katastrophe" phantasiert werden.

(d) Wut auf das Objekt: Die Kränkungserfahrung erzeugt eine intensive Wut, die sich gegen das enttäuschende Gegenüber richtet. Die verschiedenen Quellen und Funktionen dieser Wut sind ebenfalls in Abschnitt 1.2.1 erläutert worden. Die eigene Aggressivität wird wegen der Angewiesenheit auf das Objekt zugleich als schwere Bedrohung für die Beziehung erlebt und deshalb massiv kontrolliert. Aus diesem Grund ist es wahrscheinlich, daß die wütenden Impulse nur sehr passager oder partiell von den Betroffenen erlebt und zum Ausdruck gebracht werden können. Es ist deshalb zumindest fraglich, ob sie im Rahmen von Beziehungsepisoden geschildert werden und damit empirisch erfaßbar sind.

(e) Ohnmacht und Hilflosigkeit: Das Erleben eigener Ohnmacht und Hilflosigkeit macht den Kern der narzißtischen Krise aus und ist zugleich jene Erfahrung, die besonders unerträglich ist und radikal vermieden werden muß. Während in dem Moment der *Abhängigkeit* (s.o.) die Bedürftigkeiten im Vordergrund stehen, die sich an das Objekt richten, geht es hier um das Gefühl der eigenen Wehrlosigkeit und des *Ausgeliefertseins.* Dieser Zustand kann mit einiger Wahrscheinlichkeit ebenfalls nur passager und andeutungsweise bewußt erlebt werden, weshalb es auch hier unsicher ist, ob er in Beziehungsepisoden geschildert wird und dadurch empirisch erfaßbar ist.

1.3.2 Varianten

Narzißtische Variante (i.e. Sinne)

(a) Auflösung der Abhängigkeitsbeziehung: Für diese Variante ist charakteristisch, das in ihr die Abhängigkeitsbeziehung zu dem enttäuschenden Objekt aufgelöst und phantasmatisch durch eine ideale Beziehungvorstellung ersetzt wird. Aus einer äußeren Perspektive bedeutet dies, daß sich der Betroffene vom Objekt abwendet oder zurückzieht.

(b) Überlegenheitsgestus und Objektentwertung: Ein anderer Aspekt dieses Vorganges besteht darin, daß der Betroffene seine Abhängigkeit durch eine Auslöschung der bedeutsamen äußeren Objekte und ihrer inneren Repräsentanzen auflöst und dabei sein Selbstgefühl im Erleben eigener Unabhängigkeit und Kon-

trolle restitutiert. Es ist deshalb zu erwarten, daß interpersonell ein Gestus von Überlegenheit sichtbar wird, der das Objekt entwertet.

Anmerkung: Die *ideale* Beziehung, die phantasmatisch im Zuge der Auflösung der realen Beziehung hergestellt wird, ist nicht als interpersonelles Geschehen faßbar und folglich nicht in den Kategorien der strukturalen Analyse sozialen Verhaltens abbildbar. Ihre Merkmale werden deshalb an dieser Stelle nicht noch einmal dargestellt. Bei der qualitativen Auswertung des Textmaterials wird allerdings zu prüfen sein, ob in den Patientenschilderungen Phantasien erkennbar werden, die das Motiv der „Verschmelzung mit einem medialen Objekt" enthalten und damit die in der narzißtischen Variante beschriebene Figur bestätigen.

Depressiv-masochistische Variante

(a) Sadistisches Objektverhalten: Für diese Variante ist charakteristisch, daß der Betroffene eine quälerische Verbundenheit mit dem Objekt hergestellt und dieses in einem Kampf mit sadistischen und masochistischen Zügen festhält. Da das Objekt vor allem den sadistischen Part übernimmt, müßte man von seiner Seite ein willkürlich herabsetzendes, verletzendes und strafendes Verhalten erwarten, das den Patienten dominiert und erniedrigt.

(b) Masochistisches Patientenverhalten: Für die Seite des Betroffenen selbst wurde in dieser Variante ein Beziehungsverhalten beschrieben, bei dem der Betroffene die Erniedrigungen und Quälereien unterwürfig hinnimmt, um sich jedoch dadurch gleichzeitig eine moralische Überlegenheit zu sichern und aus dieser Position heraus das Objekt für seine Taten bloßzustellen, anzuklagen und selbst zu dominieren.

Anmerkung: Auch im Zusammenhang mit dieser Variante verzichte ich auf eine Darstellung jener Beziehungsaspekte, die den idealen und exklusiven Charakter der Verbindung zwischen dem Patienten und seinem Objekt ausmachen, der durch das „sado-masochistische Drama" erzeugt und affirmiert wird. Die theoretische Diskussion zu den Beziehungsgestaltungen der Patienten dieses Typs hat gezeigt, daß die Idealisierungen in der quälerischen Auseinandersetzung gleichsam „versteckt" sind und sich eher atmosphärisch bzw. „zwischen den Zeilen" als konkret-interaktionell äußern. Auch hier wäre bei der qualitativen Auswertung der Patientenschilderungen zu prüfen, ob tatsächlich derartige Idealisierungen in der Beziehung zum Objekt in der Schilderungen erkennbar sind.

2. Die strukturale Analyse sozialen Verhaltens (SASB)

Die strukturale Analyse sozialen Verhaltens (engl.: Structural Analysis of Social Behavior - SASB) gehört zu der Gruppe der zirkumplexen Modelle interpersonellen Verhaltens. Als Modell hat SASB zunächst den Charakter eines theoretischen Konstrukts. Für Anwendungen in der empirischen Forschung ist das Modell in zweierlei Weise instrumentell umgesetzt worden: Einmal als Fragebogen, mit dem Probanden ihre Beziehungen zu anderen Personen selbst beurteilen; zum zweiten als Ratingsystem, mit dem durch Video-, Tondbandaufnahmen oder Transkripte dokumentierte verbale Interaktionen schrittweise erfaßt (Prozeßanalyse) bzw. die in ihnen enthaltenen Beziehungsschilderungen untersucht werden können (Inhaltanalyse). Das Modell der strukturalen Analyse sozialen Verhaltens und die aus ihm abgeleiteten Forschungsmethoden werden in diesem Kapitel dargestellt. Darüberhinaus wird über Untersuchungen berichtet, in denen die zentralen Modellannahmen von SASB empirisch geprüft worden sind. Die Bedeutung von SASB für die klinische Forschung wird durch eine Übersicht zu bisher durchgeführten empirischen Untersuchungen in diesem Bereich belegt.

2.1 Das Modell und seine empirischen Validierungen

2.1.1 Entwicklung und Hintergründe

Das Modell der strukturalen Analyse sozialen Verhaltens wurde von L.S. Benjamin entwickelt und erstmals 1974 im „Psychological Review“ von ihr beschrieben. Bis in die Mitte der 80er Jahre wurde SASB in zahlreichen Untersuchungen verwendet, die nahezu ausschließlich von Benjamin und ihren Mitarbeitern durchgeführt wurden. Erst danach ist SASB im Zuge der stärkeren Verbreitung einer interpersonalen Orientierung in der Psychotherapieforschung (Schneider-Dücker, 1992) zunehmend bekannt und auch von anderen Forschern übernommen worden. Heute ist SASB ein international anerkanntes Verfahren und wird von zahlreichen Wissenschaftlern im Rahmen eigener Forschungsarbeiten verwendet.[1] In Deutschland wurde SASB seit Anfang der 90er Jahre in zahlreichen Untersuchungen verwendet (Fiedler & Rogge, 1990; Tscheulin & Dinsing, 1991; Tscheulin & Willich, 1991; Tress, Henry, Strupp, Reister & Junkert, 1990; Tress, 1993;

[1] Die inzwischen entstandene Popularität der strukturalen Analyse sozialen Verhaltens wird auch darin sichtbar, daß die SASB-Notationen zur Bezeichnung bestimmter Beziehungsmodalitäten zuweilen wie eine Art internationale Kurzsprache in klinischen Falldiskussionen verwendet werden, wobei die Kenntnis des Modells als selbstverständlich vorausgesetzt wird (z.B. Greenberg, 1991).

Grande, Wilke & Nübling, 1992; Hartkamp, 1994; Hildenbrand, Junkert-Tress, Scheibe & Hartkamp, 1994; Fiedler, Leeb, Ernst, Kohlhoff & Mundt, 1994; Fiedler, Vogt, Rogge & Schulte, 1994).

SASB stellt eine von mehreren Entwicklungen in der Reihe der *Zirkumplexmodelle* sozialen Verhaltens dar, die alle auf den in dem klassischen Buch „Interpersonal diagnosis of personality" von T. Leary (1957) beschriebenen *„interpersonal circle"* zurückgehen. Vorangegangen waren Bemühungen in der Arbeitsgruppe um Leary, das interpersonelle Geschehen in gruppentherapeutischen Sitzungen systematisch zu beschreiben (Freedman, Leary, Ossorio & Coffey, 1951). In dem „interpersonal circle", der das Ergebnis dieser Forschungen darstellt, wird das Spektrum möglicher interpersoneller Transaktionen zweidimensional in der Weise angeordnet, daß submissives und dominantes Verhalten die beiden Endpunkte einer vertikalen Achse darstellen, während Liebe und Haß die Extrempositionen einer horizontalen Achse bilden. Weitere Beziehungsmodalitäten können als spezifische Mischungen dieser beiden Dimensionen verstanden werden, so daß z.B. eine vertrauensvolle Haltung gegenüber einer anderen Person als Mischung von liebevollem und submissiven Verhalten beschreibbar wird. Zur Veranschaulichung betrachte man Abb. 2.1, die den „interpersonal circle" wiedergibt. Eine vertrauensvolle Haltung wird dort in dem mit „docile-dependent" gekennzeichneten Oktanten unter dem Kreisausschnitt K mit den Worten „ask help, trust" beschrieben. Die im äußersten Ring des Kreises notierten Merkmale („docile-dependent", „self-effacing-masochistic" etc.) zeigen außerdem an, daß bestimmte interpersonelle Positionen von Leary mit allgemeinen Persönlichkeitscharakteristika in Zusammenhang gebracht werden. Habituellen Beziehungmustern entsprechen gewöhnlich ganz bestimmte Eigenschaften von Persönlichkeiten. Das Interesse an einer interpersonellen Persönlichkeitsdiagnostik war auch bei der Entwicklung von SASB ein maßgebliches Motiv (McLemore & Benjamin, 1979; Benjamin, 1993).

Auf der Basis dieses ersten Modells wurden unabhängig voneinander eine größere Zahl weiterer Zirkumplexmodelle interpersonellen Verhaltens entwickelt (dazu findet sich eine Übersicht bei Wiggins, 1982). Schaefer (1965), der von Benjamin (1974) als einer der Vorläufer ihres eigenen Modell genannt wird, verwendet ein modifiziertes Modell des „interpersonal circle" für die Beschreibung des Spektrums elterlicher Verhaltensweisen gegenüber Kindern. Carson (1969) benutzt eine weitere Zirkumplex-Variante mit vier einfachen Kategorien (dominant-freundlich, dominant-unfreundlich, submissiv-freundlich, submissiv-unfreundlich) im Zusammenhang mit empirischen Untersuchungen zu den psychiatrischen Theorien von H.S. Sullivan; in diesen vier Kategorien mischen sich jeweils die beiden Achsen des ursprünglichen Modells. Weitere zirkumplexe Modelle sind von Lorr und McNair (1965), Kiesler (1983, 1986) und Wiggins (1979) vorgestellt worden.

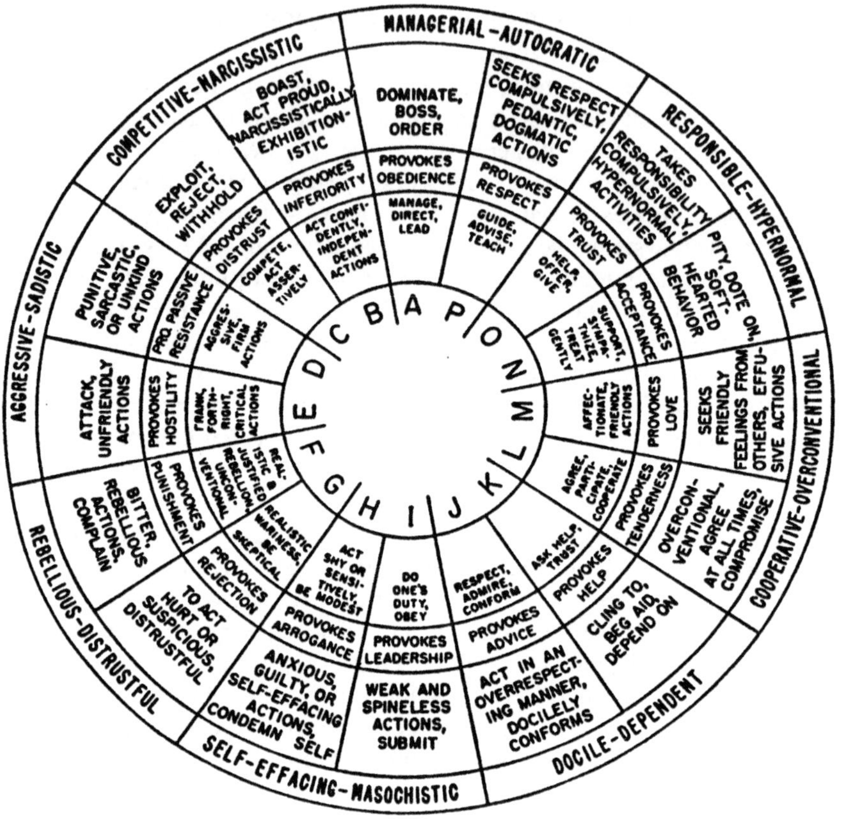

Legende: Die Abbildung zeigt einen Kreis mit sechzehn Ausschnitten, die jeweils bestimmte interpersonelle Verhaltensmodalitäten repräsentieren. Der vom Zentrum aus betrachtet erste Kreis beschreibt die jeweilige Modalität in ihrer adaptiven, nicht pathologischen Ausprägung (z.B. Ausschnitt A, „manage, direct, lead“). Der nächste Kreis enthält die Reaktionen, die das Verhalten bei einem Gegenüber typischerweise hervorruft („provokes obedience“). Es folgt ein weiterer Kreis, der die in den Ausschnitten dargestellten Beziehungsmodalitäten in einer extremen Form beschreibt („dominate, boss, order“). Der äußere Kreis ist in acht Abschnitte aufgeteilt und enthält acht *interpersonelle Diagnosen*, die sowohl die adaptive als auch die pathologische Form der betreffenden interpersonellen Qualität zum Ausdruck bringen („nanagerial-autocratic“). (Leary, 1957, S. 65).

Abb. 2.1: Der „interpersonal circle“

Daß der Zirkumplexlogik nicht nur eine theoretische, sondern auch eine empirische Plausibilität zukommt, wird indirekt durch Befunde aus ganz anderen Richtungen belegt: So zeigen z.B. Analysen von Persönlichkeitstests, daß sich die interpersonellen Dimensionen solcher Verfahren faktorenanalytisch regelmäßig auf ein zirkumplexes Modell mit den beiden genannten Achsen reduzieren lassen (Wiggins & Broughton, 1985; Becker, 1995). Der von Horowitz, Rosenberg, Baer,

Ureno und Villasenor (1988) entwickelte und gegenwärtig in klinischen Studien häufig verwendete „Inventory of Interpersonal Problems“ wurde ursprünglich nicht auf der Basis des Kreismodells konzipiert, weist jedoch in seiner heute gültigen Form - wie faktorenanalytische Untersuchungen zeigten - empirisch ebenfalls eine zirkumplexe Struktur auf. Bei dem derzeitigen Stand der Forschung kann deshalb davon ausgegangen werden, daß die orthogonalen Dimensionen Affiliation (Liebe-Haß) und Interdependenz (Dominanz-Submissivität) basal sind und sich interpersonelle Inhalte beliebiger Art in ein Kreismodell mit diesen beiden Achsen einordnen lassen.

Der „interpersonal circle“ von Leary enthält eine logische Schwierigkeit, die einen zentralen Ansatzpunkt für die Entwicklung des SASB-Modells bildet (Benjamin, 1974, S.395). In dem „interpersonal circle“ (Abb. 2.1) liegen die Beziehungsmodalitäten Submissivität (z.B. „do one's duty, obey“ in dem Kreisausschnitt „I“) und Dominanz („manage, direct, lead“ in Ausschnitt „A“) einander gegenüber und werden damit als gegensätzliche Qualitäten ausgewiesen. Wie würde man jedoch innerhalb dieses Kreismodells ein Verhalten einordnen, bei dem einem Gegenüber ausdrücklich Autonomie und Selbstbestimmung zugestanden wird? Ein solcher Akt würde offensichtlich ebenfalls einen Gegensatz zu dominanten und kontrollierenden Verhaltensweisen („manage, direct, lead“) darstellen. Der Unterschied zwischen beiden Gegensatzpaaren besteht nun darin, daß Kontrolle und die Gewährung von Autonomie zwei *gegensätzliche* Verhaltensmöglichkeiten eines *einzigen* Akteurs darstellen, während Kontrolle und Submissivität *komplementäre* Positionen bezeichnen, die von zwei Interaktionspartnern im Verhältnis zueinander eingenommen werden können. Wie ich gleich zeigen werde, kann diese Überlappung logisch unterschiedlicher Gegensatzpaare durch die Einführung einer weiteren Dimension (neben Liebe-Haß bzw. Kontrolle-Unterwürfigkeit) aufgehoben werden. Diese Dimension wird innerhalb von SASB durch das *Konzept des Fokus* zur Verfügung gestellt, das eine entscheidende Verbesserung des Zirkumplexmodells gegenüber dem „interpersonal circle“ von Leary gestattet.

2.1.2 Zur Struktur des Modells

Die Dimensionen Affiliation und Interdependenz

Abb. 2.2 auf den beiden nachfolgenden Seiten zeigt das sog. vollständige Modell (full model) von SASB nach der noch aktuell gebräuchlichen Version von 1979 (Benjamin, 1979a).[2] Man betrachte zunächst ausschließlich den *oberen Teil*, der mit der Überschrift *„Fokus: Der Andere“* versehen ist. Die Abbildung zeigt eine kreis- bzw. rautenförmige Anordnung von insgesamt 36 Punkten, die jeweils eine dreistellige Ziffer tragen und einem interpersonellen Verhalten bestimmter Quali-

---

[2] Die deutsche Fassung ist der Arbeit von Grande, Wilke und Nübling (1992) entnommen und wird hier in einer überarbeiteten und um die intrapsychische Ebene ergänzten Form wiedergegeben.

Interpersonelle Ebene

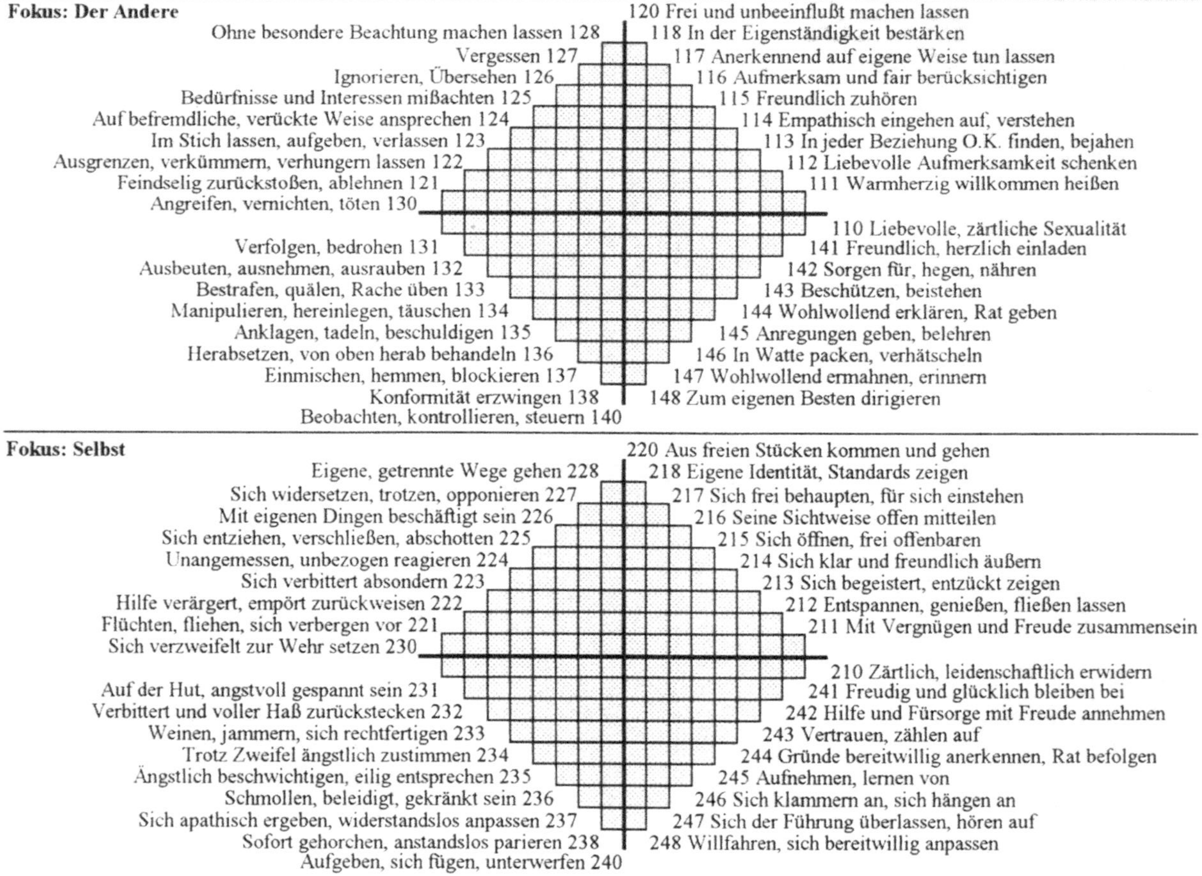

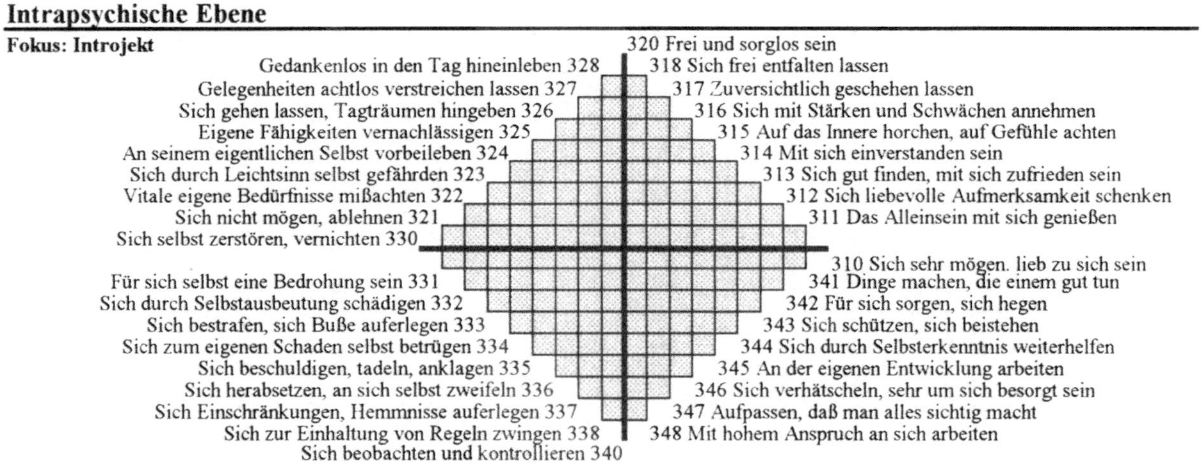

Abb. 2.2: Das vollständige Modell von SASB

tät zugeordnet sind. Dieses Verhalten wird jeweils in knapper Form sprachlich charakterisiert. Zur weiteren Erläuterung betrachte man zunächst die Punkte mit den Ziffern 147, 148, 140 und 138 im unteren Bereich des Kreises. Das Item 147 „Wohlwollend ermahnen, erinnern" formuliert ein Beziehungsverhalten mit moderat freundlichem Charakter, das zugleich recht energisch eine Beeinflussung des Gegenübers intendiert. Das daneben liegende Item 148 „Zum eigenen Besten dirigieren" ist ebenfalls noch etwas freundlich, jedoch ist die Kontrolle hier noch eindeutiger ausgeprägt. Der nächste Punkt (Item 140 „Beobachten, kontrollieren, steuern") repräsentiert gewissermaßen die Kontrolle in „reiner" Form, insofern das hier beschriebene Verhalten in bezug auf die Merkmale Freundlichkeit oder Unfreundlichkeit *neutral* ist.[3] Das darauf folgende Item 138 „Konformität erzwingen" beschreibt wiederum einen Akt ausgeprägter Kontrolle, wobei jetzt jedoch durch das Element des „Zwangs" ein feindseliger bzw. aggressiver Zug in das Beziehungsgeschehen eintritt.

Zum Vergleich sollen einige Punkte im oberen Bereich des Kreises betrachtet werden. Das Item 120 „Frei und unbeeinflußt machen lassen" ist weder freundlich noch unfreundlich und somit in bezug auf diese Eigenschaften neutral. Das rechts davon liegende Item 118 „In der Eigenständigkeit bestärken" ist hingegen moderat freundlich, während die links von der Mitte liegenden Punkte 128 „Ohne besondere Beachtung machen lassen", 127 „Vergessen" und 126 „Ignorieren, übersehen" in zunehmendem Maße feindselige Beziehungsformen beschreiben. Allen zuletzt genannten Items ist jedoch gemeinsam, daß sie kommunikative Akte bezeichnen, in denen einem Gegenüber in ausgeprägter Weise Autonomie zugestanden wird. Bei dem Item 127 „Vergessen" geschieht dies in eher unfreundlicher Weise, bei Item 118 „In der Eigenständigkeit bestärken" in freundlich zugewandter Form.

Diese Erläuterungen machen deutlich, daß die in dem Modell formulierten Beziehungsqualitäten Mischungen zweier Dimensionen darstellen, die orthogonal zueinander stehen und die Achsen des Kreises (der Raute) bilden. Die horizontale Achse stellt die Dimension der *Affiliation* dar. In negativer Ausprägung variiert diese Dimension nach links und bezeichnet dann in zunehmender Intensität feindselige und haßerfüllte kommunikative Akte. In positiver Ausprägung variiert sie andererseits nach rechts und bezeichnet dann in zunehmender Intensität freundliche und liebevolle Beziehungsmodalitäten. In der Mitte des Kreises besitzt die Affiliation eine Null-Ausprägung. Die senkrechte Achse stellt die Dimension der *Interdependenz* dar. Sie variiert zwischen den Polen „Unabhängigkeit gewähren" (oben) und „Kontrolle ausüben" (unten) und weist im Zentrum ebenfalls eine Nullausprägung auf.

Die beiden Dimensionen der Affiliation und Interdependenz sind in Abb. 2.2 als bipolare Skalen mit jeweils 9 Abstufungen in negativer und positiver Richtung

[3] Junkert (1993) berichtet über eine Mitteilung von L.S. Benjamin, nach der gerade deutsche Anwender von SASB dazu neigen, Kontrolle und Feindseligkeit zu konfundieren und schon eine sachliche Ausübung von Kontrolle als aggressiven Akt mißzuverstehen. Benjamin führt dies auf die passiv-aggressiven Züge in der Persönlichkeitsstruktur vieler Deutscher zurück.

vom Mittelpunkt ausgehend dargestellt; die Eckpunkte der Rauten entsprechen einer Ausprägung von +9 bzw. -9. Die Wertepaare für die unterschiedlichen Ausprägungen der zwei Skalen definieren Punkte in der Kreisebene, die mit den in der Abildung enthaltenen Kreuzungspunkten des Gitters identisch sind. Die Positionen der 36 Items des Modells ergeben sich als bestimmte Kombinationen von Ausprägungen auf den beiden Skalen. Das Item 126 „Ignorieren, übersehen" auf der ersten Raute besitzt einen Wert von -3 auf der Achse Affiliation und +6 auf der Interdependenzachse. Das bedeutet, daß das Moment der Gewährung von Autonomie an diesem Punkt deutlicher ausgeprägt ist als die (negative) Affiliation. Der Punkt 135 mit dem Item „Anklagen, tadeln, beschuldigen" hat die Werte -4 (Affiliation) und -5 (Interdependenz) und repräsentiert damit eine etwa gleiche negative Intensität der Dimensionen mit einem leichten Übergewicht in bezug auf die Kontrolle. Das Item 140 „Beobachten, kontrollieren, steuern" liegt bezüglich der Affiliationsachse neutral und besitzt die maximale negative Ausprägung von -9 auf der Interdependenzskala.

Das Konzept des Fokus

Bei der Erläuterung des oberen Kreises (Raute) von Abb. 2.2 wurden bisher ausschließlich Beziehungsformen erwähnt, bei denen kommunikative Akte auf ein Gegenüber ausgerichtet sind und mit diesem etwas aktiv tun. Innerhalb der Terminologie von SASB sagt man, daß der Fokus bei diesen interpersonellen Handlungen *auf dem Anderen* liegt. Man betrachte nun den mittleren Teil von Abb. 2.2, der mit „Fokus: Selbst" überschrieben ist. In diesem zweiten Kreis werden Beziehungsmodalitäten dargestellt, die einen eher passiven oder reaktiven Charakter haben und bei denen der Fokus *auf dem Selbst* liegt. Man kann auch von transitiven bzw. intransitiven Akten sprechen, um die unterschiedliche Qualität der interpersonellen Orientierungen beider Kreise hervorzuheben. Wie Benjamin (1986a) bemerkt, kann die grammatikalische Struktur der Sprache bei der strukturalen Analyse sozialen Verhaltens Hilfestellungen leisten, da sie ein Wissen um wesentliche Strukturmerkmale interpersonellen Geschehens aufbewahrt. Ein Beleg dafür ist, daß man unter den Beziehungsbeschreibungen im mittleren Teil (Kreis) von Abb. 2.2 häufiger intransitive Verben oder Formulierungen mit einem reflexiven „sich" findet, so daß schon aus der sprachlichen Form der Items heraus der Selbstbezug des beschriebenen interpersonellen Verhaltens sichtbar wird.

Der mittlere Kreis enthält neue interpersonelle Inhalte, weist ansonsten jedoch die bereits vom oberen Kreis bekannte innere Struktur auf. Horizontal verläuft auch hier die Achse der Affiliation durch das Zentrum des Kreises; am linken Pol findet man feindselige interpersonelle Verhaltensweisen, am rechten Pol freundliche und liebevolle. Orthogonal dazu steht die Achse der Interdependenz. In bezug auf sie ergibt sich bei der Benennung der beiden Pole eine wichtige Veränderung, da der Fokus des Beziehungsverhaltens jetzt auf dem Selbst liegt. Der obere Pol der Achse repräsentiert deshalb nun die Unabhängigkeit eines Protagonisten, der untere Pol seine Abhängigkeit bzw. Anpassung. Beide Achsen können wiederum als bipolare Skalen mit 9 Ausprägungsstufen in beide Richtungen dargestellt werden. Alle 36 Beziehungsmodalitäten, die in der Abbildung enthalten sind, ergeben sich dann als spezifische Kombinationen von Werten auf den beiden Achsen.

Das Konzept des Fokus löst die oben erwähnte logische Schwierigkeit, die dem „interpersonal circle" von Leary (Abb. 2.1) inhärent ist. Dort war irritierend, daß Submissivität und Dominanz als gegensätzliche Qualitäten an gegenüberliegenden Seiten des Zirkumplexmodells positioniert wurden, während andererseits Dominanz auch als Gegenstück eines Autonomie gewährenden Verhaltens verstanden werden kann; dieser zuletzt genannten Beziehungsform konnte innerhalb des Modells kein Platz zugewiesen werden. Die Unterscheidung der beiden Foki löst diese Schwierigkeit zwanglos: Dominantes (bzw. kontrollierendes) und Autonomie gewährendes Verhalten nehmen gegensätzliche Positionen auf dem ersten Kreis ein (Fokus: Der Andere), während submissives Verhalten intransitiv ist und damit in den mittleren Fokus (Selbst) eingetragen wird. Veranschaulichen läßt sich dies durch einen Vergleich der Items 140 „Beobachten, kontrollieren, steuern" und 120 „Frei und unbeeinflußt machen lassen", die sich in auf dem ersten Kreis in Abb. 2.2 genau gegenüberliegen, während das Item 240 „Aufgeben, sich fügen, unterwerfen" Bestandteil des mittleren Kreises ist.

Logische Bezüge innerhalb des SASB-Modells

In Abb. 2.2 wird jeder Punkt durch eine dreistellige Zahl gekennzeichnet. Die erste Stelle bezeichnet dabei den *Fokus* (1 bzw. 2), die zweite den *Quadranten* innerhalb des Kreises (1 bis 4) und die letzte die spezifische Position eines *Items* innerhalb des Quadranten (0 bis 8).[4] Zu beachten ist außerdem, daß Items mit der gleichen Position auf verschiedenen Foki identische Ziffern in den letzten beiden Stellen aufweisen (z.B. 145 und 245). Außerdem haben einander auf dem gleichen Kreis genau gegenüber liegende Items die gleiche Endziffer (z.B. 145 und 125). Diese formalen Kennzeichen verweisen auf eine innere Strukturlogik des Modells, deren wichtigste Elemente im folgenden erläutert werden (s.a. Benjamin et al., 1986, S.398ff.).

Ein erster, wichtiger innerer logischer Bezug zwischen bestimmten Items des Modells wird durch den Begriff der *Komplementarität* bezeichnet. Eine komplementäre Beziehungsstruktur ist dann gegeben, wenn zwei Interaktanden die gleichen Ausprägungen von Affiliation und Interdependenz aufweisen, wobei das Verhalten des einen Partners transitiv ist (Fokus: Der Andere), dasjenige des

[4] In der vorliegenden Darstellung des SASB-Modells wird nicht auf das Konzept der „tracks" eingegangen, das das spezifische Bedeutungsverhältnis von Items mit der gleichen Endziffer erklärt. Items mit identischer Endziffer gehören nach diesem Konzept zu einem gemeinsamen Beziehungsthema. So geht es z.B. bei den Items mit der Endziffer „2", also 112, 122, 132, 142, 212 usw. um das Thema „Pflege, Bedürfnisbefriedigung und Kontakt". Die andere Endziffern sind ebenfalls bestimmten Beziehungsthemen zugeordnet (s. Benjamin, 1982; Benjamin et al., 1986).

anderen jedoch intransitiv (Fokus: Selbst). Der Sinn dieser Zuordnung wird leicht deutlich, wenn man sich die Positionen einzelner Items in Abb. 2.2 noch einmal betrachtet: Die Items 145 „Anregungen geben, belehren“ und 245 „Aufnehmen, lernen von“ weisen die gleiche Mischung der beiden Dimensionen auf (+4,-5), liegen jedoch jeweils auf verschiedenen Foki. Psychologisch ergänzen sie sich im Sinne einer vollkommenen „Passung“: Eine freundlich belehrende Haltung auf der aktiven, transitiven Seite der Beziehungskonstellation trifft auf eine aufnahmebereite, zugewandte Haltung auf der intransitiven, passiven Seite. In gleicher Weise entsprechen sich auch die in den Items 135 „Anklagen, tadeln, beschuldigen“ und 235 „Ängstlich beschwichtigen, eilig entsprechen“ wiedergegebenen interpersonellen Verhaltensweisen. Die im „interpersonal circle“ von Leary einander gegenüberliegenden Qualitäten Dominanz und Submissivität verhalten sich innerhalb des SASB-Modells ebenfalls komplementär zueinander (Items 140 und 240).

Weitere wichtige Begriffe sind die der *Oppositon*, des *Double-binds* und der *Ambivalenz*. Verhaltensweisen stehen in *Opposition* zueinander, wenn sie zu dem demselben Fokus gehören, dabei jedoch einander gegenüberliegende Positionen einnehmen. Die Items 146 „In Watte packen, verhätscheln“ und 126 „Ignorieren, übersehen“ verhalten sich in diesem Sinne oppositionell zueinander (Abb. 2.2). In der klinischen Realität kommt es vor, daß Personen derart gegensätzliche Beziehungsbotschaften zur gleichen Zeit aussenden. Eine Mutter kann sich z.B. intensiv um ein Kind kümmern, dabei jedoch unsensibel für dessen Signale und damit letztlich ignorant in bezug auf seine tatsächlichen Bedürfnisse sein. Dieses komplexe Beziehungsverhalten kann durch eine Kombination der gerade zitierten Items 126 und 146 wiedergegeben werden. Benjamin bezeichnet derartige interpersonelle Verhaltensweisen mit in sich gegenläufigen Botschaften als *Double-bind*. Ein anderes bekanntes Beispiel für diese Beziehungsstruktur, das von Watzlawick, Beavin & Jackson (1971) angegeben wird, läßt sich ebenfalls sehr einfach in SASB-Notationen abbilden: Die Aufforderung „Sei spontan!“ ist kontrollierend (Item 140) und Autonomie gewährend (Item 120) zugleich; auch diese beiden Positionen liegen in dem Modell (oberer Kreis) einander genau gegenüber.

Während oppositionelle Verhaltensweisen auf dem ersten Fokus die Bedeutung von Double-binds haben, beschreiben sie nach Benjamin auf dem mittleren Kreis (Fokus: Selbst) eine *Ambivalenz*. Ambivalent wäre zum Beispiel ein Verhalten, das einerseits Bedürftigkeit anzeigt (Item 243 „Vertrauen, zählen auf“), andererseits auf entsprechend freundliche Angebote mit Rückzug reagiert (Item 223 „Sich verbittert absondern“).

Die gerade dargestellte Differenzierung der Begriffe Double-bind und Ambivalenz innerhalb des Modells ist insofern konsequent, als man auch im klinischen Denken bei der Rede von der „Ambivalenz“ einer Person deren *innere* Widersprüchlichkeit im Auge hat (also den Fokus auf das Selbst legt), während man beim „Double-bind“ die Wirkung eines widersprüchlichen Verhaltens auf ein *Gegenüber* betrachtet (also den Fokus auf den Anderen legt). Dennoch entsprechen die SASB-Definitionen m.E. nicht ganz dem üblichen klinischen Gebrauch dieser Begriffe. So wird das oben als Double-bind beschriebene Verhalten einer überfürsorglich-ignoranten Mutter mit hoher Wahrscheinlichkeit durch eine zwiespältige Haltung dem Kind gegenüber bewirkt, die man durchaus zutreffend als „ambivalent" charakterisieren könnte. Auf der anderen Seite kann das oben angegebene zweite Beispiel so aufgefaßt werden, daß die Darstellung von Bedürftigkeit bei gleichzeitigem Rückzug für das Gegenüber eine Situation schafft, die durchaus die Qualität eines Double-binds hat. Diese Überlegungen zeigen, daß widersprüchliche Beziehungsbotschaften grundsätzlich sowohl mit Blick auf den Akteur selbst (Ambivalenz) als auch in bezug auf ihre Wirkung auf ein Gegenüber (Double-bind) untersucht werden können. Dies scheint unabhängig davon möglich zu sein, ob es sich um transitive oder intransitive kommunikative Akte im Sinne von SASB handelt. Benjamin gibt den Begriffen offensichtlich eine spezifische, von dem allgemeinen klinischen Gebrauch abweichende Bedeutung.

Ein weiterer logischer Bezug innerhalb des Modells wird von Benjamin als *Antithese* bezeichnet. Antithetische Beziehungskonstellationen kommen zustande, wenn die interpersonelle Handlung einer Person von ihrem Gegenüber nicht in komplementärer Weise, sondern in Opposition zu dem komplementären Verhalten beantwortet wird. Eine antithetische Konstellation liegt z.B. dann vor, wenn das fürsorgliche Verhalten einer Person A (Item 142 „Sorgen für, hegen, nähren") von Person B nicht dankbar und vertrauensvoll (Item 242 „Hilfe und Fürsorge mit Freude annehmen"), sondern aggressiv und zurückweisend beantwortet wird (Item 222 „Hilfe verärgert, empört zurückweisen"). Die Antithese formuliert damit im Grunde das Prinzip vieler maladaptiver, neurotischer Interaktionen. Ein *maladaptiver Zirkel* (Strupp & Binder, 1984) würde sich schließen, wenn Person A nach einigen Versuchen auf die Zurückweisung durch B entsprechend reagieren und sich nun ihrerseits ablehnend gegenüber B verhalten würde (z.B. im Sinne des Items 122 „Ausgrenzen, verkümmern, verhungern lassen"). Dann hätte sich ein desktruktiv-komplementäres Muster zwischen den Beteiligten eingespielt. Im Erleben von Person B würde sich dann eventuell „wieder einmal" die Befürchtung bestätigen, daß man auf die Unterstützung anderer letztlich nicht rechnen kann (was im nächsten Zyklus die defensive Zurückweisung von Hilfsangeboten erneut „rechtfertigt").

Antithetisches Verhalten kann jedoch andererseits auch therapeutisch wirken und maladaptive Muster *unterbrechen*. Zur Veranschaulichung dieser Bedeutung betrachte man das folgende Beispiel: Ein Kliniker würde sich „untherapeutisch" verhalten, wenn er auf Herabsetzungen eines Patienten ihm gegenüber (Item 136 „Herabsetzen, von oben herab behandeln") beleidigt oder gekränkt reagieren würde (Item 236 „Schmollen, beleidigt, gekränkt sein"); dies ist jedoch genau die komplementäre Antwort, die der Patient durch sein Verhalten eigentlich nahelegt und provoziert. Eine therapeutisch wirksamere Reaktion, die zugleich antithetischen Charakter hat, bestände darin, dem Patienten auf freundliche Weise die eigene Wahrnehmung dieses Geschehens im therapeutischen Kontakt offen mitzuteilen (Item 216 „Seine Sichtweise offen mitteilen"), ohne dabei vorwurfsvoll oder kritisch zu sein. Der Therapeut würde damit aus dem Muster, das der Patient in

Szene zu setzen versucht, bewußt aussteigen und gleichzeitig eine konstruktivere Beziehungsform anbieten.[5]

Die Introjektebene

Bei der Erörterung des vollständigen Modells von SASB (Abb. 2.2) wurde bisher die dritte Ebene (die Introjektebene) ausgelassen; sie soll nun erläutert werden. Auf der Introjektebene werden Verhaltensweisen beschrieben, die eine Person auf sich selbst richtet. Man kann kritisch, achtlos, fürsorglich oder ermunternd mit sich selbst umgehen. Von der Struktur her gesehen handelt es sich um transitive Verhaltensweisen wie im obersten Kreis, die jedoch gewissermaßen nach innen und auf die eigene Person gewendet sind. Diese Idee einer Erfassung intrapsychischer Vorgänge in Analogie zu äußerem Beziehungsverhalten wird von Benjamin (1974) mit dem Konzept der *Introjektion* verbunden. Der Begriff der Introjektion leitet sich von dem entsprechenden Konzept H.S. Sullivans innerhalb seiner „Interpersonellen Theorie der Psychiatrie" (1953, dt. 1983) ab, erhält innerhalb des SASB-Modells jedoch eine spezifischere Bedeutung. Der Begriff beschreibt, daß Personen mit sich selbst gewöhnlich so umgehen, wie sie in ihrer Geschichte von wichtigen äußeren Personen behandelt worden sind.[6] Der Vorgang der Introjektion von realen Beziehungserfahrungen kann innerhalb von SASB präzise formuliert und damit überprüfbar gemacht werden: Eine Person, die in ihrer Geschichte von wichtigen Personen grundsätzlich akzeptiert und immer wieder ermuntert wurde (z.B. Item 114 „Empathisch eingehen auf, verstehen"), sollte eine gesunde und stabile Selbstakzeptanz entwickeln können (Item 314 „Mit sich einverstanden sein"). Allgemeiner kann man sagen, daß die Hypothese der Introjektion interpersoneller Erfahrungen einen korrelativen Zusammenhang zwischen dem Verhalten wichtiger äußerer Personen (abgebildet auf dem Fokus: Der Andere) und den Introjektinteraktionen eines Probanden (abgebildet auf dem Fokus: Introjekt) behauptet.

Aus Gründen, die an anderer Stelle genauer dargelegt werden (s. 3.3.2), findet die Introjektebene des SASB-Modells in der vorliegenden Untersuchung zum Beziehungsverhalten von Suizidpatienten keine Berücksichtigung. Die Arbeit beschränkt sich statt dessen auf Untersuchungen der *interpersonellen* Ebene mit den beiden Foki „Der Andere" und „Selbst" (Abb. 2.2). Trotzdem werden die in der Introjektebene enthaltenen Modalitäten des Selbstbezugs bei den Überlegungen zur Suizidalität eine bedeutsame Rolle spielen, weil mit ihrer Hilfe suizidales Verhalten unmittelbar erfaßt werden kann: Das Item 330 „Sich selbst zerstören,

[5] Das Shaurette-Prinzip (Benjamin et al., 1986, S.403) modifiziert diese therapeutische Idee für schwerer gestörte Patienten, die auf ein antithetisches Therapeutenverhalten erfahrungsgemäß nicht reagieren. Das Prinzip besteht darin, daß der Therapeut zunächst komplementär zu dem unerwünschten Patientenverhalten reagiert, dann jedoch seine Antwort entgegen dem Uhrzeigersinn modellentsprechend schrittweise so verändert, daß die antithetische Position schließlich auf diesem Umweg erreicht wird.

[6] Ähnliche Vorstellungen finden sich in der Soziologie Meads (1980), auf dessen Werk Sullivan Bezug nimmt (1983, S.39).

vernichten" und die beiderseits dieses Items positionierten Introjektinteraktionen beschreiben Handlungen mit selbstdestruktivem und suizidalem Potential. Von besonderem Interesse wird auch die Frage sein, inwieweit mit solchen autodestruktiven Handlungen feindselige Akte von wichtigen äußeren Beziehungspersonen korrelieren, so wie dies nach dem Prinzip der Introjektion interpersoneller Beziehungen zu erwarten wäre.

2.1.3 Validierungsstudien

SASB wurde bisher als ein theoretisches Modell zur Analyse sozialen Verhaltens dargestellt. Es weist eine sehr schlüssige logische Struktur auf und enthält Implikationen, die klinisch bedeutsam erscheinen und SASB als Instrument für die Untersuchung klinischer Fragestellungen interessant machen. Es soll nun geprüft werden, inwieweit die Validität dieses Modells *empirisch* gesichert ist. Dazu möchte ich einige relevante Studien referieren.

Über Untersuchungen zur Validität des SASB-Modells wird bereits in der Erstveröffentlichung von SASB ausführlich berichtet (Benjamin, 1974); ein Teil dieser Überprüfungen ist für die deutsche Version von SASB wiederholt worden (Tscheulin, 1990; Tscheulin & Glossner, 1993). Diese Untersuchungen wurden mit einem Fragebogen durchgeführt, in dem die Items des vollständigen Modells (also sämtliche Punkte in Abb. 2.2) in die Form von Aussagesätzen gebracht worden sind. Dadurch entsteht ein Beurteilungsbogen, der in verschiedenen Arbeiten von Benjamin veröffentlicht ist (z.B. Benjamin, 1984). Der Bogen wird nach Benjamin INTREX genannt. Als Beispiel greifen wir den Punkt 137 des vollständigen Modells mit der Kurzbenennung „Einmischen, hemmen, blockieren" heraus; er wird in INTREX in dem Item 137 so ausformuliert: „Ich dränge mich ihm auf, schränke ihn ein und behindere ihn" (entnommen aus der eben erwähnten deutschen Fassung von Tscheulin und Glossner, 1993).[7] Der Proband beurteilt, in welchem Ausmaß diese Aussage für seine Beziehung zu einem bestimmten Gegenüber zutreffend ist.

Entsprechend der Anzahl der Punkte auf den drei Ebenen des vollständigen Modells enthält INTREX insgesamt *2 x 36 = 72 Aussagen auf der interpersonellen Ebene und 36 auf der intrapsychischen.* Wenn neben dem Beziehungverhalten des Probanden auch das seines Gegenübers (z.B. des Partners) abgebildet werden soll, müssen die Items der interpersonellen Ebene doppelt erfragt werden: einmal für den Probanden, ein weiteres Mal für das Gegenüber. Damit ergeben sich 2 x 72 = 144 Items für die Beschreibung einer einzigen Beziehungskonstellation zwischen zwei Personen. Zusätzlich führt Benjamin (1984) eine situative Variable ein, indem sie jede einzelne Beurteilung zweimal durchführen läßt, und zwar für „gute" und für „schlechte Zeiten". Diese Unterscheidung hat sich für viele klini-

[7] Diese Itemformulierung ist passend, wenn das Beziehungsverhalten des *Probanden* selbst beschrieben werden soll. Wenn das Verhalten des *Interaktionspartners* erfragt wird, wird die Aussage entsprechend variiert: „Er drängt sich mir auf, schränkt mich ein und behindert mich".

schen Fragestellungen als furchtbar erwiesen. Darüberhinaus sind weitere Differenzierungen möglich; z.B. kann man Zeitebenen einführen und die Beziehung zu einer Person (z.B. zum Vater) für die Zeiträume „früher“ bzw. „heute“ beurteilen lassen.

Alle Items des INTREX werden im Hinblick auf das Ausmaß ihres Zutreffens auf einer 100-Punkteskala beurteilt, die in 10-Punkteintervallen markiert ist und von 0=„überhaupt nicht“ bis 100=„stimmt genau“ reicht. Für die Auswertung der INTREX-Fragebögen existieren mehrere Computerprogramme, die u.a. detaillierte individuelle Fallberichte mit Graphiken und statistischen Kennwerten erstellen. Diese Software wird ausführlich von Benjamin (1984) beschrieben.

In der Erstveröffentlichung zur strukturalen Analyse sozialen Verhaltens berichtet Benjamin (1974) über verschiedene Studien zur Validierung des SASB-Modells mit Hilfe des INTREX-Fragebogens. Über die wichtigsten Ergebnisse dieser Untersuchungen, die an insgesamt über 600 Probanden (darunter 150 Patienten) durchgeführt wurden, soll hier kurz berichtet werden. Untersucht wurden zunächst die *Autokorrelationen* zwischen den Items für jeden einzelnen Probanden, um die zirkumplexe Struktur der drei Ebenen des Modells zu überprüfen. Es handelt sich bei diesem Ansatz somit um den Versuch einer *intraindividuellen* Validierung des Modells. Die den Korrelationsberechnungen zugrundeliegenden Daten werden dabei folgendermaßen gewonnen: Zunächst durch die Wertepaare aller direkt nebeneinander liegender Items, dann diejenigen der um zwei Punkte zueinander verschobenen Items, dann die der um drei, vier usw. Punkte zueinander verschobenen Items. Die zugrunde liegende Idee ist, daß im SASB-Modell Items, die auf dem gleichen Fokus nahe beieinander liegen, wegen ihres ähnlichen Inhalts (d.h. wegen der ähnlichen Mischung der Dimensionen Affiliation und Interdependenz) hoch miteinander korrelieren sollten. Orthogonal zueinander stehende Items (also um 9 Punkte zueinander verschobene Items) dürften dagegen keinen Zusammenhang aufweisen. Einander gegenüberliegende Items sollten wiederum hoch miteinander korrelieren, dies jedoch mit negativem Vorzeichen. Die von Benjamin (1974) gefundenen Autokorrelationen bestätigen diese Annahmen (ebenda, S.401ff.).

In einem zweiten, *interindividuellen* Ansatz werden für die Items (wieder getrennt nach den drei Ebenen des Modells) *Interkorrelationsmatritzen* errechnet. Auch bei dieser Analyse wird die Modellannahme geprüft, daß einander auf dem Kreis benachbarte oder näher liegende Items höher miteinander korrelieren müßten als entferntere. Entsprechend werden hohe, positive Zusammenhänge auf der Diagonalen der Interkorrelationsmatrix erwartet. Auch diese Erwartung wird durch die Daten bestätigt (ebenda, S.405ff.). Negative Korrelationen finden sich in der Matrix erwartungsgemäß dort, wo der Zusammenhang zwischen einander gegenüberliegenden Items errechnet wird.

In einem weiteren, *faktorenanalytischen Ansatz* findet die Autorin in mehreren Berechnungen (über die drei Ebenen des Modells getrennt) stabile Viererlösungen, in denen jeweils über 60% der Varianz erklärt wird. Die Faktoren repräsentieren relativ gut die vier Eckpunkte der Rauten in Abb. 2.2 (also: Affiliation positiv, Affiliation negativ, Interdependenz positiv, Interdependenz negativ). Es wird gezeigt, daß die Hinzunahme weiterer Faktoren den prozentualen Anteil erklärter Varianz nicht mehr wesentlich erhöhen kann. Etwas weniger deutlich (i.S. einer nur moderat guten Übereinstimmung mit dem Modell) fällt bei dieser Analyse lediglich das Ergebnis für die *Introjektebene* aus. Für die anderen beiden Foki (der Andere und Selbst) kann das zirkumplexe Modell von SASB jedoch als gut belegt gelten. Entsprechende Untersuchungen zur Konstruktvalidierung der deutschen Übersetzung von INTREX werden von Tscheulin (1990) und Tscheulin und Glossner (1993) berichtet; die Autoren finden ebenfalls gute Ergebnisse i.S. einer Bestätigung des SASB-Modells.

Alle genannten Untersuchungen unterstützen die Annahme einer zirkumplexen Anordnung der INTREX-Items und können damit als Beleg für die *Konstruktvalidität* des SASB-Modells gelten. Weitere Untersuchungen, über die ebenfalls in der ursprünglichen Arbeit (Benjamin, 1974, S.414ff.) berichtet wird, liefern zusätzlich Belege für die Gültigkeit des *Komplimentaritätsprinzips*: Sie zeigen, daß sich Partner (in nicht pathologischen Beziehungskonstellationen) besonders häufig in der Weise ergänzen, daß ihr Verhalten innerhalb des Modells durch identische Positionen auf den verschiedenen interpersonellen Foki (der Andere bzw. Selbst) beschrieben werden kann (zum Begriff der Komplementarität s. oben).

Über diese Untersuchungen zur Konstruktvalidität hinaus ist auch die *klinische Relevanz* von SASB in mehreren Studien nachgewiesen worden. Dabei wird der wissenschaftliche und praktisch-klinische Nutzen des INTREX-Fragebogens für das Studium klinischer Störungsbilder und für die diagnostische Untersuchung einzelner Patienten deutlich. „Adding social and intrapsychic descriptors to axis I of DSM-III" ist der Titel einer Studie, in der Benjamin (1986a) die Fähigkeit des INTREX-Fragebogens belegt, verschiedene psychiatrische Krankheitsbilder (darunter: Bordeline-Persönlichkeitsstörung; paranoide Schizophrenie; Bipolare Manie; schizoaffektive Psychose; antisoziale Persönlichkeit u.a.) auf einer interpersonellen Ebene zu charakterisieren und erfolgreich zu diskriminieren. Es wurde bereits darauf hingewiesen, daß das Ziel einer *interpersonellen Diagnostik* von Anfang an ein leitendes Motiv für die Entwicklung von SASB war. Mit dem 1993 unter dem Titel „Interpersonal Diagnosis and Treatment of Personality Disorders" konnte dieser Anspruch für die auf der Achse 2 von DSM-III-R bzw. DSM IV klassifizierten Persönlichkeitsstörungen eingelöst werden (Benjamin, 1993).

Eine Studie von Henry, Strupp und Schacht (1990) belegt die enorme Bedeutung des Introjekts des Psychotherapeuten für den Behandlungsprozeß. Im Rahmen einer intensiven empirischen Analyse von 7 Therapieverläufen hatten sich die behandelnden Therapeuten mit dem INTREX-Introjektfragebogen selbst beurteilt. Die Untersuchung des Zusammenhanges zwischen Therapieverlauf und der Qualität der Therapeutenintrojekte zeigte, daß Therapeuten mit einem feindseligen Introjekt (d.h. negative Ausprägung der Affiliation) im Verlaufe der Behandlung leichter in problematische Interaktionen mit dem Patienten verwickelt wurden und in der Folge schlechtere Behandlungsergebnisse aufwiesen.

In weiteren Untersuchungen hat Benjamin (1977, 1982, 1984) die Nützlichkeit und klinische Validität des INTREX-Fragebogens für die Diagnose und Therapieplanung in empirischen *Studien zu einzelnen Patienten* demonstriert. In einer dieser Arbeiten (1982) wird der Fall eines männlichen Patienten analysiert, der nach einem Suizidversuch psychotherapeutisch behandelt wird. In der Studie werden u.a. die Beziehungen zur Ehefrau und zu seiner Mutter mit Hilfe des INTREX-Fragebogens erfaßt. Beim Vergleich beider Beziehungsmuster wird insofern eine Art „Übertragungsanalyse" vorgenommen, als sich in der Beziehung zur Ehefrau die frühere Beziehung zur Mutter zu wiederholen scheint. Hervorzuheben ist dabei, daß die Begriffe „Ähnlichkeit" und „Wiederholung" auf dem Hintergrund des SASB-Modells - als Übereinstimmung der INTREX-Beurteilungen zu beiden Objekten - klar definiert sind; in gewissem Sinne wird hier eine Operationalisierung des Übertragungsbegriffes erreicht.

2.2 Die strukturale Analyse sozialen Verhaltens als Ratingsystem

2.2.1 Die sog. „Clusterversion"

Für viele Aufgabenstellungen ist die vollständige Version des SASB-Modells zu differenziert und in der praktischen Anwendung zu kompliziert. Aus diesem Grund ist eine sog. *Clusterversion* des Modells entwickelt worden (Benjamin, 1987a), in der die Anzahl der Punkte pro Kreis (bzw. Raute) von 36 auf 8 reduziert wurde. Im Kontext der Psychotherapieforschung hat sich diese Version als praktikabel und vom Grad der inhaltlichen Differenzierung her als zureichend erwiesen (Henry et al., 1986; Grawe-Gerber & Benjamin, 1989; Tress et al., 1990). Die Cluster-Version wird deshalb in fast allen Studien verwendet, in denen eine Prozeß- oder Inhaltskodierung von Therapiegesprächen vorgenommen wird. Eine besonders einfache und übersichtliche Darstellung dieser Version des SASB-Modells wurde von Benjamin 1993 vorgestellt. Sie wird in Abb. 2.3 mit leichten Veränderungen wiedergegeben (s. folgende Seite).

Die Abbildung stellt die bereits bekannte zirkumplexe Struktur dar. Diesmal sind jedoch die drei Ebenen des vollständigen Modells in einen einzigen Kreis eingetragen worden. Transitive interpersonelle Akte mit dem Fokus auf dem Anderen sind in einfacher Großschrift notiert, intransitive Akte mit dem Fokus auf dem Selbst sind einmal unterstrichen, Introjektinteraktionen zweimal. Diese verdichtete Darstellungsform macht noch einmal in besonders klarer Form die für SASB elementaren Prinzipien der Komplementarität und Introjektion augenfällig: Zu dem transitiven PROTECT (beschützen) ist das darunter notierte intransitive TRUST (sich anvertrauen) komplementär, während die Introjektinteraktion SELF-PROTECT (sich selbst beschützen) als auf sich selbst gewendete Form des transitiven Aktes (PROTECT) unmittelbar erkennbar wird.

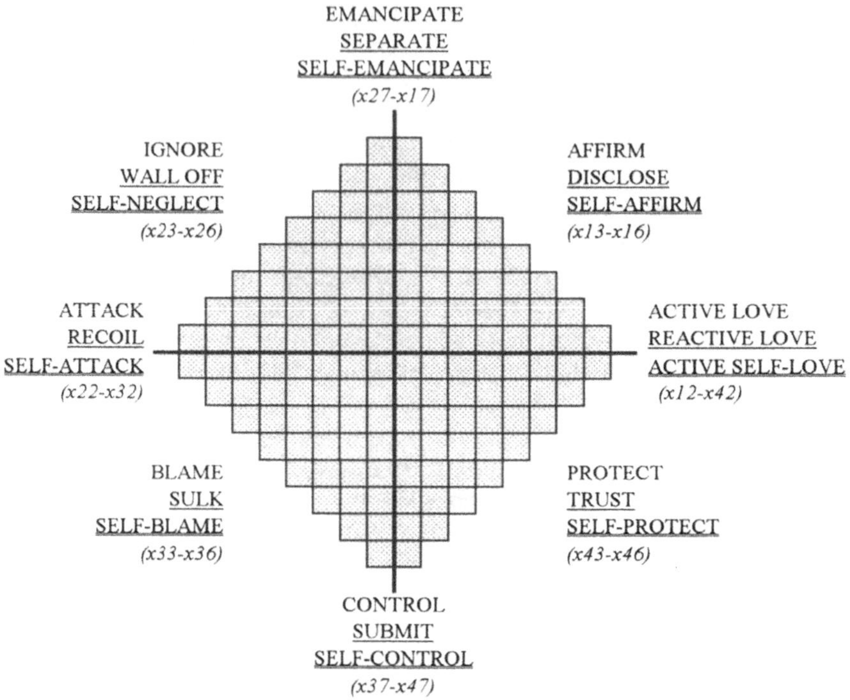

Abb. 2.3.: Clusterversion von SASB

Wie bereits angemerkt, enthält das Clustermodell nur 8 anstatt der 36 Punkte des vollständigen Modells (Abb. 2.2). Das bedeutet, daß in jeder Position dieser SASB-Version mehrere Items des vollständigen Modells wie in einem *Bündel* (Cluster) zusammengefaßt sind. Die an den 8 Positionen jeweils unter den Benennungen kursiv notierten Nummern geben an, welche der 36 Items einem bestimmten Cluster zugeordnet sind. Die erste Ziffer wird mit einem „x" variabel gehalten und nimmt für die verschiedenen Ebenen (Foki) des Modells die Werte 1, 2 oder 3 an. Damit kann man für jede Position des Clustermodells angeben, welche Items in ihr gebündelt sind. In Abb. 2.4 auf den Seiten 66 und 67 sind das vollständige Modell und die Clusterversion integriert dargestellt, so daß die wechselseitigen Zuordnungen leicht abgelesen werden können. Die Abbildung läßt außerdem erkennen, daß die in den einzelnen Kreisen oben und unten bzw. rechts und links positionierten Cluster jeweils 5 Items bündeln, während die übrigen Cluster nur 4 Items enthalten.

Die Clusterversion von SASB (Abb. 2.3) nimmt in der vorliegenden Arbeit eine zentrale Stellung ein. Sie liefert die Standardsprache, mit der die Beziehungsereignisse, über die Patienten berichten, abgebildet werden. Dabei wird das Beziehungsverhalten der Objekte, über das ein Patient berichtet, jeweils in kursiver

Schrift notiert. Das Verhalten des Patienten selbst wird hingegen aufrecht (wie in Abb. 2.3 gezeigt) notiert. Durch diese unterschiedliche Darstellung wird sofort erkennbar, ob ein interpersoneller Akt des Patienten oder des Objekts gemeint ist. Wenn beispielsweise ein Patient berichtet, daß er sich einem ihm hilfreichen Freund anvertrauen konnte, dann kann diese Beziehungskonstellation in Übereinstimmung mit den gerade festgelegten Regeln durch die Cluster-Kodierungen TRUST (für das Patientenverhalten) und *PROTECT* (für das Objektverhalten) wiedergegeben werden.

Die amerikanischen Benennungen der verschiedenen Positionen in der Clusterversion wurden für die vorliegende Arbeit absichtlich nicht übersetzt. Dies geschah aus zwei Gründen:

- Der erste Grund besteht darin, daß es keine geeigneten deutschen Worte gibt, die in vergleichbar knapper Weise die durch die Cluster-Positionen markierten Bedeutungsbereiche (d.h. Mischungen von Affiliation und Interdependenz) wiedergeben würden. Die amerikanischen Benennungen bestehen andererseits überwiegend aus Worten mit nur wenigen Buchstaben, so daß sie im fortlaufenden Text wenig Raum einnehmen und entsprechend leicht als Beziehungskodierungen zitiert werden können.
- Der zweite Grund ist, daß die Benennungen lediglich die Funktion von Kodierungen haben sollen und deshalb ohnehin nicht erwartet wird, daß sie den Bedeutungsinhalt eines Clusters erschöpfend wiedergeben. Statt dessen verweisen sie auf die ungefähre interpersonelle Tendenz des jeweiligen Clusters, die in den zugeordneten Items des vollständigen Modells genauer ausgeführt wird. Die Bedeutung der Kodierung PROTECT ergibt sich somit erst durch eine Überprüfung der ihr zugehörigen Items, die sich in dem Bedeutungsspektrum zwischen den beiden Modellpunkten 143 „Beschützen, beistehen“ und 146 „In Watte packen, verhätscheln“ bewegen. Der Vorteil amerikanischer Benennungen ist somit auch darin zu sehen, daß sie das Wortbild etwas „verfremden“ und damit an die Funktion des Wortes als Kodierung erinnern.

2.2.2 Die Methode der SASB-Inhaltskodierung

Die vorliegende Untersuchung zu den Beziehungsstrukturen suizidaler Patienten verwendet SASB in der Form der *Inhaltskodierung.*[8] Dieses Verfahren läßt sich am besten an einem Beispiel darstellen. Dazu wird ein Ausschnitt aus dem ersten Therapiegespräch von Patient MA1[9] benutzt. Im Zusammenhang mit dem Suizidversuch des 42-jährigen Patienten sind belastende Umstrukturierungen am Arbeitsplatz bedeutsam, die u.a. zur Ablösung eines bisherigen Vorgesetzten

---

[8] Die Verfahren der Prozeß- und Inhaltskodierung werden ausführlich bei Benjamin et al. (1986) und bei Grawe-Gerber und Benjamin (1989) erläutert.

[9] Die in der vorliegenden Arbeit untersuchte Patientengruppe wird in Kap. 5.1.1 beschrieben.

Fokus: Der Andere

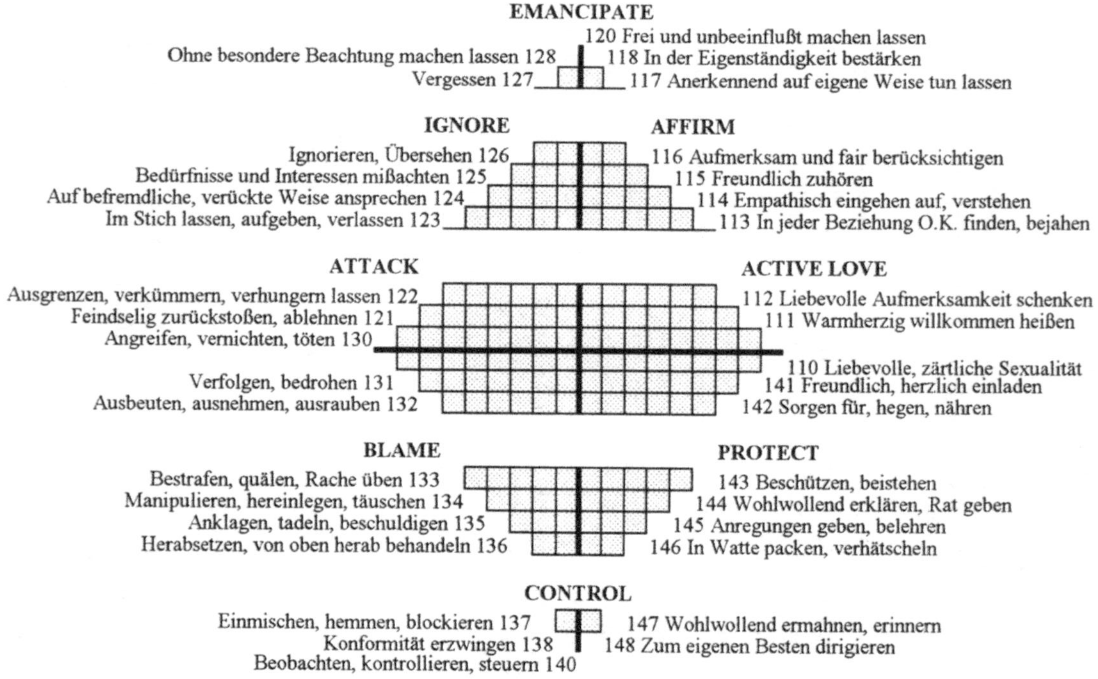

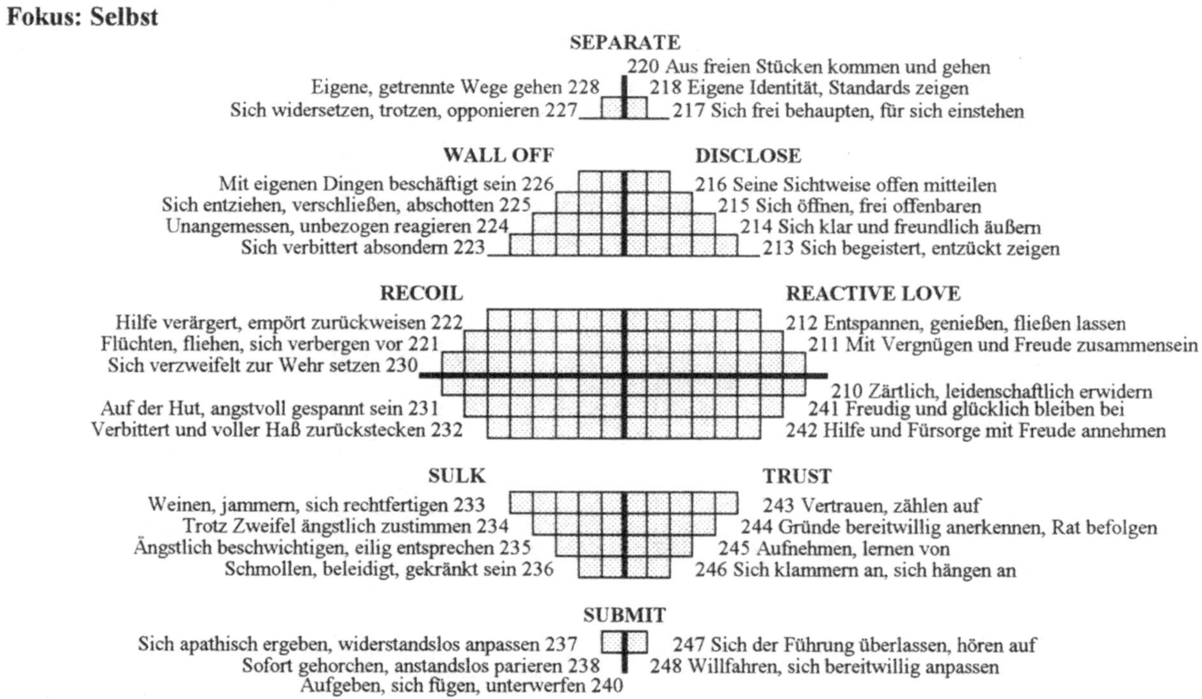

Abb. 2.5.: Integrierte Darstellung der Clusterversion und des vollständigen Modells von SASB

geführt haben, an dem der Patient sehr hing. In der folgenden Sequenz spricht der Patient im Rückblick über die Zusammenarbeit mit diesem Vorgesetzten.[10]

Erstes Beispiel MA1:

Patient: Ahja und vor allen Dingen- der war irgendwie (.) in seiner ganzen Art ein bißl (.) väterlich, ja da- [T: Mhm] Wenn's a mal dick (.) Gefahr mit der Arbeit- oder schwierig war: 'Ruhe bewahren, machen wir schon, vernünftig anpacken und dann sehen wir schon [T: mhm] weiter' und so, ne? In der Art, ne? [T: mhm mhm] // Also der hat die Sachen nie überspitzt, daß er die Leute meinetwegen jetzt angetrieben hätte: 'Ihr müßt jetzt hier schleunigst und (.) Höchstleistungen und so (.) weiter [T: mhm] (.) bis zu dem und dem Datum'.

1. Schritt: Bestimmung des Referenten der Kodierung

Für die Kodierung dieser Sequenz muß zunächst entschieden werden, über *wessen* interpersonelles Verhalten hier etwas ausgesagt wird - dieser Teilnehmer der Interaktion wird als *Referent* der SASB-Kodierung bezeichnet.[11] Eine Überprüfung der Textstelle macht klar, daß in ihr ausschließlich das Verhalten des Vorgesetzten beschrieben wird. Über sein eigenes Verhalten sagt der Patient nichts aus. Der Referent für die Beurteilung mit SASB ist deshalb der Vorgesetzte (also das *Objekt*), so daß das Ergebnis der Kodierung in *kursive Schrift* gesetzt werden muß (zur Erinnerung: Alle Objektkodierungen werden kursiv notiert, alle Patientenkodierungen aufrecht, s.o.).

Zur Erläuterung der nächsten Beurteilungsschritte betrachte man Abb. 2.5 auf der folgenden Seite. Sie enthält eine bildliche Darstellung der drei Foki und der Skalen zur Einschätzung der Affiliation und Interdependenz. Es folgt nun die Beurteilung des im Zitat berichteten Beziehungsverhaltens in bezug auf diese drei grundlegenden Dimensionen von SASB, also: Fokus, Affiliation und Interdependenz.

---

[10] Die bei der Transkription verwendeten Regeln werden in Kapitel 5.1.2 ausführlich erläutert. Für das Verständnis der Zitate dieses Kapitels genügen die folgenden Hinweise: Die Hörersignale des Therapeuten werden an der Stelle ihres Auftretens innerhalb der Patientenäußerung in eckige Klammern gesetzt; das Zeichen „(.)“ markiert eine kurze Pause im Redefluß; mit „-“ werden Brüche in der Rede kenntlich gemacht.

[11] Innerhalb der Terminologie von SASB wird an dieser Stelle exakter von dem *x-Referenten* gesprochen, während das jeweilige Gegenüber als *y-Referent* bezeichnet wird. Eine ausdrückliche Identifikation des Gegenübers als y-Referent ist dann wichtig, wenn es mehr als zwei Interaktionsteilnehmer gibt; dann muß präzisiert werden, auf welche der anwesenden Personen sich ein interpersoneller Akt bezieht. Wie an späterer Stelle (Kap.5) erläutert wird, werden in der vorliegenden Untersuchung die Erzählungen der Patienten so aufbereitet, daß ausschließlich Beziehungsepisoden mit dem Patienten und einer *einzigen* weiteren Person entstehen. Unter dieser Voraussetzung ist die Identifikation des y-Referenten überflüssig, weshalb auf diese Differenzierung hier verzichtet wird.

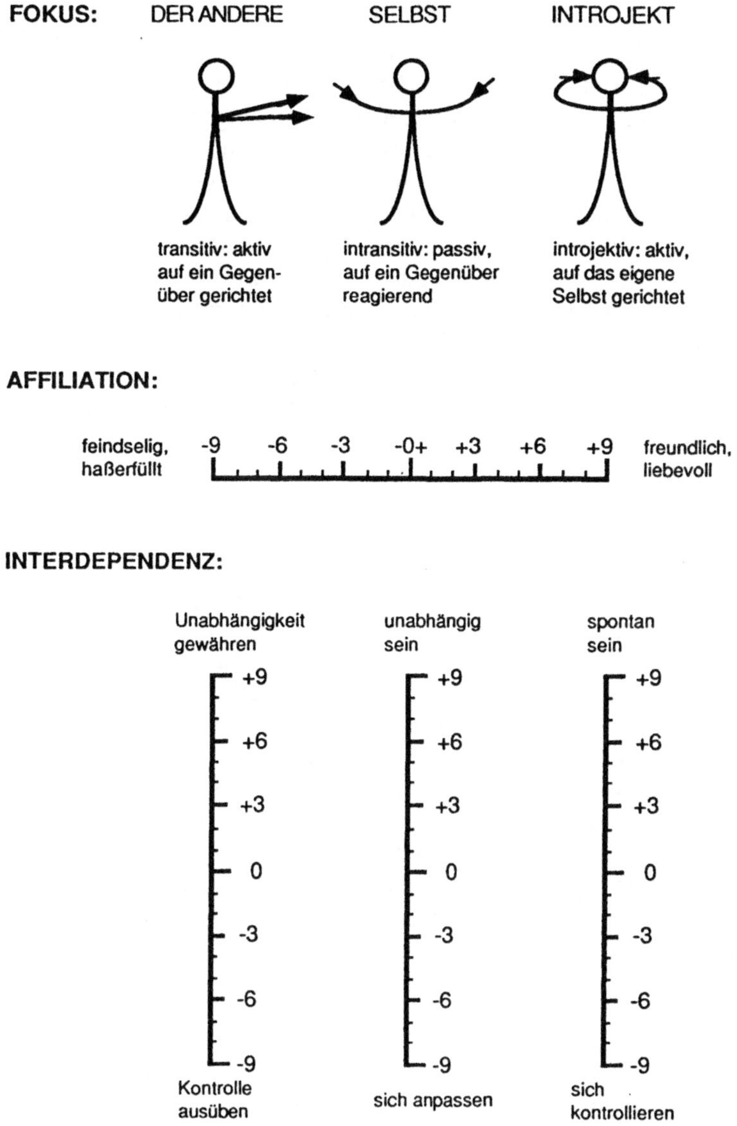

Legende: Schema für die Kodierung interpersoneller Akte innerhalb der SASB-Clusterversion. Wenn der Ausführende eines Aktes (der sog. Referent) festgelegt ist, wird als nächstes der *Fokus* bestimmt; dieser kann entweder auf dem Gegenüber (dem Anderen) oder auf dem Akteur selbst (Selbst) liegen; darüberhinaus kann es sich um einen intrapsychischen Vorgang handeln (Introjekt). In zwei weiteren Schritten wird beurteilt, welche Ausprägung der Akt auf den Dimensionen Affiliation und Interdependenz hat. Man beachte, daß die Pole der Interdependenz-Skala für die drei Foki unterschiedlich benannt werden müssen. (Abb. nach Benjamin, 1986a, S.608)

Abb. 2.5: Dimensionen des SASB-Ratings

2. Schritt: Bestimmung des Fokus

In diesem Schritt ist zu entscheiden, ob bei einem interpersonellen Akt der Fokus auf dem Selbst oder dem Anderen liegt; möglich ist außerdem, daß es um eine introjektive, d.h. auf das Selbst gerichtete Handlung geht (Introjektebene).

In der zitierten Sequenz werden zwei interpersonelle Inhalte berichtet, die zur besseren Übersichtlichkeit durch einen doppelten Querstrich („//") von einander getrennt worden sind. In der ersten Hälfte des Zitats wird ausgedrückt, daß der ehemalige Vorgesetzte „väterlich" war; aus der zweiten Hälfte ist zu entnehmen, daß er dem Patienten „einiges zugetraut" und ihn nicht „angetrieben" hat. In beiden Fällen werden dabei interpersonelle Handlungen beschrieben, bei denen der Fokus auf dem Anderen (d.h. auf dem Patienten) und nicht auf dem Selbst (d.h. auf dem Vorgesetzten) liegt. Dieses Beispiel macht auch deutlich, daß die Positionen „Selbst" und „der Andere" immer aus der Perspektive des vorher festgelegten Referenten bestimmt werden müssen.[12]

3. Schritt: Einschätzung der Affiliation

Im dritten Schritt ist zu beurteilen, ob ein Beziehungsverhalten eher freundlich und liebevoll oder eher feindselig und haßerfüllt ist. Diese Beurteilung findet mit Hilfe der bipolaren und in beiden Richtungen 9-fach abgestuften Skala statt, die bei der Darstellung des vollständigen SASB-Modells bereits erläutert wurde (Abb. 2.2). Es bedarf einiger Erfahrung, um sich mit dem Spektrum möglicher Intensitäten von Beziehungsschilderungen vertraut zu machen und die 9 Stufen der Skala in angemessener Weise zu benutzen; diese Erfahrungen lassen sich jedoch im Rahmen von Trainingskursen gut vermitteln.

Ich möchte zunächst den ersten Teil des Zitats herausgreifen und in bezug auf die Dimensionen bewerten. In ihm wird ein „väterliches" und fürsorgliches Verhalten beschrieben, das einen mittleren Grad freundlicher und liebevoller Zuwendung aufweist und deshalb auf der Skala Affiliation mit +4 bewertet werden kann.

4. Schritt: Interdependenz

In Abb. 2.5 sind *drei* Skalen für die Beurteilung der Interdependenz enthalten, die jeweils einem bestimmten Fokus zugeordnet sind und in Anpassung an diesen in spezifischer Weise formuliert wurden. Die für das Beispiel von MA1 passende Skala kann man leicht finden, indem man von dem im ersten Schritt festgelegten Fokus (Der Andere) in der Abbildung senkrecht nach unten geht; dort trifft man

[12] Dieser Hinweis geschieht auf dem Hintergrund der Beobachtung, daß unerfahrene Anwender von SASB dazu neigen, den Fokus „Selbst" mit dem Patienten zu identifizieren und als „Andere" seine Objekte anzusehen. Wegen dieses Mißverständnisses wird ausdrücklich hervorgehoben, daß sich beide, der Patient *und* sein Gegenüber, sowohl transitiv als auch intransitiv verhalten können.

auf die erste der drei Interdependenz-Skalen mit den Endpunkten „Unabhängigkeit gewähren“ bzw. „Kontrolle ausüben“.

Welches Ausmaß an Interdependenz ist in dem fürsorglichen und „väterlichen“ Verhalten des Vorgesetzten enthalten? Dieser gibt Ratschläge und freundliche Anweisungen („Ruhe bewahren... vernünftig anpacken...“) und übt damit einen gewissen Einfluß auf den Patienten aus; sein Verhalten ist somit in moderater Weise kontrollierend und kann in ebenfalls mittlerer Ausprägung mit einem Wert von -5 beurteilt werden.

Wenn man die Ergebnisse dieser *ersten* Beurteilung zusammenstellt, erhält man folgende Liste:

Referent:	Vorgesetzter
Fokus:	Der Andere
Affiliation:	+4
Interdependenz:	-5

In dem *zweiten* Teil der Sequenz beschreibt der Patient einen weiteren Aspekt des Verhaltens seines Vorgesetzten. Dieser habe ihm „einiges zugetraut“ und „die Sache nie überspitzt“, indem er ihn etwa angetrieben und unter Druck gesetzt hätte. Der Patient verneint mit anderen Worten die Möglichkeit, daß er von seinem Vorgesetzten kontrolliert worden sein könnte. Die Schilderung betont damit eine positive Interdependenz: Der Vorgsetzten hat dem Patienten Selbständigkeit gewährt. Dieser Verhaltensaspekt erscheint auf der Interdependenzskala als relativ stark ausgeprägt und erhält deshalb einen Wert von +7. Gleichzeitig enthält das Verhalten eine Anerkennung, insofern es dem Patienten etwas „zutraut“. Damit wird ihm eine freundliche Tendenz beigegeben, die in bezug auf die Affiliation einen Wert von +2 bekommt.

Die Ergebnisse dieser Beurteilung sind in der folgenden Liste aufgeführt:

Referent:	Vorgesetzter
Fokus:	Der Andere
Affiliation:	+2
Interdependenz:	+7

5. Schritt: Identifikation der Cluster-Kodierung

Auf der Basis dieser Einschätzungen kann nun eine Kodierung des Verhaltens des Vorgesetzten vorgenommen werden. Dafür verwendet man zunächst die Abb. 2.3, die die Clusterversion von SASB zeigt. Die Abbildung enthält - wie bereits beschrieben - das Gitter, das durch die beiden orthogonal zueinander stehenden

Skalen gebildet wird. Die Ergebnisse der eben vorgenommenen Beurteilungen können als Punkte dieses Gitters dargestellt werden. Die Beurteilung +4 (vier Schritte nach rechts) und -5 (fünf Schritte nach unten) führt für den hier relevanten ersten Fokus (Der Andere) zu der Cluster-Kodierung *PROTECT*, die Beurteilung +2,+7 entsprechend zu *EMANCIPATE*.

Es ist grundsätzlich möglich, daß die Beurteilung von Beziehungsverhalten Werte ergibt, die nicht auf der Peripherie der Raute liegen. Das Rating +3,-3 bezeichnet z.B. einen Punkt, der *innerhalb* des Gitters positioniert ist. Ebenso kann es auch vorkommen, daß Beurteilungen eine Position *außerhalb* des Gitters definieren. Die Zuordnung solcher Bewertungen zu einem bestimmten Cluster ist dennoch möglich, wenn man gedanklich eine Linie von der Mitte des Kreises durch den Gitterpunkt bis an die Peripherie zieht. Der Ort des Austritts bestimmt das zutreffende Cluster (im Fall der Koordinaten +3,-3: *PROTECT*).

6. Schritt: „Final clinical test"

Benjamin et al. (1986, S.407f.) schlagen zur Absicherung der gefundenen Cluster-Kodierungen einen abschließenden klinischen Test vor, bei dem das Ergebnis noch einmal unter Heranziehung des vollständigen Modells von SASB abgesichert wird. Dabei wird überprüft, ob es unter den Items des vollständigen Modells, die dem betreffenden Clusters zugeordnet sind, eines oder mehrere gibt, die den untersuchten interpersonellen Inhalt in treffender Weise zum Ausdruck bringen. Zur Illustration soll noch einmal das gerade kodierte Beispiel von Patient MA1 herangezogen werden.

Für den klinischen Test hilfreich ist die Abb. 2.4, die das vollständige Modell und die Clusterversion integriert darstellt. Das Cluster *PROTECT* enthält u.a. die Items 144 „Wohlwollend erklären, Rat geben" und 145 „Anregungen geben, belehren", die das fürsorgliche Verhalten des Vorgesetzten recht gut beschreiben. Ebenso enthält das Cluster *EMANCIPATE* die Items 117 „Anerkennend auf eigene Weise zun lassen" und 118 „In der Eigenständigkeit bestärken", die das anerkennende und Selbständigkeit gewährende Verhalten passend wiedergeben. Durch diese Übereinstimmungen bekräftigt der „final clinical test" die vorangegangenen Kodierungsschritte.

In kritischen Fällen, bei denen die dem Cluster zugeordneten Items des vollständigen Modells inhaltlich deutlich von dem interpersonellen Gehalt des kodierten Materials (der Beziehungsschilderung) abweichen, müssen die vorangegangenen Bewertungen von Fokus, Affiliation und Interdependenz noch einmal überprüft werden. Erfahrungsgemäß sind dann bei der Beurteilung Fehler unterlaufen. Es kann sich auch herausstellen, daß eine der drei Dimensionen auf der Basis des Gesprächsmaterials einfach nicht beurteilbar ist. In solchen Fällen kann eine Kodierung selbstverständlich nicht vorgenommen werden, und zwar auch dann nicht, wenn eindeutig ein interpersoneller Inhalt geschildert wird.

Eine andere Form der Unsicherheit kann sich ergeben, wenn ein Beziehungsverhalten als grenzwertig in bezug auf zwei nebeneinanderliegende Cluster eingeschätzt. Bei einer genaueren Untersuchung der Abb. 2.2 und 2.3 kann man feststellen, daß einige Kreuzungspunkte des Gitters im Grenzbereich zwischen benachbarten Clustern liegen. In diesen Fällen ist es sinnvoll, eine inhaltlich stimmige Lösung mit Hilfe des „abschließenden klinischen Tests" zu suchen, der oben beschrieben wurde. Auf diese Weise kann entschieden werden, mit welchem der benachbarten Cluster das betreffende Verhalten am passendsten beschrieben wird. In ebendieser Weise wurde in der vorliegenden Studie mit Grenzfällen verfahren, die allerdings ausgesprochen selten vorkamen.

Der mit diesen Hinweisen nun vollständig beschriebene Prozeß der SASB-Kodierung wird solange fortgesetzt und wiederholt, bis alle in einer Textstelle enthaltenen Beziehungsaspekte abgebildet worden sind. Dabei ist es technisch sinnvoll, das Transkript systematisch Satz für Satz durchzugehen und jeden neu auftauchenden interpersonellen Inhalt zu kodieren.[13] Abschließend sollte man den gesamte Text noch einmal durchgehen und eventuell noch nicht erfaßte Bedeutungsebenen und Aspekte der geschilderten Beziehung inhaltlich abgrenzen und anschließend kodieren. Die Arbeit ist abgeschlossen, wenn die Kodierungen als Gesamtheit ein Bild ergeben, das an dem klinischen Eindruck gemessen vollständig ist. Nicht selten macht man dabei die Erfahrung, daß der Analyseprozeß die klinische Wahrnehmung schärft und die verschiedenen Aspekte einer komplizierten Beziehungsstruktur erst klar hervortreten läßt. In diesem Sinne ist es berechtigt zu sagen, daß die Forschung mit SASB dem klinischen Denken nicht „nachläuft", sondern es im Gegenteil bereichern und differenzieren kann. Dies ist einer der Gründe, warum SASB von verschiedenen Autoren als Instrument für die Psychotherapie*ausbildung* empfohlen wird (z.B. Tress et al., 1990).

Zur Technik der Paraphrasierung

Die gerade analysierte Textstelle von MA1 gehört zu den leichter kodierbaren Beispielen von Beziehungsschilderungen. Um die Spannbreite zwischen einfachen und komplexen Schilderungen deutlich zu machen, möchte ich deshalb noch ein zweites, für eine SASB-Kodierung besonders anspruchsvolles Beispiel untersuchen, bei dem sich insgesamt fünf gut unterscheidbare Beziehungsaspekte in einer sehr kurzen Äußerung verdichten.

---

[13] In SASB-Studien, die das Ratingverfahren verwenden, wird der Text gewöhnlich vor der Kodierung in Gedankeneinheiten (thought units) unterteilt, die sehr kurz sind und selten mehr als einen einzigen Satz umfassen (Benjamin et al., 1986; Grawe-Gerber & Benjamin, 1989). Dieses Verfahren hat den Vorteil einer strengeren Systematik und ist zudem unerläßlich, wenn die *sequentielle Abfolge* der Beziehungsinhalte in einem Gespräch Gegenstand der Untersuchung ist (z.B. Benjamin 1979b, Benjamin 1986b). Dies ist in unserer Untersuchung jedoch nicht der Fall. Hinzu kommt, daß die Bildung von units in der SASB-Inhaltsanalyse nicht im gleichen Maße sinnvoll ist wie bei den weiter unten beschriebenen Prozeßkodierungen: Die Bedeutungen einzelner Gedanken in Beziehungsschilderungen sind stärker an den *Kontext* ihrer Äußerung (d.h. an den Inhalt der gesamten „Erzählung") gebunden, so daß eine Abgrenzung von „Gedankeneinheiten" meist nicht besonders sinnvoll ist.

Für das Verständnis schwieriger Textstellen ist es unentbehrlich, ihre Bedeutung im Zusammenhang mit anderen Teilen des Therapiegesprächs oder sogar mit vorangegangenen Behandlungsstunden zu sehen. Bei der SASB-Inhaltsanalyse ist im besonderen Maße der Einbezug von Kontextinformationen erforderlich. Diese Informationen ermöglichen häufig eine inhaltliche Klärung einer Beziehungsepisode oder bestimmter Ausdrücke, die in ihr enthalten sind. Kodierungen, die in dieser Weise den Kontext einer Beziehungsschilderung berücksichtigen, sind u.U. aus der untersuchten Textstelle selbst heraus nicht mehr nachvollziehbar. In solchen Fällen sollte die jeweilige Lesart durch eine *Paraphrasierung* dokumentiert werden, die auf die verwendeten Kontextinformationen hinweist. Diese Technik stellt sicher, daß die betreffenden Kodierungen im nachhinein überprüfbar sind und sich verschiedene Rater über ihre Beurteilungen verständigen können.

Die Paraphrasierung von (Patienten-) Äußerungen ist überhaupt immer dann eine gute Technik, wenn die in ihnen enthaltenen interpersonellen Inhalte dadurch verdeutlicht werden können und ihr Verständnis ohne eine gründliche Kenntnis des jeweiligen Falles (z.B. auch wegen einer eigentümlichen Sprechgewohnheit eines Patienten o.ä.) nicht ohne weiteres möglich ist. Eine besondere Form der Paraphrasierung, die auch in der vorliegenden Arbeit immer wieder bei der Erläuterung von Patientenschilderungen verwendet wird, ist die der direkten Rede: Man reformuliert einen Beziehungsaspekt als offene Botschaft an das jeweilige Gegenüber und gibt ihr dabei die Form einer direkten Äußerung.

Ein zweites Beispiel

Zum Verständnis der nachfolgend zitierten Schilderung von Patientin WE2 sind folgende Kontextinformationen wichtig: Es geht in dem Zitat um die Mutter der Patientin, die nach dem Tod des Vaters schwer depressiv wurde und sich schließlich suizidierte. Die Patientin hat einen jüngeren Bruder, der für die Mutter ein dauernder Grund für Sorgen und Enttäuschungen war, von ihr jedoch gleichwohl fortwährend unterstützt und gehätschelt wurde. Seinerseits hat er sich jedoch - wie aus der Darstellung der Patientin hervorgeht - ziemlich wenig um die Mutter gekümmert. Eine besonders herbe Enttäuschung durch den Bruder könnte sogar ein unmittelbarer Anlaß für den Suizid der Mutter gewesen sein (der Bruder hatte seinen Besuch zum Geburtstag der Mutter angekündigt, blieb dann jedoch ohne Entschuldigung fern). Die Patientin selbst kümmerte sich nach dem Tod des Vaters intensiv und aufopferungsvoll um die Mutter, ohne dafür Anerkennung und Dankbarkeit zu ernten; das Interesse der Mutter galt weiterhin allein dem Bruder.

Die Patientin hat ihre Mutter vor deren Suizid regelmäßig besucht. Die im folgenden Zitat berichtete Äußerung der Mutter ereignete sich anläßlich einer dieser Begegnungen.

Zweites Beispiel WE2:

Patientin: ...sie hat oft mal gesagt: 'Es wäre für euch alle viel besser, ich wäre tot. Ich bin- mein Leben ist gelebt (.) und dann hättet ihr ein bißchen mehr Geld' und- und so also alle möglichen Reden, wo ich dann immer sagte: 'Komm' und äh- ...

Die in dieser kurzen Sequenz enthaltenen Beziehungsaspekte sollen nun schrittweise untersucht und mit einer SASB-Kodierung versehen werden. Die Analyse beginnt mit dem Verhalten der *Mutter*, die der Referent für die ersten *vier* Kodierungen ist.

Kodierungen für die Äußerung der Mutter

Erster Aspekt: Auf der oberflächlichsten Ebene ist die von der Patientin berichtete Äußerung der Mutter *fürsorglich*. Sie möchte ihre Kinder finanziell entlasten und bietet deshalb ihr Opfer an, um ihnen das verfügbare Erbe zukommen zu lassen. Natürlich bedeutet dieses Angebot für das Gegenüber eine massive Zumutung. Diese provokanten Anteile der Botschaft sollen jedoch weiter unten kodiert werden. Hier soll zunächst der „freundliche" Teil der Botschaft für sich betrachtet und mit SASB abgebildet werden. Die Möglichkeit, verschiedene Schichtungen einer Äußerung analytisch voneinander zu trennen, stellt einen der besonderen Vorzüge von SASB dar.

Die Äußerung ist an die Patientin (und ihren Bruder) gerichtet; der Fokus liegt somit auf dem *Anderen*. Die Mutter behandelt die Patientin als finanziell bedürftig und damit als abhängig; in diesem Sinne ist die Äußerung beinflussend. Gleichzeitig enthält sie mit dem Angebot der altruistischen Selbstaufopferung eine zugewandte und „positive" Botschaft, die noch deutlicher ausgeprägt ist als das Moment der Beeinflussung bzw. Kontrolle. Diese kurze Betrachung begründet folgende Einschätzungen: Die Affiliation wird mit +6, die Interdependenz mit -3 beurteilt. Mit diesen Bewertungen gelangt man zu dem Cluster *PROTECT*. Ein passendes Item aus dem vollständigen Modell, das zu diesem Cluster gehört, ist das Item 143 „Beschützen, beistehen". Der „final clinical test" führt somit zu einem befriedigenden Resultat.

Zweiter Aspekt: Die Äußerung unterstellt indirekt, daß der Gedanke einer finanziellen Entlastung durch den Tod der Mutter für die Kinder irgendwie akzeptabel sein könnte. Damit deutet sich ein Vorwurf oder eine Anklage etwa der Art an: „Ich bin Euch im Grunde eine Last und Hindernis. Ihr wäret wohl gar nicht so unglücklich, wenn ich tot wäre!" Auch bei diesem Beziehungsaspekt liegt der Fokus auf dem Gegenüber (Fokus: Der Andere). Die angedeutete Botschaft ist in etwa gleichem Ausmaß negativ in bezug auf die Affiliation (-6) und die Interdependenz (-6). Man gelangt damit zu der Kodierung *BLAME*. Das passende Item des vollständigen Modells ist 135 „Anklagen, tadeln, beschuldigen".

Dritter Aspekt: Zwei weitere Aspekte treten deutlicher hervor, wenn man berücksichtigt, daß die Patientin sich engagiert um die Mutter gekümmert und sich immer wieder bemüht hat, diese durch Unternehmungen und Initiativen aufzumuntern und aus ihrer Depression herauszuholen. Diese Anstrengungen finden in der Äußerung keinerlei Anerkennung, sie werden überhaupt nicht beachtet. Die Bemerkung ist auf diesem Hintergrund rücksichtslos. Auch hier liegt der Fokus auf dem Anderen (der nicht beachtet wird). Die Äußerung enthält gutes Stück Aggressivität (Affiliation -5) und überläßt vor allem das Gegenüber gewissermaßen sich selbst (Interdependenz +6). Benjamin (1979a) bezeichnet diese Form der Rücksichtslosigkeit als „feindselige Autonomie" (invoke hostile autonomy); gemeint ist damit eine „Aggression der Gleichgültigkeit". Die zugehörige Kodierung ist *IGNORE*, die passenden Items des vollständigen Modells lauten 125 „Bedürfnisse und Interessen mißachten" und 126 „Ignorieren, übersehen".

Vierter Aspekt: Schließlich beinhaltet die Äußerung noch einen Rückzug, mit dem die Mutter sich für die Zuwendung und die Hilfsangebote ihrer Tochter gleichsam „unerreichbar" macht. Auf diesen Aspekt reagiert wohl auch die kurze Antwort der Patientin ('Komm...'). Bei dem „Rückzug" liegt der Fokus auf dem *Selbst*. Er ist etwa im gleichen Ausmaße feindselig (Affiliation -4) und Autonomie beanspruchend, denn die Mutter macht sich mit ihrem Rückzug auch von der Patientin unabhängig (Interdependenz -4). Mit diesen Bewertungen gelangt man zu dem Cluster *WALL OFF*; im vollständigen Modell bietet sich das diesem Cluster zugeordnete Item 225 „Sich entziehen, verschließen, abschotten" als passend an. In subtilerer Weise beinhaltet der Rückzug der Mutter übrigens noch einmal eine Kritik oder Herabsetzung gegenüber der Patientin, die oben bereits durch die Kodierung *BLAME* erfaßt worden ist. Diese Herabsetzung ist in der impliziten Botschaft enthalten: „Deine Fürsorge erreicht mich nicht und kann mich nicht retten. Sie ist für mich wertlos!"

Kodierung für die Antwort der Patientin

Die Patientin reagiert mit der einfachen Äußerung *'Komm'* auf die eben analysierte komplexe Botschaft ihrer Mutter. Kann dieser sehr kurzen Antwort überhaupt eine Kodierung zugewiesen werden? Zur Beantwortung dieser Frage muß geprüft werden, ob für die Beurteilung der drei Dimensionen genügend Information vorliegt. Sicher ist, daß die Patientin selbst der Referent einer eventuellen Kodierung sein muß. Der Fokus liegt auf dem Gegenüber (der Mutter). Die Äußerung enthält auf jeden Fall eine freundliche Aufforderung oder Werbung. Das entspricht einerseits einer moderaten Beeinflussung (Interdependenz -2 oder -3), andererseits einer vergleichsweise deutlicher ausgeprägten positiven Affiliation (+5). Man gelangt mit diesen Beurteilungen zu einem Gitterpunkt (vgl. Abb. 2.2 bzw. 2.3), der in dem Bereich der Kodierung PROTECT nahe an der Grenze zu dem benachbarten Cluster (ACTIVE LOVE) liegt. Die Berücksichtigung der Items des vollständigen Modells im Sinne eines „abschließenden klinischen Tests" (z.B. 143

„Beschützen, beistehen“) rechtfertigen jedoch eine Zuordnung zu dem Cluster PROTECT, weil in der Äußerung der Patientin der Aufforderungscharakter doch recht deutlich ist und das Moment der Beeinflussung in der Kodierung daher zum Ausdruck kommen muß.

2.2.3 Die Methode der SASB-Prozeßkodierung

In der Literatur werden zwei verschiedene Formen des SASB-Ratings unterschieden: Die Prozeßkodierung und die eben dargestellte Inhaltskodierung. Diese beiden Anwendungen spiegeln den Umstand wieder, daß Äußerungen in Gesprächen sowohl in ihrer Bedeutung für die *Beziehungsebene* als auch für die *Inhaltsebene* gehört werden können. Diese Unterscheidung findet eine theoretischen Begründung in der Kommunikationstheorie (Watzlawick et al., 1971). Dort wird gezeigt, daß in verbalen Äußerungen einerseits inhaltliche Aussagen gemacht werden (z.B. „Gestern bist du auf der Straße an mir vorbeigegangen.“), daß mit denselben Aussagen jedoch zugleich auch Beziehungsbotschaften ausgetauscht werden (z.B. ein Vorwurf). Dies gilt auch für Schilderungen, die sich auf Begegnungen mit dritten Personen beziehen; jedem erfahrenen Psychotherapeuten ist es wohlbekannt, daß die Erzählungen eines Patienten über Interaktionen mit anderen Personen auch als Aussagen über das Hier und Jetzt der therapeutischen Beziehung verstanden werden können. Sie bringen dann in indirekter Weise das aktuelle Erleben des Patienten zum Ausdruck (vgl. dazu Grande, 1993).

Die Bedeutung einer Äußerung ist auf der Ebene der unmittelbaren Beziehung häufig durch die in ihr enthaltenen inhaltlichen Aussagen nicht eindeutig bestimmt. In solchen Fällen spezifizieren die begleitenden nonverbalen und paraverbalen Merkmale der Mimik, der Körperbewegungen oder die Wortbetonungen die jeweilige Bedeutung der Botschaft. Dies heißt jedoch keineswegs, daß die Beteiligten sich über solche Bedeutungen immer bewußt Rechenschaft ablegen würden. Gewöhnlich achtet man in alltäglichen Gesprächen unwillkürlich vor allem auf die Inhaltsebene von Äußerungen und übersieht dabei den untergründig stattfindenden Dialog, der in den wechselnden Äußerungen latent mittransporiert wird und z.B. Angebote, Anerkennungen, Einladungen, Vorhaltungen, Distanzierungen oder Angriffe enthalten kann, die im manifesten Inhalt überhaupt nicht vorkommen. Die Fokussierung der Beziehungsebene bedarf deshalb einer besonderen Aufmerksamkeitseinstellung (Grawe-Gerber, 1989), die von der Alltagswahrnehmung abweicht. Dies schließt nicht aus, daß es auch Äußerungen gibt, in denen Botschaften in direkter Form ausgetauscht werden (z.B.: „Ich mag Dich!“). Aber auch dann kann es sein, daß der Kontext und die begleitenden nonverbalen Zeichen weitere, unausgesprochene Bedeutungen transportieren (z.B. kann in „Ich mag Dich!“ unausgesprochen mitschwingen: „Also gib mir was dafür!“).

Bei der Prozeßkodierung mit SASB geht es um die Abbildung der Ebene der unmittelbaren Beziehung der Beteiligten. Aus dem eben Gesagten ist plausibel, daß Prozeßkodierungen anhand eines einfachen Gesprächstranskripts nicht gut möglich sind. Sie sollten durch Videoaufnahmen unterstützt werden, in denen die non- und paraverbalen Begleiterscheinungen der sprachlichen Äußerungen dokumentiert sind. Die mit SASB durchgeführten Prozeßanalysen arbeiten deshalb grundsätzlich mit einer Kombination von Videoaufnahme und Transkript.

Bei der Inhaltskodierung mit SASB sind Videoaufnahmen andererseits entbehrlich. Dort werden gewöhnlich Interaktionen und Beziehungsereignisse abgebildet, die an einem anderen Ort und zu einer anderen Zeit stattgefunden haben und über die ein Erzähler nachträglich im Gespräch berichtet.[14] Die Beziehungen, die im Rahmen der SASB-Inhaltsanalyse kodiert werden, finden *nicht* im Hier und Jetzt statt. Non- und paraverbale Begleitmerkmale können z.B. für das Verständnis des affektiven Gehalts solcher Erzählungen hilfreich sein, führen jedoch nach eigenen Erfahrungen nicht zu einer entscheidenden Verbesserung der Kodierungsmöglichkeiten. In der vorliegenden Studie (die ausschließlich die Methode der SASB-Inhaltsanalyse verwendet) wurde deshalb auf zusätzliches Material neben den Transkripten von Therapiegesprächen nahezu völlig verzichtet. In Ausnahmefällen wurde auf die Tonbandaufnahmen dieser Gespräche zurückgegriffen, um die Bedeutung einer bestimmten Patientenäußerung auf diese Weise genauer klären zu können (vgl. auch Kap.5).

Die Ratingprozedur ist für die Prozeß- und für die Inhaltskodierung genau die gleiche. Sie beginnt hier wie dort mit der Festsetzung eines Referenten für eine bestimmte SASB-Kodierung. Im Fall von Prozeßanalysen ist grundsätzlich der Sprecher mit dem Referenten identisch, da er die Rolle des momentanen Akteurs in der Interaktion einnimmt. Danach folgen die Festlegung des Fokus und die Einschätzungen zu den Dimensionen Affiliation und Interdependenz. Das Ergebnis dieser Bewertungen wird ebenfalls durch eine Kodierung aus der Clusterversion des SASB-Modells wiedergegeben.[15]

2.2.4 Studien mit Prozeß- und Inhaltskodierungen

Studien mit Prozeßkodierungen

Das SASB-Ratingverfahren ist bislang am häufigsten in der Form der zuletzt beschriebenen *Prozeßkodierung* verwendet worden. Dabei wurden u.a. Interaktionen zwischen Patient und Therapeut während psychotherapeutischer Gespräche analysiert. Henry, Schacht & Strupp (1986) konnten in einer Studie zeigen, daß schon quantitativ geringfügige Mengen kritischer und entwertender Therapeutenäußerungen (Kodierung *BLAME*) mit schlechteren Behandlungsergebnissen

---

[14] Eine Ausnahme bildet die Darstellung von Beziehungsereignissen, die zwischen Therapeut und Patient stattgefunden haben und nachträglich thematisiert werden. Auch diese Darstellungen betreffen zeitlich zurückliegende Ereignisse, die jedoch am gleichen Ort (nämlich dem Ort des Gesprächs) stattgefunden haben.

[15] In älteren Arbeiten verwendet Benjamin (1979b) das *vollständige Modell* zur Abbildung von Prozessen, was - im Vergleich zur Cluster-Kodierung - wegen der größeren Zahl von Kodierungsmöglichkeiten (pro Kreis 36) erheblich höhere Anforderungen an die Rater stellt.

verknüpft sind. Auf Patientenseite erwiesen sich Äußerungen, die eine Abhängigkeit von dem Therapeuten anzeigen (TRUST), dann als prognostisch ungünstig, wenn sie sehr häufig auftraten; der gleiche Zusammenhang wurde auch für ein Rückzugs- und Distanzierungsverhalten (WALL OFF) auf Patientenseite gefunden. Eine zweite Studie (Henry, Strupp & Schacht, 1990) konnte zusätzlich nachweisen, daß kritische bzw. entwertende Therapeutenäußerungen (*BLAME*) auf der Seite des Patienten zu selbstkritschen bzw. selbstentwertenden Äußerungen führen (SELF-BLAME). Diese Beobachtung ist besonders interessant, weil mit ihr ein Zusammenhang zwischen interpersonellen und intrapsychischen Prozessen belegt wird, der in genau dieser Form von der Introjektionshypothese des SASB-Modells (s.oben, 2.1.2) vorausgesagt wird.

Eine Studie von Benjamin (1979b) untersucht ebenfalls die Therapeut-Patient-Interaktion im Rahmen einer Einzelfallstudie. Die Arbeit ist u.a. wegen der verwendeten Auswertungsidee interessant: Die Autorin demonstriert, wie eine sequentielle Abfolge von Patient-Therapeut-Äußerungen durch die Analyse von Markow-Prozessen durchsichtig gemacht werden kann. Mit einem vorwiegend diagnostischen Interesse analysieren Öhman und Armelius (1993) die Interaktionen zwischen Untersucher und Patient während Untersuchungsgesprächen. Dabei werden zwei schizophrene Patienten, zwei Borderlinepatienten und ein Neurotiker miteinander verglichen. Die Autoren berichten u.a. das bemerkenswerte Ergebnis, daß beide Borderlinepatienten in ihrem Beziehungsverhalten weitgehend unauffällig sind. Möglicherweise läßt sich dies auf die eher strukturierte Gesprächssituation zurückführen. In einer Studie zu zwei Einzelfällen hat Hartley (1991) ebenfalls die Interaktionsprozesse zwischen Therapeut und Patient detailliert untersucht. Fiedler, Vogt, Rogge und Schulte (1994) konnten bei der Analyse der Therapeut-Patient-Interaktionen in verhaltenstherapeutischen Phobienbehandlungen Beziehungsmuster identifizieren, die sich bereits initial einstellten und sich im Hinblick auf den Therapieerfolg als günstig erwiesen.

In einer Reihe von weiteren Arbeiten sind *Familieninteraktionen* mit dem Verfahren der Prozeßkodierung analysiert worden. Benjamin et al. (1986) berichten über die Untersuchung einer Familie mit einer schizophrenen Tochter als Indexpatientin. Sie analysieren dabei mit SASB in sehr subtiler Weise die pathologischen Kommunikationsstrukturen, in deren Zentrum sich die Patientin befindet. Humphrey (1989) vergleicht in einer Studie 10-Minuten-Sequenzen aus Gesprächen mit den Familien anorektischer bzw. bulimischer Patientinnen, die mit SASB kodiert wurden; die Autorin kann für beide Störungsbilder typische Beziehungsmuster identifizieren, die sich in die wissenschaftliche Diskussion zu diesen Störungsbildern gut einfügen lassen. Kaslow (1989) untersucht die Interaktionsmuster innerhalb der Familie eines 14-jährigen Mädchens, die einen Suizidversuch unternommen hatte; diese Studie wird weiter unten (Kap. 4) ausführlich referiert. Fiedler, Leeb, Ernst, Kohlhoff und Mundt (1994) zeigen im Rahmen einer Analyse der Interaktionen zwischen endogen-depressiven Patienten und ihren Partnern bestimmte Verstrickungen auf, die in gehäuften negativen Botschaften ihren Ausdruck finden.

Die meisten der gerade erwähnten Arbeiten mit Prozeßratings enthalten Angaben zur *Reliabilität* der Kodierungen. Die Übereinstimmungswerte werden mit Cohens gewichtetem Kappa (Cohen, 1968) berechnet. Dieses Reliabilitätsmaß und seine Spezifizierung für die Anwendung auf SASB-Ratings werden im Kap. 5.3.3 im Detail erläutert. In der Literatur werden verschiedene Reliabilitätswerte berichtet. Benjamin et al. (1986) nennen in einer Übersicht als Ergebnisse verschiedener Übereinstimmungsuntersuchungen mit unabhängigen Ratern folgende Werte (gewichtetes Kappa): Für eine erste Untersuchung werden Werte zwischen .61 und .79 (Mittelwert .69) angegeben, eine zweite ergibt Werte zwischen .65 und .78; eine dritte Untersuchung gibt Werte zwischen .45 und .61 an. Die schlechten Ergebnisse der zuletzt genannten Studie werden unter anderem auf die extrem pathologischen Kommunikationsstrukturen der untersuchten Familien zurückgeführt, die jeweils psychiatrisch hospitalisierte Mitglieder aufweisen; die extrem subtilen, komplexen und oft doppelbödigen Botschaften in solchen Familien seien besonders schwer zu erkennen und zu kodieren.

Weitere Reliabilitätstudien haben Werte ergeben, die noch besser als die genannten sind: Humphrey (1989) berichtet Kappa-Werte von .63 bis .83 mit einem Mittelwert von .74 für Prozeßkodierungen. Henry, Schacht & Strupp (1986) und Henry, Strupp & Schacht (1990) berichten erstaunlich hohe Werte von .91 für unabhängige Rater. Öhman und Armelius (1993) geben einen Wert von .80 für ihre Prozeßratings an. In Anbetracht der Differenziertheit des Ratingssystems und der Vielschichtigkeit und Komplexität vieler kommunikativer Botschaften (besonders im Falle einer ausgeprägten Pathologie der Beteiligten) können solche Werte als gut bis sehr gut angesehen werden.

Studien mit Inhaltskodierungen

Untersuchungen, in denen die *SASB-Inhaltskodierung* systematisch verwendet wurde, sind vergleichsweise seltener. In zwei Arbeiten zur narzißtischen Persönlichkeitsstörung (1987a) und zur Borderline-Persönlichkeitsstörung (1987b) verwendet Benjamin SASB-Kodierungen, um für diese Störungen typischen interpersonellen Muster zu formulieren. Die Diagnosen werden nach DSM-III gestellt. Die Autorin geht dabei in der Weise vor, daß sie die charakteristischen Beziehungsschilderungen der betreffenden Patienten analysiert. Nach dem Muster dieser früheren Studien hat Benjamin (1993) inzwischen mit Hilfe von SASB *interpersonelle Diagnosen* für die gesamte Gruppe der in DSM-III-R bzw. DSM-IV beschriebenen Persönlichkeitsstörungen formuliert. In einer weiteren Arbeit wird ein SASB-Interview vorgestellt, bei dem Beziehungserfahrungen gezielt erhoben und durch Nachfragen bis zu der für eine Kodierung notwendigen Eindeutigkeit klarifiziert werden (Benjamin, 1982). Mit Hilfe dieses Interviews wird z.B. der interpersonelle Kontext und die interpersonelle Bedeutung eines Suizidversuchs bei einem Patienten mit der DSM-III-Diagnose „Major depression“ untersucht. Auch über diese Arbeit wird im Kapitel 4 ausführlicher berichtet werden.

In allen eben erwähnten Studien werden Inhaltskodierungen verwendet. Das diesen Kodierungen zugrunde liegende Material ist jedoch insofern nicht „natürlich“, als es jeweils für den Zweck der Analyse mit SASB gezielt ausgewählt oder aufbereitet wurde (durch die Auswahl von störungstypischen Beziehungsberichten bzw. durch bestimmte aktive Interviewtechniken). In anderen Arbeiten (Benjamin et al., 1986; Humphrey, 1989; Öhman & Armelius, 1993) wird die SASB-Inhaltsanalyse im Gegensatz dazu auf „natürliches“ Gesprächsmaterial angewendet. In allen diesen Arbeiten steht jedoch die Analyse des Prozesses im Vordergrund, so daß über die Ergebnisse der Inhaltsanalyse eher am Rande berichtet wird (offenbar förderte sie in diesen Studien auch keine bedeutenden Ergebnisse zutage). Immerhin enthalten die genannten Untersuchungen Angaben zur Reliabilität von SASB-Inhaltskodierungen: Benjamin et al. (1986) geben für zwei verschiedene Untersuchungen Kappa-Werte zwischen .68 und .81 (Mittelwert .74) bzw. .62 und .86 (kein Mittelwert genannt) an. Humphrey (1989) nennt Übereinstimmungswerte zwischen .58 und 1.00 mit einem Mittelwert von .79, während Öhman und Armelius (1993) einen einzelnen Wert von .77 berichten. Benjamin (1986b) gibt in einer Studie sogar .94 als Wert für die Reliabilität des Inhaltratings an. Auch diese Werte können als gut bzw. sehr gut beurteilt werden.

Bei einer Prüfung aller verfügbaren Untersuchungen, die mit der Methode des SASB-Ratings (bezogen auf Prozeß *oder* Inhalt) gearbeitet haben, läßt sich feststellen, daß die überzeugenderen Ergebnisse bisher eindeutig im Rahmen der Prozeßanalyse gefunden wurden, während die Nützlichkeit des Inhaltsratings noch nicht hinreichend belegt worden ist. Bei der Suche nach Gründen für diesen Unterschied fällt vor allem auf, daß bislang keine anspruchsvollen Methoden für die Zusammenfassung und Auswertung von Inhaltskodierungen zur Verfügung stehen. Die zitierten Studien benutzen bei der Auswertung beinahe ausschließlich einfache Häufigkeitsauszählungen für die verschiedenen Kodierungen. Wünschenswert wäre jedoch eine Auswertungsmethode, die es gestattet, die über ein Gespräch verteilten Inhaltskodierungen so zu intergrieren, daß die typischen und repetitiven Beziehungsmuster (als regelhafte Kombination und Abfolge von Kodierungen) eines Patienten hervortreten. Erste Versuche zu einer Extraktion solcher repetitiven Beziehungsstrukturen sind von Hartley (1993) an zwei Einzelfällen in qualitativ-interpretierender Weise durchgeführt worden. Ein statistisches Verfahren zur Entdeckung und Formulierung von Beziehungsmustern auf der Basis von Inhaltskodierungen ist bisher jedoch noch nicht entwickelt worden. Ein Verfahren, das diese Lücke ausfüllen kann, wird im Kapitel 6 der vorliegenden Arbeit vorgestellt.

Zum Abschluß dieser Übersicht möchte ich diese eher kritische Bestandsaufnahme der bisherigen SASB-Inhaltsanalysen mit dem Hinweis auf eine von Benjamin (1986b) durchgeführte Studie teilweise korrigieren. Die Arbeit trägt den Titel „Operational definition and measurement of dynamics shown in the stream of free associations“. Die Autorin führt darin aus, daß nach psychoanalytischer Auffassung die freien Assoziationen eines Patienten wichtige Hinweise auf die einem Fall zugrundeliegende Dynamik geben können. Ihrem eigenen Forschungsinteresse folgend interessiert sich die Autorin vor allem für die Art, wie Patienten ihre Beziehungserfahrungen darstellen. Benjamin schlägt zur Untersuchung solcher Beziehungsdarstellungen eine sequentielle Analyse der aufeinanderfolgenden Einfälle (Assoziationen) des Patienten vor. Beziehungsschilderungen bestehen aus einer Vielzahl einzelner Aussagen, die in bestimmter Weise aufeinander folgen; sie enthalten interpersonelle Inhalte ebenso wie Introjektschilderungen im Sinne von SASB. Diese Aussagen können nun in SASB-Kodierungen übersetzt werden. Bei der Analyse der „freien Assoziation" repräsentieren diese Kodierungen gewissermaßen die einzelnen „Einfälle", die in einer für den jeweiligen Patienten charakteristischen Weise aufeinander folgen.

Nach der Kodierung der „Einfälle" mit SASB ist es möglich, die in der Aufeinanderfolge der Kodierungen enthaltenen Regelhaftigkeiten als *Markow-Prozesse* zu analysieren. Dazu werden Übergangstabellen erstellt, aus denen die Wahrscheinlichkeiten für die assoziative Aufeinanderfolge bestimmter Elemente bzw. Kodierungen abgelesen werden können. Abfolgen von SASB-Elementen mit hoher Übergangswahrscheinlichkeit repräsentieren solche Zusammenhänge, die für den untersuchten Fall besonders charakteristisch sind. Übergangstabellen höherer Ordnung (d.h. Kontingenzen zwischen einem Element n und dem nachfolgenden Element n+2 bzw. n+3 etc.) können darüberhinaus zeigen, welcher Richtung eine Assoziationskette wahrscheinlich folgt, wenn man sie über eine Abfolge von mehreren Schritten betrachtet: Benjamin zeigt bei der Analyse einer depressiven Patientin, wie in deren Darstellung Interaktionen mit der Mutter regelmäßig in eine Konstellation münden, in der diese sich kritisch und kontrollierend verhält, während die Patientin eine gekränkte bzw. unterwürfige Haltung einnimmt. Auf der Ebene der Introjektinteraktionen zeigt sich darüberhinaus, daß nahezu jeder Gedanke an die Mutter von selbstentwertenden Gedanken oder Selbstbeschuldigungen gefolgt wird (Introjektebene).

3. Repetitive Beziehungsmuster als Gegenstand der Psychotherapieforschung

3.1 Zur Bedeutung repetitiver Beziehungsmuster

Ein zentrales Interesse der Psychotherapieforschung in den letzten Jahren gilt der Erfassung von Mustern, die das bewußte und unbewußte Verhalten von Patienten in der Beziehung zu anderen Personen bestimmen. Ein theoretisches Konzept, das in diesem Zusammenhang verwendet wird, ist das der *„Personen-Schemata"* (person schemas) (M. Horowitz, 1991; L.M. Horowitz, 1994). Wie M. Horowitz (1991) ausführt, werden mit diesem Begriff mentale Strukturen bezeichnet, in denen vergangene interpersonelle Erfahrungen gespeichert und organisiert sind. Sie enthalten u.a. das Wissen über charakteristische Merkmale von Objekten in ihrer Beziehung zur eigenen Person, darüberhinaus Erwartungen über wahrscheinliche Transaktionen, die sich zwischen dem Selbst und Objekten abspielen können. Es wird angenommen, daß Individuen über eine größere Anzahl solcher Schemata verfügen. Sie ermöglichen eine rasche Orientierung in komplexen sozialen Situationen und stellen vorbereitete Handlungsmuster zur Verfügung. Durch diese Leistungen sind sie *adaptiv*. Sie können jedoch auch zu fehlerhaften Wahrnehmungen und in der Folge zu maladaptiven Verhaltensweisen führen, wenn sie in Situationen aktiviert werden, in denen sie unangemessen sind. Interpersonelle Probleme entstehen entsprechend dieser Vorstellung dann, wenn Personen-Schemata, die in der Vergangenheit einmal adaptiv gewesen sind, in stereotyper Weise immer wieder reaktiviert und trotz ihrer nachteiligen Folgen keinen Modifikationen unterworfen werden.

Ein Merkmal von Personen-Schemata ist, daß sie über die Zeit relativ stabil sind und deshalb im interpersonellen Verhalten eines Individuums wiederholt sichtbar werden. Dieses *Merkmal der Wiederholung* ist gleichzeitig die wesentliche Bedingung für die Möglichkeit ihrer Entdeckung. Im Kontext der empirischen Forschung wird dieses Merkmal systematisch genutzt; ausnahmslos alle Methoden, die eine Erfassung interpersoneller Muster zum Gegenstand haben, machen davon Gebrauch.

Datengrundlage für die empirische Untersuchung repetitiver Beziehungsmuster sind in der Regel Therapiesitzungen, die durch Tonbänder oder Videoaufnahmen dokumentiert werden und in transkribierter Form vorliegen. Therapiegespräche eignen sich sehr gut für die Aufdeckung repetitiver Muster: Interpersonelle Probleme machen einen wesentlichen Teil der Beschwerden aus, die Menschen in eine psychotherapeutische Behandlung führen. Während der Therapie berichten Patienten immer wieder über Beziehungserfahrungen, die sie als konflikthaft und belastend erleben. Die innere Struktur dieser sich wiederholenden Erfahrungen ist - trotz variabler situativer Merkmale - in der Regel gleichbleibend. Die systematische Analyse wiederkehrender Strukturen führt daher zur Aufdeckung typischer Muster, die Rückschlüsse auf zugrundeliegende „Personen-Schemata" erlauben.

Die Anzahl voneinander differenzierbarer repetitiver Beziehungsstrukturen variiert interindividuell. Der Grad der Einengung auf eine geringe Anzahl von Beziehungsmustern kann sogar als diagnostisches Kriterium für die Schwere einer Störung interpretiert werden: Ein gewisses Spektrum interpersoneller Verhaltensmuster, die in unterschiedlichen sozialen Situationen flexibel eingesetzt werden können, ist als Merkmal relativer psychischer Gesundheit anzusehen. Wie Teller und Dahl (1986) hervorgehoben haben, ist andererseits eine ausgeprägte Stereotypie im interpersonellen Verhalten mit höherer Wahrscheinlichkeit maladaptiv; sie kann deshalb als Hinweis auf einen schwereren Grad psychischer Beeinträchtigung gewertet werden. Stereotypien stellen sich bei der Analyse von Beziehungsschilderungen als Wiederholungen identischer Figuren dar und sind somit empirisch als *Redundanz* erfaßbar.

Der Entwicklung von Methoden zur Identifikation repetitiver Muster ist in der Psychotherapieforschung der letzten Jahre viel Aufmerksamkeit gewidmet worden. Ein Grund für diese Entwicklung liegt darin, daß die Erfassung maladaptiver Beziehungsmuster eine unmittelbare praktische Bedeutung für die Bestimmung interpersoneller Foki in psychotherapeutischen Behandlungen besitzt (Strupp & Binder, 1984). Maladaptive interpersonelle Muster stellen heute nach der Überzeugung vieler therapeutischer Schulen genau denjenigen kritischen Tatbestand dar, für den in der Behandlung eine Veränderung angestrebt wird und auf den sich die Interventionen des Therapeuten vorzugsweise richten sollten (Schneider-Dücker, 1992). Durch die systematische Analyse repetitiver Beziehungsmuster können mehrere Zwecke gleichzeitig verfolgt werden, die sowohl für die praktische therapeutische Arbeit als auch für die empirische Psychotherapieforschung bedeutsam sind:

- Die Muster enthalten erstens eine unmittelbare Darstellung der interpersonellen Problematik eines Patienten. In diesem Sinne hat ihre systematische Erfassung vor allem eine *diagnostische Bedeutung*.
- Als Abbildung interpersoneller Konfliktmuster repräsentieren sie zweitens zentrale *Ansatzpunkte (Foki) für psychotherapeutische Interventionen*. Dies ist besonders deshalb der Fall, weil sie im Zuge des Übertragungsgeschehens die therapeutische Beziehung selbst mitgestalten und dort vom Behandler aufgegriffen und therapeutisch verwendet werden können.[1]

[1] Vergleiche hierzu Fried, Crits-Christoph und Luborsky (1990), die die strukturellen Ähnlichkeiten zwischen auf die Person des Therapeuten bezogenen Beziehungsdarstellungen und Berichten über Interaktion mit anderen Objekten mit der ZBKT-Methode untersucht haben.

- Sie repräsentieren drittens eine zentrale Struktur, deren Veränderung durch die Therapie angestrebt wird und an der der *Erfolg der Behandlung* gemessen werden kann.

Mit der Erfassung repetitiver maladaptiver Muster werden diese drei Ebenen gewissermaßen auf einen gemeinsamen Nenner gebracht. Die Idee einer solchen gleichartigen Beschreibung des psychischen Problems, des psychotherapeutischen Fokus und der im Behandlungsverlauf erreichten Veränderungen bezeichnen Strupp, Schacht und Henry (1988) als *P-T-O Kongruenz;* sie formulieren damit ein Prinzip, das nach ihrem Urteil für eine zeitgemäße Psychotherapieforschung leitend sein sollte:

> „The principle of P-T-O Congruence proposes that the intelligibility of psychotherapy research is a function of the similarity, isomophism, or congruence among how we conceptualize and measure the clinical problem (P), the processes of psychotherapeutic change (T)[2], and the clinical outcome (O). ... That is, therapeutic outcome should be characterized in the same form and units of analysis as the clinical problem; and, the language used to describe both the problem and the outcome should lend itself to formulation of cogent theoretical links among the problem, the intervention process, and the therapeutic outcome." (Ebenda, S.7)

Auf dem Hintergrund dieses Prinzips kritisieren die Autoren Untersuchungsansätze, bei denen der Patient und sein behandlungsbedürftiges Problem etwa durch Persönlichkeitsskalen oder Symptomlisten erfaßt und die in der Behandlung erreichten Veränderungen bei Behandlungsabschluß durch eine Meßwiederholung festgestellt werden. Ein solches Vorgehen bei der Erfassung des klinischen Problems (P) und des Behandlungsergebnisses (O) nennen die Autoren kritisch „therapieneutral" (S.8), weil damit keine inhaltlich plausiblen Verbindungslinien zu den Ereignissen des psychotherapeutischen Prozesses, den Interventionen des Therapeuten und den im Verlauf stattfindenden konkreten Veränderungsschritten (also zum Bereich T) gezogen werden können. Persönlichkeitsprofile und Werte auf Symptomskalen bleiben in bezug auf den konkreten Behandlungsprozeß notwendigerweise abstrakt. Bei Beachtung des P-T-O-Prinzips sollten deshalb zu Behandlungsbeginn solche Befunde erhoben werden, aus denen fallbezogene Ziel- und Fokussetzungen für die therapeutische Behandlung abgeleitet werden können. Es gibt inzwischen mehrere Psychotherapielehrbücher bzw. Manuale, die dieses Prinzip erfüllen und auf der Basis interpersoneller Problemdiagnosen Behandlungskonzepte formulieren (Strupp & Binder, 1984; Luborsky, 1988a; Benjamin, 1993).

Im nachfolgenden Abschnitt (3.2) werden verschiedene Verfahren zur Erfassung repetitiver Beziehungsstrukturen dargestellt und diskutiert. Sie alle können als geeignete Kandidaten für das Prinzip der P-T-O Kongruenz gelten (vgl. Dahl, 1988) und verwenden ausnahmslos einen psychodynamischen Theoriehintergrund. Zu diesen Verfahren gehören: Die Methode des zentralen Beziehungs-

---

[2] Wie aus dem Zitat nicht hervorgeht, steht der Buchstabe T für „treatment" (P = „problem", O = „outcome").

konfliktthemas (ZBKT; amerik: Core Conflictual Relationship Theme, CCRT) von Luborsky (Luborsky, Crits-Christoph, Mellon, van Ravenswaay, Childress et al., 1985; Luborsky & Crits-Christoph, 1988, 1989, 1990; Luborsky, Popp, Luborsky & Mark, 1994); die Methode der Analyse von zyklischen maladaptiven Mustern (amerik.: Cyclical Maladaptive Pattern, CMP) von Strupp und Binder (1984; s. a. Strupp, Schacht & Henry, 1988; Johnson, Popp, Schacht, Mellon & Strupp, 1989; Schacht & Henry, 1994); das Konzept der „States of Mind" bzw. der „Role-Relationship Model Configurations" (RRMC) von M. Horowitz (1987, 1989, 1994; Horowitz, Merluzzi, Ewert, Ghannam, Hartley et al., 1991); schließlich der Ansatz der interpersonellen Diagnose von Persönlichkeitsstörungen, der von Benjamin (1993) auf der Basis des SASB-Modells entwickelt wurde. Daneben gibt es eine Reihe weiterer Verfahren, die zwar ebenfalls repetitive Beziehungsmuster abbilden, dies jedoch entweder nicht gezielt und ausschließlich oder aber nicht auf der Materialbasis von Beziehungsschilderungen; diese Ansätze sind für das in der vorliegenden Arbeit dargestellte Untersuchungsvorhaben nicht unmittelbar nutzbar zu machen und werden daher im folgenden nicht weiter berücksichtigt (vor allem: Teller & Dahl, 1986; Dahl & Teller, 1994; Perry, Augusto & Cooper, 1989; Perry, Luborsky, Silberschatz & Popp, 1989; Perry, 1994; Curtis & Silberschatz, 1986; Curtis, Silberschatz, Sampson & Weiss, 1988; Silberschatz, Curtis, Fretter & Kelly, 1988; Gill & Hoffman, 1982; Hoffman & Gill, 1988a, 1988b).[3]

Im welchem Verhältnis stehen diese Verfahren zu SASB? Ihnen allen ist gemeinsam, daß sie auf dem Hintergrund theoretischer Vorüberlegungen bestimmte Annahmen über die Struktur repetitiver Beziehungsmuster machen. Das bedeutet z.B., daß sie Vorstellungen dazu entwickeln, auf welche Weise in den Mustern einzelne Beziehungskomponenten wie etwa Wünsche, Befürchtungen, Objekt- und Patientenverhaltensweisen zusammengesetzt sind und welchen dynamischen Zusammenhang diese Komponenten untereinander aufweisen. Ihr Interesse gilt damit im Grunde einer übergeordneten Organisationsebene, während SASB auf einer elementaren Ebene die grundlegenden Bestandteile von Beziehungsereignis-

[3] Das Konzept der *Frames* (**F**undamental **R**epetitive **A**nd **M**aladaptive **E**motion **S**tructures; vgl. Teller & Dahl, 1986; Dahl, 1988; Dahl & Teller, 1994) beschreibt eine Technik der Analyse assoziativer Prozesse in Patientenerzählungen, deren Ablaufstruktur bestimmte stereotype Muster („Frames") aufweist, die sich häufig wiederholen. Über die innere Struktur solcher Frames werden keine Vorgaben gemacht; ihre Bestandteile sind z.B. Affekte, Wünsche, Themenwechsel oder auch bestimmte Beziehungsverhaltensweisen. Das Verfahren untersucht somit nicht gezielt und ausschließlich Beziehungsmuster. - Zwei weitere bekannte Verfahren unterscheiden sich von den bisher erwähnten insofern, als sie die unmittelbare Übertragungsbeziehung zwischen Patient und Therapeut in das Zentrum der Untersuchung stellen; es handelt sich die *Plan-Diagnose* (Plan Diagnosis, PD) der Mount Zion Psychotherapieforschungsgruppe (Curtis & Silberschatz, 1986; Curtis et al. 1988; Silberschatz et al. 1988; Curtis, Silberschatz, Sampson & Weiss, 1994) und die Erfassung der *Erfahrung des Patienten in der Beziehung zum Therapeuten* mit der PERT-Methode (PERT: Patient's Experience of the Relationship with the Therapist) von Gill und Hoffman (1982; Hoffman & Gill 1988a, 1988b). Diese beiden Verfahren untersuchen auf verschiedene Weise die Beziehungsangebote des Patienten im therapeutischen Kontakt. - Die *ICF-Methode* (Idiographic Conflict Formulation Method) von Perry, Augusto & Cooper (1989; s. a. Perry, 1994) erfaßt ebenfalls repetitive Beziehungsstrukturen, verwendet jedoch als Materialgrundlage Videoaufnahmen psychodynamischer Untersuchungsgespräche (d.h. nicht ausschließlich Beziehungsepisoden).

sen untersucht. Dieses Verhältnis zwischen gleichsam „molekularer“ und „elementarer“ Abbildung von repetitiven Beziehungsstrukturen wird in Abschnitt 3.3.1 herausgearbeitet. Im Anschluß daran wird diejenige Konzeption einer Analyse von Beziehungsmustern entwickelt und dargestellt, die ich für meine eigene Untersuchung in der vorliegenden Arbeit gewählt habe (Abschnitt 3.3.2).

3.2 Einige Konzepte

3.2.1 Die Methode des zentralen Beziehungskonfliktthemas

Die von Luborsky entwickelte und in zahlreichen Arbeiten (Luborsky et al., 1985; Luborsky, Crits-Christoph & Mellon, 1986; Luborsky, 1988a; Luborsky & Crits-Christoph, 1988, 1989, 1990; Luborsky, Popp, Luborsky & Mark, 1994) dargestellte Methode zur Erfassung des zentralen Beziehungskonfliktthemas (ZBKT; amerik.: Core Conflictual Relationship Theme CCRT) basiert auf der Analyse von Erzählungen, in denen Patienten ihre Begegnungen mit anderen Personen schildern. Diese Erzählungen werden in der Regel Therapiegesprächen entnommen[4]; man bezeichnet sie als *Beziehungsepisoden* (BE's). Diese Beziehungsepisoden werden nach folgendem Schema ausgewertet: Zunächst werden die in den Erzählungen enthaltenen Wunschkomponenten (W) identifiziert, d.h. die Bedürfnisse und Absichten, die der Patient in den berichteten Szenen verfolgt. Darauf werden die Reaktionen des Objekts (RO) auf den Wunsch des Patienten und schließlich die Reaktion des Patienten selbst (RS) auf das Objektverhalten (RO) erfaßt. Die Protokollierung dieser Komponenten erfolgt in der ursprünglichen Version des ZBKT möglichst textnah und mit den Worten des Erzählers selbst, also ohne ein Inventar von vorgegebenen Standardkategorien; in den anderen Versionen des ZBKT werden jedoch auch Standardkategorien verwendet (vgl. Barber, Crits-Christoph & Luborsky, 1990).

Im weiteren Verlauf der Prozedur werden alle Notierungen zu den drei Komponenten (W, RO, RS) getrennt durchgesehen und nach gemeinsamen Themen gruppiert. Als Ergebnis erhält man eine geringere Anzahl von Formulierungen für jede der Komponenten, wobei jeder der Formulierungen jeweils mehrere Beziehungsepisoden zugeordnet sind.

Nach diesen Vorbereitungen kann der *zentrale Beziehungskonflikt* eines Patienten identifiziert werden, indem man den am häufigsten berichteten Wunsch (W), die häufigste Objektreaktion (RO) und die häufigste Selbstreaktion (RS) zu einer gewissermaßen „typischen“ Ereignisabfolge kombiniert. Die Häufigkeit der einzelnen Komponenten ist somit das Kriterium für ihre Wichtigkeit bzw. „Zentralität“. Das Verfahren hat meistens zur Folge, daß es neben dem zentralen

---

[4] Eine anderes Verfahren, das sog. RAP-Interview (Relationship Anecdotes Paradigm Interview; s. Luborsky, 1990a), wurde mit dem Ziel entwickelt, die Schilderung von Beziehungsepisoden bei dem Patienten direkt zu evozieren. Eine deutschsprachige Darstellung des „Beziehungsepisodeninterviews“ findet sich bei Dahlbender, Torres, Reichert et al. (1992).

Beziehungskonflikt weitere untergeordnete Themen gibt, deren Komponenten in einer geringeren Anzahl von Episoden vorkommen. Da die Häufigkeiten für die drei Komponenten getrennt berechnet werden und der ZBKT erst im Anschluß daran bestimmt wird, müssen der häufigste Wunsch, die häufigste Objektreaktion und die häufigste Subjektreaktion nicht unbedingt durchgängig in den gleichen Beziehungsepisoden vorkommen (obgleich dies meist der Fall ist); sie können sich theoretisch auch auf verschiedene Episoden verteilen. Das Vorgehen wird ausführlich in Luborsky (1988b) erläutert.

Ein Beispiel für die Formulierung eines zentralen Beziehungskonfliktes findet sich bei Luborsky (1988a, S.122; derselbe Fall wird in Luborsky et al., 1985, diskutiert); es handelt sich um einen 21-jährigen Patienten, aus dessen Beziehungsepisoden die häufigsten Nennungen für die drei Komponenten entnommen und zu dem folgenden ZBKT zusammengesetzt werden:

Beispiel:

W (Wunsch):

„Ich möchte mich behaupten" (v.a. in dem Sinne, nicht den Forderungen anderer nachzukommen)

RO (Reaktion des Objektes):

„Sie (die Anderen) drücken Überlegenheit aus."

RS (Reaktion des Subjekts auf die Reaktions des Objektes):

„Ich ziehe mich zurück und werde passiv und ängstlich."

Diskussion: Einige Eigenschaften dieses Ansatzes zur Identifikation von repetitiven Mustern sollen nun genauer untersucht werden. In der Logik des ZBKT ist die Komponente W eine Art „Bewertungsgrundlage" für die Antwort des Objekts (RO), weil diese sich zu dem Wunsch eines Patienten in negativer oder positiver Weise verhalten kann. Die Reaktion des Subjekts (d.h. des Patienten) RS stellt eine Antwort auf die Reaktion des Objekts dar und „verarbeitet" diese gewissermaßen. Im Fall neurotischer, konflikthafter Beziehungen ist die Objektreaktion im Verhältnis zum Wunsch des Patienten gewöhnlich negativ bzw. enttäuschend; sie führt zu einer Antwort des Patienten (RS), die diesen enttäuschenden Verlauf der Interaktionen zu bewältigen versucht. Typischerweise hat diese Bewältigung jedoch maladaptiven Charakter, weil sie das enttäuschende Resultat der Interaktion nicht entscheidend zu korrigieren vermag und häufig sogar festschreibt (etwa durch ihren defensiven Charakter wie in dem oben zitierten Beispiel). Dieser innere psychologische Zusammenhang unter den drei Komponenten ist für die theoretische Konzeption des ZBKT wesentlich (Luborsky, 1988a, S.13) und findet sich so in vielen Beispielen für ZBKT-Formulierungen wieder (z.B. Luborsky et al. 1985, S.237; Luborsky 1988a, S.61ff.). In dieser Weise aufeinander bezogen, stellen die Komponenten des ZBKT Elemente eine unmittelbar einleuchtenden Denkfigur dar, die bei einer Anwendung auf klinisches Material zu sehr griffigen Fallcharakterisierungen führt.

Die ZBKT-Methode setzt voraus, daß Patienten in der Lage sind, ihre Beziehungskonfliktthemen in ihren Erzählungen mehr oder weniger direkt (wenn auch nicht notwendigerweise bewußt) darzustellen. Zweifel entstehen hier vor allem hinsichtlich der Wunschkomponente. Wünsche werden bei Luborsky (1988a, S.13) psychoanalytisch als „Derivate von Es-Impulsen" verstanden. Als Bestandteile von Beziehungskonflikten sind sie zumindest teilweise verdrängt und dem Patienten nicht bewußt zugänglich (Luborsky et al., 1985, S.239). Wenn dies so ist, dann stellt sich allerdings die Frage, wie sie bei der Analyse von Beziehungsepisoden „textnah" entdeckt werden können. Diese Schwierigkeit wird durch das eben zitierte Beispiel des 21-jährigen Mannes veranschaulicht: Eine genaue Untersuchung des von Luborsky (1988a) wiedergegebenen Textmaterials zeigt nämlich, daß der Patient in seinen Beziehungsschilderungen die Autonomiewünsche in ziemlich forcierter Weise vorträgt, während dahinter tieferliegende und unbewußte Bedürfnisse nach Hingabe und Abhängigkeit deutlich erkennbar sind. Diese unbewußte Wunschseite wird von dem Patienten nicht offen benannt, kann aber aus seiner manifesten Schilderung leicht erschlossen werden. Welche dieser Ebenen ist nun für die Formulierung der Wunschkomponente innerhalb des zentralen Beziehungskonflikts maßgeblich?

Diese Frage ist durch die Art der bisherigen Verwendung des ZBKT-Verfahrens bereits praktisch entschieden worden: Erfaßt werden in den veröffentlichten Fallanalysen fast ausschließlich diejenigen handlungsleitenden Motive, die der Patient selbst mehr oder weniger klar benennt. Gegenstand der empirischen Untersuchung mit der ZBKT-Technik ist somit die manifeste Ebene des Erzähltextes. In dem eben erwähnten Beispiel von Luborsky (1988a) wurden deshalb vor allem die Autonomiebedürfnisse abgebildet und in die ZBKT-Formulierung des Patienten aufgenommen. Die Abhängigkeitwünsche könnten nach der gängigen Praxis der ZBKT-Anwendung nur dann miterfaßt werden, wenn sie dem Patienten leichter zugänglich wären (und er ihnen dadurch sprachlichen Ausdruck verleihen könnte).

Dieser „textnahe" Umgang mit der Wunschkomponente ist wohl unvermeidlich, weil die ZBKT-Methode als empirisches Forschungsinstrument konzipiert ist und ihre Reliabilität unter Beweis stellen muß. Die Beschränkung auf die Analyse der manifesten Textebene umgeht die Schwierigkeiten, die sich generell in der Praxis der psychoanalytischen Diagnostik bei dem Versuch einer objektiven und zuverlässigen Erfassung unbewußter Wünsche ergeben - insofern bezeichnet die Frage „manifest versus latent" eine allgemeine Verlegenheit auf dem Gebiet psychoanalytischer Forschung. Die Vorteile der von Luborsky gewählten forschungspraktischen Lösung werden jedoch durch Nachteile in bezug auf die theoretische Gültigkeit des Konzeptes erkauft: Mit der Beschränkung auf bewußte bzw. bewußtseinsnahe Wünsche wird vor allem der sehr anspruchsvolle Vergleich der ZBKT-Methode mit dem Übertragungskonzept Freuds fragwürdig, den Luborsky immer wieder vorträgt (Luborsky, 1988a; Luborsky et al., 1985; Luborsky,

Crits-Christoph & Mellon, 1986; Luborsky, 1990c; Luborsky, Popp, Luborsky & Mark, 1994).[5]

Mit der eben genannten Einschränkung läßt sich dennoch sagen, daß der ZBKT eine sehr einfache und inhaltlich prägnante Methode zur Identifikation und Formulierung typischer Beziehungsmuster von Patienten zur Verfügung stellt. Nach eigenen Erfahrungen innerhalb der vorliegenden Untersuchung (Kap.5ff.) stellt die Abfolge von Wunsch, Objekt- und Selbstreaktion ein Muster dar, mit dem Patienten *selbst* ihre Beziehungsschilderungen tatsächlich zum überwiegenden Teil aufbauen, so daß die innere Struktur von Beziehungsepisoden durch den ZBKT in der Regel sehr gut nachgezeichnet werden kann. Der große Erfolg der ZBKT-Methode dürfte u.a. darauf zurückgehen, daß die in ihr vorausgesetzte Abfolge von Komponenten mit dem inneren Konstruktionsplan der Beziehungsepisoden so gut übereinstimmt.

3.2.2 Die Methode der zyklischen maladaptiven Muster

In der Logik des ZBKT stellt die Reaktion des Patienten (RS) die *Antwort* auf ein Objektverhalten (RO) dar, das (im konflikthaften Fall) im Verhältnis zum Wunsch des Patienten (W) eine negative bzw. enttäuschende Qualität besitzt. Daß dieser Zusammenhang auch genau *umgekehrt* gedacht werden kann, zeigt das Konzept der zyklischen maladaptiven Muster CMP (amerik.: Cyclical Maladaptive Patters) von Strupp und Binder (1984; Strupp, Schacht & Henry, 1988; Johnson et al., 1989; Schacht & Henry, 1994). In dieser Konzeption beginnen Beziehungsmuster ähnlich wie bei dem ZBKT mit bestimmten Erwartungen, die der Patient an seine Objekte richtet. Diese können einmal Wünsche sein, andererseits aber auch Befürchtungen. Der Patient setzt diese Erwartungen dann in ein Beziehungsangebot um, das einerseits seinen Wunsch zum Ausdruck bringt, andererseits jedoch seinen Befürchtungen Rechnung trägt und somit kompromißhaft gestaltet ist. Der Kompromiß hat in der Regel defensiven Charakter, da in ihm die Möglichkeit einer Zurückweisung des Wunsches bereits antizipiert wird. Entscheidend ist nun, daß dieses defensive Verhalten meistens auf der Objektseite geradezu ein Verhalten *provoziert*, welches in bezug auf die Wünsche des Patienten enttäuschend ist und seine Befürchtungen im Sinne einer sich selbst erfüllenden Prophezeihung bestätigt. Nach dem Modell von Strupp, Schacht und Henry (1988; Schacht & Henry, 1994) wird diese Sequenz durch einen introjektiven

[5] Das Problem bewußter bzw. unbewußter Aspekte des zentralen Beziehungskonfliktthemas wird in Luborsky et al. (1985, S. 239) und in Johnson et al. (1989, S.282f.) diskutiert. Die Fallbeispiele der ersten Arbeit bestätigen die Vermutung, daß der am häufigsten genannte Wunsch in der Regel ein bewußter Wunsch ist. Die zweite Arbeit führt die Notwendigkeit einer Ergänzung des ZBKTs nach der unbewußten Seite hin aus und erläutert vier Prinzipien, mit denen von einem bewußten ZBKT auf unbewußte Konflikte *geschlossen* werden kann. Das erste Prinzip lautet dort beispielsweise: „Der unbewußte Wunsch kann das Gegenteil des am häufigsten genannten Wunsches sein" (S.283). Diese „Übersetzungsregeln" sind jedoch niemals systematisch verwendet und überprüft worden; Luborsky, Popp, Luborsky und Mark (1994) verweisen auf laufende Untersuchungen in dieser Richtung.

Akt abgeschlossen, mit dem der Patient sich gerwissermaßen gegen die eigene Person wendet und verurteilt (z.B.: „Ich bin es eben nicht wert, daß man sich für mich interessiert!"). Dieses ungünstige Selbstbild wird zum Ausgangspunkt für den nächsten Zyklus und dient dann als Begründung für die negativen Erwartungen (Befürchtungen), die erneut zu einem defensiven Beziehungsangebot des Patienten an das Gegenüber führen.

Anordnungen dieser Art sind typisch für die zyklischen maladaptiven Beziehungsmuster (CMP). In Übereinstimmung mit dem Prinzip der P-T-O-Kongruenz stellen sie einerseits Formulierungen für das zentrale Problem eines Patienten dar, während sie andererseits als Fokus für eine psychotherapeutische Behandlung dienen können (Strupp & Binder, 1984). Johnson et al. (1989, S.284f.) berichten über den Fall einer 28-jährigen depressiven Frau, deren zyklisches maladaptives Muster hier als Beispiel wiedergegeben werden soll:

> ***Beispiel:***
> Beschrieben wird eine Patientin, die mit sich selbst in ausgeprägter Weise kritisch und verurteilend umgeht *(Introjekt)*; wiederkehrender Anlaß für Selbstverurteilungen sind u.a. Freßanfälle, bei denen sie auf beschämende Weise die Kontrolle verliert. In projektiver Erweiterung zu diesem negativen Selbstbild fürchtet sie die Zurückweisung von der Seite anderer Personen *(Erwartungen)*. Dies veranlaßt sie, Gelegenheiten für Zurückweisungen durch andere defensiv zu vermeiden. Die Vermeidung äußert sich einmal in der Weise, daß sie sich nach außen hin als „nett" und unkompliziert gibt; in anderen Situationen zieht sie sich einfach aus ihrer Umgebung zurück. In beiden Varianten macht sie sich letztlich für andere unerreichbar *(Beziehungsangebot)*, weshalb die Menschen in ihrer Umgebung distanziert auf sie reagieren *(Verhalten der Anderen)*. Die Patientin erlebt dieses Verhalten auf dem Hintergrund ihrer negativen Erwartungen als desinteressiert und abweisend. Sie interpretiert es als Beweis dafür, daß sie nicht liebenswert ist und nährt damit das eingangs erwähnte negative Selbstbild *(Introjekt)*. Damit ist der sich selbst verstärkende maladaptive Zirkel geschlossen.

Diskussion: In gewisser Weise kann man sagen, daß das Konzept der zyklischen maladpativen Muster die Reihenfolge der Komponenten des ZBKT vertauscht. Im ZBKT ist die Selbstreaktion (RS) eine *Folge* des Objektverhaltens (RO), im CMP die Objektreaktion (RO) umgekehrt die Folge eines defensiven Beziehungsangebots des Patienten (RS). Wie kommt diese Vertauschung zustande? Eine Untersuchung der für die beiden Methoden angeführten Fallbeispiele zeigt, daß dieser Wechsel in erster Linie durch eine *Veränderung in der Position des Betrachters* bewirkt wird: Der ZBKT formuliert Beziehungskonflikte aus der subjektiven Sicht des Patienten, während die CMP-Methode dies aus der Perspektive eines klinischen Beobachters tut. Patienten berichten häufig darüber, wie enttäuschend ihre Beziehungserfahrungen sind; als Quelle dieser Enttäuschung sehen sie dabei in der Regel das Verhalten der Objekte an, auf das sie selbst nur zu reagieren glauben.[6] Der klinische Beobachter kann hingegen deutlicher erkennen, warum die Objekte sich enttäuschend verhalten, indem er problematische Beziehungsangebote auf der Seite des Patienten identifiziert, die solche Objektreaktionen nahegelegen. Was sich bei diesem Perspektivwechsel ändert, ist somit häufig nur die sequentielle Anordnung bzw. Interpunktion (Watzlawick, Beavin & Jackson, 1971) der Beziehungsereignisse.

Die Methode der zyklischen maladaptiven Muster ist technisch anspruchsvoller als die des zentralen Beziehungskonfliktthemas ZBKT. Die Formulierung eines CMP verlangt nämlich nicht nur die Rekonstruktion der vier Komponenten von interpersonellen Transaktionen (Erwartungen, eigenes Beziehungsangebot, Objektverhalten und introjektives Verhalten), sondern auch deren sinnvolle Integration innerhalb der Logik eines sich selbst verstärkenden Zirkels. Diese Forderung einer zyklischen Anordnung stellt eine sehr starke Bedingung für CMP-Formulierungen dar, deren Erfüllung eine genaue Untersuchung des Materials voraussetzt und die nicht zwangsläufig in jedem Fall befriedigend eingelöst werden kann. Wie in der Arbeit von Johnson et al. (1989, S.281f.) eingeräumt wird, ist für den Zusammenschluß der aus dem Erzähltext entnommenen Komponenten zu einem kausalen, zyklisch angeordneten Muster ein stark interpretativer Schlußfolgerungsakt notwendig, dessen reliable Durchführung besondere Anforderungen an die Urteiler stellt; die gleiche Arbeit berichtet jedoch auch über eine Übereinstimmungsmessung mit ermutigenden Resultaten.[7]

3.2.3 Das Konzept der „States of Mind" und „Role-Relationship Model Configurations"

Das Konzept der „States of Mind" ist von M. Horowitz (1979/1987, 1989, 1994) entwickelt worden. Fischer (1989) übersetzt den Ausdruck mit „Erlebniszustände" bzw. „Stimmungslagen". Diese Begriffe machen deutlich, daß es in diesem Ansatz um mehr als nur die Erfassung von Beziehungsmustern geht. In der Tat werden bei der Analyse von „Erlebniszuständen" neben bestimmten Beziehungsbereitschaften auch kognitiv-affektive Zustände und typische Modalitäten der intrapsychischen Erlebnisverarbeitung erfaßt. Eine verdichtete Version des Konzeptes ist unter der Bezeichnung „Role-Relationship Model Configurations" (RRMC's) vorgestellt worden (Horowitz, 1989; Horowitz et al., 1991). Bei diesem Ansatz stehen die verschiedenen Beziehungsmodi eines Individuums und deren dynamischer Zusammenhang im Zentrum des Interesses.

Die Grundidee der RRMC-Methode ist, daß in jeder Person eine größere Zahl mentaler Strukturen (Schemata) existieren, die jeweils Vorstellungen von dem

---

[6] Eine Durchsicht sämtlicher Beziehungsepisoden in meinem eigenen Untersuchungsmaterial hat ergeben, daß nur eine einzige Patientin (WE3; s. Kap. 5) in zwei Episoden Beziehungsabläufe auf eine Weise schildert, die annähernd der logischen Struktur zyklischer maladaptiver Muster entspricht. An diesen Stellen wirkt die Patientin besonders reflektiert und selbstkritisch, weil sie den sich selbst erfüllenden Charakter ihrer Befürchtungen problematisiert.

[7] Zur Reliabilität der CMP-Methode vergleiche auch Schacht und Henry (1994).

Selbst und seiner Beziehung zu anderen Personen enthalten. Diese Schemata sind mit spezifischen Stimmungslagen oder inneren Verfassungen (eben „states of mind“) verbunden, die der Qualität der in ihnen aufbewahrten Beziehungsvorstellungen entsprechen. So konstelliert man beispielsweise aus einem Gefühl von „Stärke“ heraus andere Beziehungen als in einem Zustand der „Schwäche“. Verschiedene Stimmungslagen können außerdem untereinander in einem dynamischen Verhältnis stehen, indem sie einander z.B. abwehren oder unter Kontrolle halten.

Schon diese Hinweise machen deutlich, daß die Konzeption der „states of mind“ komplexere Zusammenhänge in den Blick bringt als die ZBKT- oder die CMP-Methode. Dies soll durch das folgende Beispiel demonstriert werden, das einer Arbeit von Horowitz und Eells (1993) entnommen ist. In ihm wird eine - zunächst sehr knappe - Fallbeschreibung in drei Schritten durch neue Aspektierungen so ausgeweitet, daß ein zunehmend komplexeres Bild der vorgestellten Patientin entsteht. Nur die erste Stufe der Beschreibung entspricht dabei in etwa dem Komplexitätsniveau der beiden bisher diskutierten Verfahren (die schrittweisen Erweiterungen werden im Folgenden jeweils *kursiv* wiedergegeben):

Beispiel:

1. Version: Frau B. ärgert sich darüber, daß ihr Mann sie dauernd dominiert; sie setzt sich dagegen jedoch nicht zur Wehr, weil sie befürchtet, daß er sie dann verlassen könnte.

2. Version: Wenn Frau B. in einer „selbstsicheren und starken“ Verfassung („strong state of mind“) ist, ärgert sie sich darüber, daß ihr Mann sie dauernd dominiert. *Aber dieser Ärger macht ihr Angst bringt sie früher oder später in eine „schwächere und kindlichere“ Verfassung („weak, childlike state of mind“),* in der sie sich davor fürchtet, von ihm verlassen zu werden. Infolgedessen tut sie alles, um ihrem Mann angenehm zu sein. *Sie wird von ihm aber weiter kritisiert, weil sie aus seiner Sicht noch nicht genug für ihn tut.*

3. Version: Wenn Frau B. in einer „selbstsicheren und starken“ Verfassung („strong state of mind“) ist, ärgert sie sich darüber, daß ihr Mann sie dauernd dominiert. Aber dieser Ärger macht ihr Angst bringt sie früher oder später in eine „schwächere und kindlichere“ Verfassung („weak, childlike state of mind“), in der sie sich davor fürchtet, von ihm verlassen zu werden. Infolgedessen tut sie alles, um ihrem Mann angenehm zu sein. Sie wird von ihm aber weiter kritisiert, weil sie aus seiner Sicht noch nicht genug für ihn tut. *Dies wiederum bewirkt auf Dauer einen Zustand („state of mind“) von quälender Scham und Unzufriedenheit wegen der eigenen Unterwürfigkeit, den sie schließlich dadurch überwindet, daß sich über ihren Mann ärgert und wieder in die „feste und starke“ Verfassung zurückwechselt. An diesem Punkt schließen sich die verschiedenen „states“ zu einem Kreis.* (Horowitz & Eells, 1993, S.58; Übersetzung des Autors)

In dem beschriebenen Zyklus durchläuft Frau B. drei verschiedene „states of mind“, in denen sie sich nacheinander in einer „festen und starken“, einer „weichen und kindlichen“ und in einer durch Schamgefühle bestimmten Verfassung befindet. Allen drei Stimmungslagen entsprechen bestimmte interpersonelle Konstellationen. In dem Beispiel wird außerdem angedeutet, wie die verschiedenen „states of mind“ dynamisch zusammenhängen und wie sie einander im Sinne einer Abwehr oder Bewältigung ablösen bzw. ersetzen.

Im folgenden sollen einige weitere Begriffe erläutert werden, die für die Konzeption der „states of mind“ wichtig sind. Die kleinste Einheit in diesem Modell stellen sog. „Role-Relationship Models“ (RRM's) dar. Sie repräsentieren jeweils einen bestimmten „state of mind“. Nach Horowitz (1989) enthalten sie die folgenden Elemente:

(1) Vorstellungen von sich selbst (Selbstschema)
(2) Vorstellungen über die jeweils andere Person (Objektschema)
(3) eigene Wünsche, Affekte und Handlungen gegenüber dem Objekt
(4) die Antwort des Gegenübers auf diese Wünsche, Affekte und Handlungen
(5) die eigene Reaktion auf die Antwort des Gegenübers
(6) die mit dieser Reaktion verbundene Selbstbewertung
(7) die erwartete Selbstbewertung des Objekts in Verbindung mit der eigenen Reaktion

Die ersten beiden Elemente (Selbst- und Objektschema) sind charakteristische Bestandteile des Konzepts der „states of mind“, für die es in den erläuterten anderen Verfahren (ZBKT und CMP) keine Entsprechung gibt. Die anderen Bestandteile der RRM's sind jedoch bereits aus den vorangegangenen Abschnitten vertraut: Die Elemente (3), (4) und (5) sind mit den Komponenten des ZBKT identisch, Element (6) entspricht dem introjektiven Akt, der den Abschluß zyklischer maladaptiver Beziehungssequenzen bildet. Die von dem Subjekt wahrgenommene Selbstbewertung des Gegenübers (7) ist hier ebenfalls neu, spielt jedoch in den in der Literatur angeführten Beispielen eine untergeordnete Rolle und soll deshalb nicht weiter erläutert werden.[8]

Personen verfügen jeweils über eine größere Anzahl von Beziehungsmodellen (RRM's) mit den eben genannten Eigenschaften, die jeweils einen bestimmten „state of mind“ entsprechen. In der Literatur findet man Fallbeispiele mit zwischen vier (Horowitz & Eells, 1993) und zwölf (Horowitz et al., 1991) RRM's

---

[8] Dieser Bestandteil von interpersonellen Transaktionen wird auch innerhalb der CMP-Methode berücksichtigt, bleibt jedoch in den in der Literatur dargestellten Fallbeispielen leer bzw. „unausgefüllt“ (z.B. Johnson et al., 1989, S.284). Ursache dafür dürfte sein, daß Patienten sich in ihren Schilderungen gewöhnlich nicht sehr empathisch mit den inneren Erfahrungen ihrer Objekte beschäftigen, so daß deren introjektive Akte (bzw. die Vorstellungen der Patienten davon) seltener manifest berichtet werden und dadurch weniger in den Blick kommen. Gleichzeitig muß man sich jedoch darüber im klaren sein, daß die introjektiven Akte der Objekte als Komponente problematischer interpersoneller Muster klinisch äußerst bedeutsam sind, wenn sie z.B. durch das objektgerichtete Verhalten eines Patienten im Sinne einer projektiven Identifizierung manipuliert werden.

bzw. „states of mind". Wie das Beispiel von Frau B. zeigt, lösen diese Beziehungsmodelle einander unter bestimmten Bedingungen ab. Wenn man die einzelnen Modelle und die Bedingungen des Übergangs zwischen ihnen zusammenfügt, ergibt sich eine übergeordnete dynamische Gestalt, die als *„Role-Relationship Model Configuration"* (RRMC's; Horowitz, 1989; Horowitz et al., 1991) bezeichnet wird. Der Fall von Frau B. weist eine (vergleichsweise einfache) Konfiguration dieser Art auf:

> Das Beispiel zeigt, wie eine Beziehungskonstellation unter bestimmten Bedingungen soweit destabilisiert werden kann, daß die betroffene Person in ein alternatives Beziehungsmodell überwechselt: In der ersten Konstellation ärgert sich Frau B. über den Dominanzanspruch ihres Ehemannes. Die Wahrnehmung der eigenen Aggressivität ruft jedoch Befürchtungen auf, daß ihr Mann sie verlassen könnte. Dadurch destabilisiert sich diese Konstellation bis zu einem Punkt, an dem sie in eine unterwürfige Position überwechselt und damit ein alternatives Beziehungsmodell aktiviert. Diese Position ist jedoch mit quälenden Schamgefühlen verbunden, so daß sie schließlich wieder zu der ersten Konstellation zurückkehrt, die mit einer „starken und festen" Verfassung („strong state of mind") gekoppelt ist. Das Beispiel zeigt auch anschaulich, in welcher Weise verschiedene „states of mind" einander *abwehren* können (z.B. wehrt der „weak state" die als gefährlich erlebte Aggressivität des „strong state" ab).

„Role-Relationship Model Configurations" (RRMC's) beschreiben das interpersonelle Verhalten eines Patienten gleichsam in der Art eines „Beziehungsfahrplans", der das Spektrum möglicher interpersoneller Verhaltensweisen zusammen mit den Bedingungen ihrer Realisierung enthält.

Diskussion: Schon diese kurze Darstellung macht klar, daß der Ansatz der „states of mind" wesentlich komplexer ist als die bisher diskutierten Verfahren (ZBKT und CMP). Die Formulierung eines RRMC erfordert eine äußerst differenzierte Analyse des Beziehungsverhaltens von Patienten und setzt deshalb eine besonders umfangreiche Materialgrundlage voraus. Für die vollständige Erfassung aller Beziehungsmodelle eines Patienten und ihrer Konfiguration werden mitunter die Transkripte ganzer Behandlungsverläufe ausgewertet (z.B. Fischer, 1989). Eine systematische Anleitung für die Erstellung von RRMC-Fallanalysen ist in den letzten Jahren ausgearbeitet worden (Horowitz, 1989, S.270f.; Horowitz et al., 1991). Inzwischen gibt es auch erste Untersuchungen, in denen der Versuch gemacht wird, die Reliabilität des Verfahrens zur Formulierung von RRMC's empirisch zu belegen (Horowitz & Eells, 1993; Howowitz, 1994).

Trotz dieser Schwierigkeiten handelt es sich nach meiner Einschätzung um ein sehr wichtiges Modell für die Analyse von Beziehungsverhalten, weil es der Möglichkeit Rechnung trägt, daß zentrale Beziehungskonflikte von Patienten nicht immer innerhalb eines einzigen Beziehungsmusters erfaßt werden können.

Fälle wie derjenige von Frau B. zeigen, daß u. U. erst durch die Unterscheidung verschiedener Beziehungsmodelle, die mit gegensätzlichen kognitiven und affektiven Zuständen (z.B. „strong“ versus „weak states of mind“) gekoppelt sind, eine zutreffende Beschreibung der charakteristischen Widersprüchlichkeiten und Spannungen im Beziehungsverhalten eines Patienten möglich ist.[9]

3.2.4 Das Konzept der „Interpersonellen Diagnose“

In ihrem Werk „Interpersonal Diagnosis and Treatment of Personality Disorders“ hat Benjamin (1993) eine Reanalyse der in DSM III-R bzw. DSM-IV klassifizierten Persönlichkeitsstörungen auf der Basis der strukturalen Analyse sozialen Verhaltens vorgenommen. Die Cluster-Kodierungen von SASB dienen dabei als basale „Beziehungssprache“ bei der Beschreibung derjenigen interpersonellen Muster, die für die jeweilige Persönlichkeitsstörung charakteristisch sind. In dieser Anwendung zeigen sich noch einmal die besonderen Möglichkeiten, die SASB für die präzise Analyse und Erfassung komplexer Beziehungsmuster anbietet.[10]

> Benjamin verwendet einen musikalischen Vergleich, um die Funktion der SASB-Cluster-Kodierungen (vgl. Abb. 2.3) für die interpersonellen Diagnosen zu erläutern: Die Cluster-Kodierungen entsprechen in diesem Vergleich den „Tönen“ der Tonleiter (C,D,E,F usw.); jede der Kodierungen ist universell und kann Bestandteil ganz verschiedener interpersoneller Diagnosen sein, die in der musikalischen Analogie mit „Melodien“ gleichgesetzt werden. Spezifisch für eine bestimmte interpersonelle Diagnose („Melodie“) ist die jeweilige Zusammensetzung (Kombination) und zeitliche Abfolge der Cluster-Kodierungen bzw. „Töne“; die Zusammensetzung der Kodierungen entspricht dabei der Harmonie einer Melodie, die Abfolge ihrer Rhythmik. Interpersonelle Diagnosen von Störungen können folglich als bestimmte Kombinationen und Abfolgen von SASB-Kodierungen formuliert werden.

Als Ausgangspunkt und Leitlinie für die Entwicklung der interpersonellen Diagnosen werden die im DSM-III-R und IV angegebenen Kriterien für die verschiedenen Persönlichkeitsstörungen verwendet. Soweit diese Kriterien einen *interpersonellen Gehalt* aufweisen, wird dieser systematisch in die Sprache von SASB

---

[9] Horowitz selbst (1989, S.261ff.) unterscheidet ausdrücklich solche interpersonelle Konflikte, die *innerhalb* eines RRM z.B. als Gegensatz von Wunsch und Objektreaktion formulierbar sind, und andere, die *zwischen* verschiedenen RRM's auftreten.

[10] In seinem Werk „Persönlichkeitsstörungen“ beurteilt Fiedler (1994) die Leistungen der strukturalen Analyse sozialen Verhaltens folgendermaßen: „Mit Hilfe der SASB-Beurteilungen lassen sich nicht mehr nur die recht eindeutigen persönlichkeitsbedingten Interaktionsauffälligkeiten beurteilen und einordnen, sondern selbst höchst komplexe und fluktuierende Interaktionsmuster werden einer genauen Erfassung und Rekonstruktion zugänglich. ..... Die SASB eignet sich deshalb in besonderer Weise für die Überprüfung der interpersonellen Validität der Interaktionstypiken, die ja im Kern die Bescheibungen von Persönlichkeitsstörungen in den diagnostischen Klassifikationssystemen ausmachen.“

übersetzt. Als weitere Materialgrundlage verwendet Benjamin die Fallgeschichten des DSM und die in ihnen exemplarisch dargestellten interpersonellen Muster.

Die interpersonellen Diagnosen setzen sich aus den folgenden Komponenten zusammen: Eine erste Komponente besteht aus den interpersonellen und introjektiven Verhaltensweisen, die für eine bestimmte Persönlichkeitsstörung typisch sind. Diese Verhaltensweisen werden durch (meist) mehrere Cluster-Kodierungen (unter Einschluß der Introjektebene) dargestellt. Die zweite Komponente bilden die zentralen Wünsche und Befürchtungen, die die betroffenen Patienten in ihre Beziehungen hineintragen. Sie werden als gewünschte bzw. gefürchtete Verhaltensweisen der Objekte abgebildet und ebenfalls durch eine oder mehrere SASB-Kodierungen dargestellt; der Wunsch nach einem schützenden und zugleich ermutigenden Objekt wird z.B. durch die Kodierungen PROTECT und AFFIRM für das gewünschte Objektverhalten wiedergegeben.[11] Die spezifische Zusammensetzung der Einzelkodierungen - in der musikalischen Analogie als „Töne" verstanden - ergibt die besondere *„Harmonie"* der jeweiligen Persönlichkeitsstörung.

Die *„Rhythmik"* einer bestimmten Persönlichkeitsstörung - als sequentielle Anordnung der Kodierungen - wird erkennbar, wenn die Reihenfolge der Beziehungsereignisse berücksichtigt wird und dabei die Bedingungen spezifiziert werden, unter denen ein Patient die für ihn typischen interpersonellen oder introjektiven Verhaltensweisen zeigt oder nicht zeigt. Was ein Patient in einer bestimmten Situation tut, hängt vor allem davon ab, ob sich ein Objekt in seiner Wahrnehmung wunschgemäß oder aber im Sinne seiner Befürchtungen verhält. Gewöhnlich findet man deshalb in den interpersonellen Diagnosen Benjamins zunächst die Beschreibung eines für die jeweilige Störung charakteristischen *stabilisierten Zustandes*, der relativ unauffällig oder angepaßt ist[12] und den Benjamin in ihrem musikalischen Vergleich als „tonisch" („tonic position") bezeichnet. Dieser Zustand bleibt so lange erhalten, wie sich das Objekt wunschgemäß oder zumindest nicht entsprechend der Befürchtungen verhält. Auf der anderen Seite werden *kritische bzw. destabilisierte Zustände* beschrieben, die durch das gefürchtete Objektverhalten hervorgerufen werden und in denen der Patient Notmaßnahmen ergreift, durch die er sich schützt und den stabilen Zustand wiederherzustellen versucht. Diese in den verschiedenen interpersonellen Diagnosen Benjamins wiederkehrende innere Struktur soll im folgenden am Beispiel der narzißtischen Persönlichkeitsstörung erläutert werden.

---

[11] Im Fall der zwanghaften Persönlichkeitsstörung nennt Benjamin (1993, S.251) ausnahmsweise einen Wunsch und eine Befürchtung, die sich nicht auf ein Objektverhalten, sondern auf das introjektive Verhalten des zwanghaften Patienten *sich selbst gegenüber* beziehen (Introjektebene): Es besteht ein Wunsch nach Selbstkontrolle (SELF-CONTROL) und eine Furcht vor dem Verlust von Selbstkontrolle, was mit der Cluster-Kodierung SELF-EMANCIPATE wiedergegeben wird. Bei allen übrigen Diagnosen sind solche selbstbezogenen Wünsche oder Befürchtungen kein Bestandteil der interpersonellen Diagnose.

[12] Qualität und Grad dieser „Angepaßtheit" sind bei den verschiedenen Persönlichkeitsstörungen freilich sehr unterschiedlich einzuschätzen. Bei einzelnen Störungen (z.B. bei der Schizotypischen und Antisozialen, aber auch bei der Narzißtischen Persönlichkeitsstörung) kann die „tonische" Form der Anpassung bzw. Bewältigung selbst Symptomcharakter bekommen, wobei dies auf Grund des ich-syntonen Charakters der Störung mehr für die Umgebung als für den Betroffenen selbst spürbar wird.

Beispiel:
Die interpersonelle Diagnose der narzißtischen Persönlichkeitsstörung[13]

1. Die stabilisierte oder „tonische" Position des (nach DSM-III-R und IV) narzißtischen Patienten wird von Benjamin (1993, Kap.6) durch die Kodierungen CONTROL, ACTIVE SELF-LOVE und SELF-NEGLECT beschrieben. Der Patient verhält sich Objekten gegenüber kontrollierend (CONTROL), während er sich selbst auf eine Weise wertschätzt (ACTIVE SELF-LOVE), die unrealistisch ist und deshalb an dem „wahren Selbst" (d.h. den authentischen und wirklich liebenswerten Eigenschaften) vorbeigeht; das bedeutet, daß der Patient sich im Grunde selbst „ignoriert" (SELF-NEGLECT). Diese Position ist dann stabil, wenn das Objekt sich dem Patienten anpaßt (*SUBMIT*) und sich bewundernd (*ACTIVE LOVE*) oder auch versorgend (*PROTECT*) auf ihn ausrichtet. Genau dieses Objektverhalten entspricht auch den zentralen Wünschen des narzißtischen Patienten. Die so charakterisierte stabile Beziehungskonstellation impliziert außerdem, daß die Wünsche und Bedürfnisse des Objekts von dem Patienten nicht weiter beachtet werden (IGNORE).
2. Kritische Situationen entstehen, wenn sich die Objekte *nicht* wunschgemäß verhalten und den Patienten z.B. kritisieren (*BLAME*) oder nicht besonders beachten (*IGNORE*). Sie verhalten sich dann im Sinne seiner zentralen Befürchtungen. Eine weitere Befürchtung ist, daß die Objekte kontrollierend sein könnten (anstatt sich ihm anzupassen; Kodierung *CONTROL*). Solche Situationen lösen typischerweise eine narzißtische Wut aus, die sich in aggressiven Ausfällen (ATTACK) oder in Herabsetzungen bzw. Entwertungen der Objekte (BLAME) äußert. Gegen einen eventuell vom Objekt ausgehenden Druck (besonders gegenüber direkter Kontrolle) verteidigt der Patient - meist in Verbindung mit aggressiven Ausfällen oder Entwertungen - kategorisch seine absolute Unabhängigkeit (SEPARATE). Parallel dazu oder auch verzögert können jedoch als innere Antwort auf befürchtete Verhaltensweisen des Objekts (*IGNORE*, *BLAME*, *CONTROL*) auch harsche Selbstkritik und massive Selbstentwertungen ausgelöst werden (SELF-BLAME).

Die Analyse der narzißtischen Persönlichkeitsstörung läßt sich damit wie folgt zusammenfassen:

---

[13] Zur Erleichterung des Verständnisses möchte ich an dieser Stelle noch einmal die Notationsregeln nennen: Grundlage sind die Cluster-Kodierungen des in Abb. 2.3 dargestellten Zirkumplexmodells. *Nicht* unterstrichen sind transitive Handlungen, bei denen der Fokus auf dem Anderen liegt; *einmal* unterstrichen werden intransitive Handlungen mit dem Fokus auf dem Selbst; *zweimal* unterstrichen werden introjektive Akte. *Kursive* Notationen bezeichnen das Objektverhalten, *aufrechte* Notationen die Verhaltensweisen des Patienten.

Stabilisierte, „tonische" Position		
Das Objekt verhält sich wunschgemäß:		Der Patient befindet sich in der „tonischen", d.h. stabilisierten Position:
SUBMIT, ACTIVE LOVE, PROTECT	⇔	CONTROL, ACTIVE SELF-LOVE, SELF-NEGLECT, IGNORE.
Kritische, destabilisierte Situation		
Das Objekt verhält sich im Sinne der Befürchtungen des Patienten:		Der Patient reagiert darauf mit:
BLAME, IGNORE, CONTROL (einzeln oder gemeinsam)	⇔	BLAME, ATTACK, SEPARATE (einzeln oder gemeinsam), in bezug auf sich selbst u.U. mit: SELF-BLAME

Diskussion: Das Konzept der interpersonellen Diagnosen beschreibt die typischen Beziehungsmuster von Patienten in Abhängigkeit von bestimmten äußeren und innerpsychischen Bedingungen und nähert sich damit in gewisser Hinsicht der Logik der „States of Mind" von Horowitz (1987, 1989, 1994) an. Die dort bedeutsame Unterscheidung zwischen „strong" bzw. „weak states" kehrt in den interpersonellen Diagnosen als Verhältnis zwischen einer stabilisierten, „tonischen" Position und einem kritischen Zustand wieder, der durch die Wahrnehmung gefürchteter Verhaltensweisen von seiten der Objekte ausgelöst wird. Die Konzeptualisierung von Beziehungsmustern ist bei Horowitz allerdings insofern komplexer, als dort gewöhnlich innerhalb der beiden basalen Zustände („strong" bzw. „weak states") weitere „states of mind" unterschieden werden (z.B. Horowitz, 1989; s.a. oben, Abschnitt 3.2.3).

Eine Besonderheit der „interpersonellen Diagnosen" ist die Beschreibung einer „tonischen", d.h. stabilisierten Position, die als verhältnismäßig durchgängiges und deshalb sehr charakteristisches Muster innerhalb der verschiedenen Persönlichkeitsstörungen verstanden wird. Benjamin (1993) hat dabei offensichtlich ein stabiles Anpassungsmuster im Blick, durch das Patienten im Sinne einer charakterlich verfestigten Bewältigung eine relativ robuste (kompromißhafte) Lösung für konflikthafte und widersprüchliche Tendenzen in ihren Beziehungen erreichen.[14]

[14] Es besteht eine Affinität zwischen dieser Konzeption der „interpersonellen Diagnosen" und der strikter psychoanalytisch orientierten „Ideographic Conflict Formulation Method" (ICF) von Perry, Augusto und Cooper (1989; s.a. Perry et.al., 1989; Perry, 1994). Dort werden repetitive Beziehungsmuster als Ergebnis von erstens Wünschen, zweitens Befürchtungen und drittens aus der Spannung zwischen beiden resultierenden *„Symptomen"* („symptomatic outcomes") und *„Vermeidungen"* („avoidant outcomes") dargestellt. „Symptome" bzw. symptomatisches Verhalten wäre in diesem Modell den im Kontext der

3.3 Kennzeichen des eigenen Untersuchungsansatzes

3.3.1 Vorteile von SASB im Vergleich zu anderen Verfahren

Die strukturale Analyse sozialen Verhaltens (SASB) wird in der Literatur manchmal in eine Reihe mit der ZBKT- bzw. CMP-Methode oder dem Konzept der „States of Mind" gestellt (z.B. Luborsky, 1990b; Luborsky & Barber, 1994). Gerade die interpersonellen Diagnosen Benjamins (1990) machen jedoch deutlich, daß dies nur bedingt zulässig ist. Benjamin verwendet die Nomenklatur von SASB wie eine Art basale Sprache, um komplexe Beziehungsfiguren innerhalb bestimmter Persönlichkeitsstörungen zu beschreiben. SASB liefert dabei gewissermaßen die Bausteine, aus denen die Komponenten dieser Figuren - also Wünsche, Befürchtungen und typisches Beziehungsverhalten - zusammengesetzt werden können. Im Unterschied zur elementaren Ebene der SASB-Kodierungen gehören die übergeordneten Beziehungsmuster einer gleichsam „molekularen" Ebene an, in der die basalen Elemente zu komplexeren Gestalten integriert sind. Wie in den interpersonellen Diagnosen Benjamins werden auch in den anderen oben erläuterten Verfahren Beziehungsmuster in erster Linie auf einer „molekularen" Ebene analysiert. Im folgenden soll geprüft werden, was diese Differenz der Ebenen für die Bewertung und Anwendung von SASB als Forschungsinstrument bedeutet.

SASB gestattet zunächst eine standardisierte Beschreibung von Beziehungsepisoden. Es stellt eine begrenzte Zahl von Kodierungen zur Verfügung, die den einzelnen Elementen einer berichteten Beziehungsepisode unter Anwendung genau explizierter Regeln zugeordnet werden können; die Ausprägungen auf den Dimensionen Fokus, Affiliation und Interdependenz entscheiden eindeutig über die jeweilige Zuordnung. Infolge der Standardisierung ist es leicht möglich, die Übereinstimmung zwischen verschiedenen Ratern zu untersuchen und Reliabilitätswerte zu berechnen. Ebenso problemlos können Ähnlichkeiten zwischen zwei oder mehreren Beziehungsepisoden einer Person bestimmt werden - übereinstimmende Kodierungen zeigen identische Beziehungsaspekte an, voneinander abweichende Kodierungen Unterschiede. Es wird an anderer Stelle (Kap. 6) zu zeigen sein, daß auf dieser Grundlage Repetitionen von Beziehungsmustern systematisch entdeckt werden können. In gleicher Weise ist es möglich, Ähnlichkeiten oder Unterschiede zwischen den typischen Beziehungsgestaltungen zweier oder mehrerer Personen objektiv festzustellen, wenn diese mit SASB erfaßt worden sind. In Kapitel 7 wird diese Option genutzt, um aus den Beziehungsmustern einer Gruppe von Suizidpatienten ein gemeinsames „suizidales Beziehungsmuster" herauszufiltern.

---

interpersonellen Diagnose beschriebenen „kritischen Zuständen" vergleichbar (z.B. der narzißtischen Wut), während der relativ stabile Modus der „tonischen" Position einer „Vermeidung" i.S. von Perry, Augusto und Cooper (1989) ähnlich ist.

Die eben genannten Vorteile einer standardisierten Erfassung von Beziehungsverhalten sind eigentlich selbstverständlich. Sie werden nur deshalb ausdrücklich erwähnt, weil besonders im Rahmen der ZBKT-Methodik in den meisten Anwendungen eine freie, sprachliche Darstellung der Komponenten des zentralen Beziehungskonfliktthemas gewählt wird. Wenn man so verfährt, wird die objektive Feststellung von Repetitionen in Beziehungsepisoden, von Ähnlichkeiten zwischen Beziehungmustern verschiedener Personen und die Bestimmung von Reliabilitätswerten[15] methodisch ziemlich schwierig.[16] Probleme entstehen auch bei dem Versuch, therapeutische Veränderungen objektiv zu erfassen. Wenn sich die individualisierte Formulierung für das zentrale Beziehungskonfliktthema eines Patienten nach einer psychotherapeutischen Behandlung verändert hat, dann ist es schwer zu beurteilen, ob diese Änderung auf Zufälligkeiten in der sprachlichen Zusammenfassung des ZBKT zurückzuführen ist oder ob ein echter Therapieerfolg vorliegt.[17]

In der ZBKT-Forschung wurden individualisierte sprachliche Beschreibungen von Beziehungsmustern mit dem Argument verteidigt, daß auf diese Weise die Besonderheiten des einzelnen Falles besser erfaßt werden könnten (Luborsky et.al., 1985). Gegen dieses Argument kann man jedoch folgendes einwenden: Falldarstellungen in freier Sprache bringen die individuellen Beziehungsmuster eines Patienten nur dann differenziert zur Geltung, wenn sie eine gewisse Ausführlichkeit besitzen und z.B. szenische Informationen einschließen. Kurze sprachliche Beschreibungen sind häufig wenig aussagekräftig, weil der Kontext fehlt, aus dem sie extrahiert wurden und ihre spezifische Bedeutung beziehen.

---

[15] Luborsky et al. (1985; s.a. Luborsky & Crits-Christoph, 1989) messen Raterübereinstimmungen mit Hilfe des Verfahrens der „mismatched pairs". Dabei werden zunächst die ZBKT-Komponenten für einen Fall von verschiedenen Rater getrennt formuliert; als Ergebnis enthält man mehrere Formulierungen für jede der drei Komponenten (Wünsche, Objektreaktionen, Selbstreaktionen). Danach werden gezielt weitere Formulierungen für die Komponenten hineingemischt, die *fremden* Fällen entnommen sind. Schließlich schätzen an diesen Vorbereitungen unbeteiligte Urteiler auf einer Skala ein, wie groß die Ähnlichkeiten zwischen den verschiedenen Formulierungen für die Komponenten sind. Durch solche Untersuchungen wird belegt, daß die Formulierungen zu dem gleichen Fall als signifikant ähnlicher eingeschätzt werden als diejenigen zu verschiedenen Fällen. Es liegt auf der Hand, daß dieser Reliabilitätsnachweis nur bedingt aussagekräftig ist und z.B. ganz entscheidend von dem Ausmaß der (Un-) Ähnlichkeit der hineingemischten fremden Fälle abhängt.

[16] Wegen dieser Schwierigkeiten gibt es innerhalb der ZBKT-Forschung inzwischen Ansätze, SASB als eine Art „Basisverfahren" einzusetzen, um die verschiedenen Komponenten des ZBKT (also Wünsche, Objekt- und Subjektreaktionen) standardisiert zu erfassen (Crits-Christoph & Baranackie, 1992). Dies bedeutet, daß auf „elementarer Ebene" von den meßtechnischen Vorzügen Gebrauch gemacht wird, die SASB anbietet, während auf „molekularer Ebene" die übergreifende Struktur der drei Komponenten des ZBKT beibehalten wird. Auch innerhalb der CMP-Methode wird zur Abbildung der einzelnen Komponenten auf SASB zurückgegriffen (Strupp, Schacht & Henry, 1988; Tress & Hildenbrand, 1993; Hildenbrand, Junkert-Tress, Scheibe et al., 1994; Schacht & Henry, 1994). Beide Methoden (ZBKT und CMP) profitieren dabei sowohl von der Standardisierung und der guten Reliabilität der SASB-Kodierungen, als auch von den logischen Eigenschaften des zugrundeliegenden Zirkumplexmodells, die in Abschnitt 2.1.2 erläutert worden sind.

[17] In dieser Weise kann z.B. die Untersuchung von Kächele, Dengler, Eckert & Schneckenberger (1990) kritisiert werden, in der z.T. recht undramatische Veränderungen in den Formulierungen für die ZBKT-Komponenten eines Patienten vor und nach einer psychotherapeutischen Behandlung interpretiert werden.

Sprachliche Beziehungsformulierungen müßten deshalb letztlich die Form einer kurzen klinischen Vigniette annehmen, um wirklich informativ zu sein. Eine solche extensive Falldarstellung ist jedoch bei der Formulierung zentraler Beziehungskonfliktthemen in der ZBKT-Methodik gerade *nicht* intendiert. Statt dessen bemüht man sich bei der Zusammenfassung des ZBKT um äußerste Knappheit in der sprachlichen Formulierung der Komponenten. Erst die verdichtete Darstellung ermöglicht z.B. auch die tabellarische Auflistung der ZBKTs einer größeren Anzahl von Patienten unter einer bestimmten Fragestellung, wie man sie etwa bei Luborsky et al. (1985) findet.

Im Zuge solcher Verdichtungen entsteht m. E. ein oft beträchtlicher Mangel an Eindeutigkeit und Präzision, der die behaupteten Vorteile der nichtstandardisierten und individualisierten sprachlichen Fallbeschreibung aufhebt. Dies möchte ich durch eine nochmalige Betrachtung des bereits oben (Abschnitt 3.2.1) zitierten Beispiels eines 21-jährigen Patienten von Luborsky (1988a) zeigen. An diesem Beispiel möchte ich exemplarisch geprüfen, ob die ZBKT-Formulierung für den Patienten einen Grad an Differenziertheit aufweist, der durch eine alternative Formulierung auf der Basis von standardisierten SASB-Kodierungen nicht erreicht werden kann. Wenn dies zuträfe, wäre ein Argument für individualisierte Fallbeschreibungen gewonnen; wenn dies nicht zuträfe, würde dies für eine Ersetzung individualisierter Fallbeschreibungen durch die meßtechnisch überlegenen SASB-Kodierungen sprechen. Der ZBKT des Patienten soll hier zunächst noch einmal zitiert werden:

> *W (Wunsch):*
> „Ich möchte mich behaupten" (v.a. in dem Sinne, nicht den Forderungen anderer nachzukommen)
>
> *RO (Reaktion des Objektes):*
> „Sie (die Anderen) drücken Überlegenheit aus."
>
> *RS (Reaktion des Subjekts auf die Reaktions des Objektes):*
> „Ich ziehe mich zurück und werde passiv und ängstlich."

Diese Komponenten sollen nun in der Form eines „Gedankenexperimentes" in SASB-Kodierungen übersetzt werden: Die Wunschkomponente (W) kann durch die Cluster-Kodierung <u>SEPARATE</u> abgebildet werden. Die Formulierung „Ich möchte mich behaupten" würde zusätzlich die Deutung zulassen, daß der Patient sich gegenüber anderen durchzusetzen wünscht (i.S. der Kontrolle anderer, d.h. CONTROL). Dieses Verständnis wird jedoch durch die Erläuterung in der Klammer unwahrscheinlich gemacht und scheidet deshalb aus.

Die Objektreaktion (RO) ist uneindeutiger, weil auf dem Hintergrund des SASB-Modells verschiedene Kodierungen für die im Zitat gewählte Formulierung möglich sind. Klar ist, daß der Patient sich dominiert fühlt und dies negativ erlebt. Als Objektkodierungen kommen *CONTROL* und/oder *BLAME* infrage, je nachdem, ob in der Wahrnehmung des Patienten eher der Aspekt der Dominanz oder derjenige der Herabsetzung und Entwertung überwiegt. „Überlegenheit" könnte außerdem bedeuten, daß sich die Objekte aus der Sicht des Patienten als unbeeinflußbar und unangreifbar darstellen, was durch die Kodierung *SEPARATE* beschrieben werden könnte. Alle diese Überlegungen zeigen, daß die Formulierung der Objektreaktion „Sie (die Anderen) drücken Überlegenheit aus" eine gewisse Uneindeutigkeit aufweist. Über ihre Zuordnung zu bestimmten SASB-Kodierungen kann deshalb nicht abschließend entschieden werden.

Die dritte Komponente, also die Subjektreaktion („Ich ziehe mich zurück und werde passiv und ängstlich"), enthält einerseits das Moment der Kapitulation oder Unterwerfung (SUBMIT), andererseits das des Rückzugs. Hier sind wieder mehrere Bedeutungen denkbar: Das Element des Rückzugs kann zum einen in der Passivität schon enthalten sein; in diesem Fall wäre Rückzug mit Unterwerfung identisch und durch die Kodierung SUBMIT bereits erfaßt. Rückzug kann andererseits bedeuten, daß der Patient gewissermaßen das Feld der Auseinandersetzung verläßt. Dieser Rückzug könnte dann die Bedeutung einer Distanzierung haben, bei der sich der Patient in die Position einer „einsamen" Autonomie begibt (WALL OFF); er könnte andererseits auch den Charakter einer Flucht besitzen (RECOIL), worauf eventuell das Attribut „ängstlich" in der Beschreibung der Subjektreaktion hinweist.

Der gerade vorgenommene Versuch einer Reformulierung von ZBKT-Komponenten durch SASB-Kategorien macht deutlich, daß unter Verwendung von einfachen oder kombinierten SASB-Kodierungen Beziehungsbeschreibungen angefertigt werden können, die so spezifisch sind, daß sie die Genauigkeit und Differenziertheit kurzer sprachlicher Formulierungen übertreffen. Die Formulierungen des ZBKT sind anscheinend relativ unpräzise und gestatten keine klare Zuordnung der Komponenten zu bestimmten SASB-Kodierungen. Dies beweist, daß die Kodierungen im Vergleich zu den sprachlichen Formulierungen ein größeres Maß inhaltlicher Spezifität aufweisen und somit mehr Information enthalten. Gegen diese Schlußfolgerung könnte man noch einwenden, daß die SASB-Dimensionen (Fokus, Affiliation und Interdependenz) eine geringe psychologische Relevanz aufweisen und deshalb eine Eindeutigkeit in bezug auf sie gar nicht wünschenswert ist. Diese Auffassung dürfte jedoch nach der eben vorgenommenen Analyse des ZBKT-Beispiels inhaltlich kaum vertretbar sein; sie widerspricht zudem den zahlreichen empirischen Belegen für die grundlegende Bedeutung der Zirkumplexstruktur für das Verständnis und die Ausdifferenzierung von Beziehungsverhaltensweisen (vgl. Kap.2[18]).

Eine Ursache für die Überlegenheit von SASB-Kodierungen gegenüber kurzen sprachlichen Formulierungen für die ZBKT-Komponenten ist darin zu sehen, daß die Bedeutungen der SASB-Kodierungen in einem sehr einfachen semantischen Raum mit den drei Dimensionen Fokus, Affiliation und Interdependenz genau definiert werden. Diese Dimensionen sind basal und einfach; sie weisen eine weitgehend kontextunabhängige Bestimmtheit auf. Im Unterschied dazu sind sprachliche Beziehungscharakterisierungen stärker kontextgebunden und erhalten

[18] Vgl. besonders die Abschnitte 2.1.1, 2.1.3 und 2.2.4.

einen präziseren Sinn erst durch die Umgebung, in die sie eingebettet sind. Deshalb sind Sätze wie „Ich ziehe mich zurück und werde passiv und ängstlich" für sich genommen unklar und werden erst durch Kommentierungen (z.B. durch die Schilderung von konkreten Situationen und Beispielen) eindeutiger. Daraus folgt jedoch umgekehrt, daß weitgehende sprachliche Verdichtungen von Beziehungsbeschreibungen (wie in dem zitierten ZBKT) nur auf Kosten der Eindeutigkeit möglich sind.

Die Diskussion des zitierten Beispiels zeigt auch, daß Beziehungsakte, die auf dem Hintergrund einer sprachlichen Beschreibung zunächst einheitlich (homogen) erscheinen, auf dem Hintergrund einer SASB-Analyse mehrere und u. U. widersprüchliche Aspekte enthalten können. Die Vielschichtigkeit, Widersprüchlichkeit und Ambivalenz von Beziehungsverhalten ist eine hervorragende Eigenschaft neurotischen Verhaltens überhaupt. SASB eignet sich in besonderem Maße dazu, dieser Eigenschaft durch die Möglichkeit der Kombination von mehreren Kodierungen Rechnung zu tragen. Beispiele dafür wurden bereits mehrfach angeführt: Bei der eben vorgenommenen Analyse des exemplarischen ZBKT, bei der Erläuterung der interpersonellen Diagnose für die narzißtische Persönlichkeitsstörung (s. 3.2.4) und bei der einführenden SASB-Kodierung von Beispieltexten (s. 2.2.2).

3.3.2 Welche Beziehungsaspekte können erfaßt werden?

Die Wahl von SASB als Instrument für die Analyse von Beziehungsepisoden bedeutet eine Entscheidung für eine technisch ausgereifte und reliable inhaltsanalytische Methode, mit der auch komplexe und vielschichtige Beziehungsmuster differenziert erfaßt werden können. Wie in den vorangegangenen Abschnitten gezeigt wurde, macht SASB im Unterschied zu anderen Ansätzen keine bestimmten Annahmen zur übergeordneten Struktur und Zusammensetzung von repetitiven Beziehungmustern. Andererseits kann es als basale Technik zur objektiven Erfassung elementarer Beziehungsaspekte im Rahmen von anderen Verfahren mit einem „molekularen" Ansatz verwendet werden (vgl. Crits-Christoph & Baranackie, 1992; Schacht & Henry, 1994; s. a. Fußnote 15 oben). Ich möchte nun erläutern, welche Vorstellungen zur „molekularen" Struktur interpersoneller Muster ich der vorliegenden Untersuchung zugrunde lege und welche Bedeutung die bisher diskutierten Komponenten - also z.B. Wünsche, Befürchtungen, introjektive Akte und Stimmungslagen (i. S. von „states of mind") - in ihr haben.

Die Ausgangsposition der vorliegenden Untersuchung ist einfach zu benennen: Die Untersuchung verzichtet ganz auf eine theoretische Vorstrukturierung von Beziehungsmustern auf „molekularer" Ebene und nimmt zunächst eine rein deskriptive Erfassung von Beziehungsschilderungen mit SASB vor. Über bestimmte Zusammenhänge von Wünschen, Befürchtungen, Objekt- und Selbstreaktionen oder über die Existenz von Stimmungslagen („states of mind") werden somit a priori *keine* Annahmen gemacht. Dies bedeutet den Verzicht auf ein theoretisches Modell von der Art, wie es in den anderen Verfahren verwendet wird. Die Beschränkung auf eine rein deskriptive Erfassung von Beziehungsschilderungen schließt auch ein, daß auf die Abbildung von Wünschen und Befürchtungen verzichtet wird. Abbgebildet wird ausschließlich das vom Patienten geschilderte Beziehungsgeschehen, nicht jedoch die positiven oder negativen Erwartungen, die er in die Begegnungen mit Anderen hineinträgt.

Mit der Entscheidung für eine rein deskriptive Erfassung von Beziehungsschilderungen bewegt man sich in einem Anwendungsbereich von SASB, der durch bisherige Untersuchungen bereits erprobt ist und für den gute Reliabilitätswerte gesichert sind (s. Abschnitt 2.2.4). Wünsche und Befürchtungen sind bislang kein Gegenstand empirischer Studien mit SASB gewesen und werden auch in der vorliegenden Untersuchung nicht untersucht.[19] Es ist nun zu prüfen, welche Konsequenzen diese Entscheidung hat und welche Einschränkungen mit ihr in bezug auf die Möglichkeit einer angemessenen Erfassung von Beziehungsstrukturen verbunden sind. Dazu sollen nacheinander die verschiedenen Komponenten betrachtet werden, die im Zusammenhang mit anderen Verfahren schon dargestellt wurden (also Befürchtungen, Wünsche, introjektive Handlungen und Stimmungslagen bzw. „states of mind"). Es wird jeweils diskutiert, ob und auf welche Weise sie in einer rein deskriptiven Abbildung von Beziehungsepisoden repräsentiert sind und inwieweit sie durch diese Beschränkung gewissermaßen „verloren gehen".

(1) Befürchtungen: Der Verzicht auf die direkte Abbildung von Befürchtungen mit SASB hat praktisch keine Folgen im Sinne eines Informationsverlustes, weil Patienten in Therapiegesprächen besonders häufig über Beziehungsereignisse berichten, in denen die Objekte in Übereinstimmung mit ihren zentralen Befürchtungen handeln. Das bedeutet, daß die Befürchtungen in zahlreichen Episoden realisiert sind und infolgedessen dort deskriptiv als Objektverhalten erfaßt werden können. Es handelt sich dabei gewöhnlich genau um jene Beziehungsepisoden, in denen Patienten ihre Beziehungsschwierigkeiten darstellen und beklagen. Wenn man das Objektverhalten in diesen Episoden mit SASB kodiert, erfaßt man somit automatisch die Befürchtungen des Patienten mit.[20]

(2) Wünsche: Schwerer scheint der Verzicht auf die direkte Abbildung von Wünschen zu wiegen. Dieser Mangel wird jedoch dadurch begrenzt, daß in der Praxis der diskutierten alternativen Verfahren (ZBKT, CMP, Interpersonelle Diagnosen)

---

[19] Wie weiter oben gezeigt wurde, verwenden die interpersonellen Diagnosen von Benjamin (1993) SASB-Kodierungen zur Erfassung von Wünschen und Befürchtungen. Dabei handelt es sich jedoch nicht um eine systematische inhaltsanalytische Anwendung von SASB (wie in der vorliegenden Untersuchung), sondern gwissermaßen um eine klinische „Expertenbeurteilung" von Patienten.

[20] Man kann vermuten, daß das Objektverhalten in konflikthaften Beziehungskonstellationen grundsätzlich ähnlich oder sogar deckungsgleich mit den Befürchtungen eines Patienten ist. Diese Vermutung wird durch eine Studie von Perry et al. (1989) unterstützt, die für den Fall einer einzelnen Patientin exemplarisch zeigt, daß die RO-Komponente im ZBKT mit ihren zentralen Befürchtungen identisch ist. Untersuchungen an umfangreicherem Material sind allerdings derzeit nicht verfügbar, so daß eine sichere Beurteilung noch nicht möglich ist.

weniger die unbewußten Wünsche als vielmehr solche Motive erfaßt werden, die für das bewußtseinsnahe Selbstverständnis der Patienten handlungsleitend sind. Dies wurde i.Z. mit der ZBKT-Methode ausführlich gezeigt (s. 3.2.1). Wenn man auf die Abbildung von Wünschen verzichtet, dann geht es somit eher um den Verzicht auf die Erfassung bestimmter handlungsleitender Motive und weniger um die tieferliegenden Wünsche eines Patienten.

Eine weitere Beobachtung ist in diesem Zusammenhang ebenfalls erwähnenswert: Das negative bzw. enttäuschende Verhalten von Objekten steht häufig in einem genauen Gegensatz zu dem (bewußtseinsnah) gewünschten Objektverhalten. In der Sprache von SASB bedeutet dies, daß die Kodierungen für das enttäuschende Verhalten im Zirkumplexmodell in Opposition zu den Kodierungen des gewünschten Verhaltens stehen. (Der Begriff der Opposition innerhalb des SASB-Modells wurde im Abschnitt 2.1.2 erläutert.) Dies hat zur Folge, daß die handlungsleitenden Motive spiegelbildlich miterfaßt werden, wenn ein Patient die enttäuschenden Reaktionen seiner Objekte beklagt. Nicht selten benennen solche Klagen sogar den eigentlichen Beziehungswunsch ganz offen in verneinter Form. Ein kleines Beispiel soll dies deutlich machen:

> ***Beispiel:***
> Eine Patientin berichtet, ihr Freund habe sich *nicht* um sie gekümmert, obgleich er hätte bemerken müssen, wie schlecht es ihr gerade gegangen sei.

Die hier beschriebene Beziehungskonstellation läßt sich mit SASB durch die Kodierung <u>TRUST</u> für die Bedürftigkeit der Patientin einerseits und die Kodierung *IGNORE* für die Vernachlässigung durch ihren Freund andererseits abbilden. Das Verhalten des Freundes wird von der Patientin dabei als *Negation* („er hat sich *nicht* gekümmert") zu einem entgegengesetzten, positiven und fürsorglichen Verhalten „sich kümmern" dargestellt. Diese positive Beziehungsqualität steht im SASB-Modell zu dem beklagten Objektverhalten (*IGNORE*) in *Opposition* und wird dort durch *PROTECT* beschrieben. Der Wunsch der Patientin nach einer fürsorglichen Einstellung des Freundes ist somit in der Schilderung seines tatsächlich ignoranten Verhaltens bereits in negativer Form mitformuliert.

Beziehungsepisoden, in denen der Wunsch des Patienten als einfaches Gegenteil (Opposition) der als enttäuschend beschriebenen Objektreaktion erscheint, finden sich in den Beispielen der Literatur und in meinem eigenen Material so häufig, daß eine gesonderte Abbildung von Wünschen teilweise redundant wäre. Aus dieser Beobachtung kann gefolgert werden, daß der Verzicht auf die Abbildung von Wünschen (als handlungsleitende Motive) nur eine mäßige Einschränkung darstellt, weil Wünsche durch die Abbildung der vom Patienten beklagten Objektverhaltensweisen zu einem guten Teil implizit miterfaßt werden.

(3) Introjektive Handlungen: Bei der Darstellung des Ansatzes der zyklischen maladaptiven Muster (CMP) von Strupp und Binder (1984) wurden introjektive Akte von Patienten erwähnt, die dort als Resultat interpersoneller Erfahrungen

verstanden werden und diese Erfahrungen im Sinne einer Selbstzuschreibung fixieren (z.B. als Feststellung „Ich bin es eben nicht wert, daß man sich für mich interessiert!"). Diese Selbstzuschreibung wird nach dem CMP-Konzept wiederum zur Grundlage von negativen Erwartungen, die in zukünftige Interaktionen hineingetragen werden und dort destruktiv wirken. Es liegt nahe, solche Selbstzuschreibungen ebenfalls mit SASB als Introjekt-Interaktionen auf der untersten Ebene des Modells (vgl. Abb. 2.2 und 2.3) zu erfassen. Strupp, Schacht und Henry (1988; s. a. Schacht & Henry, 1994), die die Komponenten ihres Konzepts der zyklischen maladaptiven Muster CMP mit Hilfe von SASB operationalisieren, benutzen in der Tat diese Option des SASB-Modells.[21]

In der vorliegenden Untersuchung wurde bei der Analyse der Beziehungsepisoden von Suizidpatienten auf eine Abbildung von Introjekthandlungen ganz verzichtet. Die Gründe für diesen Verzicht sind vor allem technischer Art: Die Anzahl der möglichen Kodierungen, durch die eine Beziehungsepisode auf den beiden interpersonellen Ebenen des SASB-Modells (Abb. 2.3) beschrieben werden kann, ist schon ohne Einbezug der Introjektebene relativ groß[22]; zur Vereinfachung wurde daher von Introjektkodierungen abgesehen. Zudem hatte sich bei vorbereitenden Untersuchungen ergeben, daß eine reliable Erfassung von Introjektereignissen sehr viel schwieriger war als die der interpersonellen Inhalte von Beziehungsepisoden. Bei probatorischen Analysen wurde schließlich deutlich, daß introjektive Handlungen in Beziehungsepisoden sehr unterschiedliche Funktionen haben können. Sie stellen z.B. häufig ein habituelles Selbstbewertungsmuster dar, das sich unspezifisch über viele Äußerungen eines Patienten verteilt und keinen inhaltlich interpretierbaren Bezug zu einzelnen Beziehungsschilderungen aufweist; in solchen Fällen können Selbstbewertungen jedoch nicht als Merkmal *bestimmter* Beziehungsepisoden verstanden werden und sind deshalb für deren Analyse nicht verwertbar.[23] Wegen der genannten untersuchungstechnischen Probleme und der zu uneinheitlichen Bedeutung von Introjektaussagen innerhalb von Beziehungsepisoden wurde auf die Kodierungen introjektiver Akte verzichtet.

(4) Stimmungslagen („states of mind"): Ein letzter Punkt betrifft die Stimmungslagen oder „states of mind", die das übergeordnete Organisationsprinzip von kognitiv-affektiven Zuständen und Beziehungsmodalitäten innerhalb der Konzeption von Horowitz (1987, 1989) bilden. Wie weiter oben gezeigt wurde, ist dieses Konzept in modifizierter Form implizit auch Teil der interpersonellen Diagnosen von Benjamin (1993). Die Möglichkeit einer Erfassung unterschiedlicher „states

---

[21] Beispiele für CMP-Formulierungen mit SASB-Kodierungen finden sich in Johnson et al. (1989), Tress et al. (1990) Tress und Hildenbrand (1993) und Hildenbrand, Junkert-Tress, Scheibe et al. (1994).

[22] Für die Abbildung der Beziehungsaspekte einer einzelnen Episode stehen insgesamt 16 verschiedene Kodierungen zur Verfügung (jeweils 8 für den Fokus „Der Andere" bzw. „Selbst"). Mit diesen 16 Kodierungen wird sowohl das Verhalten des Patienten als auch das der Objekte erfaßt.

[23] Neben solchen habituellen Selbstzuschreibungen gibt es andererseits spezifische introjektive Akte, die an einer ganz bestimmten Stelle einer Interaktionssequenz auftreten (z.B. „Da habe ich mir gesagt: Das brauchst Du Dir nicht mehr bieten lassen!"). Solche introjektiven Ereignisse in Interaktionen wären für die Analyse von Beziehungsepisoden zwar aussagekräftig, kommen jedoch andererseits nicht allzu häufig vor.

of mind“ ist in der vorliegenden Untersuchung ebenfalls vorgesehen und durch die von mir verwendete Auswertungsmethode gesichert. Wie in Kap.6 im Detail ausgeführt werden wird, ist diese Methode darauf angelegt, *alle möglichen Beziehungsmuster* eines Patienten zu identifizieren, sofern sie überhaupt in seinen Beziehungsepisoden zur Sprache kommen. Auf diese Weise können z.B. auch solche Beziehungsgestaltungen erfaßt und voneinander unterschieden werden, die den „festen“ oder „weichen“ Stimmungslagen („strong states, weak states“) eines Patienten entsprechen. In gleicher Weise können prinzipiell auch stabilisierte („tonische“) interpersonelle Konstellationen einerseits und die Muster krisenhafter Entgleisungen andererseits abgebildet werden, so wie sie in den Interpersonellen Diagnosen Benjamins (1993) enthalten sind.

4. Suizidalität im Licht der strukturalen Analyse sozialen Verhaltens

Es gibt drei Arbeiten, die sich mit der Frage der Suizidalität beschäftigen und die strukturale Analyse sozialen Verhaltens als Untersuchungsmethode verwenden. Wie sich zeigen wird, können mit ihrer Hilfe die im ersten Kapitel entwickelten Hypothesen zur Beziehungsstruktur suizidaler Patienten weiter präzisiert und in die Kategorien von SASB transformiert werden, so daß eine direkte Überprüfung an dem untersuchten Gesprächsmaterial möglich ist. Es handelt sich um die Arbeiten von Benjamin (1982, 1993) und Kaslow, Wamboldt, Wamboldt, Anderson & Benjamin (1989).

Das Cluster-Modell von SASB (Abb. 2.3) enthält drei Möglichkeiten zur Abbildung autoaggressiver Handlungen. Sie liegen auf der Introjektebene, in der Verhaltensweisen abgebildet werden, die auf die eigene Person gerichtet sind. Dort interessieren insbesondere die Kodierungen mit einer *negativen Ausprägung der Affiliation*. Es handelt sich um folgende Kodierungen:

1. SELF-ATTACK: Diese Cluster-Kodierung bildet selbstzerstörerisches Verhalten am direktesten ab. Aus dem kombinierten Modell von SASB (Abb. 2.4) kann man ersehen, welche Beziehungsmodalitäten in dieses Cluster eingeschlossen sind. Es handelt sich u.a. um die folgenden Items: „Sich nicht mögen, ablehnen" (321), „Sich selbst zerstören, vernichten" (330) und „Für sich selbst eine Bedrohung sein" (331). Das so beschriebene Verhalten ist bezogen auf die Dimension der Interdependenz eher neutral und hat deshalb einen mehr oder weniger „pur" autoaggressiven Charakter.
2. SELF-BLAME: Diese Kodierung beschreibt ein selbstkritisches oder selbstentwertendes Verhalten. Wenn es zusätzlich Züge einer Selbstbestrafung aufweist, kann es u.U. suizidale Handlungen einschließen. Das vollständige Modell nennt als Aspekte und Teilbedeutungen dieses Cluster u.a. die Items „Sich beschuldigen, tadeln, anklagen" (335) und „Sich bestrafen, sich Buße auferlegen" (333). Die Affiliation ist negativ ausgeprägt, gleichzeitig ist das Moment der Selbstbeeinflussung (negative Interdependenz) bedeutsam. Selbstschädigungen im Sinne dieser Kodierung haben den Charakter einer „feindseligen Selbstkontrolle" (negative Affiliation *plus* negative Interdependenz).
3. SELF-NEGLECT: Mit dieser Kodierung kann selbstschädigendes Verhalten beschrieben werden, das einem Patienten gleichsam unbeabsichtigt „passiert", weil er verantwortungslos mit sich umgeht. Dieses Moment der Gleichgültigkeit gegenüber der eigenen Person wird auf der Interdependenzachse durch ei-

ne positive Ausprägung zum Ausdruck gebracht, was bedeutet, daß der Patient „sich gehen läßt" und „nicht auf sich achtet". Der Mißbrauch von Drogen oder Alkohol gehört in vielen Fällen in diese Kategorie, außerdem leichtsinniges und selbstgefährdendes Verhalten. Die für diese Cluster-Kodierung relevanten Items des vollständigen Modells sind: „Eigene Fähigkeiten vernachlässigen" (325) und „Sich durch Leichtsinn selbst gefährden" (323).

Suizidale Handlungen können somit vor allem durch die Kodierung SELF-ATTACK, aber auch durch die im Modell benachbarten Cluster SELF-BLAME und SELF-NEGLECT beschrieben werden. Für die Untersuchung von Beziehungsmustern suizidaler Patienten ist jedoch nicht nur die Qualität der suizidalen Handlung selbst von Interesse, sondern vor allem der *interpersonelle Kontext*, in den diese Handlungen eingebettet sind und durch den sie ausgelöst werden. Nach der von Benjamin (1974) übernommenen Vorstellung Sullivans (1953) behandeln sich Personen selbst in genau der Art und Weise, wie sie von wichtigen Menschen ihrer Umgebung früher behandelt wurden bzw. noch behandelt werden; diese Verkehrung kommunikativer Akte gegen die eigene Person kommt nach Sullivan durch den Prozeß der *Introjektion* zustande. Auf dem Hintergrund dieses Prozesses wäre zu erwarten, daß suizidales Verhalten vor allem in interpersonellen Kontexten auftritt, in denen der Betroffene ein feindseliges Verhalten von der Seite der Objekte im Sinne der Kodierungen *ATTACK*, *BLAME* und *NEGLECT* erlebt.

4.1 Einzelfallstudien zu suizidalen Patienten

Die erste der genannten Arbeiten von Benjamin (1982) berichtet über die Untersuchung eines 34-jährigen verheirateten Mannes, der zwei Suizidversuche im Verlaufe eines Jahres unternommen hat. Der erste dieser Versuche datiert ein Jahr vor dem Untersuchungszeitpunkt und wurde durch eine tiefe Enttäuschung in einer Liebesbeziehung ausgelöst. Der Patient wurde damals in einer Klinik stationär behandelt. Nach seiner Entlassung beging er dann einen Scheckbetrug, der ihn ins Gefängnis brachte. Kurz vor seiner regulären Freilassung floh er während eines Freigangs und sucht seine Frau auf. Von ihr war er trotz mehrerer Nebenbeziehungen zu keinem Zeitpunkt wirklich getrennt. Bei ihr angekommen nimmt er erneut eine Überdosis Tabletten und wird in eine psychiatrische Klinik aufgenommen. Hier findet die Untersuchung statt, über die in der Studie berichtet wird.

Der Patient wird nach DSM-III als „Major Depression" diagnostiziert; die psychiatrische Untersuchung ergibt außerdem, daß der Patient trotz der berichteten sozialen Auffälligkeiten als ausgesprochen wenig aggressiv und eher gut sozialisiert erscheint. Weitere Untersuchungen werden zunächst mit der Technik des SASB-Interviews durchgeführt, mit dessen Hilfe die interpersonelle Bedeutung von Symptomen und bestimmten symptomatischen Ereignissen (wie z.B. die Suizidversuche) gezielt exploriert und innerhalb der Kategorien von SASB erfaßt werden kann. Zur Anwendung kommt außerdem der INTREX-Fragebogen (vgl. 2.1.3), mit dem der Patient seine wichtigen Beziehungen zu anderen Menschen in der Form einer Selbsteinschätzung beschreibt.

Ich beziehe mich in der folgenden Darstellung in erster Linie auf die berichteten Auswertungen zum SASB-Interview; dieses Interview liefert Beziehungsschilderungen, die dem in der vorliegenden Arbeit verwendeten Untersuchungsmaterial (d.h. den in Therapiegesprächen geschilderten Beziehungsepisoden) ziemlich gut entsprechen. Die durch den INTREX-Fragebogen gewonnen Resultate müssen hingegen anders bewertet werden, da sie auf einer Selbsteinschätzung des Patienten beruhen; Selbsteinschätzungen bedürfen grundsätzlich einer besonderen Interpretation, die die persönlichkeitsspezifischen Wahrnehmungseinschränkungen eines Patienten in Rechnung stellt (das zeigt gerade diese Untersuchung von Benjamin sehr deutlich). Die Darstellung der Ergebnisse soll hier außerdem insofern vereinfacht werden, als für sie die Cluster-Kodierungen von SASB verwendet werden. Die Autorin selbst benutzt in ihrer Arbeit das differenziertere vollständige Modell, das pro Ebene (Fokus) 36 Beziehungsqualitäten unterscheidet (vgl. Abb. 2.2). Die Übersetzung dieser Qualitäten in die gröberen Kodierungen der Clusterversion des Modells ist für die vorliegenden Zwecke ohne Nachteil möglich.

In dem SASB-Interview werden nacheinander die Beziehungen des Patienten zu seinem Vater, seiner Ehefrau und seinen Kindern ausführlich exploriert. Die Untersuchung geht (entsprechend der Hypothese einer Introjektion interpersoneller Handlungen) von der Erwartung aus, daß dem autodestruktivem Verhalten des Patienten Feindseligkeiten äußerer Personen entsprechen müssen. Benjamin (1982, S.197ff.) analysiert und kommentiert einige Ausschnitte aus dem SASB-Interview, deren Inhalt ich hier zusammenfasse.

Bedeutung des Suizidversuchs in der Beziehung zum Vater: Der Patient berichtet über frühere Züchtigungen durch den Vater, die besonders dann stattfanden, wenn er dessen strengen Anordnungen nicht genaue Folge leistete. In bezug auf die möglichen Folgen eines gelungenen Suizids entwirft der Patient an einer Stelle des Untersuchungsgesprächs die folgende Phantasie: Der Vater werde ihn dann bestimmt für einen Dummkopf halten; andererseits werde er wohl Schuldgefühle haben und sich nachträglich Vorwürfe machen, weil er dem Patienten in der Vergangenheit nicht mehr Zeit und Aufmerksamkeit geschenkt habe. Der Patient phantasiert diesen Ablauf mit Befriedigung. Dennoch bleibt diese Revanchevorstellung eher verhalten und gebremst; als er direkt darauf angesprochen wird, beeilt sich der Patient zu versichern, daß sein Vater ihn früher gewiß nur mit den besten Absichten so hart behandelt habe; auf keinen Fall wolle er ihm heute irgendwelche Vorwürfe machen.

Die *interaktionelle* Bedeutung des Suizidversuchs stellt sich in dieser Schilderung als Revanche dar. Dieses Beziehungsmoment wird durch die Kodierung BLAME gut beschrieben, die neben dem Akt der Rache auch den Aspekt der Beschuldigung einschließt (vgl. die Items des vollständigen Modells: 133 „Bestrafen, quälen, Rache üben“ und 135 „Anklagen, tadeln, beschuldigen“). Der

Patient phantasiert außerdem, daß sein Vater mit Schuld und Reue auf seinen Suizid reagieren (*SELF-BLAME*) und dabei wohl eine Wiedergutmachung wünschen werde (*SULK*). Damit ist der interaktionelle Kontext des Suizidversuchs beschrieben, soweit die Person des Vaters betroffen ist.

Bedeutung des Suizidversuchs in der Beziehung zur Ehefrau: In dem Interviewausschnitt, der von der Ehefrau handelt, äußert der Patient wiederholt die Überzeugung, daß seine Frau ihn eigentlich nur loshaben wolle und durch seinen Tod sicherlich eher befreit als betroffen sein würde. Sein Suizidversuch sei auch mit der Vorstellung verbunden gewesen, seiner Frau auf diese Weise zu helfen und sie durch seinen Tod endlich glücklich zu machen.

Der Patient beschreibt das Verhalten seiner Frau als kompromißlose Ablehnung und Zurückweisung; zur Wiedergabe dieses Verhaltens wird von der Autorin die Kodierung *ATTACK* gewählt (mit dem Item 121 „Feindselig zurückstoßen, ablehnen"). Die Antwort des Patienten ist komplex: Er unterwirft sich seiner Frau und verhält sich mit seinem Suizidversuch im eigenen Selbstverständnis so, als würde er damit ihren tatsächlichen Wünschen entsprechend handeln (SUBMIT). Sein Tod hat für ihn außerdem die Bedeutung eines „Geschenks" an sie und beinhaltet somit (in seinem eigenen Erleben) auch eine liebevolle Handlung (ACTIVE LOVE).

Auf einer anderen Ebene kann sein Suizidversuch als ein zu der Zurückweisung *komplementäres* Verhalten angesehen werden: Seine Frau möchte ihn loshaben (*ATTACK*), in komlementärer Passung dazu räumt er das Feld (RECOIL). Dies geschieht im suizidalen Akt in der Weise, daß er sich gewissermaßen selbst „beiseite schafft" (SELF-ATTACK). Der Vorgang der Introjektion (*ATTACK* → SELF-ATTACK) kann somit innerhalb dieser Beziehungkonstellation gut nachgezeichnet werden.

Bedeutung des Suizidversuchs in der Beziehung zu den Kindern: Auch hier äußert der Patient seine Überzeugung, daß sein Tod für die Kinder wohl belastend sein werde, aber bestimmt nicht für lange Zeit. Er vermutet, daß sie ihn bald vergessen würden und letztlich ohne ihren Vater besser leben könnten. In diesem Zusammenhang bezeichnet er seinen Suizid auch als „letztes Opfer" für seine Familie.

Der Suizid wird in dieser Darstellung zu einer fürsorglichen Handlung gegenüber den Kindern (PROTECT); diesen wird dadurch geholfen, daß er sich selbst als „bösen und zerstörerischen Menschen" aus der Welt schafft (SELF-ATTACK). Die Autorin fügt hinzu, daß der Patient in Wirklichkeit - d.h. von einem objektiven Standpunkt aus gesehen - seine Kinder durch einen Suizid im Stich lassen würde (IGNORE), was das genaue Gegenteil von Fürsorge ist. Dieser Aspekt ist dem Patienten zunächst nicht zugänglich, bildet jedoch einen wichtigen Ansatzpunkt für die in der Arbeit kurz dargestellte psychotherapeutische Behandlung dieses Patienten (ebenda, S.207ff.).

Die Diskussion der eben berichteten Ergebnisse durch die Autorin (S.206ff.) enthält einige Vagheiten, die im vorliegenden Kontext von Interesse sind: Während die Analysen des interpersonellen Kontextes der Suizidversuche des Patienten relativ klar und nachvollziehbar sind, schwankt die Autorin deutlich in bezug auf die Frage, wie die suizidale Handlung auf der Ebene der Introjekthandlungen abzubilden ist. In bezug auf die Ehefrau und die Kinder wird argumentiert, daß der Patient versucht, sich zum Besten seiner Familie gewissermaßen selbst „aus der Welt zu schaffen“ (Kodierung SELF-ATTACK mit dem Item 321 „Sich nicht mögen, ablehnen“ aus dem vollständigen Modell). An anderer Stelle wird wiederum plausibel dargelegt, daß der Patient mit einer beachtlichen Geschicklichkeit Situationen arrangiert, die sich zu seinem eigenen Schaden wenden (z.B. durch den Scheckbetrug oder die Flucht kurz vor der Entlassung aus der Haft). Auf dem Hintergrund solcher Handlungen wird das Moment der Selbstbestrafung auch im Kontext des Suizidversuchs herausgestellt (Kodierung SELF-BLAME mit dem Item 333 „Sich bestrafen, sich Buße auferlegen“). Dann wiederum (S.209) erklärt die Autorin, daß der Suizidversuch im Zusammenhang mit der Einnahme von Tabletten auch einen Versuch darstellt, sich auf eine selbstgefährdende Weise selbst zu schützen bzw. sich auf gefährliche Weise etwas Gutes zu tun (komplexe Kodierung SELF-NEGLECT & SELF-PROTECT). Für alle diese Deutungen werden einleuchtende Gründe angegeben, insgesamt entsteht jedoch der Eindruck, daß diese Introkjekthandlungen im Vergleich zu den interpersonellen Kodierungen hypothetischer sind und durch das Material weniger eindeutig belegt werden können. Die Ursachen für diese Schwierigkeit ist wohl darin zu sehen, daß die Schilderung introjektiver Akte von einem Probanden die Fähigkeit zu einer sehr differenzierten Introspektion voraussetzt, die in der Regel nicht gegeben ist; sie dürfte sich meistens erst als Ergebnis einer Psychotherapie einstellen.[1] Aus dem von der Autorin vorgelegten Gesprächsmaterial kann die spezifische Qualität dieser Akte jedenfalls nur ungefähr erschlossen werden.

Ein anderer Punkt der Diskussion ist ebenfalls von Interesse: Die Autorin merkt an, daß der Patient keine offenen und direkten Angriffe von seinen bedeutsamen Objekten schildert bzw. erlebt (etwa entsprechend dem Item 130 „Angreifen, vernichten, töten“ des vollständigen Modells). Sie erläutert weiter, daß aus dieser Tatsache geschlossen werden kann, daß der Patient kein „Selbstmörder“ im eigentlichen Sinne sei, weil ein introjektiver Akt mit selbstmörderischer Qualität (Item 330 „ Sich selbst zerstören, vernichten“) nur als innere Entsprechung eines offenen und direkten Angriffs durch andere Personen zustande kommen könne. Dieses Argument folgt sehr konsequent dem Prinzip der Introjektion, nach welchem die Qualität des gegen sich selbst gewendeten Aktes mit der des interpersonellen Objektverhaltens genau übereinstimmen sollte. Kritisch könnte jedoch an dieser Stelle gefragt werden, ob dies tatsächlich grundsätzlich so sein muß oder ob es auch anders geartete Zusammenhänge zwischen suizidalen Impulsen und den interpersonellen Ereignissen im Kontext ihrer Entstehung geben kann.

[1] Dies ist einer von mehreren Gründen dafür, warum in der vorliegenden Untersuchung auf die Kodierungen introjektiver Akte verzichtet wurde; vgl. dazu auch Abschnitt 3.3.2.

Eine interessante Antwort auf diese Frage gibt die Arbeit von Kaslow, Wamboldt, Wamboldt, Anderson und Benjamin (1989). Die Autoren untersuchen den Suizidversuch eines 14-jährigen Mädchens mit der theoretischen Annahme, daß suizidale Handlungen durch die Introjektion destruktiver Objektverhaltensweisen zustande kommen. Sie beziehen sich dabei auf eine These Sabbaths (1969), derzufolge suizidale Adoleszente in ihrer Familie die Rolle eines „überflüssigen Kindes“ (expendable child) einnehmen, weil ihre Eltern sie aus bestimmten Gründen als eine Bedrohung für ihr eigenes Leben empfinden. Der suizidale Akt wäre in einer solchen Konstellation in guter Übereinstimmung mit der Introjektionshypothese eine Antwort auf die Wahrnehmung des elterlichen Wunsches, das Kind endlich „vom Hals haben“ zu wollen.

Die 14-jährige Patientin hat 100 Aspirin-Tabletten genommen und wird von ihrer Mutter und deren Freund in die Klinik gebracht. Dort findet die Untersuchung statt, über die die Autoren berichten. Die Patientin besitzt noch drei ältere Geschwister, die jedoch zum Zeitpunkt des Suizidversuchs bereits außer Haus und verheiratet sind. Der leibliche Vater starb unerwartet, als die Patientin 8 Jahre alt war. Die Mutter lebt seit 4 Jahren mit ihrem neuen Freund zusammen. Mutter und Freund berichten keine besonderen Veränderungen bei der Patientin im Vorfeld des Suizidversuchs. Das Mädchen selbst erwähnt jedoch, daß die Mutter in der letzten Zeit strenger geworden sei. Sie deutet außerdem an, daß sie durch sexuelle Träume und Phantasien beunruhigt wird, von denen sie seit der Lektüre eines Buches über „Inzest“ bedrängt wird. Das Objekt dieser Phantasien sei der Freund der Mutter. Ein real inzestiöses Geschehen verneint sie jedoch klar.

Die Untersuchung verwendet die Methode der SASB-Prozeßanalyse, mit der die Interaktionen der drei Personen im Untersuchungsgespräch detailliert erfaßt werden. Materialgrundlage ist ein 10-minütiger Ausschnitt des Gespräches, der durch eine Videoaufnahme dokumentiert ist. Die Kodierungen für alle drei möglichen Interaktionen (Patientin - Mutter; Patientin - Freund der Mutter; Mutter - Freund) werden zunächst durch einfache Häufigkeitsauszählungen ausgewertet und in einem weiteren Schritt sequentiell als Markow-Prozesse dargestellt und analysiert (vgl. 2.2.4). Besondere Aufmerksamkeit gilt dabei den komplexen Botschaften der Beteiligten. Als „komplex“ werden Botschaften dann bezeichnet, wenn ihr Inhalt durch mehrere SASB-Kodierungen in Kombination abgebildet werden muß; typischerweise handelt es sich dann um Kommunikationen, die den Charakter von Doppelbotschaften bzw. Double-binds aufweisen (vgl. 2.1.2).

Die wichtigsten Ergebnisse dieser Untersuchung lassen sich wie folgt zusammenfassen: Die Patientin reagiert in der Beziehung zu dem Freund der Mutter am häufigsten so, daß sie sich einerseits beleidigt oder trotzig verhält (<u>SULK</u>) und anderseits verschließt (<u>WALL OFF</u>). Dieses Verhalten erscheint den Autoren zunächst als überraschend, weil kein dazu komplementäres Verhalten von der Seite dieses Ersatzvaters zu entdecken ist, das vergleichbar häufig und deutlich auftritt. Es stellt sich deshalb die Frage, worauf die Patientin eigentlich reagiert. Erst die Analyse komplexer Kodierungen zeigt schließlich, daß die oberflächlich freundlichen Mitteilungen des Freundes als Doppelbotschaften so unterlegt sind, daß die Patientin sich kritisiert oder nicht beachtet fühlen muß; diese „Untermalung" untergräbt indirekt die Authentizität auch solcher Botschaften, die keine erkennbaren Feindseligkeiten enthalten. Kritik und Nichtbeachtung werden durch die SASB-Kodierungen *BLAME & IGNORE* wiedergegeben; dies sind jedoch genau die gesuchten komplementären Verhaltensweisen zu den Kodierungen SULK & WALL OFF für die Reaktion der Patientin. Die Beziehung zwischen dem Freund der Mutter und der Patientin läßt sich damit in der folgenden Formel zusammenfassen:

BLAME & IGNORE → SULK & WALL OFF [2]

Die SASB-Prozeßanalyse ergibt als weiteren Aspekt, daß der Freund die Patientin durch seine Äußerungen stark kontrolliert (*CONTROL*). Diese leistet praktisch keine Gegenwehr, was u.a. daran zu erkennen ist, daß sie ausschließlich reagiert und keine aktiven kommunikativen Handlungen auf ihn richtet. (In den Kategorien von SASB bedeutet dies, daß es kaum Kodierungen für ein transitives Verhalten auf seiten der Patientin gibt.) Die Autoren beschreiben diese Position als die eines „interpersonellen Stillstandes" (interpersonal deadlock) innerhalb dieser Beziehungskonstellation. Mit Verweis auf andere Untersuchungen wird erläutert, daß eine solche innerfamiliäre Position für suizidale Jugendliche sehr charakteristisch ist.[3]

Zur Erklärung der ohnmächtigen Position der Patientin verweisen die Autoren bei ihrer Interpretation auf die erwähnten inzestösen Phantasien. Diese könnten, so wird argumentiert, bei ihr ein überwältigendes Gefühl von Verwundbarkeit und Bedrohtheit erzeugt haben, was ihre Ohnmacht verstehbar machen würde. Dabei wird offengelassen, ob diese Bedrohung einen realen Hintergrund hat oder in erster Linie einem inneren Konflikt der Patientin (zwischen inzestösen Wünschen und Verboten) entspringt. Die Ohnmacht der Patientin werde außerdem durch den Mangel an Unterstützung durch die Mutter verstärkt; die Analyse des Gesprächausschnittes zeige nämlich zusätzlich, daß sie mit dieser in einen heftigen Machtkampf verwickelt ist, in dem sich beide wechselweise dauernd kritisieren und entwerten.

In ihrer Zusammenfassung stellen die Autoren fest, daß ihre Untersuchung keine empirischen Belege für direkte Angriffe, Feindseligkeiten oder offene Todeswünsche gegen das Mädchen zutage gefördert hat. Der Suizidversuch kann deshalb nicht als einfache Introjektion direkt „mörderischer" Intentionen der Objekte verstanden werden. Statt dessen gibt die Untersuchung Hinweise auf eine

---

[2] In den SASB-Formeln bezeichnet „&" eine Kombination von Kodierungen (z.B. *BLAME & IGNORE*), „→" eine Aufeinanderfolge von Ereignissen (z.B. *BLAME* → SULK) und „↔" eine Wechselwirkung (z.B. TRUST ↔ *PROTECT*). „/" entspricht einer und/oder-Verknüpfung (z.B. IGNORE / CONTROL), während „//" alternative Beziehungsmodalitäten voneinander abhebt (z.B. PROTECT ↔ *TRUST* // TRUST ↔ *IGNORE*).

[3] In diesem Zusammenhang werden die Arbeiten von Kadzin et al. (1986) und Minkoff et al. (1973) genannt.

spezifische „suizidale“ Beziehungskonstellation, die komplizierter aufgebaut ist und folgende Elemente enthält:

1. Das Objekt zeigt ein kritisches und herabsetzendes Verhalten auf der einen Seite (*BLAME*) und Gleichgültigkeit bzw. Ignoranz auf der anderen (*IGNORE*). In der Studie finden sich dementsprechende empirische Hinweise in den komplexen Botschaften des Ersatzvaters (d.h. des Freundes der Mutter) und in den zu diesem Objektverhalten komplementären Antworten des Mädchens (SULK & WALL OFF).
2. Die Patientin ist in dieser Konstellation ohnmächtig und besitzt keine Handlungs- oder Abwehrmöglichkeiten, weil es von dem Objekt auf Grund der realen Machtverhältnisse oder aus inneren Beweggründen abhängig ist; sie befindet sich an einem „toten Punkt“ (deadlock) in dieser Beziehungskonstellation. In der Studie wird dazu der auffällige Befund berichtet, daß die Patientin keine aktiven (d.h. transitiven) Handlungen auf ihre Gesprächspartner richtet.

Die Autoren schließen an diese Untersuchungsbefunde die folgenden hypothetischen Überlegungen an:

3. Im Sinne einer Modifikation der Introjektions-Hypothese suizidaler Handlungen postulieren sie, daß sich die Komponenten der feindseligen Kontrolle und der Ignoranz bei entsprechend großer Intensität in der Wahrnehmung der Patientin so aufsummieren, daß sie als eine direkte, aggressive Zurückweisung bzw. als ein Angriff erlebt werden (*BLAME* & *IGNORE* = *ATTACK*). In der Geometrie des SASB-Modells kann dieser Vorgang als Addition der orthogonalen Vektoren *BLAME* bzw. *IGNORE* zu der Resultante *ATTACK* interpretiert werden (vgl. Abb. 2.3).
4. Die Patientin erlebt das Verhalten ihres Gegenübers somit als Angriff, der als Selbstablehnung und Autodestruktion introjeziert wird und zur suizidalen Handlung führt (*ATTACK* → SELF-ATTACK).

Auf dem Hintergrund dieser modifizierten Introjektions-Hypothese suizidalen Verhaltens möchte ich nun noch einmal die zuerst berichtete Untersuchung von Benjamin (1982) betrachten, die (wie oben dargestellt) keine Bestätigung der Introjektionshypothese ergab. Ich erinnere daran, daß die Autorin auch für den dort analysierten Fall feststellen mußte, daß auf der Seite der Objekte kein direkter Angriff auf den Patienten (im Sinne des Items 130 „Angreifen, vernichten, töten“) entdeckt werden konnte. Es wäre nun zu prüfen, ob bei dem 34-jährigen Patienten statt dessen ein Objektverhalten mit den Kodierungen *IGNORE & BLAME* vorliegt, wie es in der Studie von Kaslow et al. (1989) gefunden wurde. Das in der Arbeit von Benjamin (1982) zitierte Material reicht für eine sorgfältige Reanalyse des Falles nicht aus. An einer Stelle wird jedoch eine umfangreichere Beziehungsepisode zitiert, die ich im folgenden noch einmal genauer untersuchen möchte. Der Patient erklärt in dieser Episode, unter welchen Umständen sich sein zweiter Suizidversuch ereignete; eine entscheidende Rolle spielte dabei die Beziehung zu seiner Ehefrau (Benjamin, 1982, S. 200):

Patient: Als ich im Gefängnis saß, erhielt ich von ihr an Weihnachten einen kurzen Brief. Darin schrieb sie, sie sei in diesem Jahr sehr beschäftigt. Aber *wie* sie es sagte! Zuerst schrieb sie etwas in der Art, dies seien die ersten Weihnachten seit vielen Jahren, an denen sie sich wirklich gut fühle. 'Ich befinde mich wirklich in einer weihnachtlichen Stimmung, ich bin irgendwie gar nicht richtig da', schrieb sie. - Dies sind die ersten Weihnachten, an denen ich nicht zuhause bin, und sie fühlt sich gut! Dann schrieb sie noch, sie werde mir kurz nach Weihnachten wieder einen Brief schicken. Aber es kam nie wieder einer.

Das Verhalten der Ehefrau, so wie es in dieser Schilderung beschrieben wird, ist zwar abweisend und aggressiv, enthält aber keinen direkten Angriff auf den Patienten. Es geht ihr zunächst um eine Anklage oder Revanche, da sie ihr Wohlbefinden indirekt mit seiner Abwesenheit verbindet und ihn auf diese Weise heruntermacht. Sie plaziert diesen Angriff aus der Position der Stärkeren heraus und möchte im Sinne der Herabsetzung oder Revanche auf ihren Mann *Wirkung* ausüben. Die passende Kodierung dafür ist *BLAME*, weil damit genau diese Mischung von Feindseligkeit und kontrollierender Beeinflussung zum Ausdruck gebracht wird.

Anklage, Rache oder Bestrafung sind Beziehungsformen, bei denen im Kontext eines feindseligen Verhältnisses dennoch ein verbindlicher Kontakt zum Gegenüber aufrechterhalten wird. Neben einer solchen „negativen Verbindlichkeit" enthält der Brief jedoch (demonstrativ zur Schau getragen) auch eine Gleichgültigkeit gegenüber dem Patienten und seiner elenden Lage. Diese Gleichgültigkeit wird durch die Betonung von Unabhängigkeit und Selbstgenügsamkeit noch extra unterstrichen. Der Brief (so der Patienten ihn erinnert) bringt zum Ausdruck, daß seine Frau ohne den Patienten sehr gut zurecht kommt und ihn gar nicht braucht. Dies alles entspricht einer Haltung, die den Patienten einfach seinem Schicksal überläßt. (Daß diese Haltung in dem Brief so provokativ vorgetragen wird, unterstützt andererseits wiederum den oben besprochenen Revanchecharakter des Schreibens.) Die in dieser Botschaft enthaltene Mischung von negativer Affiliation und positiver Interdependenz - also Feindseligkeit mit gleichzeitiger Gewährung von Autonomie i.S. von Gleichgültigkeit („hostile autonomy") - wird durch die Kodierung *IGNORE* abgebildet. Ignorant in genau diesem Sinne ist auch die Tatsache, daß die Frau trotz ihrer Ankündigung keinen weiteren Brief schreibt.

Man könnte den Brief freilich auch noch aggressiver lesen und dann etwa so paraphrasieren: „Ich lebe besser ohne Dich und bin froh, Dich endlich loszuhaben!" In dieser Variante wäre das Moment der feindseligen Gewährung von Autonomie zwar immer noch enthalten, würde jedoch quantitativ gegenüber der aggressiven Zurückweisung deutlich zurücktreten. Die Kodierung *ATTACK* (im Sinne der Items 122 „Ausgrenzen, verkümmern, verhungern lassen" und 121 „Feindselig zurückstoßen, ablehnen") wäre für diese Lesart angemessen. Zwischen den genannten Interpretationen kann auf Basis der vorhandenen Informationen nicht sicher entschieden werden. Die Indirektheit und Maskierung der in dem Brief enthaltenen Feindseligkeiten läßt jedoch die oben dargestellte Lesart als berechtigter erscheinen, die durch die zweifache Kodierung *BLAME & IGNORE* wiedergegeben wurde.

Die kurze Episode des Patienten enthält in dieser Interpretation genau jene beiden Komponenten, die Kaslow et al. (1989) bei der Untersuchung ihres Falles einer adoleszenten Suizidantin herausgestellt haben: Die Kopplung von gleichgültiger Ignoranz und feinseliger Kontrolle, die sich im Erleben des Patienten zu einem direkten Angriff aufsummieren können. Sehr ähnlich sind auch die interpersonellen Positionen beider Suizidanten in der für sie jeweils kritischen Beziehungskonstellation: Ihre Position ist in beiden Fällen durch eine ausgeprägte Hilflosigkeit und Ohnmacht charakterisiert; beide Patienten sind von ihren Objekten abhängig und verfügen über keine eigenen aktiven Handlungsmöglichkeiten.

4.2 Suizidalität in der interpersonellen Diagnose von Persönlichkeitsstörungen

Ein für die Entwicklung von SASB grundlegendes Interesse, das schon bei der Erfindung des Zirkumplexmodells von Leary und Mitarbeitern (Leary, 1957) ein entscheidende Rolle spielte, war die Entwicklung *interpersoneller Diagnosen* für psychiatrische Erkrankungen. Nach verschiedenen Vorarbeiten (Benjamin, 1974, 1982, 1984, 1986a, 1987a, 1987b; McLemore & Benjamin, 1979) hat Benjamin (1993) eine umfangreiche Arbeit mit dem Titel „Interpersonal Diagnosis and Treatment of Personality Disorders" vorgelegt, in der sie Kriterien für die Persönlichkeitsstörungen der Achse II des diagnostischen und statistischen Manuals psychischer Störungen (DSM) einer Revision unterzieht und mit den Kategorien von SASB neu formuliert.

Die interpersonellen Diagnosen Benjamins basieren auf der Analyse der in den DSM-Kriterien explizit oder implizit formulierten *Beziehungsmerkmale* der verschiedenen Persönlichkeitsstörungen. Weiteres Material liefern die den Diagnosen zugeordneten *Fallgeschichten*. Die sehr umfangreiche klinische Erfahrung der Autorin mit den betreffenden Patienten ist ebenfalls in das Werk eingeflossen (1993, S.115). Die interpersonellen Diagnosen sind empirisch (in einem strengen Sinne) noch nicht validiert, auch wenn die Autorin an zahlreichen Stellen auf eigene Studien zu Persönlichkeitsstörungen zurückgreifen kann. Die Arbeit geht von den Diagnosen in DSM-III und DSM-III-R aus, bezieht aber 1993 schon absehbare Änderungen in DSM-IV mit ein.

In der folgenden Analyse dieses Werkes beziehe ich mich auf jene Stellen, an denen Suizidalität oder Suizidversuche erwähnt werden. Zwei Diagnosen von Persönlichkeitstörungen enthalten Suizidalität bzw. autodestruktive Handlungen als *definierendes* Merkmal; es handelt sich um die Borderline-Persönlichkeitsstörung und die histrionische Persönlichkeitsstörung. Bei der negativistischen bzw. passiv-aggressiven Persönlichkeitsstörung sind suizidale Handlungen zwar *kein* Kriterium für die DSM-Diagnose, stellen jedoch (nach Benjamin) ein wichtiges Element der interpersonellen Diagnose dar. Die Diagnosen dieser drei Persönlichkeitsstörungen sollen im folgenden ausführlich dargestellt und diskutiert werden (4.2.1).

Obgleich Suizidalität für bestimmte Persönlichkeitsstörungen besonders charakteristisch ist, ist sie andererseits kein exklusives Merkmal einiger weniger Störungen, sondern ein ubiquitäres Symptom, das auch im Zusammenhang mit anderen Krankheitsbildern vorkommt. Theoretische Überlegungen zum Verhältnis zwischen Suizidalität als ein allgemeines (unspezifisches) Symptom und den Persönlichkeitsstörungen im DSM werden in einem eigenen Abschnitt dargelegt (4.2.2).

Entsprechend dem ubiquitären Charakter suizidaler Handlungen wird Suizidalität auch im Zusammenhang mit *weiteren* Persönlichkeitsstörungen (außer den oben genannten) erwähnt. Suizidversuche sind z.B. immer wieder Bestandteil der Fallgeschichten, die die verschiedenen Persönlichkeitsstörungen in dem DSM-Manual illustrieren sollen. Da diese Fallgeschichten das jeweils „Typische“ einer Störung darstellen sollen, treten die Suizidversuche in ihnen jeweils in einem Kontext und mit einer Qualität auf, die für die betreffende Störung kennzeichnend sind. Durch eine Analyse des interpersonellen Kontextes suizidaler Handlungen in diesen Fallgeschichten lassen sich deshalb spezifische Beziehungskonstellationen aufzeigen, die zur Suizidalität disponieren (4.2.3). Durch einen Vergleich der Persönlichkeitsstörungen und ihrer suiziddisponierenden Merkmale lassen sich dann in einem weiteren Schritt allgemeine interpersonelle Bedingungsfaktoren der Suizidalität formulieren (4.3.1). Diese Faktoren werden zum Abschluß (4.3.2) noch einmal mit den Resultaten der theoretischen Diskussion des ersten Kapitels verbunden; sie stellen gleichzeitig die Hypothesen dar, die in meiner eigenen Untersuchung geprüft werden.

4.2.1 Suizidalität als Bestandteil interpersoneller Diagnosen

Die nachfolgende Darstellung und Diskussion der einzelnen Persönlichkeitsstörungen ist jeweils zweiteilig aufgebaut: Nach einer kurzen Erläuterung der interpersonellen Diagnose im Sinne von Benjamin folgt eine Diskussion der suizidalen Dynamik innerhalb der betreffenden Störung (sofern Suizidalität überhaupt erwähnt wird). Die DSM-III-R Kriterien für die Persönlichkeitsstörungen müssen dabei zumindest in groben Zügen als bekannt vorausgesetzt werden, damit Darstellung und Diskussion einigermaßen im Rahmen bleiben können.

(1) Borderline-Persönlichkeitsstörung (BPD)

Zur interpersonellen Diagnose: Das charakteristische interpersonelle Muster von Borderline-Patienten faßt Benjamin (1993, S.122) folgendermaßen zusammen:

> Die Patienten befürchten in extremer Weise, daß sie verlassen werden könnten; es besteht ein intensiver Wunsch nach Schutz und Geborgenheit. Ein relatives Wohlbefinden wird am sichersten durch die konstante Präsenz und reale Nähe einer bedeutsamen Bezugsperson (z.B. einem Partner) gewährleistet, die sich dem Patienten ausdauernd und fürsorglich-beschützend zuwendet. In einer so gearteten Abhängigkeitsbeziehung ist die psychische Verfassung des Betroffenen am ehesten ausgeglichen und stabil. Die Stimmung kann jedoch abrupt umschlagen und in ein massiv feindseliges und aggressiv-kontrollierendes Verhalten hinüberwechseln, wenn das Objekt versagt und im Erleben des Patienten nicht mehr genug gibt (und seine extremen Ansprüche sorgen dafür, daß niemals genug gegeben wird). - Darüberhinaus besteht bei dem Patienten eine tiefe Überzeugung, daß der bedeutsame Andere ihn offen oder insgeheim in eine abhängige und bedürftige Position wünscht; aus diesem Grund attackiert ein bösartiges Introjekt das Selbst immer dann, wenn sich Anzeichen von Erfolg und autonomer Zufriedenheit einstellen.

Die *SASB-Kodierungen* für dieses Muster sind: Die basale und stabile Position des Patienten ist die einer zugewandten Abhängigkeit (TRUST) und harmoniert mit der dazu komplementären Position eines fürsorglichen Objekts (*PROTECT*). Der Patient belohnt dieses mit intensiver Zuwendung (ACTIVE LOVE). Dieser Zustand ist jedoch instabil, da der Patient auf Grund seiner zentralen Befürchtung schnell bereit ist, bedeutsame Personen als desinteressiert und gleichgültig zu erleben (*IGNORE*). Wenn dies passiert, wird das Verhalten des BPD kontrollierend, vorwurfsvoll oder direkt aggressiv (CONTROL, BLAME, ATTACK). Dadurch soll das Objekt veranlaßt werden, sich wieder schützend und fürsorglich zuzuwenden und sich den Bedürfnissen des Patienten anzupassen (*PROTECT & SUBMIT*). Neben diesen Kontrollversuchen treten impulsiv autodestruktive (SELF-ATTACK) und selbstgefährdende Verhaltensweisen auf (SELF-NEGLECT). Paradoxerweise können diese selbstgefährdenden Handlungen gleichzeitig die Bedeutung eines selbstfürsorglichen Verhaltens haben, wenn sich der Patient mit ihnen in einer subjektiv als unerträglich erlebten Situation entlastet (SELF-NEGLECT & SELF-PROTECT).

Die Autorin erläutert eine häufige Gegenübertragungsreaktion auf diese Patienten: Wenn man sich den Forderungen des BPD fügt und sie ihren Erwartungen entsprechend versorgt, spielt sich eine komplementäre Beziehungskonstellation mit einer willfährigen Fürsorge auf der Seite des Gegenübers (*SUBMIT & PROTECT*) und einer kontrollierenden Bedürftigkeit (CONTROL & TRUST) auf der Seite des Patienten ein. Die geschieht besonders wirksam dann, wenn sich das

Gegenüber erpreßbar macht und auf die Vorwürfe des BPD (BLAME) mit Beschwichtigungen und Selbstvorwürfen (*SULK*, *SELF-BLAME*) reagiert. Diese defensive Position läßt sich andererseits wegen des Drucks und der anhaltenden Ansprüche des BPD nicht auf Dauer durchhalten, so daß man sich früher oder später unwillkürlich zur Wehr setzen und dabei vorwurfsvoll verhalten wird (*BLAME*).

Zur Dynamik der Suizidalität: Entsprechend der Fragestellung der vorliegenden Arbeit interessiert vor allem jenes interpersonelle Muster dieser Patienten, in dessen Kontext Suizidalität auftritt. Die zentrale konflikthafte Beziehungssequenz des BPD läßt sich nach der bisherigen Darstellung auf die folgende Formel bringen:

TRUST → *IGNORE* → CONTROL / BLAME / ATTACK

Die Kodierung TRUST beschreibt die durchgängige Bedürftigkeit, die Hintergrund für die empfindliche Wahrnehmung von Unaufmerksamkeit oder Gleichgültigkeit (*IGNORE*) von der Seite des Objektes ist. Wenn dies geschieht, verändert der Patient sein Verhalten u.U. abrupt und versucht, die Aufmerksamkeit und Ausrichtung des Objekts wieder aktiv durch Kontrolle, Anklagen oder Angriffe (CONTROL, BLAME, ATTACK) auf sich zu ziehen.

Dieses Muster beschreibt die offensive Reaktion des BPD auf das für ihn oder sie kritische Erlebnis des Verlassenwerdens; suizidale und selbstverletzende Handlungen treten in dieser Variante jedoch *nicht* auf. Sie sind statt dessen Teil eines zweiten Reaktionsmusters, das Benjamin in ihren Kommentaren zu zwei der neun DSM-III-R-Kriterien des BPD ausführlich beschreibt. Ich zitiere diese beiden Kriterien nach der deutschen Fassung des DSM-III-R (Wittchen, Saß, Zaudig & Koehler, 1989, S.419f.):[4]

> *Kriterium 8:* „Verzweifeltes Bemühen, ein reales oder imaginäres Alleinsein zu verhindern (außer Suizid oder Selbstverstümmelung, siehe dazu 5. Kriterium)".
>
> Dieses Kriterium wird von der Autorin so kommentiert (1993, S.124f.): „Es besteht eine starke Bereitschaft, sich von wichtigen Personen verlassen zu fühlen. Zuspätkommen, kleine Änderungen in Planungen, Urlaube oder sogar durch äußere Zwänge bedingte Abwesenheiten werden so erlebt, als würde der Patient dadurch im Stich gelassen, vernachlässigt oder zurückgewiesen. Es besteht zudem die Überzeugung, daß die Abwendung anderer zugleich das Urteil einschließt, daß der Patient eine 'schlechte oder böse Person' ist."[5]

Dieser Kommentar formuliert vor allem noch einmal die zentrale Befürchtung des BPD, die durch die Kodierung *IGNORE* wiedergegeben wird. Es wird jedoch hin-

---

[4] Die Nummerierungen für die Kriterien entsprechen der deutschen Fassung (Wittchen et al., 1989); sie weichen teilweise von der amerikanischen Fassung ab, die Benjamin (1993) benützt.

[5] Die Übersetzungen dieser und der nachfolgenden Kommentare stammen von dem Autor (T.G.).

zugefügt, daß bei dem Patienten die Wahrnehmung des Verlassenwerdens mit der Überzeugung verbunden ist, daß das Objekt den Patienten herabsetzt und verurteilt. Wenn man diesen Beziehungsaspekt in die SASB-Beschreibung des befürchteten Objektverhaltens aufnimmt, kann dieses durch die beiden Kodierungen *BLAME & IGNORE* abgebildet werden. Diese Kombination deckt sich wiederum mit dem in der Studie von Kaslow et al. (1989) beschriebenen komplexen Objektverhalten, das dort als interpersoneller Hintergrund des Suizidversuchs eines adoleszenten Mädchens analysiert wurde (vgl. 4.1).

Daß die gleichgültige Abwendung anderer Personen von dem BPD als Verurteilung erlebt wird, geht auch aus dem folgenden Kommentar zum 5. Kriterium hervor.

> *Kriterium 5:* „Wiederholte Suiziddrohungen, -andeutungen oder -versuche oder andere selbstverstümmelnde Verhaltensweisen".
> Dieses Kriterium wird von der Autorin so kommentiert (S.125): „Autodestruktive Handlungen werden durch die Wahrnehmung ausgelöst, daß sich ein Objekt abwendet und den Patienten verläßt; auf dieses Erleben folgt ein genau vorhersagbares Muster mit folgenden Schritten: Zunächst erfolgt eine massive Entwertung des Objekts, die von einer ebenso absoluten Selbstentwertung gefolgt wird. Diese Bewegung ist von einem sozialen Rückzug begleitet. Dabei entsteht eine unerträgliche innere Spannung, die verübergehend durch gezielte Angriffe auf die eigene Person aufgelöst werden kann; dies geschieht etwa durch Schneiden, Brennen, durch die Einnahme einer Überdosis von Tabletten oder ähnliches. Suizidale Phantasien bei einem BPD-Patienten sind ein Hinweis darauf, daß das interpersonelle Ereignis des Verlassenseins auf einer intrapsychischen Bühne weiterverarbeitet wird. Gedanken mit bösartigem Inhalt (manchmal auch Stimmen) fordern in irrationaler Weise das Blut, den Schmerz oder eine körperliche Beschädigung des Patienten. Wenn selbstverletzende Handlungen stattfinden, kann auf sie eine gewisse Erleichterung folgen."

Die Verurteilung des Patienten als „böse Person" wurde in dem Kommentar zu *Kriterium 8* (siehe oben) als eine Botschaft beschrieben, die im Erleben des BPD in der Abwendung des Objekts gleichsam „automatisch" enthalten ist. Im Kommentar zu *Kriterium 5* erscheint diese Verurteilung jedoch als Selbstentwertung. Ist dies ein Widerspruch? Oder handelt es sich um unterschiedliche Prozesse? In Wirklichkeit beschreiben beide Kommentare das gleiche Phänomen, da die subjektiv erlebte Realität des Patienten maßgeblich ist und sich in ihr gerade in Phasen der Labilisierung innere und äußere Wirklichkeit Prozesse vermischen. Es ist dann praktisch unerheblich, ob man sagt, daß sich der Patient „böse" oder wertlos fühlt, weil *andere* ihn so beurteilen oder weil er sich *selbst* entwertet und verurteilt.

Als interpersonellen Kontext selbstverletzender Handlungen beschreibt der Kommentar zu *Kriterium 5* außerdem einen sozialen Rückzug und die Entwertung des Objekts. Diese beiden Beziehungsmomente sind in dieser Kombination *nicht* Teil der oben referierten interpersonellen Diagnose von Benjamin. Sie können mit WALL OFF und BLAME kodiert werden. Das selbstschädigende oder suizidale Verhalten erscheint nach der Analyse des Kommentars eindeutig als ein *einsames* Geschehen, das sich nicht mehr an ein Gegenüber wendet. Dies widerspricht andererseits ziemlich kraß dem Inhalt des DSM-Kriteriums 5, das ja gerade den demonstrativen Charakter der Suizidalität von BPD herausstellt („Wiederholte Suiziddrohungen, -andeutungen oder -versuche oder andere selbstverstümmelnde Verhaltensweisen"). Dies ist ein erstaunlicher Widerspruch, der von der Autorin nicht explizit gemacht und auch nicht aufgelöst wird. Sie macht jedoch an mehreren Stellen (vor allem S.174 und S.376) klar, daß sie die Suizidalität von Borderline-Patienten als ein eher „autistisches" Geschehen versteht, während sie andererseits suizidale Handlungen mit demonstrativem Charakter der histrionischen Persönlichkeitsstörung zurechnet (s. dazu unten). Diese Zuordnungen legen den Schluß nahe, daß das *Kriterium 5* von dem Standpunkt der interpersonellen Diagnosen (sensu Benjamin) aus gesehen eine Überlappung zwischen BPD und der histrionischen Persönlichkeitsstörung markiert.

Der interpersonelle Kontext der Suizidalität, so wie er sich in den beiden zitierten Kommentaren darstellt, kann in der folgenden Formel zusammengefaßt werden:

TRUST → *IGNORE & BLAME* → WALL OFF & BLAME & SELF-ATTACK

(2) Histrionische Persönlichkeitsstörung (HPD)

DSM-III-R und DSM-IV enthalten im Unterschied zu DSM-III Suizidalität *nicht* mehr als Kriterium für die Diagnose von histrionischen Patienten. In DSM-III lautet das entsprechende Kriterium: „Manipulative suizidale Gesten, Suizidversuche". Das Kriterium wurde aus der Definition entfernt, um Überschneidungen mit der Borderline-Diagnose zu vermeiden. Benjamin plädiert für eine Wiederaufnahme dieses Kriteriums in die HPD-Diagnose, weil nach ihrer Auffassung manipulative Suizidversuche bei histrionischen Patienten häufig sind und sich die spezifische Art dieser Versuche von derjenigen der Borderline-Patienten grundsätzlich unterscheidet. Auf die einzelnen Argumente der Autorin zur Begründung dieser Unterscheidung (1993, S.172f.) wird weiter unten ausführlich eingegangen.

Zur interpersonellen Diagnose: Das typische interpersonelle Muster von histrionischen Patienten faßt Benjamin (S.173) so zusammen:

> Die zentrale Befürchtung der HPD besteht darin, von anderen ignoriert zu werden. Dem gegenüber steht ein intensiver Wunsch nach Liebe und fürsorglichem Schutz. Die gewünschte Zuwendung muß von einer „mächtigen" Person ausgehen, die jedoch zugleich verführbar und damit kontrollierbar ist. Die

basale Position der HPD ist eine appelativ zu Schau getragene Hilflosigkeit, die aber in verdeckter Weise zugleich respektlose Anweisungen in bezug auf die Art der gewünschten Zuwendungen enthält. Inadäquat sexuell verführerisches Verhalten und manipulative Suizidversuche sind Varianten dieser steuernden Einflußnahme auf andere.

Die SASB-Kodierungen für dieses Muster sind: Die basale Position kann durch das Muster der „Kontrolle durch Bedürftigkeit" (coercive dependency) beschrieben und mit den kombinierten Kodierungen TRUST & CONTROL wiedergegeben werden. Die Kontrolle wird durch Attraktivität und Charme unterstützt und durchgesetzt; diesen Aspekt kodiert Benjamin mit REACTIVE-LOVE. Wenn sich das Objekt dieser Beeinflussung entzieht, kann es auch durch Vorwürfe (BLAME) dazu veranlaßt werden, sich auf den Patienten und seine Bedürfnisse nach Schutz (*PROTECT*) und Liebe (*ACTIVE LOVE*) einzustellen. Eine besondere Variante der Kontrolle ist die erotische Manipulation, die als Verführung in Szene gesetzt wird; sie enthält wieder die Aspekte REACTIVE-LOVE und CONTROL, zu ihnen hinzu tritt jedoch das Moment der „Unechtheit", die als innere Nichtbeteiligung mit WALL OFF kodiert wird.

Die bedürftige Position kann auch durch Gesten der Hilflosigkeit geltend gemacht werden, die z.B. in Inszenierungen von Krankheit und körperlicher Schwäche enthalten sind (TRUST & CONTROL). Im extremen Fall wird die Bedürftigkeit durch Suizidversuche mit manipulativem Charakter (TRUST & CONTROL & SELF-ATTACK) aggressiv vorgetragen. Alle diese verschiedenen Strategien der Beeinflussung müssen innerhalb von SASB durch kombinierte (komplexe) Kodierungen abgebildet werden.

Der zentrale Wunsch des HPD ist es, diejenige Fürsorge und Liebe wiederzuerhalten, die in der zurückersehnten Kindheit so selbstverständlich waren. Das in dem Beziehungsverhalten immer wiederkehrende Muster der Kontrolle durch Abhängigkeit (TRUST & CONTROL) harmonisiert gut mit einem Gegenüber, das der Forderung nach mehr und besserer Fürsorge bereitwillig nachkommt (*SUBMIT & PROTECT / ACTIVE LOVE*). Die zentrale Befürchtung besteht darin, ignoriert zu werden (*IGNORE*); sobald dies im subjektiven Erleben des HPD geschieht, werden die genannten Kontrollmechanismen aktiviert.

Zur Dynamik der Suizidalität: Der für die Suizidalität histrionischer Patienten kritische interpersonelle Kontext läßt sich besonders gut im direkten Vergleich zu der suizidalen Dynamik von Borderline-Patienten aufzeigen. Die Autorin weist darauf hin, daß beide Störungen die Kodierungen TRUST in Verbindung mit CONTROL und BLAME aufweisen; diese Kombination beschreibt das Muster der „Kontrolle durch Abhängigkeit" (coercive dependency), das für beide Störungen charakteristisch ist. Dennoch unterscheiden sich beide Diagnosen in einem entscheidenden Punkt: Bei der HPD sind Bedürftigkeit und Kontrolle *in einem einzigen Beziehungsakt miteinander gekoppelt* (komplexe Kodierung TRUST & CONTROL/BLAME), während bei der BPD beide Positionen im interpersonellen Geschehen *aufeinanderfolgen und klar voneinander getrennt sind* (TRUST →

CONTROL/BLAME). Der Borderline-Patient *wechselt* aus einer vertrauensvollen Position (oft abrupt) zu einem aggressiv-kontrollierenden Verhalten hinüber, wenn er eine Abwendung des Objekts zu erkennen glaubt. Der HPD *verbindet* statt dessen beide Verhaltensweisen, indem er aus der Position demonstrativ vorgetragener Abhängigkeit und Hilflosigkeit andere unter Druck setzt und zu kontrollieren versucht.

Diese Unterschiede lassen sich auch in dem suizidalen Verhalten beider Patientengruppen wiederfinden. Die Suizidalität des Borderline-Patienten ist impulsiv und ereignet sich ohne Rücksicht auf die Konsequenzen; sie ist nach Benjamin vor allem ein intrapsychisches Ereignis und hat einen mehr oder weniger „autistischen" Charakter (S.376). Im Unterschied dazu ist der Suizidversuch bei histrionischen Patienten manipulativ inszeniert und damit von seinem Charakter her interpersonell. „Der histrionische Patient agiert innerhalb von gut berechneten Szenarien, in denen er fest auf die Bereitschaft und die Fähigkeit seiner Helfer rechnen kann, ihn letztlich zu retten" (ebenda).

Der interpersonelle Kontext der Suzidalität von HPD läßt sich nach diesen Vorüberlegungen in die folgende Formel fassen:

TRUST & CONTROL → *IGNORE* → TRUST & CONTROL & SELF-ATTACK

Durchgängig ist in dieser Formel auf Subjektseite das Muster der „Kontrolle durch Abhängigkeit" vorherrschend, mit dem der histrionische Patient seine Objekte steuert. Wenn er dennoch ignoriert wird (was seiner zentralen Befürchtung entspricht), kann er die Kontrolle durch manipulative suizidale Handlungen *verstärken*.

(3) Passiv-aggressive bzw. Negativistische Persönlichkeitsstörung (NEG)

Wie bereits in der Einleitung angemerkt wurde, ist Suizidalität *kein* Kriterium der DSM-Diagnose für die negativistische Persönlichkeitsstörung. Innerhalb der interpersonellen Diagnose Benjamins (S.274) ist sie jedoch ein wichtiges Merkmal, so daß ich diese Persönlichkeitsstörung in den vorliegenden Abschnitt aufnehmen möchte.

Zur interpersonellen Diagnose: Das typische interpersonelle Muster von negativistischen Patienten faßt Benjamin (S.272) so zusammen:

> Bei den Patienten existiert eine besondere Bereitschaft, jede denkbare Art von Beeinflussung durch andere als ignorant und rücksichtslos zu erleben und dabei zu unterstellen, daß das jeweilige Gegenüber inkompetent, unfair oder gefühlskalt ist. Dieser Argwohn richtet sich häufig gegen Autoritäten oder andere Personen, von denen der Patient abhängig ist oder denen er Folge leisten soll. Ihnen gegenüber verhält er sich scheinbar willfährig, um dann jedoch ihre Vorschläge und Anweisungen insgeheim zu unterlaufen. Er klagt häufig

über Ungerechtigkeiten und Zurücksetzungen, die ihm durch andere zuteil werden. Ein weiteres zentrales Motiv ist der Neid und der Ärger auf andere Menschen, denen es anscheinend besser geht. Sein Leiden trägt er als Anklage und Vorwurf gegen die Umgebung vor, die sich nicht genügend um seine berechtigten Anliegen kümmert. Der Patient fürchtet jede Art von Kontrolle und wünscht sich andererseits doch eine „vollkommene" Fürsorge, die alle erlittenen Benachteiligungen wiedergutmacht.

Passiv-aggressive Patienten fürchten von der Seite des Objekts vor allem eine willkürliche Dominanz, die über die eigenen Bedürfnisse unempathisch oder desinteressiert hinweggeht (*CONTROL & IGNORE*). Die basale interpersonelle Position des NEG ist zu dieser Befürchtung genau komplementär und läßt sich als eine Art „trotzige" Willfährigkeit charakterisieren: Das bedeutet, daß seine Fügsamkeit immer einen Vorbehalt und einen trotzigen Widerstand enthält, der die getroffenen Vereinbarungen und Arrangements subversiv unterläuft (SUBMIT & WALL OFF bzw. SUBMIT & SEPARATE). In dieser Tendenz kommt zugleich jene passive Form der Aggression zum Ausdruck, die in dem Gesamtbild dieser Störung vorherrschend ist. Neben der verdeckten Aggressivität gibt es jedoch auch eine Variante eher offener Feindseligkeit, bei der sich der Patient gekränkt zeigt und sich vorwurfsvoll an die Umgebung richtet (SULK & BLAME). In der masochistischen Variante kann der Patient schließlich auch autodestruktiv agieren, um das selbsterzeugte Leiden dann dem Gegenüber vorzuhalten (SELF-ATTACK & BLAME).

Benjamin (S.273) führt aus, daß die Beziehungsstrukturen von passiv-aggressiven und zwanghaften Persönlichkeiten sich im Sinne einer vollkommenen „Passung" ergänzen (zur interpersonellen Diagnose der zwanghaften Persönlichkeit siehe Abschnitt 4.2.3 unten). Zwanghafte Persönlichkeiten üben nämlich habituell genau jene unsensible Kontrolle aus, die Inhalt der zentralen Befürchtung passiv-aggressiver Patienten ist (*CONTROL & IGNORE*). Die Kollusion ist jedoch durchaus wechselseitig: Der passiv-aggressive Patient kann nämlich seinen zwanghaften Partner durch ein masochistisch-vorwurfsvoll inszeniertes Verhalten (SELF-ATTACK & BLAME) stark unter Druck setzen, indem er dessen Schuldbereitschaft ausnutzt. Beziehungskonstellationen zwischen diesen beiden Persönlichkeitstypen enthalten somit wegen der wechselseitigen Verschränkung von Beziehungsbereitschaften geradezu unvermeidlich quälerische Momente.

Zur Dynamik der Suizidalität: Suizidalität ist *kein* Kriterium der DSM-Diagnose für die passiv-aggressive Persönlichkeitsstörung. Sie wird jedoch von Benjamin (S.247) als ein häufig auftretendes Begleitmerkmal genannt und in die interpersonelle Diagnose aufgenommen. Wie bereits angedeutet wurde, werden suizidale Handlungen in Übereinstimmung mit der allgemeinen Tendenz dieser Patienten zu masochistischen Arrangements so inszeniert, daß das jeweilige Gegenüber als Verursacher angeschuldigt und unter Druck gesetzt werden kann.

Benjamin (S.273) berichtet über einen Patienten, der seinen Psychiater durch wiederholte Klagen über seine depressive Verstimmung und die Wirkungslosigkeit der vorangegangenen Behandlung (SULK & BLAME) schließlich dazu bringt, ihn in eine Studie zur Erprobung eines neuen Medikamentes aufzunehmen. Der Patient erklärt sich zur Beteiligung bereit, wählt jedoch bald eigene Dosierungen, um die angeblich unangenehmen Nebenwirkungen des Medikaments zu steuern (SUBMIT & WALL OFF). Wegen der ansonsten positiven antidepressiven Wirkung des Medikaments bittet ihn der Arzt darauf nachdrücklich, mit der Einnahme fortzufahren und sich genau an die vorgeschrieben Dosierung zu halten. Diese nachdrückliche Aufforderung trifft nun genau die persönlichkeitsspezifische Empfindlichkeit des Patienten, der dieses Verhalten als dominierend erlebt und seinem Arzt nun unwillkürlich Rücksichtslosigkeit und Egoismus unterstellt (*CONTROL & IGNORE*). Bald nach diesem Gespräch muß er wegen akuter Suizidgefährdung in die Klinik aufgenommen werden. Dort bringt er vorwurfsvoll vor, daß er sich durch seine Teilnahme an der Studie den Forschungsinteressen seines Arztes bereitwillig unterworfen und die Medikamente genau wie vorgeschrieben eingenommen habe (SULK & BLAME); als Ergebnis dieser Bereitschaft fühle er sich nun so schlecht und depressiv, daß er aus diesem Grund suizidal geworden sei (SELF-ATTACK & BLAME).

Das Beispiel schildert in typischer Weise eine Eskalation, die durch die Forderung des Patienten nach Wiedergutmachung einerseits und durch seinen fortwährenden Argwohn andererseits vorangetrieben wird, daß man ihn aus Achtlosigkeit oder Eigennutz zu etwas veranlassen könnte, das seinen Bedürfnissen nicht entspricht. Seine Gegenwehr weist die Merkmale der verschiedenen Varianten auf, die im Zusammenhang mit der interpersonellen Diagnose weiter oben beschrieben wurden. Der Patient fügt sich zunächst scheinbar den Behandlungsmaßnahmen, unterläuft sie jedoch insgeheim, indem er eigene Dosierungen wählt:

CONTROL & IGNORE → SUBMIT & WALL OFF

Dann beklagt der Patient, daß die Behandlung alles schlimmer macht und er mehr leiden muß als je zuvor:

CONTROL & IGNORE → SULK & BLAME

Der Patient stellt schließlich seine Suizidalität als Folge der Behandlung dar, für die er den Doktor allein verantwortlich macht; der Vorwurf, er habe nur wegen der Forschungsinteressen seines Arztes an der Studie teilgenommen, formuliert noch einmal den zentralen Argwohn, nämlich für einen fremden Eigennutz mißbraucht zu werden (*CONTROL & IGNORE*).

CONTROL & IGNORE → SELF-ATTACK & BLAME

4.2.2 *Suizidalität als klinisches Syndrom oder als Merkmal einer Persönlichkeitsstörung?*

Im letzten Abschnitt wurde Suizidalität als definierendes Merkmal bestimmter Persönlichkeitsstörungen untersucht. Suizidale Handlungen sind ein besonders charakteristisches Merkmal bei Borderline-Störungen; in den interpersonellen Diagnosen Benjamins kommen sie außerdem als Bestandteil der negativistischen und der histrionischen Persönlichkeitsstörung vor. Die Kommentare und Fallgeschichten zu den übrigen Persönlichkeitsstörungen zeigen jedoch, daß Suizidversuche auch in anderen Störungsbildern eine Rolle spielen und innerhalb ihrer Dynamik eine spezifische symptomatische Bedeutung annehmen. Suizidalität ist ein ubiquitäres Phänomen, dessen Auftreten nicht an Bedingungen geknüpft ist, die für einzelne Persönlichkeitstörungen spezifsch wären. Der Suizid muß vielmehr als eine allgemeinmenschliche Handlungsmöglichkeit angesehen werden, die unter bestimmten Bedingungen mit größerer Wahrscheinlichkeit gewählt wird als sonst. Bei einer Untersuchung zu den Beziehungsstrukturen suizidaler Patienten kann es deshalb nicht alleine um die Identifikation spezifischer Störungsformen gehen, die zu suizidalen Handlungen disponieren. Statt dessen geht es eher um die Suche nach allgemeinen suizidalen Mechanismen, die unter der Bedingung bestimmter innerer Bereitschaften und beim Auftreten bestimmter äußerer Faktoren ausgelöst werden. Dies stimmt auch mit dem bereits (im Einführungskapitel) berichteten Befund überein, daß es keine „suizidale Persönlichkeit" in typischer Ausprägung gibt (vgl. Lester & Lester, 1971; Henseler, 1974; Wellhöfer, 1979; Altmeyer & Lörch, 1988; Haenel, 1989).

Benjamin (1993, S.385-390) erläutert diese Sichtweise exemplarisch am Beispiel der *Depression*, die im DSM-III-R auf der syndromalen Achse I erfaßt wird. Ihre Überlegungen sind für die vorliegende Untersuchung besonders relevant, weil Suizidalität mit der depressiven Dynamik eng verknüpft ist (vgl. Kap.1). Die Autorin diskutiert zunächst den Vorschlag der DSM-Arbeitsgruppe, eine depressive Persönlichkeitsstörung in die Achse II von DSM-IV aufzunehmen und dafür entsprechende Kriterien zu formulieren (ebenda, S.385f.). Sie kritisiert diese Idee und entwickelt einen alternativen Vorschlag, das Verhältnis von Achse I und II inhaltlich zu bestimmen und beide Achsen theoretisch zu integrieren. Sie geht davon aus, daß es bestimmte interpersonellen Erfahrungen gibt, die ein depressives Erleben entweder fördern oder hemmen; diese Erfahrungen können mit den Kategorien der strukturalen Analyse sozialen Verhaltens exakt erfaßt und formuliert werden. Der entscheidende Gedanke ist nun, daß die Bereitschaft zu solchen Erfahrungen einerseits ein Merkmal bestimmter Persönlichkeitsstörungen sein kann; es existieren dann spezifische interpersonelle Wahrnehmungs- und Reaktionsbereitschaften, die zu einem depressiven Erleben disponieren. Die kritischen interpersonellen Erfahrungen können jedoch andererseits auch durch bestimmte reale Verhältnisse nahegelegt werden, so daß äußere Faktoren pathogen sind und ein depressives Erleben (unabhängig von der Persönlichkeitsstruktur des Betroffenen) wahrscheinlich machen. Depression erscheint in dieser Sichtweise als Produkt einer „Ergänzungsreihe“ von Faktoren, die je nach Einzelfall mehr auf der Seite der inneren Bereitschaften oder der äußeren, situativen Bedingungen liegen können.

Im Anschluß an diese grundsätzlichen Überlegungen werden dann (Benjamin, 1993, S.388) unter Heranziehung der wichtigsten Depressionstheorien die zentralen Auslöser und Korrelate der Depression diskutiert. Genannt werden dabei folgende Faktoren: Eine ausgeprägte *Hilflosigkeit* der Betroffenen (Theorie von Seligman), ihre Neigung zu *Selbstkritik und Selbstentwertung* (Blatt und Beck) und der *Verlust wichtiger Objekte* (Freud, Bowlby). Persönlichkeiten, die für solche intrapsychischen und interpersonellen Erlebensweisen besonders disponiert und empfindlich sind, sollten mit höherer Wahrscheinlichkeit depressiv werden. Anderseits können Personen, die zu solchen Erfahrungen nicht disponiert sind, dennoch depressiv werden, wenn ihnen ein entsprechendes Erleben durch äußere Ereignisse besonders aufdringlich nahegelegt wird. Das bedeutet, daß sie auch ohne die Voraussetzung einer entsprechenden Vulnerabilität Umständen ausgesetzt sein können, in denen sie sich erdrückt und hilflos fühlen, in denen ihr Selbstwertgefühl durch äußere Kritik und Herabsetzungen labilisiert wird oder in denen sie durch den Verlust eines geliebten Menschen erschüttert sind.

Bestimmte Persönlichkeitsstörungen der DSM-Klassifikation disponieren nach dieser theoretischen Konzeption dann zur Depression, wenn sie besondere Empfindlichkeiten oder Bereitschaften für das Erleben von Hilflosigkeit, Selbstkritik und Objektverlust als *wesentliche* Merkmale (also: als diagnostische Kriterien) enthalten. Eine Persönlichkeit mit submissiven Eigenschaften wird z.B. häufiger depressive Episoden erleben als eine dominante Persönlichkeit, weil bei ihr das Merkmal der Hilflosigkeit stärker ausgeprägt ist. Die Autorin diskutiert unter dieser Perspektive die verschiedenen Persönlichkeitsstörungen und die in ihnen enthaltenen depressiven Bereitschaften:

1. Personen mit einer Borderline-Persönlichkeitsstörung sind zu depressivem Erleben disponiert, weil für sie die *Abhängigkeit* von anderen Personen charakteristisch ist. Dieses Moment der Abhängigkeit bzw. Hilflosigkeit weisen außerdem dependente, histrionische und passiv-aggressive Persönlichkeiten auf. Auch sie werden deshalb leichter depressiv.
2. Borderline-Patienten sind auch deshalb für depressives Erleben disponiert, weil sie besonders empfindlich für *Objektverluste* sind. Dies gilt auch für Personen mit einer selbstunsicheren Persönlichkeit, die sehr sensibel für die Wahrnehmung von Zurückweisungen sind und die Abwendung eines Objekts schnell als Ablehnung interpretieren (s.u.).
3. Selbstunsichere Persönlichkeiten sind zusätzlich deshalb für Depression disponiert, weil eine Neigung zur *Selbstkritik* und *Selbstentwertung* für sie charakteristisch ist. Dies gilt auch für narzißtische und zwanghafte Persönlichkeiten, die sich in harscher Weise selbst verurteilen können, wenn sie vor ihren

eigenen Perfektionsansprüchen versagen oder (im Falle des Zwangs) die Selbstkontrolle verlieren.

Im Unterschied dazu sind paranoide, antisoziale und schizoide Persönlichkeiten *nicht* zu depressivem Erleben disponiert, weil sie habituell eine unabhängige und bedürfnislose Position einnehmen und dadurch gegenüber Zurückweisungen von der Seite anderer relativ unempfindlich sind. Sie neigen außerdem besonders wenig zu Selbstkritik und Selbstentwertung.

Die drei Merkmale der Hilflosigkeit, Selbstkritik und Empfindlichkeit für Objektverluste können in den Begriffen von SASB exakt formuliert werden. Dies soll weiter unten geschehen (vgl.4.3.1). Hier möchte ich mich zunächst wieder der Diskussion einzelner Persönlichkeitsstörungen der DSM-Klassifikation zuwenden und die ihnen zugeordneten interpersonellen Diagnosen und Fallgeschichten unter der Fragestellung untersuchen, welche *suiziddisponierenden Faktoren* in ihnen erkennbar werden. Es wird sich zeigen, daß die drei für Depression bedeutsamen Faktoren auch für das Verständnis der Suizidalität wesentlich sind.

4.2.3 Suizidalität als Begleitsymptom weiterer Persönlichkeitsstörungen

(1) Narzißtische Persönlichkeitsstörung (NPD)

Zur interpersonellen Diagnose: Die interpersonelle Diagnose (Benjamin, 1993, S.147) beschreibt die basale Position es NPD durch die Kodierungen CONTROL, SELF-LOVE und SELF-NEGLECT. Die beiden Introjektkodierungen bringen zum Ausdruck, daß die narzißtische Selbstliebe nicht kontingent zu irgendwelchen objektiven Anlässen oder Eigenschaften auftritt, die sie unmittelbar begründen könnten; statt dessen findet sie ohne situative Veranlassung gewissermaßen „abgekoppelt" statt. Dies bedeutet jedoch, daß diese Form der Selbstliebe eigentlich selbstvernachlässigend im Sinne einer Nichtbeachtung der objektiven eigenen Realität ist. Genau diese Qualität wird durch die Kombination der Kodierungen SELF-LOVE & SELF-NEGLECT zum Ausdruck gebracht.

Der Patient kontrolliert seine Objekte (CONTROL), wobei er von ihnen Zuneigung, Unterstützung und submissive Bewunderung erwartet. Seine Position harmonisiert daher mit einem Gegenüber, das sich unterwirft und ihm die gewünschte Aufmerksamkeit und Zuwendung gibt (*SUBMIT* & *ACTIVE LOVE / PROTECT*). Der Patient fürchtet Nichtbeachtung und Kritik (*IGNORE*, *BLAME*). Wenn etwas in dieser Art geschieht, nimmt er schnell Zuflucht zu aggressiven Gegenangriffen oder Herabsetzungen (ATTACK, BLAME). Empfindlich ist er auch gegen Kontrolle (*CONTROL*), denn diese interferiert mit seinem Wunsch nach Autonomie (SEPARATE). Ist diese Autonomie bedroht, kann es ebenfalls zu Angriffen und Entwertungen kommen. Irgendwelche Zweifel an seiner Perfektion können zu sehr ernsten Selbstzweifeln und Selbstkritik führen (SELF-BLAME).

Zur Dynamik der Suizidalität: Suizidalität ist *kein* Kriterium der DSM-III-R Diagnose der NPD. Die vorhandene Autodestruktivität narzißtischer Patienten wird in den Kodierungen SELF-BLAME und SELF-NEGLECT zum Ausdruck gebracht. Benjamin merkt an, daß narzißtische Persönlichkeitsstörungen oft zusammen mit Alkohol- oder Drogenmißbrauch auftreten. Nach ihrer Vermutung hängt dies damit zusammen, daß Alkohol und Drogen nicht kontingente Gefühle von Dominanz und Hochstimmung vermitteln, was in gleicher Weise wie die oben erläuterte narzißtische Selbstliebe eine Mißachtung der eigenen Realität beinhaltet und deshalb autodestruktiven Charakter hat (SELF-NEGLECT).

Direkter mit der unmittelbaren Suizidalität hat die Bereitschaft zu Selbstkritik und Selbstentwertung (SELF-BLAME) in narzißtischen Krisen zu tun, die u.U. schon durch geringfügige Infragestellungen ausgelöst werden können. Das DSM-III-R Kriterium 1 der NDP verweist darauf: „Reagiert auf Kritik mit Wut, Scham oder Demütigung (auch wenn dies nicht gezeigt wird)" (Wittchen et al., 1989, S.424). Benjamin (1993, S.151) kommentiert dies folgendermaßen: „Auch wenn er (der NDP) es nach außen nicht zeigt, quält ihn Kritik nachhaltig und erzeugt in ihm Gefühle der Demütigung, Wertlosigkeit, Unwirklichkeit und Leere." Kriterium und Kommentar verweisen darauf, daß der Patient seine Betroffenheit nach außen hin *nicht* zeigt; damit wird ein sozialer Rückzug bzw. eine Distanzierung von der Umgebung angedeutet. Wenn man versucht, derartige narzißtische Krisen in den Kategorien von SASB zu fassen, dann stellen die beiden Kodierungen WALL OFF und SELF-BLAME eine passende Beschreibung dar. Die Kombination von Rückzug und Selbstverachtung führt zu jener überaus gefährlichen Suizidalität narzißtischer Patienten, die oft plötzlich und auch für geschulte Beobachter schwer vorhersehbar durch eine Labilisierung des Selbstgefühls ausgelöst wird (Henseler, 1974). Die Patienten nehmen in dieser Stimmung typischerweise keinen Kontakt zur Umwelt auf. Der Kontext suizidaler Handlungen kann nach diesen Vorüberlegungen durch folgende Formel wiedergegeben werden:

IGNORE / BLAME → WALL OFF & SELF-BLAME

Nichtbeachtung und/oder Kritik führen dazu, daß der Patient in eine Selbstwertkrise gerät und sich mit Gefühlen der eigenen Nichtigkeit, Demütigung und Selbstverachtung von der Umgebung zurückzieht; dies kann mit Suizidalität verbunden sein.[6]

[6] Es ist darauf hinzuweisen, daß die Kodierung WALL OFF von Benjamin selbst *nicht* als Teil der interpersonellen Diagnose der NPD angegeben wird. Für das Verständnis der „narzißtischen Krisen" und der mit ihnen verbundenen Suizidgefährung erscheint jedoch eine besondere Hervorhebung des Rückzugmomentes wesentlich, so daß ich diese Kodierung auf dem Hintergrund der besonderen Fragestellung der vorliegenden Untersuchung ergänze.

(2) Zwanghafte Persönlichkeitsstörung (Obsessive Compulsive Personality Disorder OCD)

Zur interpersonellen Diagnose (Benjamin, 1993, S.251f.): Die basale Position des OCD ist die einer „unempathischen" Kontrolle gegenüber den Objekten, was bedeutet, daß die Bedürfnisse und Interessen anderer weitgehend ignoriert werden (CONTROL & IGNORE). Dieser dominanten Position steht andererseits eine Haltung blinden Gehorsams im Verhältnis zu Autoritäten sowie eine gleichfalls totale Unterwerfung unter die eigenen moralischen Grundsätze gegenüber (SUBMIT). Dieser Gehorsam wirkt jedoch wegen des Starrsinns, mit dem er ausgeführt wird, oft unpassend und sogar „eigensinnig"; neben dem Moment der Anpassung kann deshalb paradoxerweise stets auch eine Tendenz zur trotzigen Verselbständigung festgestellt und kodiert werden (SUBMIT & WALL OFF). Intrapsychisch findet man einen überzogenen Perfektionsanspruch, der - ähnlich wie im Verhältnis zu anderen Menschen - unempathisch und ignorant gegenüber der eigenen Person und ihren „menschlichen" Bedürftigkeiten erscheint (SELF-CONTROL & SELF-NEGLECT).

Zusammenfassend kann man sagen, daß der OCD exzessive Kontrolle gegenüber anderen Personen und sich selbst ausübt, während er in der Beziehung zu Autoritäten unterwürfig auftritt. Seine schlimmste Befürchtung ist es, von anderen für ein Fehlverhalten kritisiert zu werden (*BLAME*) oder die Kontrolle über sich selbst zu verlieren, was innerhalb der Logik von SASB mit SELF-EMANCIPATE (als Gegenstück zu SELF-CONTROL) abgebildet wird. Wenn der Patient seinem eigenen Perfektionsanspruch nicht genügen kann oder Fehler irgendwelcher Art begeht, dann hat dies harsche Selbstkritik und Selbstverurteilungen zur Folge (SELF-BLAME).

Zwanghafte Persönlichkeiten harmonieren gut mit anderen Personen, die sich gerne anpassen (*SUBMIT*). Sie funktionieren gut, wenn sie sich in feste Strukturen einfügen können, die von Autoritäten und Personen mit einem hohen Status vertreten werden. Schwierigkeiten entstehen, wenn jemand den OCD zu dominieren versucht, ohne die dazu notwendige Berechtigung im Sinne eines passenden Status vorweisen zu können. Zwanghafte Persönlichkeiten sind schnell bereit, andere Personen wegen deren Unzulänglichkeiten hart zu kritisieren.

Zur Dynamik der Suizidalität: Grübeleien mit suizidalem Inhalt und konkrete suizidale Handlungen zwanghafter Persönlichkeiten werden von Benjamin in zwei Fallgeschichten erwähnt (S.256ff.). Sie sind dort Ausdruck strenger Selbstverurteilungen, die die Patienten an sich vornehmen, weil sie ihren eigenen Perfektionsansprüchen nicht genügen konnten. In einem Beispiel wird ein Patient beschrieben, der seine Familie durch exzessives Kontrollieren auf das Äußerste belastet. Da er dies gleichzeitig bemerkt, macht er sich schwere Vorwürfe und steigert sich in suizidale Grübeleien mit dem Inhalt hinein, seine Familie durch seinen Tod entlasten zu müssen. Benjamin beschreibt zwanghafte Persönlichkeiten wie diesen Patienten als tragische Figuren (S.251): Sie bemühen sich fortwährend um Vollkommenheit, müssen jedoch feststellen, daß sie gerade dadurch die ihnen zugeneigten Menschen immer wieder befremden und abstoßen. Auf diese Weise erzeugen sie selbst konfliktreiche Situationen, in denen sie sich als Versager erleben und verurteilen müssen. Suizidgedanken können Teil solcher Selbstverurteilungen sein. Sie können außerdem mit der Idee verbunden sein, durch einen ultimativen Akt endlich alles in Ordnung zu bringen und auf diese Weise den eigenen Idealen doch noch genügen zu können.

Der Kontext von Suizidimpulsen kann für diese Patienten so beschrieben werden: Auslösend ist das Erleben, sich nicht genügend unter Kontrolle zu haben und deshalb gegenüber den eigenen Perfektionsansprüchen zu versagen (SELF-EMANCIPATE). Zu diesem intrapsychischen Geschehen kann eine äußere Kritik durch andere Personen hinzutreten (*BLAME*). Die Folge ist eine harsche Selbstkritik (SELF-BLAME), die mit Suizidgedanken einhergehen kann.

SELF-EMANCIPATE / *BLAME* → SELF-BLAME

Ich werde weiter unten noch auf die erstaunliche Beobachtung zu sprechen kommen, daß Zwanghaftigkeit offenbar vor tatsächlichen Suizidhandlungen *schützt*; Suizidversuche und erfolgreiche Suizide findet man in der Gruppe der Zwangskranken selten oder kaum (vg. Henseler, 1974, S.35). Die Diskussion suizidbegünstigender Faktoren wird einige Hinweise auf die möglichen Gründe für dieses Phänomen geben.

(3) Dependente Persönlichkeitsstörung (DPD)

Zur interpersonellen Diagnose (Benjamin, 1993, 228f.): Die basale und habituelle Position des dependenten Patienten ist die der Unterwerfung und Anlehnung an eine dominante Person (SUBMIT, TRUST), von der eine fortwährende Unterstützung und Steuerung erwartet wird (*PROTECT, CONTROL*). Der Wunsch nach einem solchen Objekt ist so stark, daß auch der Mißbrauch durch ein Gegenüber (*BLAME*) ohne Gegenwehr erlitten und geduldet wird; diese Position kann mit SULK kodiert werden (vgl. die passenden Items des vollständigen Modells 234 „Trotz Zweifel ängstlich zustimmen" oder 235 „Ängstlich beschwichtigen, eilig entsprechen"). Wenn der Verlust des Beschützers droht (*IGNORE*) oder der Patient durch bestimmte äußere Umstände zur Selbständigkeit (SEPARATE) gedrängt wird, gerät er ihn Angst und Panik. Die Unterwerfungsbereitschaft wird dadurch gefördert und begründet, daß der Patient sich selbst und seinen Fähigkeiten gar nichts zutraut (SELF-BLAME).

Zur Dynamik der Suizidalität: Benjamin schildert zwei Fallgeschichten, in denen Suizidalität eine Rolle spielt. Eine dieser Vignietten (S.237) berichtet über eine Patientin, die in einem Zustand von völliger Erschöpfung und Resignation suizidalen Gedanken nachhängt. Neben verschiedenen anderen Schwierigkeiten stellt vor allem ihre Beziehung zum Ehemann eine fortwährende Belastung für sie dar. Die Patientin überläßt ihm alle Entscheidungen, während er sie seinerseits kritisiert und durch dauernde Ansprüchlichkeiten überfordert. Obgleich sie ihn nicht mehr liebt und für ihn keinerlei Sympathie empfindet, erscheint ihr eine Trennung angesichts der eigenen Hilflosigkeit unvorstellbar. Schließlich wird ihr Mann krank und verlangt von ihr die Übernahme verschiedener Verantwortlichkeiten, die er selbst krankheitsbedingt nicht ausfüllen kann. Die Patientin erlebt daraufhin eine schlimme Krise, da sie sich völlig außerstande fühlt, die ihr gestellten Aufgaben eigenständig zu bewältigen. Die Suizidgedanken der Patientin sind Teil einer allgemeinen Verstimmung, die von tiefer Resignation und Erschöpfung gekennzeichnet ist.

Die Suizidalität dieser Patientin entsteht an einem Punkt, an dem ihr Mann sie mit den alltäglichen Aufgaben alleine läßt (*IGNORE*) und sie zu größerer Selbständigkeit drängt; auch ein Schmerzmittelentzug, der einige Zeit zuvor eingeleitet wurde, dürfte für sie die Bedeutung eines Verlustes von Versorgung haben und eine Aufforderung zu mehr Eigenverantwortung beinhalten. Die Patientin wird durch beide Ereignisse auf sich selbst und ihre Hilflosigkeit gestoßen, von der sie völlig überzeugt ist.[7]

Der interpersonelle Kontext der Suizidalität dieser Patientin läßt sich in folgender Formel fassen:

TRUST & SUBMIT & SULK → *IGNORE [& BLAME]* → SELF-BLAME

Die Kodierung *BLAME* für das Objektverhalten ist eingeklammert, weil Kritik und Mißbrauch von dependenten Patienten als etwas nicht zu Vermeidendes mehr oder weniger still toleriert werden. Der destabilisierende Faktor wird statt dessen durch die Kodierung *IGNORE* repräsentiert, die den kritischen Verlust von Sicherheit und Außensteuerung zum Ausdruck bringt; darin eingeschlossen ist der Druck zu mehr Selbstverantwortlichkeit, durch den sich die Patientin überfordert fühlt.

(4) Selbstunsichere Persönlichkeitsstörung (Avoidant Personality Disorder (AVD)

Zur interpersonellen Diagnose (Benjamin, 1993 S.2797f.): Die zentrale Befürchtung dieser Patienten besteht darin, von anderen gleichgültig abgelehnt (*IGNORE*) und damit zugleich beschämt und wertlos gemacht zu werden (*BLAME*). Die Autorin erläutert, daß sich diese beiden Aspekte in der von Kaslow et al. (1989) beschriebenen Weise aufsummieren (s. oben, 4.1) und zusammen als intensive Zurückweisung erlebt werden (*ATTACK*). Die basale Position des AVD ist ein Verhalten, das ganz auf die Vermeidung dieser kritischen Erfahrung: Der Patient ist gewissermaßen dauernd auf der Hut, indem er anderen ausweicht

[7] Hier liegt ein wichtiger Unterschied zu narzißtischen Patienten, bei denen Selbstkritik und Selbstentwertung ebenfalls Merkmale der interpersonellen Diagnose sind; dort sind sie jedoch *Krisensymptome*, während SELF-BLAME bei der dependenten Persönlichkeit eine *kontinuierliche* Einstellung zur eigenen Person wiedergibt (Benjamin, 1993, S.229f.).

(RECOIL) oder sich von ihnen absondert (WALL OFF). Um mögliche Anlässe für Zurückweisungen und Herabsetzungen zu vermeiden, hält er eigene Gefühle strikt unter Kontrolle (SELF-CONTROL). Im Fall drohender Konflikte beschwichtigt er eher (SULK) als daß er Meinungsverschiedenheiten offen austragen würde. Gelegentlich kann der Patient die Kontrolle verlieren und andere kritisieren (BLAME); dies ruft jedoch in seiner Vorstellung die befürchtete Ablehnung der anderen erst recht hervor, so daß die schon vorhandenen Sicherungs- und Vermeidungstendenzen noch zusätzlich verstärkt werden. Die Bereitschaft zur Selbstkritik und Selbstentwertung ist ausgeprägt (SELF-BLAME). Es besteht andererseits ein intensiver Wunsch nach Liebe und Schutz (*ACTIVE LOVE, PROTECT*). Wenn vertrauensvolle Beziehungen erst einmal hergestellt sind, werden sie von dem Betroffenen sehr loyal gehalten und geschützt.

Zur Dynamik der Suizidalität: Suizidversuche werden in Verbindung mit drei Fallgeschichten erwähnt, die Benjamin zur Erläuterung dieser Persönlichkeitsstörung diskutiert. Die Suizidversuche stehen jeweils mit der Erfahrung in Zusammenhang, von anderen Menschen als wertlos und überflüssig behandelt zu werden (*BLAME & IGNORE*). Dieses Erleben entspricht einem sehr schlechten Selbstwertgefühl (SELF-BLAME). Mit dem Suizid verbindet sich der Wunsch, diesem unerträglichen Zustand endgültig zu entkommen. In Weiterführung der Überlegungen Benjamins könnte man dies so verstehen, daß die eigene Vernichtung als eine Art ultimative Flucht vor der bestehenden oder befürchteten Zurückweisung durch andere phantasiert wird (RECOIL & SELF-ATTACK). Diese Fluchtreaktion wäre außerdem genau komplementär zu dem Objektverhalten *IGNORE & BLAME*, wenn dieses entsprechend der Hypothese von Kaslow et al. (1989) als direkte, intensive Zurückweisung (*ATTACK*) erfahren wird.

Benjamin (S.298) berichtet über eine Patientin, die einen sehr ernsten Suizidversuch unternimmt und nur durch bestimmte glückliche Umstände gerettet wird. Die Patientin ist in psychotherapeutischer Behandlung; sie hatte zuvor viel Zeit benötigt, um eine vertrauensvolle Beziehung zu ihrem Therapeuten aufzubauen. Es stellt sich heraus, daß sie am Morgen ihres Versuchs zufällig mitgehört hatte, wie ihr Therapeut (zu einem Mitarbeiter der Praxis) über die Möglichkeit sprach, daß sie eine Persönlichkeitsstörung haben könnte. Die Patientin hängt an ihrem Arzt und ist schwer gekränkt, stimmt jedoch auf Grund ihres negativen Selbstbildes innerlich seiner Äußerung, die sie als eine vernichtende Verurteilung erlebt, vollkommen zu. Sie glaubt zu verstehen, daß sie ein unheilbarer Fall ist, und sie fühlt sich entsprechend bloßgestellt und wertlos. Sie erwartet folgerichtig, daß ihr Arzt die Behandlung nun nicht weiter fortgeführen wird. Um sich die für den Fall einer direkten Begegnung als sicher erwartete Zurückweisung zu ersparen, entscheidet sie sich für den Suizid.

Die Merkmale des interpersonellen Kontextes suizidaler Handlungen können bei der selbstunsicheren Persönlichlichkeitsstörung mit der folgenden Formel wiedergegeben werden:

IGNORE & BLAME → SELF-BLAME → RECOIL & SELF-ATTACK

Die Wahrnehmung von Desinteresse und Verachtung (*IGNORE & BLAME*) bei dem Objekts führt zu einer massiven Selbstentwertung (SELF-BLAME), die durch die suizidale Handlung radikal beendet werden soll (SELF-ATTACK); damit „entkommt" der Patient zugleich der Zurückweisung durch das Objekt (RECOIL).

4.3 Hypothesen zu den Beziehungsstrukturen suizidaler Patienten

4.3.1 Invarianten des interpersonellen Kontextes von Suizidhandlungen

Abschließend sollen die wichtigsten Ergebnisse dieses Kapitels noch einmal zusammengefaßt werden. Bei allen Besonderheiten und Unterschieden, die die referierten Untersuchungen und die dargestellten interpersonellen Diagnosen von Persönlichkeitsstörungen aufweisen, lassen sich doch eine Reihe von allgemeinen *suizidbegünstigenden Faktoren* benennen. Diese Faktoren sind den oben angeführten Beziehungsmerkmalen, die nach dem Modell Benjamins (vgl. 4.2.2) zu depressivem Erleben disponieren, sehr ähnlich. Es handelt sich um charakteristische objektbezogene Wünsche und Befürchtungen sowie um autodestruktive Bereitschaften. Tabelle 4.1 enthält diese Faktoren (in der Form von SASB-Kodierungen) und listet auf, inwieweit sie in den einzelnen Persönlichkeitsstörungen enthalten sind. Neben den bereits diskutierten Störungen enthält die Liste vier weitere, die bisher nicht erwähnt wurden: Die antisoziale, paranoide, schizoide und schizotypische Persönlichkeitsstörung.

Ich möchte die wichtigen Punkte in dieser Tabelle noch einmal zusammenfassend erläutern:

1. *Abhängigkeit von einem schützenden und fürsorglichen Objekt (Wunsch PROTECT):* Mit Ausnahme der zwanghaften Persönlichkeit ist in allen diskutierten Persönlichkeitsstörungen die Abhängigkeit ein wichtiger Angelpunkt der suizidalen Beziehungsdynamik. Diese Abhängigkeit wird bei einem Teil der Störungen direkt als bedürftige oder hilflose Anlehnung an Objekte (Kodierung TRUST bei BPD, HPD und DPD) oder als Willfährigkeit bzw. Duldsamkeit gegenüber Zumutungen von seiten der Objekte (Kodierungen SUBMIT bzw. SULK bei DPD, NEG und AVD) sichtbar. Während diese Kodierungen für die abhängige Position variieren, findet sich andererseits bei fast allen Störungen (Ausnahme: OCD) übereinstimmend ein intensiver Wunsch nach der fürsorglichen Zuwendung und dem Schutz eines guten Objekts (*PROTECT*).

   Natürlich ist ein solcher Wunsch ubiquitär; bei den aufgelisteten Persönlichkeitsstörungen hat er jedoch eine zentrale Bedeutung und kennzeichnet eine besondere Vulnerabilität in Beziehungen. In kritischen interpersonellen Situationen wird er zum Ausgangspunkt einer maladaptiven Beziehungsdynamik (s. dazu die nächsten Punkte). Bei den meisten Störungen ist die Abhängigkeit ein offen gezeigtes und situationsübergreifendes Motiv (BPD, HPD, NEG und DPD), bei anderen ist sie latent vorhanden und wird erst bei krisenhaften Dekompensationen sichtbar und dynamisch wirksam (NPD, aber auch AVD; Fallbeispiele siehe 4.2.3 (1) uns (4)).

Persönlichkeits-störung	*Wunsch*	*Befürchtungen*		*Introjekte*	
	PROTECT	*IGNORE*	*BLAME*	SELF-ATTACK	SELF-BLAME
Borderline BPD	ja	ja	ja[1]	ja	ja[1]
Histrionische HPD	ja	ja	nein	ja	nein
Negativistische NEG	ja	ja	nein	ja	nein
Narzißtische NPD	ja	ja	ja	nein	ja
Zwanghafte OCD	nein	nein	ja	nein	ja
Dependente DPD	ja	ja	ja[2]	nein	ja
Selbstunsichere AVD	ja	ja	ja	nein	ja
Antisoziale ASP	nein	nein	nein	nein	nein
Paranoide PAR	nein	nein	ja	nein	nein
Schizoide SOI	nein	nein	nein	nein	nein
Schizotypische SZT	nein	nein	ja	nein	nein

[1] Kodierung ist nicht Bestandteil der interpersonellen Diagnose nach Benjamin (1993), jedoch Teil der suizidalen Dynamik (vgl. 4.2.1, Punkt 1).

[2] Kodierung ist zwar Bestandteil der interpersonellen Diagnose, spielt jedoch dort nicht die Rolle einer zentralen *Befürchtung*, da DPD typischerweise Mißbrauch (*BLAME*) passiv erdulden (vgl. 4.2.3, Punkt 3).

Tab. 4.1: Suizidbegünstigende Faktoren bei unterschiedlichen Persönlichkeitsstörungen

2. *Empfindlichkeit für Erfahrungen des Verlassenwerdes, der Zurückweisung und der Nichtbeachtung durch ein Objekt (Befürchtung IGNORE):* Die zentrale Befürchtung stellt sich innerhalb des SASB-Modells als logische Entsprechung zu dem zentralen Wunsch dar; die Kodierungen *IGNORE* und *PROTECT* stehen dort nämlich genau in Opposition zu einander. Der intensive

Wunsch, von einer anderen Person beschützt und versorgt zu werden, schafft umgekehrt Empfindlichkeiten für die Möglichkeit, von anderen im Stich gelassen zu werden. Kritisch sind deshalb alle Erlebnisse, die eine Abwendung wichtiger Personen beinhalten oder auch nur andeuten: Unaufmerksamkeit, Unzuverlässigkeit, Anzeichen von Egoismus, Mißachtung, Gleichgültigkeit, Ignoranz und Illoyalität. Wieder bildet die zwanghafte Persönlichkeit eine Ausnahme, da sie keine zentrale Befürchtung dieser Art aufweist.

3. *Empfindlichkeit für Kritik und Entwertung (Befürchtung BLAME) und die Bereitschaft zur Selbstkritik und Selbstentwertung* (SELF-BLAME): Die Empfindlichkeit für Kritik und Herabsetzungen kann in Einheit mit der Bereitschaft zur kritischen Selbstbeurteilung und Selbstentwertung diskutiert werden. Wie bereits weiter oben angemerkt wurde (4.2.1), lassen sich in den von Patienten geschilderten Beziehungsepisoden *Selbst*entwertungen und *Selbst*verurteilungen von äußerer Kritik und Herabsetzung oft nicht gut unterscheiden. Der Borderline-Patient ist sich sicher, daß die Abwendung einer wichtigen anderen Person das Urteil bedeutet, daß er selbst eine „böse Person" ist; der selbstunsichere Patient nimmt die Gleichgültigkeit anderer und ihr Desinteresse als Entwertung und Zurückweisung seiner Person wahr. Dabei ist es unklar, ob der Vorgang eher intrapsychisch oder interpersonell stattfindet. Dieser Unterschied ist jedoch m. E. nicht erheblich, weil mit der Bereitschaft zur Selbstentwertung eine entsprechende Wahrnehmungsbereitschaft nach außen immer verbunden ist. Dies bestätigt auch die vollkommene Korrelation zwischen *BLAME* und SELF-BLAME im oberen Teil der Tabelle 4.1.

   Interessanterweise fehlen diese beiden Kodierungen bei der histrionischen und der negativistischen (passiv-aggressiven) Persönlichkeitsstörung. Das entspricht der von Benjamin (1993) herausgestellten Beobachtung, daß der Suizidversuch in beiden Störungen - abweichend von allen übrigen Störungsbildern - eine besondere interpersonelle, nach außen gerichtete Funktion hat: Er soll das Objekt anklagen und kontrollieren. Im Fall der histrionischen Persönlichkeit unterstreicht der Suizidversuch die eigene Hilflosigkeit und den dadurch gerechtfertigten Anspruch auf die uneingeschränkte Zuwendung des Gegenübers. Im Fall der negativistischen Persönlichkeit bedeutet der Suizidversuch eine massive Anschuldigung eines Objekts, die zugleich eine Wiedergutmachtung einfordert. In beiden Mustern ist der „Täter" und damit auch der potentielle „Retter" (der die Dinge wieder in Ordnung zu bringen hat) stets die andere Person. Eigene Täterschaft und eigene Insuffizienzen werden auf diese Weise externalisiert, so daß Kritik, Klagen und Anschuldigungen nicht mehr gegen die eigene Person gerichtet werden müssen. Dieser Mechanismus der Entlastung von Verantwortung und Urheberschaft hat zur Folge, daß die Kodierungen *BLAME* und SELF-BLAME als Merkmale in der interpersonellen Diagnose dieser beiden Persönlichkeitsstörungen fehlen.

4. *Tendenz zu offen autodestruktiven Handlungen* (SELF-ATTACK): Die Tendenz zu offen autodestruktiven Handlungen kann selbstverständlich *nicht* als suizidbegünstigender Faktor gelten, da sie das zu erklärende Faktum selbst

darstellt. Dies bedeutet gleichzeitig, daß man - streng genommen - die suizidale Handlungen im Zusammenhang mit *jeder* der Persönlichkeitsstörungen durch die Kodierung SELF-ATTACK beschreiben müßte (für die AVD habe ich dies oben versuchsweise getan; s. 4.2.3). Tab. 4.1 hält sich demgegenüber an die Vorschläge Benjamins (1993), die diese Kodierung ausschließlich für die interpersonellen Diagnosen der Störungen BPD, HPD und NEG vorsehen.

Das typische Selbstbeschädigungsmuster von Borderline-Patienten ist in Abschnitt 4.2.1 (1) ausführlich dargestellt worden. Dort wurde insbesondere gezeigt, daß Benjamin die suizidalen Handlungen von Borderline-Patienten abweichend von dem entsprechenden DSM-Kriterium („Wiederholte Suiziddrohungen, -andeutungen oder -versuche oder andere selbstverstümmelnde Verhaltensweisen"; vgl. Wittchen et al., 1989, S.420) als zurückgezogenes und eher autistisches Verhalten beschreibt: Nach ihrer Analyse tritt suizidales Verhalten gerade *nicht* im Zusammenhang mit jenen nach außen gerichteten impulsiv-aggressiven Kontrollversuchen auf, die Borderline-Patienten zu *anderen* Zeiten gegen das Objekt richten. Die suizidalen Handlungen innerhalb der Persönlichkeitsstörungen HPD und NEG unterscheiden sich nach dieser Beschreibung von denjenigen der BPD gerade durch ihren interpersonellen Charakter; der mit der intrapsychischen Kodierung SELF-ATTACK beschriebene Akt gegen die eigene Person hat in diesen beiden Störungen eine interaktionelle Funktion.

Zusammenfassend kann man festhalten, daß die intrapsychische Kodierung SELF-ATTACK bei Benjamin nur dann Bestandteil einer interpersonellen Diagnose ist, wenn suizidale Handlungen und andere selbstschädigende Verhaltensweisen in einer Persönlichkeitstörung regelhaft und typischerweise vorkommen. Durch einen Vergleich der interpersonellen Charakteristiken verschiedener Persönlichkeitsstörungen konnten im vorliegenden Kapitel jedoch eine Reihe von allgemeinen Faktoren herausgearbeitet werden, die immer wieder in Verbindung mit einem suizidalen Geschehen genannt werden: Eine starke Abhängigkeit des Patienten von Objekten, die sich ihm fürsorglich und schützend zuwenden; damit verbunden eine besonders ausgeprägte Empfindlichkeit für Signale, die einen möglichen Verlust (i.S. einer Abwendung) dieser Objekte anzeigen; schließlich eine starke Bereitschaft des Patienten, sich als wertlos, nicht liebenswert und böse zu erleben. Dieser Bereitschaft entspricht eine Empfänglichkeit für Kritik und Bloßstellungen durch äußere Personen.

Ein integratives Verständnis dieser Einzelaspekte ist möglich, wenn man die Hypothese von Kaslow et al. (1989) aufgreift, die im Abschnitt 4.1 des vorliegenden Kapitel ausführlich erläutert wurde. Diese Hypothese besagt, daß die Wahrnehmung von Gleichgültigkeit und Ignoranz einerseits *(IGNORE)* und Entwertung oder Bloßstellung andererseits *(BLAME)* sich im Erleben des Patienten zu einer direkten feindseligen Zurückweisung „aufsummieren" kann *(ATTACK)*, die sich dann in einem introjektiven Akt als Suizidalität gegen das Selbst wendet (SELF-ATTACK). Benjamin macht sich diese Hypothese zu eigen (1993, S.297).

Die Annahme ist psychodynamisch betrachtet andererseits unbefriedigend, weil sie eher deskriptiv (und weniger erklärend) ist und zudem von der Geometrie des SASB-Modells (im Sinne einer Addition von Vektoren) einen allzu technischen Gebrauch macht. Man gewinnt den Eindruck, daß das Modell dabei gleichsam „ontologisiert" und zum Ausgangspunkt ziemlich formaler Ableitungen gemacht wird, deren psychologische Evidenz nicht mehr ausreichend überprüft wird.

Patienten, die in typischer und reiner Form die Merkmale einer antisozialen, paranoiden, schizoiden oder schizotypischen Persönlichkeitsstörung aufweisen, sind auf dem Hintergrund der erläuterten suizidbegünstigenden Faktoren *nicht* zu suizidalen Handlungen disponiert. Im Sinne der (in Abschnitt 4.2.2) erläuterten Ergänzungsreihe von situativen und persönlichkeitsspezifischen Faktoren können sie jedoch ebenfalls suizidal werden, wenn sie in massiver Weise von außen mit den genannten suizidfördernden Faktoren konfontiert werden und dadurch in eine suizidale Situation gelangen. Eine geringere Suizidalität läßt sich auf dem Hintergrund der genannten suizidbegünstigenden Faktoren auch für Patienten mit einer zwanghaften Persönlichkeitsstörung vorhersagen; dort fehlen die Elemente der Objektabhängigkeit und der Empfindlichkeit für Verluste. Diese Vorhersage entspricht in der Tat der psychiatrischen Beobachtung, daß Zwang vor Suizidalität schützt (Henseler, 1984, S.35).[8]

Ein besonderes Merkmalsmuster weisen die passiv-aggressive und die histrionische Persönlichkeitsstörung auf, da bei ihnen die Elemente *BLAME* und SELF-BLAME fehlen. Wie oben gezeigt wurde, entspricht dieser Besonderheit eine spezifische kommunikative Funktion der suizidalen Handlungen: Sie sollen Druck ausüben und das jeweilige Gegenüber anklagen bzw. kontrollieren. Eine Integration dieser Form von Suizidalität in das Schema suizidbegünstigender Faktoren ist möglich, wenn man entsprechend einem weiter oben erläuterten Vorschlag annimmt, daß in der Dynamik dieser beiden Störungen Täterschaft und Schuld externalisiert und von der eigenen Person abgewendet werden.

4.3.2 Operationalisierungen

Im vorliegenden Kapitel haben ich mich mit verschiedenen Arbeiten beschäftigt, die das Problem der Suizidalität aus dem Blickwinkel der strukturalen Analyse sozialen Verhaltens untersuchen (Benjamin, 1982, 1993; Kaslow, Wamboldt, Wamboldt, Anderson & Benjamin, 1989). Ich möchte jetzt eine Verbindung zu den theoretischen Überlegungen des ersten Kapitels herstellen und prüfen, wie sich die dort entwickelten Annahmen mit dem eben dargestellten SASB-Modell suizidbegünstigender Beziehungsbereitschaften integrieren läßt.

---

[8] Henseler zitiert eine Untersuchung von Ringel (1953), der unter 745 suizidalen Patienten keine einzige Zwangsneurose entdecken konnte. Ähnliche Ergebnisse fanden sich in einer Untersuchung von Gittelson (1966), der Zwang als einen suizidhemmenden Faktor bei 398 depressiven Psychotikern identifizierte. Freud schreibt in „Das Ich und das Es" (1923/1982): „Der Zwangskranke ... ist wie immun gegen die Selbstmordgefahr" (ebenda, S.320; zitiert nach Henseler, 1984, S.35).

Die theoretischen Annahmen zu den Beziehungsstrukturen suizidaler Patienten wurden im ersten Kapitel in einer Liste von Merkmalen zusammenfaßt, die zwei Teile umfaßte: Der erste Teil enthielt eine Gruppe von Beziehungsmerkmalen, die als *Kennzeichen einer allgemeinen Suiziddynamik* interpretiert wurden und von denen angenommen wurde, daß sie bei allen untersuchten Patienten identifizierbar sein müßten; der zweite Teil enthielt eine Reihe von spezifischen Merkmalen, die als charakteristisch für *zwei Suizidvarianten* - eine narzißtische (im engeren Sinn) und eine depressiv-masochistische - betrachtet wurden. Wie bereits im Einführungskapitel ausgeführt wurde, sollen in meiner Untersuchung die allgemeinen Annahmen (bzw. Merkmale) als empirische Hypothesen getestet werden. Die Annahmen zu den beiden Varianten werden hingegen etwas „weicher" als theoretische Erwartungen formuliert, die in einem zweiten Untersuchungsschritt (ab dem achten Kapitel) in qualitativer Weise überprüft werden.

(1) Allgemeine Merkmale suizidaler Beziehungsstrukturen: Hypothesen

Ich zitiere zunächst die im ersten Kapitel formulierten *allgemeinen Merkmalen* suizidaler Beziehungsstrukturen und kommentiere sie auf dem Hintergrund des im letzten Abschnitt dargestellten, auf SASB basierenden Modells suizidfördernder Beziehungsbereitschaften. Im Anschluß daran werden jeweils die Untersuchungshypothesen formuliert.

(a) Objektabhängigkeit: Suizidal gefährdete Menschen sind im hohen Maße von bestimmten Objekten abhängig, die für sie eine existentielle Bedeutung besitzen. Die Qualität dieser Abhängigkeit und die damit verbundenen Vulnerabilitäten sind in Abschnitt 1.2.1 ausführlich erläutert worden. Eine zentrale Komponente ist dabei die narzißtisch stabilisierende Funktion, die diese Objekte für die Betroffenen ausüben. Die Abhängigkeit kann in einem ausgeglichenen und kompensierten Zustand u.U. verdeckt sein; sie wird jedoch offensichtlich, wenn durch eine Enttäuschung an den Objekten eine krisenhafte Verfassung eintritt.

Kommentar: Diese Annahme stimmt gut mit dem SASB-Modell suizidbegünstigender Faktoren überein. Dort wurde ebenfalls die Abhängigkeit von einem schützenden und fürsorglichen Objekt hervorgehoben. Das gewünschte Objektverhalten kann durch die Clusterkodierung *PROTECT* wiedergegeben werden. Da in der vorliegenden Studie keine Wünsche erfaßt werden (vgl. 3.3.2), muß die Hypothese sich auf die Position der Abhängigkeit selbst beziehen. Diese Position kann innerhalb von SASB durch die Kodierungen <u>SUBMIT</u> und <u>TRUST</u> abgebildet werden. Von diesen beiden Kodierungen erscheint <u>TRUST</u> als die passendere, weil sie innerhalb des Zirkumplexmodells (s. Abb. 2.3) komplementär zu dem Wunsch *PROTECT* steht und im Gegensatz zu <u>SUBMIT</u> nicht nur Unterwürfigkeit, sondern auch eine (positive) Erwartung an das Objekt zum Ausdruck bringt.

Auf Grund dieser Überlegungen kann angenommen werden, daß suizidale Patienten eine problematische Beziehungsfigur aufweisen, die das Element TRUST enthält.

(b) Objektverlust: Die Erfahrung des Objektverlustes ist die komplementäre Seite der Objektabhängigkeit. Da es sich in der Regel nicht um einen realen Verlust handelt, sind hier eher Ereignisse angesprochen, bei denen sich das Objekt abwendet, eine basale Solidarität aufkündigt, sich von dem Betroffenen löst oder eine unerwartete „Eigenbewegung" macht. Solche Ereignisse stellen die grundsätzliche Verfügbarkeit des Objekts infrage und machen seine narzißtisch stabilisierende Funktion fraglich; sie können zu einer Labilisierung des Selbstgefühls führen und in der Folge eine narzißtische Krise auslösen.

Kommentar: Diese Annahme stimmt ebenfalls gut mit dem SASB-Modell suizidbegünstigender Faktoren überein. Dort wurde gezeigt, daß die Empfindlichkeit für Objektverluste das logische Gegenstück zu dem zentralen Wunsch nach einem fürsorglichen und schützenden Objekt darstellt. Es wurde außerdem hervorgehoben, daß mit dem Begriff „Objektverlust" Erfahrungen angesprochen sind, die eine Abwendung wichtiger Personen enthalten (also z.B. Unaufmerksamkeit, Unzuverlässigkeit, Anzeichen von Egoismus, Mißachtung, Gleichgültigkeit und Trennungs- bzw. Verselbständigungsabsichten). Die diesem interpersonellen Akt entsprechende SASB-Kodierung ist *IGNORE*.

Auf Grund dieser Überlegungen kann angenommen werden, daß suizidale Patienten eine problematische Beziehungsfigur aufweisen, die das Element *IGNORE* enthält.

(c) Kränkung: Die Abwendung des Objekts wird als Kränkung und narzißtische Bloßstellung erlebt, die u.U. eine vernichtende Qualität annehmen kann. Der Betroffene erlebt sich dann in seiner Abhängigkeit von dem enttäuschenden Objekt als völlig hilflos und ohnmächtig. Dieser Zustand ist unerträglich und kann als „narzißtische Katastrophe" phantasiert werden.

Kommentar: Diese Annahme stimmt wiederum gut mit dem SASB-Modell suizidbegünstigender Faktoren überein. Dort wurde hervorgehoben, daß suizidale Patienten einerseits eine intensive Neigung zu Selbstentwertungen und Selbstverurteilungen zeigen (SELF-BLAME) und andererseits für äußere Kritik und Kränkung besonders empfindlich sind (*BLAME*). Da introjektive Akte in der vorliegenden Studie nicht erfaßt werden (vgl. 3.3.2), muß sich die Hypothese auf das kritische und kränkende Objektverhalten beziehen.

Auf Grund dieser Überlegungen kann angenommen werden, daß suizidale Patienten eine problematische Beziehungsfigur aufweisen, die das Element *BLAME* enthält.

(d) Wut auf das Objekt: Die Kränkungserfahrung erzeugt eine intensive Wut, die sich gegen das enttäuschende Gegenüber richtet. Die verschiedenen Quellen und Funktionen dieser Wut sind ebenfalls in Abschnitt 1.2.1 erläutert worden. Die

eigene Aggressivität wird wegen der Angewiesenheit auf das Objekt zugleich als schwere Bedrohung für die Beziehung erlebt und deshalb massiv kontrolliert. Aus diesem Grund ist es wahrscheinlich, daß die wütenden Impulse nur sehr passager oder partiell von den Betroffenen erlebt und zum Ausdruck gebracht werden können. Es ist deshalb zumindest fraglich, ob sie im Rahmen von Beziehungsepisoden geschildert werden und damit empirisch erfaßbar sind.

Kommentar: Diese Annahme ist in dem auf SASB basierenden Modell suizidbegünstigender Faktoren *nicht* enthalten. Möglicherweise erklärt sich dieser Unterschied daraus, daß der Haß auf das Objekt weitgehend unbewußt bleibt, empirisch schwer zu fassen ist und deshalb besser einer qualitativen psychoanalytischen Untersuchung zugänglich ist. Unter diesem Vorbehalt möchte ich dennoch auch dieses Merkmal in die Hypothese aufnehmen. Haß wird innerhalb von SASB mit ATTACK abgebildet.

Nach diesen Überlegungen kann angenommen werden, daß suizidale Patienten eine problematische Beziehungsfigur aufweisen, die das Element ATTACK enthält.

(e) Ohnmacht und Hilflosigkeit: Das Erleben eigener Ohnmacht und Hilflosigkeit macht den Kern der narzißtischen Krise aus und ist zugleich jene Erfahrung, die besonders unerträglich ist und radikal vermieden werden muß. Während in dem Moment der Abhängigkeit (s.o.) die Bedürftigkeiten im Vordergrund stehen, die sich an das Objekt richten, geht es hier um das Gefühl der eigenen Wehrlosigkeit und des Ausgeliefertseins. Dieser Zustand kann mit einiger Wahrscheinlichkeit ebenfalls nur passager und andeutungsweise bewußt erlebt werden, weshalb es auch hier unsicher ist, ob er in Beziehungsepisoden geschildert wird und dadurch empirisch erfaßbar ist.

Kommentar: Diese Annahme ist in dem auf SASB basierenden Modell suizidbegünstigender Faktoren *nicht* enthalten. Auch hier könnte eine Erklärung lauten, daß der Zustand der Ohnmacht und Hilflosigkeit wegen seiner Bedrohlichkeit radikal abgewehrt und unbewußt gehalten werden muß und infolgedessen empirisch schwer zu fassen ist. Unter diesem Vorbehalt wird auch dieses Merkmal in die Hypothese aufgenommen. Ohnmacht, Hilflosigkeit und Ausgeliefertheit sind Qualitäten, die innerhalb von SASB am ehesten durch die Kodierung <u>SUBMIT</u> erfaßt werden können. Dieser Kodierung sind die beiden Items 240 „Aufgeben, sich fügen, unterwerfen“ und 237 „Sich apathisch ergeben, widerstandslos anpassen“ des vollständigen Modells von SASB (vgl. Abb. 2.2) zugeordnet.

Auf Grund dieser Überlegungen kann angenommen werden, daß suizidale Patienten eine problematische Beziehungsfigur aufweisen, die das Element <u>SUBMIT</u> enthält.

Die hypothetisch postulierte problematische Beziehungsfigur suizidaler Patienten müßte nach diesen Vorüberlegungen folgendermaßen lauten:

<u>TRUST</u> & [ATTACK & <u>SUBMIT</u>] ↔ *IGNORE & BLAME*

Die Kodierungen ATTACK und SUBMIT werden nur unter dem jeweils erläuterten Vorbehalt in die Formel aufgenommen und sind deshalb eingeklammert.

(2) Varianten suizidaler Beziehungsstrukturen: Erwartungen

Die Annahmen zu den Varianten können durch SASB-Studien zur Suizidalität nicht gestützt werden; sie sind auch nicht in dem Modell suizidbegünstigender Faktoren (Abschnitt 4.3.1) enthalten. Auf diesem Hintergrund möchte ich die Annahmen zu den Varianten nur als „Erwartungen" formulieren, die später mit den Ergebnissen des zweiten, qualitativen Untersuchungsschrittes in der vorliegenden Arbeit verglichen werden.

Narzißtische Variante (i.e. Sinne)

(a) Auflösung der Abhängigkeitsbeziehung: Für diese Variante ist charakteristisch, das in ihr die Abhängigkeitsbeziehung zu dem enttäuschenden Objekt aufgelöst und phantasmatisch durch eine ideale Beziehungvorstellung ersetzt wird. Aus einer äußeren Perspektive bedeutet dies, daß sich der Betroffene vom Objekt abwendet oder zurückzieht.

Kommentar und Erwartung: Die Abwendung und Verselbständigung kann innerhalb von SASB mit den Kodierungen WALL OFF bzw. SEPARATE beschrieben werden. In jedem Fall ist der Rückzug bzw. die Herauslösung aus der realen Beziehung zum Objekt das entscheidende Kriterium.

(b) Überlegenheitsgestus und Objektentwertung: Ein anderer Aspekt dieses Vorganges besteht darin, daß der Betroffene seine Abhängigkeit durch eine Auslöschung der bedeutsamen äußeren Objekte und ihrer inneren Repräsentanzen auflöst und dabei sein Selbstgefühl im Erleben eigener Unabhängigkeit und Kontrolle restitutiert. Es ist deshalb zu erwarten, daß interpersonell ein Gestus von Überlegenheit sichtbar wird, der das Objekt entwertet.

Kommentar und Erwartung: Die durch den Überlegenheitsgestus ausgedrückte Objektentwertung kann durch die Kodierung BLAME am treffendsten wiedergegeben werden.

Die genannten Kodierungen (WALL OFF bzw. SEPARATE und BLAME) erhalten ihre spezifische, im Rahmen der vorliegenden Untersuchung zu prüfende Bedeutung erst durch ihren Zusammenhang mit der oben dargestellten allgemeinen Beziehungsfigur suizidaler Patienten. Wie im ersten Kapitel gezeigt wurde, können die Varianten als spezifische Formen der *Bewältigung* oder des Umgangs mit jener spannungsreichen Beziehungssituation verstanden werden, die durch die allgemeinen Merkmale beschrieben wird. Das erwartete Beziehungsmuster für die narzißtische Variante i.e.S. müßte deshalb lauten:

TRUST & [ATTACK & SUBMIT] ↔ *IGNORE & BLAME*
⇒ WALL OFF bzw. SEPARATE & BLAME

Der Pfeil „⇒“ stellt dar, daß die Variante als Folge bzw. als Versuch einer Bewältigung der in der allgemeinen Beziehungsfigur beschriebenen Konfliktsituation zu verstehen ist.

Depressiv-masochistische Variante

(a) Sadistisches Objektverhalten: Für diese Variante ist charakteristisch, daß der Betroffene eine quälerische Verbundenheit mit dem Objekt hergestellt und dieses in einem Kampf mit sadistischen und masochistischen Zügen festhält. Da das Objekt vor allem den sadistischen Part übernimmt, müßte man von seiner Seite ein willkürlich herabsetzendes, verletzendes und strafendes Verhalten erwarten, das den Patienten dominiert und erniedrigt.

Kommentar und Erwartung: Diese Beschreibung enthält die Elemente der Willkür, Kontrolle und Herabsetzung (Strafe, Verletzung). Der letzte Aspekt wird duch die Kodierung *BLAME* erfaßt, die jedoch bereits Bestandteil der allgemeinen suizidalen Beziehungsstruktur ist (s. oben). Das Spezifische des sadistischen Objektverhaltens müßte daher in der besonderen *Kombination* von Willkür, Kontrolle und Herabsetzung liegen. Die Willkür eines Objektes könnte man innerhalb von SASB als Kombination von völliger Unabhängigkeit und kontrollierender Gewalt beschreiben; die entsprechenden Kodierungen sind *SEPARATE & CONTROL*. Das Objektverhalten in dieser Variante könnte dann insgesamt durch die Kodierungen *SEPARATE & CONTROL & BLAME* abgebildet werden.

(b) Masochistisches Patientenverhalten: Für die Seite des Betroffenen selbst wurde in dieser Variante ein Beziehungsverhalten beschrieben, bei dem der Betroffene die Erniedrigungen und Quälereien unterwürfig hinnimmt, um sich jedoch dadurch gleichzeitig eine moralische Überlegenheit zu sichern und aus dieser Position heraus das Objekt für seine Taten bloßzustellen und anzuklagen.

Kommentar und Erwartung: Diese Beschreibung enthält die beiden Elemente der Unterwürfigkeit und des Vorwurfs bzw. der Bloßstellung, die innerhalb von SASB mit SUBMIT und BLAME wiedergegeben werden können.

Auch die Kodierungen für diese Variante müssen im Zusammenhang mit der allgemeinen Beziehungsfigur suizidaler Patienten gesehen und geprüft werden. Das erwartete Beziehungsmuster für die depressiv-masochistische Variante müßte deshalb lauten:

TRUST & [ATTACK & SUBMIT] ↔ *IGNORE & BLAME*
⇒ SUBMIT & BLAME ↔ *SEPARATE & CONTROL & BLAME*

Der Pfeil „⇒“ stellt auch hier wieder dar, daß die Variante (beschrieben durch die rechts vom Pfeil notierten Kodierungen) als Folge bzw. als Versuch einer Bewältigung der in der allgemeinen Beziehungsfigur beschriebenen Konfliktsituation zu verstehen ist.

5. Anlage und Durchführung der Untersuchung

In dem vorliegenden Kapitel beginne ich mit der Darstellung der eigenen Untersuchung. Es enthält zunächst eine Beschreibung des Untersuchungsmaterials und seiner Aufbereitung für die inhaltsanalytische Auswertung mit der strukturalen Analyse sozialen Verhaltens SASB (Abschnitt 5.1). Im Anschluß daran wird ein Verfahren beschrieben, das die Abgrenzung von Beziehungsepisoden in den Gesprächstranskripten ermöglicht (5.2). Darauf folgt ein Bericht über Reliabilitätstudien zu den verwendeten Untersuchungsverfahren (5.3). Dabei wird die Zuverlässigkeit zweier Auswertungsschritte überprüft: Vor der eigentlichen Kodierung mit SASB müssen in den Transkripten Beziehungsepisoden abgegrenzt werden. Es wird untersucht, ob zwei unabhängige Auswerter bei Anwendung der entwickelten Regeln zu den gleichen Episodenabgrenzungen gelangen. Im Anschluß daran werden die Ergebnisse weiterer Reliabilitätsmessungen zu dem zentralen Verfahren dieser Arbeit, der SASB-Inhaltsanalyse dargestellt. Die gefundenen Übereinstimmungswerte werden auf dem Hintergrund der in der Literatur berichteten Vergleichswerte diskutiert.

5.1 Patienten und Untersuchungsmaterial

5.1.1 Angaben zu den untersuchten Fällen

Das in der vorliegenden Untersuchung verwendete Gesprächsmaterial wurde im Rahmen eines Forschungsprojekts zur Nachbetreuung von Patienten mit einem Suizidversuch in der Münchener Universitätsklinik rechts der Isar erhoben (Möller, Bürk, Dietzfelbinger, Kurz u.a., 1994). Darüberhinaus wurde es in dem Projekt „Verbale Interaktion nach Selbstmordversuchen in Therapiegesprächen“ an der FU Berlin unter linguistischen und konversationsanalytischen Gesichtspunkten ausgewertet (Speck, 1987, 1990; Stitz, 1987; Streeck, 1989, 1992).

Das Münchener Forschungsprojekt (Möller, Bürk, Dietzfelbinger, Kurz, Torhorst u.a., 1994) untersuchte die Chancen und Wirkungen einer ambulanten Nachbetreuung von Patienten mit einem Suizidversuch nach der Klinikentlassung. Insgesamt 226 Patienten, die innerhalb eines Jahres wegen einer Einnahme von Medikamenten oder Giftstoffen auf der toxikologische Station aufgenommen wurden, wurden in die Untersuchung einbezogen. Eine Reihe von Patienten schieden von vorneherein aus, weil eine ambulante Behandlung wegen der Schwere der Erkrankung oder aus verschiedenen praktischen Gründen (mangelhafte Deutschkenntnisse, zu große Entfernung des Wohnortes) nicht infrage kam.

Die 226 geeigneten Patienten wurden verschiedenen Gruppen zugewiesen: Bei 85 von ihnen wurde entweder kein weiterer Behandlungsvorschlag gemacht oder eine klinikexterne ambulante Psychotherapie angeraten (die Suche nach einem Behandlungsplatz wurde gegebenenfalls unterstützt); dies war möglich, weil auf Grund existierender Ressourcen und ausreichender Selbsthilfemöglichkeiten keine dringende Notwendigkeit für eine sich unmittelbar an den Klinikaufenthalt anschließende Nachbetreuung gesehen wurde. Die restlichen Patienten wurden per Zufall zwei Gruppen zugeteilt: 73 wurden in eine bestimmte externe Einrichtung zur Nachbetreuung vermittelt; innerhalb des Projektes bildeten diese Patienten die Vergleichsgruppe. 68 Patienten wurden in der Klinik selbst ambulant nachbetreut. Diese Patienten bildeten die eigentliche Untersuchungsgruppe. Von ihnen erschienen 52 nach der Entlassung zu den vereinbarten Kurztherapien. Von den Behandlungsverläufen wurden 47 durch Tonbandaufnahmen dokumentiert.

Für die vorliegende Untersuchung stand das Material zu diesen 47 Verläufen zur Verfügung. Die Behandlungen wurden von 4 Therapeuten durchgeführt. Zwei von ihnen waren Psychoanalytiker, je ein Therapeut arbeitete gesprächs- bzw. verhaltenstherapeutisch. Für meine Untersuchung habe ich mich auf die 26 psychoanalytisch orientierten Behandlungen beschränkt. Mit dieser Wahl befindet man sich insofern auf erprobtem Terrain, als die Mehrzahl der bisherigen empirischen Untersuchungen, die Beziehungsschilderungen von Patienten als empirische Grundlage benutzen, an dem Gesprächsmaterial psychodynamischer Therapien vorgenommen wurden (s. 3.2). Beziehungsthemen haben in psychodynamischen Therapien eine zentrale Bedeutung insofern, als sie ein hervorragender Gegenstand sowohl der diagnostischen Beurteilung als auch der therapeutischen Interventionen sind (Strupp & Binder, 1984; Luborsky, 1988a). Auf diese behandlungstechnische Bedeutung von Beziehungsepisoden wurde weiter oben im Zusammenhang mit der Diskussion des Prinzips der P-T-O-Kongruenz hingewiesen (vgl. 3.1).

Aus den 26 psychoanalytisch durchgeführten Behandlungen wurden per Zufall 5 Männer und 5 Frauen - also insgesamt 10 Patienten - für die eigene Untersuchung ausgewählt. In zwei Fällen stellte sich heraus, daß die Tonqualität der Aufnahmen für eine Transkription unzureichend war; diese wurden gegen zufällig ausgewählte Patienten aus der Restgruppe ausgetauscht. In Tab. 5.1 werden die Patienten und ihre soziodemographischen Merkmale aufgelistet; weibliche Patienten tragen die Kennung WE, männliche MA. Weitere Angaben zu den Patienten finden sich in Kap.9 im Zusammenhang mit den ausführlichen Einzelfalldarstellungen.

Die Behandlungen dauerten (von einer Ausnahme abgesehen) bis zu 12 Stunden; diese Terminierung entsprach dem ursprünglichen Konzept der Münchener Studie zur Nachbetreuung suizidaler Patienten. Die Behandlung begann jeweils direkt im Anschluß an die Entlassung des Patienten aus der stationären Behandlung; alle ausgewählten Patienten mußten nach dem Suizidversuch wegen der Einnahme von Medikamenten oder sonstiger toxischer Substanzen entgiftet werden. Der Kontakt zwischen Therapeut und Patient wurde jeweils während des

Klinikaufenthaltes geknüpft. Die dort geführten Gespräche dienten der diagnostischen Beurteilung und der Motivation des Patienten.

Kennung	*Alter*	*Stand*	*Beruf*
WE1	23	verh.	Hausfrau
WE2	43	gesch.	Sekretärin
WE3	25	gesch.	kaufm. Angestellte
WE4	41	verh.	Hausmeisterin
WE5	35	gesch.	Schwesternhelferin
MA1	42	verh.	Ingenieur
MA2	29	verh.	Kraftfahrer
MA3	31	ledig	Photograph
MA4	18	ledig	Schüler
MA5	22	ledig	Student

Tab. 5.1: Angaben zu den 10 untersuchten Patienten

5.1.2 Materialauswahl und -aufbereitung

Von den in Tab. 5.1 aufgelisteten Patienten wurden jeweils die ersten beiden Behandlungsstunden transkribiert und mit Hilfe der SASB-Inhaltsanalyse ausgewertet. Die ersten Therapiegespräche sind durch eine größere Nähe zum Suizidversuch charakterisiert, so daß suizidrelevante Beziehungsthemen eher zur Sprache kommen. Hinzu kommt, daß der Therapiebeginn durch eine relative Offenheit der Themen ausgezeichnet ist. Thematische Einengungen des Gesprächs durch gezielte therapeutische Fokussierungen, durch fortschreitende Aushandlungsprozesse zwischen den Beteiligten oder auch durch gesprächsbestimmende äußere Ereignisse sind in dieser initialen Phase noch nicht dominierend. Durch die Auswahl der ersten beiden Stunden wird deshalb wahrscheinlicher gemacht, daß in den Schilderungen eines Patienten die wichtigen Varianten seines Verhaltensrepertoires in Beziehungen tatsächlich zur Geltung kommen und damit durch die SASB-Inhaltsanalyse erfaßt werden können.[1]

Die Berücksichtigung von zwei Behandlungsstunden pro Patient entspricht einem praktischen Erfahrungswert, der auch im Zusammenhang mit anderen beziehungsdiagnostischen Verfahren genannt wird (z.B. für die ZBKT-Technik, vgl. Luborsky & Crits-Christoph, 1990). Eine zuverlässige Einschätzung repetitiver Beziehungsmuster ist nur dann möglich, wenn eine ausreichende Anzahl von Beziehungsschilderungen für die Auswertung zur Verfügung steht. Bei manchen

---

[1] Natürlich geschieht es in einzelnen Fällen dennoch, daß sehr wichtige Beziehungsfiguren erst im späteren Behandlungsverlauf zur Sprache kommen. Ein Beispiel dafür ist MA3, der im Zusammenhang mit dem Suizidversuch bedeutsame Interaktionen mit seiner Freundin erst ab der 8. Stunde schildert; siehe dazu die Einzelfalldarstellung im neunten Kapitel (9.1).

Patienten reicht für diesen Zweck ein einziges Gespräch völlig aus; bei anderen Patienten, deren Redebeiträge weniger Beziehungsschilderungen enthalten, benötigt man jedoch das Material von zwei Gesprächen. In der vorliegenden Studie wurden deshalb für alle Patienten jeweils zwei Behandlungsstunden transkribiert und ausgewertet.

Die Transkriptionsregeln lehnen sich an das von Streeck (1989) verwendete System an, das seinerseits auf einen Vorschlag von Jefferson (1978) zurückgeht. Für die Zwecke der vorliegenden Arbeit ist dieses für konversationsanalytische Untersuchungen entwickelte System jedoch zu differenziert und viel zu aufwendig. Völlig ausreichend ist ein reduzierter Satz von Regeln, der nachfolgend wiedergegeben wird.

Transkriptionsregeln

Das Transkriptionssystem ist so konstruiert, daß es neben dem Wortlaut die Bruchstellen und Pausen der natürlichen Rede wiedergibt. Dazu werden die folgenden Regeln festgessetzt:

- **„(.) (..) (...)“** bezeichnen Pausen bis zu einer Sekunde. Die Sekunden werden in Anlehnung an Streeck (1989) in drei Schläge („beats“) aufgeteilt, die sich nach kurzer Übung gut bestimmen lassen.
- **„(2), (3)“** etc. bezeichnen Pausen, die länger als eine Sekunde andauern. Die gerundeten vollen Sekunden werden als Zahl in Klammern gesetzt.
- Ein Bindestrich **„ - „** markiert Stellen, an denen der Sprecher abbricht und seine Rede neu ansetzt. Diese Brüche sind in allen Therapiegesprächen wie in alltagssprachlichen Äußerungen überhaupt sehr häufig anzutreffen.
- Eine leere Klammer **„(   )“** bezeichnet Stellen des Tonbandprotokolls, die unverständlich sind und deshalb nicht transkribiert werden konnten.
- Eingeklammerte Textteile, z.B. **„(versehentlich habe ich)“**, betreffen ebenfalls schwer verständliche Stellen der Tonbandaufnahme, deren Transkription nicht völlig sicher ist.
- Hörersignale werden in eckigen Klammern **„[T: mhm]“** in die Rede des Sprechers an der Stelle ihres Auftretens eingefügt.

Wie bereits angemerkt, stützt sich die vorliegende Untersuchung ausschließlich auf die Transkripte der ersten beiden Behandlungsstunden jedes Patienten und auf die darin enthaltenen Beziehungsschilderungen. Eine Ausnahme bilden die Ausführungen des neunten Kapitels, in dem die 10 Fälle einzeln dargestellt und die Ergebnisse der SASB-Auswertung kasuistisch diskutiert werden. Zu diesem Zweck werden dort zusätzlich folgende weiteren Informationsquellen mitverwendet:

1. Alle übrigen, nicht transkribierten Therapiegespräche und die in ihnen enthaltenen Hinweise auf die Hintergründe des Suizidversuchs.

2. Im Rahmen des Münchener Projekts angefertigte Epikrisen, die pro Patient einen Umfang von etwa 4-6 Seiten haben und Angaben zum Suizidversuch, zu den zentralen Konflikten des Patienten und zum Behandlungsverlauf machen.

Der Einbezug dieser Informationen war nützlich, um die Ergebnisse der SASB-Inhaltsanalyse auf dem Hintergrund des gesamten zur Verfügung stehenden klinischen Materials eingehend diskutieren zu können.

5.2 Definition und Abgrenzung von Beziehungsepisoden

5.2.1 Was sind Beziehungsepisoden?

Eine methodische Voraussetzung für die Möglichkeit der Identifikation und Analyse von repetitiven Beziehungsmustern ist die *Abgrenzung von Beziehungsepisoden* in den Patientenerzählungen. Eine Beziehungsepisode ist eine Äußerungssequenz, die eine interpersonelle Szene bzw. eine bestimmte interpersonelle Konstellation zwischen dem Patienten und einem Objekt darstellt. Dabei können jeweils eine oder mehrere interpersonelle Akte oder Botschaften von Patienten- und Objektseite beschrieben werden, die zusammengehörende Elemente der Szene bzw. Konstellation sind und gemeinsam eine bestimmte *„Beziehungsfigur"* bilden. Alle diese Elemente können mit SASB kodiert und abgebildet werden. Die spezifische *Kombination der Kodierungen* gibt dann die besondere Beziehungsfigur in der jeweiligen Beziehungsepisode wieder. Die Grenzen einer Beziehungsepisode legen somit fest, welche der Beziehungskodierungen innerhalb des fortlaufenden Transkripts zu ein und der gleichen Beziehungsfigur gehören und welche nicht. Man kann auch sagen, daß das Konzept der „Beziehungsepisode" unter methodischen Gesichtspunkten vor allem ein *Kriterium für die Zusammengehörigkeit* von Kodierungen zur Verfügung stellt. Die Abgrenzung von Episoden ist außerdem die Voraussetzung für die Möglichkeit des *Vergleichs* von Beziehungsschilderungen und damit für die *Identifikation von Repetitionen*: Durch den Vergleich der Kodierungen zweier im Text abgegrenzter Episoden kann geprüft werden, ob sich in ihnen eine bestimmte Beziehungsfigur wiederholt oder ob dies nicht der Fall ist. Kriterium der Wiederholung ist dabei die *Übereinstimmung bzw. Abweichung der SASB-Kodierungen*.

Für das praktische Vorgehen stellt sich damit die Frage nach geeigneten Regeln, mit denen in den Gesprächstranskripten Erzähleinheiten im Sinne von Beziehungsepisoden abgegrenzt werden können. Diese Regeln müssen so beschaffen sein, daß sie einerseits die psychologisch sinnvollen Zusammenhänge im Erzähltext aufnehmen und erhalten, während sie andererseits thematisch fremde Beziehungsgedanken ausgrenzen. Zugleich muß es selbstverständlich möglich sein, sie reliabel anzuwenden.

Die Bezeichnung *„Beziehungsepisode"* entstammt der in Kap.4 besprochenen Methode des zentralen Beziehungskonfliktthemas ZBKT von Luborsky (Luborsky et al., 1985; Luborsky, 1988a; Luborsky & Crits-Christoph, 1990). Innerhalb der ZBKT-Methode werden Schilderungen nur dann als gültige Beziehungsepisoden angesehen, wenn in ihnen ein interpersonelles Geschehen mit einem Wunsch (W) des Erzählers, einer Reaktion des Objekts auf diesen Wunsch (RO) und einer Reaktion des Patienten auf dieses Objektverhalten (Selbst-Reaktion RS) dargestellt ist. Die damit an den Inhalt einer Beziehungsepisode gestellten Anforderungen sind relativ hoch und führen nach meinen eigenen Erfahrungen praktisch dazu, daß kürzere oder fragmentarische Beziehungsschilderungen häufig *nicht* als Episoden akzeptiert werden können. Auf diese Weise gehen z.B. häufiger solche Schilderungen verloren, die Beziehungserfahrungen in verallgemeinerter Form benennen (z.B.: „...also ich hab schon unendlich viel Zeiten erlebt, wo ich Wochen um Wochen von niemandem was höre...“; WE2) und dabei die genaue Identität des Objekts unbestimmt lassen („niemand“, „Andere“, „meine Umgebung“ etc.). Aber auch dort, wo der Erzähler auf ein ganz konkretes Erlebnis Bezug nimmt, werden die situativen Umstände und der genaue Ablauf der Handlung häufig nicht so vollständig beschrieben, daß alle Komponenten des ZBKT identifiziert werden könnten. Das bedeutet aber, daß die ZBKT-Methode zum Ausschluß von Informationen in den Patientenschilderungen führt, die für die Analyse repetitiver Beziehungsmuster durchaus verwertbar wären.

Die für die vorliegende Untersuchung entwickelten Abgrenzungsregeln stellen weniger strenge inhaltliche Anforderungen an Beziehungsschilderungen und erfassen deshalb auch solche Hinweise auf das Beziehungserleben des Patienten, die bei Anwendung der ZBKT-Kriterien verloren gehen würden. Wie in Kapitel 3 bereits ausgeführt und begründet wurde, verzichtet der hier vertretene Untersuchungsansatz im Unterschied zu der ZBKT-Technik ganz auf theoretische Vorannahmen zur inneren Struktur von Beziehungsmustern und strebt statt dessen zunächst eine rein deskriptive Erfassung von Beziehungsschilderungen mit der Hilfe von SASB an. *Als „Beziehungsepisode“ werden in der vorliegenden Untersuchung deshalb Äußerungssequenzen jeder Art angesehen, in denen eine Beziehung überhaupt thematisiert wird.* Damit werden Schilderungen als Beziehungsepisoden unabhängig von der Frage akzeptiert, ob sie etwa fragmentarisch oder vollständig, allgemein oder konkret, widersprüchlich oder in sich konsistent sind. Wie weiter unten gezeigt wird, bedeutet diese methodische Entscheidung für die Technik der Identifikation von Beziehungsepisoden im Vergleich zur ZBKT-Methode mit ihren anspruchsvolleren Kriterien eine wesentliche Vereinfachung.

5.2.2 Regeln zur Abgrenzung von Beziehungsepisoden

Es werden nun die Regeln erläutert, nach denen in der vorliegenden Untersuchung Beziehungsepisoden in den Transkripten identifiziert und abgegrenzt wurden. Es handelt sich dabei um eine *Hauptregel*, die durch drei zusätzliche Bestimmungen (*Zusatzregeln*) für besondere Fälle ergänzt wird.

(1) Hauptregel: Die Methode der SASB-Inhaltskodierungen kann auf Interaktionen zwischen dem Patienten und beliebigen Objekten angewandt werden. Für eine Auswertung kommen daher zunächst alle Textstellen im Transkript infrage, bei denen ein Objekt überhaupt erwähnt wird. Als eine solche Erwähnung können alle *direkten Benennungen* von Objekten (z.B.: mein Freund, mein Vater, Ulrike etc.) gelten, außerdem alle Bezugnahmen auf solche Benennungen (er, sie, sein, ihre etc.). Es kommt vor, daß sich eine Beziehungsschilderung auf mehrere Objekte bezieht (z.B. meine Mutter *und* mein Bruder), die der Erzähler als *Gruppe* behandelt; in diesen Fällen gilt diese Gruppe als ein einziges, gewissermaßen *„kombiniertes Objekt"*, mit dem der Patient genau wie mit gewöhnlichen Objekten in Beziehung tritt. Gültige Objekte sind außerdem alle *in verallgemeinerter Form benannten Personengruppen* (z.B. die Leute, Männer, etc.) oder *nicht genauer spezifizierte Andere* (z.B.: keiner, die anderen etc.); die zuletzt genannte Form der Bezugnahme auf Objekte wird meistens in *typisierenden* Schilderungen gewählt, durch die der Erzähler bestimmten Beziehungserfahrungen eine generellere Bedeutung gibt. Dies geschieht z.B. in der folgenden Beziehungsschilderung, in der auf verschiedene Weise („nach außen hin", „die Menschen", „niemand") auf ein allgemeines und nicht näher bestimmtes Gegenüber verwiesen wird.

> ***Beispiel WE2:***
>
> *Patientin:* ...Das ist nun meine traurige Lebenserfahrung: Eine Frau, die a.) allein steht (.) und b.) dann also- sich *nach außen hin* anmerken läßt, daß man sich eigentlich schwer tut- (.) äh es zieht sich sehr schnell- äh ziehen sich *die Menschen* zurück, das ist nun mal sehr brutal und das ist eine Lebenserfahrung und das habe ich auch erkannt, (.) daß man also *nach außen hin* schon manchmal die Show machen muß (.) und sehr stark sein muß [T: mhm], sich überwinden muß, (.) daß man die Dinge- w- wie's drinnen ausschaut geht *niemand* was an, nicht?

Manchmal schildern Patienten auch Beziehungen zu Institutionen, Medikamenten, Alkohol oder abstrakten Kräften (z.B. Gott). Auch solche Objekte werden ebenso wie z.B. Tiere grundsätzlich berücksichtigt.

Diese Objektbenennungen und alle Bezugnahmen auf sie werden nun in einem ersten Durchgang im Transkript *markiert.* Bei diesem Vorgang erhält jedes Objekt (z.B.: Vater, Freund, Medikament etc.; er, sie, ihm etc.; gegebenenfalls ein allgemeines Gegenüber wie in dem eben zitierten Beispiel) eine besondere Markierfarbe, so daß eine erste optische Differenzierung der verschiedenen Beziehungsschilderungen innerhalb des Transkripts möglich ist. Das Ergebnis ist ein Text mit unterschiedlich umfangreichen Bereichen, die jeweils mit Objektmarkierungen derselben Farbe gefüllt sind. Alle diese Textbereiche sind potientiell Beziehungsepisoden; sie umfassen jeweils diejenigen Passagen des Transkripts, in denen ohne Unterbrechung durch andersfarbige Markierungen über ein und dasselbe Objekt gesprochen wird. Dem so präzisierten methodischen Vorgehen liegt die Annahme zugrunde, daß die Beziehungsschilderungen innerhalb solcher

Textbereiche inhaltlich miteinander verbunden sind und eine zusammenhängende Beziehungsgestalt beschreiben.

Die exakten *Begrenzungen* der Textbereiche werden wie folgt festgelegt: In einem einfarbig markierten Textbereich wird am Satzbeginn vor der ersten Objektnennung und am Satzende nach der letzten Nennung des betreffenden Objektes wird eine Zäsur eingetragen, die den Anfang und den Schluß der (potentiellen) Beziehungsepisode kennzeichnet. Sollte eine solche Zäsur einen gut erkennbaren Gedanken innerhalb der Ausführungen des Patienten künstlich unterbrechen, kann sie um einen Satz weiter nach oben bzw. unten verschoben werden, so daß der betreffende Gedanke in den Begrenzungen eingeschlossen ist. Das Verfahren ist soweit weitgehend formalisiert und deshalb einfach anzuwenden. Es wird allerdings durch drei zusätzliche Bestimmungen für besondere Fälle ergänzt. Diese Sonderfälle kommen gelegentlich, aber nicht sehr häufig vor.

(2a) Erste Zusatzregel: Gelegentlich werden die Schilderungen zu einem Objekt durch eine oder mehrere *Seitensequenzen* unterbrochen, in denen über Interaktionen mit *anderen* Objekten berichtet wird. Das bedeutet, daß zwei Textbereiche mit der gleichen Markierungsfarbe durch einen Bereich mit einer anderen Farbe voneinander *getrennt* sind. In solchen Fällen werden die durch die Unterbrechung getrennten Teile der übergeordneten Darstellung zusammengefügt und die Beziehungsgestalt in dem so *vereinigten* Material analysiert; dies bedeutet praktisch, daß die den Teilbereichen zugeordneten SASB-Kodierungen als *zusammengehörig* ausgewertet werden. Die Seitensequenzen selbst bilden hingegen eigene, unabhängige Episoden.

(2b) Zweite Zusatzregel: Eine zweite Zusatzregelung betrifft den Fall, daß eine ununterbrochene Sequenz von Beziehungsschilderungen sich zwar auf ein einziges Objekt bezieht, in diesem Textbereich jedoch zwei oder mehrere verschiedene, deutlich voneinander abgegrenzte Ereignisse berichtet werden. Dabei wechseln Anlaß, Zeitpunkt und eventuell auch Ort der Handlung. An der Grenze zwischen den in der Schilderung aufeinanderfolgenden Ereignissen wird im Transkript ebenfalls eine Zäsur gesetzt, so daß zwei voneinander unabhängige Episoden entstehen, deren Beziehungsinhalte getrennt kodiert und ausgewertet werden.

Der Wechsel von einem zum nächsten Beziehungsereignis wird in den Schilderungen häufig sprachlich deutlich markiert, so daß die Festlegung der Grenze zwischen den verschiedenen Episoden erleichtert wird. Markierungen sind Äußerungen wie „...und dann ein anderes Mal...“, „...und er hat auch mal...“, „...und neulich wieder...“ oder ähnliche Formulierungen, die einen Neubeginn in der Erzählung anzeigen. Solche Neuansätze können den Zweck haben, *verschiedene* Aspekte einer Beziehung durch unterschiedliche Beispiele darzustellen. Es gibt jedoch andere Fälle, in denen der Sprecher durch die Aneinanderreihungen von Episoden zum selben Objekt *dasselbe* Beziehungsproblem mehrfach illustrieren möchte. Auch wenn dabei eine Gleichartigkeit der Episoden intendiert ist, verschiebt sich die Thematik von einer Episode zur nächsten jedoch häufig so deutlich, daß (u.U. ungewollt) neue Beziehungsaspekte auftreten und kodierbar werden. Wegen dieser Möglichkeit einer inhaltlichen Verschiebung ist es sinnvoll, aneinandergereihte Beziehungsschilderungen mit demselben Objekt grundsätzlich voneinander zu unterscheiden und getrennt zu analysieren. Sequenzen mit mehreren Beziehungsereignissen werden somit trotz einheitlicher Farbmarkierung (d.h. trotz desselben Objekts) in zwei oder mehrere einzelne Episoden aufgeteilt.

(2c) Dritte Zusatzregel: Eine weitere Vorschrift regelt die Frage, wann Interventionen des Therapeuten die Beziehungsschilderung eines Patienten *beenden* und wann sie diese nur *unterbrechen*. Diese Frage entsteht dann, wenn der Patient seine Schilderungen zu einem bestimmten Objekt nach einer Äußerung des Therapeuten fortsetzt. Ein erheblicher Teil der Therapeutenäußerungen sind sog. „Hörersignale", die den Sprecher nicht wirklich unterbrechen. Genau wie gewöhnliche Zuhörer in alltäglichen Gesprächen unterstützt auch der Therapeut die Ausführungen des Patienten durch Äußerungen wie „mhm", „ja" oder „jaja". Solche minimalen Rückmeldungen werden auch als „backchannels" bezeichnet (Duncan, 1974; Duncan & Fiske, 1977). Neben den genannten Beispielsäußerungen gelten auch kurze, klärende Nachfragen wie z.B. „Wie war das?" oder „Wer?" als „backchannels". Sie unterstützen den Sprecher und seine Darstellung, ohne diese inhaltlich zu steuern und ohne das Rederecht für sich selbst einzufordern. Diese Beschränkung auf eine unterstützende Feedback-Funktion ist es, die Hörersignale von substantiellen Unterbrechungen unterscheidet und die durch die Bezeichnung „backchannel" angesprochen wird.

Äußerungen in der Art von „backchannels" stellen keine wirklichen Unterbrechungen von Beziehungsschilderungen dar und können deshalb bei der Abgrenzung von Episoden unberücksichtigt bleiben. Im Transkript sind sie formal leicht zu erkennen, da sie in eckige Klammern gesetzt werden. Als Beispiel kann ein Ausschnitt der oben zitierten Beziehungsepisode von WE2 dienen:

Beispiel WE2:

Patientin: ...daß man also nach außen hin schon manchmal die Show machen muß (.) und sehr stark sein muß *[T: mhm]*, sich überwinden muß, (.) daß man die Dinge- w- wie's drinnen ausschaut geht niemand was an, nicht?

Alle anderen Interventionen und Nachfragen, die über solche minimale Einwürfe hinausgehen (z.B. Therapeut: „Und worin hat dann die Schwierigkeit bestanden daß- die dann auftaucht?"), können die Ausführungen des Patienten dagegen u.U. inhaltlich deutlich beeinflussen und eine thematische Verschiebung der Beziehungsschilderungen bewirken. Solche substantielleren Interventionen des Therapeuten werden deshalb als erzwungener Abbruch einer Beziehungsepisode gewertet. Am Ende der Patientenäußerung vor einer solchen Unterbrechung wird in diesen Fällen eine Abschlußbegrenzung für die davorliegende Episode markiert. Im Anschluß an die Intervention des Therapeuten wird mit der Wiederaufnahme der Patientenrede der Beginn einer neuen Episode markiert.

5.2.3 Nicht-auswertbare Beziehungsinformationen

Die bis hierhin beschriebene Technik der Abgrenzung von Beziehungsschilderungen führt zur Markierung von Textbereichen, die für die Kodierung mit SASB *potentiell* infrage kommen. Ob das selektierte Textmaterial tatsächlich auswertbare Beziehungsinformationen enthält, ist durch das beschriebene Vorgehen jedoch noch nicht gesichert: Patienten können z.B. auch Objekte benennen, *ohne* daß dies mit der Schilderung einer Beziehung verbunden wäre. Es ist deshalb notwendig, die mit Hilfe der genannten Regeln abgegrenzten Textbereiche noch einmal in einem zweiten Schritt daraufhin zu überprüfen, ob sie überhaupt auswertbares Material enthalten. Es gibt insgesamt *4 Kriterien*, mit denen bereits abgegrenzte Textbereiche im Hinblick auf ihre *Auswertbarkeit* geprüft werden können.

(3a) Einfache Objektnennungen: Textbereiche, in denen Objekte einfach nur benannt und nicht i.Z. mit einer Beziehungsschilderung erwähnt werden, sind von der SASB-Kodierung ausgeschlossen. Solche einfachen Objektbenennungen sind jedoch eher selten und treten z.B. dann auf, wenn auf bestimmte Zeiten und Orte Bezug genommen wird („Ich war beim Bäcker...“; „Damals, als ich noch bei den Großeltern lebte...“). Im Gesprächsverlauf kann es geschehen, daß eine Objektnennung zunächst ohne Beziehungskontext bleibt, dann aber im späteren Verlauf durch Nachfragen so erweitert wird, daß schließlich doch eine Beziehungsfigur sichtbar wird.[2]

---

[2] Im folgenden Beispiel nennt die Patientin im ersten Redebeitrag folgende Objekte: Die „Bank“, die „Firma“ und die „Ärztin“. Alle diese Objekte werden zunächst als Bezugspunkte verschiedener Aktivitäten der Patientin angesprochen, ohne dabei in einen Beziehungskontext eingebettet zu sein. Erst im weiteren Verlauf des (stark gekürzt zitierten) Gesprächs treten Beziehungsfiguren zwischen der Patientin und den Objekten „Firma“ und „Ärztin“ deutlicher hervor.

Beispiel WE2:

Patientin: ...hab' auch bißchen was zu Hause gemacht, (.) auf der Bank hab' etwas eingekauft, also sozusagen den üblichen Tagesablauf (.) wiederaufgenommen, nicht? [T: mhm] In der Firma nochmal angerufen, einen Termin mit meiner Ärztin ausgemacht (1) und eigentlich alles was so notwendig [T: mhm] ist. (..)

Therapeut: Mhm (.) en Termin ähm mit der Ärztin gemacht?

Patientin: Ja ich- äh weil äh es so schwierig ist. Das Krankenhaus konnte mich nur bis heute krankschreiben (.) [T: Ja] und das wär ja unsinnig gewesen- ich hatte mit der Firma gesprochen, die ham gesagt ich soll mich schonen ..... und da wollt ich sie bitten, daß sie mich die nächste Woche noch krankschreibt...

Therapeut: Mh mh. Aber jetzt- ähm nicht wegen irgendwelcher speziellen Beschwerden, sondern-

Patientin: Nein, nein gar nicht- das ist [T: mhm] also wirklich- (.) sie kennt mich- sie kennt an sich auch- ich hatte schon mal im Laufe der letzten zwei Jahre immer mal so bißchen ein Tief auch im Winter nach einer Grippe, (.) weil ich kreislauflabil bin [T: mhm] und auch wohl etwas wetterfühlig (.) und ähm hab dann schon immer mal mit ihr gesprochen und- ähm (..) insofern weiß sie- [T: mhm] also eigentlich ist es eine Ärztin- sie hat mit mir privat auch so ein bißchen gesprochen, (.) daß ich also immer schon mal so etwas gedrückt war und sich die Dinge aber eben nicht (.) so ganz [T: mhm] ändern ließen, (.) nicht?

(3b) „Fiktive" Beziehungsinhalte: Für die SASB-Inhaltskodierung irrelevant sind alle Schilderungen, die sich mit einem Beziehungsgeschehen befassen, das nicht „als real geschehen" dargestellt wird. Damit scheiden für eine Kodierung alle Berichte aus, die sich z.B. auf beabsichtigte, erwartete, mögliche, befürchtete oder geforderte eigene und fremde Verhaltensweisen beziehen. Solche Beziehungsschilderungen haben „Entwurfs-charakter" und nehmen nicht für sich in Anspruch, eine reales Geschehen darzustellen. Bei komplexen Schilderungen von Patienten kann man leicht übersehen, daß die Darstellungsebene wechselt und unversehens fiktive Inhalte vorgetragen werden. Aus diesem Grund ist genau zu prüfen, ob das zu kodierende Textmaterial wirklich ein reales Geschehen enthält oder ob dies nicht der Fall ist.

Man könnte nun umgekehrt fragen, welche Beziehungsinhalte als „real" anzusehen sind. Die praktische Erfahrung bei der Auswertung von Beziehungsschilderungen legt es nahe, diese Frage in folgender Weise zu beantworten:

1. Als real und damit kodierbar können alle diejenigen Beziehungsereignisse und -verhaltensweisen angesehen werden, *von deren Realität der Patient subjektiv überzeugt ist.* Dies gilt auch dann, wenn sie von dem äußeren Standpunkt des Untersuchers aus betrachtet als unwahrscheinlich oder zweifelhaft erscheinen. Wenn z.B. ein paranoider Patient das Verhalten einer eher neutralen Person seiner Umgebung als feindselig erlebt, dann ist dies seine persönliche Realität, die durch ein äußeres Urteil nicht „verbessert" werden sollte. Bei der Erfassung der typischen Beziehungsmuster eines Patienten orientiert man sich somit zunächst an seiner subjektiven Realität. Die Beachtung dieses Grundsatzes ist erfahrungsgemäß besonders dann wichtig, wenn man das in Beziehungsepisoden dargestellte Objektverhalten verstehen und mit SASB kodieren will.
2. Die Orientierung an der subjektiven Realität des Patienten bedeutet andererseits nicht, daß man nicht zusätzlich auch Beziehungsaspekte abbilden kann, die aus einer äußeren Perspektive erkennbar sind. Die Einnahme eines äußeren Standpunktes ist z.B. dann wichtig, wenn der Patient ein Beziehungsverhalten zwar deutlich darstellt, dieses jedoch einseitig bewertet. Meistens (aber nicht ausschließlich) handelt sich dabei um aggressive Verhaltensweisen des Patienten selbst, die dieser durch seine Darstellung zwar gut erkennbar macht, selbst jedoch nicht als solche interpretieren würde. Patientin WE2 berichtet zum Beispiel, sie habe mit ihrem Freund über Suizidversuch nicht sprechen wollen und begründet diese Zurückhaltung damit, daß sie etwas „diffiziler" und „etwas mehr Tiefgang" habe als dieser, für den „ein Mal eins immer eins" sei und der für ihre Schwierigkeiten daher nicht hinreichend sensibel sei. Diese Begründung für ihre Zurückhaltung (WALL-OFF) läßt sich unschwer als Entwertung des Freundes verstehen (BLAME). Nur der erste Beziehungsaspekt (WALL-OFF) entspricht jedoch ihrer Selbstwahrnehmung, während der zweite (BLAME) aus einer äußeren Perspektive hinzugefügt werden muß.

Das Gesagte läßt sich wie folgt zusammenfassen: Die Darstellung fiktiver Beziehungsinhalte durch Patienten stellt kein brauchbares Material für die Suche nach repetitiven Beziehungsmustern dar und wird deshalb bei der Auswertung (Kodierung) nicht berücksichtigt. Ausgewertet wird ausschließlich dasjenige Beziehungsgeschehen, das *als real geschildert* wird. Dabei bildet man zunächst die subjektive Wahrnehmung der Realität durch den Patienten ab und ergänzt diese subjektive Beziehungswirklichkeit in einem zweiten Schritt, indem man bestimmte Wahrnehmungslücken des Patienten in bezug auf sein eigenes Verhalten ausfüllt. Voraussetzung dafür ist freilich, daß die in diesem zweiten Schritt vorgenommenen Beurteilungen durch das Textmaterial eindeutig belegt werden können.

(3c) Aktuelles Sich-in-Beziehung-Setzen zu abwesenden Objekten während des Therapiegesprächs: Beziehungsschilderungen betreffen gewöhnlich Ereignisse, bei denen der Patient und sein Objekt gewissermaßen auf der gleichen „Bühne" stehen und dort miteinander interagieren. Dies ist gewöhnlich immer der Fall, wenn über konkrete Beziehungserfahrungen berichtet wird. Patienten können ihre Beziehung zu anderen Personen jedoch auch direkt zur Darstellung bringen, indem sie diese aus dem Hier und Jetzt der therapeutischen Situation heraus *bewerten*. In den Transkripten findet man nicht selten Passagen, in denen Andere (z.B. die Eltern) kritisiert, gelobt oder vielleicht auch bedauert werden. Außerdem kann der Patient die eigene Haltung gegenüber solchen Objekten beschreiben, z.B. die der Dankbarkeit, Abhängigkeit, Eigenständigkeit oder Distanz. Diese Haltungen werden jedoch nicht als eigenes Verhalten im Kontext irgendwelcher konkreten Ereignisse bzw. direkten Begegnungen mit den betreffenden Objekten präsentiert, sondern als aktuelle Bewertungen „nach draußen", d.h. aus der therapeutischen Situation heraus.

Dieses „aktuelle Sich-in-Beziehung-Setzen" ist besonders leicht zu erkennen, wenn das betreffende Objekt gar nicht real verfügbar ist (z.B. weil es nicht mehr lebt) oder eine dem Inhalt der Schilderung entsprechende Begegnung in Wirklichkeit niemals stattgefunden hat (z.B. wenn die Eltern niemals offen und direkt kritisiert wurden, im Kontext des Therapiegespräches jedoch von einem Patienten angegriffen werden). In solchen Fällen handelt es sich um ein besonderes Beziehungsgeschehen, bei dem die Beteiligten *nicht* auf der gleichen „Bühne" stehen und *nicht* unmittelbar miteinander interagieren. Der Patient ist gewissermaßen „von hier nach dort" (im zeitlichen und im räumlichen Sinne) auf das Objekt bezogen. Beziehungsdarstellungen dieser Art haben innerhalb der Analyse repetitiver Muster vermutlich eine andere Bedeutung als Schilderungen tatsächlicher Begegnungen. Sie werden in der vorliegenden Untersuchung deshalb nicht als Beziehungsepisoden betrachtet und bleiben bei der SASB-Inhaltsanalyse unberücksichtigt.[3]

---

[3] Benjamin (persönliche Mitteilung) bezeichnet solche Beziehungsdarstellungen als „implied process" (impliziter Prozess), da in ihnen keine Beziehungserfahrungen *„wiedergegeben"* werden, sondern Be-

(3d) Interaktionen zwischen dritten Personen: Hin und wieder berichten Patienten über die Beziehungen zwischen dritten Personen (z.B. zwischen den Eltern). Solche Beziehungsschilderungen werden in der vorliegenden Untersuchung ebenfalls nicht kodiert, da sie nur indirekt Auskunft über die Beziehungsmuster der Patienten selbst geben. Obgleich sie im Einzelfall inhaltlich bedeutsam erscheinen, ist ihr Zusammenhang mit den repetitiven Mustern des Patienten noch nicht genügend aufgeklärt und systematisiert. Eine besondere Untersuchung wäre erforderlich, um zuverlässige Richtlinien für Schlußfolgerungen von den triadischen Schilderungen auf die Beziehungsmuster eines Patienten formulieren zu können.[4]

Allerdings können die Schilderungen von Beziehungen zwischen Dritten nützliche Hinweise darauf enthalten, welche *Einzelbeziehungen* der Patient zu den jeweiligen Personen hat; diese Einzelbeziehungen werden in solchen Fällen mit SASB abgebildet. Wenn ein Patient z.B. berichtet, seine Mutter habe sich früher vor allem um die behinderte jüngere Schwester gekümmert, dann kann dies bedeuten, daß er sich von ihr vernachlässigt fühlte; wenn der gesamte Kontext der Schilderung diese Lesart bestätigt, kann zur Beschreibung der Beziehung zwischen Mutter und Sohn die Kodierung *IGNORE* vorgenommen werden.

5.2.4 Zusammenfassung der Regeln

In den vorangegangenen Abschnitten wurden die Regeln für die Abgrenzung von Beziehungsepisoden dargestellt und Kriterien für die Identifikation und den Ausschluß nicht verwertbarer Beziehungsinformationen genannt. Die Abgrenzung und endgültige Auswahl von Beziehungsepisoden erfolgt damit in *drei Schritten:*

1. Zunächst werden alle Objektbenennungen und Bezugnahmen auf Objekte (er, sie, ihm, etc.) im Transkript identifiziert; die verschiedenen Objekte werden durch besondere (farbliche) Markierungen differenziert. Alle einfarbig markierten Textbereiche, die Schilderungen zu demselben Objekt enthalten, werden als „vorläufige" bzw. „potentielle" Beziehungsepisoden abgegrenzt. Die

ziehungen im Hier und Jetzt des therapeutischen Gesprächs *„hergestellt"* werden. Die Beziehungsinformation geht nicht aus dem Inhalt einer Erzählung hervor, sondern ergibt sich aus dem, was der Patient durch seine Darstellung mit dem betreffenden Objekt *aktuell „macht"*. Dieser prozessuale Charakter kennzeichnet diese besondere Form der Beziehungsdar(her-)stellung im „Hier und Jetzt" und begründet die Bezeichnung „implied process".

[4] Vorläufige Untersuchungen haben gezeigt, daß Patienten z.B. mit einem der beiden Objekte identifiziert sein können und sich selbst in dessen Rolle darstellen; in anderen Beispielen befinden sie sich in der Position des ausgeschlossenen Dritten, dann wieder in der des Vermittlers usw. Alle diese Varianten sind psychologisch interessant und geben indirekte Hinweise auf die inneren Beziehungsvorstellungen eines Patienten. Es fehlen jedoch gegenwärtig noch Regeln, die solche triadischen Strukturen mit den repetitiven Beziehungsmustern von Patienten systematisch ins Verhältnis setzen. In der vorliegenden Arbeit wurde deshalb auf die Auswertung der Schilderungen von Beziehungen zwischen dritten Personen verzichtet.

Episoden beginnen vor der ersten Nennung des betreffenden Objekts und enden nach seiner letzten Nennung.

2. In einem zweiten Durchgang werden diese vorläufig abgegrenzten Episoden in drei besonderen Fällen durch die Anwendung weiterer Regeln korrigiert: Geteilte Episoden, die durch Schilderungen zu anderen Objekten (d.h. durch sog. „Seitensequenzen") unterbrochen sind, werden wieder zusammengefügt; längere Schilderungen zu einem einzigen Objekt müssen u.U. in zwei oder mehrere Episoden unterteilt werden, wenn mehrere zeitlich und örtlich getrennte Ereignisse dargestellt werden; substantielle Therapeuteninterventionen beenden eine Beziehungsepisode.
3. In einem dritten Durchgang werden die abgegrenzten Episoden noch einmal daraufhin überprüft, ob sie überhaupt verwertbare Beziehungsinformationen enthalten. Nicht auswertbar sind bloße Objektnennungen sowie Darstellungen, die fiktive Beziehungsentwürfe beschreiben. Ausgeschlossen sind auch solche Beziehungsdarstellungen, in denen der Patient sich aktuell z.B. in der Form von Bewertungen mit einer abwesenden Person in Beziehung setzt. Geschilderte Beziehungen zwischen dritten Personen werden ebenfalls nicht berücksichtigt.

5.3 Untersuchungen zur Reliabilität

5.3.1 Reliabilität der Episodenabgrenzung

Die Abgrenzung und Auswahl von Beziehungsepisoden gelingt in den meisten Fällen unter Anwendung der beschriebenen Regeln problemlos. Schwieriger kann die Anwendung der Prozedur jedoch in Gesprächsabschnitten sein, in denen Patienten in besonders unbestimmter und allgemeiner Form über Beziehungserfahrungen berichten. In diesen Fällen ist u.U. nicht leicht zu bestimmen, ob ein „reales" Beziehungsgeschehen im eben erläuterten Sinn vorliegt oder nicht. Dies ist in ausgeprägter Weise bei dem Patienten MA3 der Fall, für den die Reliabilitätsmessung der Episodenabgrenzungen einen relativ schlechten Wert ergab (siehe dazu unten). Da die Anwendungen der Hauptregel und der Zusatzregeln einfach und unproblematisch sind, gehen die meisten Abweichungen zwischen den Ratern auf unterschiedliche Einschätzungen in bezug auf die *Auswertbarkeit* der im Text enthaltenen Beziehungsinformationen zurück. Je allgemeiner ein Patienten berichtet, desto schwerer läßt sich entscheiden, ob die Schilderungen sich auf reales Beziehungsgeschehen beziehen oder ob nur Ansichten und Bewertungen geäußert werden. Unter solchen Umständen ist es schwierig zu beurteilen, ob eine Beziehungsschilderung als unauswertbar von der SASB-Kodierung ausgeschlossen werden muß, weil sie z.B. einen *fiktiven* Charakter hat oder ein „aktuelles Sich-in-Beziehung-Setzen" zu Personen außerhalb der therapeutischen Gesprächssituation beinhaltet (Kriterien 3b und 3c, s. 5.2.3).

Die Reliabilitätsprüfung wurde nach einer Einübungsphase von dem Autor und einer weiteren Raterin vorgenommen. Als übereinstimmend wurden Grenzziehungen dann gewertet, wenn sie entweder an der gleichen Stelle im Transkript vorgenommen wurden oder durch nicht mehr als einen Satz bzw. ein Satzfragment[5] voneinander getrennt waren; die Grenzziehungen weichen damit im Übereinstimmungsfall höchstens ein bis drei Zeilen im Transkript voneinander ab. Bei der Zählung der voneinander abweichenden Grenzziehungen wurde folgendermaßen verfahren: Wenn einer der Rater eine Episode in einem Textbereich identifizierte, in welchem der zweite Rater überhaupt keine abbildbaren Beziehungsschilderungen finden konnte (also keine Grenzen markierte), wurden zwei „Fehler" für die abweichenden Anfangs- und Endbegrenzungen gezählt. Wenn beide Rater in einem Kernbereich eines Textabschnittes abbildbare Beziehungsschilderungen fanden, dabei jedoch im Randbereich beide Grenzen verschieden setzten (mit mehr als einem Satz oder Satzfragment Abstand), dann wurden ebenfalls zwei „Fehler" für die abweichenden Grenzziehungen gezählt. Natürlich gab es auch Fälle, in denen eine der beiden Begrenzungen übereinstimmte, während die zweite abweichend gewählt wurde; in diesem Fall wurde ein einzelner „Fehler" notiert.

Als Reliabilitätsmaß wurde der *prozentuale Anteil gemeinsamer Grenzziehungen* gewählt. Die Summe der „Fehler" plus die Anzahl übereinstimmender Grenzziehungen wurden dabei als 100% festgesetzt.

Prozentangaben sind ein sehr einfaches Reliabilitätsmaß. Sie berücksichtigen nicht den zufällig zu erwartenden Anteil an Übereinstimmungen und könnten aus diesem Grund kritisiert werden. Diese Kritik hat im vorliegenden Fall jedoch kein großes Gewicht, da in dem etwa 25-seitigen Transkript einer Therapiestunde zufällig übereinstimmende Grenzziehungen sehr unwahrscheinlich sind. Der prozentuale Anteil übereinstimmender Episodenabgrenzungen kann deshalb als ein reelles Maß für die Zuverlässigkeit des beschriebenen Verfahrens zur Identifikation von Beziehungsepisoden betrachtet werden.

Die Reliabilitätsmessungen wurden nach einer längeren Phase der Entwicklung und Einübung der Untersuchungsinstrumente vorgenommen; diese Phase wird weiter unten (5.3.4) genauer beschrieben. Als Material wurden vier Transkripte von verschiedenen Patienten (WE1, WE3, MA3, MA4) zufällig ausgewählt und die darin enthaltenen Beziehungsepisoden von beiden Ratern unabhängig voneinander abgegrenzt. Für die Übereinstimung ergaben sich die in Tabelle 5.2 angegebenen Werte.

Die durchschnittliche Übereinstimmung für die vier Messungen beträgt 75,7%. Für die Beurteilung dieses Wertes sind folgende Überlegungen wichtig: Wie bereits weiter oben angemerkt wurde, lag die hauptsächliche Quelle für voneinander abweichende Grenzziehungen in den unterschiedlichen Beurteilungen zu der Frage, ob eine bestimmte Textstelle überhaupt auswertbare Beziehungsinformationen enthielt oder nicht (Kriterien 3a-3d). Wenn beide Rater diese Frage

[5] Satzfragmente werden hier besonders erwähnt, da Äußerungen der natürlichen Rede, wie sie auch für Therapiegespräche charakteristisch sind, häufig grammatikalisch unvollständig sind.

bejahten, bereitete die übereinstimmende Festlegung der Episodenbegrenzungen auf Basis der Regeln (Hauptregel 1, Zusatzregeln 2a-2c) keine größeren Probleme mehr.

Patient	Anzahl der Grenzziehungen	Prozent Übereinstimmung
WE1	N = 102	82,3%
WE3	N = 89	73,4%
MA3	N = 105	61,0%
MA4	N = 54	86,1%

Tab. 5.2: Reliabilitätswerte für die Episodenabgrenzung[6]

Diese Beobachtung läßt nun die begründete Erwartung zu, daß eventuelle Abweichungen bei der Episodenabgrenzung für das Ergebnis der SASB-Kodierungen selbst keine oder kaum negative Konsequenzen im Sinne einer Ergebnisverzerrung haben. Dies ergibt sich aus dem Umstand, *daß die Frage der Auswertbarkeit des Textmaterials im Zuge der SASB-Kodierung automatisch noch einmal geprüft wird.* Die Abbildung eines Beziehungsaspektes mit SASB ist nur dann möglich, wenn der Text genügend Informationen zur Beurteilung des Fokus und der Dimensionen Affiliation bzw. Interdependenz enthält (vgl. 2.2.2). Es kann sich grundsätzlich immer herausstellen, daß das in Beziehungsepisoden abgegrenzte Textmaterial gar nicht kodierbar ist. Dies ist selbstverständlich immer der Fall, wenn ein Text nur Objektnennungen enthält, die nicht in einen Beziehungkontext eingebettet sind (Kriterium 3a). Aber auch die Schilderungen fiktiver Beziehungen (3b) und aktuelle Bezugnahmen auf abwesende Objekte (3c) werden bei der Durchführung der SASB-Kodierung in der Regel entdeckt, weil die Beziehungsinformationen für eine Beurteilung nicht ausreichen. Insbesondere die Einschätzungen des Fokus und der Interdependenz setzen gewöhnlich die Erfüllung der in den Kriterien 3b und 3c formulierten Bedingungen voraus.

Da die Abgrenzung von Beziehungsepisoden sich nach diesen vier Versuchen als hinreichend zuverlässig durchführbar erwies und da dem Reliabilitätsnachweis für die SASB-Kodierung aus dem eben genannten Grund eine größere Wichtigkeit zuzumessen war, wurde die Reliabilitätsprüfung zur Episodenbestimmung an diesem Punkt abgeschlossen. Die Abgrenzungen in den übrigen Transkripten wurden vom Autor vorgenommen und von der zweiten Raterin anschließend übergeprüft. Unterschiedliche Beurteilungen wurden in jedem einzelnen Fall diskutiert und gemeinsam entschieden.

---

6 Für die Anzahl der Grenzziehungen pro Gespräch sind ungerade Zahlen möglich, weil das Ende einer Episode mit dem Beginn der nachfolgenden identisch sein kann. Dadurch können z.B. zwei Episoden durch nur drei Grenzen definiert sein.

5.3.2 Anmerkungen zur Kodierung von Beziehungsepisoden

Nach der Abgrenzung der Beziehungsepisoden können die Transkripte mit SASB kodiert werden. Dabei werden nur noch die in den Episoden eingeschlossenen Textbereiche berücksichtigt. Bei der Auswertung einer Episode werden schrittweise alle in ihr enthaltenen Beziehungsinformationen solange in Kodierungen überführt, bis ihr Inhalt in allen Aspekten vollständig abgebildet ist. Manchmal reicht eine einzige Kodierung für die Wiedergabe des Beziehungsinhalts aus, bei einzelnen Episoden benötigt man dazu jedoch bis zu 9 oder 10 Kodierungen. Durchschnittlich sind etwa 4 Kodierungen notwendig, um alle Aspekte einer Episode zu erfassen.

Episoden können umfangreich sein und in extremen Fällen mehrere Seiten des Transkripts umfassen. Manchmal sind sie jedoch nicht länger als ein einziger Satz. Der Umfang einer Episode korrespondiert nur bedingt mit der Anzahl der zu ihrer Abbildung notwendigen SASB-Kodierungen. Dies zeigt das sehr dichte und komplexe (zweite) Beispiel, das in Abschnitt 2.2.2 analysiert worden ist. Dort mußte eine dreizeilige Patientenäußerung durch 5 verschiedene Kodierungen wiedergegeben werden. Umgekehrt können eher inhaltsarme Episoden durchaus sehr umfangreich sein, wenn in ihnen ein einziger Beziehungsaspekt redundant ausgeführt wird oder wenn Passagen ohne jeden Beziehungsinhalt die Schilderung sehr dehnen.

Die Abgrenzungen der Episoden legen fest, welche Beziehungsaspekte als zusammengehörig betrachtet werden und eine gemeinsame Beziehungsgestalt bilden. Sie legen damit auch fest, welche SASB-Kodierungen als zueinander gehörig ausgewertet werden. Auf diese Weise ist es möglich, verschiedene Episoden miteinander zu vergleichen und zu prüfen, ob sich in ihnen bestimmte Beziehungsmuster - verstanden als spezifische Kombinationen von Kodierungen - wiederholen.

Die Episodenabgrenzungen bedeuten jedoch keineswegs, daß der Inhalt der Episoden ohne Rücksicht auf den umgebenden Text des Transkripts kodiert werden sollte. Statt dessen müssen in der Regel für die Kodierung einer Episode auch Informationen herangezogen werden, die ein Patient an einer anderen Stelle des Gespräches gegeben hat. Gespräche haben ihre eigene Geschichte, in denen die Beteiligten gemeinsame Wissensbestände und Hintergrundinformationen aufbauen, auf die sie sich in ihren späteren Ausführungen beziehen. Es kommt außerdem vor, daß Informationen, die ein Patient an einer späteren Stelle in das Gespräch einbringt, das Verständnis einer zuvor nur undeutlich berichteten Geschichte erleichtert. Solche außerhalb einer Episode liegenden *Kontextinformationen* können und sollten bei der Kodierung verwendet werden.

Der Einbezug von Kontextinformationen darf andererseits nicht dazu führen, daß ein Kodierer eine Episode durch Bedeutungen ergänzt, die er aus anderen Teilen des Transkripts gefolgert hat. Jeder Beziehungsaspekt einer Episode, der durch eine SASB-Kodierung wiedergegeben wird, muß in der Episode selbst konkret und nachvollziehbar angesprochen worden sein. Innerhalb der abgegrenzten Beziehungsepisode sollte deshalb immer eine Textstelle markiert werden können, auf die sich eine Kodierung bezieht. Erst unter dieser Voraussetzung ist die Hinzunahme von Kontextinformationen zur genaueren Klärung der Bedeutung solcher Textstellen sinnvoll.

5.3.3 Zum Reliabilitätsmaß: Das gewichtete Kappa

Die Übereinstimmung für SASB-Kodierungen wird mit dem gewichteten Kappa von Cohen (1968) ermittelt. Die Gewichte sind dabei der Modellstruktur von SASB angepaßt. Die Prozedur wird im Detail bei Grawe-Gerber und Benjamin (1989) beschrieben. Sie soll hier nur in groben Zügen dargestellt werden.

Die Berechnung von Kappa geht von einer zwei-dimensionalen Matrix aus, in der die Kodierungen zweier Rater in den Zeilen und Spalten einander zugeordnet werden (s. Abb. 5.1). Die Abbildung stellt die übereinstimmenden Beurteilungen der Rater A und B als Einträge auf der *Diagonalen* anschaulich dar. Auf ihr sind die Fälle eingetragen, in denen die Urteiler exakt übereinstimmen; alle anderen Eintragungen geben voneinander abweichende Beurteilungen wieder. Kappa mißt nun, in welchem Ausmaß die Diagonale stärker besetzt ist, als dies auf Grund der aus den Randverteilungen bestimmbaren Zufallswahrscheinlichkeit zu erwarten wäre. Darüberhinaus werden die Abweichungen von der Diagonale entsprechend ihres Ausmaßes *gewichtet*.

Rater A/B	EMA	AFFI	LOVE	PROT	CONT	BLA	......
EMANCIP	0	1	0	0	0	0	.....
AFFIRM	0	2	0	0	0	0	.....
LOVE	0	0	1	1	0	0	.....
PROTECT	0	2	0	5	0	0	.....
CONTROL	0	0	0	1	4	1	.....
BLAME	0	0	0	0	0	3	.....
....	.....	.....	.....	.....	.....	.....	.....
WALL-OFF	0	0	0	0	0	0	.....

Abb. 5.1: Matrix zur Berechnung von Kappa

Wie bereits erwähnt, sind diese Gewichte der Logik des SASB-Modells genau angepaßt: Die Stärke der Abweichungen wird durch die Unterschiede der Kodierungen in bezug auf den Fokus und die Dimensionen Affiliation bzw. Interdependenz bestimmt. Die größte Abweichung zwischen zwei SASB-Kodierungen liegt dann vor, wenn die beiden Rater in bezug auf alle drei Dimensionen völlig gegensätzliche Urteile abgegeben haben. Maximal unähnlich sind sich in diesem Sinne z.B. die Kodierungen TRUST und IGNORE, die an gegenüberliegenden Stellen des Kreismodells positioniert sind und zudem einen unterschiedlichen Fokus (intransitiv bzw. transitiv) aufweisen (s. Abb. 2.3).

Die Gewichte für die Abweichungen variieren bei der Berechnung von Kappa zwischen -1.00 und +1.00. Maximale Abweichungen wie die eben beschriebene bekommen das Gewicht -1.00. Identische Kodierungen der Rater erhalten das Gewicht +1.00. Zwischen diesen Extremen gibt es mehrere Abstufungen der Ähnlichkeit bzw. Unähnlichkeit, denen jeweils spezifische Gewichte zugeordnet sind. Sie werden in Tab. 5.3 aufgelistet (Tabelle nach Grawe-Gerber & Benjamin, 1989).

		Gewichte	
		Gleicher Fokus	Ungleicher Fokus
	0	+1.00	+.60
Anzahl der	1	+.60	+.40
Schritte zwischen	2	+.20	-.20
den Clustern	3	-.20	-.60
	4	-.60	-1.00

Tab. 5.3: Tabelle zur Bestimmung der Abweichungsgewichte

Die Ähnlichkeit zweier Kodierungen läßt sich anhand dieser Tabelle sehr einfach durch die Anzahl der Schritte bestimmen, die im SASB-Clustermodell erforderlich sind, wenn man von der einen Kodierungen zur anderen gelangen will. Als Hilfe verwendet man dabei die Abbildung zum Clustermodell (vgl. Abb. 2.3). Die Cluster AFFIRM und EMANCIPATE sind *einen* Schritt voneinander entfernt, weil sie - wie z.B. auch die Cluster DISCLOSE und SEPARATE - unmittelbar nebeneinander liegen. Dieser Abweichung wird deshalb in Tab. 5.3 das Gewicht +.60 zugeordnet. Die Cluster PROTECT und SUBMIT liegen ebenfalls nebeneinander, gehören aber zu verschiedenen Foki (transitiv bzw. intransitiv). Es daher ebenfalls ein Schritt *und* der Wechsel in die Spalte des „ungleichen Fokus" notwendig, um von der einen Kodierung zur anderen zu gelangen; das dieser Abweichung zugeordnete Gewicht beträgt laut Tabelle +.40. Die Kodierungen IGNORE und REACTIVE-LOVE sind drei Clusterpositionen von einander entfernt und gehören außerdem unterschiedlichen Foki zu; die Tabelle zeigt für diesen Fall das Gewicht -.60 an.

Tabelle 5.3 enthält die Kappa-Gewichte für alle denkbaren Differenzen zwischen zwei Ratern. Es gibt jedoch zusätzlich noch zwei besondere Fälle, die in der Tabelle nicht enthalten sind: Wenn beide Rater entscheiden, daß eine Beziehungsepisode mit SASB *nicht kodierbar* ist, dann wird dieser Übereinstimmung ein Gewicht von +.50 gegeben. Wenn einer der Rater eine Kodierung vornimmt, der andere die Episode jedoch für unkodierbar hält, dann wird dieser Abweichung ebenfalls ein Gewicht von +.50 gegeben.

Die *Formel* für das gewichtete Kappa lautet:

$$k_w = 1 - \frac{v_{ij} * P_{oij}}{v_{ij} * P_{cij}}$$

In dieser Formel entspricht P_{oij} der Zahl der beobachteten Häufigkeit in einer Zelle ij (vgl. Abb. 5.1), während P_{cij} die Anzahl der von den Randverteilungen her zu erwartenden Häufigkeit in der gleichen Zelle wiedergibt. vij ist das Abweichungsgewicht für die Zelle ij, dessen Herleitung eben erläutert wurde.

Zuordnungseinheit für die Messung der Übereinstimmung zwischen den Ratern sind die abgegrenzten *Beziehungsepisoden*. Das bedeutet, daß es für die Frage der Übereinstimmung nicht erheblich ist, auf genau welche Stelle innerhalb einer Episode die beiden Rater ihre Kodierungen beziehen. Jede einzelne Kodierung (z.B. BLAME) wird pro Rater für eine bestimmte Episode nur einmal gewertet; wenn ein Rater ein und dieselbe Kodierung an mehreren Stellen innerhalb einer Episode vorgenommen hat, dann werden die Wiederholungen nicht berücksichtigt.

Für den Vergleich zweier Ratings geht man folgendermaßen vor: Die Kodierungen für das Objekt und den Patienten werden *getrennt* verglichen. Vor Beginn des Vergleichs werden die Kodierungen von Rater A und Rater B einander so zugeordnet, daß sie einander im Sinne der Abb. 5.1 möglichst ähnlich sind. Ein Beispiel: Rater A findet für eine bestimmte Episode die Kodierungen CONTROL, <u>SEPARATE</u> für das Patientenverhalten, *BLAME* und *IGNORE* für das Objektverhalten. Rater B kodiert die gleiche Episode mit BLAME, <u>SEPARATE</u> und *BLAME.* Diese Kodierungen werden einander nun paarweise so zugeordnet:

Rater A		*Rater B*
<u>SEPARATE</u>	⇔	<u>SEPARATE</u>
CONTROL	⇔	BLAME
BLAME	⇔	*BLAME*

Der Kodierung *IGNORE* des Raters A kann keine Kodierung von B zugeordnet werden. Dieser Fall wird so behandelt, als hätte Rater B im Unterschied zu A keinen kodierbaren Beziehungsaspekt gefunden; wie weiter oben angemerkt, wird diese Abweichung für die Berechnung von Kappa mit +.50 gewichtet.

5.3.4 Reliabilität der SASB-Inhaltskodierungen

Die Reliabilitätsmessung wurde wie folgt vorbereitet und durchgeführt: Zunächst wurden die Transkripte von vier Therapiestunden von dem Autor alleine kodiert. In dieser Vorbereitungsphase wurden die oben erläuterten Regeln für die Episodenabgrenzung und die Techniken der SASB-Inhaltskodierung erprobt und weiterentwickelt. Die dabei gesammelten Erfahrungen wurden zur Einarbeitung und Schulung der zweiten Raterin am gleichen Material genutzt. Gemeinsam wurden dann vier weitere Gespräche analysiert und dabei auftretende Unklarheiten und Differenzen besprochen und abgeklärt. Darauf wurden aus dem verbliebenen Material noch einmal vier Gespräche zufällig für eine *erste* Reliabilitätsprüfung ausgewählt (WE1, WE3, MA4, MA5). Vor der SASB-Kodierung wurden die Beziehungsepisoden abgegrenzt. Danach erfolgte getrennt die SASB-Kodierung der vier Gespräche.

Erste Übereinstimmungsmessung			Zweite Übereinstimmungsmessung		
Patient	*Kappa*	*N*	*Patient*	*Kappa*	*N*
WE1	.69	327	MA1	.54	107
WE3	.63	213	MA2	.72	65
MA4	.68	115			
MA5	.76	62			

Tab. 5.4: Reliabilitätswerte für die SASB-Kodierungen

Für die Übereinstimmung der beiden Rater wurden die in Tabelle 5.4 wiedergegebenen Kappa-Werte berechnet; die Spalte „N“ enthält die Anzahl der einzelnen Kodierungsvergleiche zwischen den Ratern.[7]

Nach der ersten Übereinstimmungsmessung wurden zunächst alle weiteren Gespräche von dem Autor alleine ausgewertet und die Kodierungen anschließend durch die zweite Raterin lediglich überprüft. Gegen Ende der Auswertungen wurden noch einmal zwei Therapiegespräche getrennt kodiert, um die Stabilität der Übereinstimmungswerte zu überprüfen (MA1, MA2). Die Ergebnisse dieser *zweiten* Reliabilitätsmessung sind in Tab. 5.4 rechts aufgelistet. Ich füge hinzu, daß voneinander abweichende Beurteilungen in allen Phasen dieser Auswertung jeweils ausführlich diskutiert wurden, um eine Einigung über die zutreffendere Kodierung zu erzielen; diese Einigung bildet die Grundlage für alle weiteren Schritte der Untersuchung.

[7] Für die Berechnung der gewichteten Kappa-Werte wurde ein FORTRAN-Programm verwendet, das im Psychologischen Institut der Universität Bern programmiert und freundlicherweise von M.Grawe-Gerber zur Verfügung gestellt wurde.

Zur Interpretation dieser Übereinstimmungswerte soll das Beispiel von Patientin WE1 genauer betrachtet werden. Für sie wurde ein Kappa von .69 berechnet. Der Vergleich der Kodierungen beider Rater ergibt folgendes Bild: In 60,8% der 327 Kodierungen wurden von den beiden Ratern identische Einschätzungen vorgenommen. In 15,0% aller Fälle weichen die Kodierungen minimal voneinander ab, d.h. es handelt sich um nebeneinanderliegende Cluster. Wie weiter oben erwähnt wurde, werden solche Abweichungen bei der Berechnung von Kappa mit +.60 gewichtet. Nur in 3,7% aller Kodierungen sind die Abweichungen zwischen den Einschätzungen der Rater erheblicher, so daß zwischen ihnen mehr als ein Abweichungsschritt im SASB-Clustermodell liegt (vgl. 5.3.3). Hinzu kommen immerhin 20,5% Fälle, in denen einer der beiden Rater eine Kodierung vornimmt, der auf der Seite des anderen Raters *keine* Kodierung zugeordnet werden kann (Abweichungsgewicht .50). Über alle sechs Reliabilitätsmessungen beträgt der durchschnittliche Anteil *dieses* speziellen Fehlers 22,5%.

Aus diesen Ergebnissen kann geschlossen werden, daß ein erheblicher Teil der Nicht-Übereinstimmungen zwischen den Ratern auf einen unterschiedlichen Grad der Ausschöpfung bzw. Vollständigkeit bei der Kodierung der in den Episoden enthaltenen Beziehungsinformationen zurückzuführen ist. Abweichungen entstehen vor allem dadurch, daß einer der Rater einen Beziehungsaspekt abbildet, während der andere auf eine Kodierung verzichtet. Die Diskussion von Nicht-Übereinstimmungen dieses Typs hat gezeigt, daß häufig einer der Rater einen Beziehungsaspekt kodiert hatte, der nach der Einschätzung des anderen zwar potentiell vorhanden, jedoch für eine Kodierung im Material nicht deutlich genug ausgedrückt war. In vielen anderen Fällen hatte einer der Rater bestimmte Beziehungsmomente einfach übersehen (was angesichts der großen Zahl von Einzelkodierungen und der dadurch geforderten Aufmerksamkeitsleistung kaum zu vermeiden ist).

Abweichungen des eben erläuterten Typs haben insbesondere den Übereinstimmungswert für den Patienten MA1 stark beeinträchtigt, bei dem ein sehr mäßiges Kappa von .54 gemessen wurde. Für diesen Patienten wurden sogar in 30,8% der Fälle einseitige Kodierungen vorgenommen. Die Diskussion dieser Nicht-Übereinstimmungen ergab, daß seine Beziehungsschilderungen in besonderem Maße unklar und abstrakt waren und die Rater immer wieder vor die Frage stellten, ob dieses Material für eine SASB-Kodierung überhaupt informativ genug war.

Die gefundenen Übereinstimmungswerte können auf dem Hintergrund einschlägiger Beurteilungen in der Literatur insgesamt als „akzeptabel" bis „gut" bezeichnet werden (vgl. Cohen, 1960; Landis & Koch, 1977; Frick & Semmel, 1978; Bakeman & Gottman, 1986). Die Werte sind insbesondere befriedigend, wenn man berücksichtigt, daß die Patienten teilweise sehr komplexe Beziehungen schildern und diese Komplexität nur durch eine Kombination von *mehreren* SASB-Kodierungen abgebildet werden können, was jeweils eine intensive Analyse der betreffenden Textstellen voraussetzt (vgl. das zweite Beispiel in 2.2.2). Andererseits ist auffällig, daß die hier gefundenen Kappa-Werte *unter* denjenigen liegen, die in der Literatur für die SASB-Inhaltsanalyse genannt werden (s.a. 2.2.4): Benjamin et al. (1986) geben für zwei verschiedene Untersuchungen Kappa-Werte zwischen .68 und .81 (Mittelwert .74) bzw. .62 und .86 (kein Mittelwert genannt) an. Humphrey (1989) nennt Übereinstimmungswerte zwischen .58 und 1.00 mit einem Mittelwert von .79, während Öhman und Armelius (1993) einen einzelnen Wert von .77 berichten. Benjamin (1986b) gibt sogar einen Kappa-Wert von .94 an.

Für die vorliegende Untersuchung wurde ein sehr gründliches Ratertraining vorgenommen, so daß sich die unterschiedlichen Kappa-Werte von dieser Seite her kaum verstehen lassen. Am plausibelsten erscheint mir deshalb die Erklärung, daß das in den amerikanischen Studien verwendete Gesprächsmaterial deutlich anderer Art war als das hier verwendete. Die in der Literatur berichteten Untersuchungen analysieren Familiengespräche, in denen die unmittelbare Interaktion zwischen den Beteiligten im Vordergrund steht und entsprechend seltener ausgedehnte Beziehungsepisoden geschildert werden. Vermutlich beziehen sich die SASB-Inhaltskodierungen in diesen Studien in erster Linie auf kurze Beziehungsschilderungen, die eine bestimmte Funktion in der unmittelbaren Interaktion haben und aus diesem Grund klarer sind.[8] Im Unterschied dazu sind die z.T. sehr ausgedehnten Beziehungsschilderungen, die man in den psychodynamisch orientierten Einzeltherapien findet, oft unklar, fragmentarisch oder in sich widersprüchlich. Nicht selten gewinnt man den Eindruck, daß Patienten sich erst während des Erzählens selbst ein bestimmtes Bild von einer Beziehung oder einem Beziehungsgeschehen machen und daß ihre Darstellung aus diesem Grund nicht sehr klar sein kann. Unklare Berichte können auch dadurch entstehen, daß der Inhalt einer Epsode für den Sprecher beschämend ist oder aufgrund anderer (bewußter und unbewußter) Motive verdeckt bleiben soll. Gründe dieser Art könnten erklären, warum das in dieser Untersuchung verwendete Material schwieriger zu bearbeiten und weniger reliabel zu kodieren war.

Als weitere Erklärung kommt in Betracht, daß die Patienten der vorliegenden Untersuchung schwerer gestört sind als die Probanden anderer Studien. Benjamin (1986b, S.114) berichtet, daß nach ihren Untersuchungen die Übereinstimmung für Prozeßkodierungen bei besonders pathologischen Formen der Familieninteraktion schlechter ist als bei weniger gestörten Beziehungen. Diese Beobachtung entspricht meinen eigenen Erfahrungen bei der Inhaltskodierung von Interviews mit klinisch-psychisch unauffälligen Probanden: Diese schildern zwar durchaus sehr komplexe Beziehungsereignisse, können diese jedoch deutlicher herausarbeiten und so verständlich machen, daß ihre Abbildung mit SASB-Kodierungen in der Regel leichter fällt.[9]

---

[8] Die verfügbare Literatur führt leider keine geeigneten Beispiele an, die als Beleg für diese Annahme zitiert werden könnten. Ich denke bei meinem Argument jedoch an Äußerungen wie: „Du kümmerst Dich sehr selten einmal um die Kinder. Immer muß ich alles machen!“ Diese Äußerung ist auf der *Prozeßebene* als Vorwurf - etwa an den Ehemann - zu verstehen (BLAME); auf der *Inhaltsebene* wird die Feststellung ins Feld führt, daß der Ehemann sich nicht genügend kümmert (*IGNORE*).

[9] Vgl. zu dieser Gruppe die Ausführungen in Kapitel 7.4 .

6. Eine Methode zur Identifizierung repetitiver Beziehungsmuster

In diesem Kapitel wird das Verfahren erläutert, mit dem die SASB-Inhaltskodierungen weiter ausgewertet und zu Mustern integriert werden. Da keine geeigneten Methoden aus früheren Studien vorlagen, mußte für die vorliegende Untersuchung eine geeignete Prozedur neu entwickelt werden. Wie bereits an anderer Stelle (s. 2.2.4) angemerkt wurde, beschränken sich bisherige Arbeiten zur SASB-Inhaltsanalyse auf Häufigkeitsauszählungen und graphische Veranschaulichungen, die die Interpretation der Kodierungen lediglich *unterstützen* (z.B. Hartley, 1991); der entscheidende Schritt von den einzelnen Kodierungen zu einer Integration klinisch sinnvoller Muster bleibt dabei jedoch dem Interpreten überlassen und wird nicht systematisch durch eine Methode unterstützt.[1]

Das Verfahren soll eine Integration von SASB-Inhaltskodierungen ermöglichen, indem es repetitive Strukturen in den Beziehungsschilderungen eines Patienten identifiziert. Damit wird innerhalb der Forschung eine Lücke insofern geschlossen, als für die anderen im zweiten Kapitel erwähnten Anwendungen von SASB (d.h. die Fragebogen-Version und die Prozeßanalyse) ausgereifte statistische Verfahren bereits in programmierter Form vorliegen (Benjamin, 1984; Benjamin et al., 1986; Tress, 1993). Mit dem hier dargestellten Verfahren lassen auf systematische Weise Falldarstellungen anfertigen, in denen die wichtigsten Beziehungsfiguren eines Patienten in der Form von SASB-Kodierungen wiedergegeben werden. Der Vergleich solcher sytematisierter Falldarstellungen für alle 10 suizidalen Patienten bildet die Grundlage für die Analyse „suizidaler" Beziehungsmuster in den nachfolgenden Kapiteln.

Eine kurze Übersicht soll das Verständnis der nachfolgenden Argumentation erleichtern. Die Ausgangsbasis bilden die Gesprächstranskripte, in denen die Beziehungsepisoden bereits abgegrenzt und mit SASB kodiert sind. Daran schließt sich das Verfahren zur Identifikation repetitiver Muster an. Der logische Aufbau dieses Verfahrens wird in den folgenden Abschnitten ausführlich dargestellt und läßt sich kurz so skizzieren:

---

[1] Von dieser Kritik auszunehmen ist die im Abschnitt Stelle (2.2.4) erwähnte Untersuchung von Benjamin (1986b), die die Abfolge der Ereignisse in Beziehungsschilderungen als Markow-Prozesse analysiert. Entsprechend ihrem Titel „Operational definition and measurement of dynamics shown in the stream of free associations" untersucht diese Arbeit Beziehungsschilderungen als assoziative Prozesse, bei denen sich die einzelnen Äußerungen eines Sprechers als Gedankenkette aneinanderreihen. Die der vorliegenden Arbeit zugrundeliegende Auswertungsidee geht im Unterschied dazu von bestimmten Beziehungs*gestalten* aus, die gewissermaßen das innere „Gerüst" von Beziehungsepisoden bilden und als Kombinationen von SASB-Kodierungen operationalisiert werden können. Die sequentielle Anordnung der Kodierungen ist dabei *unerheblich*. Die in diesem Kapitel dargestellte Auswertungsmethode ist dieser „strukturalen" Sichtweise angepaßt.

1. Zunächst wird eine Maß entwickelt, mit dem die *Ähnlichkeit* zwischen zwei Episoden bestimmt werden kann. Dazu bietet sich das Verhältnis von übereinstimmenden und voneinander abweichenden Kodierungen zwischen den Episoden an. Außerdem wird eine bestimmte *Grenze* festglegt und durch inhaltliche Argumente plausibel gemacht, mit der sich entscheiden läßt, ob zwei Episoden einander „thematisch ähnlich" sind oder nicht.
2. In einem weiteren Schritt wird ein mathematischer Ausdruck für das eben erwähnte Ähnlichkeitsmaß formuliert. Mit seiner Hilfe kann eine Matrix berechnet werden, die die wechselseitigen Ähnlichkeiten aller Episoden untereinander darstellt. Diese Matrix bildet den Ausgangspunkt einer *hierarchischen Clusteranalyse*, durch die die Episoden zu Gruppen (Clustern) mit untereinander ähnlichen Beziehungsschilderungen zusammengefaßt werden. Das Verfahren stellt dabei sicher, daß sich alle Episoden innerhalb einer Gruppe (eines Clusters) „thematisch ähnlich" sind und dem im ersten Schritt festgelegten *Grenzwert* genügen.
3. In einem letzten Schritt werden die Beziehungsepisoden innerhalb der Gruppen (Cluster) auf ihre gemeinsamen Merkmale hin untersucht. Diejenigen SASB-Kodierungen, die sich in den Beziehungsepisoden eines Clusters wiederholen, werden in die Formulierung eines Beziehungsmusters aufgenommen, das die für das jeweilige Cluster charakteristische Beziehungsfigur abbildet. Dieses Beziehungsmuster wird als *„SASB-Beziehungsformel"* dargestellt. Auf diese Weise kann aus jedem Episoden-Cluster *ein* Muster abgeleitet werden; die Zahl der identifizierten Beziehungsmuster entspricht somit der Anzahl der durch die Clusteranalyse extrahierten Episodengruppen (bzw. Episodencluster).[2]

Das so skizzierte Verfahren entspricht in etwa dem Versuch, einen Haufen von Kieselsteinen zu sortieren. Es finden sich dabei Steine unterschiedlicher Form, Größe, Farbe und Maserung. Die Beachtung ihrer Gemeinsamkeiten und Unterschiede ermöglicht die Bildung von kleineren Haufen mit untereinander ähnlichen Stücken. Einige Steine, für die sich keine vergleichbaren Partner finden, bleiben vielleicht isoliert liegen. Dient dieses Ordnen überdies einem praktischen Zweck - etwa der Pflasterung eines Gartenweges mit einem Muster unterschiedlicher Steine - , dann findet sich während der Arbeit wahrscheinlich bald ein intuitives Kriterium dafür, welche Ähnlichkeiten bzw. Unterschiede von praktischer Relevanz sind und welche nicht.

Das Verfahren zur Identifikation repetitiver Beziehungsmuster arbeitet in vergleichbarer Weise. In der Masse der Beziehungsschilderungen eines Patienten werden Ähnlichkeiten im Sinne von Wiederholungen aufgespürt und dabei eine begrenzte Zahl von Mustern entdeckt, die den Schilderungen zugrundeliegen und sie strukturieren. Auch hier können einzelne Episoden isoliert und ohne Zuord-

[2] Wie weiter unten (Abschnitt 6.2.3) gezeigt wird, benötigt man die für Extrahierung der Beziehungsmuster aus den Clustern zusätzlich ein *Repetitionskriterium*, mit dem eine Mindestzahl von Wiederholungen festlegt wird.

nung zu einem Muster bleiben; sie sind dann eben nicht „typisch“ für diesen Fall. Falltypisch sind Beziehungsepisoden umgekehrt dann, wenn sich zeigen läßt, daß ein Patient in einer Geschichte „wieder einmal“ ein vertrautes Muster wiederholt. Da die Feststellung solcher Wiederholungen auch ein wichtiger Teil des praktisch-therapeutischen Umgangs mit Patienten ist, kann man durchaus sagen, daß das Verfahren Züge des klinischen Denkens selbst nachbildet und systematisiert.

6.1 Was ist eine Wiederholung?

Bei der Entwicklung eines Verfahrens ging es im ersten Schritt darum, ein Maß für die *Ähnlichkeit* zweier Episoden zu finden. Als Anschauungsmaterial hierzu sollen im folgenden Ausschnitte aus der Therapie von Patientin WE2 verwendet werden; aus ihrer Behandlung wurde bereits im vorangegangenen Kapitel mehrfach zitiert. Die 43-jährige Patientin wird nach einem Suizidversuch stationär entgiftet. Nach ihrer Entlassung beginnt eine psychodynamisch orientierte Kurztherapie, die - wie in allen 10 untersuchten Fällen - bereits während des stationären Aufenthaltes mit dem Therapeuten vereinbart worden war. Die Behandlung findet ambulant in der Klinik statt. Materialgrundlage für die Analyse der repetitiven Muster sind die ersten beiden Therapiestunden bzw. die darin enthaltenen Beziehungsepisoden. Drei Episoden werden in diesem Abschnitt miteinander verglichen und exemplarisch mit SASB ausgewertet. Die Analyse ihrer wechselseitigen Gemeinsamkeiten und Unterschiede führt zu der Festsetzung eines Ähnlichkeitskriteriums, das im nächsten Abschnitt genauer beschrieben wird.

Erstes Beispiel WE2:
Zur besseren Verständlichkeit sei eine kurze Erläuterung des Kontextes der Äußerung vorangestellt: Die Patientin berichtet über Spannungen im Verhältnis zu ihrem Bruder und dessen Freundeskreis, in dem sie sich häufiger aufhält. Sie fühlt sich in diesem Kreis schon längere Zeit unbefriedigt und beklagt, daß diese Kontakte ihr nichts geben und sie sich von der Gruppe nicht genügend verstanden fühlt. Sie setzt ihre Klage folgendermaßen fort:

> *Patientin:* ... Und das ist immer [T: Also so-] schwierig zu akzeptieren, weil wir ja alle an [T: mhm] einen Punkt, wo wir glauben da ist ein Grenze, kommen, schon mal ernstgenommen werden wollen, oder zumindestens selbst wenn das nicht diskutiert wird- [T: mhm] oder wenn das ausgesprochen wird- (.) aber man möchte stillschweigend das Gefühl haben, äh daß also die Umgebung sich sagt „Naja also so rein mit- mit Witz und blöden Scherzen können wir das ja nun nicht ganz abtun“, nicht? Und (.) das weiß ich, daß ich dann [T: mhm] also eher mh- eine Reaktion habe, daß ich ein bißchen hochgenommen werde oder so und das kann ich also im Moment schlecht haben. (.) Da bin ich dann lieber für mich.

Die Patientin beschreibt hier eine Verfassung, in der sie sich schwach und hilfsbedürftig fühlt. In dieser Situation möchte sie von den anderen ernstgenommen werden, ohne daß sie ausdrücklich darum bitten muß. Ihre Bedürftigkeit läßt sich als eine Mischung von Zugewandtheit (positive Affiliation) und Abhängigkeit (negative Interdependenz) gegenüber den Objekten beschreiben (TRUST). Die Reaktion der anderen darauf ist in ihrem Erleben jedoch unempathisch; sie kümmern sich nicht um die Bedürfnisse der Patientin (*IGNORE*). Dies ist es aber nicht allein, was die Patientin kritisiert. Zusätzlich zu der ignoranten Haltung wird beklagt, daß die anderen sie gar nicht ernst nehmen und sich sogar über sie lustig machen; das ist kränkend und herabsetzend (*BLAME*). Die Patientin reagiert darauf, indem sie sich zurückzieht: „Da bin ich lieber für mich" (WALL-OFF). Schließlich kann ihre gesamte Schilderung noch als Kritik an ihrer Umgebung gelesen werden, die sich so unempathisch und verletzend ihr gegenüber verhält; dieser Vorwurf gewinnt eine besondere Schärfe, wenn man berücksichtigt, daß die Patientin gerade einen Suizidversuch hinter sich hat (BLAME).

Zweites Beispiel WE2:
Im nächsten Textausschnitt begründet die Patientin, weshalb sie mit ihren Freunden und ihrer Familie *nicht* über die Hintergründe und Motive ihres Suizidversuchs gesprochen hat:

> *Patientin:* ... die ganze Familie wußte es- jeder äh, mit dem ich zusammen war (.), daß ich ähm mich schwer getan hab in der letzten Zeit, nicht? Daß ich auch öfter mal also dann die Heultour bekommen hab und- (.) und äh mh schon auch mal dann bei gewissen Gelegenheiten irritiert war und gesagt hab „Laßt mich in Ruhe und greift mich nicht immer so an, ihr- (.) ihr mißversteht so viel" - weil ich eben (.) mich in der Beziehung von anderen in der letzten Zeit immer (.) ähm unterschieden habe, daß ich das Gefühl habe, sie sind alle topfit und- und sie mh- (.) wenn ich mal einen Moment ruhig dasaß, dann hieß es gleich immer „Ja, machst denn so'n Gesicht, was ist denn." (.) Und ich hatte dann immer Mühe zu sagen „Es ist gar nichts" ähm s- mh, nicht?

Diese Schilderung einer Beziehungssituation ist etwas konkreter ausgeführt als die zuletzt zitierte. Die darin dargestellte Beziehungsstruktur ist dennoch sehr ähnlich. Die Patientin beschreibt wieder eine Lage, in der es ihr schlecht geht und in der sie - auch für andere erkennbar - bedürftig ist; wir können diese Position wieder als „zugewandte Abhängigkeit" beschreiben und mit TRUST kodieren. Diese reagieren darauf, indem sie sich der Patientin zuwenden. Die Patientin jedoch erlebt diese Zuwendung als Kritik („Ja, machst denn so'n Gesicht, was ist denn."); man macht ihr ihren Zustand zum Vorwurf (*BLAME*). Wie in dem letzten Zitat wird von der Patientin außerdem auch hier wieder zum Ausdruck gebracht, daß die anderen sie nicht verstehen können und ihre Bedürfnisse letztlich ignorieren: Die Patientin beschreibt diese als „topfit", was vor allem bedeutet, daß sie keine Empathie für ihre innere Verfassung haben können - sie verstehen sie die Patientin einfach nicht (*IGNORE*). Sie reagiert auf dieses Unverständnis kritisch und vorwurfsvoll („...ihr mißversteht so viel") (BLAME). Weitere Äußerungen in dem Zitat: „Laß mich in Ruhe" und „Es ist gar nichts" - markieren wiederum einen Rückzug von den anderen (WALL-OFF). Diese Distanzierung ist im Grunde bereits in der allgemeinen Feststellung der Patientin enthalten, sie habe sich in der letzten Zeit immer von den anderen unterschieden.

Als *Ergebnis* der Analyse dieser beiden Beispielsepisoden kann man festhalten, daß die in ihnen enthaltenen Beziehungsschilderungen durch *identische SASB-Kodierungen* abgebildet werden können. Für das Verhalten der Patientin findet man in beiden Fällen die Kodierungen TRUST, WALL-OFF und BLAME, für das der Objekte die Kodierungen *BLAME* und *IGNORE*. Beiden Episoden liegt somit dieselbe Beziehungsstruktur zugrunde, sofern man - wie ich es in der vorliegenden Arbeit tue - die SASB-Kodierungen als Maßstab verwendet.

Drittes Beispiel WE2:

Das dritte Beispiel weist im Vergleich zu den eben zitierten Ausschnitten Unterschiede auf, enthält aber auch eine Reihe von gemeinsamen Elementen. Die Äußerung der Patientin wird durch die Frage des Therapeuten eingeleitet, ob sie mit ihrem Freund über den Suizidversuch gesprochen hat. Die Frage bezieht sich dabei auf verschiedene von der Patientin zuvor erwähnte Begegnungen mit ihrem Freund nach der Entlassung aus der Klinik. Zum besseren Verständnis wird hier eine gekürzte Version der umfangreicheren Episode zitiert.

> *Therapeut:* Haben Sie denn mit ihm jetzt nochmal drüber gesprochen.
> *Patientin:* Äh- man kann über so was nicht sprechen, denn erstens Mal ist diese mh ähm Begegnung also sehr neu und dann weiß ich, daß er zwar ein- ein sehr ideell eingestellter und so irgendwie auch romantischer Mann ist, aber ein ganz äh unkomplizierter, der also, für- [T: mhm] der für sowas also überhaupt gar keine Ader hat, ja? Ähm und- und ein bißchen dazu neigt zu sagen: „Also die Weiber sind hysterisch." ...
> ... Denn er dr- drückte mich dann und sagte: „Also so eine Ziege und- und- und s- die mich hier ähm mh so zu beunruhigen." Und ich hab gesagt: „Also i- ich hatte des überhaupt nicht vor dich zu beunruhigen ich hab eigentlich gar nicht angenommen, daß du zwei oder drei Tage überhaupt äh äh irgend was merkst", nicht?

Man betrachte zunächst diejenigen Beziehungselemente, die diese Schilderung mit den beiden zuvor zitierten (Beispiele 1 und 2) *gemeinsam* hat: Die Patientin leitet die von ihr berichtete Begegnungsszene mit einer *Bewertung* ihres Freundes ein. Der Kern ihrer Aussage ist, daß ihr Freund zu „unkompliziert" sei, als daß er die Motive ihres Suizidversuchs wirklich verstehen könnte. Dies stellt eine Entwertung des Freundes dar (BLAME). Die zitierte „typische" Äußerung des Freundes - „Also die Weiber sind hysterisch" - demonstriert die Verständnislosigkeit des Freundes und die bei ihm erlebte ignorante Haltung gegenüber ihren Schwierigkeiten (*IGNORE*). Natürlich bedeutet diese Äußerung außerdem eine Kritik und eine Kränkung (*BLAME*). Ein weiteres, aus den oben zitierten Episoden gleichfalls bekanntes Beziehungselement ist in der Äußerung enthalten, sie habe ihren Freund nicht beunruhigen wollen und auch gar nicht angenommen, daß dieser etwas von ihrer Abwesenheit während des Klinikaufenthaltes bemerken würde. Damit teilt sie mit, daß sie ihm wichtige Lebensbereiche vorenthält und sich ihm mit ihrer Not *nicht* anvertraut. Das bedeutet eine Distanzierung und Abgrenzung. Die Patientin nimmt ihrem Freund gegenüber eine Position ein, die durch die Kodierung WALL-OFF wiedergegeben werden kann.

Neben diesen bekannten Beziehungskodierungen findet man jedoch einige *neue* Beziehungselemente. Die Äußerung des Freundes: „Also so eine Ziege und- und- und s- die mich hier ähm mh so zu beunruhigen" - bedeutet einerseits wieder eine Kritik an der Patientin, kann jedoch andererseits als Ausdruck seiner Fürsorge verstanden werden. Sie muß deshalb durch die doppelte Kodierung *BLAME* und *PROTECT* abgebildet werden. Die darauf folgende Antwort der Patientin („Also i- ich hatte des überhaupt nicht vor dich zu beunruhigen ich hab eigentlich gar nicht angenommen, daß du zwei oder drei Tage überhaupt äh äh irgend was merkst") enthält neben dem bereits kodierten Rückzug (WALL-OFF) ebenfalls weitere Beziehungsaussagen: Zunächst stellt diese Äußerung eine Rechtfertigung gegen den von ihr erlebten Vorwurf des Freundes dar (SULK); darüberhinaus formuliert sie ebenfalls eine fürsorgliche Haltung durch die Versicherung, sie habe ihn nicht beunruhigen wollen (PROTECT). Die Episode wird somit durch insgesamt 7 verschiedene Kodierungen abgebildet, von denen 4 in den zuvor zitierten Episoden bereits vorgekommen sind; jene enthalten andererseits eine weitere Kodierung für das Verhalten der Patientin (TRUST), die in der hier besprochenen Episode fehlt.

Der Vergleich der beiden ersten Episoden mit der eben zitierten ergibt deshalb, daß beide Teile ebenso viele identische wie voneinander verschiedene Kodierungen aufweisen (vier identische: BLAME, WALL-OFF, *BLAME*, *IGNORE*; vier verschiedene: PROTECT, TRUST, SULK, *PROTECT*). Ich komme auf diesen Vergleich weiter unten noch einmal zurück.

6.2 Eine clusteranalytische Methode

6.2.1 Datenstruktur und Auswahl eines Ähnlichkeitsmaßes

Im folgenden wird versucht, einen mathematischen Ausdruck für die Ähnlichkeit zwischen zwei Beziehungsepisoden zu formulieren. Für diesen Zweck ist es hilfreich, zunächst die Form zu erläutern, in der die Kodierungen als *Daten* niedergelegt werden.

Als Ergebnis der SASB-Inhaltsanalyse erhält man Beziehungsepisoden, die durch eine oder mehrere SASB-Kodierungen beschrieben werden. Für die Daten-

eingabe werden die Kodierungen als *binäre Variablen* wiedergegeben, die die verschiedenen Cluster repräsentieren. In Abb. 6.1 wird die Struktur des Datensatzes am Beispiel der drei im vorangegangenen Abschnitt zitierten Beziehungsepisoden der Patientin WE2 dargestellt.

Ep. Nr.	Patient Selbst	Patient Andere	Objekt Selbst	Objekt Andere
01	00000100	00010001	00000101	00000000
02	00000100	00010001	00000101	00000000
03	00010100	00000101	00010101	00000000
	P B	T S W	*P B I*	
	R L	R U A	*R L G*	
	O A	U L L	*O A N*	
	T M	S K L	*T M O*	
	E E	T O	*E E R*	
	C	F	*C E*	
	T	F	*T*	

Abb. 6.1: Datenzeilen für drei Beziehungsepisoden von WE2

Jede Zeile repräsentiert eine Episode. Die ersten Ziffern identifizieren die Nummer der jeweiligen Beziehungsepisode (01, 02, 03); die Zahlen entsprechen hierbei den Beispielnummern des letzten Abschnitts. Es folgen vier weitere Zahlenblöcke, die die SASB-Kodierungen als binäre Variablen mit den Ausprägungen 0 (nicht aufgetreten) und 1 (aufgetreten) darstellen. Die Kodierungen sind in 4 Blöcken mit jeweils 8 Ziffern enthalten. Die ersten beiden Blöcke geben die Kodierungen für das Patientenverhalten wieder, die anderen beiden die des Objektes. Der erste und der dritte Block enthalten Kodierungen zu der oberen, transitiven Ebene des SASB-Modells (Fokus auf dem anderen; vgl. Abb. 2.3), der zweite und vierte Block Kodierungen zu der mittleren, intransitiven Ebene (Fokus auf dem Selbst). Die 8 Ziffern innerhalb der Blöcke bezeichnen die 8 möglichen Kodierungen der SASB-Clusterversion, beginnend mit der obersten Kodierung des Zirkumplexmodells und jeweils im Uhrzeigersinn fortschreitend, also: EMANCIPATE, AFFIRM usw. (bzw. SEPARATE, DISCLOSE usw.).

Für die Auswahl eines geeigneten Ähnlichkeitsmaßes wird der Datensatz aus Abb. 6.1 zur Veranschaulichung herangezogen. Beim Vergleich binär kodierter „Objekte“ (in unserem Fall: Episoden) wird in der Literatur zur Clusteranalyse gewöhnlich die folgende Systematisierung vorgenommen (Eckes & Roßbach, 1980, S.46; Backhaus, Erichson, Plinke, Schuchard-Ficher & Weiber, 1987, S.119); die Variable

- „a“ bezeichnet die Anzahl der Fälle, in denen zwei verglichene Objekte i und j übereinstimmend eine positive Merkmalsausprägung (also 1) aufweisen.

- „b“ bezeichnet die Anzahl der Fälle, in denen Objekt i eine positive Merkmalsausprägung aufweist, nicht aber Objekt j.
- „c“ bezeichnet die Anzahl der Fälle, in denen Objekt j eine positive Merkmalsausprägung aufweist, nicht aber Objekt i.
- „d“ bezeichnet die Anzahl der Fälle, in denen beide Objekte übereinstimmend eine 0-Ausprägung für ein Merkmal aufweisen.

Für die mathematische Formulierung des Ähnlichkeitskriteriums soll für die vorliegende Problemstellung zunächst festgelegt werden, daß nur die Fälle „a“, nicht aber die Fälle „d“ für die Berechnung der *Übereinstimmung* zwischen den Episoden in das gesuchte Maß Eingang finden sollen: Nur das *positive Vorliegen* einer SASB-Kodierung soll für das Beziehungsthema einer Episode charakterisierend sein, nicht aber die *Abwesenheit* einer Kodierung. Diese Entscheidung ist u.a. deshalb sinnvoll, weil jede Episode im Durchschnitt nur etwa 4 Kodierungen erhält und damit ungefähr 28 der insgesamt 32 (4 x 8) binären Variablen eine Nullausprägung aufweisen. Für die Berechnung der *Nicht-Übereinstimmung* sind andererseits beide Kategorien „b“ und „c“ gleichermaßen relevant: Beide Möglichkeiten geben Fälle wieder, in denen nur jeweils eine der beiden Episoden eine positive Merkmalsausprägung enthält. Diese Überlegungen ergeben, daß die Ähnlichkeit zwischen zwei Episoden durch den Wert von „a“ bestimmt werden soll, ihre Unähnlichkeit durch den Wert von „b+c“.

Im Fall des oben gezeigten Datensatzes ergeben sich für den Vergleich der Episoden 1 und 2 (erste und zweite Datenzeile in Abb. 6.1) die folgenden Werte: a = 5 und b + c = 0 + 0 = 0. Für die beiden anderen möglichen Vergleiche zwischen den Episoden 1 und 3 bzw. 2 und 3 (erste und dritte bzw. zweite und dritte Datenzeile) ergeben sich die Werte: a = 4 und b + c = 1 + 3 = 4.

In dem gesuchten Ähnlichkeitmaß soll nun das Verhältnis der übereinstimmenden und voneinander abweichenden Kodierungen wiedergegeben werden. Wenn zwei Episoden eine große Anzahl gemeinsamer Beziehungselemente aufweisen, bleiben beide sich auch dann ähnlich, wenn daneben mehrere voneinander abweichende Elemente existieren. Basiert die Übereinstimmung hingegen auf einer geringeren Zahl übereinstimmender Elemente, müssen auch schon einzelne Abweichungen stärker gewichtet werden. Diese relative Ähnlichkeit zweier Episoden i und j wird unmittelbar durch den sog. *Jaccard-Koeffizienten* wiedergegeben, der mit folgender Formel berechnet wird (s. Eckes & Roßbach, 1980, S.47):

$$s_{ij} = \frac{a}{a + b + c}$$

Der Koeffizient s_{ij} variiert zwischen den Werten 1 und 0. Wenn es keine abweichenden Kodierungen zwischen zwei Episoden gibt, ist $s_{ij} = 1$. Dies ist beim Vergleich der ersten beiden Episoden unseres Beispiels der Fall; die Formel ergibt dort $s_{12} = 5/(5+0+0) = 1$. Wenn die Zahl der übereinstimmenden und von einander abweichenden Elemente identisch ist, hat s_{ij} den Wert 0.5. Dies ist in den anderen beiden Vergleichen (Episoden 1 bzw. 2 gegen Episode 3) der Fall; die Formel ergibt dort $s_{13} = s_{23} = 4/(4+1+3) = 0.5$.

Der nächste Schritt ist von entscheidender Bedeutung. Es soll ein *Grenzwert für den Jaccard-Koeffizienten* festgelegt werden, mit dessen Hilfe sich in jedem Fall entscheiden läßt, ob zwei Beziehungsepisoden einander „thematisch ähnlich" sind oder nicht. Diese Festlegung muß auf der Basis *inhaltlicher* Überlegungen geschehen. Es ist dabei zu entschieden, welches Verhältnis von übereinstimmenden und voneinander abweichenden Kodierungen zwischen zwei Episoden gerade noch zugelassen werden kann, damit sie auch nach klinischem Urteil die gleiche Beziehungsstruktur beschreiben. Um diese Frage zu klären, wurden in einer Erkundungsphase Beziehungsepisoden mit unterschiedlichen Ähnlichkeitskoeffizienten paarweise miteinander verglichen und probatorische Auswertungen für alle 10 Fälle unter Anwendung der weiter unten erläuterten clusteranalytischen Technik vorgenommen. Die klinische Evidenz der dabei gefundenen Resultate war am überzeugendsten, wenn der Grenzwert für den Jaccard-Koeffizient auf $s_{ij} = 0.45$ festgelegt wurde. Wenn dieser Wert erreicht oder überschritten wird, können zwei Episoden als thematisch ähnlich gelten, d.h. sie repräsentieren das gleiche Beziehungsthema; wird dieser Wert nicht erreicht, dann sind die Episoden unähnlich.

Ein Grenzwert von $s_{ij} = 0.45$ bedeutet inhaltlich, daß zwei Episoden einander dann ähnlich sind, wenn der Anteil der von einander abweichenden Kodierungen den der übereinstimmenden nicht mehr als nur geringfügig überschreitet. Zur Veranschaulichung sollen noch einmal die im letzten Abschnitt exemplarisch analysierten und kodierten Episoden herangezogen werden. Bei der Bestimmung ihrer wechselseitigen Ähnlichkeit wurden die Jaccart-Koeffizienten $s_{12} = 1.0$, $s_{13} = 0.5$ und $s_{23} = 0.5$ berechnet. Das bedeutet, daß alle drei untersuchten Episoden einander nach dem jetzt festgelegten Grenzwert thematisch ähnlich sind. Die Koeffizienten s_{13} und s_{23} liegen dabei mit 0.5 nahe am Grenzwert. Eine inhaltliche Prüfung der drei Episoden läßt jedoch das Urteil zu, daß sie mit Recht als ähnlich beurteilt werden können: In allen drei zitierten Textausschnitten wird eine Beziehungsstruktur geschildert, die durch die Wahrnehmung von Ignoranz und Herabsetzung seitens der Objekte und einen dadurch motivierten Rückzug der Patientin charakterisiert ist; dieser Rückzug ist zudem in allen Episoden mit einer Entwertung der Objekte durch die Patientin verbunden. Die Struktur wird durch die gemeinsamen Kodierungen *BLAME*, *IGNORE* und WALL-OFF, BLAME beschrieben. Diese übereinstimmenden Elemente begründen den Gesamteindruck einer grundlegenden Ähnlichkeit zwischen den drei Beziehungsschilderungen von WE2, der durch die übrigen, voneinander abweichenden Beziehungsaspekte nicht entscheidend korrigiert wird.

Wie bereits angemerkt wurde, kann der Ähnlichkeitsgrenzwert nur auf Grund inhaltlicher Überlegungen festgelegt werden; es gibt keine Möglichkeit einer formalen Ableitung. Als Basis für die Entscheidung wurden eine große Zahl paarweiser Vergleiche von Episoden in der eben (und im vorangegangenen Abschnitt) gezeigten Art vorgenommen. Gleichzeitig wurde das im vorliegenden Kapitel entwickelte Verfahren zur Identifikation repetitiver Muster unter der Annahme verschiedener Grenzwerte probatorisch angewendet; die Ergebnisse wurden jeweils inhaltlich daraufhin geprüft, ob sie klinisch sinnvolle Beziehungsmuster erbrachten. Ein zu niedriger Grenzwert führte dazu, daß Episoden mit deutlich voneinander abweichenden Beziehungsmerkmalen fälschlich als ähnlich gewertet wurden; dies hatte die Folge, daß notwendige Differenzierungen unterblieben. Ein zu hoher Grenzwert führte umgekehrt zu einer Überdifferenzierung, wenn vom Gehalt her ähnliche Episoden wegen marginaler Abweichungen fälschlich voneinander getrennt wurden. Aus diesen Versuchen ergab sich schließlich, daß ein Grenzwert von $s_{ij} = .45$ diesen gegenläufigen Risiken am besten Rechnung trug. Dieser Wert erwies sich auch bei der später durchgeführten Analyse von 12 nicht-klinischen Fällen aus der Vergleichsgruppe (s. Abschnitt 7.4) als eine gute Wahl. Nach allen bisherigen Erfahrungen kann an dem Grenzwert auch weiterhin festgehalten werden.

6.2.2 Auswahl des Agglomerationsverfahrens

Clusteranalysen setzen die Wahl eines Ähnlichkeitskoeffizienten und eines Agglomerationsverfahrens voraus, mit dessen Hilfe auf der Basis der paarweise berechneten Ähnlichkeitskoeffizienten zwischen den Episoden Cluster gebildet werden. Dabei wird in den meisten Verfahren so vorgegangen, daß zunächst die Episoden mit der größten Ähnlichkeit geclustert werden und dann im weiteren Verlauf zunehmend weniger ähnliche Episoden zu den bereits gebildeten Clustern hinzugefügt werden, usw.

Als Clusteralgorithmus wurde für die vorliegende Aufgabenstellung ein *hierarchisches Fusionsverfahren* ausgewählt. Ein solches Verfahren ist u.a. deshalb vorteilhaft, weil es eine anschauliche Darstellung der Clusterung in Form eines Dendrogramms erlaubt. Diese Darstellungsform ist, wie gleich deutlich werden wird, für die Auswahl der Cluster nach einem a priori festgelegten Ähnlichkeitskriterium besonders praktisch. Die Abbildung eines Ausschnitts aus einem Dendrogramm soll dies erläutern (s. Abb. 6.2). Das Dendrogramm gehört wiederum zu dem Fall WE2.

Die Abbildung veranschaulicht die schrittweise Fusion von Episoden in der hierarchischen Clusteranalyse. Der Prozeß soll zunächst ausgehend von der Episode 2 nachverfolgt werden. Die Episoden 2 und 24 haben Jaccard-Koeffizienten mit dem Wert 1.0, d.h. sie enthalten völlig identische Kodierungen und werden in einem initialen Schritt der Clusteranalyse fusioniert. In einem späteren Schritt werden die schon gebündelten Episoden 2-24 bei einem Ähnlichkeitswert von 0.5 mit der Episode 22 fusioniert. Eine weitere Fusion mit der Episode 33 erfolgt bei einem Wert von etwa 0.35, jedoch ist dann der Grenzwert von 0.45 bereits unterschritten, so daß die Clusterbildung abgebrochen wird. Wir haben damit ein erstes Cluster mit den Episoden 2-24-22 identifiziert. Auf entsprechende Weise werden die übrigen Teile des Dendrogramms ausgewertet. Dabei kann in dem abgebildeten Dendrogramm-Ausschnitt noch ein zweites Cluster mit den Episoden 11-15-16-17-13 gefunden werden. Wie aus diesen Clustern repetitive Muster extrahiert werden, wird weiter unten erläutert. Schon an dieser Stelle soll jedoch angemerkt werden, daß das hier beschriebene Verfahren nur solche Cluster gelten läßt, die mindestens drei Episoden zusammenfassen. Dies bedeutet inhaltlich, daß Beziehungsmuster in mindestens drei Episoden vorkommen müssen, um den Stellenwert eines repetitiven Musters aufzuweisen. Eine Folge dieser Festsetzung ist, daß die übrigen Episoden in Abb. 6.2 (33, 23, 31 und 32) *keinem* Cluster zugeordnet werden und vereinzelte Beziehungsschilderungen darstellen, die in der weiteren Auswertung nicht mehr berücksichtigt werden. Die Begründung für diesen Ausschluß erfolgt weiter unten (Abschnitt 6.2.3).

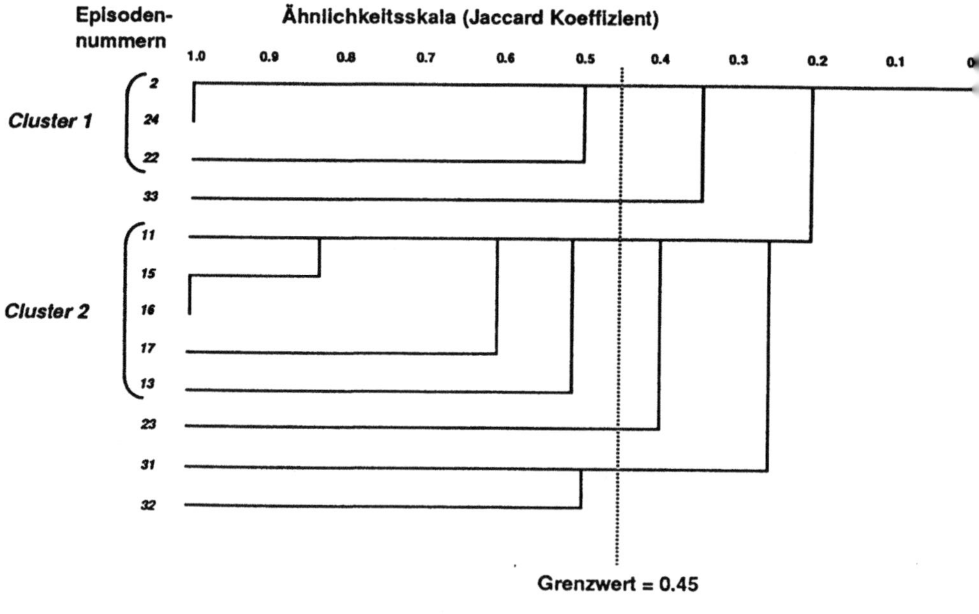

Abb. 6.2: Dendrogramm-Ausschnitt von Patientin WE2

Die Abbildung macht den praktischen Nutzen des Dendrogramms für die Auswertung der Clusteranalyse unmittelbar deutlich: Aus ihm läßt sich leicht bestimmen, an welchem Punkt die Fusion von Episoden durch das Erreichen des kritischen Ähnlichkeitswertes von $s_{ij} = 0.45$ abgebrochen werden muß. Die bis zu diesem Punkt gebündelten Episoden können durch den Rückweg in die Verästelungen des Dendrogramms leicht identifiziert werden.

Als geeignetes hierarchisches Fusionsverfahren, das im Zusammenhang mit dem Jaccard-Koeffizienten sinnvoll anwendbar ist, wurde der Algorithmus *„average linkage"* ausgewählt. Als Alternativen kamen vor allem die Verfahren „single linkage" bzw. „complete linkage" infrage, die jedoch beide bei der Fusion von Clustern lediglich die Ähnlichkeit zwischen zwei einzelnen Episoden berücksichtigen und deshalb leicht zu Verzerrungen und Entgleisungen im Fusionsprozeß führen können; sie werden in der Literatur aus diesem Grund recht kritisch beurteilt (Eckes & Roßbach 1980, S.67ff.; Backhaus et.al. 1987, S.136ff.). Average linkage hingegen berechnet die Ähnlichkeit zwischen zwei Clustern als Mittelwert aller Ähnlichkeiten zwischen den Objekten (hier: Episoden), wobei jedes einzelne Objekt mit jedem Objekt des jeweils anderen Clusters verglichen wird.

Das in Abb. 6.2 angeführte Beispiel kann dieses Prinzip verdeutlichen: Zur Berechnung der Ähnlichkeit zwischen den bereits fusionierten Episoden 2-24 und der Episode 22 werden mit dem Jaccard-Koeffizienten die Ähnlichkeiten zwischen den Episodenpaaren 2 und 22 bzw. 24 und 22 bestimmt und daraus der Mittelwert berechnet; dieser Mittelwert gibt dann die durchschnittliche Ähnlichkeit zwischen den Episoden des Clusters 2-24 und der Episode 22 wieder. Allgemein bedeutet demnach ein mittlerer Jaccard-Koeffizient von 0.5 beim Vergleich zweier Cluster, daß die Episoden der beiden Cluster im Durchschnitt genauso viel gemeinsame wie voneinander abweichende SASB-Kodierungen aufweisen.

6.2.3 Zur Ableitung repetitiver Beziehungsmuster aus der Clusteranalyse

In diesem Abschnitt soll gezeigt werden, wie aus den Ergebnissen der Clusteranalyse die repetitiven Beziehungsmuster eines Patienten abgeleitet werden können. Dazu betrachte man zunächst ein einzelnes Cluster. Jede Episode dieses Clusters weist bestimmte SASB-Kodierungen auf. Die Clusteranalyse stellt durch das eben dargestellte Vorgehen sicher, daß sich alle Episoden einander ähnlich sind und dem Grenzwert von $s_{ij} = 0.45$ genügen. Dieser Grenzwert gestattet jedoch auch gewisse Unterschiede und läßt somit zu, daß einzelne Episoden eines Clusters bestimmte Kodierungen aufweisen, die in keiner anderen Episode des gleichen Clusters vorkommen. Solche singulären Kodierungen beschreiben die individuellen Merkmale dieser Episoden und sollen deshalb nicht Bestandteil des aus dem Cluster abgleiteten repetitiven Beziehungsmusters sein. Umgekehrt muß gefordert werden, daß Kodierungen grundsätzlich in mehreren Episoden vorkommen müssen, um als wesentliches Merkmal des Clusters gelten zu können und in das repetitive Muster aufgenommen zu werden.

Solche Überlegungen führen zur Festsetzung eines *Repetitionskriteriums:* Eine Kodierung soll sich in den Episoden, die in einem Cluster zusammengefaßt sind, in einer bestimmten Anzahl von Wiederholungen finden, um Teil des extrahierten Beziehungsmusters zu werden. Ein solches Repetitionskriterium hat verschiedene Funktionen:

1. Wie eben bereits ausgeführt wurde, soll es sicherstellen, daß nur solche Kodierungen in ein Beziehungsmuster aufgenommen werden, die für das gemeinsame Beziehungsthema der in einem Cluster zusammengefaßten Episoden charakteristisch sind.
2. Es soll außerdem sicherstellen, daß die in ein Muster aufgenommenen SASB-Kodierungen mehr als nur zufälligen Charakter haben und eine bei dem betreffenden Patienten tatsächlich vorhandene Beziehungsstruktur beschreiben. Dieser Aspekt betrifft die interne Validität der Methode und berücksichtigt die Möglichkeit, daß einzelne Patientenschilderungen fehlerhaft kodiert worden sein könnten; die Forderung einer bestimmten Zahl von Repetitionen verringert das mit Fehlkodierungen verbundene Risiko einer Ergebnisverzerrung.
3. Das Merkmal der Wiederholung ist schließlich das zentrale Kriterium für die Identifikation von Beziehungsmustern überhaupt. Diese werden als habituelle Reaktions- und Beziehungsbereitschaften verstanden, die sich in verschiedenen Kontexten immer wieder durchsetzen und das Erleben und Verhalten eines Patienten bestimmen. Man geht davon aus, daß sich diese Eigenschaft von Beziehungsmustern auch in den Beziehungsschilderungen von Patienten durchsetzt und dort zu Wiederholungen führt, die ihren empirischen Nachweis in Gesprächstranskripten möglich machen. (Dieses Argument ist in Abschnitt 3.1 ausgeführt worden.)

Das Kriterium kann unterschiedlich festgelegt werden, je nachdem, ob man nur die am häufigsten wiederkehrenden Muster abbilden möchte oder ob auch seltenere Beziehungsvarianten interessieren. Je mehr Repetitionen gefordert werden, desto geringer ist die Anzahl der extrahierten Muster. Die Anzahl der Beziehungsmuster hängt außerdem von der Menge der in die Clusteranalyse eingehenden Beziehungsepisoden und damit von dem Umfang des analysierten Materials ab. Für die Analyse von Patientin WE2 wurde ein Kriterium von *drei Wiederholungen* verwendet; sie weist eine relativ geringe Anzahl von insgesamt 35 Beziehungsepisoden auf (in den Transkripten zu zwei Therapiestunden). Für einige Patienten mit einer großen Zahl von Episoden wurde eine Kriterium von vier Wiederholungen festgelegt. Eine Übersicht zur Anzahl der Episoden bei allen 10 Patienten und zu den für sie jeweils geforderten Repetitionen wird weiter unten gegeben (s. 6.4).

In Abb. 6.2 werden auf der linken Seite durch die Klammern zwei Cluster markiert, die unter Maßgabe des Ähnlichkeitsgrenzwertes $s_{ij} = 0.45$ gewonnen wurden und jeweils mindestens 3 Episoden einschließen. Zwei weitere Cluster der Patientin sind in dem abgebildeten Ausschnitt des Dendrogramms *nicht* enthalten. Daneben gibt es eine Reihe von Beziehungsepisoden, die keinem Cluster angehören, weil sie bis zum Erreichen des Ähnlichkeitskriteriums mit keiner oder nur *einer* weiteren Episode fusioniert wurden. Dies trifft für 16 der insgesamt 35 Episoden von WE2 zu. Diese Episoden sind somit aufgrund des Repetitionskriteriums in keinem „gültigen" Cluster enthalten und werden deshalb bei der Bestimmung der repetitiven Beziehungsmuster der Patientin nicht mehr berücksichtigt.

Cluster1

04	00000000	00010000	01010000	00000000
24	00000000	00010000	01010000	00000000
22	01010000	00010000	01010000	00010000
Summe	**1 1**	**3**	**3 3**	**1**
		TRUST	*AFFIRMT* *PROTEC*	

Cluster2

11	00000000	10010000	10000001	00010000
15	00010000	10010000	10000001	00010000
16	00010000	10010000	10000001	00010000
17	00010000	10010000	00000000	00010000
13	00010000	10000001	10000000	00010000
Summe	**4**	**5 4 1**	**4 3**	**5**
	PROTECT	SEPARATE TRUST	*EMANCIPATE* *IGNORE*	*TRUST*

Abb. 6.3: Ableitung repetitiver Muster aus den Clustern

Abb. 6.3 stellt die Datensätze zu zwei der vier Cluster von WE2 dar, die jeweils 3 bzw. 5 Episoden enthalten. Sie sind mit jenen Clustern identisch, die in dem oben abgebildeten Dendrogramm (Abb. 6.2) zu sehen sind. Die Struktur der Datensätze wurde bereits weiter oben erläutert. Die Abbildung zeigt, wie aus den Datensätzen Beziehungsmuster abgeleitet und in die Terminologie von SASB zurückübersetzt werden können. Man betrachte dazu exemplarisch Cluster1. Unterhalb der Datenzeilen für die verschiedenen Episoden ist eine Summenzeile eingetragen, in der die Anzahl der einzelnen Kodierungen über die Zeilen aufaddiert wird. Entsprechend dem Kriterium von drei Repetitionen werden als gültige SASB-Kodierungen alle Häufigkeiten von 3 und mehr akzeptiert. Das Kriterium ist im Fall der Kodierungen TRUST (Patientenseite), *AFFIRM* und *PROTECT* (Objektseite) erfüllt, die in dem Cluster jeweils dreimal vorkommen; die Kodierungen AFFIRM, PROTECT (Patientenseite) und *TRUST* (Objektseite) treten jeweils nur ein einziges Mal auf und werden in das aus diesem Cluster abgeleitete repetitive Beziehungsmuster nicht aufgenommen. Als Ergebnis erhält man deshalb die Beziehungskonstellation:

TRUST ↔ *AFFIRM* & *PROTECT*

Mit dieser „Formel" wird eine Beziehung beschrieben, in der sich die Patientin einem empathisch-rücksichtsvollen (*AFFIRM*) und fürsorglichen (*PROTECT*) Objekt anvertraut (TRUST). In gleicher Weise werden der Datensatz zu Cluster 2 und die Datensätze zu den zwei anderen (nicht abgebildeten) Clustern dieser Patientin ausgewertet, so daß für sie insgesamt vier repetitive Beziehungsmuster identifiziert werden können, die durch entsprechende *SASB-Beziehungsformeln* dargestellt werden. Die Gesamtheit dieser Formeln bildet die *SASB-Fallbeschreibung* der Patientin.

6.2.4 Vervollständigung fragmentarisch berichteter Muster

Das beschriebene clusteranalytische Verfahren zur Identifikation repetitiver Beziehungsmuster weist eine formale Eigenschaft auf, die auch von *inhaltlichem* Interesse ist: Es lassen sich mit ihm fragmentarisch berichtete Beziehungsmuster in einem gewissen Ausmaß „vervollständigen".

Zur Erläuterung dieser Eigenschaft soll noch einmal Abb. 6.3 betrachtet werden. Die Addition der Kodierungen über die Datenzeilen läßt theoretisch die Möglichkeit zu, daß repetitive Muster identifiziert werden, deren spezifische Kombination von SASB-Kodierungen in weniger als 3 Episoden des Clusters vollständig auftreten. Dieser Fall wird durch das Cluster 2 in Abb. 6.3 demonstriert. Die Kodierungen PROTECT und *IGNORE* treten nur in zwei der fünf Episoden des Clusters gemeinsam auf (nämlich in den Episoden 15 und 16). Solche Konstellationen sind deshalb möglich, weil in der Summenzeile die verschiedenen Kodierungen einzeln und ohne Rücksicht auf ihre Kombination mit anderen Kodierungen aufaddiert werden. Aus diesem Grund kann ein repetitives Muster extrahiert werden, das in dieser Form in nur zwei Episoden vollständig vorkommt. Man könnte von einem *synthetischen* Charakter des Verfahrens sprechen, weil auf diese Weise Muster „rekonstruiert" werden können, deren Teile auf verschiedene Episoden verteilt sind und die als Ganzes (d.h. als vollständige Kombination von SASB-Kodierungen) das Repetitionskriterium *nicht* erfüllen würden.

Diese Eigenschaft des Verfahrens ist aus folgendem Grund inhaltlich sinnvoll und erwünscht: Die der Addition der Kodierungen vorangehende clusteranalytische Gruppierung der Episoden hat bereits sichergestellt, daß die in einem Cluster vereinigten Episoden das gleiche bzw. ein ähnliches Beziehungsthema behandeln. Dabei ist es jedoch möglich, daß die eine oder andere dieser Episoden einzelne Aspekte dieses Themas nicht oder nur unvollständig abbildet. Wenn die Episoden in wechselnden Überschneidungen - aber immer unter der Bedingung des Ähnlichkeitsgrenzwertes - verschiedene Teile des Beziehungsthemas beschreiben, dann ist es sinnvoll, diese Aspekte zu einem Gesamtbild zu integrieren. Dies geschieht durch die eben beschriebene „Vervollständigung" von Mustern. Die klinische Überprüfung der auf diese Weise gewonnenen Ergebnisse zeigt, daß die so „rekonstruierten" Muster inhaltlich valide sind und sinnvolle Strukturen in den Patientenschilderungen sichtbar machen.

6.3 Ergebnisdarstellung und Interpretationstechniken

6.3.1 Zur sequenziellen Anordnung der Kodierungen

Bei der im letzten Abschnitt dargestellten Methode zur Identifikation repetitiver Strukturen in den Beziehungsschilderungen von Patienten bleibt die Aufeinanderfolge der mit SASB abgebildeten Beziehungsereignisse als Merkmal von Beziehungsstrukturen unberücksichtigt. Qualifizierend für eine Beziehungsepisode ist in der Clusteranalyse nur die Kombination der SASB-Kodierungen, nicht aber ihre sequentielle Abfolge. Das clusteranalytische Vorgehen setzt damit voraus, daß eine bestimmte Kombination von SASB-Kodierungen den jeweils gleichen psychologischen Sachverhalt abbildet, und zwar unabhängig davon, in welcher Reihenfolge die durch die Kodierungen dargestellten Beziehungsereignisse in den Episoden auftreten. Diese für die Anwendung der Methode notwendige Voraussetzung kann nach den bisherigen Erfahrungen als insgesamt gerechtfertigt angesehen werden. Es ist ohne weiteres möglich, die sequentielle Anordnung der Kodierungen bei der Bestimmung der Ähnlichkeit von Beziehungsepisoden und bei der Extrahierung repetitiver Beziehungsmuster aus den Clustern zu vernachlässigen.

Als Ergebnis des clusteranalytischen Verfahrens zur Identifikation repetitiver Beziehungsmuster erhält man Kombinationen von SASB-Kodierungen, die das Beziehungsverhalten des Patienten und das seiner Objekte abbildet. Sie können in einem ersten Schritt als einfache Subjekt- und Objektbilder in Beziehungen einander gegenübergestellt werden. Bei der Patientin WE2 wurden insgesamt vier repetitive Beziehungsmuster identifiziert, die im folgenden genauer untersucht werden sollen. Die Muster sind in Abb. 6.4 in der Reihenfolge der Häufigkeit der ihnen zugeordneten Fundstellen (Episoden) in dem Transkript aufgelistet; das Muster 1 findet sich z.B. in 8 Beziehungsepisoden der Patientin und tritt damit in

dem Transkript am häufigsten auf. Die Abbildung gibt außerdem an, welche *Objekte* den Mustern in den Schilderungen von WE2 zugeordnet sind.

Muster1 (8) **Partner, Familie, Unbestimmt**
BLAME & TRUST & WALL OFF ↔ *BLAME & IGNORE*

Muster2 (5) **Männer, (Familie), (Kollegen), (Unbestimmt)**
PROTECT & SEPARATE & TRUST ↔ *EMANCIPATE & IGNORE & TRUST*

Muster3 (3) **Partner, (Freund)**
BLAME & PROTECT

Muster4 (3) Ärztin, (Mutter)
TRUST ↔ *AFFIRM & PROTECT*

Abb. 6.4: Repetitive Beziehungsmuster von WE2

In der Gegenüberstellung von Subjekt- und Objektbildern haben die Beziehungsmuster einen *statischen* Charakter. Aus dieser Form der Darstellung geht deshalb noch nicht hervor, in welcher Weise die verschiedenen Beziehungsereignisse aufeinander folgen und wie sie sich gegenseitig motivieren. Für die Interpretation der Muster ist es jedoch häufig sinnvoll, diesen *dynamischen Zusammenhang* der Beziehungsereignisse wiederherzustellen. Zu diesem Zweck muß man die den Beziehungsmustern zugeordneten Beziehungsepisoden in den Transkripten noch einmal untersuchen und aus ihnen eine psychologisch sinnvolle Abfolge von Beziehungsereignissen rekonstruieren. Dies soll nun exemplarisch für den Fall von Patientin WE2 gezeigt werden.

Es werden hier vor allem die Muster 1 und 2 aus Abb. 6.4 genauer untersucht. Die beiden anderen Muster sollen zuvor nur kurz erläutert werden: Das *dritte Muster* bedarf keiner besonderen Sequenzierung, da in ihm ausschließlich Objektverhalten geschildert wird. Dieses Verhalten ist sowohl kritisch (*BLAME*) als auch fürsorglich (*PROTECT*). Das Muster ist übrigens Teil der im Abschnitt 6.1 zitieren dritten Episode von WE2; es beschreibt, daß die Patientin dazu neigt, das fürsorgliche Verhalten anderer Personen als Kritik zu verstehen. - *Muster 4* nimmt eine Sonderstellung ein. Es beschreibt die nahezu komplementäre Konstellation mit einer vertrauensvollen Patientin (TRUST), die einem fürsorglichen und empathisch-rücksichtsvollen Objekt gegenübersteht (*PROTECT & AFFIRM*). Es handelt sich um das einzige positive und konfliktfreie Muster dieser Patientin. Sie schildert es in insgesamt drei Beziehungsepisoden, in denen es einmal um Interaktionen mit einer besonders geschätzten Ärztin geht, an anderer Stelle um eine einzelne Begegnung mit der Mutter.

Nach dieser kurzen Erläuterung der beiden seltenen Muster soll nun ausführlicher das *erste Muster* (Muster1) der Patientin untersucht werden, das in 8 der insgesamt 35 von ihr geschilderten Beziehungsepisoden vorkommt. Beispielsepisoden für dieses Muster wurden in Abschnitt 6.1 bereits ausführlich diskutiert; die dort zitierten Textausschnitte 1 und 2 zeigten das Muster vollständig, Ausschnitt 3 enthielt eine Beziehungsepisode, in der das Muster immerhin teilweise enthalten war. Auf diese Zitate möchte ich mich bei den folgenden Überlegungen noch einmal beziehen.

Muster1 besteht aus insgesamt 5 SASB-Kodierungen. Anhand einer Untersuchung der in Abschnitt 6.1 zitierten Episoden soll nun noch einmal geprüft werden, in welchem sequentiellen Zusammenhang die kodierten Beziehungsapsekte stehen. Entscheidend soll dabei nicht die Reihenfolge der Kodierungen im Text sein, sondern die von der Patientin erlebten Abfolge der Ereignisse. Dieses Erleben kann - besonders klar erkennbar in den Textausschnitten 1 und 2 (vgl. Abschnitt 6.1) - etwa so beschrieben werden: Die Patientin fühlt sich bedürftig und dabei abhängig von anderen (TRUST), stößt aber gerade in dieser Verfassung auf das Unverständnis (*IGNORE*) und die Kritik bzw. Verachtung (*BLAME*) ihrer Umgebung. Darauf zieht sie sich zurück (WALL-OFF) und entwertet ihrerseits die anderen (BLAME). Dies ist die Reihenfolge der Beziehungsereignisse im Erleben der Patientin. Auf der Basis dieser Rekonstruktion lassen sich die Kodierungen des ersten Musters in die folgende sequentielle Anordnung bringen:

TRUST → *IGNORE & BLAME* → WALL-OFF & BLAME

Eine sequentielle Struktur anderer Art weist das recht komplexe *zweite Muster* der Patientin auf (vgl. Abb. 6.4), das mit dem gerade diskutierten ersten Muster in einer engen Verbindung steht. Zur Veranschaulichung zitiere ich eine weitere Beziehungsepisode:

Beispiel WE2:
Die Patientin spricht im Kontext des Zitats über wiederkehrende Schwierigkeiten in ihren Beziehungen zu Männern.

> *Patientin:* ... Das geht wenn [T: mhm] im Anfang wahnsinnig gut und solang de- ähm der eine Hilfe braucht, gerade beruflich hab ich also Freunde sehr oft gestützt, (.) auch eigentlich meinen eigenen Ehemann sehr stark. (.) Aber- es kommt dann doch die Wende, daß ich meine, daß ich irgendwo schon doch auch eine sehr starke Persönlichkeit bin und auch sein möchte (..) und (.) das nicht leben kann, nicht? (.) Das- [T: mhm] das ist also (.) glaub ich schon- (..) denn ich bekomm von außen her immer wieder äh bestätigt (.) äh, daß ich sehr viele mh Qualitäten habe und- und bei mir hat niemand das Gefühl, daß ich irgendwie (.) versagen könnte oder irgendwas nicht leisten würde, (.) das wird so selbstverständlich genommen- und da denk ich mir immer „Ja, du machst das eben falsch, du- du hast zuwenig Selbstbewußtsein und solltest es auch" aber- ...

In dieser Schilderung wird zunächst eine komplementäre Konstellation beschrieben, in der die Partner der Patientin Hilfe benötigen (*TRUST*) und von ihr gestützt werden (PROTECT). Zugleich bekommt sie von den anderen bewundernde Rückmeldungen; niemand hat das Gefühl, daß sie versagen und etwas nicht leisten könnte. Diese Haltung könnte mit dem Satz „Du kannst ja alles, um Dich muß man sich gar nicht kümmern!" paraphrasiert werden; damit wird der Patientin vor allem viel Autonomie zugetraut (*EMANCIPATE*). Es wird außerdem angedeutet, daß die Patientin diese ihr angetragene Rolle übernimmt und sich selbst als entsprechend souverän und autonom erlebt („...ich meine, daß ich irgendwo schon doch auch eine sehr starke Persönlichkeit bin..."; SEPARATE). Bis zu diesem Punkt der Schilderung findet man eine *in doppelter Weise komplementäre* Beziehungskonstellation, die durch folgende Formel wiedergegeben werden kann:

PROTECT & SEPARATE ↔ *TRUST* & *EMANCIPATE*

Diese komplementäre Konstellation wird instabil, wenn die Patientin sich schwach und bedürftig fühlt (TRUST). Dieser Punkt wird von ihr als „Wende" angesprochen, nach der sie ihre selbständige und bedürfnislose Position nicht länger aufrechterhalten kann und in die *abhängige* Position überwechselt (Wechsel von SEPARATE nach TRUST). In diesem Zustand bekommt die anfangs noch bewundernde Haltung ihrer Partner (*EMANCIPATE*) eine negative Bedeutung: Da es niemand für möglich hält, daß die Patientin einmal versagen und Hilfe benötigen könnte, wird sie sich selbst überlassen und nicht weiter beachtet. Dies hat zur Folge, daß ihre Bedürftigkeit in Zeiten der Schwäche *ignoriert* wird (*IGNORE*). Dabei verschiebt sich die Ausprägung der Affiliation in die negative Richtung und die Kodierung wechselt von *EMANCIPATE* zu der benachbarten Position *IGNORE* (vgl. das SASB-Modell in Abb. 2.3). Das vollständige *Muster2* beschreibt somit eine *zweideutige* Beziehungskonstellation, bei der die Patientin aus einem stabilen in einen instabilen Zustand „kippen" kann. Dies wird in der nachfolgend abgebildeten SASB-Formel dargestellt. Die erste Zeile ist mit der oben genannten Formel identisch und bildet die Beziehung im stabilen Zustand ab. Die zweite Zeile beschreibt die Veränderung der Konstellation in Momenten, in denen die Patientin aus dem Gefühl von Selbstgewißheit und Autonomie „herausfällt" und abhängig wird.

PROTECT & SEPARATE ↔ *TRUST* & *EMANCIPATE*
→ TRUST → *IGNORE*

Es ist nicht schwer zu erkennen, daß dieses *Muster2* im Zustand der Destabilisierung (untere Zeile) in das oben beschriebene *Muster1* übergeht. Dann nämlich wird der Wunsch der Patientin nach fürsorglicher Zuwendung wieder durch ein Objektverhalten beantwortet, das sie als ignorant und kritisch bzw. herabsetzend wahrnimmt (*IGNORE & BLAME*). Die Aussage „... und bei mir hat niemand das Gefühl, daß ich irgendwie (.) versagen könnte oder irgendwas nicht leisten würde

...“ beinhaltet ja bereits die Möglichkeit einer Beschämung für den Fall der Schwäche. Es ist jene Beschämung, die die Patientin weiter oben (erstes Beispiel in 6.1) in der Klage zum Ausdruck gebracht hat, daß sie stets mit Scherzen abgetan und „hochgenommen“ werde, wenn es ihr einmal schlecht geht (*BLAME*).

6.3.2 Vergleich mit alternativen Verfahren

Auf dem Hintergrund der SASB-Fallbeschreibung von Patientin WE2 möchte ich noch einmal auf die in Kapitel 3 geführte Diskussion zurückkommen und prüfen, wie sich die Ergebnisse des hier entwickelten Verfahrens von denen vergleichbarer Methoden unterscheiden. Dazu möchte ich das gerade erläuterte *zweite Muster* von WE2 heranziehen. Bei der sequentiellen Anordnung der Kodierungen dieses Musters wurde eine Struktur herausgearbeitet, die deutliche Parallelen zu der Konzeption der *„states of mind“* bzw. der „Role-Relationship models“ (RRMC) von Horowitz (1989, 1994; Horowitz et al., 1991) aufweist. Mit dieser Konzeption stimmt vor allem die Unterscheidung von bestimmten *„Zuständen“* überein, zwischen denen die Patientin alterniert und in denen sie jeweils spezifische Beziehungskonstellationen herstellt: Die Rolle der bewunderten Helferin in einer *stabilen* Verfassung und die einer für ihre Schwäche verachteten und verlassenen Frau im *destabilisierten* Zustand. Diese beiden „states of mind“ und die Dynamik ihres Übergangs ineinander werden durch die sequentielle Anordnung der Elemente des *zweiten Musters* und durch dessen Verbindung zum *ersten* Beziehungsmuster beschrieben. Das Beispiel zeigt, daß die SASB-Fallbeschreibung auch jene Konfigurationen von Beziehungsmustern erfassen kann, die in der RRMC-Methode besonders betont werden.

Für einen Vergleich mit den übrigen alternativen Verfahren (ZBKT und CMP) eignet sich das erste Muster der Patientin besonders gut: Dieses beschreibt eine Beziehungserfahrung, die weiter oben - in sequentieller Anordnung - durch die folgende Formel wiedergegeben wurde:

<u>TRUST</u> → *IGNORE & BLAME* → <u>WALL-OFF</u> & BLAME

Die Patientin fühlt sich abhängig und bedürftig (<u>TRUST</u>), stößt damit jedoch auf die Ignoranz und Kritik bzw. Verachtung ihrer Umgebung (*IGNORE & BLAME*), worauf sich sich zurückzieht und die anderen ihrerseits entwertet (<u>WALL-OFF</u> & BLAME). Es liegt nahe, diese drei aufeinanderfolgenden Schritte mit der Figur des *zentralen Beziehungskonliktthemas (ZBKT)* von Luborsky (1988a; Luborsky et al., 1985; Luborsky & Crits-Christoph, 1990; Luborsky, Popp, Luborsky & Mark, 1994) zu vergleichen. Dort werden Beziehungsmuster als Abfolge von Wunsch (W), Objektreaktion (RO) und Reaktion des Selbst (RS) - d.h. Reaktion des Patienten auf das Objektverhalten - dargestellt. Es wurde bereits an anderer Stelle (3.2.1) darauf hingewiesen, daß Patienten ihre Beziehungsschilderungen in der Tat sehr häufig in Übereinstimmung mit dieser Logik des ZBKT aufbauen. Insofern überrascht es nicht, daß man eine dem ZBKT entsprechende Struktur erhält, wenn man die Kodierungen für die Beziehungsereignisse so anordnet, wie diese sich im *Erleben des Patienten* ereignen. Die Kodierung TRUST, die eine bedürftige und abhängige Position der Patientin beschreibt, kann dabei als Äquivalent für die Wunschkomponente des ZBKTs angesehen werden.

Obgleich sich diese Form der sequentiellen Anordnung von Beziehungsereignissen als Interpretationshilfe in vielen Fällen sehr gut eignet, ist sie nicht die einzig mögliche. Wie im Abschnitt 3.2.2 gezeigt wurde, kann die Reihenfolge der drei Schritte des ZBKT unter einem veränderten Blickwinkel so verkehrt werden, daß die Selbstreaktion RS nicht als *Folge* der Objektreaktion RO erscheint, sondern als deren *Voraussetzung*. Der Rückzug der Patientin und die damit verbundene Entwertung der anderen würde unter dieser Perspektive die von der Patientin beklagte uninteressierte und kritische Haltung auf der Seite der Objekte erst provozieren. Damit wäre die Beziehungsstruktur einer sich selbst erfüllenden Prophezeihung beschrieben, wie sie in der Konzeption der *zyklischen maladaptiven Muster CMP* von Strupp und Binder (1984; Schacht & Henry, 1994) als grundlegendes Merkmal von interpersonellen Problemen angesehen wird.

Um diese Abfolge der Beziehungsereignisse zu erkennen, muß man allerdings einen Wechsel in der Perspektive vornehmen: Eine Anordnung der Kodierungen im Sinne der zyklischen maladaptiven Muster rekonstruiert die Ereignisse nicht aus der Wahrnehmung des Patienten, sondern aus der des klinischen *Beobachters*. Aus der Perspektive dieses Beobachters kann gesehen werden, daß der Rückzug der Patientin (WALL-OFF & BLAME) einerseits ein defensives Manöver zur Abwehr einer befürchteten Mißachtung durch die anderen darstellt, andererseits jedoch diese Mißachtung (*IGNORE & BLAME*) unweigerlich hervorruft. Die Abfolge der Beziehungsereignisse stellt sich unter dieser Perspektive deshalb folgendermaßen dar:

TRUST → WALL-OFF & BLAME → *IGNORE & BLAME*

Ein Blick auf das aus Abschnitt 6.1 bereits bekannte zweite Beispiel von Patientin WE2 soll diese Umstellung der Kodierungen erläutern. Ich rufe zuvor noch einmal den Zusammenhang in Erinnerung, in dem das Zitat erscheint: Die Patientin begründet auf eine entsprechende Nachfrage des Therapeuten, weshalb sie mit ihren Freunden und ihrer Familie nicht über die Motive ihres Suizidversuchs gesprochen hat:

> *Patientin:* ... die ganze Familie wußte es- jeder äh, mit dem ich zusammen war (.), daß ich ähm mich schwer getan hab in der letzten Zeit, nicht? Daß ich auch öfter mal also dann die Heultour bekommen hab und- (.) und äh mh schon auch mal dann bei gewissen Gelegenheiten irritiert war und gesagt hab „Laßt mich in Ruhe und greift mich nicht immer so an, ihr- (.) ihr mißversteht so viel" - weil ich eben (.) mich in der Beziehung von anderen in der letzten Zeit immer (.) ähm unterschieden habe, daß ich das Gefühl habe, sie sind alle

topfit und- und sie mh- (.) wenn ich mal einen Moment ruhig dasaß, dann hieß es gleich immer „Ja, machst denn so'n Gesicht, was ist denn." (.) Und ich hatte dann immer Mühe zu sagen „Es ist gar nichts" ähm s- mh, nicht?

Aus der Sicht der Patientin stellen sich die Dinge zweifellos so dar, daß die unempathische und kritische Haltung der anderen eine Zurückweisung ihrer Schwäche und Bedürftigkeit bedeutet. Aus der Position des Beobachters gewinnt man jedoch den Eindruck, daß die Patientin durch ihren Rückzug Hilfestellungen von seiten ihrer Umgebung verunmöglicht und Zuwendungsversuche im Sinne ihrer Befürchtungen systematisch als Zurückweisungen interpretiert. Diese Wahrnehmungsbereitschaft der Patientin wird in dem *dritten Muster* ihrer Fallbeschreibung explizit formuliert (s. oben Abb. 6.4); dieses Muster beschreibt, daß die Patientin fürsorgliche Angebote gleichzeitig als Kritik versteht (*Muster3: PROTECT & BLAME*). In Übereinstimmung mit der Logik der zyklischen maladaptiven Muster kann man auf diesem Hintergrund vermuten, daß die Patientin selbstdestruktiv unbefriedigende Erfahrungen aktiv herbeiführt, durch die ihre Befürchtungen immer wieder bestätigt werden.

Das eben zitierte Textbeispiel zeigt auch, auf welche Weise in den SASB-Fallbeschreibungen Befürchtungen abgebildet werden. In bezug auf die gerade zitierte Episode ist es sinnlos zu fragen, ob die Objekte die Patientin „wirklich" ignorieren oder kritisieren; entscheidend ist, daß die Patientin genau dies befürchtet und das Verhalten der anderen häufig in Übereinstimmung mit dieser Befürchtung interpretiert. Da durch SASB-Kodierungen vor allem die subjektive Beziehungsrealität der Patientin abbildet wird (siehe dazu Kap. 5.2.3), kommen Befürchtungen und wahrgenommene Realität im Fall konflikthafter Beziehungsmuster sehr oft zur Deckung. Dieser Umstand stellt zugleich sicher, daß Befürchtungen als Teil der SASB-Fallbeschreibungen implizit erfaßt werden (vgl. dazu 3.3.2).

6.3.3 Weitere Interpretationstechniken

An einer zweiten, komplizierteren SASB-Fallbeschreibung lassen sich weitere Eigenschaften der beschriebenen Methode der Identifikation repetitiver Muster diskutieren. Es handelt sich um MA1, einen 42-jährigen Patienten, der ebenfalls nach einem Suizidversuch im Rahmen einer ambulanten Kurztherapie behandelt wird. Das Material der Untersuchung bilden wieder die Transkripte der ersten beiden Stunden der Behandlung. Aus ihnen konnten insgesamt 51 Beziehungsepisoden abgegrenzt und kodiert werden. Die Auswertung ergibt für diesen Patienten 7 Cluster mit mindestens 3 Episoden (Repetitionskriterium). Den 7 gültigen Clustern sind insgesamt 40 Episoden zugeordnet, 11 bleiben isoliert (d.h. sie sind nicht Teil eines Clusters). Die aus den Clustern abgeleiteten SASB-Formeln für die Beziehungsmuster werden in Abb. 6.5 aufgelistet. Dort sind auch die Objekte benannt, um die es in den Beziehungsschilderungen jeweils geht. Einige SASB-

Kodierungen in der Abbildung sind *eingeklammert*; der Sinn dieser Klammern wird nachfolgend erklärt.

Die SASB-Kodierungen sind in dieser Abbildung bereits in eine sequentielle Anordnung gebracht worden. Zur Vereinfachung der Darstellung soll hier - anders als im Fall der Patientin WE2 - auf eine explizite Rekonstruktion der sequentiellen Abfolge der Beziehungsereignisse bzw. Kodierungen im Erleben des Patienten verzichtet werden.

Muster1 (12) Unbestimmt, Vorgesetzte, Ehefrau, (Amt), (Kollege), (Firma)
(TRUST) → *BLAME & IGNORE* → (SUBMIT) & (WALL OFF)

Muster2 (8) Firma, Bauherr, (Vorgesetzter)
CONTROL & BLAME & IGNORE & SEPARATE → SUBMIT & (WALL OFF)

Muster3 (5) Vorgesetzter, Onkel, (Großvater)
CONTROL → SEPARATE

Muster4 (4) Früherer Vorgesetzter, Onkel
PROTECT ↔ TRUST

Muster5 (4) Ehefrau, (Familie)
IGNORE → *TRUST & BLAME*

Muster6 (4) Mutter
CONTROL & IGNORE & TRUST → PROTECT & SUBMIT

Muster7 (3) (Mutter), (Firma), (Amt)
CONTROL & IGNORE

Abb. 6.5: Repetitive Beziehungsmuster von MA1

Man kann in Abb. 6.5 erkennen, daß einige Muster - besonders die ersten beiden - einander sehr *ähnlich* sind.[3] Diese Ähnlichkeiten zwischen Mustern können ebenfalls sehr anschaulich durch das Dendrogramm dargestellt werden, das in Verbindung mit der Clusteranalyse erstellt wird. Abb. 6.6 zeigt eine *reduzierte* Version dieses Dendrogramms für MA1: Die Figur bildet ab, auf welchem Ähnlichkeitsniveau *unterhalb* des Limits von $s_{ij} = 0.45$ die den 7 Mustern zugeordneten Cluster fusionieren, d.h. zu einem gemeinsamen Beziehungsthema zusam-

[3] Die Ähnlichkeit zwischen den *Muster1 und 2*, so wie sie in der SASB-Fallbeschreibung von MA1 erscheinen (Abb. 6.5), *überschreitet* sogar das oben festgesetzte Limit von $s_{ij} = 0.45$ für den Jaccard-Koeffizienten. Dies ist formal deshalb möglich, weil die Beziehungsformeln nur diejenigen Kodierungen der in einem Cluster zusammengefaßten Episoden darstellen, die das Repetitionskriterium erfüllen. Jene Unterschiede zwischen den einzelnen Episoden, die durch seltene oder singuläre Kodierungen zustandekommen, sind in den Beziehungsformeln *nicht* mehr repräsentiert.

mengefaßt werden. Es ergibt sich dabei, daß die *Muster1 und 2* einander sehr ähnlich sind; auch die *Muster6 und 7* fusionieren knapp unterhalb des Grenzwertes. Dennoch existieren wichtige und bemerkenswerte Unterschiede zwischen ihnen, die für die klinische Fallbeschreibung von Interesse sind und die nachfolgend diskutiert werden sollen.

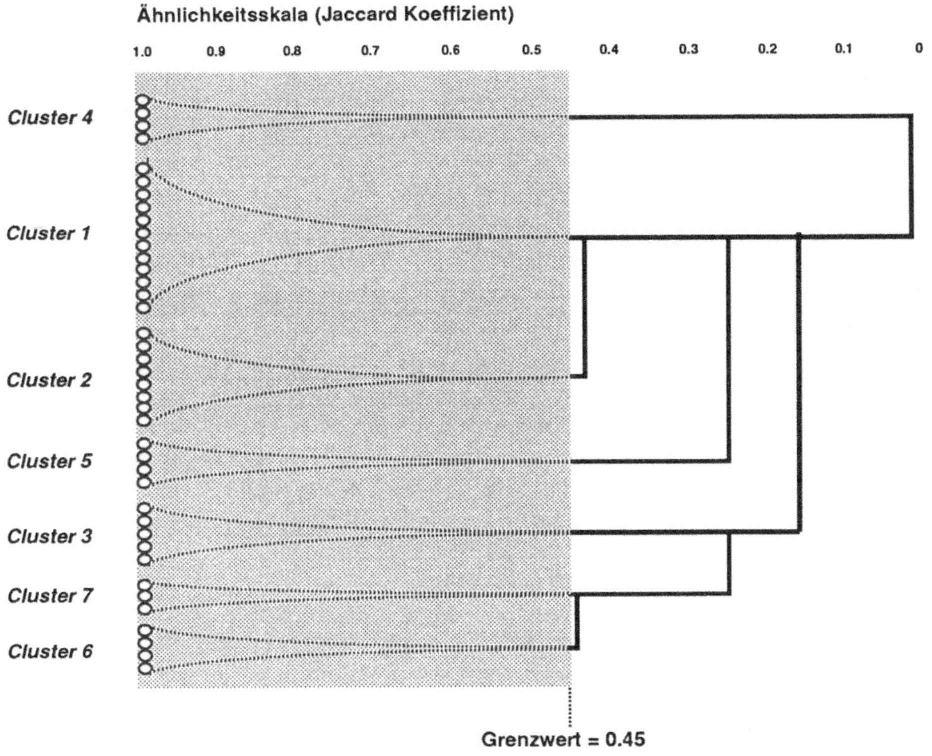

Abb. 6.6: Vereinfachtes Dendrogramm zur Darstellung der Ähnlichkeiten zwischen verschiedenen Mustern

(1) Das erste Muster: Ich beginne mit *Muster1*, das in 12 Episoden vorkommt und zusammen mit dem ebenfalls häufigen und sehr ähnlichen *zweiten* Muster das zentrale Beziehungserleben des Patienten beschreibt. Abb. 6.7 zeigt die Datenmatrix für die Episoden des ersten Clusters, aus dem *Muster1* extrahiert wurde.

Bei Prüfung der Datenmatrix fällt vor allem auf, daß die Kodierungen *BLAME* und *IGNORE* in allen 12 Episoden vorkommen, während die Kodierung SUBMIT nur fünfmal, die Kodierungen WALL-OFF und TRUST nur je dreimal auftreten. Die Kodierungen SUBMIT und WALL OFF sind dabei in drei Episoden (29, 30 und 38) miteinander kombiniert. Die Kodierung TRUST tritt nur einmal zusammen mit SUBMIT auf (Episode 48).

Cluster 1

27	00000000	00010000	00000101	00000000
43	00000000	00010000	00001101	00000000
48	00000000	00011000	00001101	00000000
08	00000000	00000000	00000101	00000000
25	00000000	00000000	00000101	00000000
29	00000000	00001001	00000101	00000000
30	00000000	00001001	00000101	00000000
31	00000000	00000000	00000101	00000000
33	00000000	00000000	00000101	00000000
34	00000000	00000000	00000101	00000000
37	00000000	00001000	00000101	00000000
38	00000000	00001001	00000101	00000000
Summe		**35 3**	**21 1** **2 2**	
		TS W RU A UB L SM L TI T O F F	*B I* *L G* *A N* *M O* *E R* *E*	

Abb. 6.7: Datenmatrix des ersten Clusters von MA1

Derart ungleiche Häufigkeiten kommen manchmal in Clustern vor, die eine größere Anzahl von Episoden enthalten. In solchen Fällen können die in geringerer Anzahl vorkommenden Kodierungen als *Varianten* einer basaleren Beziehungserfahrung interpretiert werden, die im vorliegenden Beispiel durch die durchgängig auftretenden Kodierungen *BLAME* und *IGNORE* beschrieben wird. Dieser Status einer Variante bzw. *Unterform eines Musters* wird in der SASB-Beziehungsformel (Abb. 6.5) durch die *Klammer* kenntlich gemacht. Eine weitere solche Klammer findet sich in der Formel für das zweite Muster. Die selteneren Kodierungen werden immer dann als Unterformen hervorgehoben, wenn sie nur in der *Hälfte* oder einem noch geringeren Teil der in einem Cluster enthaltenen Episoden vorkommen. Dies ist durch eine Prüfung der jeweiligen Datenmatrix (wie in Abb. 6.7 gezeigt) leicht feststellbar.

Patient MA1 schildert im *ersten Muster* Beziehungen, in denen er das Verhalten der Objekte als herabsetzend bzw. kritisch (*BLAME*) und gleichzeitig als ignorant oder verständnislos (*IGNORE*) erlebt. Dieses Muster ist bereits aus der Untersuchung des Falles WE2 bekannt. Wie im nächsten Kapitel gezeigt werden wird, bezeichnet es das zentrale Objekterleben der untersuchten Suizidpatienten.

MA1 berichtet in 10 der insgesamt 12 Episoden des *ersten Musters* über Konflikte an seinem Arbeitsplatz. Er arbeitet dort als Ingenieur in einer Abteilung für technische Entwicklungen. Die Abteilung wurde vor einiger Zeit umstrukturiert, so daß der Patient sich mit neuen Vorgesetzten arrangieren muß und veränderten Leistungsanforderungen ausgesetzt ist. Hier liegt ein wichtiger Konflikt, der auch auslösend für seinen Suizidversuch war: Vor den Veränderungen war er in der Firma ein geschätzter Mitarbeiter, der sein abgegrenztes Aufgabengebiet hatte und darin weitgehend selbständig arbeiten konnte. Jetzt soll er andere Aufgaben übernehmen und sich neue Kompetenzen aneignen. Diese Veränderungen haben in ihm das Gefühl entstehen lassen, daß seine Qualitäten nicht mehr wahrgenommen und gewürdigt werden (*IGNORE*); zugleich erlebt er, daß seine Leistungen und Fähigkeiten entwertet oder zumindest sehr kritisch beurteilt werden (*BLAME*).

Eine *Unterform von Muster1* zeigt, wie der Patient auf diese Situation *reagiert*. Er fügt sich resigniert in seine neue Lage (SUBMIT) und zieht sich zugleich innerlich aus ihr zurück, indem er unrealistische Phantasien mit dem Inhalt entwickelt, einfach alles „hinzuschmeißen“ und seine Anstellung aufzugeben (WALL-OFF). Diese Rückzugstendenzen haben einen sehr engen Bezug zu seinem Suizidversuch und seinen während der Therapiegespräche noch immer anhaltenden Suizidgedanken: Der Suizid bedeutet für ihn eine Art letzte Fluchtmöglichkeit, mit der er der für ihn schwer erträglichen Arbeitssituation entkommen kann.

Das gleiche Thema findet sich in zwei Episoden dieses Musters mit Bezug auf seine Ehefrau. Diese stellt sich in seinem Erleben auf die Seite seiner Kritiker, indem sie ihn auf seine Verantwortung für die Familie hinweist und damit (in seinem Erleben) indirekt auf sein „Versagen als Ernährer“ anspricht. Außerdem kritisiert sie ihn wegen seines Suizidversuchs (*BLAME*), für den sie wenig Verständnis zeigt (*IGNORE*). Auch ihr gegenüber fügt er sich resigniert (SUBMIT), während er zugleich in eine Art innere Emigration geht und mit ihr nicht mehr über seine suizidale Verfassung kommuniziert (WALL-OFF).

Ein weitere *Unterform von Muster1* (Abb. 6.5) wird durch die Kodierung TRUST repräsentiert. In den dieser Unterform zugeordneten Episoden wird das Thema eines ignoranten und entwertenden Objekts (*IGNORE & BLAME*) noch einmal in veränderter Weise aufgegriffen. Wieder geht es um die Auseinandersetzung mit der neuen Arbeitssituation. Der Patient trauert im Zusammenhang mit diesen Schilderungen um den Verlust eines früheren, als väterlich beschriebenen Vorgesetzten, der ihm freundlich und fürsorglich zugetan war und dem er sich anvertrauen konnte. Der Patient kann dabei formulieren, in welchem Ausmaß er von der freundlichen Fürsorge seiner Vorgesetzten abhängig ist (TRUST) und wie enttäuschend für ihn deshalb das uninteressierte und kritische Verhalten der neuen Vorgesetzten ist (*IGNORE & BLAME*).

(2) Weitere Muster des Patienten in der Beziehung zu männlichen Objekten: Im *zweiten Muster* kehrt dieses Thema in veränderter und etwas erweiterter Form wieder (Abb. 6.5). In Ergänzung zum ersten Muster findet man hier zusätzlich die Kodierungen *CONTROL* und *SEPARATE* für das Verhalten der Objekte. Beide Kodierungen liegen auf der *Interdependenzachse* des SASB-Modells (s. Abb. 2.3) und bilden damit einen zusätzlichen Beziehungsaspekt ab, in dem es um Macht und Kontrolle geht. Der Patient fühlt sich von seinen Vorgesetzten und der Firma kontrolliert und beobachtet (*CONTROL*); zugleich erscheinen ihm diese Objekte in seinen Schilderungen als unabhängig in ihren willkürlich Verfügungen und als völlig unbeeinflußbar (*SEPARATE*). Der Patient paßt sich dieser Situation resigniert an (SUBMIT). Auch hier findet man in einer *Unterform von Muster2* erneut die bereits beschriebenen Rückzugstendenzen im Sinne einer inneren Emigration mit Fluchtphantasien (WALL-OFF). In zwei Episoden erfährt der Patient dieses Muster auch in der Begegnung mit seinem Bauherrn (der Patient baut gerade ein Haus), der seine Wünsche und Interessen selbstherrlich übergeht und dem er sich völlig ausgeliefert fühlt.

Das eben erwähnte vertrauensvolle Verhältnis zu dem früheren, fürsorglich eingestellten Vorgesetzten wird in *Muster4* beschrieben (*PROTECT* und TRUST). In einer Szene wird interessanterweise ein biographischer Vorläufer dieser Beziehungskonstellation berichtet: Der vaterlos aufgewachsene Patient hatte als Junge zeitweise in einem Onkel eine väterliche Bezugsperson gefunden, der er vertraute und an die er sich mit seinen Problemen wenden konnte.

Die Person des Onkels ist andererseits mit dem *Muster3* verknüpft, in dem Autoritätskonflikte mit verschiedenen väterlichen Figuren beschrieben werden. Hier geht es um Szenen, in denen die Objekte den Patienten dominieren und kontrollieren wollen (*CONTROL*). Der Patient leistet gegen diese Kontrolle Widerstand und entzieht sich ihr teilweise mit Erfolg (SEPARATE). Episoden mit dieser Struktur finden sich auch in der Begegnung mit einem Großvater wieder, außerdem mit seinen neuen Vorgesetzten zu einem Zeitpunkt kurz nach den Veränderungen in der Firma. Damals versuchte der Patient, dem ungewohnten Anpassungsdruck mit Protest zu begegnen. Diese Bereitschaft zur kämpferischen Auseinandersetzung ist inzwischen jedoch einer resignativen Haltung gewichen, die wie beschrieben in *Muster1 und Muster2* zum Ausdruck kommt.

(3) Muster des Patienten in Beziehung zu weiblichen Objekten: Mit *Muster6* wird ein anderer Lebensbereich des Patienten angesprochen. Die Mutter war in der Kindheit und Jugend des Patienten selbst schwer depressiv und suizidal. Aus den Schilderungen geht hervor, daß sie innerlich stark mit dem Vater beschäftigt war, der bald nach der Geburt des Patienten starb. Der Patient berichtet eine wiederkehrende Äußerung der Mutter besonders in Phasen schwerer Depression, in denen sie ihm zu verstehen gab: „Wenn es dich nicht gäbe, wäre ich schon lange tot!" In dieser Äußerung macht sich die Mutter von dem Patienten abhängig, indem sie ihm mitteilt, daß nur er sie am Leben erhält; diese Abhängigkeit wird durch die Kodierung *TRUST* abgebildet. Die Äußerung ist zugleich massiv kon-

trollierend, da die Mutter ihr Leben von ihrem Sohn abhängig macht, dabei implizit mit Suizid droht und ihn damit auf eine fürsorgliche Haltung verpflichtet (*CONTROL*). Der Patient schildert eine lange währende Phase in seiner Jugendzeit, in der er durch die Suiziddrohungen der Mutter über lange Zeit massiv gebunden war und kaum seinen eigenen Interessen nachgehen konnte. Manche Erzählungen lassen erkennen, daß die Mutter in einer recht egoistischen Weise die Bedürfnisse ihres heranwachsenden Sohnes ignorierte (*IGNORE*).

Die Kodierungen für das Verhalten des Patienten gegenüber der Mutter sind im wesentlichen *komplementär*: Er hat sich ihrer Kontrolle unterworfen (SUBMIT) und sich fürsorglich um sie gekümmert (PROTECT); seine Bedürfnisse nach eigenständigen Unternehmungen hat er dabei zurückgestellt. Diese Konstellation wird in vier verschiedenen Episoden geschildert.

In *Muster6* beschreibt der Patient Begegnungen mit seiner *Frau* im Anschluß an seinen Suizidversuch. Die Ehefrau und die durch sie repräsentierte Familie (der Patient hat zwei Kinder) machen ihm Vorwürfe (*BLAME*), weil er sie durch seinen Suizidversuch verraten und im Stich gelassen hat (IGNORE). Ähnlich wie in der Beziehung zur Mutter wird dieser Vorwurf dadurch verschärft, daß die Frau die existentielle Abhängigkeit der Familie von dem Patienten herausstellt. Er sieht sich einem Vorwurf ausgesetzt, der etwa folgendermaßen paraphrasiert werden könnte: „Wir brauchen dich, und dennoch wolltest Du uns verlassen!" (*TRUST* & *BLAME*). Der Patient macht sich diese Vorwürfe in seinen Schilderungen in extremer Weise zu eigen; seine Berichte sind von ausgeprägten Schuldgefühlen geprägt, die sich u.a. auf den „Verrat" an seiner Familie beziehen (IGNORE).

Das noch nicht besprochene *Muster7* bringt nicht mehr viel Neues. Es beschreibt Beziehungsepisoden mit der Mutter und seiner Frau, in denen sich diese kontrollierend (*CONTROL*) und ignorant (*IGNORE*) verhalten. Die Prüfung des Kontextes der Schilderungen macht wahrscheinlich, daß es sich jeweils um Fragmente des sechsten Musters handelt (s.o.).

6.4 Zur Bestimmung des Repetitionskriteriums

Zum Abschluß dieser Darstellung einer Methode zur Identifikation repetitiver Beziehungsmuster möchte ich einige Daten zu den 10 Patienten und ihren SASB-Fallbeschreibungen mitteilen. Tab. 6.1 enthält neben der Patientenkennung (erste Spalte) Angaben zur Gesamtzahl der pro Patient vorgenommenen Kodierungen, zu dem für den jeweiligen Fall festgesetzten Repetitionskriterium, zu der Anzahl der analysierten Beziehungsepisoden und zur Zahl der extrahierten repetitiven Beziehungsmuster.

Aus der zweiten Spalte von links ist zu entnehmen, daß die Gesamtzahl der Kodierungen pro Patient stark variiert. Für alle Patienten wurden die Transkripte zweier Behandlungsstunden analysiert, so daß der Umfang der Materialgrundlage

Patient	Anzahl der Kodierungen	Repetitions-kriterium	Anzahl der Episoden	Anzahl der Muster
WE1	560	4	121	14
WE2	181	3	35	4
WE3	504	4	107	10
WE4	377	4	82	7
WE5	350	4	84	8
MA1	212	3	51	7
MA2	383	4	90	6
MA3	299	3	63	8
MA4	217	3	52	8
MA5	163	3	40	5

Tab. 6.8: Übersicht zu den Ergebnissen der Identifikation repetitiver Beziehungsmuster für alle 10 Patienten

- abgesehen von gewissen Unterschieden in der Länge der Gespräche und in der Sprechgeschwindigkeit der Patienten - in etwa gleich ist. Die Variationen müssen deshalb vor allem auf die Dichte und Häufigkeit von Beziehungsschilderungen zurückgeführt werden. Tatsächlich berichtet Patientin WE1 nahezu ohne Unterbrechung über Beziehungserlebnisse, während MA5 über weite Strecken allgemeine Lebensthemen ohne Beziehungsinhalte behandelt. Die Zahl der Beziehungskodierungen korrelliert mit der Anzahl der berichteten Episoden (4. Spalte).

Das Repetitionskriterium wurde mit Bezug auf die jeweilige Gesamtzahl der Beziehungsepisoden für die 10 Patienten individuell angepaßt: Bei weniger als 80 Episoden wurden für die Clusterauswahl drei Repetitionen (also mindestens drei Episoden) gefordert, bei mehr als 80 Episoden vier. Wie an anderer Stelle (6.2.3) bereits erwähnt wurde, wächst mit einer größeren Zahl von Kodierungen und Episoden die Wahrscheinlichkeit, daß für einen Patienten eine größere Zahl von Clustern identifiziert und entsprechend mehr Beziehungsmuster extrahiert werden können. Dieser Effekt wird durch die Verschärfung des Repetitionskriteriums zumindest grob korrigiert.

Bei der Festlegung des Repetitionskriteriums war zu prüfen, ob das in Abschnitt 4.3.2 hypothetisch postulierte Beziehungsmuster suizidaler Patienten mit den Kodierungen TRUST & [ATTACK & SUBMIT] ↔ *IGNORE & BLAME* sich eventuell auch als *Zufallsprodukt* der Clusteranalyse ergeben könnte. Dies ist formal möglich, wenn man davon ausgeht, daß jede der einzelnen SASB-Kodierungen mit einer bestimmten durchschnittlichen Rate in einer beliebigen Gruppe von Beziehungsepisoden immer auffindbar ist; dann müßte eine definierte

Kombination von Kodierungen wie die oben angegebene auch *zufällig* vorkommen, wenn die Zahl der Episoden nur groß genug ist. Die durchschnittliche Rate einer bestimmten Kodierung läßt sich dabei empirisch ermitteln, indem man die Beziehungsepisoden von klinisch unauffälligen Probanden untersucht und auszählt, mit welchem relativen Anteil ebendiese Kodierung vorkommt.

Zur Prüfung dieses Arguments wurden je 20 Zufallsdatensätze (also künstliche „Fälle") mit einmal 80 und einmal 120 Episoden hergestellt. Die Auftretenswahrscheinlichkeit für jede einzelne der 32 möglichen SASB-Kodierungen in den Episoden dieser künstlichen „Fälle" wurde auf der Basis der Daten von 12 klinisch unauffälligen Probanden berechnet, die in der vorliegenden Studie als Vergleichsstichprobe verwendet werden. Diese Gruppe wird im nächsten Kapitel näher beschrieben (vgl. Abschnitt 7.4). Für jede Kodierung wurde über die Gesamtgruppe der Probanden ausgezählt, wie oft sie in den berichteten Episoden vorkam; die jeweilige Summe wurde anschließend durch die Gesamtzahl aller Episoden dividiert. Der so berechnete Wert entspricht der spezifischen Auftretenswahrscheinlichkeit der jeweiligen Kodierung, die bei der Generierung von Zufallsdaten zugrundegelegt wird.

Die 40 (2x20) Datensätze wurden anschließend genau nach dem in diesem Kapitel beschriebenen clusteranalytischen Verfahren ausgewertet. Die Ergebnisse dieser Auswertung ermöglichen eine Einschätzung darüber, ob bei klinisch unauffälligen Probanden das hypothetisch postulierte Muster suizidaler Patienten *zufällig* auftreten kann, wenn a.) die Zahl der Beziehungsepisoden entweder $N_{ep} = 80$ ist und drei Repetitionen verlangt werden oder wenn b.) $N_{ep} = 120$ ist und vier Repetitionen verlangt werden. Die Zahl von 120 Episoden für den zweiten Test wurde deshalb gewählt, weil dies in etwa dem Umfang der Beziehungsschilderungen von WE1 entspricht, deren Gesprächsmaterial die meisten Episoden enthält (nämlich 121, vgl. Tab. 6.1).

Die Auswertung ergibt folgendes: In keinem einzigen „Fall" wurden unter den angegebenen Bedingungen das postulierte vollständige Muster unter Einschluß der eingeklammerten Kodierungen gefunden. Das reduzierte „Kern-Muster" mit den Kodierungen <u>TRUST</u> ↔ *IGNORE & BLAME* trat in den 20 „Fällen" mit $N_{ep} = 80$ *zweimal* auf (und zwar mit jeweils genau drei Repetitionen), in den 20 „Fällen" mit $N_{ep} = 120$ ebenfalls *zweimal* (und zwar mit jeweils genau vier bzw. fünf Repetitionen). Die Zufallswahrscheinlichkeit für eine Identifizierung des reduzierten Musters beträgt nach diesen Berechnungen bei einem festgelegten Repetitionskriterium von drei (bei weniger als 80 Episoden) *10 Prozent* und bei einem Kriterium von vier (bei mehr als 80 Episoden) ebenfalls *10 Prozent*. Es muß jedoch angemerkt werden, daß dieser Test die Zufallswahrscheinlichkeit für die meisten konkreten Fälle der untersuchten Gruppe suizidaler Patienten überschätzt: Wie Tab. 6.1 zeigt, schildern alle fünf Patienten mit einem festgelegten Kriterium von drei Repetitionen zwischen 35 und maximal 63 Episoden, während drei der aufgelisteten Patienten mit vier Repetitionen nur 90 Episoden oder weniger aufweisen (nämlich WE4, WE5 und MA2).

Diese kleine Nebenstudie zeigt, daß wir damit rechnen müssen, das kritische Beziehungsmuster bei etwa *einem* der 10 suizidalen Patienten zufällig zu entdekken, und zwar mit einer Häufigkeit, die das Repetitionskriterium gerade erreicht. Dies bedeutet jedoch zugleich, daß die Irrtumswahrscheinlichkeit unter 10% absinkt, wenn wir das Muster bei einem Patienten mit einer Häufigkeit finden, die das Repetitionskriterium überschreitet. Wie sich im folgenden Kapitel zeigen wird, ist dies bei fast allen untersuchten suizidalen Patienten der Fall.

6.5 Zusammenfassung und Diskussion

Das clusteranalytische Verfahren zur Identifikation repetitiver Beziehungsmuster ist in diesem Kapitel sehr detailliert beschrieben und begründet worden. Die Ausführlichkeit der Darstellung könnte den Eindruck hinterlassen haben, daß das praktische Vorgehen kompliziert sein muß. Ich möchte deshalb hervorheben, daß die Anwendung des Verfahrens in Wirklichkeit sehr einfach ist:

1. Wenn die Kodierungen für die Beziehungsepisoden in einen Datensatz überführt worden sind, der die in Abb. 6.1 gezeigte Form aufweist, kann die hierarchische Clusteranalyse ohne größeren Aufwand berechnet werden. In der vorliegenden Arbeit wurde dazu das Programmpaket CLUSTAN (Wishart, 1984) verwendet, das die benötigten Prozeduren zur Verfügung stellt. Der Jaccard-Koeffizient und average linkage sind dort in den Prozeduren CORREL und HIERARCHY programmiert; mit der Prozedur TREE können die Ergebnisse als Dendrogramm dargestellt werden. Neben dem Dendrogramm druckt das Programm die Ähnlichkeitswerte für die Verzweigungen des Dendrogramms (Fusionspunkte) aus, so daß die gültigen Cluster unter Beachtung des Ähnlichkeitsgrenzwertes von $s_{ij} = 0.45$ und des Repetitionskriteriums (von 3 oder 4 Episoden) leicht identifiziert werden können.[4]
2. Im nächsten Schritt greift man auf den Datensatz zurück und kopiert die Datenzeilen in einem Editor so um, daß analog zu Abb. 6.3 alle diejenigen Episoden untereinander stehen, die zu demselben Cluster gehören. Nach dieser Vorbereitung lassen sich die Summen für die einzelnen Kodierungen über die Datenzeilen rasch aufaddieren und in die Nomenklatur von SASB zurückübersetzen. Auf diese Weise erhält man die in den Abbildungen 6.4 und 6.5 notierten SASB-Beziehungsformeln, deren Elemente bei Bedarf noch in eine sequentielle Abfolge gebracht werden können (s. 6.3.1).

Die Clusteranalyse wird gewöhnlich als ein *heuristisches* Verfahren angesehen, dessen Ergebnisse einer zusätzlichen Validierung bedürfen. Diese Einschränkung trifft für die vorliegende Anwendung jedoch nur teilweise zu, weil die einzelnen Schritte des Verfahrens aus der Struktur des Untersuchungsgegenstandes selbst

[4] Auch innerhalb des SAS-Programmpakets lassen sich alle beschriebenen Prozeduren realisieren.

stringent abgeleitet wurden. Die Auswahl des Jaccard-Koeffizienten als Ähnlichkeitsmaß ergab sich logisch aus der Notwendigkeit, einen mathematischen Ausdruck für das Verhältnis von übereinstimmenden und abweichenden Kodierungen zwischen zwei Beziehungsepisoden zu finden. Weiter wurden auf der Basis inhaltlicher Überlegungen Kriterien entwickelt, die die Auswahl gültiger Cluster systematisch regeln. Diese Kriterien sind einmal ein minimaler Ähnlichkeitswert, unterhalb dessen der Fusionsprozeß abgebrochen wird; außerdem eine Mindestzahl von Episoden, die in einem Cluster enthalten sein müssen (Repetitionskriterium). Auf diese Weise ist die hier verwendete Prozedur im Unterschied zu sonst üblichen Anwendungen der Clusteranalyse stringent begründet und die Auswertung soweit determiniert, daß willkürliche Eingriffe in das Verfahren *nicht* möglich sind (z.B. durch eine nachträgliche Auswahl der gültigen Clusterlösung nach irgendwelchen inhaltlichen Kriterien). Damit entfällt jedoch bei der hier entwickelten Anwendung eine wichtige Voraussetzung für das Argument, das Verfahren habe nur heuristische Bedeutung. Andere Unwägbarkeiten bleiben freilich bestehen, vor allem in bezug auf die Art der Datenzusammensetzung: Der Prozeß der hierarchischen Fusion hängt bekanntlich von den Besonderheiten der jeweiligen Datenstruktur ab und kann in Grenzfällen durch geringfügige Änderungen in dieser Struktur beeinflußt werden.

7. Ein zentraler Beziehungskonflikt von Suizidpatienten

In diesem Kapitel möchte ich prüfen, ob es Übereinstimmungen in den Beziehungsmustern der untersuchten Patienten gibt. Existiert ein Beziehungsmuster, das alle oder die meisten der 10 Patienten aufweisen und das ein typisches Merkmal dieser besonderen Gruppe darstellen könnte? Wenn ein solches Muster tatsächlich identifizierbar wäre, könnte in einem zweiten Schritt genauer untersucht werden, ob damit ein Beziehungsverhalten beschrieben wird, das mit der Suizidalität dieser Patienten in einem systematischen Zusammenhang steht.

7.1 Erster Vergleich der SASB-Fallbeschreibungen

Als Ausgangspunkt dienen die *SASB-Fallbeschreibungen* der 10 Patienten, deren Aufbau im vorangegangenen Kapitel am Beispiel der Fälle WE2 und MA1 ausführlich erläutert wurde (vgl. besonders Abb. 6.4 und 6.5). Jede Fallbeschreibung besteht aus mehreren *Beziehungsformeln*, die in der Nomenklatur von SASB notiert sind und jeweils ein repetitives Beziehungmuster darstellen. Durch einen Vergleich der Beziehungsformeln der verschiedenen Fälle kann geprüft werden, ob es bestimmte Kombinationen von SASB-Kodierungen gibt, die in den Fallbeschreibungen immer wiederkehren und bei einem größeren Teil der 10 Patienten anzutreffen sind. Dieser Suche liegt die Annahme zugrunde, daß der symptomatischen Ähnlichkeit dieser Patienten (d.h. ihrer Suizidalität) eine Ähnlichkeit in bezug auf bestimmte, kritische Beziehungmuster entspricht.

Tab. 7.1 listet alle Kombinationen von SASB-Kodierungen auf, die in den Fallbeschreibungen von mindestens 6 Patienten gefunden werden konnten. Um die Tabelle übersichtlicher zu gestalten, wurden außerdem nur solche Kombinationen aufgenommen, die mindestens eine Kodierung mit einer negativen Ausprägung auf der Dimension Affiliation enthalten.[1] Diese Einschränkung hat zur Folge, daß jedes in Tab. 7.1 aufgeführte Muster ein Beziehungsthema mit einer aggressiven bzw. feindseligen Komponente abbildet. Diese Bedingung für die Suche nach einem „suizidalen" Beziehungsmuster ist gerechtfertigt, weil nach allgemeiner theoretischer Auffassung und klinischer Erfahrung Suizidalität immer auch im Kontext einer aggressiven Dynamik gesehen werden muß und die Vorstellung ganz unplausibel wäre, daß eine suizidale Handlung aus einem völlig aggressionsfreien Beziehungskontext heraus entstehen könnte.

---

[1] Eine negative Affiliation weisen die Cluster-Kodierungen BLAME, ATTACK, IGNORE, <u>SULK</u>, <u>RECOIL</u> und <u>WALL OFF</u> auf. Hinzu kommen die entsprechenden Kodierungen für das Objektverhalten (*BLAME*, *ATTACK* usw.).

Häufigkeit	*Patientenverhalten*		*Objektverhalten*		
10	TRUST		*IGNORE*		
9			*BLAME*	*IGNORE*	
8	SUBMIT		*IGNORE*		
7a	BLAME	SEPARATE			
7b	BLAME	TRUST			
7c	BLAME		*BLAME*		
7d	BLAME		*IGNORE*		
7e	SUBMIT		*BLAME*		
7f			*CONTROL*	*BLAME*	
7g			*CONTROL*	*IGNORE*	
7h			*IGNORE*	*SEPARATE*	
6a	BLAME	TRUST	*BLAME*	*IGNORE*	
6b	SEPARATE		*BLAME*		
6c	SEPARATE		*IGNORE*		
6d	TRUST	SUBMIT	*IGNORE*		
6e	SUBMIT		*CONTROL*	*BLAME*	
6f	SUBMIT		*BLAME*	*IGNORE*	
6g			*CONTROL*	*BLAME*	*IGNORE*
6h			*BLAME*	*IGNORE*	*SEPARATE*

Tab. 7.1: Ergebnisse des Vergleichs der SASB-Einzelfallbeschreibungen für die 10 suizidalen Patienten

Die durch diese Bedingung von der weiteren Untersuchung ausgeschlossenen Kombinationen von SASB-Kodierungen sollen dennoch kurz betrachtet werden: Keines der ausgeschlossenen Muster tritt in mehr als 8 der 10 Fälle auf; 8 mal kommt die Kombination TRUST & SUBMIT vor, je 7 mal die Kombinationen TRUST ↔ *PROTECT* bzw. SUBMIT ↔ *CONTROL*; bei je 6 Patienten findet man die Kombinationen SEPARATE & TRUST bzw. SEPARATE ↔ *CONTROL* und TRUST ↔ *SEPARATE*. Soweit diese Muster überhaupt konfliktreich sind, formulieren sie Spannungen auf der Interdependenzachse, d.h. im Motivationsbereich von Autonomie und Kontrolle. In Kapitel 8 wird gezeigt werden, daß solche Themen im Zusammenhang mit der Suizidalität ebenfalls eine Rolle spielen können, dabei jedoch eher die sekundäre Ausgestaltung des suizidalen Musters bestimmen und deshalb eine nachgeordnete Bedeutung haben.

Eine erste Durchsicht von Tab. 7.1 ergibt folgendes Bild: Die Kombination der Kodierungen TRUST ↔ *IGNORE* kommt in allen 10 Fallbeschreibungen vor; das bedeutet, daß jeder der Patienten mindestens *ein* Beziehungsmuster aufweist, das diese beiden Kodierungen enthält. Durch diese Kodierungen wird ein sehr scharfer Konflikt beschrieben: Der Patient befindet sich in einer Position, in der er Wünsche an das Objekt richtet und sich auf es stützt (TRUST); das Objekt beachtet ihn jedoch nicht und überläßt ihn sich selbst (*IGNORE*). Die beiden SASB-Kodierungen stehen - in den Begriffen von SASB ausgedrückt - *„antithetisch"* zueinander (vgl. 2.1.2), d.h. das Objekt handelt genau entgegengesetzt zu der durch TRUST nahegelegten komplementären Haltung *PROTECT*, in der es sich dem Patienten fürsorglich zuwenden und ihn beschützen würde. Das Muster erscheint mit einer Erweiterung noch einmal weiter unten in der Tabelle (6d: TRUST & SUBMIT ↔ *IGNORE*).

Mit dem nächsten in Tab. 7.1 notierten Muster (9) TRUST ↔ *BLAME & IGNORE*, das Bestandteil von 9 der 10 Fallbeschreibungen ist, wird der gleiche Konflikt in verschärfter Form dargestellt: Das Objekt übergeht und mißachtet nicht nur die Bedürfnisse des Patienten (*IGNORE*), sondern verhält sich ihm gegenüber zusätzlich herabsetzend oder zumindest kritisch (*BLAME*). Das Objekt erscheint dadurch noch feindseliger, weil seine Nichtbeachtung des Patienten nun gleichzeitig das Moment einer Entwertung beinhaltet. Dieses Muster erscheint weiter unten in der Tabelle noch einmal mit einer Erweiterung (6a: TRUST & BLAME ↔ *BLAME & IGNORE*). Die beiden Kodierungen *BLAME & IGNORE*, die das Objektverhalten in Muster (9) beschreiben, kommen außerdem als Teil von drei weiteren Mustern vor (6f,6g,6h).

Die beiden Konfliktmuster (10) TRUST ↔ *IGNORE* und (9) TRUST ↔ *BLAME & IGNORE* sind nach dieser ersten Durchsicht der Tabelle wegen der Häufigkeit ihres Auftretens und wegen ihres besonders konflikthaften Inhalts besonders auffällig. Sie kommen als Kandidaten für ein typisch „suizidales Beziehungsmuster" prinzipiell in Betracht und werden deshalb weiter unten einer genaueren Untersuchung unterzogen.

Zuvor sollen noch die anderen Muster aus Tab. 7.1 kurz betrachtet und geprüft werden, ob sie sich ebenfalls als Kandidaten für ein „suizidales Muster" anbieten: Bei einem Teil der anderen Muster aus Tab 7.1 begegnet der Patient dem abweisenden, kritischen oder auf andere Weise feindseligen Verhalten der Objekte entweder mit Gegenkritik (BLAME) oder mit trotziger Abgrenzung (SEPARATE); in diesen Beziehungskonstellationen (7a, 7c, 7d, 6b, 6c) zeigt er sich somit streitbar und wehrhaft, so daß es auf den ersten Blick im Vergleich zu den eben angesprochenen Mustern als weniger wahrscheinlich erscheint, daß diese Konstellationen in einer direkten Nähe zur Suizidalität stehen. Problematischer wirken hingegen andere Muster (7e, 6e), in denen sich der Patient einem feindselig agierenden Objekt unterwirft (SUBMIT). Das dabei anklingende Thema der Ohnmacht und des Dominiertwerdens durch das Gegenüber wird auch von der Seite des Objektverhaltens her in mehreren Mustern (7f, 7g, 6e, 6g) durch die Kodierung *CONTROL* beschrieben. Die Kodierungen SEPARATE, SUBMIT und *CONTROL* bezeichnen interpersonelle Akte auf der Interdependenzachse (d.h. im Bereich von Autonomie und Kontrolle). Muster mit diesen Kodierungen erfassen ebenfalls konfliktreiche Beziehungskonstellationen, erscheinen jedoch gerade wegen des Vorherrschens der Dominanzthematik im Hinblick auf die Suiziddynamik als weniger brisant im Vergleich zu den Mustern (10) und (9), die mit der Gegenüberstellung eines abhängigen Patienten und eines abweisenden Objekts eine besonders spannungsreiche Beziehungsfigur beschreiben.

Dem Leser wird aufgefallen sein, daß das Muster (10) und die Kodierungen TRUST, *BLAME* und *IGNORE* genau mit den hypothetischen Kernannahmen zu einem allgemeinen suizidalen Beziehungsmuster übereinstimmen, die im ersten Kapitel entwickelt und später (vgl. 4.3.2) mit Hilfe der strukturalen Analyse sozialen Verhaltens SASB operationalisiert worden sind. Man könnte deshalb an dieser Stelle haltmachen und formal argumentieren, daß das erwartete suizidale Muster bei 9 von 10 Patienten auftritt damit empirisch bestätigt wird. Anstatt diesen Weg zu beschreiten, möchte ich die Untersuchung zum gegenwärtigen Punkt jedoch noch für alternative Möglichkeiten offenlassen und nachfolgend aus dem Material selbst heraus prüfen, welche Bedeutung die beiden häufigsten Muster (10) und (9) im Zusammenhang mit Suizidhandlungen haben. Der Gewinn dieses Vorgehens liegt darin, daß die formale Bestätigung der theoretischen Annahmen im Zuge der

Analyse des Gesprächsmaterials inhaltlich aufgefüllt und eventuell um Aspekte bereichert werden kann, die das eingangs (im ersten Kapitel) gezeichnete Bild einer suizidalen Beziehungsdynamik ergänzen oder sogar modifizieren.

Wenn wir uns in dieser Weise offenhalten und die Muster (10) und (9) einer ersten Prüfung unterziehen, dann sprechen die bisherigen Überlegungen immerhin dafür, daß beide in einem engen Zusammenhang mit der Suizidproblematik stehen könnten. Ich möchte deshalb diese Muster zum Ausgangspunkt für die weiteren Untersuchungen nehmen und prüfen, ob sich weitere Anhaltspunkte für ihre Bedeutsamkeit finden lassen. Ziel dieses Kapitels ist somit die Untersuchung der beiden Muster mit den SASB-Formeln TRUST ↔ *IGNORE* und TRUST ↔ *BLAME & IGNORE*. Ich verweise auf sie jeweils mit den praktischeren Bezeichnungen *„Muster (10)"* bzw. *„Muster (9)"*.

7.2 Diskussion der beiden häufigsten repetitiven Muster (I)

Ich beginne in diesem Abschnitt zunächst mit der Diskussion des *Musters (9)*, das die Kodierungen TRUST ↔ *BLAME & IGNORE* enthält. Zunächst sollen einige Beispiele für Beziehungsepisoden betrachtet werden, die die drei genannten Kodierungen enthalten. Im Anschluß daran wird versucht, eine allgemeine Paraphrase zu formulieren, die die wesentlichen Elemente dieses Beziehungsmusters aus der Erlebensperspektive des Patienten in verdichteter Form zum Ausdruck bringt. Zuletzt wird das Muster (9) noch einmal im Vergleich mit den Ergebnissen der in Kapitel 4 referierten SASB-Studien zur Suizidalität diskutiert und bewertet.

7.2.1 Exemplarische Beziehungsepisoden

Als erstes Beispiel möchte ich eine Beziehungsepisode von Patientin WE2 erneut zitieren, die bereits aus vorangegangenen Kapitel (6.1) bekannt ist. Das Beispiel enthält den in *Muster (9)* beschriebenen Beziehungskonflikt in besonders prägnanter Form. Im Zusammenhang mit dem Zitat berichtet die Patientin über ihre wachsende Unzufriedenheit mit einem Kreis von Freunden und Bekannten, in dem sie sich nicht gut aufgehoben und verstanden fühlt.

Erstes Beispiel WE2:

Patientin: ... Und das ist immer [T: Also so-] schwierig zu akzeptieren, weil wir ja alle an [T: mhm] einen Punkt, wo wir glauben da ist ein Grenze, kommen, schon mal ernstgenommen werden wollen, oder zumindestens selbst wenn das nicht diskutiert wird- [T: mhm] oder wenn das ausgesprochen wird- (.) aber man möchte stillschweigend das Gefühl haben, äh daß also die Umgebung sich sagt „Naja also so rein mit- mit Witz und blöden Scherzen können wir das ja nun nicht ganz abtun", nicht? Und (.) das weiß ich, daß ich dann

[T: mhm] also eher mh- eine Reaktion habe, daß ich ein bißchen hochgenommen werde oder so und das kann ich also im Moment schlecht haben. (.) Da bin ich dann lieber für mich.

Die wesentlichen Elemente dieser Beziehungsschilderung wurden bereits im vorangegangenen Kapitel erläutert: Die Patientin beschreibt eine Situation, in der sie sich schwach und hilfsbedürftig fühlt. In dieser Situation möchte sie von den anderen ernstgenommen werden, ohne darum ausdrücklich bitten zu müssen. Ihre Bedürftigkeit läßt sich als eine Mischung von Zugewandtheit (positive Affiliation) und Abhängigkeit (negative Interdependenz) gegenüber den Objekten beschreiben; diese Mischung wird durch die Kodierung TRUST wiedergegeben. Die Reaktion der anderen darauf erlebt sie als unempathisch. Diese erkennen die Not der Patientin nicht und ignorieren ihre Bedürfnisse (*IGNORE*). Sie beklagt außerdem, daß die anderen die sie nicht ernst nehmen und sich über sie belustigen; dies fügt der Nichtbeachtung ein Moment der Kränkung und Herabsetzung hinzu (*BLAME*). Damit sind die drei Komponenten des *Musters (9)* in diesem Zitat identifiziert. Es enthält darüber hinaus noch weitere Beziehungsaspekte, auf hier aber nicht eingegangen wird (s. dazu 6.1).

Das nächste Beispiel stammt aus der Therapie von Patient MA2. Der Patient schildert darin eine typische und in ähnlicher Weise häufig wiederkehrende Situation mit seiner Frau. Er kommt von der Arbeit nach Hause und wünscht sich, mit ihr zusammen einen gemütlichen Abend verbringen zu können. Seine Frau entzieht sich jedoch und verdirbt ihm damit den Abend:

Zweites Beispiel MA2:

Patient: ...wenn meine Frau halt so sagt: „Du, ich bin hundsmüde“ oder (sowas)- „ich lege mich ins Bett“ oder was- Und ich sitz da alleine vor dem Fernseher- (1) da kommt es eigentlich bei mir rauf. So langsam kommt es dann wieder da. [T: Was kommt denn- ?] Muß ich sagen: „Jetzt hat die keine Zeit für mich.“ (1) Gut, ich verstehe, die ist gestreßt dann und - (1) war den ganzen Tag in der Arbeit, jetzt hat sie den Haushalt gemacht. (2) Da habe ich einfach keine- keine Aussicht dann. Daß- daß sie wirklich müde ist und ins Bett geht. Daß- daß sie ausspannen kann. [T: mhm] Ich muß- (2) Ich muß sagen, ich habe dann das Gefühl, daß- (1) daß sie vor- vor mir ihre Ruhe haben möchte.

Der Patient beschreibt sich in dieser Szene als ausgesprochen abhängig: Er erscheint als derjenige der beiden, der Wünsche und Bedürfnisse in der Beziehung hat, am Ende aber hungrig und leer zurückbleibt. Seine Position ist die einer passiven Erwartung; er handelt nicht und bleibt auch dann wie gelähmt, wenn seine Frau sich von ihm entfernt („Da habe ich einfach keine- keine Aussicht dann“). Seine Frau erscheint dagegen unabhängiger; sie wendet sich ihm nach freiem Belieben zu oder geht ihre eigenen Wege. Die Position des Patienten läßt sich mit SASB durch eine ausgeprägte Abhängigkeit (negative Interdependenz) und eine etwas geringer ausprägte positive Affiliation charakterisieren. Die Mischung wird im vollständigen Modell gut durch das Item (246) „Sich klammern an, hängen an" beschrieben, das der Clusterkodierung TRUST zugeordnet ist (s. Abb. 2.4).

Der Bericht zeigt eindrucksvoll, wie eine argwöhnische Deutung der Situation von dem Patienten Besitz ergreift, so daß beruhigendere Gesichtspunkte („...ich verstehe, die ist gestreßt dann und - (1) war den ganzen Tag in der Arbeit, jetzt hat sie den Haushalt gemacht...") keine mildernde Wirkung mehr haben. Ihr Rückzug wird nun feindselig gedeutet und als Mißachtung seines Wunsches nach Gemeinsamkeit verstanden („Jetzt hat sie keine Zeit für mich"); der Patient fühlt sich vernachlässigt (*IGNORE*). Doch der Prozeß geht jedoch noch weiter: Er unterschiebt dem Verhalten seiner Frau ein weiteres Motiv, durch das die Situation noch einmal zusätzlich verschärft wird: Die Frau vernachlässigt ihn nämlich deshalb, weil „die vor- vor mir ihre Ruhe haben möchte". In dieser Wahrnehmung erlebt sich der Patient selbst als Störung und Belästigung für seine Frau, vielleicht sogar als abstoßend (an anderer Stelle wird deutlich, daß sich die Zurückweisung auch direkt auf die sexuellen Wünsche des Patienten bezieht). Ihre Abwendung von ihm gewinnt damit in seinem Erleben die Bedeutung einer herabsetzenden Zurückweisung bzw. Kränkung (*BLAME*).

Damit sind auch in diesem Beispiel die Komponenten des Musters (9) identifiziert. Auch hier finden sich weitere Beziehungsaspekte, die jedoch außer Betracht bleiben sollen; sie bewirken die atmosphärischen Unterschiede, die man beim Vergleich der beiden Schilderungen von WE2 und MA2 zweifellos bemerkt. Im vorliegenden Zusammenhang konzentriere ich mich ausschließlich auf die *Gemeinsamkeiten* beider Episoden, die durch die drei Kodierungen TRUST, *IGNORE* und *BLAME* des Musters (9) beschrieben werden.

Das nächste Beispiel ist der ersten Behandlungsstunde von WE3 entnommen. Zitiert wird die Antwort der Patientin auf die Eingangsfrage des Therapeuten, wie es ihr inzwischen (seit der Entlassung aus der Klinik) ergangen sei.

Drittes Beispiel WE3:

> *Patientin:* ...Die ersten Tage war's sehr schlimm. Und gestern war es (irgendwie) so, daß ich einen fruchtbaren Angstzustand gehabt hab. Ich habe alle zwei Minuten (.) geschaut, ob mein Freund noch da ist. Ich weiß nicht, was gestern los war. (..) Das war ganz schlimm. Da hab ich plötzlich Angst gehabt, daß ich (.) verlassen bin, und hatte plötzlich das Gefühl, daß der eigentlich nur noch da ist, weil er Mitleid hat. Und das kann ich also nicht haben. Ich habe auch gesagt, daß ich kein Mitleid will, sondern [T: mhm] Verständnis. Mitleid - (..) für was frag ich mich.

Die Schilderung der Ängste und Befürchtungen läßt auch in diesem Beispiel eine ausgeprägte Abhängigkeit der Patientin von ihrem Freund erkennen. Ihre Schutz- und Anlehnungsbedürftigkeit kann wieder mit der Kodierung TRUST abgebildet werden. In dem unvermittelten Gefühl, ihr Freund habe sie innerlich bereits schon verlassen, wird eine latent gehegte Befürchtung zur subjektiven Realität

(*IGNORE*). Sie unterstellt dabei, daß ihn nur noch mitleidige Empfindungen (wohl wegen ihres Suizidversuchs) bei ihr halten und er in Wirklichkeit nicht mehr an ihr interessiert ist. Unter dieser Perspektive ist sein Verbleiben bei ihr kränkend und beschämend (*BLAME*), weshalb sie sich am Ende der Sequenz empört zur Wehr setzt.

In dem nächsten Beispiel beschreibt Patient MA5 eine Beziehung zu einem im Vergleich zu den vorangegangen Beispielen „entfernteren" Objekt, nämlich einem Dozenten. Das Scheitern seines Studiums spielt in den Gesprächen mit diesem Patienten eine wichtige Rolle und ist auch für die Entstehung der suizidalen Krise bedeutsam. Die Episode wird durch eine Seitensequenz unterbrochen, die eine Interaktion mit dem Vater erwähnt.[2] (Diese Sequenz wird kursiv von dem Haupttext abgehoben und nicht weiter analysiert.)

Viertes Beispiel MA5:

Patient: ...Nein, ich hab- (.) ich habe es gemerkt in der- in dem (...) Studiengang, was- (.) (Ist) also Mineralogie- habe ich mir gedacht: „Ja, das wird nicht weiter schlimm sein, das Fach. (.) Vor Mathematik habe ich mir gesagt: „Ja, ja (.) Mathe, warst Du in der Schule eigentlich auch net so schlecht, das kannst schon durchziehen." (.) Angst dann nur ein bißchen vor (.) Physik und Chemie. Und da habe ich gewußt, daß ich in den zwei Fächern eigentlich arbeiten muß. (..) Weil in Physik habe ich ja (...) wirklich den Kenntnisstand von einem Blumenstrauß. (.) Gar keinen. (..) Und da habe ich ja auch am Anfang was gearbeitet, aber (..) der ist mit solchen Schritten vorwärts gegangen- (.)] *[Wenn ich mal daheim und so- Das hat mir mein Vater noch erklärt, das ist so und so und so- (..) Ja, dann habe ich das gefressen, (.) dann habe ich das verarbeitet]* [und am nächsten Tag war der schon wieder drei Schritte weiter. (.) Nicht zum einholen. (..) Also Chemie und Physik, die hätten mir auch mit Sicherheit das Kreuz gebrochen. (4) Und selbst wenn ich es geschafft hätte, es wäre ein Leben lang bloß eine Rackerei mit- (..) eine Reiterei auf Zahlen gewesen. Und (..) das hab ich mir doch nicht gedacht, daß das so ausarten wird, das Studium.

Im ersten Teil dieses Berichts stellt der Patient dar, daß er sein Studium vertrauensvoll und mit der gutwilligen Bereitschaft aufgenommen hat, die von ihm offen eingestandenen Wissenslücken auszufüllen. Als „passende" Reaktion auf dieses „Angebot" könnte man sich ein väterliches Wohlwollen vorstellen, das den guten Willen des Patienten stützt und seine Bemühungen fördert. Der Patient nimmt dabei gewissermaßen die Rolle eines guten Kindes ein, das strebsam ist und deshalb Anspruch auf das Wohlwollen der Eltern hat. Diese Rolle kann wieder durch die Kodierung <u>TRUST</u> und durch die dieser Kodierung zugeordneten Items (243) „Vertrauen auf, zählen auf", (244) „Gründe bereitwillig anerkennen, Rat befol-

[2] Im Abschnitt 5.2.2 ist dargestellt worden, daß die durch Seitensequenzen getrennten Teile einer Beziehungsepisode für die Auswertung zusammengefügt werden, während die Seitensequenz als eigene Episode ausgewertet wird.

gen" und (245) „Aufnehmen, lernen von" des vollständigen Modells (Abb. 2.4) beschrieben werden.

Auf dem Hintergrund dieses inneren Entwurfs eines quasi-persönlichen Verhältnisses ist das Verhalten des Dozenten in der anonymen Hochschulatmosphäre verständlicherweise kränkend und enttäuschend. Es wird recht eindrucksvoll beschrieben, wie dieser mit großen Schritten an dem Patienten vorbeizieht und sein Beziehungsangebot gar nicht beachtet (*IGNORE*). Diese Nichtbeachtung ist auf dem Hintergrund seiner gutwilligen Bereitschaft, die ihn doch eigentlich wertvoll und bedeutsam machen müßte, kränkend (*BLAME*). Anstatt daß sein Angebot gesehen und anerkannt würde, wird er an einer allgemeinen und unpersönlichen Norm gemessen, vor der er eine Niederlage erleidet und versagt.

7.2.2 Merkmale des ersten Musters

Im folgenden sollen nun einige zentrale Merkmale des Musters <u>TRUST</u> ↔ *BLAME & IGNORE* herausstellt und diskutiert werden.

1. *Die Ablehnung oder Zurückweisung durch das Objekt erfolgt auf indirekte Weise:* Bei der Betrachtung der zitierten Beispiele fällt auf, daß die Patienten das Verhalten ihrer Objekte zwar als intensive Zurückweisung erfahren, dies von den Objekten jedoch nicht offen kommuniziert wird. Es scheint statt dessen so zu sein, daß die Zurückweisung ihre Intensität gerade daraus bezieht, daß sie durch eine Abwendung von dem Patienten vollzogen wird. Diese stellt sich je nach Zusammenhang in der Wahrnehmung des Patienten als Gleichgültigkeit, Desinteresse, Verständnislosigkeit, Ignoranz oder auch als Verlassenwerden dar (*IGNORE*). Gerade *weil* diese Abwendung nicht mit einer direkten Botschaft verbunden ist, kann sie in der Wahrnehmung des Patienten alle möglichen Bedeutungen annehmen, die jedoch stets die Aspekte der Ablehnung und Zurückweisung einschließen. Nicht selten läßt die Form der Schilderung erkennen, wie diese Bedeutung erst im Patienten entsteht, während er Phantasien darüber entwickelt, was wohl „hinter" der Abwendung des Gegenübers steht. Ein gutes Beispiel dafür ist die Schilderung von MA2 (s.o.), die eindrücklich nachzeichnet, wie sich in dem Patienten langsam die Vorstellung aufbaut, daß seine Frau vor ihm nur ihre Ruhe haben will („...Und ich sitz da alleine vor dem Fernseher- (1) da kommt es eigentlich bei mir rauf. So langsam kommt es dann wieder da...").
2. *Das Objekt erscheint als mächtig:* Diese Mächtigkeit ist das Gegenstück zu der Abhängigkeit des Patienten, die ihn für Zurückweisungen so empfindlich macht. Da der Patient auf das Objekt angewiesen ist und gewissermaßen ohne eigene Ressourcen dasteht, kann dieses nach Belieben handeln und verfügen. Es hat die Macht, den Patienten zu trösten, zu retten und zu erheben - es kann ihn aber auch einfach übergehen und damit klein und bedeutungslos machen. Eine direkte Auseinandersetzung braucht dabei gar nicht stattzufinden.

3. *Der Konflikt ist nicht verhandelbar und der Patient infolgedessen passiv:* In Muster (9) bleibt der Patient typischerweise passiv ausgeliefert (sofern keine anderen Beziehungsaspekte bzw. zusätzliche Kodierungen hinzutreten). Eine direkte Auseinandersetzung wird von seiner Seite aus *nicht* initiiert. Patient MA2 beschreibt diese ohnmächtige Position in bezug auf seine Frau mit den Worten: „...Da habe ich einfach keine- keine (Aussicht) dann..." (vgl. das zweite Beispiel oben). Diese Ohnmacht entsteht vielleicht dadurch, daß die mit der Kodierung *IGNORE* beschriebene Abwendung des Objekts die Drohung enthält, daß der Patient auch endgültig verlassen werden könnte. Konflikte sind nur dann verhandelbar, wenn eine gewisse Sicherheit existiert, daß die Beziehung hinreichend belastbar und nicht basal in Frage gestellt ist. Das Recht auf Interesse und Zuwendung ist durch einen Streit nicht „einklagbar", wenn der Patient befürchten muß, daß das Objekt ihn ganz verläßt. In den Schilderungen zu dem Muster verhalten sich Patienten deshalb typischerweise nach außen hin „still": Ihre inneres Erleben in der Beziehungssituation ist zwar hochgespannt, es findet jedoch nicht viel *reale* Interaktion statt, die diese Spannung offen sichtbar machen würde.

   Wenn es dennoch Auseinandersetzungen gibt, beziehen sich diese interessanterweise kaum einmal auf das durch *IGNORE* kodierte Beziehungserleben. Patientin WE3 (Beispiel 3) kritisiert ihren Freund am Ende des Zitats wegen dessen „Mitleid", die sie als kränkend erlebt; ihre Angst, er könne sie bereits innerlich verlassen haben, ist jedoch nicht der Gegenstand ihrer Auseinandersetzung mit ihm. Patient MA5 (Beispiel 4) beklagt, in welchem Ausmaß er durch sein Studium gequält wird („...das Kreuz gebrochen...", „...Rackerei..."); die Enttäuschung seines Wunsches nach fürsorglicher Anerkennung und Beachtung durch seinen Dozenten ist auch hier nicht Inhalt der Klage. Generell kann man festhalten, daß die Abwendung des Objekts in den Beziehungsepisoden kein Ansatzpunkt für eine eventuelle Gegenwehr ist. Dieses „Stillhalten" erscheint freilich verständlich, da eine wirksame Antwort auf die Gleichgültigkeit und Ignoranz des Gegenübers irgendwie souverän sein müßte - und gerade über Souveränität bzw. Autonomie verfügen diese Patienten am wenigsten.

4. *Die Wahrnehmung einer Abwendung des Objekts und das Erleben eigener Wertlosigkeit sind miteinander verknüpft:* Die Beispiele zeigen, daß die Wahrnehmung der Nichtbeachtung durch die Objekte regelmäßig mit dem Erleben eigener Wertlosigkeit gekoppelt ist. Oft ist nicht ganz klar, ob die Kritik oder Entwertung von dem Objekt ausgeht oder ob es sich um einen intrapsychische Verkopplung handelt. Im Abschnitt 4.2.1 wurde im Zusammenhang mit der interpersonellen Diagnose der Borderline-Persönlichkeitsstörung dargelegt, daß dieser Unterschied im Grunde unerheblich ist: Selbstzweifel disponieren zur Wahrnehmung äußerer Anzweifelungen, während andererseits Selbstentwertungen projektiv als von außen kommende Kritik erlebt werden können. Die im ersten Punkt (1) weiter oben erläuterte Indirektheit der Zurückweisung durch die äußeren Objekte bewirkt außerdem, daß dessen Inten-

tionen mehr oder weniger verdeckt sind und damit ein weiter Raum für Befürchtungen und Phantasien entsteht. Dieser Umstand begünstigt möglicherweise die genannte Verknüpfung der beiden Beziehungsaspekte: Die Nichtbeachtung durch das Gegenüber wird als Anzeichen oder Beweis dafür erlebt, daß der Betroffene für es unwichtig und wertlos geworden ist (*IGNORE & BLAME*).

Ich möchte nun den Versuch machen, durch eine relativ freie *Paraphrase* das Beziehungserleben der Patienten im Zusammenhang mit dem Muster (9) TRUST ↔ *BLAME & IGNORE* wiederzugeben. Eine allgemeinste Darstellung des Konfliktes durch einen typischen Patienten könnte etwa so lauten:

TRUST: „Ich fühle mich bedürftig und brauche Zuwendung / Aufmerksamkeit / Rücksicht / Anerkennung von meinem Gegenüber. Dieses hätte die Mittel und die Macht, meine Bedürfnisse zu sehen und sich um mich zu kümmern; ich bin deshalb auf es angewiesen und von ihm abhängig. Ich darf in meiner Lage eigentlich erwarten, daß es meine Bedürfnisse anerkennt und auf sie eingeht."

IGNORE & BLAME: „Statt dessen stelle ich aber fest, daß mein Gegenüber mich in meiner Bedürftigkeit gar nicht wahrnimmt und mit anderen Dingen beschäftigt ist, die für es anscheinend wichtiger sind. Diese Nicht-Beachtung zeigt mir, wie unwichtig und wertlos ich bin. Ich glaube, ich bin für mein Gegenüber so unbedeutend und verächtlich, daß es mich deshalb einfach übergehen kann."

7.2.3 Vorläufige Bewertung

Bisheriger Gegenstand der Untersuchung war das *Beziehungsmuster (9)* mit den Kodierungen TRUST ↔ *BLAME & IGNORE*. Wie ich eingangs gezeigt habe, erscheint dieses Muster im Zusammenhang mit der Suizidproblematik als bedeutsam, weil es eine besonders spannungsreiche interpersonelle Konstellation beschreibt. Das Muster fand sich in den SASB-Fallbeschreibungen von 9 der 10 untersuchten Patienten. Diese Beobachtungen sprechen dafür, daß mit dem Muster TRUST ↔ *IGNORE & BLAME* eine für das Beziehungsverhalten suizidaler Patienten wichtige interpersonelle Struktur erfaßt wird.

Wie verhält es sich andererseits mit dem noch häufiger auftretenden Muster (10) TRUST ↔ *IGNORE* (vgl. Tab. 7.1), das in den Fallbeschreibungen aller 10 Patienten vorkommt? Die nachfolgenden Überlegungen sollen deutlich machen, daß Muster (10) wahrscheinlich eine reduzierte Form des eben diskutierten Musters (9) darstellt. Die Reduktion besteht darin, daß in dem Objektverhalten das Moment der Entwertung fehlt, das durch die Kodierung *BLAME* wiedergegeben wird. Im Zusammenhang damit ist außerdem Patientin WE5 von Interesse, deren Fallbeschreibung als einzige das Muster (9) *nicht* aufweist; es wird zu zeigen sein, daß WE5 einen Sonderfall innerhalb der untersuchten Patientengruppe bildet.

7.3 Diskussion der beiden häufigsten repetitiven Muster (II)

7.3.1 Ein Sonderfall

In Muster (10) ist die gleichgültige Abwendung des Objekts (*IGNORE*) *nicht* mit einer Entwertung des Patienten gekoppelt (*nicht: BLAME*). Eine nahezu vollständige Entkopplung dieser beiden Aspekte ist für die Beziehungsschilderungen von Patientin WE5 charakteristisch. In ihrer SASB-Fallbeschreibung finden sich zwei Muster mit der Figur TRUST ↔ *IGNORE* [3], während die in Muster (9) enthaltene Kombination *BLAME & IGNORE* für das Objektverhalten ganz fehlt. Diese Patientin schildert zwar Erfahrungen des Verlassenswerdens und der Nichtbeachung andere (*IGNORE*), diese sind jedoch nicht mit einer Herabsetzung oder Entwertung durch die jeweiligen Objekte verbunden. Die Patientin nimmt damit eine Sonderstellung ein, was ich im folgenden durch Beispiele verdeutlichen möchte.

Die 35-jährige Patientin berichtet in den beidenuntersuchten Therapiegesprächen über ein Liebesverhältnis zu einem deutlich älteren und verheirateten Mann; sie selbst lebt ebenfalls in einer Partnerschaft. Die Beziehung ist durch die familiären Verpflichtungen des Mannes auf unregelmäßige Begegnungen eingeschränkt. Ein vorübergehender Rückzug ihres „Geliebten" - so nennt sie ihn - war Anlaß für den aktuellen Suizidversuch der Patientin. Sie beschreibt die Beziehung als intensiv und nahezu ausschließlich sexuell motiviert. Gerade die Intensität der wechselseitigen körperlichen Anziehung macht die Verbindung in ihrem Erleben zu etwas Besonderem und hebt sie aus der Masse des sonst Üblichen heraus. Das Unvergleichliche dieser Beziehung, vor dem konventionelle Beurteilungsmaßstäbe - und damit natürlich auch einige skeptische Einwendungen des Therapeuten - versagen müssen, wird an vielen Stellen in geradezu mystischer Weise beschworen. Moralische Vorhaltungen aus dem persönlichen Umfeld bestätigen die Patientin in ihrer Überzeugung, unter einem ihr allein zugehörigen und außergewöhnlichem Gesetz zu stehen.

In dem ersten Zitat reagiert die Patientin auf eine Äußerung des Therapeuten, in der er sie darauf aufmerksam macht, daß sie bereits in früheren Beziehungen immer verheiratete Partner wählte, so daß die Möglichkeiten eines befriedigenden Zusammenlebens jeweils sehr eingeschränkt waren. Er deutet an, daß solche äußeren Begrenzungen vielleicht eine Bedingung für die Möglichkeit derart intensiver Beziehungserfahrungen sein könnten. Die Patientin zieht diese Deutung zwar für ihre vorangegangenen Verhältnisse in Betracht, weist sie jedoch für ihre gegenwärtige Liebesbeziehung entschieden zurück:

---

[3] Es handelt sich um Muster 2 (TRUST ↔ *IGNORE & WALL OFF*) und Muster 3 (TRUST ↔ *IGNORE & SEPARATE*) der SASB-Fallbeschreibung von WE5; vgl. Anhang.

Erstes Beispiel WE5:

Patientin: ... Aber bei diesem paßt nichts- paßt keines der Schemen, die Sie- (...) der Schemata, die Sie jetzt alle (.) so dargebracht haben und (.) die (..) üblicherweise (.) so (..) die Runde machen. (.) Hmhm- paßt nichts dergleichen. (..) Weil der Mann selber- er- (.) er kam zu mir. Wissen Sie- er- (...) er wollte nicht kommen, aber er- er- er konnte nicht anders als- als kommen. (.) Er hat gesagt: „Nein, nein J., ich- ich- (...)" Ich habe gesagt: „Gut, dann eben nicht- (.) dann kommst Du eben nicht. Ich habe auch meinen Stolz. Wenn Du mich lieb hast- (..) Liebst Du mich?" (..) Keine Antwort. (.) „Liebst Du mich nicht? Sage mir wenigstens, daß Du mich nicht liebst." Na dann hat er- Hat er aber auch nicht gesagt. (..) Dann habe ich gesagt: „Ja, dann- wenn Du mich nicht liebst, dann komme nicht mehr." (..) Aber er kam wieder und sagt: „Ich wollte nicht kommen, aber ich- ich kann nicht anders, ich muß kommen."

Dieser Bericht schildert eine Vielzahl von Beziehungsaspekten, von denen hier nur einige genannt werden sollen: Die Patientin beschreibt vor allem ein Verhältnis intensiver wechselseitiger Abhängigkeit. Ein Konflikt entsteht, weil der Geliebte sich zurückzieht und verweigert; er antwortet auch nicht auf ihre dringliche Frage, ob er sie liebe. Dieses Beziehungsverhalten läßt sich als eine Mischung von Rückzug und Ignoranz beschreiben (*WALL OFF & IGNORE*), in der sich eine defensive Distanzierung und Gleichgültigkeit zu einer Art Indifferenz vereinen. Die nachfolgenden Schilderungen der Patientin lassen erkennen, daß dieses Verhalten für sie nicht wirklich verletzend ist, weil eine tiefere Leidenschaft ihn gegen seinen Willen immer wieder zu ihr zwingt. Die durch ihn herbeigeführten Trennungen werden durch die immer wieder stattfindenden Rückkehr und erneute sexuelle Unterwerfung (*SUBMIT*) aufgehoben und gleichsam „ungültig" gemacht. Wie Äußerungen an anderer Stelle zeigen, kann die Patientin dann mit der Ohnmacht ihres Freundes spielen und sich ihrer Macht vergewissern, indem sie ihn nun ihrerseits abweist und damit ihren Stolz demonstriert. Sie kehrt dabei das zunächst beschriebene Verhältnis um und führt ihm seine eigene Abhängigkeit vor.

In der zitierten Beziehungsschilderung ist die Kodierung *IGNORE nicht* mit dem Moment der Kränkung oder Herabsetzung (*BLAME*) gekoppelt: Die Patientin weist diese Möglichkeit ab, indem sie die Abhängigkeiten als wechselseitig darstellt und eine „höhere Macht" beschwört (die der Leidenschaftlichkeit bzw. Hörigkeit), durch die die Verbindung in schicksalhafter Weise unauflöslich erscheint und Kränkungen gewissermaßen „uneigentlich" gemacht werden. Die Darstellung betont eine Art imaginärer Verbindung zwischen den Liebenden, die unzerstörbar und gegen Enttäuschungen gleichsam immun ist.

Diese „mystische" Verbindung bildet auch den atmosphärischen Hintergrund der folgenden Sequenz:

Zweites Beispiel WE5:

Patientin: ...Sie müssen bedenken, ich hab in einer wahnsinnigen Anspannung gelebt. (..) Mein Telefon war mein Alles und ich bin nach dem Dienstwenn ich Frühdienst, den ich meist hatte, (.) nach Hause gerast wie verrückt, (..) und hab mich schöngemacht (..) und hab alles vorbereitet: nur (.) auf die winzige Chance hin, daß er kommen könnte. Auf die winzige Chance...
Therapeut: ...wie häufig kam er dann auch?
Patientin: Ah- (..) Kann ich Ihnen gar nicht sagen, so selten. Vielleicht (2) ein- zweimal im Monat. (.)
Therapeut: Das ist selten.
Patientin: Ja. ( ). (..) Und das bei- bei meinem Bedürfnis nach Liebe.

Die hier geschilderte Beziehungskonstellation ist komplex. Die Patienten erscheint wieder als extrem abhängig und bedürftig im Sinne der Kodierung TRUST und des zugeordneten Items (246) „Sich klammern an, sich hängen an" (vgl. das kombinierte Modell Abb. 2.4). Diese Abhängigkeit hat zur Folge, daß sie sich ihrem Geliebten völlig unterwirft und anpaßt (SUBMIT). Die Kombination der beiden Kodierungen TRUST und SUBMIT ist gut geeignet, den Suchtcharakter von Bindungen der hier geschilderten Art zu erfassen.

Die interpersonelle Position des Freundes ist zu der ihren in doppelter Weise entgegengesetzt. Während sie sich unterwirft, ist er unabhängig und handelt gewissermaßen nach freiem Belieben, indem er die Zeitpunkte für seine Besuche willkürlich bestimmt (SUBMIT versus *SEPARATE*). Während sie abhängig und bedürftig ist, nimmt er auf ihre Wünsche keinerlei Rücksicht (TRUST versus *IGNORE*).

Diese Beziehungskonstellation ist spannungsreich und müßte eigentlich ein Potential für massive Kränkungen enthalten. Dies entspricht jedoch wiederum *nicht* dem Erleben der Patientin selbst, die sich weder als mißbraucht noch ausgenutzt beschreibt. Man gewinnt statt dessen den Eindruck, daß sie durch ihre feierlichen Vorkehrungen für einen eventuellen Besuch ihres Geliebten die geheimnisvolle Verbindung zu ihm gewissermaßen „rituell beschwört". Die Interventionen des Therapeuten (auch außerhalb der zitierten Sequenz) bieten der Patientin immer wieder an, sich über mögliche Gefühle der Enttäuschung Rechenschaft abzulegen; alle diese Versuche bleiben aber angesichts ihrer Idealisierung folgenlos. An einer Stelle hält die Patientin dem Therapeuten auf eine entsprechende Intervention entgegen: „Das war keine Enttäuschung! Das- das- das- paßt nicht. Das ist keine Enttäuschung bei uns. [T: mhm] Und das ist- (.) i- i- ich sage mir immer wieder- und das ist das: (..) Mit der Intensität, mit der wir uns geliebt haben, das- das- (.) das- *kann* er nicht- und ich weiß auch, er *kann* es nicht vergessen." (WE5, 3/314-324).

Patientin WE5 bildet einen *Sonderfall* innerhalb der Gruppe der 10 Suizidpatienten, weil ihre SASB-Fallbeschreibung das weiter oben diskutierte Muster (9) mit den Kodierungen TRUST ↔ *IGNORE & BLAME nicht* enthält; sie weist lediglich das Muster (10) TRUST ↔ *IGNORE* auf, in dem das Moment der Kränkung, Kritik und Entwertung (*BLAME*) systematisch ausgespart ist. WE5 ist auch in anderer Hinsicht innerhalb der Untersuchungsgruppe sehr auffällig. Die Patientin hat bereits sieben Suizidversuche hinter sich, darunter mindestens zwei mit beinahe tödlichem Ausgang. Sie ist zudem die einzige unter den Patienten, die völlig frei und ohne jede Scham über diese Versuche spricht. Ihre Schilderungen wirken dabei ähnlich mystifizierend wie die beiden eben zitierten Beziehungsberichte - sie stellen jeweils das Besondere und Außerordentliche der von ihr gewählten suizidalen Arrangements heraus. Den Umständen ihrer Rettungen werden in den Schilderungen ebenfalls höhere Bedeutungen zugeschrieben.

7.3.2 Typische Beziehungskonstellationen mit einem „ignoranten Objekt"

In diesem Abschnitt soll die Kodierung *IGNORE* eingehender betrachtet und ihre Bedeutung in verschiedenen Beziehungskontexten untersucht werden. Es ist naheliegend, ignorantem Verhalten regelmäßig auch eine kränkende Bedeutung zuzuschreiben. Daß dies nicht notwendigerweise der Fall ist, konnte an Patientin WE5 exemplarisch gezeigt werden. Im Folgenden werden einige typische Beziehungsmuster beschrieben, in denen die Kodierung *IGNORE ohne* eine gleichzeitige Entwertung i.S. von *BLAME* auftritt. Es handelt sich dabei um die Muster der *„Illoyalität"* (*IGNORE & SEPARATE*), der *„zwanghaften Kontrolle"* (*IGNORE & CONTROL*) und der *„Ignoranz durch Bedürftigkeit"* (*IGNORE & TRUST*). Diese drei Beziehungsfiguren kombinieren die Kodierung *IGNORE* jeweils mit einem zusätzlichen Beziehungselement, das jedoch nicht entwertend ist.[4]

(1) Das „Illoyalitätsmuster"

In diesem Muster ignoriert das Objekt den Patienten in der Weise, daß es dessen berechtigte Erwartungen und Ansprüche enttäuscht. Schilderungen mit dem Thema der Illoyalität klagen typischerweise einen Partner an, der sich bestimmten Vereinbarungen oder unausgesprochenen Verbindlichkeiten entzieht (*SEPARATE*) und damit die Bedürfnisse des Patienten mißachtet (*IGNORE*). Dieser klagt in seinem Bericht jeweils bestimmte Regeln ein, die nicht berücksichtigt worden sind. Der Fokus liegt bei diesem Beziehungsmuster somit auf einer *Regelverletzung*. Es geht vor allem um die Frage des Prinzips. Die Paraphrase einer solchen Klage könnte etwa lauten: „Man darf doch von einem Partner wirklich verlangen, daß er .... Ich bin zurecht empört darüber, daß er statt dessen ....!" Der geschilderte Vorfall wird damit zu einem „Verstoß", der von dem Berichtenden auf dem

[4] Die Diskussion dieser drei Muster dient zugleich der Vorbereitung des achten Kapitels, in dem die verschiedenen Varianten suizidaler Beziehungsmuster dargestellt werden. Die Muster der Illoyalität, der zwanghaften Kontrolle und der Ignoranz durch Bedürftigkeit haben dabei die Bedeutung von Nebenthemen, die das zentrale Beziehungsthema suizidaler Patienten überlagern bzw. modifizieren können.

Hintergrund allgemeiner Grundsätze des Anstandes und der Loyalität kritisiert wird.

Im vorliegenden Zusammenhang ist bedeutsam, daß auf diese Weise die unmittelbare Beziehung zwischen den Beteiligten etwas in den Hintergrund tritt. Die Kritik erfolgt ja auf dem Hintergrund allgemeiner Regeln und somit nur in mittelbarem Bezug auf die wechselseitigen interpersonellen Motive der Beteiligten. Das Objekt hat eine Regel verletzt, nicht aber den Patienten. Dies hat zur Folge, daß die Schilderung von illoyalen Handlungen keine persönliche Entwertung oder Demütigung des Patienten einschließen muß. Dem entspricht auch die Art der Motivationen, die die Betroffenen dem Objekt unterstellen: Als ursächlich für das illoyale Verhalten werden typischerweise Eigenschaften wie Unzuverlässigkeit, Unaufmerksamkeit, Naivität, Unwissen oder auch Selbstbezogenheit vermutet. Alle diese Eigenschaften enthalten keine gerichtete Absicht, die der Patient als kränkend und herabsetzend erleben müßte.

Im der folgenden Sequenz schildert Patientin WE1 ihre Empfindungen im Zusammenhang mit dem bevorstehenden Auszug ihres Mannes aus der gemeinsamen Wohnung:

Beispiel WE1:

Patientin: Aber mein Gott, ich kann ihn nicht aufhalten- wenn er die H. so liebt, soll er gern zu ihr. Aber- [T: Ich meine, das-] mich ärgert, daß ihm das jetzt plötzlich einfällt. (.) Daß ihm das nicht eher gekommen ist. (..) Das- das hätte ihm doch damals schon bewußt sein müssen, daß er wenn- (.) wenn er halt nun mal ein Kind hat, daß er in gewisser Weise gebunden ist.

Das Beispiel enthält das gerade beschriebene Illoyalitätsmuster. Die Patientin schildert *keine* Kränkung oder Herabsetzung ihrer Person, sondern betrachtet die Trennungsabsichten ihres Mannes unter dem Aspekt der Mißachtung von Verantwortlichkeiten, die er mit der Familiengründung auf sich genommen hat. Anstatt seinen Verpflichtungen nachzukommen, geht er eigene Wege (*SEPARATE*) und läßt die Familie im Stich (Item 123 „Im Stich lassen, aufgeben, verlassen“; Kodierung *IGNORE*). Man könnte sicherlich auch für dieses Beispiel argumentieren, daß die Patientin gerade durch die Hervorhebung des Illoyalitätsaspektes die Wahrnehmung einer Kränkung (i.S. von *BLAME*) vermeidet. Über diese Möglichkeit muß jedoch innerhalb der SASB-Inhaltsanalyse, so wie sie hier verwendet wird, nicht entschieden werden: Kodiert wird auf der Grundlage des manifesten Textes und damit weitgehend aus der Perspektive der Patientin selbst (vgl. 5.2.3); interpretative Schlüsse auf abgewehrte Beziehungsaspekte werden nicht gezogen.

(2) Das Muster der „zwanghaften Kontrolle“

Dieses Muster beschreibt eine bestimmte Form der Kontrolle von seiten des Objekts (*CONTROL*), bei der es sich gegenüber den Bedürfnissen des Patienten ignorant verhält (*IGNORE*). Die Ignoranz besteht darin, daß das Objekt gewissermaßen „blind" - d.h. unter völliger Mißachtung der Individualität und spezifischen Situation des Betroffenen - Anpassung fordert. In den interpersonellen Diagnosen von Benjamin (1993) tritt dieses Muster als Teil der *zwanghaften* Persönlichkeitsstörung auf und wird dort als „rücksichtslose Kontrolle" (inconsiderate control) beschrieben (S.251); dies trifft sehr gut den Inhalt der beiden Kodierungen *IGNORE & CONTROL*.

Wie im Fall des „Illoyalitätsmusters" ist auch in diesem Muster das Moment der unmittelbaren Kränkung ausgespart, weil die „blinde" Kontrolle einer generalisierten (zwanghaften) Haltung des Objekts entspricht, die auf allgemeinen Prinzipien (Regeln, Grundsätzen, Idealen u.ä.) gründet und deshalb den Patienten gewissermaßen nicht persönlich „meint". Die Kontrolle ist normativ und nicht auf das individuelle Gegenüber bezogen. Das bedeutet jedoch, daß die zwanghafte Kontrolle typischerweise keine unmittelbar gegen den Patienten gerichtete kommunikative Botschaft enthält, wodurch die Möglichkeit einer kränkenden Absicht in den Hintergrund tritt. Die Betroffenen stellen die Kontrolle des Objektes etwa wie einen unergründlichen Automatismus dar, der irgendwie selbstverständlich abläuft und entsprechend schwer zu hinterfragen ist.

In dem nachfolgenden Gesprächsausschnitt berichtet der 18-jährige MA4 über die Beziehung zu seinen Eltern. Der Patient ist in der Vergangenheit wiederholt durch Schulschwänzen und Alkoholprobleme auffällig geworden. Er beschreibt, daß seine Eltern (besonders sein Vater) sich nach Vorfällen dieser Art jeweils erschrocken und vorwurfsvoll um ihn kümmern. Zu anderen Zeiten aber, in denen alles seinen normalen Gang geht, sind sie mit eigenen Dingen beschäftigt und ihm gegenüber ziemlich gleichgültig. Genauso ergeht es seiner Schwester.

Beispiel MA4:

Patient: ...das geht- das geht eben solange (..) alles gut und (.) alles ist eitel Wonne- (..) wie eben äh äh- so die- die Normalität gewahrt wird wie-

Therapeut: Mhm- Was ist das-? (.)

Patient: /Solange die-/ Ja (.) solange so- daß es (.) Normalität hat für meine Eltern, daß es keine (..) schwerwiegenden Probleme mit der Schule zum Beispiel gibt und- und (2) daß äh f- (3) daß naja- daß- daß- daß wir uns an gewisse Regeln halten, nicht (.) zu spät heimkommen und [T: Mhm] (.) solche Dinge. (.) [T: Mhm] Solange das so normal abläuft, (..) ist alles in Ordnung. (.)

Therapeut: Mhm. (2) Mhm. (1) Das ist ein bißchen wenig.

Patient: Ja. Das ist ein bißchen wenig...

Das Beispiel beschreibt recht eindrücklich den „blinden" Charakter der zwanghaften Anpassungsforderung, so wie sie durch das Muster *CONTROL & IGNORE* beschrieben wird. Sie ist auf „unbedingte" Regeln („Normalität") gegründet und deshalb unsensibel für die besonderen Erfordernisse der Situation und die jeweiligen Bedürfnisse des Patienten, die einen flexiblen und empathischen Umgang mit solchen Regeln angemessen machen würden. Dieser Mangel an Empathie wird durch die Bezeichnung „rücksichtslose Kontrolle" angesprochen, mit der Benjamin dieses Muster belegt (s.o.). Der Vater des Patienten achtet auf die strikte Einhaltung der Regeln, alles andere interessiert ihn nicht. Eine kränkende Herabsetzung des Patienten ist nicht intendiert; es geht alleine um die Durchsetzung der Prinzipien, nicht um eine persönliche Anklage oder Demütigung.

(3) Das Muster der „Ignoranz durch Bedürftigkeit"

Dieses Muster wurde bereits im Zusammenhang mit der SASB-Fallbeschreibung von Patientin WE2 (Kap. 6.3.1) erläutert. Die wichtigen Merkmale der betreffenden Beziehungsfigur sollen kurz in Erinnerung gerufen werden: Die Patientin berichtete über eine sich wiederholende Konstellation in Liebesbeziehungen, in denen die jeweiligen Partner ihre Unterstützung suchen (*TRUST*) und sie sich ihnen jeweils fürsorglich zuwendet (PROTECT). Sie gilt dabei als diejenige, die alles aus eigener Kraft bewältigen kann und um die man sich nicht weiter zu sorgen braucht. Diese Bewunderung, die im stabilen Zustand eine Gratifikation für die altruistischen Leistungen darstellt, verändert ihre Bedeutung, wenn die Patientin sich labil und bedürftig fühlt. Sie erlebt dann, daß die anderen ihre Not gar nicht wahrnehmen und sie im Stich lassen (*IGNORE*).

Das Beispiel von WE2 zeigt, daß sich die Bedürftigkeit (*TRUST*) des Objekts mit einer Ignoranz gegenüber den Bedürfnissen des Patienten (*IGNORE*) verbinden kann, wenn das Objekt „egoistisch" auf sich selbst orientiert und gegenüber dem Patienten unempathisch ist. Eine Herabsetzung des Patienten ist dabei wiederum nicht unmittelbar impliziert, weil das Objekt infolge seiner Selbstbezogenheit wie in den beiden bereits diskutierten Mustern der „Illoyalität" und der „zwanghaften Kontrolle" gegenüber dem Patienten gewissermaßen „blind" ist und ihn deshalb nicht persönlich „meint". In vielen Beispielen kommt es außerdem zu einer Konfusion bezüglich der Frage, wer der beiden Beteiligten nun der eigentlich Bedürftige ist und wer tatsächlich ignoriert wird. Das Objekt verbindet mit seiner Bedürftigkeit häufig dringliche Erwartungen, die der Patient nicht einfach übergehen kann, ohne sich selbst schuldig zu machen. Die Selbstbezogenheit des Objekts erscheint dann weniger als kränkend, sondern vielmehr als - auf dem Hintergrund seiner Bedürftigkeit - angemessen und berechtigt.

Weitere Beispiele für das Muster „Ignoranz durch Bedürftigkeit" finden sich in den Gesprächen mit MA1 (vgl. auch Abschnitt 6.3.3). Der Patient berichtet über die bedrohliche Suizidalität der Mutter während seiner Kindheit und Jugendzeit. Der Vater kam während des Krieges ums Leben. Die Mutter blieb mit diesem Verlust innerlich beschäftigt und geriet immer wieder in tiefe depressive Verstimmungen, während derer sie gegenüber dem damals jugendlichen Patienten Suizidabsichten äußerte. Der Patient befand sich in ständiger Sorge und mußte seine Mutter nicht selten geradezu bewachen, um das Schlimmste zu verhüten. Die altersgemäßen Aktivitäten wurden dadurch weitgehend behindert. Ausnahmen bildeten z.B. Wochenendausflüge, an denen auch andere Erwachsene teilnahmen, durch die er die Mutter dann vorübergehend versorgt wußte:

Beispiel MA1:

Therapeut: Und äh (.) ja, irgendwo so von dem andern Erleben her muß man ja denken, da- das war die Zeit, wo Sie dann (.) eigentlich auch keine Angst zu haben brauchten, daß sich die Mutter was antut- (...) weil ja andere Leute bei waren.
Patient: Aja, (.) das ist richtig.(.) Da wußt man wenigstens- (.) Ich mein sonst hat sie oft bei mir geheult und so und de- die Sache beklagt äh mit dem Vater und- (..) und äh so wußten wir, sie is wieder [T: mhm] mal a bissel abgelenkt und (..) kann sich mit anderen auch mal über andere Dinge unterhalten, ne. [T: Mhm] (..) Da konnte man also schon beruhigter mal losziehn und (...) was anderes unternehmen, ne.
Therapeut: Mhm. (2) Hat sie eigentlich von Ihnen des so erwartet, daß Sie (..) äh (.) ihr da auch immer zuhören, daß Sie (.) ihr Ansprechpartner letzten Endes sind also unter der Woche.
Patient: Ja, ich glaub schon.

Die Gesprächssequenz schildert eine Ausnahmesituation; damit macht sie spiegelbildlich die alltägliche Beziehungskonstellation zwischen Mutter und Sohn sichtbar. Die Mutter nimmt die Fürsorge des Patienten mit ihren depressiven Klagen in Anspruch (*TRUST*) und verpflichtet ihn durch ihre Suiziddrohungen auf eine Helferstatus (*CONTROL*). Wie sich auch an anderen Stellen deutlich zeigt, ignoriert sie damit zugleich seine adoleszenten Bedürfnisse nach Unabhängigkeit und Expansion (*IGNORE*). Irgendwelche Affekte, die dem problematischen Charakter dieser Konstellation entsprechen würden - etwa das Gefühl, mißachtet und benachteiligt worden zu sein - sind in den Schilderungen des Patienten nicht zu erkennen. Der Patient erscheint in den Gesprächen vielmehr nach wie vor mit seiner damaligen Aufgabe identifiziert.

7.3.3 Bewertung

Die Muster der „Illoyalität", „zwanghaften Kontrolle" und „Ignoranz durch Bedürftigkeit" enthalten übereinstimmend die Kodierung *IGNORE*, ohne damit jedoch zugleich einen Vorwurf, eine Kritik oder eine Herabsetzung des Patienten einzuschließen (*kein BLAME*). Die Beispiele zeigen, daß die kombinierten Kodierungen *BLAME & IGNORE* eine spezifische Qualität des Objektverhaltens zum Ausdruck bringen, die durch die Einzelkodierung *IGNORE nicht* erfaßt werden kann. Die Beispiele haben zudem gezeigt, daß Beziehungskonstellationen mit den Themen der Illoyalität, der zwanghaften Kontrolle und der Ignoranz durch Bedürftigkeit zwar ebenfalls konfliktreich sind, jedoch durch die systematische Aussparung persönlich „gemeinter" Botschaften eine *Mittelbarkeit* enthalten, die der

Spannung zwischen den Beteiligten einige Schärfe nimmt. Dies geschieht in den drei Mustern auf verschiedene Weise durch die Betonung von Faktoren, die die Möglichkeit direkt gegen den Patienten gerichteter Absichten in den Hintergrund treten lassen und damit das Moment der Kränkung abschwächen: durch die Konstatierung von Regeln und Prinzipien, die das Objekt „blind" verfolgt oder infolge seiner Selbstbezogenheit, Unaufmerksamkeit und Verantwortungslosigkeit willkürlich verletzt; im Falle des Muster „Ignoranz durch Bedürftigkeit" durch den Umstand, daß das Objekt selbst bedürftig ist und deshalb seine Ignoranz aufgrund der eigenen Not berechtigt sein könnte.

Aufgabe des vorliegenden Kapitels ist es, die in den SASB-Fallbeschreibungen der 10 Patienten häufig wiederkehrenden und in Tab. 7.1 aufgelisteten Beziehungsformeln als Kandidaten für die Bestimmung eines zentralen „suizidalen Beziehungsmusters" zu überprüfen. Alle bisherigen Überlegungen zeigen, daß die meisten Argumente für das Muster (9) mit den Kodierungen TRUST ↔ *BLAME & IGNORE* sprechen. Die Diskussion hat ergeben, daß das häufigste Muster (10) mit den Kodierungen TRUST ↔ *IGNORE* eine schwächere Konfliktspannung beschreibt, weil in ihm das Moment einer persönlich „gemeinten" Kritik, Kränkung oder Herabsetzung ausgespart ist. Dieses Muster weicht damit auch in einem entscheidenden Punkt von früheren SASB-Studien zur Suizidalität ab (vgl. Kap.4). Alle diese Beobachtungen legen die Entscheidung nahe, die weiteren Untersuchungen nun auf das offensichtlich wichtigere Muster (9) zu konzentrieren und dessen Bedeutung für das suizidale Geschehen eingehender zu prüfen.

7.4 Gegenüberstellung mit einer Vergleichsgruppe klinisch unauffälliger Probanden

Wie weiter oben (Kap.4) gezeigt wurde, ist Suizidalität kein exklusives Merkmal einer spezifischen Störung; sie kann im Kontext krisenhafter Zuspitzungen bei einer Vielzahl von psychischen Problemen und Störungsbildern auftreten. Suizidversuche werden im Zusammenhang mit der Darstellung der interpersonellen Diagnosen von Persönlichkeitsstörungen von Benjamin (1993) bei dem überwiegenden Teil der im DSM beschriebenen Störungen erwähnt. Bei der Diskussion der verschiedenen Diagnosen wurde außerdem gezeigt, daß im Kontext der Suizidalität regelhaft diejenigen Beziehungsmerkmale auftreten, die durch die drei Kodierungen TRUST, *BLAME* und *IGNORE* des Musters (9) erfaßt werden; ich habe diese Kodierungen auf dem Hintergrund dieser Beobachtung als *suizidbegünstigende interpersonelle Faktoren* interpretiert (s. 4.3.1).

Daneben gibt es eine kleinere Gruppe von Persönlichkeitsstörungen, die nicht oder seltener mit Suizidalität in Zusammenhang gebracht wird. Zu dieser Gruppe gehören die zwanghafte, antisoziale, paranoide, schizoide und schizotypische Persönlichkeitstörung nach DSM-III-R. Diese Störungen sind nun erwartungsgemäß dadurch charakterisiert, daß sie die oben genannten suizidbegünstigenden Faktoren nicht oder nur unvollständig aufweisen. Diese Beobachtung stellt einen ersten Beleg für die Annahme dar, daß durch das Muster (9) TRUST ↔ *BLAME & IGNORE* tatsächlich interpersonelle Faktoren beschrieben werden, die für das Problem der Suizidalität *spezifisch* sind.

Eine andere Möglichkeit, die spezifische Bedeutsamkeit des Musters (9) für das Suizidproblem aufzuzeigen, ist ein Vergleich der hier untersuchten Patientengruppe mit einer Gruppe von klinisch nicht auffälligen und nicht-suizidalen Probanden. Damit kann getestet werden, ob das Muster wirklich einen Befund beschreibt, der bei Probanden ohne Suizidgefährdung entweder gar nicht oder nur in geringer Ausprägung angetroffen wird.

Für einen solchen Vergleich wurden 12 Probanden herangezogen, die im Rahmen eines getrennten Forschungsprojekts zu den „Bewußten und unbewußten Determinanten der Aggressionsverarbeitung bei Frauen und Männern“[5] mit SASB inhaltsanalytisch untersucht wurden. Materialgrundlage für die Untersuchungen dieses Projekts waren halbstrukturierte Interviews, in denen männliche und weibliche Probanden ihren Umgang mit Wünschen und Bedürfnissen und ihre Schwierigkeiten bei deren Durchsetzung schilderten. Die Transkripte der gut einstündigen Interviews wurden in genau der gleichen Weise ausgewertet, wie dies im Fall der Therapiegespräche mit den Suizidpatienten geschah: In den Transkripten wurden Beziehungsepisoden abgegrenzt und mit SASB analysiert; im Anschluß daran wurden clusteranalytisch repetitive Beziehungsmuster extrahiert und SASB-Fallbeschreibungen formuliert. Das gesamte Verfahren wird in den Kapiteln 5 und 6 ausführlich beschrieben. Wegen des identischen Auswertungsverfahrens konnten die Auftretenshäufigkeiten bestimmter Beziehungsmuster in der Untersuchungs- und der Vergleichsgruppe *quantitativ* verglichen werden. Zu diesem Zweck wurde festgestellt, ob und mit welcher Häufigkeit das Muster TRUST ↔ *IGNORE & BLAME* bei Probanden aus einer nicht-klinischen Gruppe auftritt.

Bei der Vergleichsgruppe handelt es sich um 6 Frauen und 6 Männer. Die Probanden folgten einem Aufruf zur Teilnahme an dem Forschungsinterview. Eine finanzielle Entschädigung gab es nicht. An der Untersuchung nahmen vor allem Studenten und Ärzte mit psychotherapeutischem Interesse teil, so daß es sich in bezug auf das Niveau und die Richtung der Ausbildung, aber auch im Hinblick auf den sozioökonomischen Status um eine im Vergleich zu der Gruppe der Suizidpatienten sehr spezielle Auswahl von Probanden handelt. Dieser Umstand schränkt die Aussagekraft des Vergleichs natürlich ein; eine eigene, speziell an den Merkmalen der Untersuchungsgruppe orientierte Vergleichsgruppe konnte jedoch wegen des enormen Kodierungsaufwandes nicht untersucht werden.[6]

---

[5] Das Projekt wurde unter der Leitung von Prof.Dr.Ch.Rohde-Dachser am Institut für Psychoanalyse der Universität Frankfurt durchgeführt. Der Autor hat in diesem Projekt von 1991 bis 1993 mitgearbeitet und dabei u.a. die SASB-Inhaltsanalysen durchgeführt, die hier als Vergleich herangezogen werden.

[6] Die Vergleichsgruppe setzt sich im einzelnen wie folgt zusammen: 3 der 6 Männer sind Studenten verschiedener Fachrichtungen, zwischen 25 und 30 Jahren alt und unverheiratet; hinzu kommen 2 verheiratete Ärzte mit einem Alter um die 40 Jahre; ein 53-jähriger Proband ist Lehrer, jedoch nicht mehr in diesem Beruf tätig. Unter den Frauen finden sich ebenfalls 3 Studentinnen verschiedener Fachrichtungen, die zwischen 26 und 30 Jahren alt sind; eine von ihnen ist verheiratet. Eine 30-jährige Frau ist Diplom-

Nur von einer Probandin der Vergleichsgruppe (W5) sind auf Grund der Untersuchung frühere Phasen von Suizidalität mit autodestruktiven Handlungen bekannt. Alle andere erwähnen in den Forschungsinterviews keine Suizidversuche. Da die Interviews einen tiefen Einblick in die biographische Entwicklung und die aktuelle Lebenssituation gestatteten, sind frühere Suizidversuche bei diesen anderen 11 Probanden sehr unwahrscheinlich; eine aktuelle Suizidalität kann bei der gesamten Vergleichsgruppe ausgeschlossen werden.

Tab. 7.2 gibt eine Übersicht zu der absoluten und prozentualen Anzahl der Fundstellen (d.h. Beziehungsepisoden) für das Muster TRUST ↔ *IGNORE & BLAME* in beiden untersuchten Gruppen. Die Reihenfolge der Patienten bzw. Probanden entspricht der Höhe der Prozentwerte. Durch Unterstreichung hervorgehoben sind die Nummern derjenigen Patienten bzw. Probanden, bei denen das Muster außerdem Teil der SASB-Fallbeschreibung ist. Dies gilt für alle Suizidpatienten außer für WE5, aber nur für zwei Fälle aus der Vergleichsgruppe (W5 und M6). Bei W5 handelt es sich um die bereits erwähnte Probandin, für die Phasen früherer Suizidalität und autodestruktive Handlungen bekannt sind.

Untersuchungsgruppe			
		Fundstellen	
Pat.-Nr.	Episoden	N	%
WE4	82	23	28,0
WE2	35	7	20,0
MA3	63	12	19,0
MA2	90	16	17,8
WE3	107	18	16,8
MA4	52	6	11,5
MA5	60	4	10,0
MA1	51	4	7,8
WE1	121	8	6,6
WE5	84	2	2,4
durchschnittlich:			14,0

Vergleichsgruppe			
		Fundstellen	
Pbn.-Nr.	Episoden	N	%
W5	69	6	8,7
M5	50	4	8,0
M6	51	3	5,9
W6	51	2	3,9
M2	46	1	2,2
W3	47	1	2,1
W4	62	1	1,6
W2	78	1	1,3
W1	48	0	0
M1	33	0	0
M3	44	0	0
M4	42	0	0
durchschnittlich:			2,8

Legende: Die Tabelle listet für die Gruppe der Suizidpatienten und die Vergleichsgruppe jeweils die Gesamtzahl der Beziehungsepisoden, die Zahl der Episoden mit dem Muster TRUST <-> *BLAME & IGNORE* und die relative Häufigkeit dieser Episoden in Prozent auf. Die Reihenfolge entspricht der Höhe der Prozentwerte. Durch Unterstreichung sind die Nummern derjenigen Patienten und Probanden hervorgehoben, bei denen das Muster Bestandteil der SASB-Fallbeschreibung ist.

Tab. 7.2: Häufigkeiten des zentralen Beziehungsmusters in der Untersuchungs- und Vergleichsgruppe

Psychologin, eine 42-jährige studiert nach einer handwerklichen Berufsausbildung zum Untersuchungszeitpunkt Psychologie. Einen besonderen Fall stellt eine 71-jährige Frau dar, die nach einer Ausbildung als Arzthelferin verschiedene Berufstätigkeiten ausgeübt hat; sie wurde einmal geschieden und ist nach einer zweiten Heirat zum Zeitpunkt der Untersuchung verwitwet. Es handelt sich um die im Text mit W5 gekennzeichnete Probandin.

Die Häufigkeiten, mit denen das Muster als Teil der Fallbeschreibungen in den beiden Gruppen auftritt, können mit chi^2 gegeneinander getestet werden; dabei ergibt sich ein Prüfwert von $chi^2 = 8{,}98$, der bei einseitiger Testung hochsignifikant ist ($p < 0.001$).

Daneben können die Häufigkeiten verglichen werden, mit denen das kritische Muster als Bestandteil von Beziehungsepisoden in beiden Gruppen vorkommt. Die Gesamtzahl der Beziehungsepisoden ist in der Vergleichsgruppe im Durchschnitt etwas kleiner als in der Gruppe der suizidalen Patienten, was auf den geringeren Zeitumfang der Forschungsinterviews zurückzuführen ist. Für den Vergleich entscheidend ist daher der prozentuale Anteil von Episoden mit dem Muster, bezogen auf die Gesamtzahl von Beziehungsepisoden bei dem jeweiligen Patienten (bzw. Probanden). Diese relativen Häufigkeiten werden in den rechten Spalten wiedergegeben.

Für den Vergleich der Gruppen ergibt sich folgendes: In der Gruppe der suizidalen Patienten wird in durchschnittlich 14% aller Episoden das Muster geschildert, in der Vergleichsgruppe nur in 2,8%. Die Häufigkeitsdifferenzen zwischen beiden Gruppen lassen sich mit Hilfe des Mann-Whitney-U-Tests (Siegel, 1987) auf Signifikanz testen. Der U-Test prüft die Zufallswahrscheinlichkeit für diejenige sequentiellen Anordnung von Probanden und Patienten, die sich ergibt, wenn man die relativen Häufigkeiten der Mitglieder beider Gruppen (d.h. die Prozentwerte in den jeweils rechten Spalten) in eine gemeinsame Rangfolge bringt. Die Berechnung ergibt einen Prüfwert von $U = 8$, der ebenfalls hochsignifikant ist ($p < 0.001$).

7.5 Zusammenfassung: Der zentrale Beziehungskonflikt suizidaler Patienten

Die erheblichen Unterschiede in der Zusammensetzung beiden Gruppen lassen es als geraten erscheinen, aus dem Vergleich keine allzu weitreichenden Schlüsse zu ziehen. Bei aller Vorsicht kann jedoch gesagt werden, daß die gefundenen Unterschiede die Annahme unterstützen, daß das Muster TRUST ↔ *BLAME & IGNORE* eine Beziehungsstruktur abbildet, die bei klinisch unauffälligen und aktuell bzw. anamnestisch nicht suizidalen Probanden mit deutlich geringerer Häufigkeit angetroffen wird. Der Vergleich mit anderen SASB-Untersuchungen zur Suizidalität und die klinische Diskussion der drei durch die Kodierungen erfaßten Beziehungselemente hat darüberhinaus wahrscheinlich gemacht, daß in diesem Muster interpersonelle Faktoren beschrieben werden, die suizidbegünstigend sind. Das Muster kommt zudem in 9 der insgesamt 10 SASB-Fallbeschreibungen und damit innerhalb der Gruppe suizidaler Patienten besonders häufig vor. Diese Argumente unterstützen die Annahme, daß mit der Formel TRUST ↔ *IGNORE & BLAME* eine Beziehungsstruktur beschrieben wird, die sehr eng mit dem Auftreten von Suizidalität verbunden ist.

Auf diese Beziehungsformel wird in den folgenden Kapiteln verwiesen, wenn von dem *zentralen Konfliktmuster* suizidaler Patienten die Rede ist. Mit der gleichen Bedeutung spreche ich alternativ von dem *zentralen Konfliktthema*, der *zentralen Beziehungsfigur*, dem *zentralen Muster*, dem *zentralen Beziehungsthema*, der *zentralen Beziehungskonstellation* oder der *zentralen Konfliktkonstellation*. Wenn dagegen von dem *zentralen Objektbild* suizidaler Patienten die Rede ist, sind damit lediglich die kombinierten Objektkodierungen *BLAME & IGNORE* gemeint; in bestimmten Zusammenhängen ist ein solcher gesonderter Verweis auf das Objektverhalten praktisch und für die Verständlichkeit der Ausführungen hilfreich.

8. Varianten und Bewältigungsversuche des zentralen Beziehungskonfliktes

In diesem Kapitel werden *Varianten* des zentralen Beziehungsmuster suizidaler Patienten untersucht. Diese Varianten enthalten neben den Kodierungen TRUST, *BLAME* und *IGNORE* zusätzliche Beziehungsaspekte, die das zentrale Konfliktmuster erweitern oder überlagern. Nachdem im vorangegangenen Kapitel das gemeinsame Beziehungsthema der Patienten untersucht wurde, geht es somit hier um die besonderen interpersonellen Verhaltensweisen, die sich um diesen gemeinsamen „Kern" gruppieren. Das Ziel der Untersuchung ist die Beschreibung und Kategorisierung verschiedener Varianten, die inhaltlich als spezifische Formen des Umgangs mit dem zentralen Konfliktthema interpretiert werden können. Dadurch werden einerseits individuelle Fallcharakterisierungen möglich, andererseits aber auch eine Gruppierung der Patienten im Hinblick auf die von ihnen präferierten Varianten.

Die Analyse der Varianten basiert wiederum auf den *SASB-Fallbeschreibungen* der 10 Patienten. Zu ihrem Inhalt sind keine präzisen Annahmen entwickelt worden. Am Ende des vierten Kapitels wurden jedoch „Erwartungen" zu den möglichen Eigenschaften zweier solcher Varianten ausformuliert. In der nachfolgenden Untersuchung werde ich zunächst versuchen, Varianten ohne gezielte Vorannahmen aus dem Material selbst heraus zu entwickeln. Erst in einem zweiten Schritt soll dann geprüft werden, inwieweit sich die Ergebnisse dieses Versuchs mit den früheren Erwartungen decken.

8.1 Konzeptuelle und methodische Überlegungen

8.1.1 Was ist eine „Variante"?

Varianten des zentralen Beziehungskonfliktes entstehen, wenn zu den Kodierungen TRUST ↔ *BLAME & IGNORE* neue Beziehungsaspekte hinzutreten, die das zentrale Thema erweitern oder überlagern. Die Erweiterungen können sowohl die Seite des Patienten- als auch die des Objektverhaltens betreffen. Wenn Beziehungsaspekte auf der Objektseite hinzugefügt werden, bedeutet das, daß die Art der konflikthaften „Herausforderung" modifiziert wird, auf die der Patient in den Beziehungen trifft und zu der er sich verhalten muß. Wenn andererseits Beziehungsaspekte auf der Seite des Patienten hinzugefügt werden, dann bedeutet das, daß er dieser Herausforderung noch anders als allein mit jener durch Bedürftigkeit geprägten Abhängigkeit (TRUST) begegnet, die für das zentrale Konfliktmuster charakteristisch ist. In jedem Fall wird die zentrale Beziehungsfigur in den Varianten so verändert, daß neben dem zentralen Konflikt noch *weitere* Beziehungsthemen auftreten. Im folgenden stelle ich am Beispiel zweier Gesprächsausschnitte von Patientin WE3 dar, wie solche thematischen Erweiterungen aussehen und wie sie funktionieren.

Das erste Beispiel kennen wir bereits aus dem letzten Kapitel. Die Patientin antwortet in dem Zitat auf die Eingangsfrage des Therapeuten, wie es ihr inzwischen - seit der Entlassung aus der Klinik - ergangen sei.

Erstes Beispiel WE3:

Patientin: ...Die ersten Tage wars sehr schlimm. Und gestern war es (irgendwie) so, daß ich einen fruchtbaren Angstzustand gehabt hab. Ich habe alle zwei Minuten (.) geschaut, ob mein Freund noch da ist. Ich weiß nicht, was gestern los war. (..) Das war ganz schlimm. Da hab ich plötzlich Angst gehabt, daß ich (.) verlassen bin, und hatte plötzlich das Gefühl, daß der eigentlich nur noch da ist, weil er Mitleid hat. Und das kann ich also nicht haben. Ich habe auch gesagt, daß ich kein Mitleid will, sondern [T: mhm] Verständnis. Mitleid - (..) für was frag ich mich.

Zunächst sollen kurz die drei Elemente des zentralen Konfliktmusters aufgezeigt werden: Die Schilderung der eigenen Ängste und Befürchtungen läßt eine ausgeprägte Abhängigkeit der Patientin von ihrem Freund erkennen. Ihre Schutz- und Anlehnungsbedürftigkeit kann als Mischung einer positiven Affiliation und einer negativen Interdependenz verstanden und mit der Kodierung TRUST abgebildet werden. Die Patientin argwöhnt, daß ihr Freund weggehen könnte und entwickelt in dieser Stimmung plötzlich das Gefühl, er habe sie innerlich bereits schon verlassen (*IGNORE*) und kümmere sich nur noch aus Mitleid um sie. Unter dieser Perspektive ist seine Zuwendung kränkend (*BLAME*), da sie keinem wirklichen Interesse und keiner echten Wertschätzung ihrer Person entspricht. Die Patientin erlebt das Mitleid ihres Freundes als eine Herablassung, durch die sie sich klein und unwichtig gemacht fühlt.

Dieses zentrale Muster wird nun durch einige zusätzlichen Beziehungsaspekte *erweitert*. Die Patientin nimmt im Verlauf ihrer Schilderung zwei verschiedene Positionen gegenüber ihrem Freund ein: Zunächst erscheint sie von ihrem Gegenüber abhängig, dabei jedoch auch kontrollierend (TRUST & CONTROL). Das Moment der Kontrolle ist in dem Umstand enthalten, daß sie fortwährend nachprüfen muß, ob ihr Freund noch da ist. In diesem ersten Teil der Schilderung herrscht eine Atmosphäre angespannten Schweigens, in dem die Patientin still ihren Befürchtungen nachhängt, der Freund habe sie bereits verlassen und harre nur noch aus Mitleid bei ihr aus. Mit der Äußerung „Und das kann ich also nicht haben..." wird ein Wechsel vollzogen, mit dem die Patientin empört aus der Position passiver Hilflosigkeit heraustritt. Sie bezieht nun trotzig einen unabhängigen Standpunkt und setzt sich gegen das als herabsetzend erlebte Mitleid zur Wehr, indem sie selbst Kritik an ihrem Freund übt (SEPARATE & BLAME).

Im vorliegenden Zusammenhang interessiert die *Verschiebung des zentralen Beziehungsthemas*, die durch diese Erweiterungen bewirkt wird. Wie im letzten Kapitel ausgeführt wurde, beinhaltet das zentrale Konfliktmuster suizidaler Patienten die Erfahrung, daß Objekte ignorant und gleichgültig sind und damit zeigen, wie bedeutungslos und uninteressant der Patient ist (*IGNORE & BLAME*). Diese Konstellation wird auch in der hier zitierten Sequenz geschildert. Die demonstrativ vorgetragene Gegenwehr der Patientin (nach ihrem Wechsel in die kritische Position) bezieht sich jedoch nicht auf dieses ignorante und entwertende Objektverhalten insgesamt (also auf das zentrale Objektbild), sondern *selektiv* auf ein bestimmtes Merkmal, nämlich das bei ihrem Freund erlebte Mitleid. Durch die Fokussierung des Mitleids treten jedoch andere Aspekte des Objektverhaltens in den Hintergrund, vor allem die Befürchtung der Patientin, ihr Freund habe sie womöglich innerlich bereits verlassen. Aus der Art der psychischen Bewegung in dieser Schilderung ist zu erkennen, daß diese Wendung einen Entlastungsversuch darstellt und eine gewisse Stabilisierung ermöglicht. Auf einer allgemeineren Ebene kann man formulieren, daß in dem Beispiel das Beziehungsthema durch eine Erweiterung um zusätzliche Beziehungsaspekte so „verschoben" wird, daß das zentrale Konfliktmuster suizidaler Patienten ein Stück weit in den Hintergrund tritt.

Die im vorangegangenen Beispiel enthaltene Erweiterung des zentralen Konfliktmusters wird durch Beziehungsaspekte erreicht, die auf der Seite der Patientin hinzutreten: Sie verharrt nicht in der Position passiver Abhängigkeit und Resignation, sondern setzt sich im Verlaufe der Sequenz kritisch gegen das Objekt zur Wehr. Im nächsten Beispiel findet ebenfalls eine „Verschiebung" des zentralen Konfliktmusters statt, diesmal jedoch zusätzlich dadurch, daß Beziehungsaspekte auf der Seite des *Objektverhaltens* hinzukommen. In dem Zitat geht es um Unstimmigkeiten zwischen der Patientin und ihrem Freund in bezug auf die Frage, wie gemeinsame Unternehmungen an Wochenenden zur wechselseitigen Zufriedenheit geplant werden sollen.

Zweites Beispiel WE3:

Patientin: Ja- da wird angerufen bei den Freunden- oder die rufen an- (..) und dann wird was ausgemacht. Ohne daß man mich mal fragt „ist Dir das recht". Also seltenst, daß ich mal gefragt werde (.) „gefällt Dir das auch" oder so. (..) Wenn, dann wird dann einfach [T: mhm] was ausgemacht und dann muß ich sagen, stell ich mich auch von Haus aus schon mal auf ne (..) Kampfstellung, daß ich so meine: 'jetzt mag ich erst recht nicht'.

Diese Sequenz enthält zunächst das schon bekannte Muster für das Objektverhalten im zentralen Beziehungskonflikt. Der Freund übergeht bei seinen Verabredungen die berechtigten Ansprüche der Patientin auf Beteiligung und Mitsprache (*IGNORE*). Ihre Enttäuschung zeigt an, daß sie sich durch diese Rücksichtslosigkeit mißachtet und gekränkt fühlt (*BLAME*). Diese beiden Aspekte entsprechen dem *zentralen Objektbild* (*IGNORE & BLAME*). Die Bedeutung des ignoranten

Verhaltens wird in dem Zitat jedoch noch nach einer anderen Richtung hin entwickelt: Ihre Anklage betrachtet das Verhalten des Freundes auch unter dem Gesichtspunkt der *Illoyalität*. Unter dieser Perspektive entzieht er sich bestimmten Verbindlichkeiten, die in einer Partnerbeziehung selbstverständlich sind und auf deren Beachtung die Patientin Anspruch erheben kann („...dann wird dann einfach was ausgemacht..."). Anstatt sich diesen Verbindlichkeiten zu fügen, handelt er rücksichtlos und nach eigenem Belieben (*IGNORE & SEPARATE*). Die zitierte Sequenz enthält diese beiden Bedeutungen nebeneinander: Der Freund ist einerseits ignorant und damit implizit entwertend (*IGNORE & BLAME*); er ist andererseits illoyal, weil er sich nicht an selbstverständliche Regeln hält und damit die berechtigten Ansprüche der Patientin ignoriert (*SEPARATE & IGNORE*).

Wie im letzten Kapitel (vgl. 7.3.2) gezeigt wurde, enthält die Kodierung *IGNORE* innerhalb des *Illoyalitätsmusters* nicht automatisch die Bedeutung einer Entwertung, weil die Ignoranz des Objekts vor allem unter dem Gesichtspunkt eines Regelverstoßes gesehen und deshalb als ein Verhalten interpretiert wird, das gleichsam „nicht persönlich" gegen den Patienten gerichtet ist. Die Empörung der Patientin scheint sich auf dieses Moment der Regelverletzung zu beziehen. Sie setzt sich trotzig gegen ihren Freund zur Wehr und kritisiert sein illoyales Verhalten (SEPARATE & BLAME); dieses Reaktionsmuster der Patientin kennen wir bereits aus dem oben zitierten Beispiel. Die Begründung ihres Protestes macht deutlich, daß es ihr in diesem Streit (auch) um etwas Grundsätzliches im Sinne der Verteidigung von Prinzipien (Illoyalitätsthema) geht: „...und dann muß ich sagen, stell ich mich auch *von Haus aus schon mal* auf ne (..) Kampfstellung, daß ich so meine: 'jetzt mag ich erst recht nicht'„.

Durch die Einführung des Illoyalitätsmuster gelingt es in einem gewissen Maße, das Objektverhalten von einem allgemeinen Standpunkt aus zu betrachten und damit eine „Mittelbarkeit" zwischen der eigenen Person und dem Gegenüber einzuführen. Indem die Patientin die Frage der Loyalität in den Vordergrund stellt, wird zugleich die schlimmere Möglichkeit in den Hintergrund gedrängt, daß das Desinteresse des Freundes tiefer gehen und eine persönliche und kränkende Bedeutung beinhalten könnte. Die Beziehung selbst steht durch die Verschiebung des Beziehungsthemas nicht mehr grundsätzlich in Frage, statt dessen wird eine Auseinandersetzung um die Rechte und Verpflichtungen der Partner *innerhalb* der Beziehung eröffnet. Die Erweiterung des zentralen Objektbildes (*IGNORE & BLAME*) um die Kodierung *SEPARATE* führt somit zu einer Relativierung bzw. „Entschärfung" des zentralen Konfliktthemas.

8.1.2 Zur Funktion der Varianten

Die Überlegungen des vorangegangenen Abschnitts sollen nun noch einmal in eine allgemeine Form gebracht werden. In den Schilderungen der Patienten finden sich häufig Episoden, in denen neben dem zentralen Konfliktmuster weitere

Beziehungsthemen angeführt werden. In der Sprache von SASB bedeutet dies, daß neben den Kodierungen für das zentrale Muster (TRUST ↔ *IGNORE & BLAME*) noch *andere Kodierungen* auftreten, die zusätzliche Beziehungsaspekte abbilden. In bezug auf den Inhalt des zentralen Beziehungsthemas stellen diese Aspekte *Erweiterungen* dar. Wenn sich die Schilderung eines Patienten von dem zentralen Konfliktmuster wegbewegt und andere Beziehungsaspekte fokussiert, kann man von einer thematischen *Verschiebung* sprechen.

Diese Begrifflichkeiten sind zunächst rein deskriptiv. Sie gewinnen eine inhaltliche Bedeutung erst durch die Annahme, daß das zentrale Konfliktmuster ein für die Patienten besonders kritisches und konflikthaftes Beziehungserleben erfaßt, während in den Erweiterungen Themen mit einer vergleichsweise geringeren Brisanz angesprochen werden. Dies würde bedeuten, daß das zentrale Konfliktmuster durch die Erweiterung um zusätzliche Beziehungsaspekte gleichsam *„entschärft"* wird. In vielen Fällen kann man durch eine Untersuchung der betreffenden Episoden direkt zeigen, wie ein Patient durch die Einführung zusätzlicher Beziehungsaspekte entlastet wird oder besser: sich durch die Fokussierung solcher Aspekte im Zuge seiner Schilderung *selbst* entlastet. Dafür ist die oben zitierte erste Episode von WE3 ein gutes Beispiel.

Diese Überlegung läßt sich weiter spezifizieren: Das zentrale Konfliktmuster beschreibt das Erleben eines Patienten, der sich von Objekten abhängig fühlt, die sich ihm gegenüber gleichgültig und entwertend verhalten; diese drei Elemente werden durch die SASB-Kodierungen TRUST, *IGNORE* und *BLAME* erfaßt. Erweiterungen und thematische Verschiebungen des zentralen Musters bewirken dann eine „Entschärfung", wenn sie eines oder mehrere dieser drei Elemente modifizieren bzw. „relativieren". Folgende Arten einer „Entschärfung" des zentralen Konfliktthemas sind grundsätzlich denkbar:

- Der Patient erscheint in seiner *Abhängigkeit* nicht mehr so ohnmächtig, weil er sich in der Erweiterung z.B. kritisch gegen das Objekt stellt und sich zur Wehr setzt (Relativierung von TRUST).
- Die *Ignoranz* des Objekts hat nicht mehr die Bedeutung einer grundsätzlichen und „persönlich gemeinten" Gleichgültigkeit gegenüber dem Patienten, wenn sie z.B. auf die Unzuverlässigkeit, Selbstbezogenheit oder Illoyalität des Objekts zurückgeführt werden kann (Relativierung von *IGNORE*).
- Die *Herabsetzung* durch das Objekt bedeutet nicht mehr eine abschätzige Zurückweisung, wenn sie z.B. als eine gezielte Demütigung oder Kränkung erlebt wird, die auf negative (quälerische) Weise eine enge Verbindung zu dem Patienten aufrechterhält (Relativierung von *BLAME*).

Wie unten an Beispielen gezeigt wird, werden solche Relativierungen dadurch möglich, daß die verschiedenen Elemente des zentralen Musters in neue Beziehungskontexte eingeführt werden und dort eine veränderte Bedeutung annehmen. Derart thematisch modifizierte Episoden lassen den zentralen Konflikt zwar noch erkennen, eröffnen aber gleichzeitig bestimmte „Beziehungsräume", in denen der

Patient über neue Handlungsmöglichkeiten verfügt (des Vorwurfs, der Kontrolle, des Kampfes, der Separation usw.). Dies bewirkt, daß jene Auswegslosigkeit und Ohnmacht zumindest teilweise aufgehoben wird, die für die Situation des Patienten in der zentralen suizidalen Beziehungskonstellation charakteristisch ist.

8.1.3 Methodische Folgerungen

Die 10 Patienten unterscheiden sich hinsichtlich der Art der von ihnen vorzugsweise gewählten Varianten. Welche Varianten bei einem Patienten vorliegen, kann durch eine Untersuchung seiner SASB-Fallbeschreibung festgestellt werden. Am einfachsten geschieht dies auf folgende Weise: In einem ersten Schritt werden aus den SASB-Fallbeschreibungen der 10 Patienten alle Beziehungsformeln herausgesucht, die das zentrale Muster (d.h. die Kodierungen TRUST, *IGNORE* und *BLAME*) enthalten. In einem zweiten Schritt kann dann geprüft werden, ob diese Formeln zusätzliche Kodierungen enthalten. Diese Kodierungen bilden dann die Erweiterungen bzw. Varianten des zentralen Themas ab.

Das damit beschriebene „einfache" Verfahren zur Identifikation von Varianten hat jedoch einen Nachteil. Die Schwierigkeit besteht darin, daß nur ein geringer Teil der Beziehungsformeln in den Fallbeschreibungen das zentrale Muster *vollständig* enthält.[1] Wenn bei der Identifikation der Varianten ausschließlich diese vollständigen Beziehungsformeln berücksichtigt werden, führt dies zu einem erheblichen Informationsverlust: Alle Beziehungsmuster, die in den zahlreichen übrigen Formeln der Fallbeschreibungen dargestellt sind, bleiben von der Untersuchung ausgeschlossen. Diese Informationen können jedoch für die Analyse von Varianten unter Umständen wertvoll sein, wenn sie Beziehungsformeln entnommen werden, die dem zentralen Muster ähnlich sind. Dies gilt z.B. für Beziehungsformeln, die (neben zusätzlichen Kodierungen) immerhin zwei Elemente des zentralen Konfliktmusters enthalten (z.B. TRUST ↔ *IGNORE*). Es ist deshalb zu prüfen, ob das oben beschriebene „einfache" Verfahren so modifiziert werden kann, daß es unter bestimmten Bedingungen auch Beziehungsformeln aus den Fallbeschreibungen mitberücksichtigt, die das zentrale Muster nur unvollständig enthalten.

Eine kurze Überlegung soll zeigen, daß eine solche Modifikation inhaltlich sinnvoll ist. Ich betrachte dazu nochmals den Fall von Patientin WE3. In der oben zitierten zweiten Beispielsepisode schilderte die Patientin ein interpersonelles Geschehen mit den folgenden Kodierungen:

TRUST → *BLAME & IGNORE & SEPARATE* → SEPARATE & BLAME

Die ersten drei Elemente dieser Formel sind mit den Kodierungen des *zentralen Konfliktmusters* identisch. Es folgt auf der Objektseite die Kodierung *SEPARATE*,

[1] Die 10 Fallbeschreibungen enthalten insgesamt 77 SASB-Formeln für Beziehungsmuster, von denen jedoch lediglich 11 die drei Kodierungen des zentralen Konfliktmusters aufweisen (vgl. Anhang).

die (in Kombination mit *IGNORE*) das *Illoyalitätsthema* einführt. Wie in der Diskussion dieses Beispiels gezeigt wurde, setzt sich die Patientin gegen die Illoyalität ihres Freundes empört zur Wehr, wobei sie heftige Kritik übt (SEPARATE & BLAME). Die Formel für die Beispielsepisode enthält somit Erweiterungen des zentralen Musters sowohl auf der Objekt- als auch auf der Patientenseite.

Diese Sequenz von Kodierungen kommt als Beziehungsformel in der SASB-Fallbeschreibung von WE3 jedoch gar nicht vor. Dies bedeutet, daß das in Kapitel 6 beschriebene clusteranalytische Verfahren zur Identifikation repetitiver Muster *keine* prägnante Gruppe von Beziehungsepisoden mit dieser inneren Struktur findet. Statt dessen extrahiert das Verfahren jedoch interessanterweise ein Beziehungsmuster mit der folgenden Formel (*Muster3* der Fallbeschreibung von WE3, vgl. Anhang):

TRUST → *IGNORE* & *SEPARATE* → SEPARATE & BLAME

Diese Formel weist die gleichen Kodierungen wie die zweite Beispielsepisode oben auf, es fehlt jedoch die Kodierung *BLAME*. Die Datenzeilen für das *Cluster3*, aus dem dieses Beziehungsmuster gewonnen wurde, zeigen folgendes Bild (s. Abb. 8.1):

35	00000101	10000000	00000101	10000000
39	00000100	10000000	00100101	10000100
05	00000100	10010000	00010001	10000000
09	10000100	10010001	00000001	10000000
12	00000100	10011001	00000101	10000000
19	10001100	10000000	00000001	10000000
33	00000101	10010000	00000001	10000000
98	00001100	00010000	00000001	10000000
	2 28 2	**7 51 2**	**11 3 8**	**8 1**
	BLAME	SEPARATE TRUST	*(BLAME) IGNORE*	*SEPARATE*

Abb. 8.1: Datenmatrix zu Cluster3 von WE3

Drei der insgesamt acht Episoden, die in dem Cluster zusammengefaßt sind, enhalten die Kodierung *BLAME*. Da das Repetitionskriterium für Patientin WE3 aufgrund der Gesamtzahl ihrer Episoden mit *vier* festgesetzt wurde, wird die Kodierung *BLAME* nicht in die SASB-Beziehungsformel dieses Clusters aufgenommen (sie ist deshalb in Abb. 8.1 eingeklammert worden). Die Formel enthält damit neben TRUST nur das Illoyalitätsthema *IGNORE & SEPARATE* und die charakteristische Gegenwehr der Patientin (SEPARATE & BLAME), nicht aber das vollständige zentrale Konfliktmuster.

Diese Überlegungen machen folgendes deutlich: Obwohl die angegebene Beziehungsformel von WE3 (*Muster3*) das zentrale Konfliktthema nur unvollständig aufweist, bildet sie - wie die Diskussion des zweiten Beipiels von WE3 oben gezeigt hat - gleichwohl eine gültige Variante der Patientin ab. Das Element *BLAME* des zentralen Musters wird durch die thematische Verschiebung in der Variante gerade soweit abgeschächt, daß es in der SASB-Beziehungsformel nicht mehr als Kodierung erscheint.

Eine geeignete Modifikation des Verfahrens müßte es deshalb möglich machen, daß bei der Suche nach Varianten auch Beziehungsmuster einbezogen werden, die das zentrale Muster nur unvollständig enthalten. Gleichzeitig müßte gesichert bleiben, daß die berücksichtigten Muster tatsächlich Varianten des zentralen Musters im Sinne seiner Erweiterung oder thematischen Verschiebung sind. Muster, die sich von dem zentralen Konfliktthema inhaltlich zu weit entfernen und nur wenige gemeinsame Beziehungsmerkmale mit ihm teilen, müssen von der Untersuchung ausgeschlossen bleiben. Um dies zu erreichen, wurde für die vorliegende Untersuchung folgende Festlegung getroffen: Es werden bei der Suche nach Varianten alle diejenigen Muster aus den SASB-Fallbeschreibungen berücksichtigt, die wenigstens *zwei* der drei Elemente des zentralen Konfliktmusters enthalten (also mindestens zwei der Kodierungen TRUST, *IGNORE* und *BLAME*).[2]

Im Hinblick auf die oben zitierten Episoden von Patientin WE3 erscheint diese Festsetzung inhaltlich sinnvoll: Eine Form ihrer Bewältigung des zentralen Beziehungskonfliktes besteht darin, daß sie das Verhalten ihres Freundes als illoyal darstellt (*IGNORE & SEPARATE*) und sich dann gegen es zur Wehr setzt. Wie an anderer Stelle gezeigt wurde (7.3.2), enthält das Illoyalitätsthema nicht notwendigerweise das mit *BLAME* beschriebene Moment der Entwertung und Herabsetzung, weil das Verhalten des Objekts unter dem Gesichtspunkt eines Verstoßes gegen allgemeine Regeln bewertet wird und infolgedessen zunächst keine Botschaft enthält, die sich in kränkender Weise direkt und persönlich gegen den Patienten richtet. Das bedeutet, daß das Element *BLAME* des zentralen Musters gleichsam „neutralisiert“ wird. Das *Ergebnis* dieser Veränderung wird durch das *Muster3* (s.o.) dargestellt, in dem die Kodierung *BLAME* fehlt. Es erscheint deshalb als gerechtfertigt, dieses Muster bei der Bestimmung der Varianten von WE3 mit zu berücksichtigen.

---

[2] Möglich sind die 2er-Kombinationen TRUST & *IGNORE*, TRUST & *BLAME* bzw. *IGNORE & BLAME*. Von diesen Möglichkeiten kommt jedoch die zweite (TRUST & *BLAME)* in dem Material *nicht* vor.

Auf dem Hintergrund der vorangegangenen Diskussion ist es nun möglich, die Schritte eines modifizierten Verfahrens zur Identifikation von Varianten in allgemeiner Form darzustellen:

1. In einem ersten Schritt werden alle repetitiven Muster aus der SASB-Fallbeschreibung jedes Patienten herausgesucht, die *wenigstens zwei* der drei Elemente des zentralen Beziehungskonfliktthemas enthalten.
2. In einem zweiten Schritt wird dann geprüft, welche *zusätzlichen Kodierungen* diese Muster neben den Kodierungen des zentralen Musters enthalten. Diese bilden die Varianten ab.
3. Abschließend kann dann analysiert werden, welche Bedeutung die zusätzlichen Beziehungsaspekte im Sinne einer Verschiebung bzw. „Entschärfung" des zentralen Beziehungsthemas besitzen.

Objektseite	
EMANCIPATE	1
AFFIRM	0
ACTIVE LOVE	1
PROTECT	2
CONTROL	**6**
BLAME	X
ATTACK	0
IGNORE	X
SEPARATE	**7**
DISCLOSE	0
REACTIVE LOVE	0
TRUST	**4**
SUBMIT	0
SULK	0
RECOIL	0
WALL OFF	2

Patientenseite	
EMANCIPATE	0
AFFIRM	0
ACTIVE LOVE	1
PROTECT	1
CONTROL	**4**
BLAME	**6**
ATTACK	1
IGNORE	1
SEPARATE	**5**
DISCLOSE	0
REACTIVE LOVE	0
TRUST	X
SUBMIT	**8**
SULK	0
RECOIL	0
WALL OFF	**5**

Tab.8.1: Häufigkeiten thematisch erweiternder Kodierungen in den SASB- Fallbeschreibungen aller 10 Patienten. Die Kodierungen des zentralen Konfliktmusters sind mit „X" markiert

Tab. 8.1 zeigt, welche zusätzlichen Kodierungen in den Fallbeschreibungen der 10 Patienten vorkommen, wenn man dieses Verfahren anwendet. Alle Kodierungen, die in der Tabelle vorkommen, können prinzipiell als Varianten diskutiert werden. Um die Anzahl der Möglichkeiten etwas einzugrenzen, werden im weiteren jedoch nur jene Kodierungen berücksichtigt, die mindestens *viermal* vorkommen; diese Kodierungen sind in der Tabelle hervorgehoben worden. Alle weiteren Kodierungen kommen nicht häufiger als zweimal vor.

Die Varianten des zentralen Konfliktmusters werden nun ausführlich dargestellt und anhand von Gesprächsausschnitten diskutiert. Zunächst werden solche Varianten beschrieben, bei denen bestimmte Beziehungsaspekte auf der Objektseite zu dem zentralen Muster hinzutreten; wie die Tabelle zeigt, geht es dabei um die Kodierungen *CONTROL*, *SEPARATE* und *TRUST*. Anschließend folgt die Diskussion der Varianten auf Patientenseite; bedeutsam sind hier die Kodierungen CONTROL, BLAME, SEPARATE, SUBMIT und WALL OFF.

8.2 Varianten auf der Objektseite

8.2.1 Das zentrale Objektbild

Die Kodierungen *BLAME & IGNORE* beschreiben das Objektbild des zentralen Beziehungsmusters, das durch keine zusätzlichen Beziehungsaspekte erweitert ist und damit das problematische Objektverhalten in seiner ursprünglichen Schärfe darstellt. Es handelt sich somit eigentlich *nicht* um eine Variante im eben definierten Sinn. Als Ausgangsbasis und Bezugspunkt der nachfolgenden Ausführungen soll diese Konstellation dennoch kurz erwähnt werden.

Repetitive Muster mit dem „puren" Objektbild kommen in den 10 untersuchten Fällen mit unterschiedlicher Häufigkeit vor. Es gibt Patienten, bei denen dieses unmodifizierte Objektbild überwiegt; bei anderen finden sich in Verbindung mit ihm regelmäßig zusätzliche Kodierungen. Die Mehrzahl der Patienten weist in ihren Fallbeschreibungen einzelne Beziehungsmuster auf, die dieses unmodifizierte, „pure" Objektbild enthalten (alle außer MA3 und WE5). Einige Patienten - vor allem WE2 und MA5 - zeigen den zentralen Konflikt überwiegend oder sogar ausschließlich in dieser „puren" Form.

Das Objektverhalten *BLAME & IGNORE* wurde als Teil des zentralen Beziehungskonflikts suizidaler Patienten bereits ausführlich diskutiert und braucht hier nicht noch einmal im Detail erläutert werden. Als Merkmale dieses Musters wurden dort genannt (s. Kap. 7.2.2):

- Das Objektverhalten enthält eine Zurückweisung, die jedoch *indirekt* kommuniziert wird, da sie sich in der Wahrnehmung des Patienten als Abwendung des Objekts vollzieht (*IGNORE*). Für den Patienten ist diese Abwendung ein Zeichen für Gleichgültigkeit, Desinteresse oder Ignoranz; sie kann auch bedeuten, daß der Patient von dem Objekt real verlassen wird. Diese Bedeutungen entfalten sich gerade innerhalb jener „unklaren" Distanz, die durch die Abwendung des Objekts entsteht. Eine unmittelbare und direkte Zurückweisung (die mit *ATTACK* kodiert würde) wäre offener und würde das für diese Patienten charakteristische Beziehungserleben nicht mit gleicher Intensität hervorrufen können.
- Das Objekt des „puren" Musters erscheint als mächtig, während der Patient eine passive Position einnimmt. Er kann das Objektverhalten auch nicht zum

Gegenstand einer direkten Auseinandersetzung machen, da die mit der Kodierung *IGNORE* beschriebene Abwendung des Objekts die Möglichkeit einschließt, daß der Patient definitiv verlassen werden könnte (oder schon verlassen worden ist); für einen offen ausgetragenen Konflikt fehlt daher die notwendige Basis einer ausreichend verbindlichen Beziehung.

- Schließlich wird die Abwendung des Gegenübers als Zeichen oder Beweis der eigenen *Wertlosigkeit* und Unwichtigkeit erlebt. Die Ignoranz des Objekts hat für den Patienten eine herabsetzende und entwertende Bedeutung (*BLAME*).

Wenn Beziehungsepisoden ausschließlich die Kodierungen *BLAME & IGNORE* für das Objektverhalten enthalten, beschreiben sie die Objektkomponente des zentralen Beziehungskonflikts in ihrer ursprünglichen Schärfe. Wenn sie weitere Kodierungen für das Objektverhalten aufweisen, bewirken diese eine thematische Verschiebung, die in der Regel - wie oben ausgeführt - eine Abschwächung des zentralen Beziehungskonfliktes zur Folge hat.

8.2.2 Das Illoyalitätsmuster

Bei der Erläuterung des Illoyalitätsmusters kann ich mich ebenfalls auf einige kurze Bemerkungen beschränken, da diese Beziehungsfigur und ihre Bedeutung als Variante des zentralen Konfliktmusters bereits ausführlich in diesem Kapitel beschrieben wurde (vgl. Beispiel WE3 in 8.1.1).

Im Fall einer Überlagerung durch das Illoyalitätsmuster wird das „pure" Objektmuster *BLAME & IGNORE* durch die Kodierung *SEPARATE* erweitert. In das Objektbild wird dadurch ein Moment der Unabhängigkeit im Sinne von Willkür und Beliebigkeit (d.h.: *SEPARATE*) eingeführt. In den Episoden mit diesem Muster kommt dies dadurch zum Ausdruck, daß bestimmte Regeln und Verbindlichkeiten in der Beziehung zu dem Patienten verletzt oder willkürlich übergangen werden. Damit werden gleichzeitig berechtigte Erwartungen und Ansprüche des Patienten ignoriert (Kodierung *IGNORE*). Diese Beziehungsfigur habe ich als *„Illoyalitätsmuster"* bezeichnet.

Wie an anderer Stelle gezeigt wurde (7.3.2), ist das Moment der Ignoranz innerhalb des Illoyalitätmusters - im Unterschied zu der Ignoranz im zentralen Objektbild - nicht automatisch kränkend und entwertend, weil durch den Aspekt der willkürlichen „Regelverletzung" eine Art *„Mittelbarkeit"* zwischen den Beteiligten eingeführt wird, die die Bedeutung einer direkten Mißachtung und persönlichen Kränkung abschwächt. Die Auseinandersetzung verschiebt sich dabei tendentiell auf die Frage, was „man" von einem Partner berechtigterweise erwarten darf oder nicht: Die Mißachtung durch das Objekt kann auf diesem Hintergrund z.B. als Unzuverlässigkeit, Unaufmerksamkeit, Naivität, Unwissen oder Egoismus interpretiert werden. Erweiterungen durch das Loyalitätsmuster relativieren somit das zentrale Muster durch die Abschwächung des Moments der Entwertung und Herabsetzung.

Beim Illoyalitätsthema wird durch das Moment der Verselbständigung des Objekts im Sinne einer willkürlichen Regelverletzung (kodiert durch *SEPARATE*) die Frage von Autonomie und Anpassung thematisiert, die im SASB-Modell durch die *Interdependenzachse* dargestellt wird. Es ist nicht weiter erstaunlich, daß sich auch die Antworten der Patienten auf eine Illoyalität des Objekts an diesem Thema orientieren. Die verschiedenen Möglichkeiten liegen auf der Hand: Der Patient kann versuchen, sein Gegenüber in jene Verantwortlichkeiten und Verbindlichkeiten zurückzuzwingen, die es ignoriert hat (CONTROL); er kann andererseits aufgeben und sich den Willkürlichkeiten seines Gegenübers fügen (SUBMIT); schließlich kann er auch damit antworten, daß er sich seinerseits selbständig macht und eigene Wege geht (SEPARATE). Dies sind einige Positionen, die gegenüber einem illoyalen Objekt eingenommen werden können. Mit dem Illoyalitätsthema werden zwischen den Beteiligten regelhaft Fragen von Macht und Ohnmacht, Kontrolle und Unterwerfung, Verselbständigung und Abhängigkeit aufgeworfen (vgl. 8.3).

8.2.3 Das Muster der „zwanghaften Kontrolle"

Das Muster der *zwanghaften Kontrolle* wurde bereits im Abschnitt 7.3.2 des vorangegangenen Kapitels eingeführt. Wenn es als Variante auftritt, dann bedeutet dies, daß das Objektbild des zentralen Konfliktmusters (*BLAME & IGNORE*) durch die Kodierung *CONTROL* erweitert wird.

Durch diese Erweiterung wird eine spezifische Form der Kontrolle von seinen des Objekts beschrieben (*CONTROL*), die sich zu den Bedürfnissen des Patienten insofern ignorant verhält, als sie von ihm gewissermaßen „blind" und unter Mißachtung seiner individuell oder situativ begründeten Bedürfnisse Anpassung fordert (*CONTROL & IGNORE*). Wie bei dem Illoyalitätsmuster rückt auch hier das Moment der Kränkung und Herabsetzung eher in den Hintergrund, weil die „blinde" Kontrolle auf einer generalisierten Haltung des Objekts gründet, das sich auf allgemeine Grundsätze oder Regeln beruft; sie meint den Patienten deshalb gewissermaßen nicht „persönlich". Es wurde schon darauf hingewiesen, daß das SASB-Muster *CONTROL & IGNORE* bei Benjamin (1993) als diagnostisches Kriterium für die Diagnose der zwanghaften Persönlichkeitsstörung genannt wird.

Wie das Illoyalitätsmuster „entschärft" auch das Muster der zwanghaften Kontrolle den zentralen Konflikt dadurch, daß das durch *BLAME* abgebildete Moment der Herabsetzung und Entwertung abgeschwächt wird. Dies geschieht einmal durch den eben beschriebenen ungezielten und „unpersönlichen" Charakter der Ignoranz. Zusätzlich spielt eine wichtige Rolle, daß die Kodierung *BLAME* im Zusammenhang mit der Kontrolle eine spezifische Bedeutung bekommen kann, die das Moment der Kränkung noch einmal relativiert: In vielen Episoden bildet sie nämlich einfach nur bestimmte Maßnahmen der Disziplinierung ab, die das Objekt *situativ* einsetzt, um seine Kontrolle gegen den Patienten durchzusetzen. In einer solchen Verbindung mit *CONTROL* beschreibt *BLAME* gewissermaßen eine aggressive Spielart der Kontrolle. Damit tritt wiederum die ursprüngliche Bedeutung in den Hintergrund, die *BLAME* in Kombination mit *IGNORE* innerhalb des zentralen Musters hat - nämlich die einer Entwertung, welche durch die gleichgültige Abwendung des Objekts indirekt (aber deshalb um so wirksamer) vermittelt wird.

Natürlich heben diese Abschwächungen die kränkende Bedeutung der mit *IGNORE* kodierten Gleichgültigkeit des Objekts nicht in allen Fällen auf. Wenn die Wünsche an das Objekt ausgeprägt sind und die Abhängigkeit des Patienten tief ist, wird die in der zwanghaften Kontrolle enthaltende Mißachtung seiner Bedürfnisse von ihm selbstverständlich auch als herabsetzend und entwertend erlebt. Dann wird das ursprüngliche (zentrale) Objektbild (*IGNORE & BLAME*) durch die zwanghafte Kontrolle lediglich überlagert, ohne ganz verdeckt zu sein.

Zwischen den Bedeutungen einer kränkenden Mißachtung und einer zwanghaften Kontrolle bewegt sich auch das Objektverhalten in der folgenden Schilderung von MA3. Der Patient ist hoch verschuldet und gezwungen, den größeren Teil seines ohnehin geringen Einkommens für Abzahlungen an Schuldner zu verwenden. In seinem eigentlichen künstlerischen Beruf ist er gescheitert. Zum Zeitpunkt der Gespräche schlägt er sich mit anspruchslosen Tätigkeiten durch, durch die er sich unterfordert und in seinem Stolz verletzt fühlt. Andererseits ist er jedoch bemüht, sich selbst und der von ihm arg strapazierten Umgebung (vor allem Freundin und Vater) zu beweisen, daß er sich sozial einordnen kann und zu einer verantwortungsvollen Lebensführung fähig ist. Sein gutwilliges Bemühen in seiner gegenwärtigen Anstellung als Lagerist hat somit auch einen demonstrativen Charakter und ist mit der Erwartung verbunden, daß seine Leistung gesehen und anerkannt wird:

Beispiel MA3:

Patient: Was auch äh- (..) weil- (..) ich kann das nicht wegschieben und kann sagen, das existiert nicht. Mich beschäftigen diese Schulden nicht nur materiell, sondern weil sie mich ärgern- Weil mi- weil mich ständig jemand anschreiben kann und er kann mich anpöbeln (.) und der hat auch noch recht dabei [T: mhm mhm] letztenendes. [T: Jaja mhm] Ja? (.) Und äh (.) für meine Begriffe habe ich einfach sehr viel (.) probiert. Und für meine Begriffe auch durchgehalten. Ich hab zwar dreimal die Stelle gewechselt, aber ich hab sofort wieder in derselben Geschichte weitergearbeitet.

Der erste Teil dieser Schilderung beschreibt den rücksichtslosen Zugriff der Gläubiger (*CONTROL*), denen der Patient sich ausgeliefert fühlt. Da sie verständlicherweise lediglich an der Rückzahlung des Geldes interessiert sind, verhalten sie sich in bezug auf die persönliche Situation des Patienten „unempathisch" und ignorant; insbesondere schenken sie den gutwilligen Anstrengungen des Patienten keine anerkennende Beachtung (*IGNORE*). Das Objektverhalten entspricht in diesen beiden Aspekten dem Muster der ignoranten (bzw. zwanghaften) Kontrolle. Obgleich die Haltung des Patienten in dieser Schilderung vielleicht schon etwas ansprüchlich und empört wirkt, beschreibt er seine Situation doch soweit angemessen; insbesondere sein Ärger erscheint angesichts des äußeren Drucks nachvollziehbar. Im weiteren Verlauf ändert sich jedoch der Charakter der Schilderung und bringt den Konflikt auf eine andere Ebene. Ich zitiere nochmals:

> *Patient:* ... Und äh (.) für meine Begriffe habe ich einfach sehr viel (.) probiert. Und für meine Begriffe auch durchgehalten. Ich hab zwar dreimal die Stelle gewechselt, aber ich hab sofort wieder in derselben Geschichte weitergearbeitet.

Jetzt präsentiert sich der Patient als jemand, der sich durch seine Bereitwilligkeit Verdienste erworben hat und deshalb auf eine fürsorgliche Anerkennung rechnen darf. Dabei entsteht das Bild eines Jungen, der von einer elterlichen Figur für die gute Absicht gelobt werden will, ohne daß seine objektiven Leistungen allzu kritisch untersucht werden. Aus dieser Position heraus muß das Verhalten der Objekte allerdings - wie im zentralen Muster - die Bedeutung einer kränkenden Mißachtung bekommen; ihre Gleichgültigkeit bedeutet nun eine persönliche Herabsetzung (*IGNORE & BLAME*). Bezogen auf den Verlauf dieser Beziehungsschilderung von MA3 zeigt sich somit, daß hinter dem zunächst beschriebenen Muster der zwanghaften Kontrolle das zentrale Beziehungsmuster deutlicher hervortritt.

Mit der Erweiterung des zentralen Beziehungsmusters durch die Kodierung *CONTROL* wird wiederum - wie schon bei dem Illoyalitätsmuster - das Thema der *Interdependenz* und die damit verbundenen Fragen von Autonomie, Macht und Unterwerfung eingeführt. Die Erweiterung des zentralen Musters um die Kodierung *CONTROL* ist besonders häufig; sie tritt bei insgesamt 6 der 10 Patienten auf. Meistens kommt sie jedoch nicht eigenständig, sondern in Kombination mit der Kodierung *SEPARATE* vor, d.h. zusammen mit dem oben dargestellten Illoyalitätsmuster. Dabei entsteht eine sehr komplexe Beziehungsfigur (*CONTROL & BLAME & IGNORE & SEPARATE*), die nachfolgend diskutiert wird. Das zwanghafte Muster in der eben beschriebenen einfachen Form findet sich bei den Patienten MA3 und MA4.

8.2.4 Die Kombination von Illoyalitätsmuster und „zwanghafter Kontrolle"

Doppelte Erweiterungen durch die Kodierungen *SEPARATE* und *CONTROL* kombinieren die Figuren der ignoranten Willkür (im Illoyalitätsmuster) und der „blinden" bzw. zwanghaften Kontrolle. Diese Verbindung von Willkür und Kontrolle gibt dem Muster in der Regel einen quälerischen und manchmal sogar sadistischen Charakter. Trotz dieses aggressiven Inhalts ist diese Variante im Vergleich zum Objektbild des zentralen Musters in gewisser Weise weniger bedrohlich. In ihr wird gerade wegen dem Moment des Quälerischen die Bindung und Bezogenheit zwischen den Beteiligten intensiviert, so daß die (in bezug auf die Suizidthematik) schlimmere Gefahr einer gleichgültigen Abwendung des Objekts in den Hintergrund tritt. Die Elemente der Ignoranz und Herabsetzung (*IGNORE & BLAME*) bleiben erhalten, bekommen jedoch innerhalb dieses Musters von Kontrolle und Willkür teilweise eine veränderte Bedeutung, weil sie für die quälerische Absicht funktionalisiert werden.

Patientin WE4 schildert in den meisten der 32 Episoden, die dem ersten Muster ihrer Fallbeschreibung zugeordnet sind (s. Anhang), Auseinandersetzungen mit ihrem Mann. Dieser weist ihre Bitten in häuslichen und familiären Angelegenheiten immer wieder völlig ungerührt ab und stellt seinerseits willkürliche und demütigende Forderungen an die Patientin. Solche Ungerechtigkeiten sind sie jeweils Anlässe für empörte Klagen und Wiedergutmachungsforderungen, die wiederum abgewiesen werden. In dieser Weise perpetuiert sich ein ausgesprochen quälerisches Beziehungsmuster.

Beispiel WE4:

Patientin: Und da habe ich im Herbst eine Lungenentzündung gekriegt- Ich hab die Hausärztin gleich angerufen. [T: mhm] Und ich bin krank- der fragt nicht: Wie geht es Dir- nichts, gar nichts, kein bisserl. Und letzte Woche telefoniert er mit jemand- wer das war, weiß ich nicht- [T: mhm] Jedenfalls fragt er dann: „Wie geht es denn eigentlich dem Walter seiner Mutter? - Gott sei dank, geht es der gut. - Ja, ich hab mir solche Sorgen gemacht. - Gott sei [T: mhm] Dank geht es der gut.“ Also für fremde Leute interessiert er sich, [T: mhm] und für die Familie hat er nichts übrig. [T: mhm] (1) Das war sogar soweit- Wie meine ältere Tochter noch daheim war- wie die gelernt hat, da war sie ein paarmal krank. (1) Dann ist sie abends, bevor der Vater heimkam- hat sie weggehen müsse. Das hat er nicht wissen dürfen, daß das Mädel krank ist. [T: mhm] (1) Weil krank ist nur er. [T: mhm] Er ist nur- und sonst niemand krank zu sein.

Die Schilderung stellt zunächst in der Weise des Illoyalitätsthemas dar, wie der Mann sich in empörender Weise den berechtigten Erwartungen der Patientin zuwider verhält und ihre Krankheit ignoriert (*SEPARATE & IGNORE*). Die darauf folgende Sequenz beschreibt dann zusätzlich den entwertenden Charakter dieser Mißachtung, indem sie ihren selektiven Charakter herausstellt: Der Ehemann zeigt durchaus Mitgefühl, jedoch nicht für seine eigenen Familie (*BLAME*). Die Schilderung wiederholt diesen Vorwurf nochmals am Beispiel der erkrankten Tochter und ergänzt ihn durch das Moment der ignoranten Kontrolle: Niemand außer ihm hat krank zu sein, wer krank ist hat zu gehen! Neben den Elementen der Ignoranz und Kontrolle (*IGNORE & CONTROL*) deuten sich hier auch strafende Maßnahmen an, mit denen die Kontrolle situativ durchgesetzt wird (*BLAME*). All dies ist für die Patientin Gegenstand empörter Klagen, mit denen sie sich jedoch immer weiter in die quälerische Auseinandersetzung verstrickt.

Das Zitat läßt erkennen, daß die Patientin innerlich vorwurfsvoll an ihren Mann gebunden ist und trotz aller Schwierigkeiten keineswegs im Begriff ist, sich von ihm zu lösen. Beim Zuhören vermittelt sich vielmehr der Eindruck, daß in ihrer inneren Rechnung durch ein geringfügiges Entgegenkommen seinerseits Ausgleich und Versöhnung möglich wäre. Völlig konträr zu diesem Bild steht jedoch die Tatsache, daß der Mann häufig tagelang von zuhause weg ist und im Verlauf der Gespräche immer wahrscheinlicher wird, daß er eine Liebesbeziehung unterhält (was sich schließlich bestätigt). Auf diesem Hintergrund wirken manche Schilderungen der Patientin sehr verleugnend. Der Aufmerksamkeitsfokus wird von der Bedrohung weggenommen, die mit der Möglichkeit des Verlassenwerdens gegeben ist, und statt dessen auf Schwierigkeiten *innerhalb* der Partnerschaft verlagert, so daß die Beziehung selbst nicht mehr unmittelbar gefährdet erscheint.[3]

8.2.5 Das Muster des „bedürftigen Objekts"

In dieser Variante wird das zentrale Objektbild *BLAME & IGNORE* durch die Kodierung *TRUST* erweitert. Die Kombination *IGNORE & TRUST* wurde bereits in Abschnitt 7.3.2 unter der Bezeichnung *„Ignoranz durch Bedürftigkeit"* diskutiert. Sie beschreibt eine Konstellation, in der sich eine Bedürftigkeit des Objekts (*TRUST*) mit einer Ignoranz gegenüber dem Patienten (*IGNORE*) verbindet. Eine Herabsetzung bzw. Kränkung des Patienten ist dabei (wie bei dem Illoyalitätsmuster und der zwanghaften Kontrolle) wiederum nicht automatisch impliziert, weil das Objekt infolge seiner Selbstbezogenheit „gewissermaßen" blind ist und keine „persönlich gemeinte" Entwertung an dem Patienten vornimmt. Andererseits kann diese Nichtbeachtung dennoch kränkend sein, wenn der Patient mit intensiven Wünschen nach Zuwendung und Aufmerksamkeit an das Objekt herantritt und sich von ihm entsprechend tief enttäuscht fühlt. In solchen Fällen tritt wieder das zentrale Thema *IGNORE & BLAME* in den Vordergrund.

In den meisten Fällen ist die Bedürftigkeit des Objekts zusätzlich mit dem Moment der *Kontrolle* gegenüber dem Patienten gekoppelt (*TRUST & CONTROL*). Damit wird eine Figur beschrieben, in der die Bedürftigkeit des Objekts für den Patienten verpflichtend ist und z.B. ein fürsorgliches Wohlverhalten von seiner Seite fordert. Das Hinzutreten des Aspekts der Kontrolle hat zur Folge, daß in Verbindung mit dem Muster *Ignoranz durch Bedürftigkeit* automatisch auch das Thema der zwanghaften Kontrolle auftritt (*CONTROL & IGNORE*). Deshalb findet man in den betreffenden Episoden häufig zusätzlich die mit diesem Muster verbundenen Merkmale.

Das folgende Beispiel ist den Gesprächen mit Patient MA4 entnommen. Der Patient betreibt einen ernsthaften Alkoholmißbrauch nahe an der Schwelle zur Abhängigkeit. Vor einiger Zeit hatte er seinen Eltern stolz verkündet, er habe das

[3] Die Nichteinklagbarkeit und Nichtverhandelbarkeit des zentralen Beziehungskonfliktes ist im Abschnitt 7.2.2 als eines seiner wesentlichen Merkmale hevorgehoben worden. Dieses Merkmal begründet sich daraus, daß die Kodierungen *IGNORE & BLAME* eine Konstellation beschreiben, in der die Beziehung grundsätzlich in Frage gestellt ist, so daß eine verbindliche Basis für Auseinandersetzungen fehlt. Diese Unsicherheit wird von WE4 durch die Schilderung quälerischer Auseinandersetzungen überdeckt, die ja auf ihre Art eine durchaus intensive Bezogenheit darstellen.

Trinken nun endgültig aufgegeben. Es zeigte sich jedoch, daß er diesen Entschluß nicht lange durchhalten konnte. Die folgende Sequenz schildert einen Versuch des Patienten, nach diesem Rückfall - der für die Eltern sehr enttäuschend war - wieder mit dem Vater ins Gespräch zu kommen.

Beispiel MA4:

Patient: Äh (..) und ich hab mich einen ganzen Nachmittag mal mit ihm unterhalten drüber, (.) eben weil ich Silvester wieder getrunken hab und dann auch (.) die paar Tage danach (.) wieder getrunken hab, (...) äh (..) bis ich es dann wieder aufgehört hab- (..) Und da hat halt mein Vater gesagt äh (3) Äh, daß er- daß- daß- daß er das äh- (...) daß er keine Lust hat, daß äh- (.) mir dabei bereitzustehen, oder- oder- oder äh (..) weiter die Kraft aufzubringen, äh (..) an mich zu glauben da oder- (.) so. Er hat es nicht ganz so hart ausgedrückt. Er hat gesagt: (..) „Äh- ich glaube, ich hab nicht mehr länger die Kraft- das ist dann bestenfalls noch Schwäche, wenn ich zu Dir halte." So hat er es irgendwie- so hat er es ausgedrückt.

Die in diesem Zitat beschriebene Beziehungsfigur ist sehr komplex. Der Patient wendet sich mit einem Anliegen an den Vater, das in dem Gespräch nicht genauer expliziert wird; wie aus dem Kontext zu erkennen ist, muß es sich jedoch um eine Art Werbung um das Verständnis des Vaters und um die Bitte um Unterstützung für einen Neubeginn nach dem Rückfall handeln. Der Vater weist den Patienten jedoch zurück und überläßt ihn demonstrativ sich selbst (*IGNORE*). Dieses Moment wird in der Schilderung gleich in mehrfacher Weise ausgedrückt: Der Vater hat keine Lust, dem Patienten weiter beizustehen; er glaubt nicht mehr an ihn; er empfindet es als eigene Schwäche, weiter an ihn zu glauben. Zugleich stellt der Vater sich selbst als „verwundet" und „schutzbedürftig" dar (*<u>TRUST</u>*): Er hat nicht mehr länger die Kraft dazu, an den Patienten zu glauben. Diese Botschaft verkehrt gewissermaßen das Verhältnis der beiden. Sie könnte etwa lauten: „Nicht Du bist es, der von uns beiden etwas braucht. Ich wäre es gewesen, der Deine Rücksicht und Schonung nötig gehabt hätte. Dann hätte ich vielleicht auch für Dich zur Verfügung gestanden. Nun bin ich durch die vielen Enttäuschungen, die Du mir zugefügt hast, erschöpft und schwach und glaube nicht mehr an Dich!" Dieser Verweis auf den Vorrang der eigenen Bedürftigkeit bestreitet die Berechtigung des Anliegens des Patienten und ignoriert ihn damit. Diese Merkmale des väterlichen Beziehungsangebots entsprechen dem Muster der *Ignoranz durch Bedürftigkeit* und werden durch die Kodierungen *IGNORE & <u>TRUST</u>* abgebildet.

Die eben formulierte Paraphrase der Botschaft des Vaters enthält außerdem einen Vorwurf an den Patienten, der den Vater nicht geschont und sich damit schuldig gemacht hat: Er hat nämlich seinerseits die Bedürfnisse des Vaters ignoriert. Dieser Vorwurf des Vaters (*BLAME*) ist eine situative Ausformung der basalen Beziehungskonstellation, in der der Vater aus seiner Bedürftigkeit heraus einen Anspruch auf das angepaßte Wohlverhalten des Sohnes geltend macht (*<u>TRUST</u> & CONTROL*). Durch seine Vorhaltungen verpflichtet er den Patienten in massiver Weise auch für die Zukunft zu Wohlverhalten (ohne jedoch seinerseits irgendetwas zu versprechen). Damit entsteht eine paradoxe Situation, in der der Vater einerseits den Patienten sich selbst überläßt und gleichsam „aufgibt" (*IGNORE*), während er auf der anderen Seite die eigene Erwartung in bezug auf ein Wohlverhalten des Sohnes noch einmal feststellt. Dieses zukünftige Wohlverhalten des Patienten hätte auf dem Hintergrund des zurückliegenden Rückfalls die zusätzliche Bedeutung einer Wiedergutmachung an den Vater. Dieser Umstand verschärft den Anpassungsdruck noch einmal.

Der Patient ist damit einer *paradoxen Situation* ausgesetzt, in der er nichts gewinnen kann: Fügt er sich, so werden seine eigenen Bedürfnisse zugunsten der vorrangigen Ansprüche des Vaters übergangen (*TRUST & IGNORE*); entzieht er sich dem Druck, bekommt er ebenfalls nichts, macht sich jedoch erneut schuldig. Im Ergebnis bleibt der Patient sich selbst überlassen. Die Anhänglichkeit und Bereitwilligkeit, mit der er seinen Vater für eine Aussprache aufsucht, wird von diesem ignoriert und entwertet (*BLAME & IGNORE*).

Die zitierte Sequenz, so wie MA4 sie beschreibt, stellt eine Art Demütigungsszene dar. In ihrer krassen Ausformung ist diese Szene zwar einzigartig, ihre (bezogen auf das Muster *Ignoranz durch Bedürftigkeit*) typischen Elemente findet man jedoch auch bei anderen Patienten (bei WE2, WE3, MA1 und MA3). In allen diesen Fällen wird ein leidendes und irgendwie „verwundetes" primäres Objekt (Vater oder Mutter) beschrieben, an das die Patienten jeweils intensive Wünsche nach Anerkennung und fürsorglicher Unterstützung richten. Diese Wünsche bleiben jedoch unerfüllt, weil das Objekt jeweils eigene Bedürftigkeiten geltend macht und deren Beachtung vorwurfsvoll einklagt. Alle die genannten Patienten befinden sich in dem eben beschriebenen Dilemma, daß weder eine Annäherung noch eine Verselbständigung zu einem irgendwie befriedigenden Resultat führt.

8.3 Varianten auf der Patientenseite

8.3.1 Rückzugsvarianten

Varianten des zentralen Musters, die durch zusätzliche Kodierungen auf der Seite des Patienten entstehen, verändern auf vor allem seine abhängige und ohnmächtige Position gegenüber dem Objekt. Diese Position kann einmal dadurch verändert werden, daß der Patient sein Gegenüber zu kontrollieren versucht; sie kann andererseits auch durch das Bemühen um Wohlverhalten modifiziert werden, wenn mit dieser „betonten" Anpassung um das Wohlwollen des Objekts geworben wird. Eine radikale Form der Bewältigung findet schließlich statt, wenn der Patient seine Abhängigkeit auflöst und sich in einem Akt der Verselbständigung aus der Beziehung zurückzieht. Diese Möglichkeit ist in den Rückzugsvarianten realisiert, die hier als erste diskutiert werden.

(1) Rückzug mit Objektentwertung

Diese Variante beschreibt ein Muster, bei dem die Abhängigkeit des Patienten innerhalb der Beziehungskonstellation des zentralen Musters durch einen *Rückzug* aufgelöst wird, wobei dieser Rückzug mit einer *Entwertung* des Objekt einhergeht. Der Rückzug wird durch die Kodierung WALL OFF wiedergegeben, die im SASB-Modell (vgl. Abb. 2.3) eine Mischung von Distanzierung (negative Affiliation) und Verselbständigung (positive Interdependenz) repräsentiert. Die Auflösung der Abhängigkeit wird dadurch unterstützt, daß der Patient das Objekt für sich wertlos und unwichtig macht (BLAME). Das vollständige Muster lautet:

TRUST → *BLAME & IGNORE* → WALL OFF & BLAME

Das folgende Beispiel findet sich in dem Material von Patientin WE2.[4] Sie antwortet auf die Nachfrage des Therapeuten, ob sie nach der Entlassung aus der Klinik mit ihrem Freund über den Suizidversuch gesprochen hat.

Erstes Beispiel WE2:

Patientin: Äh- mit ihm- äh das äh- ich hab das- äh ähm hm er ist ein Typ mit ihm kann man über so was nicht sprechen, denn erstens Mal ist diese mh ähm Begegnung also sehr (.) neu und dann weiß ich das durch seine Schwester, daß er zwar ein- ein sehr ideell eingestellter und so irgendwie auch romantischer Mann ist, aber (.) ein ganz äh unkomplizierter der also für [T: mhm] (.) für so Schabernack äh und- und sowas also überhaupt gar keine Ader hat, ja? ähm und- und ein bißchen dazu neigen würde zu sagen „also die Weiber sind hysterisch..."

Die Schilderung beschreibt zunächst das Objektbild des zentralen Musters. Die Patientin kritisiert, daß ihr Freund kein Verständnis für ihre Schwierigkeiten hat und ihre Klagen als „hysterisch" abqualifiziert. Diese Darstellung seines Verhaltens enthält die Elemente der Nichtbeachtung und Herabsetzung (*IGNORE & BLAME*). Die Patientin spricht mit ihm deshalb nicht über ihre Nöte und hat ihm infolgedessen auch keine Aufklärung über die Motive ihres Suizidversuchs gegeben. Innerhalb der Beziehung bedeutet diese Zurückhaltung eine Distanzierung bzw. Abgrenzung (WALL OFF). Die Patientin begründet ihr Verhalten außerdem durch entwertende Zuschreibungen, die ihren Freund als oberflächlich und etwas „einfach strukturiert" darstellen (BLAME). Das folgende Zitat der gleichen Patientin enthält diese Figur ebenfalls:

[4] Einige Beziehungsschilderungen dieser Patientin, die ebenfalls die Rückzugsvariante enthalten, wurden bereits in Kapitel 6 ausführlich diskutiert.

Zweites Beispiel WE2:

Patient: ...weil ich mir gesagt habe „es ist doch scheinbar so, wenn man seiner Außenwelt klarmacht, es geht mir nicht gut" oder weitgehend eben doch mal Schwächen zeigt, daß das ganz selten ist, daß man da Anklang findet, nicht? und daß daraus sich ergibt, daß das Leben hart ist, und und- man also tapfer sein muß (.) und nach Möglichkeit, wenn man nach außen hin keine schlechte Ausstrahlung haben muß, das habe ich neulich schon mal so fast gesagt, sich äh sehr am Riehmen reißen muß und- und möglichst also immer nur lächeln- [T: mhm] „wie's drinnen ausschaut, geht niemand was an" nicht? so!

Die Beziehungsschilderung wird hier verkürzt zitiert, so daß das zentrale Objektbild nur andeutungsweise mit der Äußerung „...daß das ganz selten ist, daß man da Anklang findet..." angesprochen wird. Der Rückzug vom Objekt (WALL OFF) ist offensichtlich, während seine Herabsetzung (BLAME) subtiler arrangiert wird. Sie kommt darin zum Ausdruck, daß die Patientin ihrer Umgebung etwas vorspielt und sie auf diese Weise täuscht („...immer nur lächeln..."); das bedeutet aber, daß sie nun ihrerseits die anderen nicht ernst nimmt und implizit herabsetzt. Im vollständigen SASB-Modell (Abb. 2.2) beschreibt das Item 134 „Manipulieren, hereinlegen, täuschen" diese Haltung treffend.

(2) Einfacher Rückzug

Von einem *„einfachen Rückzug"* kann man sprechen, wenn der Rückzug des Patienten (WALL OFF) *ohne* eine gleichzeitige Entwertung des Objekts erfolgt. Dies bedeutet, daß das Objekt für den Patienten tendentiell auch nach dem Rückzug wichtig bleibt; entsprechend wirkt die Distanzierung im Vergleich zur gerade diskutierten Variante weniger „erfolgreich" (im Sinne einer Auflösung des zentralen Konflikts) und zugleich hilfloser.

Im ersten Beispiel berichtet MA4 über seine Kontakt- und Beziehungsschwierigkeiten. Sein Rückzug von den Objekten steht in Zusammenhang mit einem Alkoholproblem und seiner Homosexualität. Er antizipiert verächtliche Zurückweisungen („...daß mich dann andere nur noch als Alkoholiker sehen...") und schottet sich entsprechend ab. Eine Objektentwertung findet nicht statt.

Erstes Beispiel MA4:

Patient: ...andererseits (.) weiß ich dann doch wieder nicht äh (..) (so etwas auch en äh) Stück so Feigheit dabei ist mh- so was. (...) Mehr so die Angst- wenn ich sage ich bin Alkoholiker- daß mh (..) daß dann andere mich nur noch als Alkoholiker sehen oder so (..)
Therapeut: Und was würde das bedeuten- ich mein- Alkoholiker (..) (Räuspern) (2)
Patient: Ja also mh- (3) naja ich hab eben davor Angst daß mich- daß mich andere so äh äh irgendwie immer als typisch einschätzen- typisch für irgend-

was (..) [T: mhm] typisch Alkoholiker oder- oder typisch homosexuell oder mh was weiß ich- (..) [T: mhm] und (...) das versuch ich irgendwie zu vermeiden, daß ich auf andere irgend- in irgendeiner Hinsicht typisch wirke...

Im folgenden, zweiten Beispiel geht es um die Schwierigkeiten des 42-jährigen Patienten MA1, mit Freunden und Bekannten über seinen Suizidversuch zu sprechen. Auch gegenüber vetrauteren Menschen hat er den wahren Anlaß seines Krankenhausaufenthaltes verschwiegen:

Zweites Beispiel MA1:

Patient: Ahja so- (...) Ich trag sowas- ich trag so und so nicht gern was an die Öffentlichkeit- sowas schon gar nicht, ne.
Therapeut: Mhm (1) Warum nicht? (..) Mal ganz (.) dumm gefragt. (..)
Patient: Warum nicht. (1) Na- mh- (.) ts- Über sowas redet man halt nicht gerne, ne. (.) [T: Mhm] Läßt man sich auch nicht gern da halt- Also, (..) das war ein faux pas und (..) da weiß mei- meine Familie und ich davon und [T: Mhm] (..) die Leute, die damit zu tun hatten, ne- [T: Mhm] (.) und mehr- (.) sonst braucht das niemand zu wissen, ne.

Der Patient beschreibt, daß er seinen Suizidversuch vor anderen geheimhalten muß, weil er sich sicher ist, daß dieser von anderen als „faux pas" angesehen und verurteilt würde. Hier wird - wie auch bei einigen anderen Patienten - der Suizidversuch *selbst* zu einem Anlaß für Konstellationen mit dem zentralen Konfliktmuster. Der Patient trifft in seinem Erleben dem zentralen Objektbild entsprechend bei seiner Umgebung vor allem auf Verständnislosigkeit und Verachtung (*IGNORE & BLAME*), wenn er über seinen Suizidversuch spricht. Gegen diese Gefahr schützt er sich durch eine defensive Distanzierung (WALL OFF).

Das Beispiel zeigt zugleich, daß diese *nicht* entwertende Form des Rückzugs *hilfloser* ist als die oben erläuterte: Dort wurde das Objekt entwertet und damit unwichtig gemacht - hier macht sich der Patient das abschätzige Urteil der anderen zueigen und gibt ihnen durch dieses Einverständnis zusätzlich Bedeutung.

8.3.2 Anpassungsvarianten

Die Kodierung SUBMIT befindet sich im Cluster-Modell (vgl. Abb. 2.3) von SASB in bezug auf die Dimension der *Affiliation* an gleichsam „neutraler" Position, so daß bei dieser Kodierung unklar ist, ob sich der Patient zu seinem Gegenüber eher freundlich oder feindselig verhält. Dem Cluster SUBMIT sind die folgenden Items des vollständigen Modells zugeordnet (vgl. Abb. 2.2 und 2.4):

247 Sich der Führung überlassen, hören auf
248 Willfahren, sich bereitwillig anpassen
240 Aufgeben, sich fügen, unterwerfen

238 Sofort gehorchen, anstandslos parieren
237 Sich apathisch ergeben, widerstandslos anpassen

Das Spektrum dieser Items reicht von einer Bereitschaft, sich vertrauensvoll der Leitung einer anderen Person zu überlassen, bis zu der Position einer ohnmächtigen Anpassung mit resignativem Charakter.

In den Varianten auf Patientenseite, die die Kodierung SUBMIT enthalten, sind *beide* Pole vertreten. Die Kodierung ist deshalb uneindeutig und damit für den Zweck einer Differenzierung von Varianten in bezug auf die Dimension der Affiliation nur eingeschränkt brauchbar. Auf der negativen und damit eher objektabgewandten Seite findet man Patienten, die sich einem Objekt resigniert unterwerfen und dabei sind, sich innerlich von ihm zurückziehen. Auf der positiven und eher objektzugewandten Seite hat die Anpassung eher die Funktion eines „Wohlverhaltens“, durch das das Interesse und Wohlwollen des Objekts zurückgewonnen werden sollen.

(1) Resignative Anpassung

Das folgende Beispiel stammt aus dem Material von MA3. Wie bereits an anderer Stelle erwähnt wurde, befindet sich der Patient in einer schwierigen beruflichen und finanziellen Situation: Er hat erhebliche Schulden und muß deshalb einen großen Teil seines Verdienstes für Rückzahlungen aufwenden. Dies tut er zunächst bereitwillig und mit einem gewissen optimistischen Schwung, zumal er den Entschluß gefaßt, endlich auf eine Konsolidierung seiner Verhältnisse hinzuarbeiten. Ein wichtiges Motiv dabei ist auch der Wunsch, seiner Freundin und seinem Vater zu beweisen, daß er sich verantwortungsvoll verhalten und sozial einordnen kann. Vor seinem Suizidversuch ist er mit diesem Bemühen zunehmend in Schwierigkeiten geraten.

Beispiel MA3:

Patient: ...und ich hab mehr und mehr [T: mhm] gearbeitet, und das ist nie mehr und mehr geworden, sondern es ist mehr und mehr einbehalten worden. [T: Mhm] Die Bank- 500 Mark allein der Kredit fast, vierhundertachtund- äh vierhundert (.) siebenundachtzig, (.) und ungefähr dasselbe lasse ich nochmal stehen für die- für den Überzug, der ganz erheblich ist. (.) Das sind schon mal tausend Mark und [T: mhm mhm] dann hört der Spaß irgendwo auf. (.) Und dann [T: mhm] kriegen Sie noch Ihre alten Gläubiger, die- die eben auch recht haben, [T: Ja ja] und dann können Sie sich ausrechnen, was das für eine Freude macht. [T: Ja] (.) Ja? Da genügt dann eine Kleinigkeit- und ich (.) bin wirklich ausgepowert (.) körperlich- (..) ich bin nicht sehr robust, (.) das sieht man ja auch schon so- weil ich hab noch- also wenn es in ganz guten Zeiten, dann habe ich eben fünf Kilogramm mehr.

Weiter oben (s. 8.2.3) wurde bereits dargestellt, daß der Patient sich in seiner Vorstellung durch das Bemühen um Konsolidierung eine Art „Anrecht" auf Anerkennung und Unterstützung zu erwerben glaubt. Wie beschrieben gibt er streckenweise das Bild eines Jungen ab, der von einer elterlichen Figur für die gute Absicht gelobt werden will, ohne daß seine objektiven Leistungen allzu kritisch untersucht werden. Auf dem Hintergrund solcher Erwartungen ist das Verhalten der Objekte, die seine Leistungen nicht in der erwünschten Weise wertschätzen und ihn statt dessen mit ihren Forderungen weiter unter Druck setzen, ignorant und deprimierend. Die Szene enthält das Muster der „blinden" (zwanghaften) Kontrolle (*CONTROL & IGNORE*); hinzu kommt das Moment der Kränkung durch die Entwertung seiner Bemühungen (*BLAME*). Der Patient fügt sich diesen Zumutungen zwar („...und ich hab mehr und mehr gearbeitet..."; SUBMIT); diese Willfährigkeit läßt jedoch eine zunehmende Resignation und Verzweiflung erkennen. Es ist spürbar, daß dieser Zustand ziemlich instabil und der Patient schon im Begriff ist „auszusteigen" und dieses frustrierende Spannungsfeld zu verlassen. Wie diese Schilderung beispielhaft zeigt, kündigt die resignative Form der Anpassung (SUBMIT) nicht selten einen Ausstieg oder Rückzug aus einer Beziehungskonstellation an, die durch eine Verbindung des zentralen Objektbilds mit der Variante der zwanghaften Kontrolle gekennzeichnet ist (Kodierungen *CONTROL & BLAME & IGNORE*).

In der Variante der resignativen Anpassung steht das Erleben der eigenen Ohnmacht und die damit verbundene Kränkung im Vordergrund. Die Anpassung erscheint in vielen Beispielen wie der Nachklang eines zunächst aktiven Bemühens, das Objekt für sich zu gewinnen und von dem eigenen Wert zu überzeugen. Dieser Anspruch wirkt oft recht kindlich, wenn - wie in einigen Episoden von MA1, MA3 und MA5 - eine an sich eher institutionelle Beziehung (z.B. zu Vorgesetzten) als persönlich aufgefaßt und erlebt wird. Das Bemühen scheitert, weil das Objekt sich unpersönlich verhält, die Wünsche des Patienten ignoriert und ihn damit in jene ohnmächtige Position bringt, die durch seine resignative Verfassung gekennzeichnet ist. Diese Variante findet man überwiegend bei den männlichen Patienten (MA1, MA2, MA3, MA4, MA5 und WE3); der resignativen Anpassung entspricht dabei auf der Seite des Objekts in fast allen Fällen das Muster der *zwanghaften Kontrolle* (*IGNORE & CONTROL* → SUBMIT). Diese Zusammenhänge werden in Kapitel 9 (Abschnitt 9.2.2) genauer untersucht.

(2) Strategische Anpassung

In dieser Anpassungsvariante steht der Wunsch und die Erwartung im Vordergrund, das Interesse des Objekts durch Gefügigkeit und Wohlverhalten wiedergewinnen zu können. Der Patient ist ganz im Gegensatz zur resignativen Anpassung seinem Gegenüber zugewandt und aktiv um dieses bemüht. Dieser unterwürfigen und werbenden Haltung entspricht in den betreffenden Schilderungen auf der anderen Seite eine ausgeprägte Unabhängigkeit des Objekts, so daß der

Kodierung SUBMIT (für die Anpassung des Patienten) regelhaft eine Kodierung *SEPARATE* auf der Objektseite zugeordnet werden kann. *SEPARATE* bedeutet, daß das Objekt mit einer gewissen Unabhängigkeit und Mächtigkeit ausgestattet ist, was seine direkte Beeinflussung durch den Patienten erschwert; gerade deshalb muß seine Zuwendung mit Hilfe eines strategischen Wohlverhaltens gewonnen werden.

Patientin WE1 beschreibt in dem folgenden Ausschnitt die Beziehung zu ihrem Ehemann, der im Begriff ist, sie wegen einer anderen Frau zu verlassen.

Beispiel WE1:

Patientin: Das tät ich ihm verzeihen, das wär mir Wurscht. Das hab ich auch mal gesagt- ich stell es ihm frei, wenn er zu der jetzt wirklich gehen sollte. (.) Und es kommt dann nach ein paar Jahren, daß das nix ist- ich stell's ihm frei zurückzukommen. [T: Mhm] (1) Weil ich häng immer noch an ihm. Weil er immer meint, für mich ist das leicht, jemand zu finden- jemand anders und so weiter, (..) brauch praktisch bloß auf die Straß' gehn, da lauft mir schon irgendjemand anders nach. Sag „Das ist bei mir net der Fall, weil ich suche mir die Leute aus", sag ich. (.) „Und ich hab jemand jetzt gehabt eben- und automatisch vergleichst."

Die hier beschriebene Beziehungskonstellation und besonders das Verhalten der Patientin sind sehr komplex. Die Patientin beginnt mit einer Erklärung, in der sie die Entscheidung ihres Mannes grundsätzlich akzeptiert und sich gewissermaßen für ihn zur Verfügung hält (SUBMIT); dieses Moment der Unterwerfung wird noch durch eine ausdrückliche Anerkennung seiner Unabhängigkeit unterstrichen (EMANCIPATE). Daß diese Unterwerfung einen eher „strategischen Charakter" hat, wird in der sich daran anschließenden gegenläufigen Bewegung deutlich. Die Patientin macht nämlich klar, daß sie weiter an ihrem Mann hängt und auch in Zukunft an ihm festhalten *wird*. Damit widersteht sie seiner Lockung, sich ebenfalls als frei und unabhängig zu erklären. Entgegen diesem Angebot betont sie ihre Abhängigkeit (TRUST) und damit indirekt auch seine Verpflichtungen ihr gegenüber.[5]

In dem gerade zitierten Beispiel klingt auch an, daß Fügsamkeit und Wohlverhalten paradoxerweise den Charakter einer Beeinflussung annehmen können, wenn die Patientin damit gewissermaßen „Anrechte" und „Verdienste" ansammelt, die zu Forderungen an das Gegenüber berechtigen und von diesem nur durch die „Ungerechtigkeit" eines illoyalen Aktes ignoriert werden können. Diese Möglichkeit unterstreicht noch einmal den „strategischen" Charakter dieser Form der Anpassung. Sie verfolgt jedoch auf der anderen Seite auch die eher defensive Absicht, dem Objekt durch Wohlverhalten keinen Grund für eine (vielleicht endgültige) Zurückweisung zu geben und so die Möglichkeit einer Versöhnung (einer

---

5 Auf diese Weise entsteht das Muster *Kontrolle durch Bedürftigkeit* TRUST & CONTROL, das weiter unten in Abschnitt 8.3.4 genauer erläutert wird.

„Rückkehr" des Objekts) offenzuhalten. Insgesamt läßt sich sagen, daß Patienten in der Variante der strategischen Anpassung eine (verdeckt) *aktive* Bewältigung des zentralen suizidalen Konfliktthemas versuchen; dabei wird die passiv-abhängige und hilflose Position innerhalb der zentralen Konfliktkonstellation zumindest ansatzweise verlassen.

8.3.3 Separationsvarianten

Die Cluster-Kodierung SEPARATE ist innerhalb des SASB-Modells - genau wie die Kodierung SUBMIT - in bezug auf die Dimension der Affiliation *neutral* positioniert. Deshalb bleibt auch bei dieser Kodierung unklar, ob sich ein Patient von dem Objekt abwendet oder diesem eher zugewandt bleibt. Das vollständige Modell von SASB ordnet der Kodierung SEPARATE die folgenden Items zu:

217 Sich frei behaupten, für sich einstehen
218 Eigene Identität, Standards zeigen
220 Aus freien Stücken kommen und gehen
228 Eigene, getrennte Wege gehen
227 Sich widersetzen, trotzen, opponieren

Diese Items beschreiben ein Spektrum von Beziehungsqualitäten, das auf der einen Seite durch eine souveräne Position *innerhalb* von Beziehungen gekennzeichnet ist, während auf der anderen Seite eine kämpferische Abgrenzung vollzogen wird, in der die Differenz zum Objekt betont ist. Die Separationsvarianten haben eine unterschiedliche Bedeutung je nachdem, zu welchem Pol dieses Spektrums sie tendieren.

(1) Separation mit einer Abwendung vom Objekt

Die Diskussion der Separationsvarianten beginnt mit dem negativen Pol, bei dem die Verselbständigung eine *Abwendung* vom Objekt beinhaltet. Dazu soll ein Gesprächsausschnitt von MA3 zitiert werden, dessen finanziell und beruflich schwierige Situation im Zusammenhang mit der *resignativen Anpassung* bereits erwähnt wurde. Das folgende Beispiel bezieht sich auf einen weiteren Konfliktbereich des Patienten: Er hat seinen Vater während einer früheren Auseinandersetzung durch eine sehr kränkende Äußerung verletzt. Nach diesem Ereignis gab es längere Zeit keinen Kontakt mehr zwischen beiden. Diese Situation belastet den Patienten so sehr, daß er schließlich den Versuch unternimmt, über die Vermittlung der Mutter mit dem Vater wieder ins Gespräch zu kommen. Er hat diesen Versuch durch seine zwischenzeitlichen Bemühungen um finanzielle und soziale Konsolidierung, die den Vater günstig stimmen sollen, vorbereitet. Er möchte ihm darüber berichten und schließlich auch seine Verzeihung erbitten. In der kriti-

schen Szene betritt die Mutter das Zimmer des Vaters und fragt diesen, ob er zu einer Aussprache bereit ist. Vor der Tür stehend hört der Patient die abweisende Antwort des Vaters („Is- ist doch immer wieder dasselbe...“). Er gibt daraufhin seinen Versuch auf. In der folgenden Sequenz nimmt er diese Geschichte, die dem Zuhörer bereits bekannt ist, noch einmal kommentierend auf.

Beispiel MA3:

Patient: ...ich bin zu wenig in der Wohnung oben, (.) muß ich dazu sagen- deswegen bin ich also nicht zu ihm direkt rein, und dann habe ich eben gehört wie er sagte: „Is- ist doch immer wieder dasselbe“- (..) [T: Mhm] also mit mir meinte er damit- (..) Und dann war ich auch zufrieden. Das war meine Art von Entschuldigung, ja- er hatte ja zumindest die Chance (.) sich's anzuhören- jetzt kann er [T: mhm jetzt ( )] nicht mehr sagen, äh (.) er rührt sich ja [T: mhm] nicht, oder er soll sich entschuldigen.

Den Kern der Geschichte bildet die kränkende Zurückweisung durch den Vater, die die Merkmale der Ignoranz und Herabsetzung und somit die Struktur des zentralen Objektbildes suizidaler Patienten aufweist (*IGNORE & BLAME*). Die Reaktion des Patienten ist eine forcierte Verselbständigung (<u>SEPARATE</u>), die ihn aus seiner wehrlosen Position als Bittsteller herausnimmt. Implizit werden dabei die Wünsche an den Vater geleugnet oder zumindest abgeschwächt. Bereits am Anfang des Zitats wird die mit der Inanspruchnahme der Mutter vollzogene Unterwerfung unter den Vater rationalisierend bestritten („...ich bin zu wenig in der Wohnung oben, (.) muß ich dazu sagen- deswegen bin ich also nicht zu ihm direkt rein...“). Alle diese Manöver unterstreichen und beteuern die Souveränität des Patienten und verleugnen gleichzeitig seine in Wahrheit abhängige und bedürftige Position, in der er sich durch das Verhalten des Vaters sehr verletzt und gedemütigt fühlen muß.

Die Abschwächung des zentralen Konfliktmusters geschieht in dieser Variante in der Weise, daß die mit <u>TRUST</u> beschriebene Abhängigkeit von dem Objekt durch eine Verselbständigung (<u>SEPARATE</u>) aufgelöst wird. Damit ähnelt diese Variante den oben erläuterten *Rückzugsvarianten*, bei denen jedoch die Distanzierung von dem Objekt noch stärker betont ist. Im Unterschied dazu ist MA3 in seiner Schilderung bemüht, durch eine gewisse Indifferenz die eigene Souveränität herauszustellen und eine mögliche Betroffenheit zu dementieren. Mit der ersten der beiden Rückzugsvarianten hat das hier diskutierte Muster übrigens gemeinsam, daß die Verselbständigung des Patienten häufig mit einer Entwertung des Objekts einhergeht (<u>SEPARATE</u> & BLAME); dies entspricht genau der Variante *Rückzug mit Objektentwertung* (<u>WALL OFF</u> & BLAME, vgl. 8.3.1).

(2) Strategische Separation

Die strategische Separation stellt wie die bereits erläuterte strategische Anpassung einen Versuch dar, die passiv-abhängige Position innerhalb der zentralen Konfliktkonstellation zu verlassen und eine aktive Bewältigung i.S. einer indirekten Beeinflussung des Objekts zu erreichen. Bei dieser Form der Verselbständigung bleibt der Patient dem Objekt *zugewandt*. Dem widerspricht nicht, daß die Verselbständigung durchaus auch mit einer trotzigen Distanzierung einhergehen kann; diese macht dann jedoch Druck auf das Gegenüber und beabsichtigt somit eine *Wirkung*, was bei der Separation mit einer Abwendung vom Objekt nicht der Fall ist. Die Kodierung SEPARATE wird in solchen Fällen durch BLAME ergänzt und vervollständigt.[6]

Die wichtigste Funktion der strategischen Separation besteht darin, daß sie das Verhältnis zwischen den Beteiligten umzukehren versucht und gewissermaßen in der Art einer Revanche die Drohung in den Raum stellt, das Objekt selbst aktiv zu verlassen. Diese Botschaft spekuliert somit auf die Verlustängste des *Objekts* und macht auf diese Weise indirekt Druck. Die Drohung ist freilich insofern riskant, als sie einem gegebenenfalls vorhandenen Trennungswunsch des Objekts entgegenkommt. Man könnte deshalb von einem „Pokerspiel" des Patienten sprechen. Varianten mit dieser Qualität finden sich bei den Patientinnen WE1 und WE3.

Als erstes Beispiel zitiere ich eine bereits bekannte Sequenz von WE3. Die Patientin beklagt sich darüber, daß ihr Freund ohne Rücksprache mit ihr Verabredungen trifft und dabei ihre Bedürfnisse nicht berücksichtigt.

Erstes Beispiel WE3:

Patientin: Ja- da wird angerufen bei den Freunden- oder die rufen an- (..) und dann wird was ausgemacht. Ohne daß man mich mal fragt „ist Dir das recht". Also seltenst, daß ich mal gefragt werde (.) „gefällt Dir das auch" oder so. (..) Wenn, dann wird dann einfach [T: mhm] was ausgemacht und dann muß ich sagen, stell ich mich auch von Haus aus schonmal auf ne (..) Kampfstellung, daß ich so meine: „Jetzt mag ich erst recht nicht".

An anderer Stelle (vgl. 8.1.1) ist ausgeführt worden, daß diese Schilderung auf der Objektseite neben dem zentralen Objektbild (*IGNORE & BLAME*) auch das *Illoyalitätsmuster* (*SEPARATE & IGNORE*) enthält. Die Patientin selbst setzt sich gegen die Zumutungen ihres Freundes zur Wehr und verbindet ihre Weigerung mit einem Vorwurf (SEPARATE & BLAME). Ihr Verhalten („Jetzt mag ich erst recht nicht") weist deutlich den Charakter einer „Revanche" im oben beschriebenen Sinne auf.

Im nächsten Beispiel ist dieses „Pokern" mit der Androhung einer Verselbständigung bzw. Loslösung vom Objekt besonders prägnant dargestellt. Das Bei-

[6] Dies bedeutet, daß die Varianten „Separation mit einer Abwendung vom Objekt" und „strategische Separation" auch dann nicht zu unterscheiden sind, wenn sie mit einer Entwertung bzw. einer Kritik des Objekts gekoppelt sind. In beiden Fällen lauten die Kodierungen SEPARATE & BLAME.

spiel ist dem Material von WE1 entnommen. Ihr Ehemann ist im Begriff, mit einer anderen Frau eine gemeinsame Wohnung zu beziehen. Die Patientin hat gerade erklärt, sie werde im Falle seines Auszugs auch dann nicht in eine Scheidung einwilligen, wenn die Trennung über Jahre hinweg dauerhaft sein sollte.

Zweites Beispiel WE1:
Therapeut: Mhm. (..) Aber schon so in der Hoffnung: (.) vielleicht überlegt er es sich's, ne?
Patientin: Sicher- Aber ich habe ihm gesagt: „Ich kann für nichts garantieren. Wenn mir irgendwo jemand über den Weg läuft- das kann passieren, aber das glaube ich nicht." (1) Er ist- Das ist ja bei ihm dasselbe, hat er gesagt gehabt: Ihm- wenn jetzt jemand anders über den Weg läuft, die ihm besser gefällt, dann läßt er die auch wieder sausen, wo er jetzt hat. (1) [T: Warum-] Hab ich gesagt: „So einen Nachholbedarf kannst Du gar nicht haben", sag ich, „normalerweise."

Die Patientin wechselt hier zwischen den Positionen relativer Abhängigkeit und demonstrativer Verselbständigung hin und her. Die Sequenz beginnt damit, daß sie dem Therapeuten zustimmt („Sicher- ...") und für sich damit eine abhängige Position anerkennt, in der sie an der Ehe festhält und auf die Rückkehr ihres Mannes hofft. In einem weiteren Schritt korrigiert sie dies jedoch teilweise: Es könne ja passieren, daß auch sie jemanden kennenlernt. Diese Äußerung behauptet eine gewisse Autonomie (SEPARATE), die wohl als Drohung auf ihren Mann Druck machen soll und auf dessen Verlustängste spekuliert. Dieser neue Gedanke wird indessen sofort durch eine gegenläufige Bewegung aufgehoben („...aber das glaube ich nicht..."), die wiederum ihre Bindung und ihren Anspruch auf ihn betont. Ihr Mann nimmt jedoch auf die von ihr zunächst angebotene Selbständigkeit bezug und entgegnet, auch ihm könne es passieren, daß ihm „jemand anders über den Weg läuft". Diese Äußerung stellt sich gegenüber dem von der Patientin versuchten „Spiel" gleichsam „dumm", ignoriert ihr leicht erkennbares tatsächliches Anliegen und ist daher ziemlich verletzend, was ihren Ärger am Ende nachvollziehbar macht.

8.3.4 Varianten der Objektkontrolle

Bei der Darstellung der Varianten auf Patientenseite sind wir oben von den Rückzugsvarianten ausgegangen, bei denen der Patient den Versuch unternimmt, die Abhängigkeit von dem Objekt ganz aufzulösen; dies entspricht dem gewissermaßen *„objektfernen"* Ende des Spektrums der Varianten. Die Darstellung endet nun mit den Varianten der Objektkontrolle, die einen *„objektnahen"* Umgang mit dem zentralen Konfliktthema beschreiben. Der in diesen Varianten abgebildete Akt der Beeinflussung kann in bezug auf die Dimension der Affiliation mehr oder weniger neutral sein und wird dann durch die Kodierung CONTROL erfaßt. Er kann jedoch auch eine negative Affiliation aufweisen und damit die Qualität einer Anklage oder eines Vorwurfs bekommen; in diesem Fall ist die passende Kodierung BLAME. Nicht selten findet man beide Formen der Beeinflussung kombiniert.

(1) Kontrolle durch Abhängigkeit

Ein besonders häufige auftretende Variante kann als *„Kontrolle durch Abhängigkeit"* bezeichnet werden.[7] Dieses Muster entsteht, wenn der Patient seine Bedürftigkeit zur Kontrolle seines Gegenübers einsetzt (TRUST & CONTROL). Dabei wird die eigene Abhängigkeit und Hilflosigkeit so präsentiert, daß sich das Objekt seiner Verantwortung nicht länger entziehen und den Patienten nicht mehr ignorieren kann. Situativ kann diese Botschaft auch mit einer Anklage oder einem Vorwurf verbunden werden (BLAME); dadurch wird dem Anspruch auf fürsorgliche Zuwendung ein besonderer Nachdruck verliehen. Das Muster kann somit die Formen TRUST & CONTROL, TRUST & BLAME und schließlich TRUST & CONTROL & BLAME annehmen.

In dem folgenden ersten Beispiel berichtet MA2 über Spannungen zu seiner Frau. Ein Problem in dieser Beziehung ist die ständige und wohl quälende Eifersucht des Patienten. Im Zusammenhang mit dem folgenden Zitat beklagt er, daß seine Frau ihn immer wieder auf beschämende Weise bloßstellt, indem sie sich vor anderen über seine Eifersucht lustig macht.

Erstes Beispiel MA2:

Patient: Und da muß ich sagen, dann hat sie mir auch sehr wehgetan- das war- (1) war auch vor- vor- (1) Naja, bevor da das passiert ist, also das ist ein Tag vorher, glaube ich, schon gewesen. (2) Da habe ich mit ihr ganz in Ruhe- da waren wir zusammen- wa- waren wir spazieren- da habe ich zu ihr gesagt, äh: (2) Wie schaut das jetzt eigentlich aus? Mußt Du das immer sagen oder gefällt Dir das, wenn Du mich immer vor den anderen bloßstellst? (1) Sagt sie: nein, das will sie selber nicht und- (1) sie macht es nicht mehr in Zukunft. (1) Sag ich: 'Ja, ist gut- Denke aber dran.' (1) Naja und kaum- nachmittags sind dann die- das Ehepaar zu uns gekommen (1) und da ist schon wieder losgegangen, was ich und- was ich gemacht habe. (1) Und das hat mir gewaltig gestunken, also so- [T: mhm] Vor einer Stunde ungefähr vorher haben wir geredet drüber und dann hat sie das gleich alles brühwarm erzählt wieder. Das hat aber-

---

[7] Benjamin (1993) bezeichnet diese Figur mit dem amerikanischen Ausdruck „coercive dependency". In den interpersonellen Diagnosen von Persönlichkeitsstörungen werden durch sie bestimmte Aspekte des Beziehungsverhaltens von Patienten mit einer Borderline-Persönlichkeitsstörung bzw. einer Histrionischen Persönlichkeitsstörung wiedergegeben.

In dieser Sequenz wird zunächst über eine Aussprache berichtet, in der der Patient seine Verletztheit offengelegt und ein rücksichtsvolleres Verhalten von seiner Frau eingefordert hat. Die Mitteilung der eigenen Verletzlichkeit und die damit verbundene Bitte beschreibt eine interpersonelle Position, die mit TRUST kodiert werden kann. Die Bitte stellt zugleich einen Versuch dar, die Frau auf ein verantwortungsvolleres Verhalten zu verpflichten (CONTROL). Der Patient verleiht diesem Wunsch noch einmal besonderen Nachdruck, nachdem seine Frau bereits ihr Einverständnis gegeben hat: „Sag ich: 'Ja, ist gut- Denke aber dran.'„ - Mit dieser Absprache gehen beide in das Treffen mit einem befreundeten Ehepaar. Zur Empörung des Patienten wiederholt seine Frau dort ihre Bloßstellungen. Dieses Verhalten, das die Bedürfnisse des Patienten in kränkender Weise mißachtet, trägt die Züge des zentralen Objektbildes (*IGNORE & BLAME*). Darüber weist es die Merkmale des Illoyalitätsmusters insofern auf, als es die gerade getroffene Vereinbarung willkürlich ignoriert (*SEPARATE & IGNORE*).

Das zweite Beispiel ist dem Gesprächsmaterial von Patientin WE1 entnommen. Ihre Schilderungen betreffen in erster Linie die Beziehung zu ihrem Mann, der im Begriff ist, sich von ihr zu trennen.

Zweites Beispiel WE1:

Patientin: Das habe ich ihm auch gestern gesagt- habe ich gesagt: „Wir haben also (..) die Sparverträge und das ganze Zeug angefangen, um uns dann auch später (.) was selber zuzulegen- und wenn es bloß eine Eigentumswohnung, wo wir anzahlen können." [T: Mhm] Sag ich: „-und da (.) bleibe ich weiter dabei", sag ich. (..) „Und wenn ich es mit Dir nicht schaffe, dann schaffe ich es alleine mit der Kleinen- eine eigene Wohnung. Das ist mir [T: mhm] gleich", sag ich. [T: Mhm] (.) „Weil ich nicht einfach alles so hinschmeiße wegen jemand, (.) der wo mir über den Weg läuft", sag ich.(.) „Aber Du hast anscheinend Deine Meinung sehr geändert im Gegensatz zu früher."

Die Patientin WE1 verhält sich in dieser Szene - wie auch in einigen anderen Episoden, die bereits zitiert wurden - sehr zwiespältig. Zunächst werden die alten Zukunftspläne beschworen und damit eine positive Atmosphäre von Loyalität und wechselseitigem Aufeinanderangewiesensein in Erinnerung gebracht (TRUST). Implizit werden damit auch die ehemals eingegangenen Verbindlichkeiten angesprochen und eingefordert (CONTROL). Im Kontrast dazu stehen die Willkür und Unverantwortlichkeit, mit der ihr Mann „einfach alles hinschmeißt" und die Bedürfnisse seiner Familie ignoriert (Illoyalitätsthema: *SEPARATE & IGNORE*). Die Patientin präsentiert sich dann in einem weiteren Schritt als autonom und selbstgewiß (SEPARATE): „Und wenn ich es mit Dir nicht schaffe, dann schaffe ich es alleine mit der Kleinen- ..." Diese neue Bewegung ist jedoch doppelsinnig, denn bereits die nächste Äußerung („Weil ich nicht einfach alles so hinschmeiße wegen jemand, (.) der wo mir über den Weg läuft.") erneuert die Loyalitätsforderung in der Weise einer *Kontrolle durch Abhängigkeit*. Diese Forderung wird schließlich durch eine Anklage unterstrichen und verschärft, die ein weiteres Mal den Verrat anprangert und auf die Schuldgefühle ihres Mannes zielt: „Aber Du hast anscheinend Deine Meinung sehr geändert im Gegensatz zu früher."

Zusammenfassend kann man sagen, daß die Patientin WE1 auf das Illoyalitätsmuster ihres Ehemannes in der Weise reagiert, daß sie zwischen den Varianten der *Kontrolle durch Abhängigkeit* und der weiter oben erläuterten *strategischen Separation* hin- und herwechselt. In der Beziehungsformel für die Episode wird dies folgendermaßen dargestellt:

SEPARATE & IGNORE → TRUST & CONTROL // SEPARATE

Das letzte Beispiel zeigt, daß auch Suiziddrohungen im Sinne des Musters *Kontrolle durch Abhängigkeit* funktionieren können. Patientin WE4 schildert in den beiden untersuchten Gesprächen eine schier endlose Kette von Demütigungen, Mißachtungen und willkürlichen Quälereien durch ihren Mann, an den sie gleichzeitig enttäuscht und vorwurfsvoll gebunden bleibt.

Drittes Beispiel WE4:

Patientin: Das habe ich ihm ja vor- äh, voriges Jahr schon mal prophezeit- sag ich: Solange, habe ich gesagt, schimpfst Du auf mich nei- Ich mache mal was, ich- wenn Du heimkommst, liege ich einmal tot auf der Couch. [T: Mhm.] „Pff, na und- (1) meinst, ich komme allein nicht durch", hat er gesagt. „Na da ruf ich halt die Polizei und die kommt- und na die sagen, wieder ein Rindviech weniger." [T: Mhm.] Das war seine ganze Reaktion.

Die Patientin macht Forderungen geltend, die sich auf dem Hintergrund der ständigen Kränkungen und Mißachtungen durch ihren Mann als Wiedergutmachungsansprüche verstehen lassen. Mit der Suiziddrohung definiert die Patientin ihre eigene Rolle implizit als die eines Opfers, das ein Anrecht auf Sühne und Wiedergutmachung von der Seite des Täters hat. Zugleich übt sie mit ihrer Suiziddrohung Kontrolle aus (TRUST & CONTROL). Die gesamte Äußerung hat den Charakter eines Vorwurfs; die Ankündigung ihres Suizids schließt die Anklage ein, daß der Mann im Falle ihres Todes schuldig sein wird (BLAME).

Das Muster der *Kontrolle durch Abhängigkeit* zielt auf eine positive und *komplementäre* Reaktion des Objekts, bei der dieses sich den Erwartungen des Patienten unterwirft (CONTROL ↔ *SUBMIT*) und sich ihm fürsorglich zuwendet (TRUST ↔ *PROTECT*). Kritisiert und beklagt werden andererseits Objektverhaltensweisen, die im Zirkumplexmodell zu diesem von dem Patienten intendierten komplementären Verhalten *oppositionell* sind: Anstatt sich den gerechten Ansprüchen des Patienten zu fügen, handelt das Objekt willkürlich und egoistisch (*SEPARATE* anstatt *SUBMIT*); anstatt sich fürsorglich zuzuwenden, ignoriert es ihn einfach (*IGNORE* anstatt *PROTECT*). Diese Überlegungen zeigen, daß die *Kontrolle durch Abhängigkeit* vor allem eine Antwort des Patienten auf das *Illoyalitätsmuster* des Objekts darstellt. Eine erfolgreiche *Kontrolle durch Abhängigkeit* würde das Objekt dazu veranlassen, aus einer illoyalen Haltung in eine loyal-fürsorgliche Position zu wechseln. Als SASB-Formel ließe sich diese Bewegung so beschreiben:

SEPARATE & IGNORE → CONTROL & TRUST → *SUBMIT & PROTECT*

Eine Überprüfung der SASB-Fallbeschreibungen zeigt in der Tat, daß die Variante der *Kontrolle durch Abhängigkeit* regelmäßig mit dem *Illoyalitätsmuster* auf der Objektseite gekoppelt ist. Dies bedeutet, daß für das Objektverhalten regelhaft die Kodierungen *SEPARATE & IGNORE* auftreten, wenn auf Patientenseite die Kodierungen TRUST & CONTROL bzw. TRUST & BLAME vorliegen.[8] Dies ist bei den Patientinnen WE1, WE3, WE4, WE5 und bei dem Patienten MA2 der Fall.

(2) Kontrolle im Rahmen einer Verselbständigung

Dieses Muster deckt sich weitgehend mit der bereits erläuterten Variante der sog. *strategischen Separation* (SEPARATE). Wie an weiter oben gezeigt wurde (8.3.3), ist diese Form der Separation mit dem Versuch einer *Beeinflussung* des Objekts verbunden, da der Patient mit der eigenen Verselbständigung bzw. Ablösung droht und dabei auf die Verlustängste seines Gegenübers spekuliert. Wenn dieses Moment der Beeinflussung in der Schilderung hinreichend deutlich ist, werden solche Episoden je nach Ausprägung der negativen Affiliation mit den Kodierungen SEPARATE & CONTROL bzw. SEPARATE & BLAME abgebildet.

Das Material von Patientin WE1 enthält mehrere Episoden, die diese Variante in besonders eindrucksvoller Form demonstrieren. Ein Beispiel soll hier zitiert werden. Die Patientin hat ihrem Mann angeboten, ein Gespräch mit seiner Freundin zu führen, um ihr ins Gewissen zu reden und sie zu einer Trennung von ihm zu bewegen. Dieses Gespräch soll ihr Mann selbst vermitteln. Darauf eskaliert die Situation in folgender Weise:

Beispiel WE1:

Patient: Ich habe ihm (mal) vorgeschlagen, er soll anrufen- Das wollte er nicht, er braucht das nicht. (..) Da habe ich gesagt- dann hab ich ihm (   ) Ultimatum gestellt: Das ist einfach. (.) Entweder er sagt, er bleibt da, oder er

---

[8] Dabei muß allerdings berücksichtigt werden, daß die Kodierungen TRUST und BLAME auch in Mustern vorkommen, die das zentrale Konfliktmuster (TRUST ↔ *IGNORE & BLAME*) und die Rückzugsvariante mit einer Objektentwertung (WALL OFF & BLAME) enthalten. In solchen Fällen liegt selbstverständlich *nicht* die Variante „Kontrolle durch Abhängigkeit" vor. Dies ist formal daran zu erkennen, daß die Kodierungen TRUST und BLAME dann durch ihre Position im sequentiellen Ablauf des Interaktionsgeschehens voneinander getrennt (entkoppelt) sind und nicht als zusammengehörige Aspekte eines einzigen Beziehungsaktes zu verstehen sind. Dies ist in der Beziehungsformel TRUST → *BLAME & IGNORE* → WALL OFF & BLAME für die Variante *Rückzug mit Objektentwertung* unmittelbar ersichtlich.

> sagt, er geht weg. (.) Gut. Also hat er gesagt gehabt, er geht zu der anderen. Und dann durch Zufall- haben wir dann weiter geredet gehabt noch in der Küche- ist rausgekommen, daß er schon eine Wohnung in K. unten hat- (.) in einem Neubau. (..) Und dann habe ich angefangen, ihm seine Sachen zu packen. (.) Geschirr und so braucht er- so, was ich nicht brauch, alles-

Verselbständigungsakte in Verbindung mit Kontrollversuchen sind in dieser Szene an zwei Stellen zu finden: Zunächst bei der Verkündigung des „Ultimatums", mit dem die Patientin eine souveräne und zugleich dominante Position einzunehmen versucht (<u>SEPARATE</u> & CONTROL). Dann noch einmal mit dem Hinauswurf, der erneut ein resolute Haltung zum Ausdruck bringt und ebenfalls aktiv kontrollierend ist (CONTROL). Natürlich enthält der Hinauswurf außerdem eine direkte Zurückweisung, die durch das Item 121 „Feindselig zurückstoßen, ablehnen" des vollständigen Modells wiedergegeben und durch die Cluster-Kodierung ATTACK erfaßt werden kann. Das Verhalten der Patientin als Ganzes läßt sich somit durch die Kodierungen <u>SEPARATE</u> & CONTROL & ATTACK erfassen.

Die zitierte Schilderung weist andererseits einen Bruch auf, mit dem der Akt der Abgrenzung und Verselbständigung praktisch wieder zurückgenommen wird. Ihre spontane und energische Handlung verkehrt sich nämlich unter der Hand in eine beinahe fürsorgliche Aktion: „Und dann habe ich angefangen, ihm seine Sachen zu packen. (.) Geschirr und so braucht er-..." Diese Wendung trägt wiederum die Merkmale einer *strategischen Anpassung*, die um das Wohlwollen des Objeks wirbt. Die Funktionsweise dieser Variante habe ich weiter oben erläutert (8.3.2). Gleichzeitig wird in diesem Bruch offensichtlich, daß die geschilderten resoluten Akte zumindest *auch* demonstrativen Charakter haben und Ausdruck einer *strategischen Separation* sind, die im Dienste der Wiedergewinnung des Ehemanns steht.

8.3.5 Varianten um das „bedürftige Objekt"

Zum Abschluß dieses Kapitels möchte zwei weitere Patientenvarianten dargestellen, die sich um das Muster des *„bedürftigen Objekts"* gruppieren, das (als Variante auf der *Objektseite*) in Abschnitt 8.2.5 diskutiert wurde. Dieses Muster beschreibt ein Objekt, das sich als irgendwie „leidend" und von dem Patienten abhängig präsentiert und ihn damit auf Wohlverhalten und fürsorgliche Zuwendung verpflichtet. Die Kodierungen für dieses Objektverhalten sind *<u>TRUST</u> & CONTROL*; dies entspricht genau der oben erläuterten Variante *Kontrolle durch Abhängigkeit* auf der *Patientenseite*. Zu diesen beiden Kodierungen tritt noch eine Ignoranz gegenüber den Wünschen des Patienten hinzu, die in der Selbstbezogenheit des bedürftigen Objekts begründet ist; sie wird mit *IGNORE* abgebildet. Diese Ignoranz kann - im Sinne des zentralen Objektbildes - zugleich eine kränkende und herabsetzende Bedeutung haben, wenn der Patient erlebt, daß seine eigenen Bedürfnisse einfach übergangen und als zweitrangig gewertet werden

(*BLAME*). Dieses komplexe Beziehungsangebot versetzt den Patienten in eine paradoxe Situation, aus der es keinen guten Ausweg gibt:

- Der Patient kann sich den Erwartungen des bedürftigen Objekts *entziehen*. Dies hat jedoch in den betreffenden Episoden immer die Bedeutung eines illoyalen Aktes, bei dem sich der Patient egoistisch verhält und die Bedürfnisse des Objekts ignoriert (SEPARATE & IGNORE). Er macht sich damit schuldig und setzt sich Vorwürfen von der Seite des Objekts aus. Der Patient handelt dabei entsprechend dem bereits aus der Untersuchung der Objektvarianten bekannten Illoyalitätsmusters.[9]
- Der Patient kann sich den Erwartungen des Objekts *fügen* (SUBMIT), was jedoch zur Folge hat, daß er selbst „leer" ausgeht und in seinem eigenen Anliegen unbefriedigt bleibt. Der Weg der Unterwerfung vermeidet zwar die mit dem illoyalen Akt der Verselbständigung verbundene Schuld, gibt jedoch andererseits den Kampf um die eigenen Ansprüche und Bedürfnisse auf. Die mit SUBMIT kodierte Fügsamkeit nimmt deshalb oft den Charakter einer *resignativen Anpassung* an, die durch einen Zustand verzweifelter Ohnmacht gekennzeichnet ist, in der das Ringen um die Anerkennung des Objekts gewissermaßen „aufgegeben" wurde (vgl. 8.3.2).

Beide Möglichkeiten sollen im folgenden durch Beispiele erläutert werden. Im ersten Zitat berichtet WE3 über eine wiederkehrende Szene im Verhältnis zu ihrem Vater. Der Ort dieser Begegnungen ist das Geschäft des Vaters, in dem die Patientin arbeitet.

> ***Erstes Beispiel WE3:***
>
> *Patientin:* Also ich komme oft fröhlich im Geschäft an und dann kommt er schon mit seiner (.) Miene daher, [T: ja] (hab ich schon wieder Angst vor ihm).
> *Therapeut:* Und dann (.) verlieren Sie so Ihr eigenes Gefühl. Mhm
> *Patientin:* Ja, (.) das ist richtig. (1) Da kommt man sich dann wahnsinnig (.) beschissen vor, kann man oft sagen. (2)
> *Therapeut:* Wodurch dann? (.)
> *Patientin:* Wenn- wenn man- wie soll man sagen- wenn man den ganzen Tag mit dem Mann zusammen ist, (..) da hat man einfach ein schlechtes Gewissen, wenn man lacht.

[9] Diese illoyale Form der Verselbständigung muß von den beiden diskutierten Separationsvarianten (Separation mit einer Abwendung vom Objekt bzw. strategische Separation, s. Abschnitt 8.3.3) unterschieden werden. Die Unterscheidung ist insofern einfach, als die Kodierung SEPARATE bei der illoyalen Verselbständigung in Kombination mit der Kodierung IGNORE auftritt (z.B. *Muster6* von MA4, s. Anhang); diese Kombination findet sich bei den beiden anderen Separationsvarianten niemals. Ein weiteres Unterscheidungsmerkmal ist, daß das SEPARATE im illoyalen Patientenverhalten in der Ereignissequenz am Anfang auftritt und das (vorwurfsvoll-kontrollierende) Objektverhalten *auslöst*, während es in den anderen beiden Separationsvarianten eine *Antwort* auf das Objekt darstellt (ebenfalls *Muster6* von MA4 sowie *Muster2* von WE3).

Das in der Eingangssequenz dieser Äußerung beschriebene Verhalten „Also ich komme fröhlich im Geschäft an...“ hat in dem Kontext der vorliegenden Schilderung die Bedeutung einer Verselbständigung im Sinne von SEPARATE, weil es auf dem Hintergrund der Haltung des Vaters als „zu freimütig“ und selbstbezogen erscheint. Die Patientin verstößt gegen eine stumme Anpassungsforderung, die von dem chronisch mißmutigen Vater ausgeht. Das von ihr selbst berichtete „schlechte Gewissen“ bezieht sich wohl auf das Gefühl, daß sie sich durch ihre Fröhlichkeit dem Vater gegenüber rücksichtlos verhält (IGNORE). Ihre gute Stimmung bekommt so die Bedeutung eines illoyalen Aktes. Das Verhalten des Vaters entspricht dem Muster *Ignoranz durch Bedürftigkeit*: Er erscheint als jemand, der in egoistischer Weise auf sich bezogen ist, dabei seine Umgebung zur Rücksichtsnahme zwingt und fremde Bedürfnisse ignoriert. Dabei verhält er sich implizit kontrollierend und vorwurfsvoll (*TRUST & IGNORE & BLAME & CONTROL*).

MA4 spricht in dem folgenden Gesprächsausschnitt über eine ebenfalls typische Beziehungskonstellation zwischen ihm und dem Vater:

Zweites Beispiel MA4:

Patient: So sieht er es- so sieht er es wahrscheinlich. [T: Mhm] Oder hat es zumindestens lange gesehen, daß er uns (...) beistehen muß auf unserem Weg und- (..) und wenn wir eben nicht unbedingt (..) den Weg so (.) folgsam und äh (2) äh mitgehn- (2) keine Lust haben, gegangen zu werden, (...) dann-dann- (..) stimmt eben was nicht, ne? (.) [T: Mhm] (2) Das Schlimme ist, daß- daß eben solche Konflikte (..) immer erst (.) ausgetragen (.) werden- (..) was man so austragen nennen kann- (...) äh wenn sie also schon kurz vor der Explosion stehen.

Auch hier steht ein unangepaßtes Verhalten (SEPARATE) des Patienten am Beginn der Konflikte mit dem Vater. Der Patient hat u.a. wiederholt die Schule geschwänzt, um seinen Vater dazu zu zwingen, sich mit seinen Schwierigkeiten und Lebensproblemen zu beschäftigen. Zugleich wird dieses Verhalten von ihm als die einzige Möglichkeit beschrieben, den eigenen Bedürfnisse überhaupt Geltung zu verschaffen. Das Dilemma des Patienten besteht darin, daß seine Bedürfnisse ohne die von ihm angedeuteten Regelverstöße einfach ignoriert werden, während diese ihn anderseits immer wieder ins Unrecht setzen. Wie an anderen Stellen der Gespräche mit MA4 deutlich wird, führen jedoch selbst solche Unangepaßtheiten nicht zu einem befriedigenden Ergebnis. Das Verhalten des Patienten stellt sich für den Vater vielmehr als ein disziplinarisches Problem dar, auf das er mit Vorwürfen und Kontrollmaßnahmen reagiert. Der Patient ist dann in der Rolle des böswillgen Versagers, der dem Vater „wieder einmal“ eine Enttäuschung bereitet hat. Die Schilderungen des Patienten lassen allerdings auch vermuten, daß er aus dieser disziplinierenden Zuwendung des Vaters dennoch einen

„Gewinn" zieht, da er sich auf diese Weise immerhin eine Art „negativer Aufmerksamkeit" sichert.

Ein letztes Beispiel ist noch einmal dem Gesprächsmaterial von Patientin WE3 entnommen:

Drittes Beispiel WE3:

Patientin: Und vielleicht kommt das auch von meinem Vater. Er (.) kann also alle in eine wahnsinnig depressive Stimmung bringen. Das schafft er bei der ganzen Familie. (2) Wenn er sich nicht gut fühlt, dann haben alle anderen deprimiert zu sein. Und bis jetzt war es ja auch immer so. (.) [T: Mhm] Das- das haben wir schon von Kind auf an in die Wiege reinbekommen.

In diesem wird erkennbar, daß das Beziehungsangebot des bedürftigen Objekts auch durch das Muster der *resignativen Anpassung* (Kodierung SUBMIT) beantwortet werden kann. Die Patientin unterwirft sich den Forderungen des Objekts und vermeidet so die Schuld, die mit einer illoyalen Handlung verbunden wäre. Sie muß sich dabei jedoch zurücknehmen und den Anspruch auf eine angemessene Berücksichtigung ihrer eigenen Interessen und Wünsche aufgeben.

Von Auseinandersetzungen dieses Typs berichten neben WE3 auch MA1, MA3 und MA4 (in etwas modifizierter Form auch WE2); für WE3, MA3 und MA4 sind Beziehungskonflikte dieser Art gleichzeitig ein bedeutsamer Faktor im Zusammenhang mit der Auslösung ihres Suizidversuchs (vgl. 9.1).

9. Zuordnung der Patienten zu den Varianten

Die im letzten Kapitel vorgestellten Varianten beschreiben verschiedene Formen des Umgangs mit dem zentralen Konfliktmuster. Die Patienten unterscheiden sich in bezug auf die von ihnen jeweils *präferierten* Varianten. Dies wird nachfolgend im Kontext von Einzelfalldiskussionen gezeigt. Im Anschluß daran werde ich einige allgemeine Beobachtungen zur Gesamtgruppe der Patienten darstellen, die sich einmal auf den Grad der „Nähe zu den Objekten" beziehen, wie sie in den unterschiedlichen Varianten zum Ausdruck kommt, zum anderen auf bestimmte regelhafte Zusammenhänge zwischen den Varianten auf Objekt- und Patientenseite.

9.1 Einzelfalldarstellungen

Die *Falldarstellungen* folgen einem dreiteiligen Schema: Im *ersten Teil* wird eine kurze Beschreibung des jeweiligen Patienten gegeben, die neben Alter und Beruf einige Angaben zur aktuellen Lebenssituation und zur Biographie enthält. Es wird dabei nicht versucht, eine regelgerechte Anamnese zu erstellen. Bezweckt ist lediglich eine kurze Vorstellung jedes Patienten, die neben den bedeutsamen aktuellen Lebensthemen auch die zentralen biographischen Belastungen erwähnt.

Den Kern der Falldiskussionen bildet die Erörterung der von den Patienten benutzten Varianten, die ihren SASB-Fallbeschreibungen entnommen werden können. Je nach Patient erfüllen bis zu fünf Muster der SASB-Fallbeschreibung die Kriterien, die für die Auswahl der Varianten festgelegt wurden (vgl. 8.1.3). Die Beschreibung und Diskussion dieser Varianten bildet den *mittleren und zentralen Teil* jeder Falldiskussion. Dabei wird jeweils auf Episodenbeispiele des betreffenden Patienten verwiesen, die in früheren Kapiteln ausführlich besprochen worden sind.

Die Darstellungen enden jeweils mit einem *dritten Teil*, in dem die (prä)-suizidale Situation untersucht und mit den Beziehungsmustern bzw. Varianten des Patienten verglichen wird. Dabei wird geprüft, ob die suizidale Situation eine kritische Beziehungserfahrung im Sinne des zentralen Konfliktmusters enthielt; in einem weiteren Schritt wird untersucht, ob die in den Varianten beschriebenen Beziehungsfiguren auch im interpersonellen Kontext des Suizidversuchs eine Rolle spielen.

Es muß betont werden, daß diese Untersuchungen eher qualitativen Charakter haben und nicht schlüssig im Sinne eines „Beweises" sein sollen: Suizidversuche sind in den meisten Fällen singuläre Ereignisse, deren Bedeutung nicht durch wiederholte Beobachtungen (wie im Fall der *repetitiven* Beziehungsmuster) sichergestellt werden kann. Hinzu kommt, daß sich die mit dem Suizidversuch verbundenen interpersonellen Bedeutungen nicht in jedem Fall genau abklären lassen, weil sie dem Patienten entweder nicht bewußt zugänglich sind oder von ihm nicht berichtet werden. Trotz dieser Einschränkungen ist es in den meisten Fällen gelungen, das Beziehungserleben im Zusammenhang mit dem Suizidversuch herauszuarbeiten und es mit den repetitiven Beziehungsmustern des jeweiligen Patienten zu vergleichen. Übereinstimmungen und Abweichungen werden dargestellt und diskutiert.

Für die Falldiskussionen habe ich neben den beiden Therapiegesprächen, die für jedem Fall ausgewertet wurden, weitere Informationen benutzt, um die Angaben zur aktuellen Lebenssituation und Biographie zu ergänzen und die Umstände der Suizidversuche genauer erfassen zu können. Es handelt sich dabei um die folgenden zusätzlichen Materialien: alle weiteren Therapiegespräche, deren Tonbandaufnahmen vollständig abgehört wurden; außerdem Epikrisen, die im Rahmen der Münchener Untersuchung angefertigt wurden und pro Patient einen Umfang von etwa 4-6 Seiten haben. Sie enthalten Angaben zum Suizidversuch, zu den zentralen Problembereichen jedes Patienten und zum Behandlungsverlauf.

Um die Diskussion zu den Fällen kurz zu halten, werden die Beziehungsmuster der Patienten im folgenden in einer allgemeinen Form beschrieben, während auf die Detailanalyse einzelner Gesprächsausschnitte ganz verzichtet wird. Zu jedem Fall existieren jedoch bestimmte Abschnitte in den vorangehenden Kapitel, in denen typische Beziehungsepisoden des betreffenden Patienten ausführlich untersucht wurden. Auf diese Abschnitte wird jeweils mit einem Pfeil verwiesen (z.B. folgendermaßen: „→ Beispiel in 8.3.5“).

Patientin WE1

Die 23-jährige Patientin ist verheiratet und hat ein Kind. Sie arbeitet als kaufmännische Angestellte. In suizidaler Absicht hat sie eine große Menge verschiedener Medikamente eingenommen. Vorausgegangen war ein Gespräch mit dem Ehemann und dessen Freundin, aus dem die Patientin entnahm, daß ihr Mann sie entgültig verlassen würde. Zwischen ihm und ihr gibt es seit längerer Zeit heftige Auseinandersetzungen und eine zunehmende Entfremdung. Ein Rolle scheinen dabei auch die Mutter und der Stiefvater der Patientin zu spielen. An beide ist die Patientin stark gebunden, während sich der Stiefvater und ihr Ehemann von anfang an nicht mochten und einander seit langem völlig aus dem Weg gehen. Sie ist deshalb Vorwürfen von allen Seiten ausgesetzt und befindet sich in starken Loyalitätskonflikten, die auch im Zusammenhang mit dem Suizidversuch bedeutsam sind (s.u.). Hinzu kommen finanzielle Belastungen wegen früherer Kreditaufnahmen zur Einrichtung der gemeinsamen Wohnung. Durch Haushalt, Kind und volltägige Berufstätigkeit ist die Patientin überfordert und erschöpft.

Ihre Biographie ist dadurch belastet, daß sie als uneheliches Kind unter kargen Bedingungen aufwuchs und ihren Vater nie kennenlernte. Die Ehe ist sie mit dem Wunsch nach einer idealen, früher nie erlebten familiären Geborgenheit eingegangen; das Scheitern der Ehe ist für sie deshalb in den Gesprächen noch kaum faßlich und ganz unakzeptabel. Ihr Mann weist als Heimkind ebenfalls eine sozial depravierte Biographie auf. Aus den Schilderungen der Patientin wird deutlich, daß er sie (auch nach der im Behandlungsverlauf vollzogenen Trennung) ziemlich rücksichtslos ausnutzt.

SASB-Muster von Patientin WE1

Muster2 (8) Ehemann, (Vater), (Schwager), (Rivalin)
BLAME & IGNORE & SEPARATE
*Illoyalitätsmuster

Muster4 (6) Ehemann
IGNORE & SEPARATE ↔ TRUST & SUBMIT
*Illoyalitätsmuster *Strategische Anpassung

Muster5 (6) Ehemann
BLAME & IGNORE & SEPARATE ↔ TRUST & CONTROL & BLAME & SEPARATE
*Illoyalitätsmuster *Kontrolle durch Abhängigkeit *Strategische Separation

Muster8 (5) Ehemann
BLAME & IGNORE → CONTROL & ATTACK & SEPARATE
*Kontrolle im Rahmen einer Verselbständigung

Legende: Die Tabellen enthalten alle Muster, die die Kriterien für die Varianten des zentralen Konfliktmusters erfüllen, d.h. zwei der Kodierungen zentralen Musters TRUST ↔ *BLAME & IGNORE* aufweisen (vgl. 8.1.3). Zu jedem Muster wird angegeben: Die Kennung des Patienten, die Nummern der Muster, die Anzahl der Fundstellen pro Muster und die dem Muster zugeordneten Objekte. Die Objekte werden in der Reihenfolge ihrer Häufigkeit in den Episoden angegeben; eingeklammert werden solche Objekte, die nicht häufiger als in einer Episoden vorkommen. - Unter diesen Angaben sind die SASB-Formeln notiert. In ihnen sind die Kodierungen in eine sequentielle Anordnung gebracht worden (vgl. Kap.6.3.1). Dabei bezeichnet „→" eine Aufeinanderfolge interpersoneller Ereignisse, „↔" eine Wechselwirkung bzw. Parallelität und „//" alternierende interperonelle Zustände. Eingeklammert sind SASB-Kodierungen, die nicht mehr als in der Hälfte der Fundstellen des betreffenden Musters vorkommen (vgl. Kap.6.3.3). - In einer weiteren Zeile wird angegeben, welche Varianten in dem Muster enthalten sind.

Die Objektbeschreibungen in *Muster2*, *Muster4* und *Muster5* enthalten das *Illoyalitätsthema* (*IGNORE & SEPARATE*): Die Patientin berichtet zahlreiche Szenen, in denen sich ihr Mann vor allem im Zusammenhang mit Auseinandersetzungen über die bevorstehende Trennung ziemlich rücksichtslos verhält und sich über ihre berechtigten Interessen hinwegsetzt. Dazu gehört z.B. die Entdeckung, daß er insgeheim eine eigene Wohnung angemietet und bereits Gegenstände aus der gemeinsamen Wohnung entfernt hat, ohne zuvor (nach den Angaben der Patientin) irgendeine Trennungsabsicht offen mitgeteilt zu haben. *Muster2*, *Muster5* und *Muster8* weisen die Kodierungen des zentralen Objektbilds auf (*BLAME & IGNORE*): Die in den Schilderungen der Patientin beklagte Gleichgültigkeit und Rücksichtslosigkeit des Mannes ist für sie in hohem Maße entwertend und kränkend (→ Beispiele in 8.3.3 und 8.3.4).

Auf der Seite des Beziehungsverhaltens der *Patientin* finden sich verschiedene der in Abschnitt 8.3 beschriebenen *Varianten*. In *Muster4* ist die Variante der *strategischen Anpassung* enthalten; mit ihr wird abgebildet, daß die Patientin das Interesse und die Zuwendung ihres Mannes durch Wohlverhalten und Anpassung zurückzugewinnen versucht (→ Beispiel in 8.3.2). Diese Form der Anpassung enthält paradoxerweise Ansätze zu einer *Beeinflussung* des Gegenübers, weil durch das Wohlverhalten Verdienste und damit gleichsam „Anrechte" gesammelt werden, die dem Gegenüber präsentiert werden und es *verpflichten* sollen. Dieses Muster läßt sich auch bei WE1 gut erkennen. Man kann es als direkte Antwort auf die *Illoyalität* ihres Mannes ansehen, der sich allen Verpflichtungen zu entziehen versucht. *Muster4* formuliert dieses Verhältnis von Illoyalität (auf der Objektseite) und strategischer Anpassung (auf der Patientenseite).

Muster5 enthält auf der Seite der Patientin eine komplexe Beziehungsstruktur, die die Varianten der *strategischen Separation* und der *Kontrolle durch Abhängigkeit* verbindet (→ Beispiele in 8.3.3 und 8.3.4). Bei der *Kontrolle durch Abhängigkeit* trägt die Patientin ihrem Mann die eigene Bedürftigkeit und Not vor, um ihn auf eine fürsorgliche Haltung zu verpflichten und seine Loyalität einzufordern (<u>TRUST</u> & CONTROL); dieses Verhalten der Patientin kann auch eine vorwurfsvolle Tönung annehmen (<u>TRUST</u> & CONTROL & BLAME). In der Figur der strategischen Separation verläßt sie diese Position *vorübergehend*, um das Beziehungsverhältnis im Zuge einer Art „Revanche" umzukehren und ihr Gegenüber durch die Androhung der *eigenen* Verselbständigung unter Druck zu setzen (<u>SEPARATE</u> oder auch <u>SEPARATE</u> & BLAME). Bei der Diskussion von Beispielen (s. 8.3.3 und 8.3.4) hat sich jedoch gezeigt, daß die Patientin diese autonome Position jeweils nur *passager* einnimmt und schnell wieder zugunsten einer abhängigen Haltung aufgibt, in der sie die Verantwortlichkeiten und Pflichten ihres Mannes durch den Hinweis auf ihre berechtigten Ansprüche einklagt. Damit begibt sie sich erneut in jene Position, die durch die Variante *Kontrolle durch Abhängigkeit* beschrieben wird.

Muster8 beschreibt schließlich die Figur der *Kontrolle im Rahmen einer Verselbständigung*. Die Patientin setzt sich gegen die Zumutungen ihres Mannes in den betreffenden Episoden energisch zur Wehr, z.B. indem sie ihm für seinen Auszug aus der gemeinsamen Wohnung ein Ultimatum stellt. Damit weist sie ihn aus einer autonom abgegrenzten Position heraus zurecht und stellt ihm klare Bedingungen. Die entsprechenden Beispiele zeigen jedoch, daß auch dieses Muster Brüche aufweist und die Patientin nach solchen eindrucksvollen Auftritten jeweils rasch wieder dazu übergeht, ihrem Gegenüber in der Form einer *strategischen Anpassung* dienstbar zu sein (→ Beispiel in 8.3.4).

Zusammenfassend kann man festhalten, daß die Fallbeschreibung von Patientin WE1 durchweg *objektnahe und objektbezogene Varianten* aufweist, wobei sie jedoch unterschiedliche Positionen einnimmt, die sich zwischen den Extremen einer energischen Abgrenzung und eines strategisch angepaßten Wohlverhaltens bewegen. Dazwischen liegen Bemühungen, den Ehemann durch die Betonung der eigenen Bedürftigkeit und Abhängigkeit zu verpflichten oder ihn durch die Drohung einer eigenen Verselbständigung unter Druck zu setzen.

Es wurde bereits erwähnt, daß die Patientin ihren *Suizidversuch* zu einem Zeitpunkt unternimmt, an dem sie aus einem Gespräch mit ihrem Ehemann und dessen Freundin geschlossen hatte, daß ihr Mann sie endgültig verlassen würde. Vor der vierten Behandlungsstunde gerät sie noch einmal in eine suizidale Verfassung, als der Mann ihr seine Scheidungsabsicht vorträgt und dabei ankündigt, er werde auch die Tochter für sich beanspruchen. In dieser Situation erlebt die Patientin ein überwältigendes Gefühl eigener Wertlosigkeit und Überflüssigkeit, das auch noch während des darauf folgenden Therapiegesprächs gegenwärtig und spürbar ist: Man müsse doch gebraucht werden und für jemanden da sein, was für einen Sinn habe das Leben denn sonst! Diese Überlegungen verbinden sich mit Suizidgedanken, von denen sie sich jedoch noch während dieser Stunde einigermaßen distanzieren kann.

Die näheren Umstände des Suizidversuchs geben Aufschluß über die subjektiven Bedeutungen dieser Handlung: Es wurde bereits erwähnt, daß zwischen dem Ehemann und dem Stiefvater der Patientin eine tiefe Feindschaft besteht und daß die Patientin zwischen diesen Parteien immer wieder in Loyalitätskonflikte gerät. Ihr Mann macht ihr die Besuche bei den Eltern zum Vorwurf, während sich der Stiefvater in herabsetzender Weise über ihn und seine Biographie als Heimkind äußert. Vor ihrem Suizidversuch bittet die Patientin eine Freundin, ihrem Mann im Falle eines (nicht näher erklärten) „Unfalls" mitzuteilen, daß er dann das Kind unter allen Umständen von den Eltern zurückholen solle: „Wenn irgendwas ist- ich möcht nicht, daß die Kleine bei meinen Eltern draußen ist, er soll sie auf alle Fälle zurückholen" (1. Gespräch). Tatsächlich beginnt nach ihrem Suizidversuch ein Gezerre, bei dem Stiefvater und Ehemann versuchen, die Kontrolle über das Kind an sich zu reißen.

Die in der Bitte an die Freundin enthaltene Botschaft ist an ihren Mann gerichtet und hat innerhalb der geschilderten Szenerie folgende Funktionen: Sie verbindet den Suizidversuch mit einer loyalen Geste gegenüber ihrem Mann, indem sie sich - wie von ihm in der Vergangenheit stets gefordert - von den Eltern distanziert. Indem sie ihm zugleich das Kind überantwortet, verpflichtet sie ihn auf seine familiären Aufgaben und versucht ihn auf diese Weise festzuhalten. Im Suizidversuch mischen sich somit die aus den diskutierten Beziehungsvarianten der Patientin gut bekannten Momente: Das Moment der Anpassung und des Wohlverhaltens, aber auch das der Kontrolle (Varianten der *strategischen Anpassung* und der *Kontrolle durch Abhängigkeit*). Auf einer anderen Ebene kann der Suizidversuch gleichzeitig als Akt einer aggressiven Verselbständigung und

Konfrontation ihres Mannes verstanden werden (Variante der *Kontrolle im Rahmen einer Verselbständigung*).

Patientin WE2

Die Patientin ist Sekretärin und zum Zeitpunkt der Gespräche 46 Jahre alt. Sie hat zwei Scheidungen hinter sich und lebt nun alleine. Das einzige Kind verstarb akut vor 8 Jahren 14-jährig. Die Vorgeschichte ist durch weitere schwere Verluste geprägt. Die Mutter wurde ebenfalls zweimal geschieden und starb 1 1/2 Jahre vor dem Suizidversuch der Patientin durch Suizid. Eine unerfüllte Sehnsucht richtet sich an den Vater, bei dem sie vom 11. bis zum 13. Lebensjahr nach der Scheidung der Eltern zunächst lebte; danach entstand eine größere Distanz zwischen beiden, die in der weiteren Entwicklung nicht mehr überbrückt werden konnte.

Für die Menschen ihrer Umgebung hat die Patientin sich immer wieder eingesetzt und aufgeopfert: Sie hat sich um die Rettung der Ehe der Eltern bemüht, später um die depressive und suizidale Mutter und schließlich um den als labil geschilderten Bruder, der dauernd private und berufliche Probleme hatte und noch hat. Bei alldem ist sie letztlich gescheitert und alleine zurückgeblieben. Mit ihrer derzeitigen Anstellung ist sie unzufrieden; eine gute und für sie befriedigende berufliche Position hat sie für ihre letzte Ehe aufgegeben. Vor etwas mehr als einem Jahr hat sie einen neuen Partner kennengelernt, mit dem sie anfangs eine gute Zeit verlebte. Inzwischen sind bei ihr jedoch Zweifel entstanden, ob sich ihre Wünsche nach einer festen und für sie befriedigenden Beziehung mit diesem Mann angesichts der so unterschiedlichen Eigenarten und Interessen werden erfüllen lassen. Die mit dieser Beziehung verbundenen Hoffnungen, Enttäuschungen und die durch sie berührten Empfindlichkeiten sind ein wesentlicher Hintergrund für ihren Suizidversuch (s.u.).

SASB-Muster von Patientin WE2

<u>Muster1</u> (8) Partner, Familie, Unbestimmt
<u>TRUST</u> → *BLAME & IGNORE* → <u>WALL OFF</u> & BLAME
*Rückzug mit Objektentwertung

<u>Muster2</u> (5) Männer, (Familie), (Kollegen), (Unbestimmt)
<u>TRUST</u> & EMANCIPATE ↔ PROTECT & <u>SEPARATE</u> // <u>TRUST</u> ↔ *IGNORE*
*Ignoranz durch Bedürftigkeit

Muster1 präsentiert das zentrale Konfliktmuster und seine Bewältigung durch einen *Rückzug mit Objektentwertung* (<u>WALL OFF</u> & BLAME). Beispiele von WE2 für dieses Muster sind an mehreren Stellen in dieser Arbeit zitiert und analysiert worden (→ Beispiele in 6.1, 6.3.1, 7.2.1, 8.3.1). Die Patientin berichtet dort über ihre Einsamkeit und Erschöpfung und kritisiert das Unverständnis ihrer Umgebung, von der sie sich nicht ernstgenommen fühlt. Sie zieht sich deshalb hinter eine Fassade von Perfektion und Souveränität zurück, während sie die anderen gleichzeitig entwertet und auf diese Weise für sich unwichtig macht. Das *zentrale Objektbild* ist nicht durch weitere Kodierungen überlagert (vgl. dazu 8.2.1).

Muster2 zeigt einen Teil des zentralen Konfliktmusters innerhalb einer Beziehungsfigur mit der Objektvariante *Ignoranz durch Bedürftigkeit* (*IGNORE & TRUST*).[1] Ein Beispiel von WE2 für diese Figur wurde in Abschnitt 6.3.1 diskutiert; dort findet sich eine detaillierte Darstellung des recht komplexen Musters. In kurzer Form kann es wie folgt beschrieben werden: Im ersten Teil des Musters (*TRUST & EMANCIPATE* ↔ PROTECT & SEPARATE) wird ein Verhältnis beschrieben, in dem sich andere der Patientin anvertrauen und ihr bewundernde Anerkennung zollen; die Patientin geht hilfreich und stützend darauf ein und bezieht daraus das Selbstgefühl eigener Kompetenz und Stärke. Die Bewunderung ihrer Umgebung wird jedoch ignorant und unempathisch, sobald die Patientin selbst in Not ist und der fürsorglichen Zuwendung anderer bedarf (TRUST ↔ *IGNORE*); dann erscheinen die anderen als ansprüchlich, selbstbezogen und unsensibel für ihre Bedürfnisse. Genau an diesem Punkt geht das *Muster2* in die Dynamik von *Muster1* über. Das Muster der *Ignoranz durch Bedürftigkeit* wird im Zusammenhang mit früheren Partnerschaften und anderen freundschaftlichen und familiären Beziehungen berichtet. Einzelne, sehr komplexe Schilderungen mit dieser Figur, die jedoch nicht Teil eines der repetitiven Muster sind, beziehen sich auf die Mutter (→ Beispiel in 2.2.2); wie oben erwähnt, hatte sich die Patientin früher erfolglos um ihre depressive Mutter bemüht, die sich schließlich suizidierte.

Die Patientin hatte vor den psychotherapeutischen Gesprächen in *suizidaler Absicht* verschiedene Medikamente eingenommen, die sie seit dem Suizid ihrer Mutter (1 1/2 Jahre zuvor) als „stille Reserve" gehortet hatte. Hintergrund des Suizidversuchs ist neben einer allgemeinen depressiven Erschöpfung das Gefühl einer zunehmenden Abhängigkeit von ihrem Freund, dessen Haltung ihr gegenüber sie jedoch als unverbindlich und enttäuschend erlebt. In den Beziehungsepisoden, die diesen Freund betreffen, werden immer wieder seine mangelhafte Einfühlung, Undifferenziertheit und seine andersgearteten Interessen beklagt. Die Patientin fürchtet andererseits die Alternative einer für sie kaum mehr erträglichen Einsamkeit, in der sie ihr Leben als sinnlos empfindet und sich überflüssig und wertlos fühlt. Sie gerät dann in depressive Zustände, in denen sie nach ihren eigenen Worten wie „brachliegt" und „nicht mehr stattfindet". Die Begegnungen mit dem Freund und anderen Menschen werden in solchen Stimmungen zu Notlösungen, die ihr keine wirkliche Befriedigung bringen; sie paßt sich dabei an und stellt ihre Vorbehalte gegenüber den betreffenden Personen zurück. Solche Arran-

[1] Vgl. zu dieser Variante die Ausführungen in den Abschnitten 7.3.2 und 8.2.5 .

gements verstärken jedoch letztlich ihre Einsamkeit und können ein generelles Gefühl innerer Leere und Unzufriedenheit nicht auflösen.

Die Wahrnehmung der eigenen Abhängigkeit, zusammen mit einem Gefühl der körperlichen Erschöpfung und der Einbuße an Tatkraft und Initiative hat für die Patientin eine demoralisierende Wirkung, auch und gerade auf dem Hintergrund ihrer sehr hohen Ansprüche an sich selbst: „Entweder ganz fit oder gar nicht. Aber so auf Halbmast, das macht keinen Spaß ... dann lieber in Schönheit sterben“ (1. Gespräch). Suizidgedanken werden auch durch Befürchtungen genährt, infolge des Alters körperlich und sozial immer weiter abzubauen (wie in ihrem Erleben die Mutter vor deren Suizid). In dieser Verfassung bildet eine an sich undramatisch anmutende Enttäuschung in der Beziehung zu ihrem Freund den *unmittelbaren* Anlaß für die Tabletteneinnahme: Die Patientin erwartet seinen Anruf, der zur vereinbarten Zeit nicht kommt. Dieses Ereignis ruft von neuem ihre Zweifel an der Beziehung wach. Das Gefühl, einerseits auf ihren Freund angewiesen zu sein, andererseits die Aussicht, daß diese Beziehung ohne Zukunft und zum Scheitern verurteilt sein könnte, führen zu der verzweifelten Entscheidung Schluß zu machen.

Die *interpersonellen Aspekte* dieses Suizidversuchs werden durch das *Muster1* recht gut erfaßt: Das zentrale Konfliktmuster beschreibt die Abhängigkeit der Patientin und ihre Befürchtung, von anderen nicht berücksichtigt und ernstgenommen zu werden; diese Bedeutung unterstellt sie auch dem Verhalten ihres Partners, als er den vereinbarten Zeitpunkt für seinen Anruf verpaßt. Der Suizidversuch geht mit einem Rückzug einher und hat keine erkennbare appellative Funktion; die Patientin wird von einer Freundin, die an dem kritischen Abend zufällig bei ihr anruft, in die Klinik gebracht. Eine distanzierte Haltung ist auch nach dem Versuch dominierend: Ihr Freund erfährt erst nach ihrer Entlassung aus der Klinik über andere Personen, was eigentlich geschehen ist. Die Patientin selbst vertraut sich nach dem Suizidversuch niemandem an. Dies rechtfertigt sie in der für sie typischen Weise damit, daß ihre Umgebung zu einem empathischen Verständnis ihrer Schwierigkeiten und Motive unfähig sei. Ihr Verhalten im Umgang mit dem Suizidversuch entspricht damit wieder der in *Muster1* beschriebenen Figur, die durch einen Rückzug und eine entwertende Haltung gegenüber den Objekten charakterisiert ist (Variante *Rückzug mit Objektentwertung*).

Patientin WE3

Die 26-jährige kaufmännische Angestellte kommt selbst in die Klinik, nachdem sie am Tag zuvor in suizidaler Absicht 50 Tabletten eines Antikoagulantiums eingenommen hatte. Ihren Schilderungen zufolge ist sie überbehütet aufgewachsen und wurde von der ängstlichen Mutter in starker Abhängigkeit gehalten. Dieses Verhältnis besteht zur Zeit der Gespräche in gewisser Weise fort: Die Patientin ist in hohem Maße bemüht, ihre Mutter zu schonen und ihr keine Sorgen zu bereiten. Sie begegnet ihr grundsätzlich fröhlich und unbeschwert, wobei sie eigene Schwierigkeiten und natürlich auch den Suizidversuch geheimhalten muß. Zum Vater besteht schon seit der Jugendzeit eine schwierige Beziehung, die ihrerseits von Idealisierungen und Wünschen nach Anerkennung charakterisiert ist, während er ihr gegenüber eine eher kritische und entwertende Haltung einnimmt (besonders im Vergleich zu dem von ihm mehr anerkannten Bruder). Der Vater wirkt in der Schilderungen der Patientin chronisch enttäuscht und verbittert; er tyrannisiert seine Umgebung durch eine stumme Vorwurfshaltung. Eine wichtige Rolle dabei spielt, daß er während des Nationalsozialismus besonders zu leiden hatte und daher in den Augen seiner Familie einen selbstverständlichen Anspruch auf Rücksicht hat. Die Patientin arbeitet zusammen mit ihm zusammen in einem Laden, den sie später einmal übernehmen soll. Zum Zeitpunkt der Gespräche hat sie jedoch eher die Stellung einer schlecht bezahlten Arbeitskraft; auf die geschäftlichen Angelegenheiten des kleinen Unternehmens hat sie keinen Einfluß.

SASB-Muster von Patientin WE3

Muster1 (11) Partner
(ACTIVE LOVE) & BLAME & IGNORE & SEPARATE ↔ (BLAME) & TRUST & (WALL OFF)
*Illoyalitätsmuster *Rückzug mit Objektentwertung *Kontrolle durch Abhängigkeit

Muster2 (9) Vater, (Partner)
SEPARATE → *CONTROL & BLAME & IGNORE & TRUST* → SUBMIT
*Ignoranz durch Bedürftigkeit *Zwanghafte Kontrolle *Resignative Anpassung

Muster3 (8) Partner
TRUST → *IGNORE & SEPARATE* ↔ BLAME & SEPARATE
*Illoyalitätsmuster *Strategische Separation *Kontrolle im Rahmen einer Verselbständigung
*Separation mit einer Abwendung vom Objekt

Muster6 (6) Partner, (Bruder), (Unbestimmt)
PROTECT & IGNORE & BLAME ↔ TRUST
*(Zentrales Konfliktmuster)

Muster7 (5) Unbestimmt, Partner
IGNORE & BLAME
*(Zentrales Objektbild)

Die Patientin war zwischen ihrem 19. und 22. Lebensjahr verheiratet. Die Eheschließung erfolgte eher resigniert in der Haltung, wohl ohnehin keinen besseren Mann abbekommen zu können. Jetzt lebt sie seit zwei Jahren mit einem neuen Partner zusammen. Ein wichtiges Thema zwischen beiden ist ihr Wunsch nach einem Kind. Vier der kritischen repetitiven Beziehungsmuster aus ihrer Fallbeschreibung, die auch für den Suizidversuch bedeutsam sind, haben mit diesem Freund zu tun.

Muster1 zeigt vor allem das zentrale Konfliktmuster. Die Patientin ist auf ihren Partner angewiesen (TRUST), von dem sie sich jedoch ignoriert und verächtlich behandelt fühlt (*IGNORE & BLAME*); dieses zentrale Objektbild wird in *Muster7* isoliert dargestellt. In *Muster1* verhält sich der Partner zusätzlich *illoyal*, indem er gegen partnerschaftliche Regeln verstößt und berechtigte Erwartungen der Patientin ignoriert (*IGNORE & SEPARATE*). Inhaltlich geht es in den zugeordneten Episoden um die Zweifel der Patientin, ob ihr Freund sie auch wirklich liebt und achtet; durch sein illoyales Verhalten gibt er immer wieder Anlaß zu solchen Zweifeln (→ Beispiele in 7.2.1, 8.1.1, 8.3.3).

Die durch die Klammern gekennzeichneten *Unterformen von Muster1*[2] beschreiben zusätzliche Beziehungsfiguren: Die Kodierung WALL OFF bezeichnet ein *Rückzugsmuster*, bei dem sich die Patientin dem als unzuverlässig und enttäuschend erlebten Objekt *entzieht*; dieser Rückzug verbindet sich in einigen Fällen mit einer Kritik oder *Entwertung* des Gegenübers (WALL OFF & BLAME). Die Kodierung BLAME ist andererseits mit einer Darstellung der eigenen Bedürftigkeit (TRUST) gekoppelt, so daß zusätzlich das Muster der *Kontrolle durch Abhängigkeit* (TRUST & BLAME) entsteht. Dies bedeutet, daß sich die Patientin zwischen zwei extremen Positionen hin- und herbewegt: Auf der einen Seite wendet sie sich von ihrem Gegenüber ab und entwertet es, auf der anderen Seite übt sie mit ihrer Abhängigkeit und Bedürftigkeit Druck auf es aus. Genau diese Spannung ist für zahlreiche Beziehungsschilderungen der Patientin charakteristisch; in ihnen wechseln sich Darstellungen massiver Abhängigkeit und forcierte Rückzüge zum Teil in dramatischer Weise ab.

In einer *Unterform des Muster1* wendet sich das Objekt (der Partner) der Patientin liebevoll zu (*ACTIVE LOVE*). Die Patientin berichtet in solchen Episoden über Versuche ihres Freundes, sie mit Geschenken und Liebeserklärungen für sich zu gewinnen. Solche Gaben wecken jedoch bei ihr den Argwohn, daß sie eigentlich nur manipuliert und auf charmante Weise eingewickelt werden soll. Ihre latente Befürchtung, daß ihr Freund in Wirklichkeit kein echtes Interesse an ihr hat, wird durch diese Freundlichkeiten *nicht* korrigiert, so daß sich seine „positiven" Angebote in paradoxer Weise mit den „negativen" Merkmalen des zentralen Objektbildes verbinden (*ACTIVE LOVE & BLAME & IGNORE*). Eine sehr ähnliche Figur wird durch das *Muster6* gezeigt; hier ist es ein *fürsorgliches* Verhalten des Freundes (*PROTECT*), das argwöhnisch in der Richtung des zentralen Objektbildes umgedeutet und interpretiert wird.

Muster3 beschreibt auf Objektseite wiederum das *Illoyalitätsmuster*, das von der Patientin mit einem Akt der Verselbständigung und einer kritischen Wendung gegen das Objekt beantwortet wird (SEPARATE & BLAME). Bei der Diskussion

---

[2] Der Begriff der „*Unterform*" eines Beziehungsmusters wurde in Abschnitt 6.3.3 eingeführt und definiert. Er bezieht sich auf Kodierungen, die nur in einer Teilmenge der in einem Cluster zusammengefaßten Beziehungsepisoden enthalten sind. Sie erfüllen einerseits das Repetitionskriterium (von 3 bzw. 4 Repetitionen), kommen jedoch andererseits in nicht mehr als der Hälfte der Episoden eines Clusters vor.

von Varianten mit der Kodierung SEPARATE ist gezeigt geworden, daß diese SASB-Kodierung verschiedene interpersonelle Bedeutungen haben und sowohl eine relative Abwendung vom Objekt als auch ein aktiv auf das Objekt orientiertes Verhalten bezeichnen kann (vgl. 8.3.3). Bei Patientin WE3 fällt die Zuordnung zu einer dieser beiden Ausrichtungen besonders schwer. Ursache dafür ist jene Wechselhaftigkeit, die bereits im Zusammenhang mit *Muster1* erwähnt worden ist und darin besteht, daß die Patientin zwischen radikalen Distanzierungen und Versuchen der Objektbeeinflussung alterniert. Wie eine Untersuchung der 8 dem *Muster3* zugeordneten Episoden zeigt, haben die durch SEPARATE beschriebenen Verselbständigungen je nach Kontext folgende Bedeutungen:

- In den meisten Fällen handelt es sich um eine *strategische Separation*, bei der die Patientin ihre Unabhängigkeit in demonstrativer Weise vorführt, um auf diese Weise das Abhängigkeitsverhältnis umzukehren und ihr Gegenüber durch die Drohung einer eigenen Verselbständigung unter Druck zu setzen (s. 8.3.3).
- Der in dieser Verselbständigungsbewegung latent enthaltene Aspekt der Kontrolle gegenüber dem Objekt wird in einigen Episoden als Vorwurf und Kritik explizit geschildert und damit kodierbar (SEPARATE & BLAME). In diesen Fällen liegt die Variante *Kontrolle im Rahmen einer Separation* vor (s. 8.3.4).
- In mehreren Episoden ist deutlich, daß die Verselbständigung einen Rückzugs vorbereitet. Die Patientin demonstriert ihre Unabhängigkeit radikal, indem sie die Verbindung zu dem Objekt (ihrem Freund) jeweils impulsiv aufkündigt. Gemeint sind hier Episoden, in denen sie z.B. in kategorischer Weise die Teilnahme an gemeinsamen Aktivitäten, darunter auch an Urlaubsfahrten verweigert. Solche Episoden kann man der Variante *Separation mit einer Abwendung vom Objekt* zuordnen.

Muster3 stellt somit einerseits eine Beziehungsfigur dar, in der die Patientin in dem Bemühen um Kontrolle auf ihr Objekt ausgerichtet bleibt; es läßt sich andererseits als Muster einer Distanzierung lesen. Wie gezeigt worden ist, enthält die Kodierung *SEPARATE* auf Grund ihrer mittleren Lage auf der Affiliationsachse des SASB-Modells diese Uneindeutigkeit *systematisch*. Im *Muster3* von WE3 führt diese Eigenschaft der Kodierung dazu, daß die objektzugewandten und objekt-distanzierenden Tendenzen formal nicht differenziert werden können.

Muster2 beginnt mit einem eigenwilligen Verhalten der Patientin (SEPARATE), durch das sie die Interessen und Erwartungen des Objekts (des Vaters) verletzt und deshalb Schuld auf sich lädt (→ Beispiele in 8.3.5). Das Objekt präsentiert sich in den entsprechenden Episoden als leidend und bedürftig (*TRUST*); es kontrolliert mit dieser Haltung die Umgebung (*CONTROL*) und klagt deren Rücksichtsnahme vorwurfsvoll ein (*BLAME*). Auf Grund dieser Selbstbezogenheit ist das Objekt außerdem gleichgültig gegenüber den Interessen der Patientin (*IGNORE*). Zusammengenommen ergibt dies das charakteristische Bild der Objektvariante *Ignoranz durch Bedürftigkeit*, die wegen der gleichzeitg auftretenden

Anpassungsforderung zusätzlich mit der Variante der *zwanghaften Kontrolle* (*CONTROL & IGNORE*) gekoppelt ist. Die Logik dieses sehr komplexen Beziehungsangebots bewirkt, daß sich die Patientin durch ihre Eigenwilligkeiten gegenüber dem Objekt schuldig macht. Sie antwortet auf diese Beziehungskonstellation mit einer Anpassung, die einen weitgehenden Verzicht auf eigene Bedürfnisse und Ansprüche einschließt (SUBMIT). Diese Reaktion kann der Variante der *resignativen Anpassung* zugeordnet werden (s. 8.3.2).

Die Patientin unternimmt einen *Suizidversuch* mit 50 Tabletten eines Antikoagulatiums; sie kommt am Tag nach der Einnahme des Medikaments aus eigenem Entschluß in die Klinik. Die Epikrise erwähnt eine starke appellative Komponente, die die Patientin selbst in den Gesprächen mehrfach sehr empört von sich weist. Sie schildert eindrucksvoll, wie sie die Tabletten vor dem Spiegel einnahm, nachdem sie sich feierlich gekleidet und zurechtgemacht hatte - sie habe nicht in einem häßlichen Zustand aufgefunden werden wollen. Zusätzlich hatte sie Abschiedsbriefe an die Mutter und den Freund geschrieben, in denen sie diese von jeglicher Schuld entlastet.

Die Patientin berichtet über eine unerträgliche innere Anspannung in der Zeit vor ihrem Suizidversuch, die in erster Linie mit den oben angesprochenen Schwierigkeiten in ihrer Beziehung zum Freund zusammenhing (vgl. vor allem *Muster1* und *Muster6* der Fallbeschreibung). Im Mittelpunkt stand dabei das zunehmende Gefühl, für ihn im Grunde gleichgültig und uninteressant zu sein. Solche Krisen hatte die Patientin bei früheren Gelegenheiten regelmäßig dadurch bewältigt, daß sie ohne jede Erklärung einfach wegging und dann nach Stunden - manchmal auch erst nach einem Tag - zurückkehrte. Die Patientin erklärt dazu, sie habe diese Form der Gegenwehr aus Not gewählt, weil sie sich eine andere Form der Auseinandersetzung nicht habe vorstellen können: „Dich nimmt sowieso keiner ernst. Du bist sowieso niemand, mit der zu streiten ist!“ (3. Gespräch) Diese Schilderungen lassen eine Beziehungsfigur erkennen, die recht gut der *Rückzugsvariante* aus dem *Muster1* der Fallbeschreibung entspricht (s.o.).

Die Patientin berichtet weiter über die jeweils schwierige Rückkehr von diesen impulsiven Verselbständigungsaktionen: Sie habe befürchtet, ihr Freund könne das Wiederkommen als Eingeständnis der Niederlage verstehen und sie damit beschämen. Er sei jedoch zunächst jedesmal sehr betroffen gewesen und habe sogar geweint, sich später aber an ihre Ausflüge gewöhnt und schließlich nicht mehr besonders intensiv reagiert. Dies wiederum habe ihre Zweifel an seinem aufrichtigen Interesse genährt und sie in ihrer Befürchtung bestätigt, daß er sie im Grunde bereits verlassen habe. Zuletzt sei sie so verzweifelt gewesen, daß sie endlich den Entschluß gefaßt habe, diesmal *„ganz zu gehen“*. „Wenn eine Schwierigkeit auftritt, dann- entweder ich fahr weg oder ich laufe weg. Aber da war halt der Sch- der- der- der Punkt, wo ich gesagt hab: 'So, jetzt ist Schluß'„ (2. Gespräch). - Nach der Entlassung aus der Klinik stellen sich die gleichen Schwierigkeiten in der Beziehung erneut ein. Die Patientin argwöhnt jetzt, daß ihr Freund sich nur noch aus Mitleid (wegen des Suizidversuchs) mit ihr befasse und sie innerlich schon aufgegeben habe (→ Beispiel in 7.2.1).

Die Fluchtunternehmungen der Patientin haben jedoch noch eine weitere Bedeutungsebene: An anderer Stelle schildert sie die triumphalen Gefühle von Stärke und Unabhängigkeit, die sie jeweils *unmittelbar* nach ihren spontanen Aufbrüchen erlebte, z.B. wenn sie in einem Taxi saß und im Bewußtsein ihrer Freiheit irgendeinem Ziel zusteuerte. Auch ihren Suizidversuch verteidigt sie als Akt der „absoluten Freiheit“ und als eine „Entscheidung, die nur mich betrifft“. Etwas von dieser gehobenen Stimmung scheint auch mitzuschwingen, wenn sie über das bereits oben erwähnte feierliche Arrangement ihres Suizidversuchs berichtet.

Das *zentrale Konfliktmuster* ist als Ausgangspunkt und Kern der hier beschriebenen Dynamik deutlich zu erkennen (→ Beispiele in 7.2.1, 8.1.1, 8.3.3). Als *Varianten* des zentralen Konfliktthemas finden sich in der suizidalen Situation und in den ihr vorangehenden Episoden verschiedene Beziehungsfiguren, die auch in den oben diskutierten Mustern der SASB-Fallbeschreibung von WE3 vorkommen. Dazu gehört die Figur der *strategischen Separation*, die eine wichtige Bedeutung ihrer Fluchtunternehmungen erfaßt: Durch ihre Verselbständigung versucht die Patientin, ihrem Freund dessen eigene Abhängigkeit zu demonstrieren. Insofern sie ihn damit gleichzeitig massiv unter Druck setzt, kann auch die Variante *Kontrolle im Rahmen einer Verselbständigung* eine passende Beschreibung dieses Verhaltens bilden. Andererseits ist in der Separation auch der Versuch einer *Auflösung* der Abhängigkeit von dem Objekt durch einen *Rückzug* zu erkennen, der - so kann auf dem Hintergrund der Berichte der Patientin vermutet werden - in ultimativer Form auch in dem feierlich inszenierten Suizidversuch vollzogen wird (zuzuordnende Varianten: *Einfacher Rückzug* bzw. *Separation mit einer Abwendung vom Objekt*).

Patientin WE4

Die 41-jährige Patientin ist Mutter von zwei Kindern und Hausfrau. Das dominierende Thema der Gespräche ist die Beziehung zum Ehemann, der neben der Familie ein nicht ganz durchsichtiges Eigenleben führt. Manchmal ist er tagelang ohne Erklärung außer Haus, offensichtlich hat er eine Freundin. Um seine Verpflichtungen als Hausmeister kümmert er sich nur sporadisch, so daß die Patientin dauernd hinter ihm herarbeiten und seine Unzulänglichkeiten ausgleichen muß. Seit etwa 20 Jahren ist er Alkoholiker, was jedoch von der Patientin bisher weitgehend verleugnet wurde. Sie hat ihrem Mann schon vor ihrem Suizidversuch die Scheidung angedroht und entsprechende Schritte eingeleitet. Ihre Situation wird jedoch dadurch erschwert, daß sich die beiden Töchter gerade selbständig machen und im Begriff sind, das Haus verlassen. Die Patientin fürchtet so die Einsamkeit nach einer Trennung von ihrem Mann.

Der Vater der Patientin war während ihrer ersten 5 Lebensjahre im Krieg und später in Gefangenschaft. Nach der Rückkehr wurde er alkoholabhängig. Die Patienten berichtet über Ereignisse, die Züge von Verwahrlosung erkennen lassen und eine erhebliche Verantwortungslosigkeit gegenüber der Familie offenbaren.

Einmal klingelt er mitten in der Nacht bei einem Arbeitgeber der damals etwa 18-jährigen Tochter und bittet betrunken um Geld, worauf die Patientin zurechtgewiesen wird und schließlich aus Scham die Stellung aus eigener Initiative kündigt. Die Parallelität von Vater und Ehemann wird auch darin sichtbar, daß die Patientin sich um beide selbstaufopfernd und durch Enttäuschungen unbeirrt gekümmert hat. Auch zum Zeitpunkt der Gespräche kann sie sich trotz ihrer Trennungsabsichten kaum aus der Verantwortung gegenüber ihrem Mann lösen.

SASB-Muster von Patientin WE4

Muster1 (32) Ehemann, (Vater)
(CONTROL) & BLAME & IGNORE & SEPARATE ↔
(CONTROL) & (SEPARATE) & BLAME & TRUST
*Illoyalitätsmuster *Zwanghafte Kontrolle *Kontrolle durch Abhängigkeit

Muster5 (5) Ehemann
BLAME & IGNORE
*(Zentrales Objektbild)

Muster5 der Fallbeschreibung stellt das *zentrale Objektbild* (*BLAME & IGNORE*) suizidaler Patienten dar. Dieses Objektbild ist ebenfalls Teil von *Muster1*. Die Patientin schildert immer wieder Beispiele, in denen sie von ihrem Mann mißachtet und gekränkt wird (*BLAME & IGNORE*). In *Muster1* verbindet sich diese Figur mit dem *Illoyalitätsmuster*; der Ehemann verhält sich gegenüber der Patientin verantwortungslos und ignorant (*IGNORE & SEPARATE*). In den zugeordneten Episoden versteckt er z.B. Autoschlüssel, verreist ohne jede Mitteilung, vernachlässigt seine Pflichten als Hausmeister (so daß die Patientin einspringen muß, um eine Kündigung zu vermeiden), stellt willkürliche und kränkende Behauptungen über die Patientin auf und verhält sich auf andere Weise illoyal. Die Patientin listet diese und weitere Enttäuschungen mit großer Empörung auf und versichert, ihr Mann brauche nur ein wenig Gutwilligkeit und Entgegenkommen zeigen, dann werde sofort alles gut sein.

In einer *Unterform von Muster1* tritt zu diesem Objektverhalten die Kodierung *CONTROL* hinzu. In den entsprechenden Episoden mischen sich das *Illoyalitätsmuster* und die Variante der *zwanghaften Kontrolle*. Wie in Abschnitt 8.2.4 (dort an einer Beispielsepisode von WE4) erläutert wurde, ensteht durch das Zusammenwirken von Willkür, kränkender Ignoranz und gleichzeitiger Kontrolle eine Beziehungfigur mit *sadistischem* Charakter: Im Erleben der Patientin ist ihr Mann nicht nur verantwortungslos und ignorant im Sinne des Illoyalitätsmusters; er verfolgt zusätzlich *aktiv* die Absicht ihrer Erniedrigung und Entrechtung und quält sie deshalb systematisch durch Verbote und andere herabwürdigende Maßnahmen.

Auf der *Seite der Patientin* beschreibt das *Muster1* vor allem die Variante *Kontrolle durch Abhängigkeit*, die durch das Moment der Klage ergänzt und verschärft wird (TRUST & CONTROL & BLAME). Die Patientin setzt ihren Mann in zahlreichen Beispielen durch ihre Wünsche und Forderungen unter Druck; ihre Ansprüche erscheinen dabei einerseits als sachlich bzw. situativ berechtigt, andererseits haben sie auch die Bedeutung von Wiedergutmachungsforderungen, die sich aus den zahlreichen Zumutungen und Ungerechtigkeiten ableiten, die sie durch ihren Mann erlitten hat (→ Beispiel in 8.3.4). In der *Unterform von Muster1* tritt zu dieser Figur die Kodierung SEPARATE hinzu. Sie ist einer Reihe von Episoden zugeordnet, in denen sich die Patientin gegen die Zumutungen ihres Mannes ernsthaft zur Wehr setzt und eine eigene, unabhängige Position behauptet. Hierzu gehören auch einige Beispiele faktischer Grenzziehungen, darunter die Aufkündigung gemeinsamer Urlaubsfahrten und nicht zuletzt die Scheidung, zu der sie sich nach ihrem Suizidversuch entschlossen hat. Im Zusammenhang mit der Kodierung SEPARATE finden sich somit überwiegend Schilderungen mit einer *echten* (d.h. nicht nur strategischen) Verselbständigung.[3]

Die Patientin unternimmt ihren *Suizidversuch* in einer Verfassung, die durch die oben beschriebene Situation mit ihrem Mann bestimmt ist. An einer Stelle sagt sie: „Wenn man vom Mann nicht als Mensch anerkannt wird, dann verliert man den Lebenswillen" (9. Gespräch). Seine Zumutungen bekommen auf dem Hintergrund der gleichzeitig stattfindenden Ablösung der Töchter und der dadurch veränderten Lebenssituation ein besonderes Gewicht. In der Zeit vor dem Suizidversuch hat die Patientin sich weitgehend zurückgezogen und isoliert. Hinzu kommen schwer erträgliche Schmerzen des Trigeminus. Die Patientin hatte deshalb von einem Nervenarzt Schmerzmittel verschrieben bekommen, die sie noch am gleichen Tag in suizidaler Absicht einnimmt. Etwas später begibt sie sich selbständig in ein ihrer Wohnung gegenüberliegendes Krankenhaus.

Neben der suizidalen Absicht ist eine *suizidale Geste* gegen den Ehemann unübersehbar. Die Patientin macht sich genau zu dem Zeitpunkt auf den Weg ins Krankenhaus, als ihr Mann alkoholisiert aus einer Wirtschaft nach Hause kommt. Sie berichtet ihm die Einnahme der Tabletten und teilt ihm mit, daß sie auf dem Weg ins Krankenhaus ist. Ihr Mann habe darauf nur geantwortet: „Na, wenn Du so blöd bist, dann geh doch zu!" (1. Gespräch). Er versucht dann noch einen Anruf beim Notarzt oder der Polizei, wartet jedoch die Abnahme des Hörers auf der anderen Seite nicht ab und geht schließlich einfach ins Bett. Die Kinder müssen am Tag darauf eine Suchanzeige aufgeben, weil ihr Vater ohne irgendeine Mitteilung wie üblich zur Arbeit gegangen ist. Die Patientin berichtet die Szene als ein besonders empörendes Beispiel für das Verhalten ihres Mannes. Schon zuvor war er einige Male über Suizidandrohungen mit einer gleichermaßen stupiden Ignoranz hinweggegangen.

Die interpersonelle Bedeutung des Suizidversuch stimmt mit jener Beziehungsfigur recht gut überein, die in *Muster1* der SASB-Fallbeschreibung abgebil-

[3] Vgl. dazu auch die Diskussion zu dieser Patientin in Kapitel 10.2.2.

det wird. Der Versuch ist so arrangiert, daß er den Ehemann mit der lebensgefährlichen Situation der Patientin direkt konfrontiert und so seinen fürsorglichen Eingriff geradezu erzwingt (TRUST & CONTROL). Auf dem Hintergrund der Vorgeschichte und den vorangegangenen Suiziddrohungen bedeutet er natürlich auch eine massive Anklage gegen den Mann (BLAME). Es handelt sich somit um eine Inszenierung, die in besonders krasser Form die Struktur des Musters *Kontrolle durch Abhängigkeit* enthält.

Patientin WE5

Die Patientin wurde an anderer Stelle bereits als Sonderfall innerhalb der Gruppe der Suizidpatienten vorgestellt (s. Abschnitt 7.3.1). Sie stellt eine Ausnahme dar, weil ihre SASB-Fallbeschreibung das zentrale Konfliktmuster TRUST ↔ *BLAME & IGNORE nicht* enthält. Während die Kodierungen TRUST und *IGNORE* in drei Mustern der Fallbeschreibung von WE5 vorkommen, fehlt jedesmal die weitere Kodierung *BLAME*. Dies erklärt sich daraus, daß die für den Suizidversuch bedeutsame Beziehung zu einem Freund von der Patientin durchgängig so geschildert wird, daß sein Verhalten an keiner Stelle als kränkend erscheint, obgleich er aus einer äußeren Perspektive betrachtet dazu immer wieder Anlaß gibt, indem er sich ziemlich rücksichtslos verhält (*IGNORE*). An verschiedenen Beispielen habe ich gezeigt (vgl. 7.3.1), daß die Patientin diese Beziehung zu einer Art „mystischen Verbindung" erhöht, die auch dann auf geheimnisvolle Weise unbeschädigt bleibt, wenn sich der Freund tatsächlich von ihr zurückzieht. In ihren Darstellungen bleiben solche äußeren Trennungen ohne Gewicht, da sie sich mit ihrem Partner durch „höhere Mächte" unauflösbar verbunden fühlt.

Trotz seines Ausnahmecharakters möchte ich auch diesen Fall kurz darstellen und diskutieren. Die Patientin ist 35 Jahre alt und arbeitet in ihrem erlernten Beruf als Schwesternhelferin. Sie hat früh geheiratet und einen Sohn bekommen, der jetzt 11 Jahre alt ist und bei ihren Eltern lebt. Die Ehe wurde damals schon nach einem Jahr geschieden. Seit dieser Zeit hat sie nach ihren eigenen Worten drei „große" Liebesbeziehungen mit jeweils verheirateten Männern gehabt, die teilweise tragisch zu Ende gingen: Der erste Partner starb, der zweite wanderte aus, der dritte hat die Beziehung einige Tage vor ihrem jetzigen Suizidversuch einseitig beendet. Parallel zu diesen Verbindungen hatte die Patientin immer zahlreiche weitere Liebesverhältnisse, die jedoch für sie im Vergleich zu den drei „großen Lieben" ohne Bedeutung sind; sie stellt diese Nebenbeziehungen sehr betont so dar, daß sie die betreffenden Männer jeweils ausschließlich zu ihrem eigenen ökonomischen Vorteil oder für ihre sexuellen Bedürfnisse gebrauchte.

Fremdanamnestisch werden mindestens 7 Suizidversuche berichtet, die alle durch Enttäuschungen in den „großen" Liebesbeziehungen ausgelöst wurden. Suizidmittel waren wie beim aktuellen Versuch oft Medikamente, einmal führte sie einen Verkehrsunfall bewußt herbei, ein weiteres Mal fügte sie sich eine Vergiftung mit Autoabgasen zu. Bei anderer Gelegenheit brachte sie sich Schnitte an den Pulsadern bei. Eine weitere Suizidvariante wird weiter unten erwähnt. Die Patientin hat infolge dieser Suizidversuche mehrere Aufenthalte in psychiatrischen Kliniken hinter sich.

SASB-Muster von Patientin WE5

Muster2 (9) „Geliebter“
TRUST ↔ *IGNORE & WALL OFF*

Muster3 (7) „Geliebter“, (Gott)
TRUST ↔ *IGNORE & SEPARATE*
*Illoyalitätsmuster

Muster7 (4) „Geliebter“
WALL OFF & IGNORE ↔ TRUST & CONTROL
*Kontrolle durch Abhängigkeit

Alle drei Beziehungsmuster enthalten mit TRUST und *IGNORE* zwei der drei Elemente des zentralen Konflitkmusters und stellen damit im Sinne der im Abschnitt 8.1.3 entwickelten Kriterien eine Variante dar. *Muster2* enthält neben diesen beiden noch die Kodierung *WALL OFF*, die einen Rückzug des Objekts beschreibt. Die Patientin schildert in Verbindung mit *Muster2* Episoden, in denen sich der Partner ihr entzieht und damit ihre Wünsche nach Nähe und Sexualität unbefriedigt läßt bzw. ignoriert (→ Beispiel in 7.3.1).

Die Kodierung *WALL OFF* für das Objektverhalten ist insofern bemerkenswert, als sie in den Beziehungsschilderungen aller untersuchten Patienten nur wenige Male vorkommt. Sie bringt zum Ausdruck, daß der Erzähler die Abwendung eines Objektes nicht *ausschließlich* als feindseligen Akt im Sinne von *IGNORE* auffaßt, sondern daneben ein empathisches Verständnis für den *defensiven* Charakter dieser Abwendung zeigt und dabei aus der Erlebensperspektive des Objekts heraus argumentiert. In den Schilderungen von WE5 wird der defensive Charakter des Objektverhaltens dadurch herausgestellt, daß die einseitig vollzogenen Trennungen ihres „Geliebten“ mit dem Hinweis auf seine Verantwortlichkeiten der eigenen Familie gegenüber entschuldigt oder als (vergebliche) Versuche interpretiert werden, sich dem übermächtigen Sog der leidenschaftlichen Beziehung zu entziehen. Diese Erklärungen haben zugleich den Effekt, daß sie eine möglicherweise kränkende Bedeutung dieser Trennungen und Rückzüge in den Hintergrund treten lassen. Wie bereits erwähnt wurde, ist das Fehlen gerade dieses Aspekts der Kränkung und Gekränktheit charakteristisch für die Beziehungsepisoden dieser Patientin.

Muster7 enthält die eben beschriebene Figur aus *Muster2*, wobei auf der Seite der Patientin das Moment der *Kontrolle* hinzugefügt ist (CONTROL). Mit dieser

Kombination von Kodierungen werden Episoden abgebildet, in denen die Patientin durch die Herausstellung der eigenen Abhängigkeit bzw. Bedürftigkeit Druck auf ihren Partner ausübt und ihn zurückzuholen versucht. Zwei der vier Episoden dieses Musters beschreiben direkt interpersonelle Aspekte im Zusammenhang mit ihren beiden letzten Suizidversuchen, bei denen sie jeweils ihren Freund massiv unter Druck setzte. Auf diese Beispiele gehe ich weiter unten genauer ein.

Muster3 weist eine ähnliche Struktur wie *Muster2* auf, wobei die Kodierung *WALL OFF* auf der Objektseite nun durch *SEPARATE* ersetzt ist. Das Verhalten des Partners erscheint jetzt nicht mehr als Rückzug, sondern eher als Verselbständigung. Die Patientin beschreibt in den betreffenden Episoden ein Beziehungsarrangement, bei dem ihr Partner gleichsam nach Belieben zu ihr kommt und wieder geht, während sie in Wartestellung verharrt und sich für ihn bereithält.

Die zahlreichen *Suizidversuche* der Patientin wurden bereits erwähnt. Der aktuelle Versuch geschah mit Hilfe einer Mischung verschiedenster Medikamente und war außerordentlich gefährlich; bleibende Hirnschädigungen konnten knapp vermieden werden. Einige Tage zuvor hatte sich ihr Partner zum wiederholten Male von ihr getrennt. Diese Trennung bekam jedoch diesmal eine besondere Bedeutung, weil die Patientin einige Zeit zuvor auf das Drängen ihres Freundes eine Abtreibung hatte vornehmen lassen. Sein Rückzug schien auf dem Hintergrund dieses Ereignisses endgültig zu sein und war deshalb bedrohlicher als sonst. Die Patientin wurde gerettet, weil sie gegenüber Freundinnen Andeutungen über einen bervorstehenden Suizidversuch gemacht und zur fraglichen Zeit ihr Telefon stillgelegt hatte. Da ihre Suizidgefährdung bekannt war, alarmierte eine dieser Freundinnen den Notarzt, nachdem sie vergeblich versucht hatte, die Patientin telefonisch zu erreichen.

Auch gegenüber ihrem Partner hatte die Patientin den Suizid angekündigt, indem sie ihm vorher einen Abschiedsbrief zukommen ließ, der ihr Vorhaben indirekt erkennen ließ. Durch ein ähnliches Arrangement hatte sie ihn bereits schon einmal nach einer Trennung zum Einlenken bewegen können. Diese Figur entspricht sehr gut der Variante *Kontrolle durch Abhängigkeit* (TRUST & CONTROL), die auch im *Muster7* enthalten ist.

In anderer Hinsicht erscheinen die Suizidversuche auch als Inszenierungen der eigenen Besonderheit. Den suizidalen Arrangements wird dabei eine feierliche oder sogar mystische Aura beigegeben. In einem Fall hat sie versucht, sich mit einem Föhn in der Badewanne zu töten, nachdem sie zuvor eine sehr feierliche Stimmung mit Musik und Kerzenschein hergerichtet hatte. Ihre Suizidversuche sind außerdem von Phantasien begleitet, von Gott als große Sünderin verurteilt oder aber auch erhoben zu werden. Zusätzlich spielen Wünsche nach exstatischen Erfahrungen eine wichtige Rolle, z.B. Sehnsüchte nach visionären Erlebnissen auf der Schwelle zum Tod. Selbst dem Scheitern der Versuche wird eine „höhere Bedeutung" in der Weise zugeschrieben, daß Gott wohl noch etwas besonderes mit ihr vorhabe.

Patient MA1

Die Fallbeschreibung für MA1 wurde bereits im Zusammenhang mit der Einführung des Verfahrens zur Identifikation repetitiver Muster ausführlich diskutiert (s. 6.3.3). Der Patient ist 42 Jahre alt, verheiratet und Vater von zwei Kindern. Er arbeitet als Ingenieur in einer größeren Firma. Dort ist er für Entwicklungsarbeiten zuständig. Seine Abteilung wurde einige Zeit vor dem Suizidversuch umstrukturiert, wobei ihm ein etwas jüngerer und zuvor gleichgestellter Kollege vorgesetzt wurde. Der frühere Vorgesetzte, der zu dem Patienten eine väterliche Beziehung hatte, wurde gleichzeitig in demütigender Weise ersetzt und kaltgestellt. Der Patient erwähnt dies mehrfach mit großer Empörung. Er selbst war in der alten Firma ein geschätzter Kollege, der in einem abgegrenzten Aufgabengebiet weitgehend selbständig arbeiten konnte. Nun sieht er sich veränderten Leistungsanforderungen ausgesetzt, die er nicht mehr bewältigen zu können glaubt. Hinzu kommt ein Gefühl von Wertlosigkeit, da seine bisherigen Verdienste nach den Veränderungen in der Firma bedeutungslos zu sein scheinen und nicht mehr gewürdigt werden. Eine weitere Belastung stellen hohe finanzielle Verbindlichkeiten infolge eines Hausbaus dar, die einen beruflichen Wechsel praktisch unmöglich machen. Der Patient hat sich zum Zeitpunkt der Gespräche weitgehend sozial isoliert, auch innerhalb seiner Familie hat er sich zurückgezogen und weitgehend unzugänglich gemacht.

Anamnestisch wird ein episodischer Alkoholabusus mit ausgeprägten Kontrollverlusten berichtet. Im Jahr vor seinem aktuellen Suizidversuch war der Patient bereits zweimal zur stationären Behandlung in der Psychiatrie, zunächst wegen schwerer Schlafstörungen, dann wegen der Einnahme einer Überdosis von Medikamenten (zwei Monate vor dem jetzigen Suizidversuch). Die Epikrise gibt für den früheren Versuch eine parasuizidalen Absicht an (Wunsch nach Ruhe). Der Patient unternimmt den gegenwärtigen Suizidversuch mit Hilfe der Einnahme von Brennspiritus und eines Antidepressivums. Differentialdiagnostisch wird in der Epikrise neben der neurotischen auch die Möglichkeit einer endogenen Depression erwähnt.

Biographisch ist bedeutsam, daß der Vater des Patienten während des Krieges umgebracht wurde, als der Patient 3 Jahre alt war. Die Mutter blieb innerlich an den Vater gebunden und ging keine neue Verbindung mehr ein. Den Patienten belastete sie während seiner Kindheit und Jugendzeit durch häufige Klagen über diesen Verlust. Dann kamen ernste Suiziddrohungen hinzu, so daß der Sohn als Jugendlicher seine Mutter phasenweise gar nicht aus den Augen lassen durfte; eigenständige Unternehmungen waren nur möglich, wenn sich die Mutter in der Obhut anderer Personen befand. Der Patient berichtet u.a. folgende Geschichte: Einmal habe er nach der Rückkehr aus der Schule die Mutter nicht zuhause angetroffen, worauf auf seinen Notruf hin sofort eine Suchaktion gestartet worden sei, bei der die Mutter schließlich neben den Gleisen einer Bahnstrecke entdeckt wurde.

Für die Entwicklung des Patienten bedeutsam waren außerdem ein Onkel und der Großvater mütterlicherseits, zu denen er ein recht ambivalentes Verhältnis hatte: Er beschreibt auf der einen Seite Situationen, in denen er von diesen Männern auf väterliche Weise angeleitet und gefördert wurde; dagegen stehen andere Beispiele, in denen er sich ihrem kontrollierenden Einfluß radikal entzog und sich von ihnen befreite, indem er eigene Wege ging. Ein wichtiges Thema in den Therapiegesprächen ist der Umstand, daß seine gegenwärtige Lebenssituation eine solche Flucht nicht mehr zuläßt.

SASB-Muster von Patient MA1

Muster1 (12) Unbestimmt, Vorgesetzte, Ehefrau, (Amt), (Kollege), (Firma)
(TRUST) → *BLAME & IGNORE* → (SUBMIT) & (WALL OFF)
*Resignative Anpassung *Einfacher Rückzug

Muster2 (8) Firma, Bauherr, (Vorgesetzter)
CONTROL & BLAME & IGNORE & SEPARATE → SUBMIT & (WALL OFF)
*Illoyalitätsmuster *Zwanghafte Kontrolle *Resignative Anpassung *Einfacher Rückzug

Muster1 beschreibt das Erleben des Patienten im Zusammenhang mit der bereits geschilderten Situation an seinem Arbeitsplatz. Der Patient nimmt die Veränderungen in der Firma als enorme Kränkung wahr: Er fühle sich als eine „Nummer unter vielen", die von „denen da oben" nach Belieben verschoben und verrechnet werde. Als individuelle Person sei er unter solchen Umständen gleichgültig und bedeutungslos (*IGNORE & BLAME*). Dieser Situation stellt er etwas idealisierend die Verhältnisse in der alten Firma gegenüber, die vor allem durch die positive Beziehung zu dem früheren Vorgesetzten geprägt waren. Der habe ihm gegenüber eine fürsorgliche und zugleich anerkennende Haltung eingenommen, d.h. ihn sowohl angeleitet als auch selbständig gewähren lassen. Solche Schilderungen lassen starke Wünsche nach Anlehnung und väterlicher Führung erkennen. Die damit verbundene interpersonelle Position wird in der *Unterform von Muster1* mit TRUST abgebildet.

Die anderen *Unterformen von Muster1* zeigen, wie der Patient auf diese Situation *reagiert*. Nachdem er einige Zeit in teilweise selbstschädigender Form versucht hat, sich durch offenen oder verdeckten Protest gegen die Firmenleitung und den neuen Vorgesetzten zur Wehr zu setzen, fügt er sich nun - nachdem er sich beinahe ein Abmahnung eingehandelt hat - passiv und resigniert in seine neue Lage (SUBMIT). Dieses Muster entspricht der Variante der *resignativen Anpassung*. An anderer Stelle (s. 8.3.2) wurde gezeigt, daß bei dieser Variante die Anpassung wie der Nachklang eines zunächst aktiven Bemühens erscheint, das Objekt für sich zu gewinnen und von dem eigenen Wert zu überzeugen. Dieses Bemühen hat einen „kindlichen" Charakter, weil es im Grunde an ein väterliches

Objekt nach der Art des ehemaligen Vorgesetzen gerichtet ist. Wie bei anderen Patienten (MA3 und MA4) wirkt der Anspruch auf Anerkennung und Lob auch hier unpassend und zugleich anrührend, weil eine institutionelle Beziehung (zu Vorgesetzten) als „persönlich" verkannt und entsprechend intensiv affektiv aufgeladen wird. Das Bemühen scheitert, weil das Objekt sich unpersönlich verhält, die Wünsche des Patienten ignoriert und gleichzeitig unbeirrt seine Forderungen an ihn stellt. Die Folge ist eine zunehmende Resignation, die den Patienten schließlich in die mit SUBMIT kodierte ohnmächtige Position bringt.

Der andere Teil der *Unterform von Muster1* (WALL OFF) beschreibt einen innerlichen Rückzug, der parallel zur *resignativen Anpassung* stattfindet. In den entsprechenden Episoden entwickelt der Patient unrealistische und zum Teil recht gefährlich anmutende Phantasien zu der Idee, in einem ultimativen Befreiungsschlag alles „hinzuschmeißen" und seine Anstellung aufzukündigen. Diese Fluchtphantasien haben einen engen Bezug zu dem Suizidversuch und den noch weiterbestehenden Suizidgedanken: Der Suizid hat für den Patienten die Bedeutung einer letzten Fluchtmöglichkeit, durch die er seiner Lage doch noch entkommen kann (→ Beispiele in 8.3.1).

Der durch die Kodierung WALL OFF abgebildete *einfache Rückzug* ist in Abschnitt 8.3.1 erläutert worden. Von einem *einfachen Rückzug* wird gesprochen, wenn die Distanzierung des Patienten (WALL OFF) *ohne* eine gleichzeitige Entwertung des Objekts stattfindet. Wie gezeigt wurde, bleibt bei dieser Variante das Objekt auch nach dem Rückzug des Patienten noch *bedeutsam*; der Versuch der Distanzierung wirkt daher eher verzweifelt und ineffektiv.

Muster1 beschreibt neben der Beziehungskonstellation am Arbeitsplatz auch zweimal Episoden mit der *Ehefrau*: Diese stellt sich im Erleben des Patienten auf die Seite seiner Vorgesetzten und verteidigt diese; sie kritisiert ihn außerdem wegen seines Suizidversuchs, für den sie kein Verständnis aufbringen kann (*BLAME & IGNORE*). Der Patient paßt sich auch hier resigniert an (SUBMIT), während er zugleich in eine Art innerer Emigration geht und sich ihr gegenüber abschottet (WALL-OFF).

In *Muster2* kehrt das in *Muster1* beschriebene Thema mit einer Erweiterung wieder. Hinzu treten hier die Kodierungen *CONTROL* und *SEPARATE* auf der *Objektseite*. Diese Kodierungen liegen auf der *Interdependenzachse* des SASB-Modells und bilden damit Beziehungsaspekte ab, bei denen es um Macht und Ohnmacht, Kontrolle und Unterwerfung geht. Im Objektverhalten mischen sich dabei die Themen der *zwanghaften Kontrolle* (*IGNORE & CONTROL*) und der *Illoyalität* (*IGNORE & SEPARATE*): Der Patient fühlt sich von seinen Vorgesetzten und der Firma kontrolliert und beobachtet (*CONTROL*); zugleich erscheinen diese Objekte in seinen Schilderungen als willkürlich und unbeeinflußbar in ihren Verfügungen (*SEPARATE*). Diese „Maschine" rollt gleichsam blind und ohne Rücksicht über ihn hinweg. Dies entspricht auf seiner Seite einem Gefühl vollkommener Ohnmacht (SUBMIT). Auch hier findet man in einer *Unterform von Muster2* wieder Rückzugstendenzen im Sinne einer inneren Emigration mit Fluchtphantasien (WALL-OFF). In zwei Episoden erlebt der Patient dieses Muster auch in der Begegnung mit einem Bauherrn (der Hausbau wurde oben erwähnt), der seine Wünsche und Interessen immer wieder übergeht und dem er sich wehrlos ausgeliefert fühlt.

In Abweichung von dem bisherigen Vorgehen möchte ich im Fall dieses Patienten zwei weitere Muster diskutieren, die jeweils nur *eine* Kodierung des zentralen Konfliktmusters aufweisen. Der Einbezug dieser Muster rechtfertigt sich daraus, daß sie - in ihrem wechselseitigen Zusammenhang betrachtet - als Darstellung der Variante *Ignoranz durch Bedürftigkeit* angesehen werden können.

Weitere SASB-Muster von Patient MA1

Muster5 (4) Ehefrau, (Familie)
IGNORE → *TRUST & BLAME*

Muster6 (4) Mutter
CONTROL & IGNORE & TRUST → PROTECT & SUBMIT

Wie ich bereits berichtet habe, war die Mutter des Patienten während seiner Kindheit und Jugend selbst depressiv und phasenweise suizidal. Szenen aus dieser Zeit werden in *Muster6* beschrieben. Der Patient berichtet z.B. über eine wiederkehrende Äußerung der Mutter, die ihm zu verstehen gab: „Wenn es dich nicht gäbe, wäre ich schon lange tot!“ In dieser Äußerung macht sich die Mutter von dem Patienten auf dramatische Weise abhängig, indem sie ihm mitteilt, daß er der einzige stützende Inhalt ihres Lebens ist; diese Abhängigkeit wird durch die Kodierung *TRUST* abgebildet. Die Äußerung ist zugleich massiv kontrollierend, indem sie den Patienten auf eine fürsorgliche und sogar lebensrettende Funktion verpflichtet (*CONTROL*). Wie oben berichtet wurde, war der Patient durch die Suiziddrohungen der Mutter über lange Zeit stark gebunden, so daß er eigenen Interessen kaum nachgehen konnte. Einige Episoden lassen erkennen, daß die Mutter in einer er sehr egoistischen Weise die Bedürfnisse ihres heranwachsenden Sohnes ignorierte (*IGNORE*). Das Objektverhalten weist damit die Elemente des Musters *Ignoranz durch Bedürftigkeit* auf (→ Beispiel in 7.3.2).

Die Kodierungen für das Verhalten des *Patienten* sind zu dem eben beschriebenen Muster der Mutter im wesentlichen *komplementär*: Er hat sich der Kontrolle seiner Mutter unterworfen (SUBMIT) und sich fürsorglich um sie gekümmert (PROTECT); seine Bedürfnisse nach eigenständigen Unternehmungen hat er dabei zurückgestellt.

Das *Muster5* beschreibt die Beziehung des Patienten zu seiner *Frau* im Anschluß an den Suizidversuch. Die Frau (in seinen Schilderungen gleichzeitig die durch sie repräsentierte Familie) macht dem Patienten seiner Darstellung zufolge schwere Vorwürfe (*BLAME*), weil er sie durch seinen Suizidversuch im Stich gelassen und „verraten“ hatte (IGNORE); die Familie, so der Vorwurf, sei schließlich von ihm abhängig und auf ihn angewiesen. Der Vorwurf lautet sinngemäß: „Wir brauchen dich, und dennoch wolltest Du uns verlassen!" (*TRUST & BLAME*). Die darauf bezogenen Gedanken des Patienten zeigen, daß er sich diese Vorwürfe zu eigen macht und sich selbst für sein Verhalten mit größter Schärfe verurteilt.

Wie in im letzten Kapitel (s. 8.3.5) ausgeführt wurde, beschreiben die beiden Beziehungsfiguren der fürsorglichen Anpassung (SUBMIT & PROTECT in *Muster6*) und des „Verrats" (IGNORE in *Muster5*) die typischen Verhaltensweisen von Patienten, wenn sie auf das Muster eines „bedürftigen Objekts" *reagieren*. „Bedürftige Objekte" treten in den Beziehungsschilderungen von MA1 in Gestalt der Mutter und der Ehefrau auf. Beide stellen Forderungen und sind zugleich auf den Patienten angewiesen, so daß er sich ihnen nicht ohne Schuld entziehen kann; beide zeigen nur sehr begrenzt Empathie für die Nöte des Patienten und erscheinen im seinem Bericht als eher selbstbezogen und egoistisch.

Der wesentliche Hintergrund für den aktuellen *Suizidversuch* ist die schon beschriebene Situation am Arbeitsplatz. Mehrfach schildert der Patient, in welch kränkender Weise der von ihm bewunderte und verehrte ehemalige Vorgesetzte abgefertigt und kaltgestellt wurde. Ein weiteres Belastungsmoment sind die veränderten Anforderungen und das Gefühl, den neuen Aufgaben nicht genügend gewachsen zu sein. Die Firma erscheint als eine anonyme Macht, die ohne Rücksicht und ohne Ansehen der Personen blind verfügt und fordert. In seiner Biographie hat sich der Patient vor solchen Übergriffen (durch den Großvater und den Onkel) häufig dadurch zu schützen gewußt, daß er jeweils einfach das Konfliktfeld verließ und eigene Wege ging. Als Jugendlicher verläßt er - durch Reglementierungen seines Onkels provoziert - vorzeitig dessen Haus, in dem er lange Zeit lebte. (Kommentar: „Und da hab ich mich dann wieder selbständig gemacht!", 1. Gespräch). In seiner gegenwärtigen Situation ist ein Ausweichen jedoch wegen seiner familiären und finanziellen Verpflichtungen nicht mehr möglich. Er könne - so beschreibt es der Patient selbst sehr treffend - den kochenden Topf nicht mehr einfach so „von der Herdplatte wegziehen" (2. Gespräch). Nach seinen anfänglich sehr provokanten Auseinandersetzungen mit der Firmenleitung, die beinahe zu einer Abmahnung geführt hätten, gerät er deshalb zunehmend in eine Stimmung ohnmächtiger Resignation. Seinen Suizidversuch sieht er im Rückblick als den Versuch einer ultimativen Flucht aus dieser schwer erträglichen Lage:

Beispiel MA1:

Patient: Wissen Sie, ich bin (...) heute der Auffassung, daß ich eigentlich nienie so echt (..) die Absicht gehabt hab- die volle Absicht da äh (...) Schluss zu machen, ne? [T: Mhm mhm] Aber irgendwie war's immer ne Flucht [T: Mhm] (..) aus dem, was ich als auswegslos betrachtet habe.

Vor der zweiten Behandlungsstunde gerät der Patient, der inzwischen seine Arbeit wieder aufgenommen hat, erneut in eine ziemlich bedrohliche Stimmung. Er deutet unbestimmt an, er verhalte sich in der Firma „vorsichtig abwartend" und werde eben seinen Platz räumen müssen, wenn man ihn vor unlösbare Aufgaben stelle. Hier deuten sich erneut ein innerer Rückzug und die Nähe zu einer suizidalen Verfassung an.

Die Suizidalität von MA1 trägt die Züge jener interpersonellen Figur, die in den *Mustern1 und 2* beschrieben wird und auf der Patientenseite die Varianten der *resignativen Anpassung* und des *einfachen Rückzugs* (SUBMIT und WALL OFF) enthält. Diese beiden Beziehungsaspekte faßt der Patient selbst in der eben zitierten Äußerung zusammen, wenn er sagt: Seine Suizidversuche seien wie eine „Flucht" gewesen „aus dem, was ich als auswegslos betrachtet habe".

Nach dem Suizidversuch setzt dann eine andere Dynamik ein, die zu den in *Muster5 und 6* beschriebenen Abläufen ähnlich ist: Der Suizidversuch erscheint gegenüber den Kollegen, aber auch gegenüber der eigenen Familie als ein äußerst beschämendes Ereignis, nämlich als unverzeihlicher „Verrat" an den Angehörigen und Ausdruck peinlicher Schwäche. Mit dieser Schuld und Scham gehen scharfe Selbstverurteilungen einher, die auch durch entlastende Interventionen des Therapeuten nicht gemildert werden können. Laut Epikrise ist es diese Übermächtigkeit der Selbstverurteilungen, die für den Therapeuten den Verdacht einer endogenen Depression nahelegte.

Patient MA2

Der 29-jährige Patient ist verheiratet und hat drei Kinder, von denen zwei aus einer früheren Ehe seiner Frau stammen. Auslösend für seinen Suizidversuch - er nimmt unter Alkoholeinfluß verschiedene Medikamente ein - war eine Zuspitzung innerhalb der nahezu fortwährenden Auseinandersetzungen mit seiner Frau. Themen bei diesen Streitigkeiten sind u.a. eine heftige und wohl unbegründete Eifersucht des Patienten, außerdem das sehr gespannte Verhältnis zur ältesten (nicht leiblichen) Tochter, für die seine Frau jeweils Partei nimmt, und schließlich Drohungen der Frau, sie werde den Patienten aus der Wohnung hinauswerfen, die Scheidung einreichen usw. In der Vergangenheit gab es mehrfach Szenen mit körperlichen Gewalttätigkeiten und Sachbeschädigungen von seiten des Patienten; bei solchen Vorfällen war meist auch exzessiver Alkoholmißbrauch mit im Spiel.

Anamnestisch ist eine dissoziale Entwicklung seit der Jugend bekannt, die den Patienten für insgesamt 1 1/2 Jahre ins Gefängnis gebracht hat. Seit der Verbindung mit seiner Frau ist er jedoch nicht mehr straffällig geworden. Es bestehen Zweifel, ob der Vater tatsächlich sein leiblicher Vater ist. Nach der Trennung der Eltern lebte der Patient ab dem 7. Lebensjahr zusammen mit zwei Geschwistern bei einer Großmutter, von der er offen abgelehnt und benachteiligt wurde. Mit 9 Jahren lief er deshalb von dort weg und kehrte zu seiner Mutter zurück. Später kamen die Geschwister ebenfalls zur Mutter zurück, wonach sich der Patient erneut benachteiligt und abgelehnt fühlte. Damals begann er, durch massive Provokationen auf sich aufmerksam zu machen und die Familie damit unter Druck zu setzen. In der Jugendzeit folgten dann die bereits erwähnten Straftaten (Diebstähle) und der Umgang mit kriminellen Kreisen, von denen er sich anerkannt und aufgewertet fühlte.

SASB-Muster von Patient MA2

Muster1 (13) Ehefrau, Stieftochter, (Mutter)
BLAME & IGNORE & SEPARATE → CONTROL & (BLAME) & (TRUST)
*Illoyalitätsmuster *Kontrolle durch Abhängigkeit

Muster2 (11) Ehefrau, Großmutter, (Mutter)
TRUST → *BLAME & IGNORE*
*(Zentrales Konfliktmuster)

Muster4 (10) Ehefrau
(ACTIVE LOVE) → *CONTROL & (BLAME) & IGNORE & SEPARATE* → TRUST & SUBMIT
*Illoyalitätsmuster *Zwanghafte Kontrolle *Resignative Anpassung

Muster1 enthält auf der Objektseite neben dem zentralen Objektbild (*BLAME & IGNORE*) das *Illoyalitätsmuster* (*IGNORE & SEPARATE*). Auf Patientenseite dominiert ein kontrollierendes Verhalten (CONTROL). MA2 schildert hier vor allem Szenen, in denen er eine Untreue seiner Frau vermutet und sie deshalb eifersüchtig überwacht. Diese Untreue enthält für den Patienten die Aspekte der Illoyalität und Zurücksetzung und wird daher durch die drei kombinierten Kodierungen *BLAME & IGNORE & SEPARATE* gut beschrieben. In einigen der Episoden (*Unterform von Muster1*) vermittelt der Patient seiner Frau auf unterschiedliche Weise, wie sehr er auf ihre Treue und Solidarität angewiesen ist (TRUST). Dies geschieht zum Teil auch in vorwurfsvoller Weise; er übt dabei deutlich Druck auf sie aus. Anlässe dazu sind vor allem öffentliche Bloßstellungen von der Seite der Frau, die den Patienten verletzen und gegen die er ihre Loyalität einfordert. Dies entspricht der Variante *Kontrolle durch Abhängigkeit* (TRUST & CONTROL / TRUST & BLAME), bei der durch die Darstellung der eigenen Bedürftigkeit eine fürsorgliche Zuwendung des Objekts eingefordert wird (→ Beispiel in 8.3.4).

Muster4 beschreibt auf der Objektseite wiederum ein *illoyales* Verhalten (*IGNORE & SEPARATE*), das jedoch zusätzlich mit der Figur der *zwanghaften Kontrolle* verbunden ist (*IGNORE & CONTROL*). Mit dem Muster lassen sich Szenen abbilden, in denen die Frau dem Patienten die Scheidung androht und ihn auf diese Weise diszipliniert; sie erzwingt dabei z.B. seine Nachgiebigkeit bei Konflikten um die Tochter (s.o.) oder auch bestimmte Dienstbarkeiten im Haushalt (etwa Renovierungsarbeiten). In anderen Beispielen stellt sie ihn bei Auseinandersetzungen einfach vor vollendete Tatsachen, so daß er sich wohl oder übel fügen muß. In einer *Unterform von Muster4* wird zusätzlich die in solchen Szenen enthaltene Herabwürdigung seiner Person beschrieben (*BLAME*).

Der Patient fügt sich in der Regel den Forderungen und Vorgaben seiner Frau (SUBMIT); diese Willfährigkeit ist jedoch ohnmächtig und depressiv im Sinne des Musters der *resignativen Anpassung* (s. 8.3.2). In einigen Episoden werden Versuche einer freundlichen Annäherung an die Frau beschrieben (*Unterform von Muster4*: ACTIVE LOVE), die von ihr jedoch unter verschiedenen Vorwänden abwehrt werden. Abends zieht sie sich mit dem Hinweis auf ihre Müdigkeit zurück, was der Patient als sexuelle Zurückweisung versteht und als besonders kränkend empfindet. Er fügt sich ihren Entschuldigungen zunächst verständnisvoll, fühlt jedoch später einen wachsendem Groll in sich aufsteigen, nachdem sie sich zurückgezogen hat. Gleichzeitig bleibt er passiv und verharrt gewissermaßen bewegungslos, um seiner Frau keine weiteren Anlässe für Zurückweisungen und Klagen zu bieten. Seine Annäherungsversuche münden somit wieder - wie in *Muster4* beschrieben - in die Variante der *resignativen Anpassung* (→ Beispiel in 7.2.1).

Muster2 beschreibt das zentrale Konfliktmuster und bedarf deshalb keiner besonderen Erläuterung. Der Patient schildert hier Episoden, in denen er sich jeweils von anderen (vor allem von seiner Frau; früher auch von der Großmutter) abhängig fühlt, andererseits jedoch in seinen Wünschen und Bedürfnissen unbeachtet bleibt und sich dadurch entwertet und herabgesetzt fühlt.

Der *Suizidversuch* scheint ausschließlich durch die genannten Schwierigkeiten in der Beziehung zur Ehefrau bestimmt zu sein; daneben gibt es praktisch keine bedeutsamen Themen für den Patienten. Nach einer früheren Eskalation der Auseinandersetzungen hatte die Frau schon einmal die Scheidung eingereicht und später wieder zurückgezogen. Man hatte daraufhin entschieden, es noch einmal miteinander zu versuchen und solch massive Streitigkeiten in Zukunft auf jeden Fall zu vermeiden. Diese Vereinbarung galt vor allem dem Patienten und seiner Neigung zu impulsiven Ausbrüchen. Für den Fall erneuter Probleme hatte seine Frau die entgültige Trennung angekündigt.

Der Suizidversuch hat die folgende unmittelbare Vorgeschichte: Die Ehefrau hatte den Patienten wieder einmal bei einem Besuch von Freunden wegen seiner Eifersucht bloßgestellt. Der Patient nimmt dies zunächst hin und bewahrt die Ruhe. Im weiteren Verlauf des Treffens und nach reichlichem Alkoholgenuß wird dieses Thema jedoch von der Frau des befreundeten Paares absichtsvoll erneut aufgerührt. Daraufhin verliert er die Kontrolle und es kommt zu einem heftigen Streit zwischen ihm und seiner Frau. Am Tag darauf gibt es eine weitere Auseinandersetzung wegen dieses Vorfalls, bei der seine Frau ihm den Rausschmiß aus der Wohnung ankündigt. Wie bereits erwähnt, war der Patient bereits früher einmal wegen ähnlicher Streitigkeiten aus eigenem Entschluß für drei Monate ausgezogen, hatte die Einsamkeit jedoch schlecht verkraftet. Ein erneutes Alleinsein - diesmal vielleicht ohne Aussicht auf eine Rückkehr - erscheint ihm unerträglich. In dieser Situation unternimmt er seinen Suizidversuch. Rückblickend kommentiert der Patient dies so:

Beispiel MA2:

Patient: Einesteils hab ich- (3) vielleicht gehofft, (2) daß wenn- wenn jetzt irgendwas ist mit mir, daß dann meine Frau sich um mich bemüht oder (1) daß ich halt ein bißchen- daß ich sehe von ihr aus, daß- (1) soll ich denn das jetzt ausdrücken- (2) daß ich ihr nicht gleichgültig bin irgendwie. Daß sie sich bemüht um mich auch... Und noch dazu, hat sie damals sowieso gesagt: Ich kann mich schleichen und (1) soll hingehen, wo der Pfeffer wächst... Ich habe mir gedacht: Ja, wenn das so ist, dann hat das sowieso keinen Wert mehr- (1) dann ist es das Beste, ich (1) bringe mich um und habe meine Ruhe- so ungefähr... Das hat mir sehr wehgetan... [T: Mhm] (2) Weil, daß wir schon öfters auseinander waren und- (1) Ich habe wirklich dieses Mal geglaubt, das kommt jetzt wirklich nie mehr vor- (2) und- Und ich habe dann gesehen, daß das- allein die Schuld an mir liegt. Daß ich versagt wieder habe.

Therapeut: Wodurch?

Patient: Ja, dadurch, daß ich die Versprechen, was ich gegenüber von meiner Frau, daß ich die nicht irgendwie einlösen habe können... Dadurch, daß ich ihr immer die Vorhaltungen mache. Daß ich sie beschimpfe. [T: mhm] (1) Daß ich aggressiv bin.

Die (gekürzte) Textstelle beschreibt noch einmal die Motive des Suizidversuchs und enthält zugleich einige wichtige Elemente aus der SASB-Fallbeschreibung des Patienten. Der Suizidversuch wird einmal als eine Gebärde der Hilflosigkeit und Bedürftigkeit dargestellt, die nach dem Muster der *Kontrolle durch Abhängigkeit* die Zuwendung des Gegenübers bewirken soll; diese Figur wird in *Muster1* dargestellt. Das Zitat dokumentiert außerdem die Anpassung bzw. Unterwerfung des Patienten, die von Selbstanklagen über das eigene Fehlverhalten begleitet wird und die enorme Abhängigkeit von dem Objekt verdeutlicht (dies entspricht den Kodierungen TRUST und SUBMIT in den *Mustern2 und 4*).

Der mittlere Teil des Textes („Ja, wenn das so ist, dann hat das sowieso keinen Wert mehr- (1) dann ist es das Beste, ich (1) bringe mich um und habe meine Ruhe...“) zeigt ein weiteres Moment auf, das in der Fallbeschreibung *nicht repräsentiert* ist: Die suizidale Handlung erscheint hier in der Bedeutung einer radikalen Abwendung und Verselbständigung gegenüber dem Objekt. Die diesem interpersonellen Akt entsprechenden Kodierungen wären SEPARATE oder WALL OFF, beide Kodierungen kommen jedoch in der SASB-Fallbeschreibung nicht vor.

Eine genaue Überprüfung des Transkripts zeigt allerdings, daß vergleichbare Verselbständigungsimpulse gegenüber der Ehefrau an anderen Stellen durchaus auftauchen, aber wegen des singulären Charakters dieser Stellen durch die clusteranalytische Methode der Identifikation repetitiver Muster nicht erfaßt werden. Zu den betreffenden Stellen gehört auch jene bereits erwähnte frühere Episode, in der der Patient nach Streitigkeiten spontan aus der gemeinsamen Wohnung auszog. Dieser forcierte Versuch einer Loslösung gelang jedoch nicht: Der Patient ertrug die Einsamkeit nicht, hielt sich nur unter massiver Zuhilfe von Alkohol im Gleichgewicht und kehrte nach drei Monaten nach Hause zurück.

Patient MA3

Patient MA3 ist 31 Jahre alt und unverheiratet. Er arbeitet nach einigen fehlgeschlagenen Versuchen in einem künstlerischen Beruf nun als Arbeiter in einem Lager, um Schulden von insgesamt 40.000,- DM tilgen zu können. Seit etwa einem Jahr lebt er mit einer 5 Jahre älteren Frau zusammen, die von ihrem Mann getrennt ist und zwei Kinder hat. Zum Zeitpunkt seines Suizidversuchs ist der Patient auf Druck seiner Freundin, der die gemeinsame Wohnung gehört, ausgezogen und logiert in einem Hotelzimmer. Die Freundin ist gleichzeitig an einen unbekannten Ort vereist und unerreichbar. In dieser Situation macht der Patient in alkoholisiertem Zustand einen Suizidversuch mit einem Schlafmittel. Auf einem Bahnhof wird er schließlich aufgefunden und in die Klinik gebracht.

Der Patient hatte etwa 7 Jahre vor diesen Ereignissen bereits schon einmal 2 Suizidversuche unternommen. Damals wurde er insgesamt 3 Wochen in einer psychiatrischen Klinik behandelt. Der Patient betreibt außerdem einen ernsten Alkoholmißbrauch, den er bisher völlig verleugnet hat und den er erst im Verlauf der Therapiegespräche ernstzunehmen beginnt.

Ein zentrales Thema der Therapiegespräche ist neben den genannten Punkten (Arbeit und Schulden, Beziehung zur Freundin, Alkoholmißbrauch) die Beziehung zu den Eltern. Gespannt ist insbesondere die Beziehung zum Vater, an dem der Patient hängt und an den er intensive Wünsche nach Anerkennung richtet. Dieser sondert sich jedoch seinerseits in eigenbrötlerischer Weise ab und ist für den Patienten unerreichbar. Nach einer sehr erfolgreichen beruflichen Karriere erlitt die Lebenslinie des Vaters 5 Jahre zuvor durch den Tod der Schwester des Patienten einen schweren Bruch. Nach diesem Ereignis hat er sich mehr und mehr zurückgezogen und schließlich seine Berufstätigkeit aufgegeben. In der Darstellung des Patienten wirkt er ausgesprochen verbittert. Die Mutter, von der der Patient ebenfalls stark abhängig ist, übernimmt die Rolle einer Schlichterin zwischen Vater und Sohn. Durch die Launen des Vaters und durch die permanenten beruflichen und privaten Schwierigkeiten des Patienten ist sie jedoch zunehmend erschöpft und überfordert.

In dem am häufigsten vorkommenden *Muster1* schildert der Patient u.a. Szenen, in denen er mit Wünschen nach Rat und Anerkennung an seinen Vater herantritt (TRUST) und dieser sich ihm immer wieder *entzieht* - aus Desinteresse oder wegen seiner Inanspruchnahme durch andere Verpflichtungen (*WALL OFF*). In den Schilderungen des Patienten mischen sich idealisierende Entschuldigungen des Vaters mit Äußerungen tiefer Gekränktheit, die mit der Mißachtung der von ihm vorgetragenen Beziehungswünsche verbunden ist (*IGNORE & BLAME*). In der *Unterform von Muster1* haben die Zurückweisungen durch den Vater zusätzlich den Charakter einer kategorischen Verfügung (*CONTROL*), welcher der

Patient sich jeweils widerspruchslos unterwirft (SUBMIT). Es treffen hier somit die Muster der *zwanghafte Kontrolle* (*CONTROL & IGNORE* auf Objektseite) und der *resignativen Anpassung* (SUBMIT auf Patientenseite) zusammen.

SASB-Muster von Patient MA3

Muster1 (11) Vater, Gläubiger
(CONTROL) & BLAME & IGNORE & WALL OFF ↔ TRUST & SUBMIT
*Zwanghafte Kontrolle *Resignative Anpassung

Muster4 (5) Vater
CONTROL & BLAME & IGNORE & TRUST & WALL OFF
*Ignoranz durch Bedürftigkeit *Zwanghafte Kontrolle

In weiteren Episoden dieses Musters werden Konflikte im Zusammenhang mit seinem Bemühen um soziale Rehabilitation beschrieben. Der Patient arbeitet seit einiger Zeit in einem Lager und tilgt mit dem größeren Teil des Verdienstes seine Schulden. Seine Schilderungen lassen erkennen, daß er neben dieser finanziellen Absicht auch das Ziel verfolgt, sich selbst und seiner Umgebung (vor allem dem Vater und der Freundin) Verantwortungsbewußtsein zu demonstrieren und damit deren Zweifeln an seiner Zuverlässigkeit zu begegnen. Seine diesbezüglichen Ausführungen zeigen, daß er seine eigenen Bemühungen sehr hoch bewertet und sich durch sie eine Art „Anrecht" auf Anerkennung und Wohlwollen zu erwerben glaubt (TRUST), was jedoch von seiner rein geschäftsmäßig interessierten Umgebung keineswegs beachtet und honoriert wird (*IGNORE*): Arbeitgeber, Ämter und Gläubiger drängen statt dessen weiter auf rasche Schuldenbegleichung (*IGNORE & CONTROL*; Variante der *zwanghaften Kontrolle*). Der Patient erlebt diese Ignoranz auf dem Hintergrund seiner gutwilligen Bemühungen als kränkend und entmutigend (*BLAME*). Sein Eifer wird daher zunehmend von einer Resignation abgelöst, die sich in depressiver Lustlosigkeit, körperlicher Erschöpfung und manchen Zeichen einer inneren Distanzierung von seinem positiven Vorsatz äußert (SUBMIT); diese Figur entspricht dem Muster der *resignativen Anpassung* (→ Beispiele in 8.2.3, 8.3.2).

In *Muster4* wird auf der *Objektseite* ein Verhalten beschrieben, das sich mit der gerade beschriebenen Beziehungsfigur nahezu deckt; hinzu tritt allerdings die wichtige Kodierung *TRUST* für das Objektverhalten. Zusammen mit ihr ergibt sich das Muster *Ignoranz durch Bedürftigkeit* (Kodierungen *TRUST & IGNORE*, vgl. 8.2.5). Der Vater des Patienten gilt in der Familie als „leidend" (vor allem seit dem Tod der Tochter), weshalb von allen selbstverständlich akzeptiert eine besondere Rücksichtnahme in Anspruch nehmen kann. In dieser Position tyrannisiert er seine Umgebung und kontrolliert seine Familie erfolgreich, wobei deren Interessen (und die des Patienten) auf der Strecke bleiben (*CONTROL &*

IGNORE; Muster der *zwanghaften Kontrolle*). Als Leidender und Gequälter ist er zugleich ein dauernder Vorwurf (*BLAME*). In mehreren Episoden wird als weiterer Beziehungsaspekt geschildert, daß der Vater trotz seiner massiven Präsenz in der Familie gleichsam abgeschirmt lebt und nicht gestört werden darf; spontane Begegnungen mit ihm kommen kaum einmal zustande (Kodierung *WALL OFF*).

Beziehungsschilderungen mit der Objektkodierung *TRUST* zeigen jeweils eine starke Bindung an das Objekt an, weil die Darstellung einer fremden Bedürftigkeit stets auch einen empathischen bzw. *identifikatorischen* Akt voraussetzt. Das Gleiche gilt für die Kodierung *WALL OFF*, die den Rückzug des Objekts so abbildet, daß dessen *defensiver* Charakter und damit zumindest ansatzweise auch die subjektive Not des Gegenübers deutlich wird. Diese zwei Beziehungselemente aus *Muster4* belegen somit nochmals die intensive Bindung des Patienten an seinen Vater, auf die schon oben hingewiesen wurde.

In diesem Zusammenhang möchte ich ergänzend auf ein weiteres Muster von MA3 hinweisen, das für das suizidale Geschehen zwar nicht unmittelbar bedeutsam ist, die Diskussion um die Objektvariante *Ignoranz durch Bedürftigkeit* jedoch vervollständigt:

Ein weiteres SASB-Muster von Patient MA3

Muster7 (4) Vater
SEPARATE & IGNORE & BLAME // TRUST & SUBMIT

In den Episoden, die *Muster7* zugeordnet sind, schildert der Patient Auseinandersetzungen mit seinem Vater. Er hat den Vater während eines Streites einmal massiv angegriffen und beleidigt (BLAME). Er macht sich deshalb schwere Vorwürfe und empfindet seinen Ausfall als völlig unverantwortlich (illoyal), gerade auch wegen der Rücksichtslosigkeit gegenüber der in *Muster4* abgebildeten Schwäche des „verwundeten“ Vaters (Kodierungen SEPARATE & IGNORE für das *eigene* Verhalten!). Der Patient bemüht sich deshalb um Wiedergutmachung und versucht, den Vaterum Nachsicht und Verzeihung zu bitten. Die Schilderung einer Szene, in der er einen solchen Versuch macht, ist an anderer Stelle zitiert und diskutiert worden (→ Beispiel in 8.3.3). Die Entschuldigung des Patienten enthält das Moment der *Anpassung* (Kodierung SUBMIT) im Sinne einer Anerkennung der eigenen Verfehlung und zugleich eine *Bitte* (Kodierung TRUST). *Muster7* enthält somit zwei verschiedene, sich einander ablösende Beziehungskonstellationen, nämlich die der Verfehlung und die spätere Bitte bzw. Entschuldigung.

Der unmittelbare Anlaß für den *Suizidversuch* des Patienten ist der Rausschmiß durch seine Freundin. Dieses Ereignis stellte den Schlußpunkt einer Auseinandersetzung zwischen beiden dar, bei der u.a. der Alkoholmißbrauch des Patienten eine wichtige Rolle spielte. Darauf bezogen sich anscheinend viele

Vorwürfe der Freundin, weshalb der Patient in den Therapiegesprächen zunächst alle Schwierigkeiten seiner Partnerschaft ausschließlich auf dieses Problem zurückführt. Erst im weiteren Therapieverlauf (ab der 8. Stunde) wird deutlich, daß unabhängig davon weitere Probleme zwischen beiden existierten und exzessiver Alkoholkonsum häufig eher *als Folge* davon auftrat. Krisen entstanden vor allem immer wieder aufgrund der Kränkbarkeit des Patienten und seiner enormen Empfindlichkeit für jede Art von Nichtbeachtung. Irgendwelche eigenständigen Unternehmungen der Freundin waren hinreichende Anlässe, um einen Streit auszulösen. Auch ihre Beschäftigung mit den Kindern führte zu spannungsreichen Situationen, in denen sich der Patient ausgeschlossen und zurückgesetzt fühlte. Im Verlauf der Gespräche geschieht es zweimal, daß der (inzwischen wieder bei der Freundin wohnende) Patient sich impulsiv aus einer für ihn als kränkend und unerträglich erlebten Situation „befreit", indem er sich in ein Hotel zurückzieht. Einer der beiden genannten Rückzüge führt zu einem passageren Rückfall des seit dem Suizidversuch alkohol-abstinenten Patienten.

Die gerade beschriebenen Konflikte in der Beziehung zur Freundin und die im Zusammenhang damit auftretenden impulsiven Rückzugs- und Verselbständigungstendenzen sind in der SASB-Fallbeschreibung *nicht* enthalten; sie kommen erst etwa ab der 8. Therapiestunde zur Sprache und konnten daher durch die SASB-Inhaltsanalyse der ersten beiden Behandlungsstunden nicht erfaßt werden.

Andere spannungsreiche Beziehungskonstellationen jedoch, die als Hintergründe für den Suizidversuch wichtig sind, werden in den SASB-Formeln der Fallbeschreibung von MA3 erfaßt. Zu ihnen gehört vor allem die Vergeblichkeit seiner Bemühungen um soziale Rehabilitation, die - wie gezeigt - auf Anerkennung und Belohnung zielen und sich indirekt an den Vater (und die Freundin) wenden. Diese Fehlschläge haben ein besonderes Gewicht: Im Behandlungsverlauf zeigt sich immer deutlicher, wie wertlos und verächtlich sich der Patient gegenüber seinem beruflich so erfolgreichen Vater fühlt. In der 6. Stunde schildert er eine Begegnung im Elternhaus anläßlich eines Neujahrsfestes. Die soziale Situation des Patienten hatte sich gerade zu diesem Zeitpunkt wegen einer anstehenden Gerichtsverhandlung erneut zugespitzt (es geht um einen Autounfall in alkoholisiertem Zustand). Im Verlauf des Abends gerät er - ohne daß es zu einer direkten Auseinandersetzung über diese Dinge gekommen wäre - durch die bloße Gegenwart des Vaters dermaßen unter Druck, daß er fluchtartig das Haus verlassen muß und in einer beinahe suizidalen Stimmung stundenlang durch die Stadt läuft. Er kann selbst beschreiben, daß dieser Zustand demjenigen kurz vor seinem Suizidversuch ähnlich gewesen sei.

Ein weiteres belastendes Ereignis im zeitlichen Vorfeld des Suizidversuchs wurde im Zusammenhang mit *Muster7* erwähnt: Es handelt sich um den fehlgeschlagenen Versuch des Patienten, bei seinem Vater für eine kränkende Äußerung Verzeihung zu erbitten und ihm als Zeichen seines guten Willens die jüngsten Bemühungen um eine berufliche Konsolidierung zu präsentieren.

Patient MA4

Der Patient ist 18 Jahre alt und Schüler. Er lebt bei den Eltern. In suizidaler Absicht hat er in alkoholisiertem Zustand eine hohe Dosis eines Schlafmittels genommen. Die Rettung überließ er dabei weitgehend dem Zufall. 11 Monate vor der derzeitigen Krise gab es bereits schon einmal einen weniger ernsthaften Suizidversuch, der ambulant aufgefangen werden konnte. Der Patient ist ziemlich orientierungslos. Eine Privatschule mußte er wegen Alkoholproblemen und häufiger Fehlzeiten verlassen. Zum Zeitpunkt des Suizidversuchs gibt es keine konkrete Pläne in bezug auf Ausbildung und Beruf. Seit Jahren besteht ein massiver Akoholmißbrauch mit beginnender Abhängigkeit. Der Patient ist homosexuell und hat sich als 16-jähriger eine zeitlang prostituiert, nachdem er von zuhause abgehauen war. Nach ca. 4 Wochen kehrte er von selbst zu den Eltern zurück.

Im Behandlungsverlauf wird deutlich, daß hinter diesen Schwierigkeiten eine massive Familienproblematik steht. Während sich die jüngere Schwester energisch und provokant aus der Familie löst, bleibt der Patient gebunden und beschäftigt seine Eltern immer wieder durch Probleme und Unregelmäßigkeiten verschiedener Art (Schulschwänzen, Alkoholrückfälle, Homosexualität). Die Schilderungen machen wahrscheinlich, daß der Patient als „Problemfall der Familie" auch von Schwierigkeiten zwischen den Eltern selbst ablenkt und diese entlastet. Die Eltern werden als sehr kontrollierend beschrieben. In diese Kontrolle mischen sich auch Elemente von Fürsorge ein, die jedoch einen eher normativen als empathischen Charakter haben (etwa nach dem Motto: „Wir wollen ja nur Dein Bestes!"). Der Patient fühlt sich in seinen Schwierigkeiten und Bedürfnissen nicht gesehen, während seine Regelübertretungen immerhin den Gewinn einer erschrockenen Aufmerksamkeit bringen. Wenn alles in Ordnung ist, scheint sich niemand mehr um ihn zu kümmern. Besonders problematisch ist das Verhältnis zum Vater, an den sich intensive Wünsche nach Anerkennung und Nähe richten. Der entzieht sich jedoch weitgehend; ein jüngerer Sohn (Bruder des Patienten) ist eher nach seinen Vorstellungen geraten und wird von ihm vorgezogen. Gegenüber dem Patienten verhält sich der Vater vor allem autoritär und einschüchternd. Der Patient hält diesem Druck nicht stand und unterwirft sich einerseits, während er andererseits durch seine sozialen Auffälligkeiten immer wieder aufbegehrt und auf diese Weise Anlässe für Auseinandersetzungen schafft.

Muster1 und *Muster2* sind sich so ähnlich, daß sie gemeinsam diskutiert werden können. In einer *Unterform beider Muster* beginnt die Sequenz jeweils mit einem Anliegen des Patienten. Er tritt mit dem Wunsch nach Verständnis und Rat an seine Eltern (besonders an den Vater) heran und nimmt damit eine positiv-abhängige interpersonelle Position ein (TRUST). Die Eltern begegnen ihm mit einer fürsorglichen Zuwendung (*PROTECT*), die jedoch gleichzeitig kontrollierenden Charakter hat und einer disziplinarischen Absicht entspringt; im Erleben des Patienten ist sie daher unempathisch gegenüber seinen eigentlichen Bedürfnissen (*zwanghafte Kontrolle CONTROL & IGNORE*). In den zugeordneten Episoden äußert der Patient die Klage, daß seine Eltern immer nur dann fürsorglich reagieren, wenn er wieder einmal etwas angestellt und damit Anlaß für ein erzieherisches Eingreifen gegeben hat. Sie verhalten sich andererseits indifferent und uninteressiert, wenn in ihrem Sinne „alles normal“ verläuft. In dieser paradoxen Konstellation reagiert der Patient in der bereits oben beschriebenen Weise: Er weicht dem Druck einerseits aus und unterwirft sich defensiv, während er sich anderseits indirekt durch soziale Auffälligkeiten zur Wehr setzt (SUBMIT & SEPARATE).

SASB-Muster von Patient MA4

Muster1 (7) Eltern, Vater, (Mutter), (Unbestimmt)
(TRUST) → *(PROTECT) & CONTROL & IGNORE* → SUBMIT
*Zwanghafte Kontrolle *Resignative Anpassung

Muster2 (7) Eltern, (Vater)
(TRUST) → *PROTECT & CONTROL & BLAME & IGNORE* ↔ (SUBMIT) & SEPARATE
*Zwanghafte Kontrolle *Resignative Anpassung

Muster5 (5) Unbestimmt, (ein Arzt), (Vater)
BLAME & IGNORE → WALL OFF
*Einfacher Rückzug

Muster6 (5) Vater
IGNORE & SEPARATE → *CONTROL & BLAME & IGNORE & SEPARATE & TRUST*
*Ignoranz durch Bedürftigkeit *Zwanghafte Kontrolle

Die Kodierung SUBMIT gehört zu dem Muster der *resignativen Anpassung* (s. 8.3.2), während die mit SEPARATE kodierten provokanten „Regelverstöße“ keiner der in Kapitel 8 diskutierten Varianten eindeutig zugeordnet werden können. Sie könnten zum einen als *Kontrolle im Rahmen einer Verselbständigung* interpretiert werden, da sie den Vater provozieren und seine Aufmerksamkeit erzwingen sollen; die Interpretation bezieht sich dabei auf den Aspekt der Beeinflussung, der in den Schilderungen des Patienten aber *nicht* mit einer für die Kodierung hinreichenden Deutlichkeit sichtbar wird. Wie ich gleich zeigen werde, können die „Regelverstöße“ andererseits auch als *illoyale* Handlung gegenüber dem Vater als „bedürftigem Objekt“ verstanden werden.

Muster6 ist um das Thema des *bedürftigen Objekts* zentriert. Die Beispiele sind recht kompliziert, so daß ich hier auf die Stellen verweisen muß, an denen sie ausführlich diskutiert worden sind (→ Beispiele in 8.2.5, 8.3.5). Zusammengefaßt geht es darum, daß der Patient durch seine sozialen Unregelmäßigkeiten immer wieder das Vertrauen des Vaters zerstört und sich ihm gegenüber ins Unrecht setzt. Der Vater präsentiert sich dabei jeweils als enttäuschtes Opfer eines illoyalen Aktes (IGNORE & SEPARATE ↔ *TRUST*). Es ensteht eine Konstellation, in der der Patient einerseits Wiedergutmachung leisten muß, andererseits keinerlei eigenen Ansprüche auf empathische Berücksichtigung hat. Der Vater demonstriert seine tiefe Verletztheit und vermittelt damit sein Anrecht auf ein zukünftiges Wohlverhalten seines Sohnes (*TRUST & CONTROL*), während er selbst erst einmal gar nichts zu geben braucht und die Bedürfnisse seines Gegenübers ignorieren kann (*IGNORE*). Das Ganze trägt sehr deutlich die Züge eines Demütigungsaktes (*BLAME*). Die Kodierung *SEPARATE* bringt zusätzlich zum Ausdruck, daß der Vater sich für die Werbungen des Patienten unerreichbar macht und sich in einer Haltung trotziger Gekränktheit gleichsam „verschanzt", in der er nicht mehr zu „erweichen" ist. Das Objektverhalten gewinnt in Verbindung mit diesem Moment eine durchaus *sadistische Qualität*.[4]

Muster5 enthält die Variante des *einfachen Rückzugs* (WALL OFF) als Antwort auf das zentrale Objektbild (*BLAME & IGNORE*). Der Patient schildert im Zusammenhang mit diesem Muster Befürchtungen, auf Grund seiner Homosexualität, seines Alkoholismus oder seines Suizidversuchs von anderen nicht ernstgenommen und verachtet zu werden (→ Beispiel in 8.3.1). Der Patient schützt sich davor durch einen sozialen Rückzug, mit dem er sich jedoch isoliert und dadurch neue Probleme einhandelt. Der Rückzug in eine melancholische Einsamkeit (und zuweilen auch in den Alkohol) ist ein habituelles Muster, mit dem er in der Vergangenheit immer wieder Krisen zu bewältigen versucht hat. In den Gesprächen schildert er, wie er sich in schwierigen Situationen immer wieder an das Ufer eines nahen Flusses zurückzog, um dort stundenlang zu sitzen und sich an dem Anblick der Wellen zu besänftigen.

Der unmittelbare Anlaß für den *Suizidversuch* ist bei diesem Patienten nicht sicher festzustellen. Das Gesprächsmaterial legt jedoch nahe, eine Zurückweisung durch den Vater als einen Auslöser zu betrachten: Der Patient hatte nach einer Phase der Alkoholabstinenz einen Rückfall und bat daraufhin den Vater um Vertrauen und Unterstützung für einen erneuten „Besserungsversuch" (auch im Sinne einer Wiedergutmachung). Dieser reagierte mit der in *Muster6* (s.o.) beschriebenen Mischung von Zurückweisung, Vorwurf, Kontrolle, Selbstgerechtigkeit und Ignoranz.

Weitere Belastungsmomente im Vorfeld des Suizidversuchs sind die berufliche Orientierungslosigkeit und die vergeblichen Versuche, das Alkoholproblem aus eigener Kraft unter Kontrolle zu bringen. Der Patient selbst vergleicht die innere Verfassung vor seinem Suizidversuch mit jener zum Zeitpunkt eines früheren Ausbruchs von zuhause (als 16-jähriger, s.o.). Diese Hinweise machen wahrscheinlich, daß sein Suizidversuch einerseits wiederum die Bedeutung eines Protests bzw. Aufbegehrens (im Sinne der Kodierung SEPARATE in *Muster2 und 6*) hat, andererseits jedoch auch einen Rückzug von den Objekten darstellt (im Sinne der Kodierung WALL OFF in *Muster5*). Das Bild einer „Flucht" verwendet der

[4] Im Abschnitt 8.2.4 wurde gezeigt, daß die komplexe Kombination der vier Kodierungen *CONTROL & BLAME & IGNORE & SEPARATE* häufig Beziehungsverhalten mit einer *sadistischen Qualität* beschreibt.

Patient im 1. Gespräch, um die mit seinem Suizidversuch verbundenen Motive zu beschreiben; es sei ihm dabei völlig gleichgültig gewesen, ob er überleben werde. Das in *Muster1 und 2* dargestellte Muster der *resignativen Anpassung* (SUBMIT) scheint (wie bei MA3 und MA5) einen „präsuizidalen" Zustand wiederzugeben, in dem es für den Patienten keine Handlungsmöglichkeiten mehr gibt und er von dem Objekt nichts mehr gewinnen kann. Seine Suizidhandlung könnte auf diesem Hintergrund auch als Versuch interpretiert werden, sich aus dieser verzweifelten Position durch den Akt einer radikalen Loslösung und Verselbständigung zu befreien.

Patient MA5

Der Patient ist 22 Jahre alt und Student. Er wohnt bei den Eltern. In suizidaler Absicht hat er sich schon Wochen vor dem Versuch verschiedene Schlafmittel besorgt und ihre Wirkung nach der Einnahme - im Wissen um die zu niedrige Dosierung - durch Alkohol verstärkt. Sein Zustand wird in einer Kneipe bemerkt und der Patient daraufhin in eine Klinik gebracht. Seine Schilderungen sind durch eine gewisse Altklugheit und Intellektualisierung geprägt, so daß nur hin und wieder erkennbar wird, welche Erfahrungen ihn wirklich berühren und was die Motive und Hintergründe für seinen Suizidversuch gewesen sein könnten.

Hinsichtlich seiner Biographie zeichnet sich folgendes Bild ab: Zu beiden Eltern scheint der Patient eine recht distanzierte Beziehung zu haben. Sie waren durch ihre Berufstätigkeiten stark in Anspruch genommen und überließen die Erziehung weitgehend einer im Haus lebenden Großmutter. Von ihr berichtet der Patient mit einer für ihn sonst ungewöhnlichen Wärme und inneren Beteiligung. Die Großmutter war andererseits zusätzlich durch die Betreuung eines 5 Jahre älteren und geistig schwer behinderten Bruders beansprucht, der nach ihrem Tod - der Patient war damals 15 Jahre alt - in ein Heim gebracht wurde. Die Zeit danach wird als einsam und bedrückend geschildert; durch die Eltern mit Geld und anderen materiellen Zuwendungen gut versorgt, blieb er im wesentlichen sich selbst überlassen. Der Patient leidet etwa seit dieser Zeit an Gefühlen von Depression und Sinnlosigkeit, die er in den Gesprächen mehrfach rationalisierend mit dem allgemein schlimmen Zustand der Welt in Verbindung bringt (Verweis auf Kriege, Umweltverschmutzung etc.). Ein großer Bekanntenkreis bietet anscheinend keine ausreichenden Befriedigungsmöglichkeiten; intime Beziehungen zum anderen Geschlecht hat er bisher weitgehend vermieden, was ebenfalls in altkluger Manier begründet wird.

In den Gesprächen deutet sich außerdem ein sehr spannungsreiches Verhältnis zum Vater an, der als streng und autoritär beschrieben wird. Er hat den Patienten zwar in der letzten Zeit durch finanzielle Zuwendungen und Ratschläge in fachlichen Fragen - der Vater ist durch seinen Beruf mit den technischen Inhalten des Studiums seines Sohnes vertraut - zu unterstützen versucht, bei diesem jedoch damit eher Gefühle von Insuffizienz und Unterlegenheit hervorgerufen. Entsprechend gehen die progressiveren Tendenzen des Patienten (im 3. Gespräch) dahin, sich durch Jobs ökonomisch selbständig zu machen und sich auch durch die Wahl eines anderen Studienortes räumlich von dem Vater abzusetzen.

SASB-Muster von Patient MA5

Muster1 (9) Universität, Professor, Unbestimmt
TRUST → *BLAME & IGNORE* → (SUBMIT) & WALL OFF & BLAME
*Resignative Anpassung *Rückzug mit Objektentwertung

In dieser Fallbeschreibung findet sich nur ein einziges Muster, das die Elemente des zentralen Konfliktkonflikts suizidaler Patienten enthält (*Muster1*). Es enthält außerdem die Kodierungen WALL OFF & BLAME, die der Variante *Rückzug mit einer Objektentwertung* zugehören (→ Beispiel in 7.2.1).

Die Episoden, die *Muster1* zugeordnet sind, schildern in erster Linie Beziehungskonstellationen innerhalb des Studiums des Patienten, das er inzwischen (nach nur 2 Monaten) aufgegeben hat. Objekte sind dabei die „Institution" der Universität und einige Male ein Professor. Der Patient beschreibt seinen anfänglichen Eifer für das Studium: Nach einer in seinem Erleben öden Schul- und Bundeswehrzeit wurde der Studienbeginn als Neuanfang und Aufbruch von ihm begeistert begrüßt. In der Erinnerung an diese hoffnungsvolle Zeit wird auch eine sehnsüchtige Bereitschaft erkennbar, sich von einem (wohl väterlichen) Objekt führen und belehren zu lassen und sich dafür mit Fleiß und Engagement zur Verfügung zu stellen. Auf dem Hintergrund dieser Hoffnungen erweist sich die anonyme Atmosphäre der Universität als unerträgliche Belastung. Die Überforderung durch die Lehrinhalte und das unerbittliche Voranschreiten der Dozenten bewirken eine massive Infragestellung und bringen den Patienten schließlich so unter Druck, daß er sich in einen Rückzug rettet und das Studium beendet. In der ihm eigenen Art rechtfertigt er diesen Schritt nachträglich wortreich mit Ausführungen über die völlige Nutzlosigkeit des Studiums „für das Leben" (WALL OFF & BLAME).

In der *Unterform von Muster1* mit der Kodierung SUBMIT wird das Muster der *resignativen Anpassung* dargestellt: Es bildet einen Zustand ab, in dem der Patient bereits innerlich aufgegeben hat und die Gegebenheiten seines Studiums nur noch passiv hinnimmt (SUBMIT), *ohne* daß er jedoch schon den Rückzug angetreten hätte (WALL OFF). Der Patient gerät bei seinem Studienversuch durch die beschriebenen Schwierigkeiten in eine hoffnungslose Stimmung, aus der er sich durch den Abbruch des Studiums zu retten versucht.

Das Scheitern des im Anschluß an die Bundeswehrzeit mit großen Hoffnungen erwartete Studiums ist auch der direkte Anlaß für den *Suizidversuch*; das eben erläuterte *Muster1* beschreibt den interpersonellen Hintergrund dieses Versuchs deshalb unmittelbar. Ein weiterer Faktor dürfte die Beziehung zum Vater sein, deren Charakter in den Gesprächen nicht völlig klar wird. Es wurde bereits erwähnt, daß der Vater aufgrund seiner Berufstätigkeit mit den Studieninhalten seines Sohnes vertraut ist und ihm deshalb Hilfestellungen geben kann. Diese Unterstützung ruft bei dem Patienten jedoch vor allem Insuffizienz- und Unterlegenheitsgefühle hervor. Einige Stellen des Gesprächs lassen erkennen, daß der vom äußeren Verhalten her als liberal und gewährend geschilderte Vater hintergründig doch eher anspruchsvoll und sehr kritisch ist. Es ist deshalb vorstellbar, daß mit den Erfahrungen während des Studiums entmutigende Beziehungsfiguren beschrieben werden, die eigentlich der Beziehung zum Vater nachgebildet sind und auf ihn bezogene Hoffnungen und Enttäuschungen widerspiegeln.

9.2 Beobachtungen zur Gesamtgruppe der Patienten

In den folgenden Abschnitten wird die Gruppe der Patienten noch einmal als Ganzes betrachtet. Dabei lassen sich einige überindividuelle Zusammenhänge und Beobachtungen herausstellen, die für die abschließende Diskussion der Untersuchungsergebnisse im nächsten Kapitel hilfreich sind. Angesichts der kleinen Anzahl von Patienten versteht es sich, daß es sich dabei lediglich um Tendenzen handelt, deren allgemeine Bedeutung vermutet werden kann, ohne daß jedoch im Rahmen der vorliegenden Untersuchung ein Beleg dafür erbracht werden könnte.

9.2.1 Objektnahe und objektferne Patienten

Innerhalb der Untersuchungsgruppe lassen sich Patienten mit einer objektnahen von solchen mit einer objektfernen Ausrichtung in den Beziehungsgestaltungen unterscheiden. „Objektnahe" Patienten bleiben bei der Bewältigung des zentralen Konfliktes ihrem Gegenüber zugewandt, erhalten ihre Wünsche an dieses aufrecht und versuchen, es in ihrem Sinne zu beeinflussen. „Objektferne" Patienten hingegen geben ihre Bemühungen auf, das Gegenüber für sich zu gewinnen; sie lassen es gewissermaßen „los" und ziehen sich von ihm zurück. Objektnahe Beziehungsgestaltungen werden in den Varianten *Kontrolle durch Abhängigkeit, strategische Anpassung, strategische Separation* und *Kontrolle im Rahmen einer Verselbständigung* beschrieben. Zu den objektfernen Beziehungsmustern zählen die Varianten *einfacher Rückzug, Rückzug mit Objektentwertung, resignative Anpassung* und *Separation mit einer Abwendung vom Objekt.*

Welche SASB-Kodierungen sind es, die eine Zuordnung zu der einen oder anderen interpersonellen Ausrichtung gestatten? Die Bedeutung einiger Kodierungen ist in diesem Zusammenhang unklar. Bei der Untersuchung der Varianten (vgl. 8. Kapitel) haben wir gesehen, daß die Kodierungen SUBMIT und SEPARATE in bezug auf die Dimension der Affiliation *uneindeutig* sind, weil sie innerhalb des Zirkumplexmodells sowohl moderat negative als auch positiv zugewandte Beziehungsqualitäten abbilden können. SUBMIT kann der „objektfernen"

Variante *resignative Anpassung* zugeordnet werden, aber auch der „objektnahen" Variante *strategische Anpassung*. In ähnlicher Weise kann SEPARATE sowohl Teil der „objektfernen" Variante *Separation mit einer Abwendung vom Objekt* als auch der beiden „objektnahen" Varianten *strategische Separation* bzw. *Kontrolle im Rahmen einer Verselbständigung* sein.

Eine dritte unklare Kodierung, die ich kurz betrachten möchte, ist BLAME. Die Kodierung BLAME kann sowohl der objektfernen Variante *Rückzug mit Objektentwertung* als auch den objektnahen Varianten *Kontrolle durch Abhängigkeit* bzw. *Kontrolle im Rahmen einer Verselbständigung* zugeordnet werden. Die Kodierung BLAME ist innerhalb des SASB-Modells doppelsinnig, weil sie in der Bedeutung einer *Anklage und Kritik* eine zwar negative, aber doch objektzugewandte Haltung beschreibt, während sie in der Bedeutung einer *Entwertung und Herabsetzung* das Gegenüber unwichtig macht und damit potentiell eine innere Abwendung von ihm vorbereitet, die z.B. in der Variante *Rückzug mit Objektentwertung* vollzogen wird.

Eindeutige Hinweise auf die objektnahe bzw. objektferne Ausrichtung eines Patienten geben somit nur die beiden Kodierungen WALL OFF und CONTROL. WALL OFF beschreibt einen Rückzug und ist Bestandteil der Varianten *einfacher Rückzug* und *Rückzug mit Objektentwertung*. CONTROL beschreibt das Bemühen um eine Beeinflussung des Gegenübers und ist damit objektzugewandt. Es ist Bestandteil der Varianten *Kontrolle durch Abhängigkeit* und *Kontrolle im Rahmen einer Verselbständigung*. Danach lassen sich die Patienten WE2, MA1, MA4 und MA5 als „objektferne" Gruppe zusammenfassen, weil sie Varianten mit der Kodierung WALL OFF aufweisen. Die SASB-Fallbeschreibungen der Patienten WE1, WE4, WE5 und MA2 enthalten hingegen Varianten mit der Kodierung CONTROL und bilden damit eine „objektnahe" Gruppe. Bei Patientin WE3 sind beide Kodierungen zu finden, so daß sie zwischen diesen Gruppen steht; Patient MA3 kann nicht zugeordnet werden, da seine Fallbeschreibung weder Varianten mit der einen noch der anderen Kodierung aufweist.

Bei Berücksichtigung der Ergebnisse der Einzelfalldiskussionen und unter Einbezug *aller* Varianten - d.h. auch jener, die die uneindeutigen Kodierungen SUBMIT, SEPARATE und BLAME aufweisen - ergibt sich ein differenzierteres Bild. Tabelle 9.1 listet die 10 Patienten und die ihnen zugeordneten Varianten auf. Es wurde zusätzlich versucht, eine Rangfolge im Sinne der Objektnähe bzw. Objektferne herzustellen. Bei MA2 und MA3 wurde in Klammern jeweils ein zusätzliches Muster in die Liste aufgenommen, das *nicht* in ihren SASB-Fallbeschreibungen enthalten ist (*„Rückzugsimpulse"*). Diese Zusätze sind im Rahmen der Falldiskussionen durch Hinweise belegt worden, die aus einer Überprüfung des weiteren Behandlungsverlaufs gewonnen wurden. Bei MA4 wurde der im Rahmen seiner Falldiskussion entwickelte Vorschlag aufgenommen, bestimmte Provokationen des Patienten gegenüber seinem Vater im Sinne der Variante *Kontrolle im Rahmen einer Verselbständigung* zu interpretieren. In der Tabelle dienen diese Zusätze lediglich einer Komplettierung der Angaben. Die Rangfolge der Patienten wird dadurch nicht verändert.

Typ	Patient	Varianten
„objektfern"	MA5	Rückzug mit Objektentwertung Resignative Anpassung
	WE2	Rückzug mit Objektentwertung
	MA1	Einfacher Rückzug Resignative Anpassung
	MA3	Resignative Anpassung (Rückzugsimpulse[a])
„gemischt"	MA4	Einfacher Rückzug Resignative Anpassung (Kontrolle im Rahmen einer Verselbständigung[b])
	WE3	Rückzug mit Objektentwertung Separation mit einer Abwendung vom Objekt Resignative Anpassung Strategische Separation Kontrolle im Rahmen einer Verselbständigung Kontrolle durch Abhängigkeit
	MA2	Kontrolle durch Abhängigkeit Resignative Anpassung (Rückzugsimpulse[c])
„objektnah"	WE5	Kontrolle durch Abhängigkeit[d]
	WE4	Kontrolle durch Abhängigkeit
	WE1	Strategische Anpassung Strategische Separation Kontrolle im Rahmen einer Verselbständigung Kontrolle durch Abhängigkeit

[a] In der Falldiskussion von MA3 wurde darauf hingewiesen, daß im späteren (d.h. nicht mehr mit SASB ausgewerteten) Behandlungsverlauf Episoden mit einem Rückzug des Patienten vorkommen.
[b] In der Falldiskussion wurden provokante Verhaltensweisen des Patienten erwähnt, die die Aufmerksamkeit des Vaters erzwingen; es wurde der Vorschlag gemacht, solche Provokationen im Sinne der Variante *Kontrolle im Rahmen einer Verselbständigung* zu interpretieren.
[c] In der Falldiskussion zu MA2 wurde erwähnt, daß in dem transkribierten Material einige bedeutsame Episoden mit Rückzugsschilderungen enthalten sind, die jedoch singuläre Ereignisse darstellen und daher nicht als repetitive Muster identifiziert wurden.
[d] Diese Patientin stellt einen Sonderfall dar, weil sie das zentrale Konfliktmuster suizidaler Patienten *nicht* aufweist (vgl. 7.3.1).

Tab. 9.1: Rangordnung der Patienten in bezug auf ihre Objektnähe bzw. Objektferne

Die Tabelle teilt die Patienten in *drei* Gruppen ein. Im oberen Teil finden sich Fälle, die ausschließlich *objektferne* Bewältigungen des zentralen Beziehungskonfliktes suizidaler Patienten aufweisen (*Rückzugsvarianten* und *resignative Anpassung*). Im unteren Teil sind drei Patientinnen aufgelistet, die ausschließlich *objektnahe* Varianten zeigen. Am ausgeprägtesten ist dies bei WE1 der Fall, die mit sehr variablen Strategien um ihre Objekte kämpft. Zwischen diesen Gruppen findet man im mittleren Teil der Tabelle drei Patienten, bei denen sich objektzugewandte und -abgewandte Beziehungsgestaltungen *mischen*. Am deutlichsten ist dies bei WE3 der Fall, die nahezu das gesamte Spektrum der Patientenvarianten aufweist. In der Diskussion zu dieser Patientin wurde gezeigt, daß für sie der Wechsel zwischen objektnahen und objektfernen Positionen charakteristisch ist.

9.2.2 Zusammenhänge zwischen Patienten- und Objektvarianten

Der Vergleich aller 10 SASB-Fallsbeschreibungen macht einige Zusammenhänge zwischen Mustern auf Patienten- und Objektseite sichtbar, die nachfolgend dargestellt werden sollen. Die Beobachtungen beziehen sich auf *Varianten* des zentralen Konfliktmusters suizidaler Patienten entsprechend der im letzten Kapitel gegebenen Definition (s. 8.1.3). Die Zusammenhänge werden nach folgendem Schema formuliert: Wenn auf Patientenseite die Variante A vorliegt, findet man auf Objektseite die Variante B. Ein Umkehrung dieser Aussage ist in den meisten Fällen nicht möglich. Grundlage der Untersuchung sind die Diskussionen zu den einzelnen Patienten im vorliegenden Kapitel und die SASB-Fallbeschreibungen, die im Anhang wiedergegeben werden.

Ein erster Zusammenhang lautet: Wenn ein Patient in einem seiner repetitiven Muster die Variante *Kontrolle durch Abhängigkeit* auf der Patientenseite aufweist, findet sich als Teil des gleichen Musters auf der Objektseite regelmäßig das *Illoyalitätsthema*. Dies ist bei den Patienten WE1, WE3, WE4, WE5 und MA2 der Fall.

Die Kodierungen für die Variante *Kontrolle durch Abhängigkeit* und das *Illoyalitätsmuster* stehen innerhalb des SASB-Modells *antithetisch* zueinander, d.h. das Objekt verhält sich genau im Gegensatz zu dem, was durch das Verhalten des Patienten eigentlich nahegelegt wird (vgl. Abb. 2.3): Die Kontrolle des Patienten intendiert eine komplementäre *Anpassung* des Objekts - dieses *verselbständigt* sich jedoch im Widerspruch dazu (CONTROL ↔ *SEPARATE* statt *SUBMIT*); die Abhängigkeit des Patienten legt eine *fürsorgliche* Zuwendung des Objekts nahe - dieses verhält sich jedoch im Widerspruch dazu *ignorant* (TRUST ↔ *IGNORE* statt *PROTECT*). Der formulierte Zusammenhang läßt sich deshalb so verstehen, daß die Variante *Kontrolle durch Abhängigkeit* eine Reaktion auf diejenige Herausforderung darstellt, die durch das *illoyale* Verhalten des Objekts gebildet wird. Der Patient verhält sich so, daß sein Gegenüber im Falle eines Nachgebens die von ihm beklagten Verhaltensweisen (*SEPARATE & IGNORE*) aufgeben und sich in der gewünschten Weise fürsorglich zuwenden müßte (*PROTECT & SUBMIT*). Die SASB-Formel für eine solche „erfolgreiche" Beziehungssequenz würde entsprechend lauten:

SEPARATE & IGNORE → CONTROL & TRUST → *SUBMIT & PROTECT*

Ein weiterer Zusammenhang betrifft das Verhältnis von kontrollierendem Objektverhalten und einer Anpassungsreaktion auf Patientenseite. Wenn ein Patient in einem Muster seiner SASB-Fallbeschreibung die Variante der *resignativen Anpassung* aufweist, findet sich als Teil des gleichen Musters auf der Objektseite das Muster der *zwanghaften Kontrolle*. Dieser Zusammenhang trifft für die Patienten WE3, MA1, MA2, MA3 und MA4 zu; eine Ausnahme bildet MA5, dessen Fallbeschreibung zwar die Figur der *resignativen Anpassung* enthält, nicht jedoch die der *zwanghaften Kontrolle*.

Auch dieser Zusammenhang ist auf dem Hintergrund der Logik des Zirkumplexmodells unmittelbar plausibel. Die Kontrolle des Objekts verhält sich zu der Anpassung des Patienten *komplementär* (*CONTROL* ↔ SUBMIT). Darüberhinaus läßt sich eine weitere „verdeckte" Komplementarität aufzeigen: Als ein charakteristisches Merkmal der *resignativen Anpassung* wurde hervorgehoben (vgl. 8.3.2), daß in ihr insofern eine relative „Objektferne" zum Ausdruck kommt, als das Objekt im Zuge der Resignation gewissermaßen aufgegeben wird, während sich der Patient innerlich aus der Verbindung zu lösen beginnt. Dabei deutet sich ein *Rückzug* an, der innerhalb des SASB-Modells genau komplementär zu jenem ignoranten Verhalten steht, das Bestandteil der *zwanghaften Kontrolle* ist (*IGNORE* ↔ [WALL OFF][5]). Da das Objekt ohne Rücksicht auf die Bedürfnisse des Patienten Anpassung fordert, gibt dieser sein Ringen um Interesse und Anerkennung schließlich resigniert auf und wendet sich innerlich ab. Die Formel für diese Bewegung (unter Einschluß des sich andeutenden inneren Rückzugs) würde folgendermaßen lautet:

CONTROL & IGNORE ↔ SUBMIT & [WALL OFF]

Für die ebenfalls mit SUBMIT kodierte *strategische Anpassung* trifft der genannte Zusammenhang *nicht* zu. Diese Form der Anpassung hat den Charakter eines Wohlverhaltens, mit dessen Hilfe versucht wird, das sich verselbständigende Objekt zu umwerben und sein Interesse wiederzugewinnen. Die *strategische Anpassung* ist damit eher eine passende Antwort auf das *illoyale* Objekt (vgl. die Diskussion zum Fall WE1 oben).

Der folgende, letzte Zusammenhang ist für das Verständnis der Rückzugsvarianten bedeutsam und wird im Zusammenhang mit der Diskussion zum narzißtischen Typ der Suizidalität im nächsten Kapitel noch einmal aufgegriffen: Wenn ein Patient in einem Muster seiner SASB-Fallbeschreibung auf der Patientenseite die *Rückzugsvariante* (bzw. „Rückzugsimpulse" [6]) aufweist, findet sich auf der Objektseite in einem *anderen* Beziehungsmuster die Variante *Ignoranz durch*

---

5 Die eckige Klammer markiert, daß der sich in der *resignativen Anpassung* ankündigende innerliche Rückzug vom Objekt nicht mit einer für die Kodierung ausreichenden Deutlichkeit geschildert wird.

6 Die SASB-Fallbeschreibung von MA3 weist keine Rückzugsvariante auf. In der Diskussion zu diesem Patienten wurde jedoch gezeigt, daß im späteren (d.h. nicht mehr mit SASB ausgewerteten) Behandlungsverlauf Episoden mit einem Rückzug des Patienten vorkommen.

Bedürftigkeit. Dieser Zusammenhang trifft für die Patienten WE2, WE3, MA1, MA3 und MA4 zu, eine Ausnahme bildet MA5.

Dieses Ergebnis ist besonders bemerkenswert, weil beide Varianten jeweils Teil *verschiedener* Muster sind, so daß man nicht wie im Fall der bisher beschriebenen Zusammenhänge argumentieren kann, daß sie in einem direkten Verhältnis von Herausforderung und Antwort zueinander stehen. Interessant ist außerdem, daß das Muster *Ignoranz durch Bedürftigkeit* beinahe in allen Fällen in der Beziehung zu *primären Objekten* auftritt[7], während die Rückzugsvarianten jeweils *aktuelle Objekte* betreffen. Dies bedeutet, daß der beobachtete Zusammenhang durch innere Faktoren vermittelt wird und nicht aus der Dynamik der unmittelbaren Interaktion selbst abgeleitet werden kann. Im nächsten Kapitel werde ich eine Erklärung dazu vorschlagen.

9.2.3 Geschlechterdifferenzen

Bei der Analyse der 10 SASB-Fallbeschreibungen und der Varianten des zentralen Konfliktmusters fallen einige Unterschiede zwischen männlichen und weiblichen Patienten auf, die hier ich hier zusammenfassend vorstellen möchte. Aus Tabelle 9.1 ist zu ersehen, daß die untersuchten Männer häufiger „objektferne" Varianten aufweisen, während man bei den Frauen häufiger „objektzugewandte" Varianten findet. In der Tabelle bilden drei Männer und eine Frau die objektferne Patientengruppe (MA1, MA3, MA5, WE2), während die objektnahe Gruppe aus drei Frauen besteht (WE1, WE4,WE5).

Als weitere Beobachtung ergibt eine Prüfung der Fallbeschreibungen, daß die *Illoyalität* von Objekten eine zentrale Beziehungserfahrung von Frauen zu sein scheint, auf die sie mit dem Muster der *Kontrolle durch Abhängigkeit* reagieren. Dieser Zusammenhang wurde im letzten Abschnitt bereits erläutert. Er findet sich bei vier Frauen (WE1, WE3, WE4, WE5) und einem Mann (MA2). In allen diesen Fällen sind es jeweils die Partner bzw. die Partnerin, die sich rücksichtlos verhalten und willkürlich über die Bedürfnisse der Betroffenen hinweggehen, während diese ihrerseits bemüht sind, mit dem Hinweis auf die eigenen berechtigten Ansprüche und vernachlässigten Bedürfnisse mehr Verbindlichkeit einzuklagen.

Umgekehrt scheint das Thema der *zwanghafte Kontrolle* eher für die männlichen Patienten von Bedeutung zu sein. Wie ich oben gezeigt habe, reagieren sie auf dieses Objektverhalten typischerweise mit dem Muster der *resignativen Anpassung*. Die Objekte sind dabei jeweils irgendwelche Autoritäten (Väter, Vorgesetzte). Dieser Zusammenhang findet sich bei vier Männern und nur einer Frau.

Ähnliche geschlechtsspezifische Merkmale der Beziehungsgestaltung konnten bereits in einer eigenen, ebenfalls mit SASB durchgeführten Studie zu den initia-

[7] Eine Ausnahme bildet die Patientin WE2. Eine Überprüfung ihres Transripts zeigt jedoch, daß auch sie einzelne Szenen mit der Mutter schildert, in denen das Muster *Ignoranz durch Bedürftigkeit* auftritt. Diese Szenen sind jedoch nicht in einem repetitiven Muster der SASB-Fallbeschreibung repräsentiert.

len Beziehungsangeboten von männlichen und weiblichen Patienten in psychoanalytischen Erstinterviews identifiziert werden (Grande, Wilke & Nübling, 1992). Wir fanden dort bei *Männern* eine ausgeprägte Furcht vor einem Gegenüber, das als dominant erlebt wird; diese Furcht veranlaßt sie zu einer defensiven Wahrung bzw. forcierten Herstellung eigener Autonomie. Bei den *Frauen* überwog eine enttäuschungsbereite Haltung, in der eine intensive Zuwendung vom Gegenüber *erwartet* und eine gleichgültige Abwendung *befürchtet* bzw. vorwurfsvoll *antizipiert* wird. Dieses Ergebnis entspricht recht gut den eben beschriebenen Tendenzen in den SASB-Fallbeschreibungen, die eine besondere Empfindlichkeit für illoyale Verhaltensweisen bei Frauen und für Erfahrungen des „blinden" Kontrolliert-Werdens bei Männern belegen. In der Arbeit wird auch auf die größere „Objektnähe" weiblicher Patientinnen hingewiesen, die durch die vorliegende Untersuchung ebenfalls bestätigt wird.

Rudolf und Stratmann (1989) kommen in einer Studie zur Bedeutung der Geschlechterdifferenz für verschiedene Variablen wie Krankheitsverhalten, Diagnose, Symptomatik, Persönlichkeitsbefund und soziale Lebenssituation nach der Untersuchung einer sehr umfangreichen Patientenstichprobe zu einer ähnlichen Feststellung: „Frauen erkranken häufiger an schwierigen Beziehungen, aus denen sie sich innerlich nicht lösen können und auf die sie auch nach realen Trennungen mit Enttäuschung und Klage ausgerichtet bleiben. .... Der Gegentypus von Beziehungsproblematik findet sich häufiger bei männlichen Patienten, die Schwierigkeiten zeigen, ihre Autonomie einzuschränken und verläßliche Bindungen und soziale Beziehungen aufzubauen" (S.202). Die hier beschriebene ausgeprägtere Beziehungsorientierung von Frauen und die stärkere Betonung der eigenen Autonomie bei Männern entspricht den bekannten Geschlechtsstereotypen, die das Bild der Geschlechter in unserer Gesellschaft bestimmen und schon in der kindlichen Entwicklung als Erwartungen und Identifikationsangebote wirksam sind.

Da ich auf Geschlechterdifferenzen im Rahmen der vorliegenden Untersuchung nicht genauer eingehe, kann ich die möglichen Hintegründe hier nur kurz andeuten: In psychoanalytischen Ansätzen werden die tieferen Wurzeln für die beschriebene Asymetrie der Geschlechter u.a. in der Tatsache gesucht, daß das primäre Objekt sowohl für den Jungen als auch für das Mädchen die Mutter ist. Für den Jungen bedeutet die Entdeckung des eigenen Geschlechts zugleich eine radikalere Trennung von der Mutter, die ihm nun als Frau notwendigerweise auch eine „Fremde" ist und bleiben wird. Gleichzeitig muß er gegen den regressiven Sog seiner Abhängigkeitswünsche die eigene Autonomie behauptet, um die noch brüchige geschlechtliche Identität in der Abgrenzung zur Mutter zu schützen. Die Konstellation der erzwungenen Trennung disponiert außerdem zur inneren Ausgestaltung eines idealisierten Mutterbildes, in dem die Sehnsucht nach der verlorenen Beziehung weiterlebt, sowie des Gegenbildes einer enttäuschenden und destruktiven Mutter, auf die sich der eigene Neid richtet und die projektiv mit eigener Bedürftigkeit und Gier aufgeladen ist, so daß sie auch die Drohung eines „Wiederverschlungen-Werdens" repräsentiert (Rohde-Dachser, 1989b, 1991).

Von hier aus liegen narzißtische Entwicklungen nahe, bei denen durch den Aufbau eines idealisierten Selbstbildes die eigene Autarkie gesichert und das Objekt unwichtig gemacht wird. Beim Mädchen sind die Erfahrungen im Zusammenhang mit der Entdeckung der Geschlechterdifferenz weniger einschneidend, weil es sich mit dem Geschlecht der Mutter identifizieren kann. Auch das für die narzißtische Entwicklung bedeutsame Motiv des Neides dürfte eine geringere Bedeutung haben, weil es die Phantasie entwickeln kann, daß es jene „Reichtümer", über die die Mutter in seiner Vorstellung verfügt, selbst besitzt oder einmal besitzen wird (King, 1995a, 1995b).

Ich werde die genannten Geschlechterdifferenzen im weiteren nicht mehr explizit verfolgen. Dies würden eine eigene Untersuchung erforderlich machen, die insbesondere auch die Art zu betrachten hätte, mit der sich männliche und weibliche Patienten auf die beiden theoretisch postulierten Suizidvarianten (die narzißtische im engeren Sinn und die depressiv-masochistische) verteilen. Von hier aus ließen sich auch Verbindungen zu der empirisch gesicherten Tatsache ziehen, daß der Anteil an erfolgreichen Suiziden in der männlichen Bevölkerung überwiegt, während bei Frauen Suizidversuche häufiger sind (Rachor, 1992).

10. Beziehungsstrukturen suizidaler Patienten

Im Anschluß an eine Diskussion psychoanalytischer Modelle zur Suizidalität wurden im ersten Kapitel eine Reihe von zentralen Annahmen zur Suiziddynamik formuliert und neben einer *allgemeinen* Struktur zwei *Varianten* beschrieben, die besondere interpersonelle Ausgestaltungen der Suizidhandlung abbilden. Dabei wurde eine narzißtische Variante (im engeren Sinne) von einer depressiv-masochistischen Variante unterschieden. Sowohl für die allgemeine Dynamik als auch für die beiden Varianten wurden charakteristische Beziehungsbedeutungen herausgearbeitet, die mit der Suizidhandlung verbunden sind. Diese Bedeutungen konnten an der spezifischen Qualität der auslösenden Bedingungen, an der interpersonellen Ausgestaltung der Handlung selbst und an dem Inhalt der sie begleitenden Beziehungsphantasien erkannt werden.

Durch theoretische und empirische Argumente wurde außerdem gezeigt, daß in der Suizidalität eine allgemeine, nicht nur auf die suizidale Situation eingegrenzte Bereitschaft zum Ausdruck kommt, Beziehungen in einer spezifischen Weise zu erleben und zu gestalten. Die Beziehungsmuster, die im Kontext der Suizidhandlung bestimmend sind, können somit als Tendenz auch in anderen Beziehungssituationen entdeckt werden. Dieser Umstand spielte eine wichtige Rolle bei der Wahl der Untersuchungsmethode: Er begründete die Möglichkeit, suizidale Beziehungsstrukturen anhand von Schilderungen beliebiger Art zu analysieren, in denen Betroffene über problematische Beziehungserfahrungen berichten. Als Materialgrundlage der Untersuchung wurden deshalb alle Beziehungsepisoden verwendet, die Patienten während der ersten zwei Gespräche einer psychotherapeutischen Behandlung nach einem Suizidversuch berichteten.

Um die aus der Theoriediskussion gewonnenen Annahmen zu einer allgemeinen suizidalen Beziehnungsdynamik und zwei Varianten empirisch prüfen zu können, mußten diese anhand von inhaltsanalytischen Kategorien so präzise gefaßt werden, daß sie mit den Merkmalen der transkribierten Beziehungsepisoden direkt verglichen werden konnten. Dies ist im vierten Kapitel durch eine Übersetzung dieser Annahmen in die Sprache der strukturalen Analyse sozialen Verhaltens (SASB) geschehen, die das zentrale Untersuchungsverfahren der vorliegenden Studie bildete. Im Zusammenhang mit dieser Übersetzung konnte auch der Umstand genutzt werden, daß es bereits eine kleinere Zahl von Arbeiten mit der SASB-Methodik gibt, die die Frage der Suizidalität direkt oder indirekt untersuchen (Benjamin, 1982, 1993; Kaslow et al., 1989). Eine genaue Analyse dieser Arbeiten ergab gute Übereinstimmungen mit den eigenen theoriegeleiteten Annahmen zu einer allgemeinen suizidalen Beziehungsdynamik.

10.1 Ergebnisse zum allgemeinen suizidalen Konfliktmuster

Für das allgemeine suizidale Beziehungsmuster wurden eine Reihe von Merkmalen beschrieben, von denen wir erwartet haben, daß sie in den Beziehungsschilderungen suizidaler Patienten generell identifizierbar sein müßten. Es wurde (1.) angenommen, daß suizidgefährdete Personen in einer existentiellen Weise von Objekten *abhängig* sind, die für sie eine basal stabilisierende Funktion besitzen. Es wurde weiter (2.) ausgeführt, daß auf Grund dieser Abhängigkeit eine ausgeprägte Empfindlichkeit für *Verlusterfahrungen* besteht, wobei u.U. bereits irgendeine kleinere „Eigenbewegung" oder die Andeutung einer Abwendung des Objekts als Verlust erlebt wird. Ereignisse dieser Art haben für die Betroffenen (3.) die Bedeutung einer *Kränkung* oder Bloßstellung und erzeugen bei ihnen ein Gefühl von tiefer Hilflosigkeit und Ohnmacht. Die Folge ist (4.) eine *massive Wut*, die sich gegen das Objekt richtet; diese Wut muß jedoch kontrolliert werden, da sie anderenfalls die in existentieller Weise als unverzichtbar erlebte Beziehung bedrohen würde. Das eskalierende Wechselspiel von Abhängigkeit, sich wiederholenden Kränkungen, Wut und reaktiver Anpassung führt schließlich (5.) in einen Zustand totaler *Ohnmacht und Hilflosigkeit* hinein, aus dem heraus die Suizidhandlung unternommen wird. In der Nomenklatur von SASB ist dieses Muster mit der folgenden Formel abgebildet worden (vgl. Abschnitt 4.3.2):

TRUST & [ATTACK & SUBMIT] ↔ *IGNORE & BLAME*

In dieser Formel steht TRUST für die Abhängigkeit, *IGNORE* für die Erfahrung eines Verlustes oder einer Abwendung, *BLAME* für die Kränkung, ATTACK für die Wut und SUBMIT für die Erfahrung von Ohnmacht und Hilflosigkeit. Die Kodierungen ATTACK und SUBMIT wurden eingeklammert, weil theoretische Überlegungen wahrscheinlich gemacht hatten, daß Wut und Ohnmacht jene Elemente der suizidalen Dynamik darstellen, die für die Betroffenen am unerträglichsten sind und deshalb von ihnen kaum erlebt werden können. Es wurde deshalb von vorneherein erwartet, daß diese Merkmale in den manifesten Beziehungsschilderungen der Patienten undeutlich sein würden und mit SASB vermutlich nicht erfaßt werden könnten. Diese Erwartung wurde auch durch die erwähnten früheren Studien zur Suizidalität bekräftigt, die mit der SASB-Methode durchgeführt wurden. In ihnen konnten keine Muster mit den eingeklammerten Kodierungen gefunden werden (vgl. Kapitel 4).

Die Annahmen zu dem allgemeinen suizidalen Beziehungsmuster sind in Kapitel 7 geprüft worden. Durch einen Vergleich der 10 SASB-Fallbeschreibungen, in denen die repetitiven Beziehungsfiguren der 10 Patienten zusammengefaßt sind, wurde das Muster

TRUST ↔ *IGNORE & BLAME*

identifiziert, das bei 9 Patienten gefunden und als *zentrales Konfliktmuster* suizidaler Patienten bezeichnet wurde. Eine Gegenüberstellung mit einer Vergleichsgruppe klinisch unauffälliger Probanden zeigte, daß dieses Muster in der Patientengruppe signifikant häufiger vorkam. Bei der Mehrzahl der Probanden aus der Vergleichsgruppe konnten entweder gar keine oder nur vereinzelte Beziehungsschilderungen mit der kritischen Beziehungsfigur entdeckt werden; eine Probandin, die mehrere Beziehungsepisoden mit diesem Muster schilderte, wies in ihrer Biographie mindestens eine Suizidhandlung auf (vgl. Abschnitt 7.4).

Das empirisch identifizierte zentrale Konfliktmuster deckt sich in den entscheidenden Elementen mit dem theoretisch postulierten allgemeinen Beziehungsmuster suizidaler Patienten und ist zugleich mit jener Beziehungsfigur identisch, die in früheren SASB-Studien zur Suizidalität beschrieben wurde. Die ebenfalls vermuteten Elemente der durch die Kränkung ausgelösten Wut und der Ohnmacht bzw. Hilflosigkeit sind in dem zentralen Muster nicht enthalten. Mit diesem Befund möchte ich mich im folgenden noch einmal näher beschäftigen und weitere Überlegungen dazu anstellen, warum diese Elemente in der SASB-Formel fehlen.

Ich greife dabei zunächst auf die in Abschnitt 7.2.2 durchgeführte phänomenologische Analyse prototypischer Beziehungsepisoden zurück, die das zentrale Konfliktmuster suizidaler Patienten mit den Kodierungen <u>TRUST</u> ↔ *IGNORE & BLAME* enthalten. Diese Analyse beschäftigte sich vor allem mit der Erlebensperspektive des Patienten, wie sie in den Schilderungen sichtbar wird. Folgende Merkmale wurden hervorgehoben:

1. *Die Ablehnung oder Zurückweisung durch das Objekt erfolgt in den Schilderungen auf indirekte Weise:* Bei der Betrachtung der Beziehungsepisoden fiel auf, daß die Patienten das Verhalten ihrer Objekte zwar als intensive Zurückweisung erfahren, diese von den Objekten jedoch nicht offen kommuniziert wird. Es scheint statt dessen so zu sein, daß die Zurückweisung ihre Intensität gerade daraus bezieht, daß sie durch eine Abwendung vollzogen wird. Diese stellt sich je nach Kontext in der Wahrnehmung des Patienten als Gleichgültigkeit, Desinteresse, Verständnislosigkeit, Ignoranz oder auch Verlassenwerden dar (*IGNORE*). Gerade weil diese Abwendung keine direkte Botschaft enthält, kann sie in der Wahrnehmung des Patienten alle möglichen Bedeutungen annehmen, die jedoch stets den Aspekt der intensiven Ablehnung und Zurückweisung einschließen.
2. *Das Objekt erscheint als mächtig:* Diese Mächtigkeit ist das Gegenstück zu der Abhängigkeit, die den Patienten für die Zurückweisungen des Objekts so empfindlich macht. Da er auf sein Gegenüber angewiesen ist und gewissermaßen ohne eigene Ressourcen dasteht, kann dieses nach Belieben handeln und verfügen. Es hat die Macht, den Patienten zu trösten, zu retten und zu erheben - es kann ihn aber auch einfach übergehen und damit klein und bedeutungslos machen.

3. *Der Konflikt ist nicht verhandelbar und der Patient infolgedessen passiv:* Der Patient ist in seinen Schilderungen der eben beschriebenen Situation typischerweise passiv ausgeliefert. Diese Ohnmacht entsteht dadurch, daß die mit der Kodierung *IGNORE* beschriebene Abwendung des Objekts die Drohung enthält, daß der Patient auch endgültig verlassen werden könnte. Konflikte sind nur dann verhandelbar, wenn eine gewisse Sicherheit existiert, daß die Beziehung hinreichend belastbar und nicht basal in Frage steht. Das Recht auf Interesse und Zuwendung ist durch einen Streit nicht „einklagbar", wenn der Patient befürchten muß, daß das Objekt ihn im Stich läßt und dadurch erneut kränkt und beschämt. In den Schilderungen des Muster verhalten sich Patienten deshalb typischerweise nach außen hin „still": Ihre inneres Erleben in der Beziehungssituation ist zwar hochgespannt, es findet jedoch in den entscheidenden und kritischsten Momenten kaum reale Interaktion statt, die diese Spannung nach außen sichtbar machen würde.
4. *Die Wahrnehmung einer Abwendung des Objekts und das Erleben eigener Wertlosigkeit sind miteinander verknüpft:* Die Schilderungen mit dem zentralen Konfliktmuster zeigen, daß die Wahrnehmung der Nichtbeachtung durch die Objekte regelmäßig mit dem Erleben eigener Wertlosigkeit gekoppelt ist. Oft ist nicht ganz klar, ob die Kritik oder Entwertung als vom Objekt ausgehend erlebt wird oder ob es sich eher um einen intrapsychischen Vorgang der Selbstentwertung handelt. Die bereits erwähnte Indirektheit der Zurückweisung durch die äußeren Objekte bewirkt außerdem, daß deren Intentionen mehr oder weniger verdeckt bleiben und damit ein weiter Raum für Befürchtungen und Phantasien entsteht, die sich mit der Frage nach dem eigenen Wert oder der Nichtigkeit in den Augen des Gegenübers beschäftigen. Dieser Umstand begünstigt die innere Verknüpfung beider Beziehungsaspekte: Die Nichtbeachtung durch das Gegenüber wird als Anzeichen und Beweis dafür erlebt, daß der Betroffene unwichtig und wertlos geworden ist (*IGNORE & BLAME*).

Die genannten Punkte beleuchten noch einmal die existentielle Angewiesenheit der Patienten auf ein Objekt, das für ihre Stabilität und ihr Selbstwerterleben unverzichtbar ist; sie lassen außerdem die ausgeprägte Vulnerabilität für den Verlust oder eine Abwendung dieses Objekts erkennen. Diese beiden Momente sind in dem zentralen Konfliktmuster abgebildet. Darüberhinaus wird jedoch auch die Unmöglichkeit deutlich, die in dieser Konstellation ausgelöste Aggression zu integrieren und in den realen Beziehungen auszutragen. Hinweise auf diese Schwierigkeit sind die *Indirektheit*, mit der in den Schilderungen die Zurückweisung durch das Gegenüber erfolgt, außerdem der damit unmittelbar zusammenhängende Umstand, daß der Patient sich in einen inneren Raum argwöhnischer Befürchtungen und Phantasien zurückzieht und eine äußere Auseinandersetzung vermeidet. Auf diese Weise entsteht das Bild einer *passiven Zurückhaltung*, das die Schilderungen beherrscht und anzeigt, daß die Verbindung zu dem wichtigen Objekt vor der Zerstörung durch die eigenen Aggressionen geschützt werden muß.

Wegen der Gefahr des endgültigen Verlustes, der in der inneren Vorstellung als Folge der eigenen Wut - aufgrund einer phantasierten Zerstörung des Objekts oder dessen Rache - eintreten müßte, kann der Konflikt nicht offen verhandelt werden. Durch die massive Kontrolle aggressiver Impulse begibt sich der Betroffene seiner aktiven Handlungsmöglichkeiten, was atmosphärisch in der beschriebenen Passivität zum Ausdruck kommt.

Diese Beobachtungen stimmen gut mit den Überlegungen zur Dynamik präsuizidaler Zustände zusammen, die im ersten Kapitel dargestellt wurden (vgl. 1.2.1, 1.2.2); die Nicht-Integrierbarkeit intensiver Haß- und Wutaffekte stellt in den meisten Erklärungsansätzen eine wesentliche Bedingung der Suizidalität dar. Im Anschluß an die Ausführungen verschiedener Autoren (Asch, 1980; Maltsberger & Buie, 1980; Campbell, 1995) wurde außerdem gezeigt, daß die als vernichtend vorgestellte Aggression gerade durch die Suizidhandlung aus der äußeren Beziehung herausgenommen und abgespalten am eigenen Körper ausagiert wird. Der zentrale Mechanismus besteht darin, daß im Zuge einer regressiven Auflösung der Selbst-Objekt-Grenzen die bedrohlichen und „bösen" aggressiven Anteile des Selbst und des Objekts als etwas dem eigenen Körper Innewohnendes und zugleich Fremdes erlebt werden. Dies ist die Voraussetzung dafür, daß sie in einem zugleich defensiven und das Selbstgefühl restituierenden Akt vernichtet werden, der als Befreiung von einem inneren Feind erscheint und zugleich die eigene Macht und Kontrolle wiederaufrichtet. Das Ergebnis ist eine Art „Reinigung" von allem Bösen und die Wiederherstellung eines Gefühls der Kohärenz, die es in einem weiteren Schritt ermöglichen, phantasmatisch eine ideale Beziehung zwischen dem als nur-gut vorgestelltem Objekt und dem ebenfalls von allem Bösen befreiten Selbst herzustellen.

Mit Blick auf das zentrale Konfliktmuster suizidaler Patienten und die darin ausgesparten Elemente (ATTACK und SUBMIT) kann auf dem Hintergrund dieser Überlegungen gefolgert werden, daß in den Beziehungsdarstellungen der Patienten die massive Wut gegen das Objekt gerade deshalb fehlt, weil sie - auf Grund der extremen Objektabhängigkeit und der daraus resultierenden Notwendigkeit der Kontrolle eigener aggressiver Impulse - erst in der Suizidhandlung selbst und damit außerhalb der realen Objektbeziehung ausagiert werden kann. Für das mit SUBMIT kodierte Element der Hilflosigkeit und Ohnmacht kann weiter argumentiert werden, daß die Erfahrung des völligen Ausgeliefertseins in einem solchen Ausmaß mit dem Erleben der eigenen Vernichtung zusammenfällt, daß diese Position aufgrund ihrer Unerträglichkeit nur als passagerer Zustand durchlaufen und mit Hilfe des suizidalen Aktes sofort wieder aufgelöst werden muß.

Eine Prüfung der SASB-Fallbeschreibungen ergibt, daß die Kodierung ATTACK für eine gegen das Objekt gerichtete Wut bei keinem einzigen der 10 Patienten in Verbindung mit dem zentralen Konfliktmuster auftritt. Anders verhält es sich jedoch mit der Kodierung SUBMIT. Sie kommt in der Bedeutung einer totalen Ohnmachtserfahrung in immerhin sechs Fällen vor.[1] Die entsprechende Beziehungsfigur habe ich an anderer Stelle als die Variante der *resignativen Anpassung* diskutiert (vgl. 8.3.2[2]). Sie ergänzt das zentrale Konfliktmuster um eines der beiden fehlenden, theoretisch postulierten Elemente, weist jedoch gleichzeitig Besonderheiten auf, die ihr eine spezifische Färbung geben: Bei der Erörterung der *resignativen Anpassung* wurde ausgeführt, daß das Erleben von Ohnmacht und Wertlosigkeit häufig als Nachklang eines zunächst aktiven Bemühens erscheint, das Objekt für sich zu gewinnen und von dem eigenen Wert zu überzeugen. Dieses Bemühen scheitert, weil das Objekt die Anerkennung verweigert und statt dessen in autoritärer Weise Leistungsanforderungen stellt, vor denen der Patient versagt. Dieser resginiert und gerät in einen sehr verzweifelten Zustand, in dem es keine Ressourcen und Handlungsmöglichkeiten mehr zu geben scheint. Mit einer Ausnahme handelt es sich in dem untersuchten Material um männliche Autoritäten (Väter, Vorgesetzte), deren Zustimmung ersehnt und deren Abweisung als demütigend erfahren wird; fünf der sechs betroffenen Patienten sind männlich.

Die mit SUBMIT kodierte *resignative Anpassung* tritt ein, wenn die Werbung um eine besondere Anerkennung idealisierter väterlicher Instanzen abgewiesen wird und der Patient sich statt dessen durch autoritäre Forderungen herabgesetzt und gedemütigt fühlt. Die Zusammensetzung der Patienten mit dieser Konstellation läßt vermuten, daß diese spezifische Form der narzißtischen Vulnerabilität eher bei männlichen Patienten anzutreffen ist, bei denen Konflikte im Bereich von Autonomie und Unterwerfung eine besondere Rolle spielen. Die Zurückweisung durch die idealisierte Autorität wirkt jeweils vernichtend auf das Selbstgefühl der Betroffenen. Bei vier der angesprochenen Patienten sind Erfahrungen der hier beschriebenen Art auslösend oder mitauslösend für den Suizidversuch; es kann deshalb angenommen werden, daß die für die präsuizidale Situation theoretisch postulierte Ohnmachtserfahrung bei einem Teil der Patienten durch die Variante der *resignativen Anpassung* zumindest in Aspekten erfaßt wird. Wie ich weiter unten gezeigen werde, sind die Suizidhandlungen bei allen sechs Patienten dieser Variante außerdem mit einem radikalen Rückzug aus den äußeren Beziehungen verbunden, der ein charakteristisches Merkmal der *narzißtischen Suizidvariante* ist.[3]

Zusammenfassend läßt sich festhalten, daß das zentrale Konfliktmuster suizidaler Patienten die drei wesentlichen Beziehungselemente enthält, die aufgrund theoretischer Überlegungen eingangs postuliert worden sind. Die hypothetischen Annahmen zur Rolle der Objektabhängigkeit, des Objektverlustes (im weiteren Sinne) und der Kränkung als zentrale Elemente der suizidalen Beziehungsdyna-

---

1 Es handelt sich um die Fälle MA1, MA2, MA3, MA4, MA5 und WE3.

2 Ich erinnere daran, daß die Kodierung SUBMIT wegen ihrer mittleren Lage auf der Affiliationsachse des SASB-Modells neben dem objektdistanten Muster der „resignativen Anpassung" auch das objektnahe Muster der „strategischen Anpassung" abbilden kann. Die Unterschiede zwischen beiden Varianten sind in Kapitel 8.3.2 dargelegt worden. Im vorliegenden Zusammenhang geht es ausschließlich um die objektdistante Variante.

3 Vergleiche Tab. 9.1, Kap.9.

mik konnten bestätigt worden. Das dynamisch entscheidende Moment der Aggression konnte empirisch nicht erfaßt werden, weil es von den Betroffenen aus ihren äußeren Beziehungen herausgehalten und erst im suizidalen Akt selbst ausagiert wird. Das ebenfalls wichtige Moment einer durch die narzißtische Kränkung und Aggressionskontrolle ausgelösten Ohnmacht bzw. Hilflosigkeit konnte empirisch ebenfalls nicht als Bestandteil eines allgemeinen suizidalen Musters identifiziert werden, wohl weil die damit verbundenen unerträglichen Erfahrungen nur passager auftreten und durch die Suizidhandlung beendet werden. Dennoch wurden bei sechs Patienten Ohnmachtserfahrungen gefunden, die die spezifische Qualität einer *resignativen Anpassung* aufweisen und vermutlich gehäuft bei männlichen Patienten vorkommen, die eine besondere narzißtische Vulnerabilität für Situationen aufweisen, in denen ihre Autonomie bedroht ist und eine Anpassung gefordert wird.

10.2 Varianten des allgemeinen Musters

Neben einer allgemeinen Suiziddynamik wurden zwei *Suizidvarianten* theoretisch postuliert. Diese Varianten bilden spezifische Ausgestaltungen der Suizidhandlung ab, sowohl hinsichtlich der äußeren Inszenierung als auch mit Blick auf die Phantasien, die mit ihr verbunden sind. Sie schließen sich an die allgemeine Suiziddynamik an und beschreiben die besondere Art und Weise, in der die im zentralen Konfliktmuster dargestellte psychische Situation bewältigt wird. Es wurde eine *narzißtische Variante im engeren Sinne* von einer *depressiv-masochistischen Variante* unterschieden; die Formulierung „im engeren Sinn" sollte anzeigen, daß eine narzißtische Problematik konstitutiv für die allgemeine suizidale Dynamik ist und damit einen entscheidenden Hintergrund für *beide* Varianten bildet.

Die mit den Varianten verbundenen Beziehungsmerkmale wurden - genau wie jene des allgemeinen suizidalen Musters - im vierten Kapitel zum Zweck ihrer empirischen Überprüfung in die Nomenklatur von SASB transformiert. Wegen der geringen Fallzahl sind die Annahmen zu den Suizidvarianten allerdings nicht als Hypothesen konzipiert, sondern etwas lockerer als „Erwartungen" formuliert worden. Mit dieser methodischen Differenzierung war die Absicht verbunden, die Ergebnisse der SASB-Fallanalysen im Rahmen einer eher *qualitativ* ausgerichteten Diskussion mit diesen „Erwartungen" zu vergleichen, ohne sie im strengen Sinne bestätigen oder verwerfen zu wollen. Dies soll nun in den folgenden Abschnitten geschehen.

Den zentralen Bezugspunkt für die Diskussion der Suizidvarianten bildet das *achte Kapitel*, in dem eine Reihe von Beziehungsfiguren analysiert wurden, die immer wieder zu dem Muster des zentralen Beziehungskonflikts hinzutreten und diesen modifizieren. Sie lassen neben dem zentralen Muster TRUST ↔ *IGNORE & BLAME* weitere Beziehungsthemen anklingen, was in der Regel dazu führt, daß die in dem zentralen Muster beschriebene konfliktreiche psychische Situation *entschärft* wird. Beziehungsschilderungen mit solchen Entschärfungen lassen den zentralen Konflikt zwar noch erkennen, deuten aber daneben bestimmte Perspektiven und Handlungsmöglichkeiten an, die die zentrale suizidale Beziehungskonstellation der ohnmächtigen Abhängigkeit von einem als abweisend und entwertend erlebten Objekt mildern.

Wie ebenfalls gezeigt worden ist, kommen *Entschärfungen* jeweils dadurch zustande, daß die kritischen Elemente des zentralen Konfliktmusters irgendwie „relativiert" werden. Die zusätzlich eingeführten Beziehungselemente können dem Patienten z.B. eine gewisse Kontrolle zurückgeben, so daß er eine weniger abhängige und ohnmächtige Position einnimmt (Entschärfung des Elementes TRUST); oder sie relativieren die Ignoranz des Objekts mit dem Erfolg, daß diese nicht mehr als Anzeichen einer grundsätzlichen Abwendung erscheint, sondern z.B. als eine beklagenswerte Illoyalität, Selbstbezogenheit oder Unaufmerksamkeit (Entschärfungen von *IGNORE*); schließlich können sie die Herabsetzungen von seiten des Objekts in einen Zusammenhang bringen, der den Selbstwert des Patienten schont, etwa durch die thematische Einbettung in ein sado-masochistisches Arrangement, bei dem Entwertungen z.B. eine beziehungsstiftende Funktion haben, indem sie der Herstellung einer quälerisch-engen Verbindung zwischen Objekt und Patient dienen (Entschärfung von *BLAME*).

In ganz ähnlicher Weise wurden die narzißtische und die depressiv-masochistische Suizidvariante als Versuche interpretiert, die psychische Situation innerhalb der präsuizidalen Krise zu bewältigen. In den folgenden Abschnitten wird zu prüfen sein, inwieweit diese beiden *theoretisch* postulierten Suizidvarianten mit den im achten Kapitel *empirisch* entdeckten Figuren einer „Entschärfung" des zentralen suizidalen Konfliktmusters übereinstimmen.

Zum Abschluß dieser Einleitung noch eine Anmerkung zur Darstellungsweise: Im achten Kapitel wurden jene Beziehungsfiguren, die eine Modifikation des zentralen Konfliktusters bewirken, als „Varianten" angesprochen. Ich werde diese Bezeichnung im folgenden jedoch nicht mehr benutzen, weil dies zu Verwechslungen mit den beiden theoretisch postulierten „Suizidvarianten" führen würde, deren Überprüfung Inhalt des vorliegenden Abschnitts ist.

10.2.1 Ergebnisse zur narzißtischen Suizidvariante (im engeren Sinn)

Für die narzißtische Suizidvariante ist charakteristisch, daß die Verbindung zu dem enttäuschenden Objekt im suizidalen Akt radikal aufgelöst wird, während gleichzeitig eine Art „Ur- oder Primärzustand" gesucht wird, in dem phantasmatisch Erlebensqualitäten wie Harmonie, Wärme, Ruhe, Spannungsfreiheit, fraglose Sicherheit und Geborgenheit möglich sind. Das dabei gesuchte ideale Objekt weist eine eher „mediale" Qualität auf (vgl. Rudolf, 1993), d.h. es trägt wenig personale Züge und ist eher atmosphärisch in der Art eines Hintergrundes gegenwärtig. Die suizidbegleitenden Phantasien sind in dieser Variante eher realitätsfern und (im Unterschied zur depressiv-masochistischen Variante) kaum mit der realen Beziehung zum Objekt integrierbar; entsprechend sind die interpersonellen

Botschaften im Zusammengang mit der Suizidhandlung weniger ausgeprägt. Diagnostisch wurde vermutet, daß bei den Patienten mit dieser Variante eine stärker narzißtisch strukturierte Persönlichkeit vorliegen müßte, bei der mit Unterstützung von Selbstidealisierungen eine Vorstellung von Autonomie und absoluter Selbstbestimmung durchgehalten wird; damit werden Objektsehnsüchte abgewehrt, die wegen den in abhängiger Position auftretenden Ängsten und massiven Affekten nicht zugelassen werden können.

Als bedeutsame *interpersonelle Merkmale*, die mit der SASB-Methodik erfaßbar sind, wurden bei dieser Variante die Tendenz zur radikalen Auflösung von Abhängigkeitsbeziehungen und eine damit verbundene Bereitschaft zur Objektentwertung herausgestellt. Für die narzißtische Variante ist charakteristisch, daß in ihr die Abhängigkeitsbeziehung zu dem enttäuschenden Objekt beendet und phantasmatisch durch eine ideale Beziehungsvorstellung ersetzt wird. Aus einer äußeren Perspektive bedeutet dies, daß sich der Betroffene vom Objekt abwendet bzw. *zurückzieht*. Ein anderer Aspekt dieses Vorganges ist darin zu sehen, daß der Betroffene seine Abhängigkeit durch die Auslöschung der bedeutsamen äußeren Objekte und ihrer inneren Repräsentanzen auflöst und dabei sein Selbstgefühl im Erleben eigener Unabhängigkeit und Kontrolle restitutiert. Es wurde deshalb angenommen, daß interpersonell ein Gestus von Überlegenheit und Souveränität sichtbar sein müßte, der das Objekt *herabsetzt*.

In der Nomenklatur von SASB wird der Rückzug von den Objekten durch die Kodierungen WALL OFF bzw. SEPARATE abgebildet (vgl. 4.3.2); die Entwertung wird durch die Kodierung BLAME erfaßt. Die theoretisch begründete Erwartung lautete, daß diese Kodierungen als Erweiterungen des zentralen Konfliktmusters auftreten müßten, wenn die narzißtische Suizidvariante bei einem Patienten vorliegt. Es wurde deshalb angenommen, daß die Kodierungen des zentralen Konfliktmusters (erste Zeile der nachfolgenden Formel) zusammen mit denjenigen der Variante (zweite Zeile) auftreten sollten:

TRUST ↔ *IGNORE & BLAME*
⇒ WALL OFF bzw. SEPARATE & BLAME[4]

Der Pfeil „⇒“ stellt dar, daß die Variante als Folge bzw. als Versuch einer Bewältigung der in der allgemeinen Beziehungsfigur beschriebenen Konfliktsituation zu verstehen ist.

[4] Die Kodierungen ATTACK und SUBMIT werden hier als hypothetische Elemente des zentralen Musters nicht mehr angeführt (vgl. dazu die Diskussion in 10.1). - Wie außerdem im achten Kapitel ausgeführt worden ist, können bei der Prüfung der theoretischen Erwartungen zu den Suizidvarianten auch solche repetitiven Beziehungsmuster ausgewertet werden, die nur zwei Elemente des zentralen Konfliktmusters enthalten (vgl. 8.1).

Ergebnisse der Untersuchung

Für die Überprüfung der Erwartungen zur narzißtischen Suizidvariante sind die im achten Kapitel beschriebenen Muster *Rückzug mit Objektentwertung*, *einfacher Rückzug* (s. beide 8.3.1) und *Separation mit einer Abwendung vom Objekt* (s. 8.3.3) relevant. Das Muster *Rückzug mit Objektentwertung* enthält die Kodierungen WALL OFF & BLAME und stimmt vollkommen mit den theoretischen Annahmen zur narzißtischen Variante überein. Dieses Muster findet man bei drei Patienten (WE2, WE3, MA5). Einen *einfachen Rückzug* (ohne Objektentwertung) mit der Kodierung WALL OFF weisen zwei Patienten auf (MA1 und MA4). Bei zwei weiteren Fällen (MA2 und MA3) konnten im neunten Kapitel im Rahmen von Einzelfallanalysen *Rückzugsimpulse* entdeckt werden; diese Tendenzen bilden sich jedoch in keinem der repetitiven Muster dieser Patienten ab. Das Muster *Separation mit einer Abwendung vom Objekt* findet sich nur bei Patientin WE3, deren SASB-Fallbeschreibung jedoch gleichzeitig das Muster *Rückzug mit Objektentwertung* enthält. Es ergibt sich somit insgesamt, daß fünf Patienten das Muster eines Rückzugs von den Objekten zeigen, davon drei zusätzlich in Verbindung mit einer Objektentwertung.

Bei der Untersuchung der Beziehungsschilderungen mit einem Rückzugsmuster (vgl. 8.3.1) wurde dargelegt, daß im Fall eines Rückzugs *ohne* Objektentwertung das Objekt auch nach der Distanzierung bzw. Verselbständigung des Patienten *wichtig* bleibt, so daß der Versuch einer Herauslösung aus der Abhängigkeit von ihm gleichsam „unvollständig" erscheint und der dabei erreichte Zustand labiler wirkt; das Bemühen um eine narzißtische Verselbständigung mißlingt zumindest teilweise. Der Rückzug in die Autonomie wirkt forciert, während die Kränkung weiterwirkt und das Erleben eigener Wertlosigkeit gegenüber dem Objekt fortdauert. Was dieser Unterschied genau bedeutet, läßt sich wegen der geringen Zahl der Fälle nicht sicher sagen. Es scheint, daß es den betroffenen Patienten weniger leicht gelingt, ihre objektbezogenen Bedürftigkeiten narzißtisch einfach „auszuschalten"; zugleich erscheinen sie den Objekten gegenüber stärker verpflichtet und schuldhaft an sie gebunden.

Die narzißtische Suizidvariante ist dadurch gekennzeichnet, daß im Zuge einer Auflösung der realen Beziehung phantasmatisch eine ideale Beziehung hergestellt wird, die eher realitätsfern ist und die bereits genannten medialen Qualitäten aufweist (Geborgenheit, Ruhe, Harmonie etc.). Diese phantasierte ideale Beziehung ist jedoch nicht als *interpersonelles* Geschehen faßbar und folglich auch nicht mit den inhaltsanalytischen Kategorien der strukturalen Analyse sozialen Verhaltens abbildbar. Es finden sich in dem Gesprächsmaterial auch kaum Schilderungen zu Phantasien, die in Verbindung mit den Suizidhandlungen bedeutsam waren. Dieser Umstand kann damit in Zusammenhang gebracht werden, daß nach klinischer Beobachtung gerade im Falle einer stärkeren Ausprägung der narzißtischen Störungsanteile die rückblickende Vergegenwärtigung des Suizidversuchs für den Patienten schwerfällt (vgl. Rudolf, 1993). Unabhängig davon sind jedoch bei allen Patienten dieser Gruppe narzißtische Themen und Phantasien leicht zu finden:

> Die selbstidealisierenden Vorstellungen beziehen sich auf besondere Fähigkeiten und Leistungen in Beruf oder Ausbildung (MA1, MA5, WE3), auf besondere künstlerische Begabungen (MA3), auf die eigene Wichtigkeit für das Wohl anderer Menschen (MA3, WE2, WE3), auf die körperliche Attraktivität (WE3) oder auf besondere Kontakte und Bekanntschaften (WE2, MA3). Bei den Patienten MA1 und MA4 findet man eine überhöhte Bewertung von Freiheit und Ungebundenheit, die mit einem idealisierten Selbstbild als „Rebell" gegen äußere Normen und Verbindlichkeiten einhergeht.

Eine weitere Spielart narzißtischer Phantasien, die ich besonders hervorheben möchte, stellt die Idealisierung von Opfern dar, mit denen der Patient jeweils identifiziert ist. Dieses Muster findet sich sehr deutlich bei drei Patienten (MA3, MA5, WE2), etwas weniger auffällig jedoch auch bei weiteren (z.B. MA1, MA4). Themen sind dabei etwa das durch Krieg und Umweltschädigungen in der Welt bewirkte Leid (MA5), die Not sensibler Menschen angesichts der Kälte in unserer Konkurrenzgesellschaft (MA3), aber auch konkrete Personen aus der eigenen Umgebung, mit deren Leid und Bedürftigkeit die Betroffenen empathisch identifiziert sind (WE2, MA1, MA4). Dieses Muster einer Identifizierung mit dem idealisierten Opfer hat Orgel (1974) als eine charakteristische Phantasie von Suizidpatienten beschrieben; ich werde darauf im nächsten Abschnitt zurückkommen.

Weitere Beobachtungen zur narzißtischen Suizidvariante

An verschiedenen Stellen[5] dieser Arbeit ist eine bestimmte Form der Objektschilderung beschrieben worden, in der die Objekte als *„bedürftig"* erscheinen. Mit dieser Bedürftigkeit sind regelmäßig weitere Beziehungsmerkmale verbunden, die das Verhältnis zwischen den Patienten und den betreffenden Objekten konfliktreich gestalten. Objektdarstellungen dieser Art finden sich bei der Hälfte der Patienten. Die Figur des „bedürftigen Objekts" ist deshalb von besonderem Interesse, weil sie mit der *narzißtischen Suizidvariante* empirisch in einem engen Zusammenhang steht: *Alle* fünf Patienten, die in irgendeinem ihrer Beziehungsmuster ein „bedürftiges Objekt" beschreiben, weisen zugleich die narzißtische Rückzugsvariante auf (MA1, MA3[6], MA4, WE2, WE3).[7]

---

[5] Siehe 7.3.2, 8.2.5 und 8.3.5.

[6] Aufgrund des bereits in der Einführung hervorgehobenen *qualitativen* Charakters der Auswertungen zu den Suizidvarianten ist es gerechtfertigt, an dieser Stelle auch MA3 einzubeziehen; bei ihm findet sich zwar kein reguläres SASB-Muster mit der Rückzugsvariante, Rückzugstendenzen konnten jedoch im Rahmen der Falldiskussion im neunten Kapitel durch den Einbezug weiteren Untersuchungsmaterials festgestellt wurden.

Die Beziehungsschilderungen, die hier von Bedeutung sind, handeln einmal von der Mutter (MA1), dreimal von dem Vater (WE3, MA3 und MA4) und einmal von verschiedenen Partnern (WE2[8]). Von einem „bedürftigen Objekt" kann man deshalb sprechen, weil das geschilderte Elternteil (bzw. das Objekt) als irgendwie „verwundet" und „verletzt" erscheint. Meist sind es konkrete Ereignisse in seiner Biographie - z.B. schwere Verluste oder andere Schicksalsschläge - die es zu einem Leidenden gemacht haben. Diese besondere Position ist für die gesamte Familie eine vertraute und selbstverständlich akzeptierte Sache, obgleich das Objekt als ziemlich egoistisch geschildert wird und dauernd Rücksicht fordert, ohne seinerseits auf die Bedürfnisse der anderen einzugehen. Die Patienten zeigen in ihren Berichten jedoch davon unbeeindruckt eine starke Empathie für das Leiden der Betroffenen und sind immer wieder bereit, Enttäuschungen hinzunehmen und mit dem Verweis auf das Leiden des „bedürftigen Objekts" zu entschuldigen.

Die SASB-Kodierungen für das „bedürftige Objekt" lauten *TRUST* & *IGNORE*. Neben der Bedürftigkeit (*TRUST*) wird durch *IGNORE* beschrieben, daß das Objekt den Patienten und dessen Wünsche nicht beachtet oder übergeht. Das mit diesen Kodierungen dargestellte Muster wurde deshalb *Ignoranz durch Bedürftigkeit* genannt. Hinzu treten in vielen Beispielen die Elemente der Kontrolle (*CONTROL*) und des Vorwurfs bzw. der Entwertung (*BLAME*). Die Kontrolle ist Teil des Anspruchs auf rücksichtsvolles Wohlverhalten, der von dem leidenden Objekt ausgeht; Vorwürfe treten dann auf, wenn dieses Wohlverhalten ausbleibt. Für die ausführliche Diskussion dieses Musters und der typischen Reaktionen der Patienten verweise ich auf die Abschnitte 7.3.2, 8.2.5 und 8.3.5. Die nachfolgenden Überlegungen greifen diese Untersuchungen auf.

Die Analyse der Beziehungsdarstellungen um das „bedürftige Objekt" hat ergeben, daß an dieses von der Seite des Patienten regelmäßig intensive Wünsche nach Anerkennung gerichtet werden. Mit diesem Objekt sind große Hoffnungen verbunden, was auch in einer ausgeprägten *Idealisierung* zum Ausdruck kommt. Die Werbung der Patienten war jedoch in der Vergangenheit - und teilweise (bei MA3, MA4 und WE3) auch noch gegenwärtig - stets vergeblich. Es ist ihnen nicht gelungen, das Objekt zu erreichen und für sich zu gewinnen. Wie aus den Erzählungen hervorgeht, liegt der Grund für dieses Scheitern darin, daß das umworbene Gegenüber aufgrund seiner eigenen Bedürftigkeiten mit sich selbst be-

---

[7] Zusätzlich gibt es zwei Patienten, die eine Rückzugsvariante bzw. Rückzugsimpulse aufweisen, aber kein „bedürftiges Objekt" schildern. Einer dieser Fälle ist MA5, dessen Beziehungsschilderungen insgesamt sehr karg sind. Es findet sich bei ihm nur ein einziges Muster, das die Elemente des zentralen Konfliktmusters enthält, so daß in Bezug auf seinen Fall mehr Fragen offen bleiben als bei allen anderen Patienten. - Patient MA2, der andere Fall, weist Rückzugsimpulse auf, diese sind jedoch nicht Teil eines repetitiven Musters; in seinen mit SASB erfaßten Beziehungsmustern sind Beziehungsaspekte der depressiv-masochistischen Variante vorherrschend (s. unten).

[8] Auch bei dieser Patientin gibt es einzelne Schilderungen, die die *Mutter* in der Rolle des „bedürftigen Objekts" darstellen (vgl. die Falldiskussion in Abschnitt 9.1. und das - diese Figur andeutende - zweite Beispiel in Abschnitt 2.2.2); diese sind jedoch nicht Teil eines ihrer repetitiven Muster.

schäftigt ist und deshalb keine Rücksicht auf die Wünsche des Patienten nehmen kann. Man gewinnt auch immer wieder den Eindruck, daß es gar keine Rücksicht nehmen braucht, weil es aufgrund seines Leidens besondere Rechte besitzt und auf deren Beachtung einseitig Anspruch erheben kann. Das Anliegen des Patienten wird deshalb vom Objekt mit dem Hinweis auf den Vorrang der eigenen Bedürftigkeit abgewiesen oder übergangen.

Ein anderes Moment dieser Figur besteht darin, daß das Objekt eine mächtige Kontrolle auf die Umgebung (die Familie und den Patienten) ausübt. Eher atmosphärisch als durch offene Äußerungen macht es sein Leiden und damit seinen Anspruch auf rücksichtsvolle Beachtung spürbar. Diese Botschaften haben oft einen vorwurfsvollen Charakter und geben dem Patienten dann zu verstehen, daß er sich durch eine Rücksichtslosigkeit schuldig gemacht und damit die vorhandene Verwundung noch vertieft hat. In diesem äußerst verwickelten und vielschichten Beziehungsgeschehen[9] ereignen sich die schwierigsten Momente dann, wenn ausgerechnet die Werbung des Patienten zum Anlaß dafür wird, daß das Objekt als Antwort jene Verletzungen präsentiert, die ihm von dem Patienten zugefügt wurden. Damit stellt es den Vorrang seiner eigenen Rechte im Sinne eines Anspruchs auf Wiedergutmachung her. In dieser Konstellation können sich der Vorwurf und die entwertende Ignoranz gegenüber der vom Patienten vorgetragenen Werbung zu einer derart intensiven Zurückweisung summieren, daß eine suizidale Situation entsteht. In immerhin zwei Fällen[10] sind Ereignisse dieser Art mitauslösend für den Suizidversuch.

Die Patienten sind in ihrer Reaktion auf das „bedürftige Objekt" zwiespältig: Auf der einen Seite findet man vereinzelt Versuche einer kritischen Abgrenzung und Verselbständigung, die jedoch nicht durchgehalten werden. Sie werden von einer Haltung in den Hintergrund gedrängt, bei der sich der Patient mit der Position seines bedürftigen Gegenübers identifiziert, dessen Verletztheit und Bedürftigkeit anerkennt und sich dafür selbst die Schuld gibt. Die Folge ist sehr häufig eine Unterwerfung im Sinne des Musters der *resignativen Anpassung* (vgl. 8.3.2), bei der der Patient seine eigenen Forderungen und Wünsche aufgibt und sich den Ansprüchen seines Gegenübers fügt. Diese Fügsamkeit beinhaltet häufig eine Zurücknahme des Engagements und deutet somit einen inneren Rückzug aus der Beziehung an. An dieser Stelle wird auch die Verbindung zwischen der Figur des „bedürftigen Objekts" und der narzißtischen Suizidvariante erkennbar: Die innere Aufgabe des Objekts und der mit ihm verbundenen Hoffnungen bilden den Ausgangspunkt für einen Rückzug, der in ultimativer Form im suizidalen Akt selbst vollzogen wird.

Wenn man den Darstellungen der Patienten folgt, dann erzeugt das „bedürftige Objekt" eine paradoxe Situation, in der es nichts zu gewinnen gibt. Wenn sie seinen Erwartungen entsprechen, geben sie die eigenen Wünsche nach

---

[9] Wie an anderen Stellen ausgeführt worden ist (Abschnitte 8.2.5 und 8.3.5), findet man im Zusammenhang mit Schilderungen des „bedürftigen Objekts" die Muster der *zwanghaften Kontrolle* und der *Ignoranz durch Bedürftigkeit* auf Objektseite sowie der *resignativen Anpassung* auf Patientenseite.

[10] MA3 und MA4, vgl. 9.1.

Anerkennung und Berücksichtigung auf und werden durch die Ansprüche ihres Gegenübers dominiert. Wenn sie andererseits durch offensive Forderungen oder Verselbständigungsversuche eigene Bedürfnisse geltend machen, dann ignorieren sie damit die Interessen des Objekts und fügen ihm neue Verletzungen zu. Der Anspruch auf Anerkennung und Geltung hat hier offenbar eine egoistische und für das Gegenüber destruktive Bedeutung. Er vermehrt die eigene Schuld und stellt für zukünftige Annäherungen an den „bedürftigen Anderen" eine weitere Hypothek dar. Zugleich machen die Beziehungsschilderungen deutlich, daß mit dem Objekt enorme Hoffnungen verbunden sind, so daß es für die Betroffenen eigentlich unverzichtbar ist. Dies erklärt auch die resignative Verzweiflung, die dann eintritt, wenn sich das Objekt massiv enttäuschend verhält und von den Betroffenen deshalb aufgegeben wird.

Die Beziehung zum „bedürftigen Objekt" trägt nach diesen Beobachtungen die Züge einer ausgeprägt dyadischen Verwicklung. Eine Trennung oder Loslösung ist kaum möglich, weil Selbst und Objekt wenig voneinander differenziert sind: Die Patienten beschreiben in der Bedürftigkeit des Objekts einfühlsam auch den eigenen Mangel, mit seiner Verwundetheit die eigenen Verletzungen und in den Attributen seiner Hochschätzung das eigene Ideal. Diese Nähe ist zugleich bedrohlich, weil von dem idealisierten Objekt zwar Großzügigkeit und Anerkennung erhofft wird, dieses sich jedoch enttäuschend verhält, indem es in selbstsüchtiger Weise alles für sich beansprucht und die Rechte des Patienten in einer Weise negiert, die von den Betroffenen als basale Infragestellung erlebt wird. In gleicher Weise werden auch die eigenen Bedürfnisse und autonomen Bewegungen als destruktiv erlebt, weil sie die Verletzungen des Gegenübers offenbar vertiefen und dessen Rechte egoistisch ignorieren. Es scheint, als würden sich die Ansprüche der Beteiligten wechselseitig auslöschen, so daß hoffnungsvolle Annäherungen nur destruktiv verlaufen können. In dieser Konstellation muß auch die Aggressivität, die als Folge der Enttäuschungen entsteht, eine vernichtende Qualität annehmen.

Die Idealisierungen, mit denen das „bedürftige Objekt" hochgehalten wird, lassen sich auf diesem Hintergrund als Ausdruck einer psychischen Verarbeitung verstehen, in der enttäuschende Erfahrungen und die damit verbundenen aggressiven Verwicklungen immer wieder ausgeblendet werden, während zugleich die illusionäre Hoffnung aufrechterhalten wird, daß sich das Gegenüber doch noch einmal in der ersehnten Weise zuwenden wird. Orgel (1974) hat einen Mechanismus, der dieser Figur gleicht, als Vorgang einer „Verschmelzung mit dem Opfer" beschrieben. Die Überlegungen der Autorin, die bereits an anderer Stelle (vgl. 1.2.1) erwähnt wurden, sollen hier nochmals kurz nachgezeichnet werden. Orgel beschäftigt sich mit der Tatsache, daß Suizidpatienten große Schwierigkeiten haben, aggressive Gefühle gegen wichtige Bezugspersonen zu erleben und aufrecht zu erhalten. Sie bringt diese Unfähigkeit genetisch damit in Zusammenhang, daß die Aggressionen des Kindes von dem primären Objekt nicht in einem ausreichenden Maße durch grenzsetzende Gegenaggressionen beantwortet worden sind. Dem Kind fehlt damit die Möglichkeit, eigene Aggressionen projektiv beim

Gegenüber unterzubringen und sie im Zuge einer Identifizierung mit ihm (als einem Aggressor) zum Aufbau einer autonomen inneren Struktur zu reinternalisieren. Dies hat zur Folge, daß sich zunehmend destruktive Impulse im Kind anstauen. Man könnte hinzufügen, daß eine solche Entwicklung wahrscheinlicher dann eintreten kann, wenn triangulierende Erfahrungen in der frühen Entwicklung fehlen und die Beziehungserfahrungen dadurch weitgehend dyadisch strukturiert sind; Campbell (1995) hat diesen Aspekt für die Genese der Suizidalität hervorgehoben.

Nach Orgel hat der Anstau destruktiver Impulse zur Folge, daß das Objekt von dem Kind als hilfloses Opfer dieser Aggressionen phantasiert wird. Gleichzeitig stellt es sich vor, daß das Gegenüber genau wie es selbst Opfer eigener destruktiver Impulse ist und von ihnen überwältigt wird. Unter solchen Voraussetzungen wird ein drohender Verlust des Objekts dadurch beantwortet, daß dieses als ein Opfer idealisiert wird, das von Aggressivität gereinigt und in gleichsam „kindlicher" Weise unschuldig ist, während sich das Subjekt in einem Vorgang der regressiven Verschmelzung (Identifizierung) mit eben diesem idealisierten Opfer-Objekt vereinigt und seine Verbindung zu ihm auf diese Weise rettet. Eine derartige Verschmelzung mit dem Opfer ist nach Orgel ein typisches Kennzeichen präsuizidaler Zustände.

Der beschriebene Prozeß führt dazu, daß die aggressiven Impulse nun abgespalten agiert werden und sich dabei autodestruktiv gegen dieses Opfer-Selbst wenden. Aufgrund der regressiven Verwischung der Selbst-Objekt-Grenzen vertritt der eigene Körper als Objekt sowohl die bösen Selbstanteile als auch jene der enttäuschenden Person. Mit Bezug auf die an anderer Stelle beschriebene *allgemeine Suiziddynamik* kann man hier die Überlegung anschließen, daß die abgespaltenen destruktiven und „bösen" Anteile nun als „Feind" erlebt werden (vgl. Maltsberger & Buie, 1980); das Selbst setzt sich im suizidalen Akt gegen dieses Objekt zur Wehr und versucht es in der Vernichtung des eigenen Körpers in paradoxer Weise loszuwerden und zu „überleben".[11]

Die von Orgel (1974) beschriebene Figur ist interessant, weil sie eine Erklärung für die auffälligen Idealisierungen anbietet, mit der die Patienten das „bedürftige Objekt" in ihren Schilderungen bedenken. Andererseits erscheint sie doch als einseitig, weil sie jene *antifusionäre* Komponente nicht berücksichtigt, die neben der von ihr betonten regressiv-verschmelzenden Bewegung besteht und diese ergänzt.[12] Diese antifusionäre Komponente wird in der *narzißtische Suizidvariante* abgebildet, die eine radikale Loslösung aus der abhängigen und ohnmächtigen Position gegenüber dem Objekt beschreibt. Wie Campbell (1995) ausführt, ist die präsuizidale Situation durch einen Konflikt gekennzeichnet, bei dem eine intensiven Sehnsucht nach dem idealen Objekt besteht, das unbewußt in den primären Bezugspersonen gesucht wird, während andererseits eine Vernichtung des Selbst als Folge der regressiven Annäherung an eben dieses Objekt gefürchtet wird. In dem suizidalen Akt wird eine „Lösung" insofern gefunden, als eine akti-

---

[11] Dieser Gedanke ist in Abschnitt 1.2.2 ausgeführlich dargestellt worden; vgl. auch Abschnitt 10.1 oben.

[12] Vgl. dazu Abschnitt 1.2.2.

ve und radikale Trennung vollzogen wird, wobei im Angriff auf den Körper Selbst und Objekt von allem „Bösen" befreit werden, so daß phantasmatisch eine ideale Beziehung entstehen kann. In der Phantasie kann das Selbst nun mit dem idealen Objekt gefahrlos verschmelzen, so daß *nach* dem antifusionären „Trennungsakt" tatsächlich eine fusionäre Bewegung stattfindet. Auf diese Weise wird kompromißhaft regressiven Sehnsüchten genüge getan, während zugleich Autonomie und Selbstbestimmung gesichert bleiben.[13] Auf dem Hintergrund dieser Überlegungen wird auch verstehbar, warum Suizidhandlungen in bestimmten Lebensphasen (z.B. in der Adoleszenz) besonders häufig sind, in denen die Entwicklung zu einer größeren Selbständigkeit gefordert ist; die solchen Phasen inhärente Spannung zwischen Progression und Regression (vgl. Friedman, Glasser, Laufer, Laufer & Wohl, 1972; Dührssen, 1967) kann durch die doppelte psychische Bewegung innerhalb der narzißtischen Suizidvariante kompromißhaft bewältigt werden. Ebendiese gegenläufigen Tendenzen sind auch regelmäßiger Bestandteil jener Patientenschilderungen, die sich mit dem Thema des „bedürftigen Objekts" befassen.

10.2.2 Ergebnisse zur depressiv-masochistischen Suizidvariante

Überlegungen zur Auswertung

Die depressiv-masochistische Suizidvariante ist im ersten Kapitel dargestellt worden (vgl. 1.2.4). Sie ist dadurch charakterisiert, daß bei ihr - im Unterschied zur narzißtischen Variante - das enttäuschende Objekt *festgehalten* und in eine Beziehung mit sadistischen und masochistischen Zügen eingebunden wird, in der der Patient manifest vor allem die masochistische Position einnimmt. Die mit der Suizidhandlung verbundenen Phantasien und Motive, aber auch die sonstigen Beziehungsgestaltungen weisen diese sado-masochistische Prägung auf. Es wurde hervorgehoben, daß diese Beziehungen bei aller offensichtlichen Destruktivität zugleich verdeckte *Idealisierungen* enthalten, die ihren stabilisierenden und befriedigenden Charakter erklären: Das sadistische Verhalten des Objekts kann für die Betroffenen die Bedeutung einer intensiven und exklusiven Zuwendung haben, die in den suizidbegleitenden Phantasien z.B. auch mit der Vorstellung eines irgendwie gearteten „Erwähltseins" verbunden ist. Eine andere Phantasiefigur nimmt die Selbstaufopferung in der suizidalen Handlung als Grundlage für eine moralische „Aufwertung" der eigenen Person; dabei wird in paradoxer Weise eine Überlegenheit hergestellt, indem das Objekt als sadistischer Täter bloßgestellt und gezwungen wird, seine Schuld und Schwäche zu bekennen. Phantasien dieser und

[13] In diesem Zusammenhang ist an die Dialektik antifusionärer und fusionärer Tendenzen innerhalb des suizidalen Akts zu erinnern (vgl. Kind, 1992), die auch in der *allgemeinen* Suiziddynamik wirksam ist (s. auch Abschnitt 1.2.2). In einem gewissen Ausmaß dürfte das Thema der Separation bei allen Suizidhandlungen eine Rolle spielen, wenngleich es in der narzißtischen Variante besonders ausgeprägt erscheint.

ähnlicher Art sind Bestandteil von Verwicklungen, die die Verbindung zwischen den Beteiligten letztlich stabil halten und sogar bekräftigen.

Eine narzißtisch Destabilisierung und Suizidgefährung tritt in dieser Variante dann ein, wenn die verdeckte „basale Solidarität“[14], die dieses sado-masochistische „Beziehungsspiel“ trägt, aufgekündigt wird, so daß der Objektverlust als Tatsache oder reale Gefahr im Raum steht. Die Suizidhandlung kann in diesem Fall als ein Versuch verstanden werden, das alte „Spiel“ in einer zugespitzten Form erneut aufzunehmen und das Objekt dadurch zu sichern. Es wurde außerdem die Erwartung formuliert, daß die mit Suizidhandlungen dieses Typs verbundenen Phantasien - wieder im Gegensatz zur narzißtischen Variante - stärker der äußeren Wirklichkeit angepaßt sind und eher mit realen Personen ausagiert werden. Interpersonelle Motive wie Buße, Selbstaufopferung, Rache und Revanche sollten bei dieser Variante daher häufiger und leichter aufzufinden sein.

In bezug auf das begleitende *interpersonelle Geschehen* wurde erwartet, daß die Patienten häufiger Objekte schildern, die ein willkürlich herabsetzendes, verletzendes und strafendes Verhalten zeigen, das den Patienten dominiert und erniedrigt. Die drei Elemente der willkürliche Verfügung, der Kontrolle und der Herabsetzung können durch die kombinierten Kodierungen *<u>SEPARATE</u> & CONTROL & BLAME* abgebildet werden (vgl. 4.3.2). Für die Patientenseite wurde erwartet, daß hier Verhaltensschilderungen vorherrschen sollten, bei denen der Patient die Erniedrigungen und Quälereien hinnimmt, um sich dadurch eine moralische Überlegenheit und Rechtfertigungen für vorwurfsvolle Klagen zu verschaffen. Die SASB-Kodierungen für diese beiden Verhaltensweisen - Unterwürfigkeit und Anklage - lauten <u>SUBMIT</u> und BLAME.

Als Erwartung wurde formuliert, daß diese Merkmale in Verbindung mit dem zentralen Konfliktmuster auftreten, wenn die depressiv-masochistische Suizidvariante bei einem Patienten vorliegt. Es wurde deshalb angenommen, daß die Kodierungen des zentralen Konfliktmusters (erste Zeile der nachfolgenden Formel) zusammen mit denjenigen der Variante (zweite Zeile) zu finden sein sollten:[15]

<u>TRUST</u> ↔ *IGNORE & BLAME*
⇒ <u>SUBMIT</u> & BLAME ↔ *<u>SEPARATE</u> & CONTROL & BLAME*

Der Pfeil „⇒“ stellt auch hier wieder dar, daß die Variante als Folge bzw. als Versuch einer Bewältigung der in der allgemeinen Beziehungsfigur beschriebenen Konfliktsituation zu verstehen ist.

Da nach dieser Formel für den Nachweis der depressiv-masochistischen Variante sechs Kodierungen vorliegen müssen, sind in diesem Fall sehr strenge Be-

[14] Vgl. Henseler (1974, S. 135)

[15] Die Kodierungen ATTACK und <u>SUBMIT</u> werden auch hier als hypothetische Elemente des zentralen Musters nicht mehr angeführt (vgl. dazu die Diskussion in Abschnitt 10.1). - Wie außerdem im achten Kapitel ausgeführt worden ist, können bei der Prüfung der theoretischen Erwartungen zu den Suizidvarianten auch solche repetitiven Beziehungsmuster der SASB-Fallbeschreibungen ausgewertet werden, die nur zwei Elemente des zentralen Konfliktmusters enthalten (vgl. 8.1).

dingungen für die Suche nach entsprechenden Beziehungsmustern in den Fallbeschreibungen der Patienten gegeben. Tatsächlich gibt es keinen einzigen Patienten, der in Verbindung mit dem zentralen Muster sämtliche der hier angeführten Kodierungen aufweist. Ich möchte deshalb im folgenden prüfen, ob mit einer inhaltlich begründeten Modifikation der Auswahlbedingung Patienten identifiziert werden können, deren Beziehungsmuster der gesuchten Variante zumindest nahekommen.

Ausgangspunkt sollen dabei wiederum die im achten Kapitel beschriebenen Beziehungsmuster sein, die im Kontext des zentralen Konfliktmusters auftreten und dieses modifizieren. Wie bereits dargestellt führen diese Muster neue Aspekte in das Beziehungsgeschehen ein, wodurch die mit dem zentralen Konfliktmuster beschriebene psychische Situation gewissermaßen „entschärft" wird.[16] In diesem Sinne können sie als Bewältigungsversuche interpretiert werden. Auch in Bezug auf die depressiv-masochistische Variante soll nun geprüft werden, ob eines oder mehrere dieser Muster Ähnlichkeiten mit Merkmalen der postulierten Variante aufweist.

Unter den im achten Kapitel diskutierten Beziehungsfiguren gibt des drei, die eine sadistische Qualität aufweisen:

1. Dazu gehört zunächst das sogenannte *Illoyalitätsmuster* mit den Kodierungen *SEPARATE & IGNORE* (vgl. 8.2.2). In Verbindung mit den Objektkodierungen des zentralen Konfliktmusters ergibt sich die Figur *SEPARATE & IGNORE & BLAME.* Mit dieser Kombination wird ein Objekt beschrieben, durch das sich der Patient willkürlich übergangen und gekränkt fühlt. Das sadistische Element ist vor allem mit dem Moment der Willkür gegeben, aber auch in der von den Patienten gelegentlich berichteten Wahrnehmung, daß die Nichtbeachtung von der Seite des Objekts gezielt für den Zweck der Demütigung eingesetzt wird.
2. Als zweites kommt das Muster der *zwanghaften Kontrolle* mit den Kodierungen *CONTROL & IGNORE* infrage (vgl. 8.2.3). In Verbindung mit den Objektkodierungen des zentralen Konfliktmusters ergibt sich die Figur *CONTROL & IGNORE & BLAME.* Mit dieser Kombination wird ein Objekt beschrieben, das den Patienten ohne Rücksicht auf dessen Bedürfnisse, Rechte und Empfindlichkeiten durch Forderungen und Verweise dominiert und dabei auch herabsetzt bzw. demütigt. Das sadistische Element ist in dem „blinden" Charakter dieser Anpassungforderung enthalten, die den Patienten gewissermaßen entrechtet und als Subjekt ignoriert.
3. Eine dritte Figur wird durch die *Kombination* der beiden eben genannten Muster der *Illoyalität* und *zwanghaften Kontrolle* gebildet. In Verbindung mit den Objektkodierungen des zentralen Konfliktmusters ergibt sich dann die recht komplexe Kombination *SEPARATE & IGNORE & BLAME & CONTROL.* Diese Zusammensetzung ist ebenfalls im achten Kapitel dargestellt worden

[16] Vgl. dazu Abschnitt 8.1.

(vgl. 8.2.4). Bei ihr tritt zu der willkürlichen Mißachtung das Moment der rücksichtlosen Kontrolle hinzu, so daß insgesamt ein sehr demütigendes Beziehungsverhalten beschrieben wird.

Alle diese drei Figuren weisen den Aspekt der *Nichtbeachtung und des Desinteresses* (*IGNORE*) auf, der in dem theoretisch postulierten depressiv-masochistischen Muster *nicht* enthalten war. Dies ist insofern bemerkenswert, als es innerhalb des zentralen Konfliktmusters gerade das Moment der Nichtbeachtung (als Anzeichen einer Abwendung des Gegenübers) ist, das die suizidale Dekompensation auslöst. Dieses Beziehungselement verändert jedoch in Verbindung mit den eben beschriebenen Mustern seine Bedeutung: Die Nichtbeachtung ist im Kontext dieser Beziehungsfiguren nicht mehr ausschließlich das Zeichen für einen drohenden Verlust oder eine endgültige Abwendung des Objekts, sondern im Gegensatz dazu das Mittel einer sadistischen Intention, mit der sich das Objekt dem Patienten *zuwendet*. Dies stellt eine Milderung jener bedrohlichen Beziehungserfahrungen dar, die im zentralen suizidalen Konfliktmuster formuliert sind. Der „Gewinn" des sadistischen Arrangements besteht somit darin, daß anstatt einer ernsten Abwendung oder Trennung die intensive Zuwendung des Objekts - wenngleich in demütigender Form - erlebt werden kann.[17] Dies stimmt recht gut mit den theoretischen Ausführungen zur depressiv-masochistischen Suizidvariante überein, in denen ebenfalls dargestellt wurde, daß in der masochistische Hingabe die ungeteilte und intensive Zuwendung des sadistischen Objekts gesucht wird (Rohde-Dachser, 1986; Gerisch, 1996).

Als weiteres wichtiges Kennzeichen der depressiv-masochistischen Variante wurde angegeben, daß in ihr das Objekt vom Patienten *festgehalten und gesichert* wird, während es umgekehrt in der narzißtischen Variante losgelassen und ersetzt wird. Der Patient erlebt sich als Opfer sadistischer Angriffe, die ihm jedoch gleichzeitig eine moralische Überlegenheit und Anrechte auf Wiedergutmachung sichern, mit denen er nun seinerseits auf das Gegenüber Druck ausübt. Diese Figur wird in dem Muster *Kontrolle durch Abhängigkeit* beschrieben (vgl. 8.3.4), das durch die kombinierten Kodierungen <u>TRUST</u> & CONTROL oder <u>TRUST</u> & BLAME dargestellt wird. Inhaltlich beschreibt es eine Situation, in der der Patient das Objekt durch seine Hilflosigkeit und Bedürftigkeit unter Druck setzt; innerhalb der sado-masochistischen Konstellation kann er den Durck noch dadurch verstärken, daß er sich als Opfer seines Gegenübers präsentiert, dieses als Täter anklagt und eine Wiedergutmachung einfordert.

Das Vorliegen mindestens eines der oben angegebenen sadistischen Muster auf der Objektseite *plus* der Figur „Kontrolle durch Abhängigkeit" auf der Patientenseite stellt nach diesen Überlegungen ein sinnvolles Kriterium für eine Auswahl jener Patienten dar, die am ehesten der depressiv-masochistischen Suizidvariante zugeordnet werden können. Dieses Kriterium ist für die Patientinnen WE1,

---

[17] Es ist wohl diese paradoxe Bedeutung der Kodierung *IGNORE*, die bei den Überlegungen zur depressiv-masochistischen Variante eingangs übersehen wurde und dazu geführt hat, daß sie in die SASB-Formulierung der Hypothese (vgl. 4.3.2) nicht aufgenommen wurde.

WE3, WE4 und für den Patienten MA2 erfüllt. WE3 weist zusätzlich das Rückzugsmuster der narzißtischen Suizidvariante auf, für MA2 wurden im Rahmen seiner Falldiskussion (vgl. 9.1) ebenfalls Rückzugstendenzen festgestellt. Wie eingangs ausgeführt worden ist, werden die beiden Suizidvarianten in der vorliegenden Arbeit nicht als sich wechselseitig ausschließende psychische Figuren aufgefaßt; Mischungen sind somit konzeptuell möglich. Um die Unterschiede zwischen beiden Varianten deutlicher herausarbeiten zu können, möchte ich im folgenden dennoch die hier genannten Fälle im Sinne eines Kontrasts denjenigen Patienten gegenüberstellen, die ausschließlich die Struktur der narzißtischen Rückzugsvariante aufweisen.

Ergebnisse der Untersuchung

In allen vier Fällen stellt die ernste Androhung oder der tatsächliche Vollzug einer *Trennung* jenes Ereignis dar, das die suizidale Krise herbeiführt. Der Ehemann von WE1 hatte der Patientin kurz vor ihrem Suizidversuch die endgültige Trennung angekündigt. WE4 ist während ihrer gesamten psychotherapeutischen Behandlung durchgängig mit ihrem Mann beschäftigt, der immer wieder tagelang von zuhause abwesend ist und allem Anschein nach eine Freundin hat. MA2 unternimmt einen Suizidversuch, nachdem er unter Alkoholeinfluß einen aggressiven Ausbruch hatte und gegenüber seiner Frau eine Szene veranstaltete; für diesen Fall hatte sie ihm den Rauswurf aus der Wohnung ultimativ angedroht. WE3 leidet unter Zweifeln, ob ihr Freund überhaupt ein wirkliches Interesse an ihr hat und ob er ihrer nicht in Wahrheit bereits überdrüssig ist; sie schildert immer wieder Szenen, in denen kleine Unaufmerksamkeiten in ihr das Gefühl auslösen, daß eigentlich schon alles aus ist und er sie bald verlassen wird. Für alle vier Patienten bzw. Patientinnen ist es bezeichnend, daß sie - anders als die Patienten der narzißtischen Variante - in den Therapiegesprächen auch quantitativ gesehen besonders häufig mit ihren Partnern beschäftigt sind.[18]

Die Gegenprobe bestätigt, daß das Trennungsthema bei den Patienten der narzißtischen Suizidvariante eine andere Bedeutung hat. Auch für diese ist eine Abwendung, „Eigenbewegung“ oder der Verlust wichtiger Objekte auslösend für die suizidale Zuspitzung, jedoch ist es hier weniger die reale Trennung im Außen, die zu der Krise führt, sondern vor allem das Moment der Nicht-Verfügbarkeit des Gegenübers und die dadurch erlittene narzißtische Einbuße. Die Patienten

[18] Dies kann man den SASB-Fallbeschreibungen entnehmen, die im Anhang wiedergegeben werden: WE1 weist 14 repetitive Muster auf; in allen diesen Mustern geht es entweder ausschließlich oder zumindest auch um den Ehemann. WE3 beschäftigt sich in 6 von 10 Mustern entweder ausschließlich oder teilweise mit ihremn Partner. Bei WE4 geht es in 6 von 7 Mustern um den Ehemann. MA2 berichtet in allen 6 Mustern ausschließlich oder teilweise über seine Frau. - Die Gegenprobe für die vier Patienten, die ausschließlich die Rückzugsvariante aufweisen, ergibt: Bei MA1 ist in nur 2 der 7 Muster von seiner Frau die Rede. MA4 und MA5 haben keine Partnerschaft. WE2 berichtet zwar in 2 ihrer 4 Muster unter anderem auch von ihrem Freund, eine genauere Untersuchung ergibt jedoch, daß es nur in relativ wenigen Episoden um ihn alleine geht; häufiger wird er in den Beziehungsepisoden als Teil eines Freundeskreises eingeführt, zu dem sich die Patientin als Ganzes verhält.

sind deshalb in der Folge weniger mit dem Objekt als mit der narzißtischen Beschädigung beschäftigt, die die Enttäuschung hervorgerufen hat. In diesem Bild mischen sich zwei unterschiedliche Momente. Einerseits ist das jeweilige Gegenüber stärker als Selbstobjekt funktionalisiert und deshalb weniger als eigenständige und von dem Selbst differenzierte Person anerkannt. Andererseits konnten wir bei einigen Patienten erkennen, daß die tatsächliche Bedeutung des Objektes nach der Enttäuschung in einem defensiven Akt verleugnet und im Zuge einer forcierten Verselbständigung herabgesetzt wird.[19] Dennoch fällt auf, daß bei den narzißtischen Patienten das äußere Objekt niemals jene übergroße Wertigkeit besitzt, die bei den Fällen der depressiv-masochistischen Variante ins Auge fällt und die Betroffenen in eine Art „Satellitenexistenz" versetzt, die eine Trennung unmöglich zu machen scheint. Damit stimmt die Beobachtung überein, daß Partnerschaften bei der narzißtischen Variante in keinem Fall jenes exklusive Konfliktfeld darstellt, das die Suizidgefährung alleine hervorruft.

> MA4 und MA5 haben keine Partnerschaft. Bei MA1 sind für die Krise in erster Linie Schwierigkeiten am Arbeitsplatz und dort erlittene Zurücksetzungen verantwortlich. Bei MA3 spielen Konflikte in der Beziehung zur Freundin bei dem Suizidversuch eine wichtige Rolle; ebensowichtig sind jedoch berufliche Rückschläge und vor allem Kränkungen im Verhältnis zum Vater, dessen Anerkennung der Patient sucht. Bei WE2 ist ein Vorfall in der Beziehung zu ihrem Partner zwar der unmittelbare Auslöser für den Suizidversuch, in ihren Schilderungen stellt sie dieses Ereignis jedoch lediglich als den Schlußpunkt einer längeren Entwicklung dar, die von Niedergeschlagenheit und zunehmenden Gefühlen der Sinnlosigkeit in allen Lebensbereichen geprägt war.

In einem weiteren Schritt soll nun geprüft werden, ob das für die depressiv-masochistische Variante vermutete Merkmal der *Idealisierung* in den Beziehungsgestaltungen empirisch feststellbar ist. Wir erinnern uns daran, daß unseren Annahmen entsprechend die bedeutsamen (partnerschaftlichen) Beziehungen der Betroffenen durch ein sado-masochistisches „Spiel" bestimmt sein sollten, durch dessen Hilfe die Verbindung einen besonderen und „exklusiven" Charakter bekommt. Es wurde angenommen, daß die Beteiligten sich mit ihren sado-masochistischen Inszenierungen die Gewißheit geben, daß ihre wechselseitige Zuwendung absolut und ungeteilt ist. Die krisenhafte Zuspitzung würde nach diesem Verständnis in dem Moment einsetzen, in dem einer der Partner diese Beziehungsform aufkündigt und sich ernsthaft aus der Verbindung zu lösen beginnt. Der suizidale Akt würde unter dieser Perspektive den Versuch darstellen, das „Spiel" in einer ultimativen Form erneut in Gang zu setzen.

Die Untersuchung des Materials der vier Patienten bzw. Patientinnen führt zu dem Schluß, daß diese Vermutung *nicht* zutrifft - jedenfalls nicht in dieser Form. Die Beziehungsgestaltungen der Patienten weichen von der theoretisch postulier-

[19] Deutlich bei MA3 und MA4, vgl. die Falldiskussionen in Abschnitt 9.1.

ten Struktur im eben genannten Punkt erkennbar ab. Es fehlen vor allem deutliche Hinweise auf jenes wechselseitige Einverständnis oder jene „basale Solidarität", die als Grundlage des sado-masochistischen Arrangements behauptet wurden. Der Patient und die drei Patientinnen erleben die von ihnen berichteten quälerischen Beziehungsfiguren keinesfalls als etwas, das sie mit ihren Partnern stärker verbinden und eine innigere Gemeinsamkeit mit ihnen herstellen würde.

Zur Erklärung dieses Musters muß deshalb nach anderen Motiven gesucht werden. Als Möglichkeit bieten sich die Überlegungen an, die oben zur Bedeutung der Kodierung *IGNORE* im Kontext sadistischer Beziehungsarrangements angestellt wurden. Ein Gewinn solcher Arrangements scheint darin zu bestehen, daß die von der Seite des Objekts erfahrene Zurückweisung und Ignoranz nicht als Anzeichen eines drohenden Verlustes wahrgenommen werden, sondern als eine gezielte Zumutung, mit der eine Kränkung des Patienten *intendiert* wird. Die Betroffenen sagen sich gewissermaßen: „Es (das Objekt) verläßt mich nicht, es will mich nur quälen." Und weiter: „Solange es mich quält, bedeute ich ihm etwas." Solange an dieser Umdeutung festgehalten werden kann, ist der Betroffene noch nicht wirklich verlassen worden. Im Verlauf der Therapien läßt sich an einigen Stellen beobachten, wie dieser Selbstschutz brüchig wird und dann eine Suizidgefährung eintritt. Patientin WE1, deren Ehemann eine Freundin hat und während der Behandlung aus der gemeinsamen Wohnung auszieht, hält trotz dieses Ereignisses gleichsam unerschütterlich an der Klage fest, daß sein Verhalten eine empörende Gemeinheit und Ungerechtigkeit darstellt. Man gewinnt den Eindruck, daß diese konstante Klage dazu dient, die mit der Trennung vollzogene Zäsur zu leugnen. Die Patienten gerät erneut in eine suizidale Verfassung, als ihr Mann schließlich die Scheidung ankündigt. Die dadurch erzwungene Vergegenwärtigung der Trennung löst bei der Patientin überwältigende Gefühle von Nichtigkeit und Verlorenheit aus.

Als weiteres Moment der depressiv-masochistischen Suizidvariante wurde angegeben, daß der Patient sich in seinen Beziehungsgestaltungen zum Opfer macht, um sich damit ein inneres Anrecht auf Wiedergutmachung zu verschaffen und gleichzeitig eine moralische Überlegenheit zu sichern, mit der er sich gegen das Objekt wenden und dieses unter Druck setzen kann. Hinsichtlich dieses Merkmals fällt der Vergleich mit den hier betrachteten Patienten günstiger aus. Die genannte Beziehungsfigur wird empirisch recht gut in dem Muster der *Kontrolle durch Bedürftigkeit* abbildet, das alle vier Fälle aufweisen. Die entsprechenden Beziehungsschilderungen zeigen, daß auch dieses Muster letztlich dazu dient, die Trennung zu verleugnen. Es ist in diesem Fall so, als würden der Patient bzw. die Patientinnen sich immer wieder sagen: „Wenn es (das Objekt) mich so quält, dann kann noch nicht alles zuende sein. Dann ist es für mich und das, was es mir angetan hat, verantwortlich und muß sich um mich kümmern." Im Rahmen der Falldiskussionen zu diesen Patienten (vgl. 9.1) habe ich erwähnt, daß das Muster der *Kontrolle durch Bedürftigkeit* bei drei Patienten (WE1, WE4 und MA2) nachweislich auch in der Ausgestaltung ihrer Suizidversuche wirksam war. Sie präsentieren sich dabei als Opfer und ihre Tat als eine verzweifelte Antwort auf das ihnen widerfahrene Schlimme; dies berechtigt sie dazu, von ihrem Gegenüber endlich jene Empathie und fürsorgliche Wiedergutmachung einzufordern, die ihnen nach ihrer Überzeugung zusteht. Die Suizidversuche haben dementsprechend einen ausgeprägter appellativen Charakter.

Zusammenfassend kann man festhalten, daß in den Beziehungsgestaltungen der vier für diese Variante in Frage kommenden Patienten *keine* wechselseitigen Idealisierungen der vermuteten Art zu finden sind und daß auch eine damit zusammenhängende basale wechselseitige Verbundenheit innerhalb der sadomasochistischen Konstellation fehlt. Die sadistische Ausgestaltung des Objektverhaltens stellt sich in den Schilderungen stattdessen als Antwort auf die ernsthaft Androhung einer Trennung dar und dient ihrer Verleugnung. Diese Verleugnung wird zum einen durch eine Umdeutung erreicht, die die Abwendung und Ignoranz des Gegenübers zu einem sadistischen Akt macht, der als eine besondere Form der Zuwendung und des Interesses erlebt wird. Diese Deutung wird zweitens durch ein masochistisches Selbstbild unterstützt, in dem der Patient sich als Opfer versteht und die Erwartung beschwört, das Objekt werde durch die Wahrnehmung des von ihm verursachten Leidens in der Verantwortung festgehalten und eine Trennung dadurch unmöglich gemacht. Die Suizidhandlung kann als Versuch interpretiert werden, diese Verleugnung in einer forcierten Form aufrechtzuerhalten.

Die zuletzt genannten Momente decken sich teilweise mit den Annahmen zu einer depressiv-masochistischen Suizidvariante, so daß trotz der angegebenen Unterschiede Ähnlichkeiten durchaus existieren. Eine weitere Übereinstimmung betrifft die Erwartung, daß Suizidhandlungen nach dem depressiv-masochistischen Muster stärker in einen interpersonellen Kontext eingebunden sein sollten, so daß objektbezogene Motive wie z.B. das der Unterwerfung, der Selbststilisierung als Opfer, der Anklage und Revanche erkennbar sind (vgl. 1.2.5). Diese Annahme finden wir bei den vier Patienten ebenso bestätigt wie die damit zusammenhängende Tendenz, die inneren Beziehungsbereitschaften im Außen in der Form auszugestalten, daß den vorwurfsvollen Klagen nachvollziehbare reale Anlässe entsprechen: Die Objektschilderungen hinterlassen beim Hörer an vielen Stellen den Eindruck, daß die von den Patienten berichteten Zumutungen real und ihre Klagen durchaus berechtigt sind.

Weitere Beobachtungen zur depressiv-masochistischen Suizidvariante

Ein einzelner Fall gibt Hinweise darauf, daß mit der depressiv-masochistischen Variante noch weitere Motive verbunden sein können. Es handelt sich um Patientin WE4. Der suizidale Akt scheint in ihrem Fall nicht ausschließlich der Verleugnung einer drohenden Trennung zu dienen, sondern zusätzlich die Funktion zu haben, die mit einem *eigenen* Trennungswunsch verbundene Schuld im Sinne einer Bußhandlung zu bewältigen. Man kann deshalb sagen, daß sie ihren Suizidversuch auch deshalb unternimmt, um sich von dem Objekt endlich trennen zu *dürfen*.

Das dominierende Thema der Therapiegespräche mit dieser Patientin ist die Beziehung zum Ehemann, der neben der Familie ein nicht ganz durchsichtiges Eigenleben führt. Manchmal bleibt er tagelang ohne Erklärung außer Haus, allem Anschein nach hat er eine Freundin. Um seine Aufgaben als Hausmeister kümmert er sich ziemlich sporadisch, so daß die Patientin dauernd hinter ihm herarbeiten und seine Unzulänglichkeiten ausgleichen muß. Gleichzeitig quält er sie, indem er etwa Gegenstände versteckt, unsinnige Verbote ausspricht oder kränkende Behauptungen über sie aufstellt. Seit etwa 20 Jahren ist er Alkoholiker, was jedoch von der Patientin weitgehend verleugnet wurde. Auch die offensichtliche Tatsache, daß ihr Mann eine andere Beziehung hat, scheint sie zumindest am Anfang der Gespräche kaum zu realisieren. Zugleich ist sie in einer Haltung chronischer Empörung völlig auf ihn fixiert. Durch die endlose Auflistung der von ihm erlittenen Zumutungen scheint sie eine Rechnung aufzunmachen, die seine Schuld belegt und ihre Anrechte auf Wiedergutmachung begründen. Auch im Zusammenhang mit ihrem Suizidversuch ist eine vorwurfsvolle Geste gegen den Ehemann unübersehbar: Die Patientin macht sich nach der Einnahme von Tabletten genau zu dem Zeitpunkt auf den Weg ins Krankenhaus, als ihr Mann alkoholisiert nach Hause kommt.

Die gerade beschriebenen Momente stimmen gut mit dem eben diskutierten depressiv-masochistischen Muster überein. Die Patientin fürchtet eine Trennung und reagiert darauf, indem sie diese Drohung verleugnet und den Fortbestand der Beziehung innerhalb einer Opfer-Täter-Phantasie beschwört. Der weitere Verlauf zeigt jedoch interessanterweise[20], daß die Patientin nach ihrem Suizidversuch einen enormen Aufschwung erlebt, viele Angelegenheiten aktiv in die Hand nimmt und vor allem eine zuvor halbherzig in die Wege geleitete Scheidung nun energisch vorantreibt. Man gewinnt hier den Eindruck, daß ihr inneres „Schuldenkonto" durch den Suizidversuch soweit entlastet worden ist, daß damit die Verbindlichkeiten gegenüber dem Objekt abgegolten sind und sie sich eine Trennung endlich gestatten darf. In einer Nachuntersuchung ein Jahr nach dem Therapieende hat die Patientin die Trennung vollzogen und bereits einen neuen Partner kennengelernt, mit dem anscheinend eine befriedigendere Beziehung möglich ist.

Dieser Fall weist darauf hin, daß bei Suizidhandlungen mit masochistischem Charakter neben dem oben beschriebenen Motiv der Trennungsverleugnung auch Schuldgefühle dynamisch bedeutsam sein können, die als Konsequenz *eigener* Trennungswünsche auftreten. Ein biographischer Vorläufer für diese Konstellation ist bei der Patientin leicht zu entdecken: Der Vater war genau wie ihr Mann alkoholkrank und aufgrund seiner zunehmenden Verwahrlosung und sozialen Randständigkeit eine Quelle von Sorge und Beschämung zugleich. Einmal suchte er nachts den Arbeitgeber der Patientin auf, um sich Geld zu beschaffen. Die

[20] Aus der Epikrise zu dieser Patienten ersichtlich.

Patientin wurde daraufhin (freundlich) ermahnt, worauf sie von sich aus kündigte. Mit Sicherheit spielten dabei neben der Beschämung auch Gefühle der Loyalität und Schuld dem Vater gegenüber ein wichtige Rolle, so daß die Kündigung auch als Beweis ihrer Treue zu verstehen ist. Dieser Fall macht darauf aufmerksam, daß man bei masochistischen Suizidhandlungen neben dem Versuch der Objektbindung auch auf das gegenläufige Motiv eines schuldhaft erlebten Loslösungswunsches zu achten hat.

10.3 Überlegungen zu einem Sonderfall

Patientin WE5 wurde bereits an anderer Stelle als „Sonderfall" diskutiert, weil ihre SASB-Fallbeschreibung das zentrale Konfliktmuster TRUST ↔ *IGNORE & BLAME nicht* aufweist (vgl. 7.3.1). Statt dessen findet man bei ihr das reduzierte Muster TRUST ↔ *IGNORE*, in dem das Moment der Kränkung ausgespart ist. Die Patientin beschreibt in den entsprechenden Beziehungsepisoden eine Beziehungsfigur, in der sie von einem Objekt abhängig ist (TRUST), das sie nicht beachtet oder übergeht (*IGNORE*). Das Besondere ist jedoch, daß sie sich durch dieses Verhalten in keiner Weise herabgesetzt oder entwertet fühlt (*kein BLAME*). Dies ist möglich, weil die in den Gesprächen hauptsächlich thematisierte Beziehung - das Liebesverhältnis zu einem deutlich älteren und verheirateten Mann - zu einer Art „mystischen Verbindung" stilisiert wird, die auch dann auf geheimnisvolle Weise unangetastet bleibt, wenn sich dieser Freund z.B. wochenlang ohne Erklärung von ihr zurückzieht. In ihren Schilderungen bleiben solche äußeren Trennungen marginal, weil sie mit ihrem Partner gewissermaßen schicksalshaft verbunden ist. Wenn er sich nicht meldet, dann kann dies zum Beispiel bedeuten, daß er sich gegen die Übermacht seiner Leidenschaft (vergeblich) zu wehren versucht; die Patientin erlebt dementsprechend triumphale Momente, wenn er sich schließlich doch einfindet und dadurch seine Abhängigkeit unter Beweis stellt. Die langen Zeiten des Wartens, in denen sie sich völlig auf geringe Möglichkeit einstellt, daß er unerwartet doch einmal kommen könnte, stellen deshalb keine wirklich demütigende Unterwerfung dar; sie sind gleichsam ein „Dienst", der in der sicheren Erwartung ausgeführt wird, daß er schließlich kommen und ihre Macht über ihn wieder bestätigen wird. In zahlreichen Szenen wird geschildert, wie beide ihre wechselseitige Abhängigkeit und ihre Macht übereinander in der Gewißheit der Besonderheit und Exklusivität ihrer Beziehung inszenieren und auskosten. An anderer Stelle habe ich zwei Schilderungen der Patientin zitiert, in denen diese Figur sichtbar wird (vgl. 7.3.1).

Die Patientin hat mindestens sieben Suizidversuche hinter sich, die alle durch Enttäuschungen in dieser oder ähnlich gearteten früheren Liebesbeziehungen ausgelöst wurden. Die Versuche waren zum Teil ernsthaft und gefährlich.[21] Einige Tage vor dem aktuellen Suizidversuch hatte sich ihr Partner zum wiederholten

[21] Vgl. die Falldiskussion in Abschnitt 9.1.

Male von ihr getrennt. Dieser Trennung kam diesmal jedoch eine besondere Bedeutung zu, weil die Patientin einige Zeit zuvor auf sein energisches Drängen hin eine Abtreibung hatte vornehmen lassen. Sein Rückzug schien auf diesem Hintergrund bedrohlicher zu sein als sonst, weil er als Anzeichen für eine endgültige Trennung zu deuten war, vielleicht aber auch deshalb, weil mit der Abtreibung in das exklusive Beziehungsphantasma ein Stück unabweisbare Realität eingebrochen war. Die Patientin hatte dem Freund ihren Suizid angekündigt, indem sie ihm einen Brief zukommen ließ, der ihr Vorhaben indirekt zu erkennen gab. Durch ein ähnliches Arrangement hatte sie ihn bereits schon einmal nach einer Trennung zum Einlenken bewegen können.

Die Patientin hatte ihren früheren Suizidversuchen durch bestimmte Arrangements öfters eine feierliche oder sogar mystische Aura beigegeben. In einem Fall versuchte sie, sich mit einem Föhn in der Badewanne zu töten, nachdem sie sich zuvor mit Musik und Kerzenschein eingerichtet hatte. Ihre Suizidversuche sind außerdem mit Phantasien verbunden, von Gott wegen dieser Tat als große Sünderin verurteilt zu werden, was für sie gleichzeitig die Bedeutung eines Erwähltwerdens zu haben scheint. An vielen Stellen betont sie im Vergleich zu den „normalen Menschen" ihre Andersartigkeit, die von Gott gewollt sei und sie daher aus der Masse heraushebe. Bei ihren Suizidversuchen spielen auch Wünsche nach extremen Erfahrungen eine bedeutsame Rolle, z.B. Sehnsüchte nach visionären Erlebnissen, die sie auf der Schwelle zum Tod zu finden glaubt. Selbst dem Scheitern der Versuche wird eine höhere Bedeutung in der Weise zugeschrieben, daß Gott sie errettet habe und folglich etwas mit ihr vorhabe.

Es ist auffallend, daß das hier beschriebene Wechselspiel von Abhängigkeit und Macht, Unterwerfung und Triumph gut jenem Muster entspricht, das eingangs im Zusammenhang mit der sado-masochistischen Suizidvariante dargestellt wurde. Im Unterschied zu den im letzten Abschnitt diskutierten Patienten findet man hier auch das Phantasma einer basalen Übereinstimmung und Union zwischen den Beteiligten, das bei jenen fehlte und im Fall dieser Patientin gerade durch das Muster der wechselseitigen Unterwerfungen und Erhöhungen in Szene gesetzt und affirmiert wird. Allerdings fehlt in den manifesten Schilderungen der Patientin völlig das Moment der Kränkung (vgl. 7.3.1). Während bei den oben diskutierten Patienten das Objekt durch eine vorwurfsvolle Klage festgehalten wird, in der die erlittenen Kränkungen und Ungerechtigkeiten empört aufgerechnet und mit einer Wiedergutmachungsforderung verbunden werden, stellt WE5 geradezu mit Stolz eine sich immer wieder verwandelnde Szenerie von potentiell demütigenden Abhängigkeiten und triumphalen Erlebnissen der eigenen Mächtigkeit über das hörigen Gegenüber dar, so daß eine Atmosphäre der Exklusivität und Besonderheit geschaffen wird, die das Element der Kränkung geradezu ausschließt (daher das Fehlen der Kodierung *BLAME*).

Ereignisse, die eine trennende Bedeutung haben und somit Haß hervorrufen könnten, werden im Sinne einer geheimen, nicht angreifbaren Übereinstimmung der Beteiligten umgedeutet. Interaktionen, die eine persönliche Kritik enthalten, werden von der Patientin in Verbindung mit ihrer Liebesbeziehung gar nicht geschildert. Zweifel an ihr kommen ausschließlich aus der Welt der „anderen", d.h. von der Seite jener Menschen, von denen sie aufgrund ihrer Andersartigkeit ohnehin nicht verstanden werden kann und deren Ablehnung daher eher eine Bestätigung darstellt. Dennoch leuchtet an einzelnen Stellen, in denen sie von solchen Anzweifelungen berichtet, ein intensiver Haß auf. In den engen Beziehungen hingegen scheinen Differenzen ganz zu fehlen. Auch in der therapeutischen Beziehung - soweit sie an dem Material nachvollzogen werden kann - ist ein starke Tendenz zur wechselseitigen Übereinstimmung spürbar und für den Ablauf der Gespräche bestimmend. Verschiedene Interventionen des Therapeuten, die der Patientin vorsichtig eine Anerkennung auch enttäuschender Erfahrungen nahelegen, werden von der Patientin kategorisch zurückgewiesen (vgl. 7.3.1).

Patientin WE5 entspricht in Bezug auf den idealisierenden Charakter ihrer Beziehungsgestaltungen den theoretischen Erwartungen zu einer depressiv-masochistischen Variante *besser* als die im letzten Abschnitt diskutierten Patienten. Der Fall zeigt, daß diese Idealisierung und die damit verbundene Bedingung der totalen Übereinstimmung jede Möglichkeit einer kritischen Unterscheidung zunichte machen. Man kann vermuten, daß das Ausmaß der Gekränktheit und der Wut im Falle einer selbst geringfügigen Abweichung von diesem Konsens so gewaltig ist, daß solche Gefühle innerhalb der idealisierten Beziehung normalerweise gar nicht erlebt werden können; wir finden bei dieser Patientin deshalb eine Spaltung zwischen dem Phantasma des „idealen Paars" und einer Außenwelt, die entweder verachtet wird oder als verhaßter Verfolger in Erscheinung tritt.

Bei der Analyse des zentralen Konfliktmusters suizidaler Patienten <u>TRUST</u> [ATTACK & <u>SUBMIT</u>] ↔ *IGNORE & BLAME* wurde weiter oben argumentiert (s. 10.1.2), daß die Elemente der der Ohnmacht (<u>SUBMIT</u>) und des Hasses (ATTACK) nicht empirisch erfaßt werden können, weil sie als unerträglich erlebt und deshalb von den Patienten nicht als Teil eines interpersonellen Geschehens geschildert werden können; der Zustand der Ohnmacht wird durch den suizidalen Akt beendet, bei dem der Haß in abgespaltener Form abseits der äußeren Beziehung am eigenen Körper ausagiert wird. Auf dem Hintergrund der gerade angestellten Überlegungen kann für den Fall WE5 ergänzt werden, daß hier offenbar *zusätzlich* das Moment der Kränkung (*BLAME*) für die SASB-Methode unsichtbar bleibt, weil dieser Patientin eine Anerkennung enttäuschender Erfahrungen prinzipiell nicht möglich zu sein scheint und daher die Schilderung entsprechender Erfahrungen im manifesten Gesprächstext fehlt.[22]

[22] Vgl. auch 7.3.1; dort wird über die erfolglosen Versuche des Therapeuten berichtet, mit der Patientin offensichtliche Enttäuschungen zu thematisieren.

Literatur

Abelin, E.L (1975). Some further observations and comments on the earliest role of the father. International Journal of Psycho-Analysis, 56, 293-302.

Abraham, K. (1912/1982). Ansätze zur psychoanalytischen Erforschung und Behandlung des manisch-depressiven Irreseins und verwandter Zustände. Gesammelte Schriften, Bd.I. Frankfurt a.M.: Fischer.

Abraham, K. (1924/1982). Versuch einer Entwicklungsgeschichte der Libido auf Grund der Psychoanalyse seelischer Störungen. Gesammelte Schriften, Bd.II. Frankfurt a.M.: Fischer.

Altmeyer, H.-J., Lörch, B. (1988). Wie Phoenix aus der Asche? Eine Typologie der Suizidhandlung unter handlungstheoretischen Aspekten. Unveröff. Diplomarbeit, Psychologisches Institut der Universität Heidelberg.

Alvarez, A. (1972). The savage god. New York: Random House.

Asch, S.S. (1980). Suicide, and the hidden executioner. International Review of Psycho-Analysis, 7, 51-60.

Backhaus, K., Erichson, B., Plinke, W., Schuchard-Ficher, C., Weiber, R. (1987). Multivariate Analysemethoden. Berlin etc.: Springer.

Bakeman, R., Gottman, J.M. (1986). Observing interaction. Cambridge: Cambridge University Press.

Barber, J.P., Crits-Christoph, P., Luborsky, L. (1990). A guide to the CCRT standard categories and their classification. In L. Luborsky, P. Crits-Christoph (Eds.), Understanding transference. The CCRT method. New York: Basic Books.

Battegay, R. (1991). Narzißmus und Objektbeziehungen. Bern etc.: Huber.

Becker, P. (1995). Seelische Gesundheit und Verhaltenskontrolle. Göttingen etc.: Hogrefe.

Benjamin, J. (1990). Die Fesseln der Liebe. Psychoanalyse, Feminismus und das Problem der Macht. Basel und Frankfurt a.M.: Stroemfeld/Roter Stern.

Benjamin, L.S. (1974). Structural Analysis of Social Behavior. Psychological Review, 81, 392-425.

Benjamin, L.S. (1977). Structural analysis of a family in therapy. Journal of Consulting and Clinical Psychology, 45, 391-406.

Benjamin, L.S. (1979a). Structural analysis of differentiation failure. Psychiatry, 42, 1-23.

Benjamin, L.S. (1979b). Use of Structural Analysis of Social Behavior (SASB) and Markov chains to study dyadic interactions. Journal of Abnormal Psychology, 88, 303-319.

Benjamin, L.S. (1982). Use of Structural Analysis of Social Behavior (SASB) to guide intervention in psychotherapy. In J.C. Anchin, D.J. Kiesler (Eds.), Handbook of interpersonal psychotherapy. New York etc.: Pergamon Press.

Benjamin, L.S. (1983). The INTREX user's manual, Part I and II (Computer program manual). Madison, W.I.: Intrex Interpersonal Institute.

Benjamin, L.S. (1984). Principles of prediction using Structural Analysis of Social Behavior. In R.A. Zucker, J. Aronoff, A.I. Rabin (Eds.), Personality and the prediction of behavior. Orlando etc.: Academic Press.

Benjamin, L.S. (1986a). Adding social and intrapsychic descriptors to axis I of DSM-III. In T. Millon, G.L. Klerman (Eds.), Contemporary directions in psychopathology. Toward DSM-IV. New York: The Guilford Press.

Benjamin, L.S. (1986b). Operational definition and measurement of dynamics shown in the stream of free associations. Psychiatry, 49, 104-129.

Benjamin, L.S., Foster, S.W., Roberto, L.G., Estroff, S.E. (1986). Breaking the family code: Analysis of videotapes of family interactions by Structural Analysis of Social Behavior (SASB). In L.S. Greenberg, W.M. Pinsof (Eds.), The psychotherapeutic process: A research handbook. New York: The Guilford Press.

Benjamin, L.S. (1987a). Use of the SASB dimensional model to develop treatment plans for personality disorders. I: Narcissism. Journal of Personality Disorders, 1, 43-70.

Benjamin, L.S. (1987b). An interpersonal approach. Journal of Personality Disorders, 1, 334-339.

Benjamin, L.S. (1987c). Use of Structural Analysis of Social Behavior (SASB) to define and measure confrontation in psychotherapy. In W. Huber (Ed.), Progress in psychotherapy research. Louvain-la-Neuve: Presses Universtitaires de Louvain.
Benjamin, L.S. (1988). SASB short form user's manual. Salt Lake City, Utah 84103, 675 Cortey Street.
Benjamin, L.S. (1993). Interpersonal diagnosis and treatment of personality disorders. New York & London: Guilford Press.
Campbell, D. (1995). The role of the father in a pre-suicide state. International Journal of Psycho-Analysis, 76, 315-323.
Carson, R.C. (1969). Interaction concepts of personality. Chicago: Adline.
Chasseguet-Smirgel, J. (1987). Das Ichideal. Frankfurt a.M., Suhrkamp.
Chodorow, N. (1985). Das Erbe der Mütter: Psychoanalyse und Soziologie der Geschlechter. München: Frauenoffensive.
Cohen, J. (1960). A coefficient of agreement for nominal scales. Educational and Psychological Measurement, 20, 37-46.
Cohen, J. (1968). Weighted Kappa: Nominal scale agreement with provision for scaled disagreement or partial credit. Psychological Bulletin, 70, 213-220.
Crits-Christoph, P., Cooper, A., Luborsky, L. (1990). The measurement of accuracy of interpretations. In L. Luborsky, P. Crits-Christoph (Eds.), Understanding transference. The CCRT method. New York: Basic Books.
Crits-Christoph, P., Baranackie, K. (1992). The quantitative assessment of relationship themes: A merger of SASB and the CCRT. Unveröff. Vortrag im Rahmen des SPR-Meetings in Berkeley 1992.
Curtis, J.T., Silberschatz, G. (1986). Clinical implications of research on brief dynamic psychotherapy: I. Formulating the patient's problems and goals. Psychoanalytic Psychology, 3, 13-25.
Curtis, J.T.; Silberschatz, G., Sampson, H., Weiss, J. (1988). Developing reliable psychodynamic case formulations: An illustration of the plan diagnosis method. Psychotherapy, 25, 256-265.
Curtis, J.T., Silberschatz, G., Sampson, H., Weiss, J. (1994). The plan formulation method. Psychotherapy Research, 4, 197-207.
Dahl, H. (1988). Frames of mind. In H. Dahl, H. Kächele, H. Thomä (Eds.), Psychoanalytic process research strategies. Berlin etc.: Springer.
Dahl, H.; Kächele, H., Thomä, H. (Eds.) (1988). Psychoanalytic process research strategies. Berlin etc.: Springer.
Dahl, H., Teller, V. (1994). The characteristics, identification, and applications of FRAMES. Psychotherapy Research, 4, 253-276.
Dahlbender, R.W., Volkert, M., Torres, L., Pokorny, D., Frevert, G., Reichert, S., Kächele, H. (1992). Intra- and intersubjectivity in relationship anecdotes paradigm (RAP) interviews. Unveröff. Vortrag im Rahmen des SPR-Meetings in Berkeley 1992.
Dahlbender, R.W., Torres, L., Reichert, S., Stübner, S., Frevert, G., Kächele, H. (1992) Die Praxis des Beziehungsepisodeninterviews. Zeitschrift für Psychosomatische Medizin und Psychoanalyse, 39, 51-62.
Dinnerstein, D. (1979). Das Arrangement der Geschlechter. Stuttgart: Deutsche Verlagsanstalt.
Dührrsen, A. (1967). Zum Problem des Selbstmordes bei jungen Mädchen. Göttingen, Verlag für Medizinische Psychologie.
Duncan, S. (1974). On the structure of speaker-auditor interaction during speaking turns. Language in Society, 2, 161-180.
Duncan, S., Fiske, D.W. (1977). Face-to-face interaction. New York etc.: Wiley & Sons.
Eckes, T., Roßbach, H. (1980). Clusteranalysen. Stuttgart etc.: Kohlhammer.
Fenichel, O. (1945/1983). Psychoanalytische Neurosenlehre. Frankfurt a. M. etc.: Ullstein.
Fiedler, P., Rogge, K.-E. (1990). Veränderung durch Beziehung? Studien über Empathie und Lenkung in der kognitiven Psychotherapie. In V. Tschuschke, D. Czogalik (Hrsg.), Psychotherapie - welche Effekte verändern? Zur Frage der Wirkungsmechanismen therapeutischer Prozesse. Berlin etc.: Springer.
Fiedler, P. (1994). Persönlichkeitsstörungen. Weinheim, Beltz-Verlag.
Fiedler, P., Leeb, B., Ernst, S., Kohlhoff, A., Mundt, Ch. (1994). "Verdeckte Kritik" als "Expressed Emotion" (EE) in der Partnerschaft depressiver Patienten: eine Konstruktvalidierung mittels SASB. Zeitschrift für Klinische Psychologie, 23, 52-60.
Fiedler, P., Vogt, L., Rogge, K.-E., Schulte, D. (1994). Die prognostische Relevanz der Autonomie-Entwicklung von Patienten in der verhaltenstherapeutischen Phobienbehandlung: eine Prozeßanalyse mittels SASB. Zeitschrift für Klinische Psychologie, 23, 202-212.

Finger, U. (1980). Das Trennungstrauma in der narzißtischen Persönlichkeitsstörung. Psychoanalyse, 1, 41-61.
Fischer, G. (1989). Dialektik der Veränderung in Psychoanalyse und Psychotherapie. Heidelberg: Asanger.
Freedman, M.B., Leary, T.F., Ossorio, A.G., Coffey, H.S. (1951). The interpersonal dimension of personality. Journal of Personality, 20, 143-161.
Freud, S. (1912/1982). Zur Dynamik der Übertragung. Studienausgabe, Ergänzungsband. Frankfurt a.M.: Fischer.
Freud, S. (1914/1982). Zur Einführung des Narzißmus. Studienausgabe, Band III. Frankfurt a.M.: Fischer.
Freud, S. (1917/1982). Trauer und Melancholie. Studienausgabe, Band III. Frankfurt a.M.: Fischer.
Freud, S. (1920/1982). Jenseits des Lustprinzips. Studienausgabe, Band III. Frankfurt a.M.: Fischer.
Freud, S. (1921/1982). Massenpsychologie und Ich-Analyse. Studienausgabe, Band IX. Frankfurt a.M.: Fischer-Verlag.
Freud, S. (1923/1982). Das Ich und das Es. Studienausgabe, Band III. Frankfurt a.M.: Fischer.
Freud, S. (1933/1982). Neue Folge der Vorlesungen zur Einführung in die Psychoanalyse. Studienausgabe, Band I. Frankfurt a.M.: Fischer.
Frick, T., Semmel, M.I. (1978). Observer agreement and reliabilities of classroom observational measures. Review of Educational Research, 48, 157-184.
Fried, D. (1988). Die Untersuchung der charakteristischen Aspekte des Übertragungskonzeptes mit der ZBK-Methode. In L. Luborsky, H. Kächele (Hrsg.), Der zentrale Beziehungskonflikt. Ein Arbeitsbuch. Ulm: PSZ-Verlag.
Fried, D., Crits-Christoph, P., Luborsky, L. (1990). The parallel of the CCRT for the therapist with the CCRT for other people. In L. Luborsky, P. Crits-Christoph (Eds.), Understanding transference. The CCRT method. New York: Basic Books.
Friedman, M., Glasser, M., Laufer, E., Laufer, M., Wohl, M. (1972). Attempted suicide and self-mutilation in adolescence: Some observations from a psychoanalytic research project. International Journal of Psycho-Analysis, 53, 179-183.
Gerisch, B. (1993). Aspekte zum psychodynamischen Verständnis der Suizidalität bei Frauen. Forum der Psychoanalyse, 9, 198-213.
Gerisch, B. (1996). "Was ist mein Leben, wenn Du mich verläßt". Suizidalität und weiblich sadomasochistische Beziehungsstruktur. Forum der Psychoanalyse, 12, 242-258.
Gill, M.M., Hoffman, I.Z. (1982). A method for studying the analysis of aspects of the patients experience of the relationship in psychoanalysis and psychotherapy. Journal of the American Psychoanalytic Association, 30, 137-167.
Gittelson, N.L. (1966). The relationship between obsessions and suicidal attempts in depressive psychosis. British Journal of Psychiatry, 112, 889-897.
Grande, T. (1993). Correlations among interpersonal patterns, introject states, and suicide attempts. Vortrag anläßlich des SPR-meetings in Pittsburgh 1993.
Grande, T., Wilke, S., Nübling, R. (1992). Symptomschilderungen und initiale Beziehungsangebote von weiblichen und männlichen Patienten in psychoanalytischen Erstinterviews. Zeitschrift für psychosomatische Medizin und Psychoanalyse, 38, 31-48.
Grawe-Gerber, M., Benjamin, L.S. (1989). Structural Analysis of Social Behavior. Coding manual for psychotherapy research. Forschungsberichte aus dem Psychologischen Institut der Universität Bern.
Greenberg, L.S. (1991). Research on the process of change. Psychotherapy Research, 1, 3-16.
Greenson, R.G. (1968). Die Beendigung der Identifizierung mit der Mutter und ihre besondere Bedeutung für den Jungen. In R.G. Greenson, Psychoanalytische Erkundungen. Stuttgart: Klett-Cotta.
Guitar-Amsterdamer, H., Stähli, R., Schneider, H., Berger, E. (1988). Können Komponenten konfliktiver Beziehungsmuster in einem psychotherapeutischen Gespräch reliabel identifiziert werden? In L. Luborsky, H. Kächele (Hrsg.), Der zentrale Beziehungskonflikt. Ein Arbeitsbuch. Ulm: PSZ-Verlag.
Hacker, F. (1971). Aggression. Wien etc.: Molden.
Haenel, T. (1989). Suizidhandlungen. Neue Aspekte der Suizidologie. Berlin etc.: Springer.
Hartkamp, N. (1994). Sequentielle Strukturen in einer psychotherapeutischen Interaktion: Ergänzung oder Konkurrenz qualitativer und quantitativer Methoden? In H. Faller, J. Frommer (Hrsg.), Qualitative Psychotherapieforschung. Heidelberg: Asanger.
Hartley, D. (1991). Assessing interpersonal behavior patterns using Structural Analysis of Social Behavior (SASB). In M.J. Horowitz (Ed.), Person schemas and maladaptive interpersonal patterns. Chicago & London: University of Chicago Press.
Hartmann, H. (1972). Ich-Psychologie. Stuttgart: Klett.

Henry, W.P., Schacht, T.E., Strupp, H.H. (1986). Structural Analysis of Social Behavior: Application to a study of interpersonal process in differential psychotherapeutic outcome. Journal of Consulting and Clinical Psychology, 54, 27-31.
Henry, W.P., Strupp, H.H., Schacht, T.E. (1990). Patient and therapist introject, interpersonal process, and differential psychotherapy outcome. Journal of Consulting and Clinical Psychology, 58, 768-774.
Henseler, H. (1974/1984). Narzißtische Krisen. Zur Psychodynamik des Selbstmords. Opladen: Westdeutscher Verlag: Opladen. (2. Aufl.)
Henseler, H. (1981). Psychoanalytische Theorien zur Suizidalität. In H. Henseler, C. Reimer (Hrsg.), Selbstmordgefährdung. Zur Psychodynamik und Psychotherapie. Stuttgart-Bad Cannstatt: frommann-holzboog.
Hildenbrand, G., Junkert-Tress, B., Scheibe, G., Hartkamp, N. (1994). Untersuchungen kurztherapeutischer Prozesse mit der SASB/CMP-Methode. In H. Faller, J. Frommer (Hrsg.), Qualitative Psychotherapieforschung. Heidelberg: Asanger.
Hillman, J. (1980). Selbstmord und seelische Wandlung. Zürich: Daimon.
Hinshelwood, R.D. (1993). Wörterbuch der kleinianischen Psychoanalyse. Stuttgart: Verlag Internationale Psychoanalyse.
Hoffman, I.Z., Gill, M.M. (1988a). Critical reflections on a coding scheme. International Journal of Psycho-Analysis, 69, 55-64.
Hoffman, I.Z., Gill, M.M. (1988b). A scheme for coding the patient's experience of the relationship with the therapist (PERT): Some applications, extensions, and comparisons. In H. Dahl, H. Kächele, H. Thomä (Eds.), Psychoanalytic process research strategies. Berlin etc.: Springer.
Hoffmann, S.O., Egle, U.T. (1993). Psychodynamisches Verständnis von Schmerz. In U.T. Egle, S.O. Hoffmann (Hrsg.), Der Schmerzkranke. Stuttgart und New York: Schattauer.
Horowitz, L.M., Rosenberg, S.E., Baer, B.A., Ureno, G., Villasenor, V.S. (1988). Inventory of Interpersonal Problems: Psychometric properties an clinical applications. Journal of Consulting and Clinical Psychology, 56, 885-892.
Horowitz, L.M. (1994). Personenschemata, Psychopathologie und Psychotherapieforschung. Psychotherapeut, 39, 61-72.
Horowitz, M. (1987). States of mind. New York & London: Plenum Medical Book Company.
Horowitz, M. (1989). Relationship schema formulation: Role-Relationship Models and intrapsychic conflict. Psychiatry, 52, 260-274.
Horowitz, M. (Ed.) (1991). Person schemas and maladaptive interpersonal patterns. Chicago & London: University of Chicago Press.
Horowitz, M. (1991). Person schemas. In H. Horowitz (Ed.), Person schemas and maladaptive interpersonal patterns. Chicago & London: University of Chicago Press.
Horowitz, M. (1994). Configurational analysis and the use of Role-Relationship Models to understand transference. Psychotherapy Research, 4, 184-196.
Horowitz, M.. Merluzzi, T.V., Ewert, M., Ghannam, J.H., Hartley, D., Stinson, C.H. (1991). Role-Relationship Models Configuration (RRMC). In H. Horowitz (Ed.), Person schemas and maladaptive interpersonal patterns. Chicago & London: University of Chicago Press.
Huber, G.L. (1989). AQUAD - Auswertung qualitativer Daten. Version 2.2. Tübingen, Bericht Nr.25 aus dem Institut für Erziehungswissenschaft der Universität Tübingen.
Humphrey, L.L. (1989). Observed family interactions among subtypes of eating disorders using structural analysis of social behavior. Journal of Consulting and Clinical Psychology, 57, 206-214.
Jacobson, E. (1993). Depression. Eine vergleichende Untersuchung normaler, neurotischer und psychotisch-depressiver Zustände. Frankfurt a.M.: Suhrkamp.
Jefferson, G. (1978). Explanation of transcript notation. In J. Schenkein (Ed.), Studies in the organization of conversational interaction. New York.
Johnson, M.E., Popp, C., Schacht, T.E., Mellon, J., Strupp, H.H. (1989). Converging evidence for identification of recurrent relationship themes: comparison of two methods. Psychiatry, 52, 275-288.
Junkert, B. (1993). SASB-Rater und ihr Training. In W. Tress (Hrsg.), SASB - Die Strukturale Analyse sozialen Verhaltens. Heidelberg: Asanger.
Kächele, H., Dengler, D., Eckert, R., Schnekenburger, S. (1990). Veränderungen des zentralen Beziehungskonflikts durch eine Kurztherapie. Psychotherapie, Psychosomatik und medizinische Psychologie, 40, 178-185.
Kaslow, N.J., Wamboldt, F.S., Wambolt, M.Z., Anderson, R.B., Benjamin, L.S. (1989). Interpersonal deadlock and the suicidal adolescent: An empirical based hypothesis. The American Journal of Family Therapy, 17, 195-207.

Kazdin, A.E., French, N.H., Unis, A.S., Esveldt-Dawson, K., Sherick, R.B. (1986). Hopelessness, depression, and suicidal intent among psychiatrically disturbed and inpatient children. Journal of Consulting and Clinical Psychology, 51, 504-510.

Kernberg, O.F. (1983). Borderline-Störungen und pathologischer Narzißmus. Frankfurt a.M., Suhrkamp.

Kernberg, O.F. (1988). Innere Welt und äußere Realität. Anwendungen der Objektbeziehungstheorie. München-Wien: Verlag Internationale Psychoanalyse.

Kernberg, O.F. (1992). Schwere Persönlichkeitsstörungen. Theorie, Diagnose, Behandlungsstrategien. Stuttgart: Klett-Cotta.

Kiesler, D.J. (1983). The 1982 Interpersonal Circle: A taxonomy for complementarity in human transactions. Psychological Review, 90, 185-214.

Kiesler, D.J. (1986). The 1982 Interpersonal Circle: An analysis of DSM-III personality disorders. In T. Millon, G.L. Klerman (Eds.), Contemporary directions in psychopathology. Towards the DSM-IV. New York: The Guilford Press.

Kind, J. (1992). Suizidal. Psychoökonomie einer Suche. Göttingen: Vandenhoeck & Ruprecht.

King, V. (1992). Geburtswehen der Weiblichkeit - verkehrte Entbindungen. Zur Konflikthaftigkeit der psychischen Aneignung der Innergenitalität in der Adoleszenz. In K. Flaake, V. King (Hrsg.), Weibliche Adoleszenz. Zur Sozialisation junger Frauen. Frankfurt & New York: Campus.

King, V. (1995a). Weibliche Adoleszenz. Vortrag anläßlich des Symposiums zur Adoleszenz der Ärztlichen Akademie für Psychotherapie von Kindern und Jugendlichen im Juli 1995 in Brixen.

King, V. (1995b). Die Urszene der Psychoanalyse. Adoleszenz und Geschlechterspannung im Fall Dora. Stuttgart: Verlag Internationale Psychoanalyse.

King, V. (1995c). Adoleszenz und Geschlechterspannung im analytischen Schöpfungsprozeß. Vortrag anläßlich des 10. Heidelberger Gruppenanalytischen Symposiums im September 1995 in Heidelberg.

Kohut, H. (1966). Formen und Umformungen des Narzißmus. Psyche, 20, 561-587.

Kohut, H. (1971/1992). Narzißmus. Frankfurt a.M.: Suhrkamp.

Kohut, H. (1977/1991). Die Heilung des Selbst. Frankfurt a.M.: Suhrkamp.

Krause, R. (1994). Verlust, Trauer und Depression: Überlegungen auf der Grundlage der Emotionsforschung. Zeitschrift für Psychosomatische Medizin und Psychoanalyse, 40, 324-340.

Küchenhoff, J. (1996). Trauer, Melancholie und das Schicksal der Objektbeziehungen. Eine Relektüre von S. Freuds "Trauer und Melancholie". Jahrbuch der Psychoanalyse, 36, 90-117.

Kuiper, P.C. (1995). Seelenfinsternis. Die Depression eines Psychiaters. Frankfurt a.M.: Fischer.

Kutter, P. (1989). Psychoanalytische Aspekte psychiatrischer Krankheitsbilder. In W. Loch (Hrsg.), Die Krankheitslehre der Psychoanalyse. Stuttgart: S. Hirzel.

Landis, J.R., Koch, G.G. (1977). The measurement of observer agreement for categorical data. Biometrics, 33, 159-174.

Laplanche, J., Pontalis, J.-B. (1989). Das Vokabular der Psychoanalyse. Frankfurt a.M.: Suhrkamp.

Leary, T. (1957). Interpersonal diagnosis of personality. New York: Ronald Press.

Lester, G., Lester, D. (1971). Suicide, the gamble with death. Prentice-Hall: Englewood Cliffs.

Leuzinger-Bohleber, M. (1995). Die Einzelfallstudie als psychoanalytisches Forschungsinstrument. Psyche, 49, 434-480.

Levin, S. (1965). Some suggestions for treating the depressed patient. Psychoanalytic Quarterly, 34, 37-65.

Loch, W. (Hrsg.) (1989). Die Krankheitslehre der Psychoanalyse. Stuttgart: S. Hirzel.

Lorr, M., McNair, D.M. (1965). Expansion of the interpersonal behavior circle. Journal of Personality and Social Psychology, 2, 823-830.

Luborsky, L. (1977). Measuring a pervasive psychic structure in psychotherapy: The core conflictual relationship theme. In N. Freedman, S. Grand (Eds.), Communicative structures and psychic structures. New York: Plenum Press.

Luborsky, L., Crits-Christoph, P., Mellon, J., Ravenswaay, P.v., Childress, A.R., Cohen, K.D., Hole, A.V., Ming, S., Levine, F.J., Alexander, K. (1985). A verification of Freud's grandest clinical hypothesis: the transference. Clinical Psychology Review, 5, 231-246.

Luborsky, L., Crits-Christoph, P., Mellon, J. (1986). Advent of measures of the transference concept. Journal of Consulting and Clinical Psychology, 54, 39-47.

Luborsky, L. (1988a). Einführung in die analytische Psychotherapie. Ein Lehrbuch. Berlin etc.: Springer.

Luborsky, L. (1988b). Das Verfahren zur Erfassung des zentralen Beziehungskonfliktes. In L. Luborsky, H. Kächele (Hrsg.), Der zentrale Beziehungskonflikt. Ein Arbeitsbuch. Ulm: PSZ-Verlag.

Luborsky, L., Kächele, H. (Hrsg.) (1988). Der zentrale Beziehungskonflikt. Ein Arbeitsbuch. Ulm: PSZ-Verlag.

Luborsky, L., Crits-Christoph, P. (1988). Measures of psychoanalytic concepts - The last decade of research from 'The Penn Studies'. International Journal of Psycho-Analysis, 69, 75-85.
Luborsky, L., Crits-Christoph, P. (1989). A relationship pattern measure: the Core Conflictual Relationship Theme. Psychiatry, 52, 250-259.
Luborsky, L., Crits-Christoph, P. (Eds.) (1990). Understanding transference. The CCRT method. New York: Basic Books.
Luborsky, L. (1990a). The relationship anecdotes paradigm (RAP) interview as a versatile source of narratives. In L. Luborsky, P. Crits-Christoph (Eds.), Understanding transference. The CCRT method. New York: Basic Books.
Luborsky, L. (1990b). Alternative measures of the central relationship pattern. In L. Luborsky, P. Crits-Christoph (Eds.), Understanding transference. The CCRT method. New York: Basic Books.
Luborsky, L. (1990c). The convergence of Freud's observations about transference and the CCRT evidence. In L. Luborsky, P. Crits-Christoph (Eds.), Understanding transference. The CCRT method. New York: Basic Books.
Luborsky, L. (1990d). The early developement of the Core Conflictual Relationship Theme idea. In L. Luborsky, P. Crits-Christoph (Eds.), Understanding transference. The CCRT method. New York: Basic Books.
Luborsky, L. (1990e). Where we are in understanding transference. In L. Luborsky, P. Crits-Christoph (Eds.), Understanding transference. The CCRT method. New York: Basic Books.
Luborsky, L., Barber, J., Diguer, L. (1993). The meanings of the narratives told during psychotherapy: The friuts of a new operational unit. Psychotherapy Research, 2, 277-290.
Luborsky, L., Barber, J.P. (1994). Perspectives on seven transference-related measures applied to the interview with Ms. Smithfield. Psychotherapy, 4, 152-154.
Luborsky, L., Popp, C., Luborsky, E., Mark, D. (1994). The Core Conflictual Relationship Theme. Psychotherapy Research, 4, 172-183.
Maltsberger, J.T., Buie, D.H. (1974). Countertransference hate in the treatment of suicidal patients. Archives of General Psychiatry, 30, 625-633.
Maltsberger, J.T., Buie, D.H. (1980). The devices of suicide. Revenge, riddance, and rebirth. International Review of Psycho-Analysis, 7, 61-72.
McLemore, C.W., Benjamin, L.S. (1979). Whatever happend to interpersonal diagnosis. A psychosocial alternative to DSM-III. American Psychologist, 34, 17-34.
Mead, G.G. (1980). Geist, Identität und Gesellschaft. Frankfurt a.M.: Suhrkamp.
Menninger, K. (1938/1974). Selbstzerstörung. Psychoanalyse des Selbstmords. Frankfurt a.M.: Suhrkamp.
Mentzos, S. (1991). Psychodynamische Modelle in der Psychiatrie. Göttingen: Vandenhoeck & Ruprecht.
Mentzos, S. (1995). Depression und Manie. Psychodynamik und Therapie affektiver Störungen. Göttingen: Vandenhoeck & Ruprecht.
Minkoff, K., Bergman, E., Beck, A.T., Beck, R. (1973). Hopelessness, depression, and attempted suicide. American Journal of Psychiatry, 130, 455-459.
Möller, H.-J., Bürk, F., Dietzfelbinger, T., Kurz, A., Torhorst, A., Wächtler, C., Lauter, H. (1994). Ambulante Nachbetreuung von Patienten nach Suizidversuch. Regensburg: S. Roderer.
Öhman, K., Armelius, P. (1993). Interpersonal interactions and psychopathology - five cases. Psychotherapy Research, 3, 208-223.
Orgel, S. (1974). Fusion with the victim and suicide. International Journal of Psycho-Analysis, 55, 531-538.
Osgood, CH.E., Suci, G.J., Tannenbaum, P.H. (1957). The measurement of meaning. Urbana: University of Illinois Press.
Perry, J.C., Augusto, F., Cooper, S.H. (1989). Assessing psychodynamic conflicts: I. Reliability of the idiographic conflict formulation method. Psychiatry, 52, 289-301.
Perry, J.C., Luborsky, L., Silberschatz, G., Popp, C. (1989). An examination of three methods of psychodynamic formulation based on the same videotaped interview. Psychiatry, 52, 302-321.
Perry, J.C. (1994). Assessing psychodynamic patterns using the Idiographic Conflict Formulation Method. Psychotherapy Research, 4, 239-252.
Pohlmeier, H. (1978). Selbstmord und Selbstmordverhütung. München, Wien, Baltimore: Urban & Schwarzenberg.
Pohlmeier, H. (1995). Depression und Selbstmord. Düsseldorf und Bonn: Parerga.
Rachor, Ch. (1992). Die soziale Bedeutung des Suizidversuchs. Dissertation an der Johann-Wolfgang-Goethe-Universität, Frankfurt a.M.
Rado, S. (1927). Das Problem der Melancholie. Internationale Zeitschrift für Psychoanalyse, 13, 439-455.

Ringel, E. (1953). Der Selbstmord - Abschluß einer krankhaften Entwicklung. Wien und Düsseldorf; Maudrich.

Ringel, E. (1989). Selbstmord. Appell an die anderen. München: Kaiser.

Rohde-Dachser, Ch. (1986/1994). Ringen um Empathie - ein Interpretationsversuch masochistischer Inszenierungen. In Ch. Rohde-Dachser, Im Schatten des Kirschbaumes. Psychoanalytische Dialoge. Bern etc.: Huber.

Rohde-Dachser, Ch. (1989a). Das Borderline-Syndrom. Bern etc.: Huber.

Rohde-Dachser, CH. (1989b). Psychoanalytische Theorien zur Entstehung der frühen Objektbilder und ihre Bedeutung für die unbewußte Erfahrung der Geschlechterdifferenzierung bei Mann und Frau. In G. Bartl, F. Pesendorfer (Hrsg.), Strukturbildung im therapeutischen Prozess. Wien: Literas.

Rohde-Dachser, CH. (1991). Expedition in den dunklen Kontinent. Weiblichkeit im Diskurs der Psychoanalyse. Berlin etc.: Springer.

Rosenfeld, H. (1971/1990). Beitrag zur Theorie des Lebens- und Todestriebes aus klinischer Sicht: Eine Untersuchung der aggressiven Aspekte des Narzißmus. In E.B. Spillius (Hrsg.), Melanie Klein heute. München und Wien: Verlag Internationale Psychoanalyse.

Rotmann, M. (1978). Über die Bedeutung des Vaters in der "Wiederannäherungsphase". Psyche, 32, 1105-1147.

Rudolf, G., Stratmann, H. (1989). Psychogene Störungen bei Frauen und Männern. Zeitschrift für Psychosomatische Medizin und Psychoanalyse, 35, 201-219.

Rudolf, G. (1993). Psychotherapeutische Medizin. Ein einführendes Lehrbuch auf psychodynamischer Grundlage. Stuttgart: Enke.

Sabbath, J.C. (1969). The sucidal adolescent - the expendable child. Journal of the American Academy of Child Psychiatry, 8, 272-285.

Schacht, T.E., Henry, W.P. (1994). Modeling recurrent patterns of interpersonal relationship with Structural Analysis of Social Behavior: The SASB-CMP. Psychotherapy Research, 4, 208-221.

Schaefer, E.S. (1965). A configurational analysis of children's reports of parent behavior. Journal of Consulting Psychology, 29, 552-557.

Schneider-Dücker, M. (1992). Das interpersonale Modell. Gruppenpsychotherapie und Gruppendynamik, 28, 93-113.

Silberschatz, G., Curtis, J.T., Fretter, P.B., Kelly, T.J. (1988). Testing hypotheses of psychotherapeutic change processes. In H. Dahl, H. Kächele, H. Thomä (Eds.), Psychoanalytic process research strategies. Berlin etc.: Springer.

Speck, A. (1990). Zur Themenentwicklung im Therapiegespräch. In K. Ehlich, A. Koerfer, A. Redder, R. Weingarten (Hrsg.), Medizinische und therapeutische Kommunikation. Opladen: Westdeutscher Verlag.

Stengel, E. (1969). Selbstmord und Selbstmordversuch. Frankfurt a.M.: S. Fischer.

Stitz, S. (1987). Zur Konstitution von Intersubjektivität in Therapiegesprächen. Ein konversationsanalytischer Beitrag. Osnabrücker Beiträge zur Sprachtheorie, 37, 57-77.

Streeck, S. (1989). Die Fokussierung in Kurzzeittherapien. Opladen: Westdeutscher Verlag.

Streeck, S. (1990). Die Kurztherapie und ihr Verhältnis zur Alltagskommunikation. Ergebnisse einer konversationsanalytischen Studie. In K. Ehlich, A. Koerfer, A. Redder, R. Weingarten (Hrsg.), Medizinische und therapeutische Kommunikation. Opladen, Westdeutscher Verlag.

Strupp, H.H., Binder, J.L. (1984). Psychotherapy in a new key: A guide to time-limited dynamic psychotherapy. New York: Basic Books.

Strupp, H.H., Schacht, T.E., Henry, W.P. (1988). Problem-treatment-outcome congruence: a principle whose time has come. In H. Dahl, H. Kächele, H. Thomä (Eds.) Psychoanalytic process research strategies. Berlin etc.: Springer.

Sullivan, H.S. (1953/dtsch: 1983). The Interpersonal theory of psychiatry. Norton, New York. Deutsch: Die Interpersonelle Theorie der Psychiatrie. Frankfurt a.M.: Fischer.

Teller, V., Dahl, H. (1986). The microstructure of free association. Journal of the American Psychoanalytic Association, 34, 763-798.

Tress, W., Henry, W.P., Strupp, H.H., Reister, G., Junkert, B. (1990). Die strukturale Analyse sozialen Verhaltens (SASB) in Ausbildung und Forschung. Zeitschrift für psychosomatische Medizin und Psychoanalyse, 36, 240-257.

Tress, W. (Hrsg) (1993). SASB - Die strukturale Analyse sozialen Verhaltens. Heidelberg: Asanger.

Tress, W., Hildenbrand, G. (1993). Das zyklisch-maladaptive Interaktionsmuster und SASB. In W. Tress (Hrsg), SASB - Die strukturale Analyse sozialen Verhaltens. Heidelberg: Asanger.

Tscheulin, D. (1990). Construct and content validity of the SASB system tested by german questionnaire items. Unveröff. Manuskript, Universität Würzburg.
Tscheulin, D., Dinsing, S. (1991). Vergleich von Frauen mit und ohne Eßstörung (Bulemie). Unveröff. Bericht am Psychologischen Institut der Universität, Würzburg.
Tscheulin, D., Willich, O. (1991). Strukturierte Analyse sozialer Beziehungen bei problematischen und nicht-problematischen Paarbeziehungen. Unveröff. Bericht am Psychologischen Institut der Universität, Würzburg.
Tscheulin, D., Glossner, A. (1993). Die deutsche Übertragung der INTREX "Longform Questionaires": Validität und Auswertungsgrundlagen der SASB-Fragebogenmethode. In W. Tress (Hrsg.), SASB - Die strukturale Analyse sozialen Verhaltens. Heidelberg, Asanger.
Tschuschke, V., Czogalik, D. (Hrsg.) (1990). Psychotherapie - Welche Effekte verändern? Zur Frage der Wirkmechanismen therapeutischer Prozesse. Berlin etc.: Springer.
Volkan, V.D., Ast, G. (1994). Spekrum des Narzißmus. Göttingen: Vandenhoeck & Ruprecht.
Wahl, H. (1985). Narzißmus? Stuttgart etc.: Kohlhammer.
Watzlawick, P., Beavin, J.H., Jackson, D.D. (1971). Menschliche Kommunikation. Formen, Störungen, Paradoxien. Bern etc.: Huber.
Wellhöfer, P.R. (1981). Selbstmord und Selbstmordversuch. Stuttgart: Fischer.
Wiggins, J.S. (1979). A psychological taxonomy of trait-descriptive terms: The interpersonal domain. Journal of Personality and Social Psychology, 37, 395-412.
Wiggins, J.S. (1982). Circumplex models of interpersonal behavior in clinical psychology. In P.C. Kendall, J.N. Butcher (Eds.), Handbook of research methods in clinical psychology. New York: Wiley.
Wiggins, J.S., Broughton, R. (1985). The interpersonal circle: A structural model for the integration of personality research. In R. Hogan, W.H. Jones (Eds.), Perspectives in personality 1. Greenwich: JAI Press Inc.
Wishart, D. (1984). CLUSTAN. Benutzerhandbuch. Stuttgart und New York: G. Fischer.
Wittchen, H.-U., Saß, H., Zaudig, M., Koehler, K. (1989). Diagnostisches und statistisches Manual Psychischer Störungen. DSM-III-R. Deutsche Fassung. Weinheim und Basel: Beltz.
Zilboorg, G. (1935). Zum Selbstmordproblem. Internationale Zeitschrift für Psychoanalyse, 21, 100-102.

Anhang: SASB-Fallbeschreibungen

Die Tabellen enthalten folgende Angaben: Die Kennung des Patienten, die Nummern der Muster, die Anzahl der Fundstellen pro Muster, die dem Muster zugeordneten Objekte und schließlich die SASB-Formeln. In den Formeln sind die Kodierungen in eine sequentielle Anordnung gebracht worden (s. 6.3.1). Dabei bezeichnet „→" eine Aufeinanderfolge interpersoneller Ereignisse, „↔" eine Wechselwirkung bzw. Parallelität und „//" alternierende interpersonelle Zustände. Eingeklammert sind SASB-Kodierungen, die nicht mehr als in der Hälfte der Fundstellen des betreffenden Musters vorkommen (s. 6.3.3). Die Objekte werden in der Reihenfolge ihrer Häufigkeit in den Episoden angegeben; eingeklammert werden solche Objekte, die in nicht mehr als nur einer der Episoden vorkommen.

SASB-Muster WE1

Muster1 (9) Ehemann, Eltern, (Unbestimmt), (Freunde des Ehemannes)
BLAME ↔ SEPARATE

Muster2 (8) Ehemann, (Vater), (Schwager), (Rivalin)
BLAME & IGNORE & SEPARATE

Muster3 (7) Eltern, Mutter, (Ehemann)
CONTROL & IGNORE → SEPARATE

Muster4 (6) Ehemann
IGNORE & SEPARATE ↔ TRUST & SUBMIT

Muster5 (6) Ehemann
BLAME & IGNORE & SEPARATE ↔ TRUST & CONTROL & BLAME & SEPARATE

Muster6 (6) Ehemann, Vater, (Familie)
PROTECT & SUBMIT

Muster7 (5) Ehemann, (Eltern)
BLAME & SEPARATE

Muster8 (5) Ehemann
BLAME & IGNORE → CONTROL & ATTACK & SEPARATE

Muster9 (5) Ehemann, Eltern
BLAME & SEPARATE

Muster10 (5) Ehemann
CONTROL & SEPARATE

Muster11 (5) Ehemann
TRUST & EMANCIPATE & CONTROL

Muster12 (4) Ehemann
BLAME → ATTACK & SEPARATE // SUBMIT

Muster13 (4) Ehemann, (Mutter)
BLAME ↔ SULK

Muster14 (4) "Leute", (Ehemann)
CONTROL & BLAME ↔ SUBMIT

SASB-Muster WE2

Muster1 (8) Partner, Familie, Unbestimmt
TRUST → *BLAME & IGNORE* → WALL OFF & BLAME

Muster2 (5) Männer, (Familie), (Kollegen), (Unbestimmt)
TRUST & EMANCIPATE ↔ PROTECT & SEPARATE // TRUST ↔ *IGNORE*

Muster3 (3) Partner, (Freund)
BLAME & PROTECT

Muster4 (3) Ärztin, (Mutter)
TRUST ↔ *AFFIRM & PROTECT*

SASB-Muster WE3

Muster1 (11) Partner
(ACTIVE LOVE) & BLAME & IGNORE & SEPARATE ↔ (BLAME) & TRUST & (WALL OFF)

Muster2 (9) Vater, (Partner)
SEPARATE → *CONTROL & BLAME & IGNORE & TRUST* → SUBMIT

Muster3 (8) Partner
TRUST → *IGNORE & SEPARATE* ↔ BLAME & SEPARATE

Muster4 (8) Clique, (Kollegen), (Mitpatienten), (Frauen), (Verkäufer), (ein Mann), (Unbestimmt)
SEPARATE & BLAME

Muster5 (7) Mutter, Kinder
TRUST & CONTROL → SUBMIT & PROTECT

Muster6 (6) Partner, (Bruder), (Unbestimmt)
PROTECT & IGNORE & BLAME ↔ TRUST

Muster7 (5) Unbestimmt, Partner
IGNORE & BLAME

Muster8 (5) Verschiedene Verehrer, (Unbestimmt)
TRUST ↔ BLAME & IGNORE & SEPARATE

Muster9 (4) Vater
PROTECT ↔ TRUST & SUBMIT & EMANCIPATE

Muster10 (4) (Freundinnen), (Partner), (Vater), (Institution)
SEPARATE ↔ *EMANCIPATE*

SASB-Muster WE4

Muster1 (32) Ehemann, (Vater)
(CONTROL) & BLAME & IGNORE & SEPARATE ↔
(CONTROL) & (SEPARATE) & BLAME & TRUST

Muster2 (11) Ehemann
BLAME & SEPARATE ↔ CONTROL & BLAME & SEPARATE

Muster3 (8) Ehemann, (Vater)
IGNORE & SEPARATE ↔ SUBMIT

Muster4 (7) Rechtsanwalt, Beratungsstellen, (Arzt), (Polizei)
TRUST ↔ *PROTECT*

Muster5 (5) Ehemann
BLAME & IGNORE

Muster6 (5) Ehemann
BLAME & SEPARATE

Muster7 (4) Ehemann, (Kind)
TRUST ↔ PROTECT

SASB-Muster WE5

Muster1 (11) Unbestimmte Partner, Unbestimmt, (Arbeitsstelle), (Freundinnen)
BLAME & WALL OFF
Muster2 (9) "Geliebter"
TRUST ↔ *IGNORE & WALL OFF*
Muster3 (7) "Geliebter", (Gott)
TRUST ↔ *IGNORE & SEPARATE*
Muster4 (7) Gott, "Geliebter"
CONTROL ↔ TRUST & SUBMIT & CONTROL
Muster5 (6) Ärzte, Gott
CONTROL → SUBMIT
Muster6 (6) Bekannte, (Unbestimmt), (Arbeitsstelle), (Mitpatienten), (Alkohol)
IGNORE → SEPARATE & BLAME
Muster7 (4) "Geliebter"
WALL OFF & IGNORE ↔ TRUST & CONTROL
Muster8 (4) Unbestimmte Partner, ein früherer Partner
BLAME & IGNORE

SASB-Muster MA1

Muster1 (12) Unbestimmt, Vorgesetzte, Ehefrau, (Amt), (Kollege), (Firma)
(TRUST) → *BLAME & IGNORE* → (SUBMIT) & (WALL OFF)
Muster2 (8) Firma, Bauherr, (Vorgesetzter)
CONTROL & BLAME & IGNORE & SEPARATE → SUBMIT & (WALL OFF)
Muster3 (5) Vorgesetzter, Onkel, (Großvater)
CONTROL → SEPARATE
Muster4 (4) Früherer Vorgesetzter, Onkel
PROTECT ↔ TRUST
Muster5 (4) Ehefrau, (Familie)
IGNORE → *TRUST & BLAME*
Muster6 (4) Mutter
CONTROL & IGNORE & TRUST → PROTECT & SUBMIT
Muster7 (3) (Mutter), (Firma), (Amt)
CONTROL & IGNORE

SASB-Muster MA2

Muster1 (13) Ehefrau, Stieftochter, (Mutter)
BLAME & IGNORE & SEPARATE → CONTROL & (BLAME) & (TRUST)
Muster2 (11) Ehefrau, Großmutter, (Mutter)
TRUST → *BLAME & IGNORE*
Muster3 (10) Stieftochter, Ehefrau, (Mutter), (Großmutter)
BLAME & SEPARATE ↔ CONTROL & SEPARATE
Muster4 (10) Ehefrau
(ACTIVE LOVE) → *CONTROL & (BLAME) & IGNORE & SEPARATE* → TRUST & SUBMIT
Muster5 (4) Ehefrau
BLAME → *BLAME*
Muster6 (4) Ehefrau, (Freunde)
CONTROL → SUBMIT

SASB-Muster MA3

Muster1 (11) Vater, Gläubiger
(CONTROL) & BLAME & IGNORE & WALL OFF ↔ TRUST & SUBMIT
Muster2 (7) Freundin
IGNORE → *WALL OFF* → TRUST & SUBMIT & EMANCIPATE & AFFIRM & (DISCLOSE)
Muster3 (6) Alkohol (Freundin, Gläubiger)
(SEPARATE) ↔ TRUST & SUBMIT
Muster4 (5) Vater
CONTROL & BLAME & IGNORE & TRUST & WALL OFF
Muster5 (5) Firma, Andere
BLAME → SEPARATE & BLAME
Muster6 (4) Freundin (Andere)
SEPARATE & IGNORE
Muster7 (4) Vater
SEPARATE & IGNORE & BLAME // TRUST & SUBMIT
Muster8 (3) Freundin, Vater
PROTECT ↔ PROTECT & TRUST

SASB-Muster MA4

Muster1 (7) Eltern, Vater, (Mutter), (Unbestimmt)
(TRUST) → *(PROTECT) & CONTROL & IGNORE* → SUBMIT
Muster2 (7) Eltern, (Vater)
(TRUST) → *PROTECT & CONTROL & BLAME & IGNORE* ↔ (SUBMIT) & SEPARATE
Muster3 (7) Mutter, Institution, (Unbestimmt)
SEPARATE & BLAME
Muster4 (6) Alkohol, (Natur), (Vater)
TRUST ↔ *(EMANCIPATE) & PROTECT*
Muster5 (5) Unbestimmt, (ein Arzt), (Vater)
BLAME & IGNORE → WALL OFF
Muster6 (5) Vater
IGNORE & SEPARATE → *CONTROL & BLAME & IGNORE & SEPARATE & TRUST*
Muster7 (3) Unbestimmt, (Alkohol)
TRUST & WALL OFF
Muster8 (3) Vater
CONTROL → SUBMIT & RECOIL

SASB-Muster MA5

Muster1 (9) Universität, Professor, Unbestimmt
TRUST → *BLAME & IGNORE* → (SUBMIT) & WALL OFF & BLAME
Muster2 (8) Universität, Institution, Unbestimmt, (Eltern)
BLAME & SEPARATE
Muster3 (6) Vater, Eltern
PROTECT & (CONTROL) → SEPARATE
Muster4 (5) Freundin
ACTIVE LOVE ↔ *ACTIVE LOVE & CONTROL* → BLAME & SEPARATE
Muster5 (4) Großmutter, (Vater, Unbestimmt)
PROTECT ↔ TRUST

Psychologie und Psychotherapie

Bernhard Strauß /Jochen Eckert / Volker Tschuschke (Hrsg.)
Methoden der empirischen Gruppentherapieforschung
Ein Handbuch
1996. 405 S. Kart.
ISBN 3-531-12695-4
In diesem Handbuch werden Methoden der empirischen Gruppentherapieforschung zusammengestellt, die bislang schwer zugänglich waren. Die Übersicht soll Wissenschaftlern ermöglichen, Verfahren auszuwählen, die sich zur Evaluation, zum Studium des Prozesses gruppentherapeutischer Behandlungen und zur Qualitätssicherung in diesem Feld bewährt haben, Praktiker der Gruppenpsychotherapie finden hier Methoden dargestellt, mit denen sie ihr eigenes Tun begleitend untersuchen können. Das Buch füllt somit eine lange bestehende Lücke in der Literatur zur Psychotherapieforschung.

Michael B. Buchholz (Hrsg.)
Psychotherapeutische Interaktion
Qualitative Studien zu Konversation und Metapher, Plan und Geste
1995. XII, 230 S. Kart.
ISBN 3-531-12755-1
In diesem Band werden neue Verfahren der qualitativen Psychotherapieforschung erprobt – am Material ein und derselben Behandlungsstunde. Sichtbar wird, was alles in einer psychotherapeutischen Sitzung geschieht und wie abhängig die Ansichten von der verwendeten Methode sind, sichtbar wird aber auch, wie sehr die Ergebnisse konvergieren und im Geiste des Betrachters zu einer Synthese verschmelzen. Insbesondere kommen hier zur Anwendung: Konversationsanalyse, Metaphernanalyse, objektive Hermeneutik, die Planfeststellungsmethode, die Mikroethnographie der Kommunikation und eine klinische Sichtweise.

Heinz Henseler
Narzißtische Krisen
Zur Psychodynamik des Selbstmords
3. Aufl. 1990. 202 S. (wv studium, Bd. 58) Pb.
ISBN 3-531-22058-6
Diese Studie beschäftigt sich mit einem in seiner Bedeutung noch unterschätzten Aspekt innerhalb der Selbstmordforschung, dem des gefährdeten Selbstwertgefühls von Suizidanten. Aufbauend auf die neuere psychoanalytische Narzißmustheorie wird der Selbstmord als Krise des Selbstwertgefühls begriffen. Aus der Untersuchung ergeben sich vielfältige Konsequenzen für den Umgang mit Selbstmordgefährdeten, die Beurteilung der Suizidgefahr und die Psychotherapie narzißtisch gestörter Patienten.

GPSR Compliance

The European Union's (EU) General Product Safety Regulation (GPSR) is a set of rules that requires consumer products to be safe and our obligations to ensure this.

If you have any concerns about our products, you can contact us on ProductSafety@springernature.com

In case Publisher is established outside the EU, the EU authorized representative is:

Springer Nature Customer Service Center GmbH
Europaplatz 3
69115 Heidelberg, Germany

Batch number: 10809472

Printed by Printforce, the Netherlands